听妈妈讲那过去的事情

★

我的红色家风

（上册）

中共山西省直属机关工作委员会　编

山西出版传媒集团
北岳文艺出版社·太原

图书在版编目（CIP）数据

听妈妈讲那过去的事情：我的红色家风／中共山西省直属机关工作委员会编．—太原：北岳文艺出版社，2024.4

ISBN 978-7-5378-6804-4

Ⅰ．①听… Ⅱ．①中… Ⅲ．①中国共产党—模范共产党员—先进事迹 Ⅳ．①D263

中国国家版本馆 CIP 数据核字（2023）第 234798 号

听妈妈讲那过去的事情：我的红色家风

中共山西省直属机关工作委员会　编

//

出品人
郭文礼

选题策划
郭文礼

责任编辑
谢放
关志英
吴国蓉
赵婷

插图
史霖

装帧设计
张志奇工作室

印装监制
郭勇

出版发行：山西出版传媒集团·北岳文艺出版社

地址：山西省太原市并州南路 57 号　邮编：030012

电话：0351-5628696（发行部）　0351-5628688（总编室）

传真：0351-5628680

经销商：新华书店

印刷装订：山西万佳印业有限公司

开本：787mm × 1092mm　1/16

字数：658 千字　印张：41.625

版次：2024 年 4 月第 1 版

印次：2024 年 4 月山西第 1 次印刷

书号：ISBN 978-7-5378-6804-4

定价：88.00 元（上下册）

代序

传承红色家风　凝聚奋进力量

家风是一个家庭的精神内核，也是一个社会的价值缩影。中华民族历来尊奉家国同构的精神理念，追求修齐治平的人生境界。优秀传统家教家风文化成为支撑中华民族生生不息、薪火相传的重要精神因子，精忠报国、入孝出悌、克己奉公、诚信守礼、勤俭治家、笃实奋斗等传统美德，深深融入中华儿女的血脉和魂魄，潜移默化地塑造了中华民族的精神家园。

重视家风建设不仅是中华民族的传统美德，也是中国共产党的光荣传统。我们党在百年奋斗征程中，形成了共产党人独特的红色家风，其中蕴含的坚守信仰、对党忠诚的家国情怀，人民至上、不负人民的初心使命，勤俭节约、艰苦奋斗的持家传统，律己修身、不搞特殊的清廉本色，是中国共产党永不褪色的“传家宝”。习近平总书记高度重视家庭家教家风问题，在著作和讲话中谆谆教诲我们，要在家庭中培育和践行社会主义核心价值观，引导家庭成员，特别是下一代热爱党、热爱祖国、热爱人民、热爱中华民族，要重言传、重身教，教知识、育品德，帮助孩子扣好人生的第一粒扣子，迈好人生的第一个台阶。特别是党员领导干部要带头注重家庭、家教、家风建设，保持共产党人的高尚品格和廉洁操守，以实际行动带动全社会崇德向善、尊法守法；要继承和弘扬革命前辈的红色家风，做家风建设的表率。

为贯彻落实好习近平总书记关于家庭家教家风建设的重要论述，传承好山西老一代共产党员的红色家风文化，发挥好家风家教守正创新、育人铸魂的重要作用，把家庭打造成弘扬中华民族传统美德、传承党的优良传统和作风的坚强堡垒，在开展清廉山西创建工作之际，山西省直工委会同省委老干局、省委党史研究院（省地方志研究院）、省教育工委、省国资委、省总工会、省关工委以及山西出版传媒集团，组织专业作家经过近两年的走访创作，甄选了我省一百名已故离休干部的事迹，编写成这部六十五万余字的书稿，用朴素的文笔、真挚的情感，在我们眼前徐徐展现了一个个为人熟知或被人遗忘的名字，描绘了一串串看似平凡却熠熠生辉的足迹，构筑起一座山西老一代共产党人红色家风的精神碑廊。这是推动党史学习教育常态化长效化的有益探索，也是推进清廉山西向纵深发展的生动实践。

打开这部书，您将深刻感知老一代共产党员如何修身齐家，把红色文化潜移默化植根于家庭成员灵魂深处、融入于日常生活的点点滴滴。这些事迹将激励我们从红色家风中汲取精神养分，做到树好家风、管好家人、处理好家事、建设好家庭，把优良家风培育起来、传承下去，为建设幸福家庭筑牢基础、把稳方向。

打开这部书，您将深刻感知老一代共产党员如何以身作则，把红色家风拓展延伸，用强大的精神感召和巨大的道德力量，影响身边人，传播正能量。这些事迹将激励我们感悟红色家风力量，以向上向善家风引领党风社风民风，当好社会新风的引领者、营造者、维护者。

打开这部书，您将深刻感知老一代共产党员如何爱国爱民，自觉把爱家庭、爱家人与爱党、爱国、爱人民统一在一起，将个人的追求、家庭的希冀与时代的呼唤、国家的号召紧紧联系在一起。这些事迹将激励我们厚植家国情怀，把千千万万个家庭梦融入恢宏壮阔的中国梦，汇聚起实现中华民族伟大复兴的磅礴力量。

我们期待，红色家风如葳蕤的花木，在三晋大地遍地盛开、蔚然成林！

中共山西省直属机关工作委员会

2024 年 4 月

目　录

上册

下 册

理想信念

“找革命”

讲 述 人：郑裕清
讲述时间：2022 年 8 月 12 日
整 理 人：孟志平

郑挺（1921 — 2015），出生于山西省翼城县。1939 年参加工作，1946 年 1 月加入中国共产党。1939 年 12 月至 1949 年 2 月，先后在延安抗日大学、新华书店及陕甘宁边区政府学习和工作；1949 年 3 月至 1956 年 9 月，先后在山西省晋南专署、新绛中学、运城专署工作；1956 年 10 月至 1979 年 9 月，先后在山西省教育厅、山西省高教局、运城师范、运城地委文教部工作；1979 年 10 月至 1982 年 10 月，任山西省煤化大学党委副书记；1982 年 11 月至 1984 年 8 月，任山西省教育学院院长、党委副书记。1984 年离休。

○
○

“到延安去”

1921 年，中国共产党成立的那一年，父亲郑挺出生在山西翼城一个贫苦农民家庭。父亲经常自豪地和我们说：我和咱们的党同龄啊！

父亲姐弟两个，父亲是家里唯一的男娃，家里老人都宠爱他。小时候在村里念书时，每天放学，他八十多岁的太奶奶都要到学校门口接他，兜里还给他带着馍馍片。

父亲十二三岁时到高级小学上学，高级小学在另一个村，离家二里远。在学校里，父亲的学习成绩一直排在前头。老师还专门到家里送过喜报，放了炮。全家人都非常高兴，觉得父亲是识字人，这辈子肯定会出人头地。1937 年，全面抗日战争爆发，日本侵略者从河北进入山西，很快就打到了太原城下，学校就放假了。那会儿，父亲还有半年就小学毕业了。书念不成了，父亲没办法，就回村里当了老师。这时牺盟会的一些同志，动员父亲参加了牺盟会。父亲看了一些进步书刊，还读了毛主席写的文章，视野一下子就开阔了，想看看外面世界的心思也更加强烈了。日军占领太原后，继续向南侵略，逼近县城。父亲和高小的老师商议后决定去找抗日的部队，拿起武器打日本人。他们一伙四五个人说走就走，又怕家里大人不同意，就偷偷背上干粮在夜里出发了。

辗转到了延安后，父亲他们进了延安抗日大学。由于父亲识字比较多，写的字好看，组织上就把他安排到毛泽东青年干部学校学习。

父亲从家偷跑后，一家人急坏了。爷爷听说父亲在延安，就费了九牛二虎之力到延安去找他。找到父亲后，爷爷让他回家。父亲说："我要革命，要抗日。"爷爷看到了延安的新气象，心里头也踏实了，一个人返回了家乡。就这样，父亲走上了革命道路，一走就是一辈子。

父亲晚年时和我们说，他的这一生是自己到延安"找革命""找"出来的。

○

○

"我想回报……"

父亲离休后，积极参加省市老干局组织的活动，一天到晚忙前忙后。

2012 年，我在山西省教育学院负责管理体育器械，因此与爱好体育的学生们多有接触。有一位爱好打排球的姑娘经常和我聊天，慢慢地我们俩就成了无话不谈的朋友。她姓钟，来自广西壮族自治区，家境贫寒，生活很苦，但她热爱生活，努力向上。

在家里闲聊时，我无意中和父亲说起这件事。父亲听后说："我想资助这位姑娘，只要是在学校读书，她念到哪儿我就资助到哪儿。"

我非常了解父亲，凡是他认定的事就会做下去。我心想，我为什么就没这么想呢？这就是我和父亲的差距。说做就做。我找到这位钟姑娘告诉她父亲的想法。从此，父亲不光全面承担起钟姑娘的学杂费用，每月还资助她一笔生活费。

钟姑娘学习非常刻苦努力，当时她读大二。她的目标是考研。父亲说，人活着有目标有方向就有希望有奔头。他和我说了好几次："别说她考研，就是以后念博士，只要我活着就全力资助。"

可是天不遂人愿，钟姑娘大学还没有毕业，父亲就去世了。

父亲病危时，紧紧地拉着我的手，那天他流泪了，他说："你要继续资助钟姑娘，直到她完成学业……我是没机会了，这件任务我是完不成了……我对不住她，你帮我完成吧……"

钟姑娘大学毕业后，因为种种原因第一次考研失利了，她决心第二年再考。当时还面临着一个问题，那就是她已大学毕业，没有可以栖身的宿舍了。我想，如果让她回老家，老家人多事杂，没有学习的氛围；再说，父亲生前交托给我的任务得完成。于是我就和她说，我家能住下你，你来我家住吧，安心学习。钟姑娘听到后，眼泪一下就流出来了。我腾出一间卧室让钟姑娘住，鼓励她好好学习。就这样，在我的鼓励和帮助下，经过一年的紧张复习，她终于如愿以偿。对此，我一点儿也不觉得奇怪，因为在家时，我看到她学习时的状态、劲头和高三的学生一模一样。我想父亲要是在世，看到她的学习劲头，一定会非常满意。

父亲去了，我把他未完成的心愿完成了。钟姑娘研究生毕业后在新疆理工学院当了老师。

钟姑娘每次和我通电话，聊起的第一句话都是关于父亲的……

钟姑娘说，父亲是她这辈子最大的恩人，她会努力工作，努力回报社会，以此方式报答父亲的恩情。

○

○

"我没想到我能活到九十多啊"

父亲是个非常容易知足的人，农村出身的他淳朴而善良。父亲常说："人这一辈子想要活得好、活得快乐，就该有颗知足的心。"

父亲在最后的日子里常说的一句话就是：我没想到我能活到九十多岁啊。

父亲说，抗日战争时期，他在抗日大学学习和工作。前方部队打仗，后勤保障缺人手，抗日大学就组织学生组成后勤部队，日夜为战场运送粮食、弹药。父亲跟随一支骡马大队，从山西、陕西等地筹集粮食，然后再将粮食想方设法运到前线。他们沿途要经过国统区、日伪占领区，还有散兵游勇和土匪横行的崇山峻岭。他们不分昼夜，押运粮草，心里就一个念头，尽快把这些物资运到战场，送到战士们手里。他们经历的危险，并不比在硝烟弥漫的战场上少。有不少骡队不是遭到国民党兵、日伪军的抢劫，就是遭到土匪的骚扰，很多同志没有倒在战场上，却倒在了后方押运途中。考虑到押运人员的安全问题，部队给押运人员每人配了一把手枪。父亲说，那把手枪他一直随身带着，黑夜就放在枕头底下。他说，那时他和同事们的脑袋就绑在裤腰带上，今天不知道明天还能不能活下来，人人都将生命置之度外。

父亲每每和我说起战争年代，说起那些九死一生的经历，他总是用一句话做总结：我会用自己的生命去完成党组织交办的工作和任务，不管多危险，我都会一往无前。

2015 年，父亲以九十四岁高龄离世。

临别时，父亲还是那句话，我这辈子没想到能活这么大岁数，值了。我这辈子都是党给的，如果有来世，我还当共产党员，为党和人民做点自己能做的事……

革命工作是干出来的

讲 述 人：赵郭臣
讲述时间：2022 年 8 月 16 日
整 理 人：周至

赵天才（1926 — 2019），山西临猗人。1937 年 3 月参加革命，1947 年 10 月加入中国共产党。1937 年至 1950 年，先后在部队担任看护员、卫生员、军医。1956 年转业至地方，先后在晋祠煤炭疗养所、西山矿务局职工医院、西山矿务局职工医院中医科任医士、副所长、所长。1987 年 1 月离休。

父亲赵天才，1926 年出生在山西省临猗县城关镇的一户农民家庭里，他十一岁参加革命，是山西为数不多的红军干部。父亲一生坎坷，但他却乐观豁达，信仰坚定，对我们子女影响至深。他从一个苦孩子成长为悬壶济世的中医大夫，在枪林弹雨中冲锋过，蹲过日军的监狱，参加过抗日战争、解放战争、抗美援朝战争……他为革命出生入死，为人民赤诚奉献，离休后坚持义诊二三十年，被老百姓亲切地称为“傻子党员”。

○
○
为党和人民奉献终生

父亲是在 1947 年入的党，到他去世时党龄已七十二年。这是父亲最重要的履历，更是他引以为豪的政治生命。在离休后的二三十年里，父亲以自己的中医技术，坚持为群众义诊，他的美名被人传颂。

他常教育我们兄妹：“革命工作是干出来的，不是买来的。人这一辈子，要凭自己的实力去奋斗。”父亲是这样说的，更是这样做的。他一生所取得的成绩、所赢得的声望，都是一步一个脚印实干出来的。

2016年10月，在长征胜利八十周年纪念日到来之际，时任山西省纪委驻省委组织部纪检组组长贾文儒来看望已经九十岁的父亲。贾文儒代表中共中央、山西省委向父亲颁发了“长征胜利八十周年纪念章”，并送上慰问金。那一年，山西在世的红军干部已寥寥无几。

父亲四岁无母，无人照拂，是吃百家饭长大的。十一二岁时还没有枪杆子高，就跟上部队参加了革命，曾是牺盟会山西新军二一二旅五十五团中的一员。八年全面抗战期间，二一二旅牺牲了无数战士，很多人甚至连名字都没有留下，有些人还只是十六七岁的孩子。1941年9月23日，在浮山佛庙岭的战斗中，父亲被俘，那时他才十五岁。

父亲晚年，经常到机关和学校讲战斗故事。我们子女也逐渐了解了父亲的许多往事。根本无法想象，父亲是怎么忍受一次次酷刑的，在敌人的拷打中坚守住党的纪律，保守住党的秘密——父亲，不仅有效地保护了自己，还掩护了被俘的其他战友。在日军把他们一行押送到东北劳改煤矿服苦役时，父亲与党组织取得了联系，因表现出色受到上级表扬……后来，父亲和战友们终于成功逃出虎口，就地在东北参加了抗联。那段惊心动魄的故事，听听都心头发紧，更何况是父亲的亲身经历。战争是残酷的，但父亲一直乐观、开朗、豁达，或许这正是革命浪漫主义精神的体现。

在东北，父亲被所在部队选送到抚顺一六三师医训班、辽阳市东北军区医训队学习。1956年，父亲转业到太原，先是到西山煤电筹建选煤厂保健站，后来又去晋祠的煤炭疗养所工作了五年。最后，父亲回到了西山矿务局职工医院，母亲随父亲回来，在医院做护士长。

西山煤电是一家大型国企，2020年12月16日更名为山西焦煤能源集团股份有限公司。父亲离休前，一直在西山煤电医院，就是现在的西山煤电（集团）有限责任公司职工总医院工作。医院始建于1956年1月，父亲和他的同事就是在那时，创建了医院的外科党支部。

我们的家，终于在太原安定了下来，但父母更加忙碌了。医院时常要安排医生下乡义诊，中药材要医生自己上山去采，医生不时要下基层矿井送诊，到工人家中送医送药……父亲还到附近的农村去义诊，一去就是十天半个月，他自己背着铺盖卷，带着自己采的中药材，为当地群众诊疗，分文不取……

父亲干活从不惜力。只问耕耘，不问收获——说的就是父亲这种人。只要是为人民服务，父亲二话不说，指到哪里打到哪里。什么家啊，孩子啊，他都能忘得一干二净，革命工作是第一位的。

战争年代落下的胃病，折磨了父亲一辈子，每次犯病时，他都疼得满头冒汗，但他从没有抱怨过一句。提起自己的一生，他由衷地说："我是党培养出来的，我要将一生都献给党，献给人民。"

1987年，父亲光荣离休。辛苦了一辈子，本可以好好歇一歇了，可他根本闲不住，离休不离岗，还像往常一样，每天上午坚持去医院坐诊，一干就是十多年，直到八十五六岁时，他才渐感体力不支，只好在家给上门的患者诊治了。

父亲的事迹，曾在集团公司的有线电视台、报社多次报道，太原电视台也做了采访，西山一带无人不知、无人不晓，当地群众都亲切地称父亲是甘于奉献的"傻子党员"。谁愿意当"傻子"，谁愿意被叫"傻子"？但父亲才不管别人怎么说，他自己认准的事情，就是要一股劲儿干到底。"这天下有精明的人，就会有傻的人。有些事情，总要有人干。精明的人不干，就只能由像我这样的傻子去干。"他说得理直气壮，干得轻松惬意。只要他高兴就好，全家没人反对，我们都了解父亲。他的心思，我们四个子女心知肚明，自然是格外地佩服他。

父亲正能量爆棚，以一己之力，塑造了西山煤电老党员的良好形象。2018年七一前夕，西山煤电组织过一次老革命讲党课活动，活动中父亲慷慨激昂，说："共产党提出的目标都会成真。不忘初心、牢记使命，没有什么是不可战胜的！"坚信党的领导是父亲至死不渝的信仰。

这是父亲的真心话，他用一生在践行自己的誓言。

○

○

每个人都要靠实力去奋斗

我们家是一门四代军人。我爷爷年轻时当过兵，参加过对日作战，是国民党起义人员；我参加过对越自卫反击战，上过老山前线，荣立过三等功；我侄儿曾在部队服役，目前已光荣退伍……

父亲虽然性格温和、平易近人，但对社会上那些投机取巧、走后门、拉关系的事深恶痛绝。在他眼中，那样跑来的官、要来的权一文不值。我们兄妹四个有三个在西山煤电工作，大家都能守着一份寻常工作，勤勤恳恳，过简单平静的日子。

“我很庆幸自己生活在这个时代，吃饱穿暖、生活优越，我太知足了；我们都要感谢共产党！”这是父亲的口头禅。他始终对党忠诚，信念坚定，以乐观豁达的心态应对风雨。

我们兄妹四个是姥姥带大的。姥姥一生命运多舛，她祖籍山东，闯关东到了东北，前后生了七个孩子，只活了母亲一个。因此，二哥随母亲的郭姓，大哥、姐姐和我的名字中也都带了“郭”字。父亲对此非常豁达，他是见惯生死的人，在一些琐事上从不计较，轻轻一笑，一带而过。他和母亲极少发生大的冲突，在家庭生活中，似乎没有什么事情能难倒父亲。多难的日子，遇到再多的困难，在他看来，不过尔尔。

我们是在没有多大压力的环境下长大的，这得益于姥姥无微不至的爱、父亲四两拨千斤的生活智慧、母亲干脆利索又不失风度的处事方法……这些对我们兄妹，特别是我们兄弟三人性格的后期养成起到了决定性的作用。

与很多家庭中父亲扮演着极其威严的形象不同，我们的父亲在家是“调节剂”，他的乐观开朗、大度包容、磊落坦荡，为家庭营造了融洽轻松的氛围，也教会了我们遇事不慌、见利不抢的人生智慧。

父亲多才多艺，会拉手风琴、吹口琴，还特别喜欢唱歌，他坚持每天上山练声，直到八十多岁还能记下几十首歌词，唱起歌来字正腔圆，底气比我们兄妹都足。

父亲有种能力，那就是自来熟：愁眉不展来看病的，家有难事来诉苦的，他几句话就让人家打开了心扉。父亲还爱管闲事，一次在火车站遇到有人摔伤，他和母亲二话不说就蹲在地上赶忙给人处理伤口……

俗话说，百病生于气，养生先养心。父亲用中医技能帮助病人解除病痛，更用悲天悯人的态度去关照生命。

我是父亲最小的儿子，一直和父母亲生活在一起。2003 年母亲去世后，父亲的生活成为我们家的头等大事。姐姐退休后，就和我们一起照顾父亲。大哥、二哥一有空闲就过来，用轮椅推着父亲四处转悠。父亲在家待不住，他爱和人交流，也不拒绝去别人家做客。有次姐姐推着父亲去参加姐姐同学的聚会，父亲很快就能与大家聊到一块，笑声不断。他的乐观感染了许多人。大家无不羡慕我们：“真是个难得的好老头！你们兄妹太有福气了。”

2019 年 6 月 17 日，山西省直属管理局第一幼儿园组织全体党员，以及在他们带领下的大班小朋友专程来看望父亲。开展“不忘初心、牢记使命，传承红色革命精神”的主题党日活动，满头银发的父亲坐在老师和孩子们中间，再一次动情地讲述革命战斗的故事，每一次追忆，都是一次回首，都是对过去岁月的致敬，更有着对牺牲战友的无尽思念。

2019 年 10 月 23 日，父亲在太原病逝，享年九十三岁。父亲，永远活在我们心中！

报君英雄台上意

讲 述 人：赵鲁晋
讲述时间：2022 年 8 月 18 日
整 理 人：张玉

赵保成（1926 — 2012），山西长治人。1942 年参加革命，1944 年加入中国共产党。1946 年被评为甲级战斗英雄、边区英模。1947 年，任长治市郊区区委书记；1949 年调入太原市，供职于太原钢铁公司，后历任太原市市政工程局局长、太原水泥厂厂长；1969 年，任山西省测绘局局长。1989 年离休。

○

○

英雄城里出英雄

我的父亲赵保成，1926 年 11 月出生于长治郊区鹿家庄。很小时，他就被过继给姑姑。姑姑去世后，家计艰难，父亲失去了上学的机会，所以他只上过半年私塾。1944 年，父亲年仅十六岁，就参加了革命。他后来还荣获“甲级战斗英雄”的称号。

1946 年 12 月 2 日，太行区党委、太行行署和太行军区在长治举行第一届群英会，大会选出边区英雄模范一百一十名。当天，来自四面八方的群众到会祝贺。他们有的牵着肥羊，有的抱着母鸡，有的抬着自己生产的毛巾、毛毯、毛衣、线袜、纸烟、肥皂、皮手套等物品走进会场，秧歌扭了起来，高跷踩了起来，敲锣打鼓，喜气洋洋。大会盛况空前，为不忘英雄的辉煌成绩，大会主会场的主席台被命名为“英雄台”，长治当时最繁华的街道“卫前街”改名为“英雄街”。

这一百一十名英模之中，有一名是我的父亲。父亲说他那时热血沸腾——他说他是被人民群众抬进英雄街、抬上英雄台的。从那时起，他打定主意，要满腔热忱地投身于为人民服务的事业。

后来，我去过潞州区。沿着父亲当年的足迹，从英雄街走到英雄台，我看到这里高楼林立、绿树成荫、商贾云集，已然成为长治市区最繁华、最具时代气息的一条经济动脉。我站在红色文化长廊看向现代综合休闲广场，遥想年轻的父亲那一刻的辉煌，百感交集。时光荏苒，重新翻看那段群英会历史，我更真切地体会到父亲的英雄情结。

中华人民共和国成立后不久，父亲被安排到太原市市政工程局任局长，再后来又调到山西省测绘局任第一任局长——是父亲亲手组建了测绘局。

山西省测绘局的前身是总参测绘处——专业技术性非常强。谁来出任第一任局长是个令人伤脑筋的问题。山西省委第一书记王谦亲自点将，对组织部部长说："我了解赵保成，根据目前山西的干部情况，无论资历、年龄、能力，只有他能行！"于是组建测绘局的任务交给了父亲。山西省测绘局是主管全省测绘工作的部门，其实其工作性质、职能跟父亲以前在部队从事的并不一样，父亲缺乏这方面的专业知识。但是父亲有股不怕困难的精神，他从忙碌的公务中抽出时间，每天精修业务，很快就掌握了很多专业技能，成了测绘专家。他还以惊人的毅力边工作边学习，考上了武汉测绘学院干部班，又进行了一次系统的专业学习。山西省测绘局在 1978 年被评为"全国测绘先进单位"，他也被评为"国家先进测绘工作者"。他干一行爱一行，在单位很有威望。

○

○

要留清白在人间

父亲是一个有着传奇色彩的人，他从事部队军工工作时，敌人曾悬赏一百块大洋捉拿他，这使他形成了警惕、谨慎的性格。那时，他每晚会醒好几次，有时候醒了还要换个地方睡。现在看来，这其实是职业病，是长期高度紧张导致的神经衰弱，这严重影响到了他的身体健康，但他从没有抱怨过。

父亲注重仪表，必须坐有坐相、站有站相。他对我要求很严格，他要求我早睡早起、不说谎话、勤奋刻苦，做事要有始有终、持之以恒。如果干什么事情虎头蛇尾的话，我就会受到惩罚。他让我爱惜学习用具，爱给我买书，但不买零食。他在家中一言九鼎，是名副其实的家长。我一直觉得他对我的教育太严厉了。

尽管父亲是领导干部，但在我的记忆中，他从不搞特权。在测绘局当局长时，单位要给他安排小灶，被他拒绝了。1978 年，他就有小汽车坐，上海牌轿车，全山西省就两辆，那是因为山西省测绘局是全国先进局，他本人是全国先进测绘工作者，国家才给特批的；但他从不让我坐小汽车，也不借车给别人，为此常得罪人。他离休后，干休所里提出派车接送他体检、开会，他都拒绝了，说不给组织添负担。他身上保持的那种革命传统，令工作人员都感动。

他还总是将送礼者拒之门外："我是苦日子过惯了的，享受不了这个东西！"他从工作和学习上都能带给人正能量。他从不质疑党的政策，碰到年轻人，他会给他们讲国家的政策，教育他们不要消极。

1994 年，我大学毕业了，正好赶上改革开放的大潮，我一心想找个好些的单位发挥专长，干一番事业。但是父亲没有管过我的工作问题，他不仅没有动用权力为我找关系，还跟我说打工也可以。我在家待业了五年，待业期间我四处奔波、打问，直到 1999 年 4 月才通过自己的努力进入太原市委工作。来到单位后我才知道，当时很多市领导都曾经是父亲的部下或他战友的部下。

父亲不肯为我工作的事求人，可他却积极照顾别人的子女。我整理过他的信件，有省领导写给他的条子，要求为几个孩子安排工作。其中一个还是他战友的儿子。他积极资助人家，并为人家落实了工作。他说这些孩子没了父母，他得管，他不能对不起那些死去的战友。父亲领着高工资却没有积蓄，他的钱大多没有花在他自己和家人身上，多是用来捐助别人。我的家就像是老家亲友们的"办事处、工作站"一样，经常有人在家里又吃又住。单位的购房名额、涨工资的指标他也都让给了别人。

父亲心地仁厚，有时见到乞丐，会领他们回家吃饭。他见不得别人受苦。这个时候，他身上严厉的一面就不见了，一点儿也不像一个戎马半生的军人，而像一个慈祥宽厚的老者。所谓百炼钢成绕指柔，说的就是他此刻的样子。

我一路走来都靠自己，年轻时，我心里是有埋怨的——三十岁以前，我没有体会到过父爱。参加工作后，我才渐渐理解了父亲，觉得他是一个高尚的人。

“你们好好工作，努力奋斗。”这是他朴实无华的教诲。他一直这样讲：“个人的成长进步要靠自己去争取，不能给组织提要求、添麻烦。”我们兄弟姐妹工作、生活都靠自己，如今我家的晚辈，虽然大多工作在平凡的岗位上，但大家都干出了不错的成绩。我有时候心里会怨父亲，当官时没有利用自己的权力，给我们提供一点儿帮助；但有时又想，父亲是老革命，心里装的全是人民，他是要为人民谋福利，怎么能让家人搞特殊化呢？！想到这里，我就释然了。

父亲特别爱党爱国，心系群众。太原市政工程局的宿舍就是他组织建设的。当时，那可是解决职工住房困难的大事。父亲去世之后，有一次我到那里去办事，他们听说我是老赵的儿子，都赶过来看我，跟我讲父亲当年的事迹，说到动情处，几位老人甚至流下了泪水。那一刻我被深深震撼了，一种神圣肃穆的感情在我的胸中生发——我以父亲为骄傲！

历经坎坷艰辛，从革命战火中一路走来的父亲，不失英雄本色，质朴务实的作风、为民服务的初心，于他而言，从未变更。

○

○

薪火相传家国情

父亲于 1989 年离休，但他读书学习，退而不休，继续从事老干部工作，发挥余热。

父亲小时候只上过半年私塾，文化知识都是参军之后学的；但他特别爱学习，终生坚持，因而学识丰富。他特别痴迷书法，晚年时的他，书法已很出色，他和林鹏、徐文达、王朝瑞等书法大家都有来往。父亲擅行草，家中有许多他的遗墨，我有时会看着他的作品，追忆他的音容笑貌。那满纸云烟，大开大合，痛快淋漓，写尽了他的磊落人生。

父亲关心国家未来，教育我们要帮助年轻人、文化人，提携、扶持他们。前些年，他看到社会上的一些不良现象，心里很不安。为了晚辈能以正确方式为人处世，他不顾高龄，利用一切机会给我们讲他年轻时的战斗经历，要我们不忘本，老实干事业，当农民就老实当农民，做工人就好好做工人。

“我一辈子为党工作，从没占过公家的便宜。你们做人做事，也要秉持一颗公心，光明磊落，人生道路不容你走错啊。”

“我没有什么遗产能给你们兄弟姐妹，只有一句话：虽然现在条件优越了，但工作上不能贪图安逸，生活上不能奢侈攀比，要努力做精神上的富有者。”

……

父亲不厌其烦地向我们讲述革命故事，告诫后人要懂感恩、多干事、干实事，要坚定理想信念，做对社会有用的人。讲到激动时，他会眼中带泪。他要求我们紧跟党走，不忘初心、牢记使命，把家乡建设得更好。

半个多世纪倏忽而过，现在回头想一想，我才觉得，父亲教我们的为人处世之道，让我一生受用，感谢他！

进入新世纪以后，我长期从事扶贫、乡村振兴工作，接触到很多以前在机关没接触过的事物，学习到很多东西。我更深地理解了父亲当年对人民、对乡土的热爱，这份爱是对家国天下的守护，是对表里山河的敬畏——那是他们为之抛头颅洒热血的红色江山。我亲眼见证了贫困这一历史的顽疾，在这场不见硝烟的战斗中退去，取而代之的是富裕、文明、和谐、宜居。在这充满希望的汾河之滨，我收获的不仅仅是工作上的业绩，踏着父辈的脚印，我感到一种情感在流淌，一种精神在传承。我愿将家庭梦融入民族梦、中国梦之中，让红色家风薪火相传。

隐功在党八十年

讲 述 人：贾秋实　贾小萍
讲述时间：2022年8月19日
整 理 人：赵建雄

贾一光（1928 — 2021），江苏涟水人，出生于上海。1940年12月参加工作，1942年6月加入中国共产党。1950年1月，进入苏北党校学习了半年，后南下福建，在福建省公安厅担任组干科副科长。1954年3月，调中央华东局工作；11月，调山西太原新华化工厂工作；1959年12月，任太原市委公费门诊部党支部书记；1960年2月，调太原市药材公司，先后任副经理、经理；1971年12月，任太原市外贸局党委副书记、第一副主任；1975年6月，任太原市建设银行党组成员、副行长；1981年12月，任太原市第一商业局副局长。1985年离休。

○

○

从小参军　立志报国

（讲述人：贾秋实）

我的父亲贾一光，1928年出生于上海。父亲很小时，爷爷因病在上海去世，家庭一下陷入困境，奶奶无力支撑，因爷爷老家在江苏淮安涟水，奶奶便领着父亲央人抬着爷爷的棺椁回到涟水老家。但老家人过得也辛苦，帮衬不上他们，他们的生活依然艰难。1940年12月，我父亲十二岁。当时，苏北有国民党、汪伪军、新四军在招兵。听说新四军是为老百姓打天下的队伍，父亲就对奶奶说，他要参加新四军，要让天下的穷苦老百姓都能够过上好日子。奶奶同意了，我父亲就在涟水参加了新四军。

因为父亲在上海念过几年私塾，认得不少字，所以到了部队之后被当作文化人，很受领导重视；再加上父亲刻苦上进，表现积极，所以入伍第三年，也就是 1942 年 6 月，十四岁的父亲就光荣地加入了中国共产党。这以后，父亲在各方面表现更加出色，不断得到部队的提拔。

从十二岁参军开始，父亲经历了抗日战争、解放战争，参加大大小小战斗无数次。父亲说，每一次战斗，他都是冲在最前面，一心只想多杀几个敌人，从来没有害怕过牺牲。刚参加新四军那会儿，一方面是因为他年纪小，另一方面是因为部队缺少枪支弹药，所以他没有武器。但是，因为跑得快，父亲还是经常冲在最前面，给战友们搬运弹药，帮助卫生员救助伤员，给部队侦察敌情；因而父亲得到了战友们的夸赞、部队首长的褒奖。但是，父亲从来没有给我们兄妹，甚至我们的孩子讲过他的故事，更没有炫耀过他立功受奖的事情。家人们问得多了，父亲也只是轻描淡写地说一句：“打仗么，挂点彩、受点伤，都是正常的；至于立功受奖，也没有什么大不了的啊！”然后就再也不说了。

关于父亲立功受奖的事，我们还是因一个偶然的机会才知道的。

那是前几年了，民政部门整理档案时，发现父亲曾经立过二等功，而且还是二级乙等伤残军人，就派人找到父亲，让他重新填一张《太原市战时荣立二等功以上人员情况登记表》，我们才知道了这件事。软磨硬泡下，父亲才大概给我们讲了一下那次立功受奖的情况。

父亲说，1946 年 6 月全面内战爆发后，国民党蒋介石以五十八个旅约四十六万人的兵力，向华东解放区发动疯狂进攻，其中苏中解放区是国民党军进攻的主要方向之一。从 1947 年 7 月 13 日至 8 月 31 日，在人民群众的支援和民兵的配合下，粟裕、谭震林指挥华中野战军在苏中同国民党军队作战，连续取得宣泰、皋南、海安、李堡、丁堰、邵伯、如黄路等七次战斗的胜利，共歼敌五万三千余人。这就是著名的“七战七捷”苏中战役。

当时，父亲在第十纵队第三师三十五旅一〇三团八连担任连指导员，带领部队参加了李堡一战。为了攻占敌人的炮楼，父亲第一个冲了上去，结果被子弹打中了右肩膀，倒了下去。当年 12 月，父亲受到部队表彰，荣记二等功。但此后，父亲就再也没有跟任何人提起过这件事。

1950 年，朝鲜战争爆发。父亲积极报名参加抗美援朝。父亲知道自己是二

父亲经常冲在最前面，给战友们搬运弹药，帮助卫生员救助伤员，给部队侦察敌情。

级伤残，组织上不会再让他上战场，就提出申请，要求降低伤残等级，从二级乙等降为三级甲等。但组织上最后还是没有批准。说起此事来，父亲总是难掩遗憾之情。

2021年七一，适逢中国共产党成立一百周年，党组织举办颁发“光荣在党50年”纪念章活动。当时父亲因身体原因住在山西省老年公寓，有关部门领导去慰问老党员，给父亲颁发并佩戴了党中央颁发的“光荣在党50年”纪念章。为了拍照纪念，父亲佩戴上了他以前获得的三枚纪念章，它们分别是中共中央、国务院、中央军委颁发的“中国人民抗日战争胜利六十周年纪念章”“中国人民抗日战争胜利七十周年纪念章”和“庆祝中华人民共和国成立七十周年纪念章”。父亲把这些纪念章传给了我们，并嘱咐道：“好好珍藏这些纪念章，要铭记历史。它们见证了我亲历抗日战争、解放战争，是两次战争的幸存者。”

不过，有一件事，父亲去世前还经常说起，并且为此感到遗憾。2015年9月3日，中共中央、中央军委在天安门广场举行了盛大的纪念“中国人民抗日战争暨世界反法西斯战争胜利七十周年”活动。活动前夕，民政部门领导找到父亲，邀请父亲去北京参加活动；但父亲觉得他只是一个普通军人，就推辞了，没有去。后来，父亲从电视上看到了阅兵队伍中的老兵方队，非常激动。虽然父亲没有亲自参加这次活动，但他仍然挺直身板，两眼闪着泪花，对着电视，举起颤抖的右手，敬了一个标准的军礼。

父亲就是这样一个低调的人。他说：“我参加革命，就是为了让老百姓过上好日子，就是要杀敌报国。记功也好，授奖也好，表彰也好，对我来说都不是我所追求的。”

1950年6月，父亲积极响应党和国家的号召，随大部队南下福建。去了福建之后，当地组织部门找南下干部谈话，大部分人都表达了想留在大城市福州工作的愿望，而父亲却主动申请要去驻守边防——因为当时那里还有国民党特务等在干扰国家建设。父亲说：“我南下就是要为国戍边，不是去享福的。”结果，许多当时想留下的人都没有留下，偏偏父亲被安排到福建省公安厅工作，并担任了组干科副科长。父亲在福建一干就是四年。

1954年3月，因工作需要，父亲被调到中央华东局工作，回到了他的出生地上海，我母亲吴志伟也跟着父亲回到了上海。这是多少人梦寐以求的好事啊。

可是，父亲的报国之心依然在激烈地燃烧着。

也就是在这一年，我国第一个五年计划进入实施的关键时期。当时，我国和苏联政府经过多次谈判，商定由苏联方面分批分期，以提供设计、成套设备和主要建设物资等方式，帮助我国实施“156 项工程”，其中有十一项工程落户太原——国家需要从上海选派部分骨干人才支援山西。义不容辞！父亲主动提出赴山西的申请。11 月，父亲便带领全家来到了太原。父亲进入太原新华化工厂工作，担任了厂工程科科长。后来，中苏关系破裂，苏联撤回专家，“156 项工程”停止，其他七位“援晋干部”陆续回到上海，而父亲却留了下来。

○

○

转业地方　无私奉献

（讲述人：贾小萍）

父亲调任地方工作后，我虽然跟他在一块儿生活的时间比较长，但是说实话，我并不是很了解父亲。因为父亲平时总是在单位忙工作，回了家，工作上的事也不会跟我们说。他要求我们很严格，记得他跟我们常说的话是，要为人正直、谦虚谨慎、乐于助人、艰苦朴素、勤俭节俭、与人为善、敦厚仁孝、好学上进、报效国家、服务社会，等等。

从 1959 年到 1981 年，父亲先后被安排到太原市委公费门诊部、太原市药材公司、太原市外贸局、太原市建设银行、太原市第一商业局工作。转业地方三十五年来，父亲无论在哪个岗位，无论担任何种职务，总是勤勤恳恳、兢兢业业履行职责，任劳任怨、一心为公，无私奉献着自己的光和热，以一名老共产党员的情怀践行着我们党为人民服务的宗旨。

我的哥哥贾秋实于 1974 年高中毕业，那一年我也初中毕业，正赶上全国知识青年上山下乡运动，国家号召初中和高中毕业生前往农村参加上山下乡劳动，接受再教育。根据有关政策，每家只有老大可以留城，所以我觉得我得去农村了。但是父亲不同意，非得让我哥哥去。父亲对哥哥说：“你是男孩，有力气，就应该去农村锻炼，扎根农村，为国家做贡献。”还说，“你已经十八岁了，在你这个年龄，我已经是排长了，带着部队打仗。我牺牲都不怕，你吃点儿苦算什么？作为一个年轻人，就应该为国家着想，哪里需要哪里去，哪里辛苦哪里安家。”1976 年，国家政策调整，知青陆续回城，为照顾职工子女回城工作，各单位都发布了招工政策。12 月，哥哥以银行职工子女的身份被招工，到中国人民银行工作。当时父亲已经是太原市建设银行副行长了，哥哥想留在市区内，这样离家近——就想让父亲去找领导说一下。可是父亲不仅不给办到市区，还将哥哥调到在当时来看算是比较偏远的迎新街办事处。哥哥不高兴，父亲就教育他说：“人这一辈子，都是要靠自力更生的。自己不努力，不要说为国家为社会做贡献，养活自己都是问题。”

1977 年，高考恢复，哥哥在父亲的鼓励和支持下边工作边学习。1979 年，哥哥考上了太原师范专科学校，毕业后被分配到太原市教育局工作。1976 年，我也参加了工作，在太原市无线电七厂上班。这期间，父亲从来没有因为我们兄妹俩的工作问题找过关系、托过人情。

但是，对于别人，对于邻居或者同事，父亲却总是惦记着帮助他们、接济他们。父亲是 2021 年去世的，可就在前几天，我碰到一位老邻居，他是父亲的老部下，见到我，他立即红了眼睛，对我说：“你父亲可是一个好人哪！他刚来我们单位当领导时，我们家人口多，大大小小七八口人，我妈妈没有工作，全家靠我爸爸一个人养活，后来我爸爸得了食道癌，治病费钱，生活很困难，有时候吃了上顿没下顿，是你爸爸经常把你们家节省下的粮食送过来，帮助我们全家渡过了难关。我们家人一辈子都感激他！”事情虽小，但我知道，父亲就是这样一个同情弱者、与人为善、为群众着想的人。

父亲无论是在职时还是离休后，为人处世一样低调。还在父亲担任太原市外贸局党委副书记、第一副主任的时候，江苏的老战友来山西看望他们当兵时的部队老首长，组织了一次聚会——老首长当时担任省里的要职，但父亲委婉地拒绝了这一次聚会。后来，父亲的一位江苏老乡来山西当了省委大领导，他让秘书邀请父亲前去见见面，聊聊过去或者工作上的事，邀了好几次，父亲都不去。他说：“自己踏踏实实工作就行了，如果因为工作上的事，我会主动去找领导的。我不想让同事们误以为我在靠近领导，或者巴结领导。”离休后，父亲说：“没觉得有什么功劳，也没有给国家做过太多的贡献，所以不想给国家和同志们添麻烦。大家多留出点时间来，还是考虑些对国家对社会有益的事好。”他还说：“虽然我没有给国家做多大贡献，但国家给我的待遇够高的了。现在已经很不错了，够生活就可以了，我不需要特殊照顾。”

就在父亲去世的前几天，他还把我们全家人叫到一起，对我们说：“你们一定要记住，自己的路要自己走。我是外来户，无地无房无存款，将来也不会给你们留下什么资产，你们得自己奋斗。你们一定要老老实实做人、本本分分做事。要多学一点儿本事，做一个有用的人，好好为国家做贡献！”

我的父亲，参加革命战争十年，转业地方工作三十五年，1942 年入党，2021 年去世，光荣在党近八十年，他一生襟怀坦荡、不骄不躁、谦虚谨慎、大公无私，他始终忠于党，忠于祖国，热爱人民，热爱社会主义事业，他一身正气、淡泊名利、默默无闻，从不炫耀功劳，一直在践行一个老共产党员的初心和使命。

一生无悔践初心

讲 述 人：李运彤　李汾彤
讲述时间：2022 年 8 月 25 日
整 理 人：赵建雄

李墨林（1918 — 1997），河北平山人。1936 年 5 月，加入中国共产党，从事党的地下工作。1937 年 9 月至 1941 年 10 月，先后在平山县第二、三、五区武装大队任大队长、指导员和武委会主任；1941 年秋季，到平山县南北杏园中心小学任教；1943 年 10 月至 1948 年 9 月，先后任河北省平山县政府民政科副科长，张家口市自来水公司行政秘书、支部书记，河北省平山县土地改革试点工作组组长、第六法庭副庭长，太原军管会工业接管面粉一厂军代表；1949 年至 1977 年，先后任山西省面粉公司第一副经理，晋南企业公司副经理、经理、工业局长，临汾钢铁厂筹建处第一副主任和临汾造纸厂筹备处主任，运城盐化局局长，山西省永济化工机械厂党委书记、革委会主任，山西省化工公司党委副书记、经理；1979 年，任山西省测绘局党组副书记、副局长。1982 年离休。

○

○

牢记初心　建功立业

1918 年 7 月，我们的父亲李墨林出生在河北省平山县一个贫农家庭。后来他上了私塾，念了几年书。1931 年，九一八事变爆发，日本悍然发动侵华战争，短短四个多月，中国东北全部被日军占领，三千多万东北父老深陷苦难。日军所到之处，尸横遍野、哀鸿遍地。侵略者犯下的罄竹难书的罪行，深深刺痛了父亲幼小的心灵。父亲在爱国进步老师的教育和影响下，懂得了“落后就要挨打”“只有共产党才能救中国”的道理。父亲说，那时他就下定决心，要跟着共产党的队伍干！

父亲因为参加过儿童团，而且表现出色，所以到1936年5月，经人介绍，他如愿以偿地加入了中国共产党。当时，因为父亲年龄最小，组织上就安排他从事党的地下工作，主要任务是印刷、张贴、散发革命宣传品，收集、传递情报。

抗日战争时期，父亲多次使用化名，如李冲锋、李德胜、李美玲等，从事地下工作。1941年秋季，日寇先后对抗日根据地实行“铁壁合围”“梳篦式清剿”和“三光”政策，疯狂地进行大“扫荡”。在一次战斗中，父亲为掩护战友身负重伤，虽经治疗保住了性命，却不能再上战场了。后来经组织推荐，父亲到平山县南北杏园中心小学当了一段时间老师。

中华人民共和国成立后，父亲辗转多地任职，不管是在哪一个单位任职，父亲都以一个共产党员的标准严格要求自己，不摆领导架子，牢记初心使命，甘当人民公仆。特别是他在运城盐化局担任局长的时候，始终把企业的发展记在心头，放在第一位，一次次彻夜伏案制定规划，一次次深入基层开展调研，一次次进门入户走访职工，“身”在现场，“心”系群众，换来了工厂的变革和发展，赢得了职工的赞许和口碑。

1973年2月，父亲刚刚恢复工作不久，组织上安排父亲担任山西省永济化工机械厂党委书记、革委会主任。面对一个停产多年的“烂摊子”，父亲毫无怨言，不甩挑子、不撂担子、不闹情绪，每天总是早早地就站到厂门口迎接工人们上班，晚上也是最后一个回家，一整天都在厂里忙工作，兢兢业业和领导班子其他成员一起攻坚克难，带领全厂职工“大干快上”，没用多长时间，就解决了企业亏损这个老大难问题，还清了厂里欠的一百万元，并盈利三十万元。父亲对我们说：“我牢记自己是一名共产党员，为人民服务是共产党人不变的宗旨。吃点儿苦，遭点儿累，甚至受一点儿委屈，这些跟战争年代的抛头颅、洒热血比起来，都算不了什么！‘为共产主义事业奋斗到底’才是共产党人最终的使命！”父亲说到做到，他以无产阶级革命战士的英雄气概，践行着为共产主义事业奋斗终身的誓言。

“文革”结束后，父亲被调回太原，先后担任了山西省化工公司党委副书记、经理，山西省测绘局党组副书记、副局长等职。在省测绘局期间，父亲主要分管全局的党务工作和思想政治工作。他认真贯彻执行党的十一届三中全会以来的路线方针政策。为了加强党的建设，父亲经常组织党员进行“党课学习”，他总是亲自给党员和干部讲党课。每一次讲课前，我们都能看到他伏案学习，认真备课。讲课结束，他还要求每一个党员写出心得体会，他自己也写，张贴在“学习宣传栏”进行交流。

父亲是 1982 年 12 月离休的。离休后，父亲仍坚持学习马列主义毛泽东思想和邓小平理论，他关心国家大事，关心单位建设。

〇
〇

坚守原则　培养家风

（讲述人：李运彤）

解放前，父亲常年在外“搞革命”，那时候“搞革命”是没有工资的，只是组织上不定时地给发一些小米，所以父亲根本没有钱款可以寄回家。母亲在村里，没有收入，养家困难，加之当时医疗条件差，父母前三个孩子都夭折了。后来，母亲跟随父亲东奔西跑，转战南北，因为身体多病，就没有再怀孕。直到解放后，父亲、母亲都已经三十多岁了，才生下了我和弟弟。

父亲曾对母亲说：“我干了一辈子革命工作，没有攒下金银财产，但是可以说，我是留下了口碑的。我希望我们的孩子凡事要坚持原则，要实事求是、公道正派、光明磊落、廉洁自律、艰苦朴素，而且要把这些当作家风传承下去。”其实，父亲从参加革命时就是这样要求自己、要求家人的。

父亲从来不向组织提要求，更不会借组织的名义或自己的职权办私事。1949 年后，国家给领导干部定级别，十二级以上就算高级干部了，十三级以下是一般干部，当时给父亲定的是十四级。我记得父亲担任临汾造纸厂筹备处主任的时候，国家给老干部调整级别——相应地也会提高工资待遇。按政策，父亲可以升级，但父亲就是不要，硬是把机会让给了厂里的总工程师。后来还有一次这样的机会，父亲仍然不要，还是把机会让给了其他人。

父亲兄弟三个，他是老三，因为早早离家参加了革命，后来也一直没有回过河北老家，兄弟们分房子和家产时，就没有通知父亲，按两份分了。20 世纪 70 年代，国家出台政策，照顾早年参加革命的老干部，他们若想回老家养老，可以由政府出资新建一套住房。我当时就跟父亲说，我想回老家去办这事，向当地政府申请一下。父亲坚决不同意，对我说："用不着。就不要给当地政府添麻烦了，我们就住在太原吧。"后来，山西省测绘局给我父亲分了一套宿舍，我弟弟汾彤因为没有房子，就一直跟父亲住在一起，直到父亲去世。

我弟弟从部队转业回来后被安排到山西省测绘局工作，当时父亲已经是省测绘局党组副书记、副局长。弟弟在部队就是开车的，测绘局正缺司机，弟弟也想当司机，可父亲却坚决不同意，父亲认为这有利用职权谋私利之嫌。但是，既然国家给弟弟安排单位了，弟弟总得有个工作岗位吧。局里其他领导商量后安排弟弟去了省测绘局下属的制印队当了一名印刷工人，弟弟一直在这个岗位上干到退休。

母亲还给我们讲过父亲的好几件事，即使到现在，我们也都老了，还是记得清楚。

母亲是一个农家妇女，解放前一直跟随父亲南征北战，没有参加工作。父亲转到地方后，曾在好几个单位担任主要领导职务。这些单位有的是新建的，有的是改扩建的，有很多招工机会，父亲给母亲安排一个正式工作很容易，而且根本不需要特殊照顾。可父亲就是不给办，他说办了就是在利用职权。为了增加家庭收入，解决生活困难问题，母亲软磨硬泡，父亲才安排母亲做了一个临时工：先是在临汾造纸厂给单位用大铁锅烧开水，后来是在永济化工机械厂打扫集体宿舍的楼道和厕所。母亲说，不管如何，总算是有一份"工作"了。听了母亲的讲述，我想不通，去问父亲："哪里有书记、厂长的老婆烧开水、扫厕所的，你难道就不觉得丢人？"父亲却不以为然地说："干什么工作不一样？不都是为社会主义现代化建设做贡献吗？"

父亲回到太原工作后，我们全家也随迁到了太原。1995 年底，母亲被查出患有骨癌。在山西省肿瘤医院治疗一段时间后，母亲出了院，但还需要经常去医院做放疗、化疗。我们家住在府西街北鱼池街省测绘局宿舍，省肿瘤医院在大东关凯旋街，路程比较远。当时父亲已经离休，但单位还给他配有专车。母亲每次去看病，父亲还是那一套，不让用单位的车。直到有一次，单位的司机知道了这事，对父亲说，这车本来就是单位给老领导配备的，就是为了给老领导解决生活中的困难，用车不违反原则，可以用。这以后，父亲才允许母亲坐他的车去看病。

到了后来，母亲的病情十分严重了，一天的医疗费用就得一千元左右。母亲一辈子没有工作，不能享受公费医疗，单靠父亲以及我和弟弟的工资，已经是捉襟见肘了。我想让母亲用父亲的老干部医疗本去住院，可父亲坚决不同意。父亲背着母亲，偷偷地跟我说："我这一辈子，唯一的遗憾就是没有照顾好你母亲，没有给她安排一份固定的工作——不是没有机会，是我不能搞特殊啊！对党和国家，我是问心无愧的。"父亲说这话的时候，泪流满面。

后来，测绘局的领导和同事们知道了这件事，大家积极为母亲捐款。捐款送到我家之后，父亲对我说："你母亲是跟我从枪林弹雨中走过来的，跟了我一辈子，历尽了艰难困苦，可是她从没后悔过。你一定要把捐款的名单留下来，保存好，这个钱，我们将来是要还的。"

我的父亲，就是这样一个人。作为一名共产党员，作为一名领导干部，在长达六十多年的革命生涯中，他无论遇到什么艰难曲折，都始终不忘初心和使命，始终对党和人民忠诚。他具有坚强的党性原则，也给我们留下了宝贵的红色家训，我们永远怀念他！

用一生践行党性原则

讲 述 人：陈琳　陈丽　陈红
讲述时间：2022 年 8 月 30 日
整 理 人：周至

陈温祥（1929 — 2021），山西平遥人。1945 年 8 月参加革命，1948 年 8 月加入中国共产党。曾任西北炮教团班长、副排长、排长、指导员，第一炮兵学校中队指导员，西安炮兵学校中队指导员，郑州炮兵学校中队指导员、训练部协理员，国防科委 505 研究所军管组长，高射炮兵学校大队政委等职。1976 年 10 月，转业到太原，先后在太原内燃机厂、太原绒织印染联合厂工作，历任党委副书记、纪委书记、副厂级调研员等职。1986 年 12 月离休。

父亲陈温祥，1929 年 7 月出生于山西省平遥县杜家庄。父亲一生坚持原则、克己奉公、严于律己、艰苦朴素，他常教育我们姐妹三人要踏实工作、低调做人。父亲一生虽多病缠身，却以九十二岁高龄终老，这与他乐观向上、信仰坚定不无关系。

○
○
坚持原则忠于党

十六岁那年，父亲毅然离家参加了八路军，并且把 7 月 1 日党的生日作为自己的生日。

参军后，遵照部队的保密原则，父亲不能用真名跟家人通信，便化名温祥，转业后才改回原名陈温祥。

我们姐妹都是在部队大院里长大的，那院子很大，学校、医院、商店、电影院一应俱全，生活区和工作区是严格分开的。小时候就觉得父亲特别忙，我们几乎见不到他的身影。在不多的相处时间里，父亲留给我们的印象是早起晚睡、吃饭快、办事认真、雷厉风行，典型的军人作风。

1976 年 10 月，父亲转业到太原内燃机厂，后调太原绒织印染联合厂，他先后担任太原内燃机厂党委副书记，太原绒织印染联合厂党委副书记、纪委书记。

父亲一贯严谨，对工作上的事情守口如瓶。在部队如此，转业到地方后，他依然如此，始终坚守原则，做得多说得少。父亲一贯低调，我们厂的很多人都不知道父亲是什么级别的干部。耳濡目染，我们也从没觉得父亲是啥高干，一家人就是简简单单过日子，与普通人家没啥区别。

父亲刚转业时，我们家的住房只有三十多平方米，调到太原绒织印染联合厂后，单位给父亲分配了住房。当时，结了婚的妹妹没房子，还和父母在一起住；即便如此，一搬进新单位的房子，父亲就把原来单位的房子退掉了。别人都劝他，按规定两套房子加起来，面积也并不超标。但父亲退房的态度却很坚决，他说："够住就行，跟过去比已经很不错了。宁愿吃点亏，也不能占便宜。这样做，我心里才踏实。"

新房有八十多平方米，在二层，是预制板房，没有电梯。父亲晚年时，经常生病住院，每次住院出院都是女婿背他上下楼。按规定，可以让单位派车，可父亲从未开过一次口，还说："不要给组织找麻烦，自己能克服的就自己克服。"在他看来，组织上的事都事关原则问题，不能违规，更不能违纪。他一再教育我们，讲党性、讲原则是对党忠诚的体现，坚持原则是共产党人的重要品格，可不能有自己的"小算盘"，"打铁还需自身硬"，正人先正己。

有一年，厂领导到家看望老干部，见父亲家十分简陋，就特批了两千元慰问金，让父亲改善一下生活环境，但父亲坚决不要。他说，自己已经过得很好了，不需要这笔钱，让组织上把这笔钱发给那些有困难的人。我们来来回回往厂里跑了好几趟，好说歹说，厂领导又出面做工作，父亲才勉强收下。有人说他"死脑筋"，不懂变通、不讲情面，可我们心里明白"坚持党性原则"，是刻在父亲骨子里的信念，根深蒂固。

与有的人爱抱怨、好攀比不同，父亲特别容易满足。提高一点儿补助，他就高兴得不得了，见人就说：“党一直关心我们老干部，我们可不能拖后腿，说怪话。”父亲淡泊名利，不争不抢，从不摆老资格，总是安之若素。

党给予的各种荣誉，父亲都十分珍惜，他细心保留着各种奖章。在组织上给他颁发庆祝中华人民共和国成立七十周年纪念章时，他可兴奋了，我们姐妹一回家，他就小心翼翼地拿出来给我们看。看到他脸上洋溢着的幸福笑容，我们也感到无比光荣。至今想起来那场景，我们还十分感动。

○

○

手不释卷爱学习

父亲是农家出身，参加革命前识得几个字，后来的文化知识都是在部队习得的。1945 年，父亲进入晋绥军区贺龙中学读书，虽然只有一年时间，但这对父亲来说却弥足珍贵，因为这是他学习路上的全新起点。父亲从贺龙中学毕业后，进入晋绥炮兵团观察队学习。为了更好地掌握知识，他每天天不亮就起床，不是爬到树上安安静静读书，就是用树枝在地上反复画图、练习。这些学习经历为他成长为一名政治过硬、成绩优秀的炮兵指挥官打下了基础。1951 年，他被选送到解放军第二政治学校学习，毕业后，被分配到西安炮兵学校任中队指导员。

在部队，父亲养成了严谨的好习惯，他爱学习、爱钻研。他坚持写日记、做笔记，几十年如一日。对党的政策文件、订阅的报纸杂志，还有医学方面的书籍，他拿起来就放不下，上面全是他的勾勾画画。父亲年轻时挖战壕，经常泡在水里，时间久了，得了关节炎，到了老年不能多走路，但他头脑清晰、思维敏捷。离休后，家里大事小情多是父亲操心，件件都处理得妥妥帖帖。日常生活事无巨细，父亲都要记录下来，特别是他每次住院的化验单、费用单等等，他都会记得清楚。几十年下来，他的笔记本摞起来有一人高，分门别类，写得明明白白。

父亲晚年病痛缠身，每次住院，医生和他说病情，他都记录在案，不懂的还要查资料。正所谓“久病成医”，父亲不仅对自己的身体状况了如指掌，还能用医学术语和医生们交流，令医生们都惊叹不已。

“听党和组织的话，党让干啥就干啥。”这是父亲的口头禅。他用一生践行着党性原则，从不跟组织讲条件、要待遇。转业到地方，也不争不抢、谨言慎行，以军人的标准严格要求自己。他常说“不能占公家便宜”，公家的东西，哪怕是一张信纸，他也没有拿回家过。

父亲平生极为自律，不喜欢麻烦别人，自己能做的就自己做。在生命的最后阶段，父亲最惦记的是交党费，每个月都早早地把党费准备好，催我们替他去交。

父亲节俭惯了，从不乱花一分钱；但每每遇到大灾大难需要捐款时，他总是很慷慨。要知道，父亲的一个牙缸用了六十多年，一身军装穿了一辈子，一套简易家具用了一辈子……他艰苦朴素的作风是有目共睹的，去过我们家的人都深有感触，“厅级干部，住这么小的房子，用这么简陋的家具，不是亲眼见，真是不敢相信”。在别人眼里的不可思议，于我们而言，早已习以为常。

父亲在世时，很低调，从不摆老资格，从不拿功劳说事，更不准我们借机炫耀、张扬。2021年8月16日，父亲在太原病逝。遵照他的遗愿，丧事一切从简。

追悼会上，父亲生前所在单位——太原市欣绒物业管理有限公司（原太原绒织印染联合厂）领导这样评价父亲：“陈温祥同志团结同志、工作积极，真正做到了一身正气、两袖清风，是党的好干部、企业的好领导。他坚守党的信念，是一名经得起考验的中国共产党党员。生活上，他艰苦朴素、克勤克俭，从不铺张浪费，并自觉要求自己的子女严格执行党的政策，从不搞特殊化，从不给组织添麻烦，体现了一位革命军人和企业干部的高风亮节。在单位，他为人谦逊耿直、热爱集体、关心他人，为革命工作和建设事业奉献了毕生精力。”

父亲是我们姐妹的骄傲，更是我们子孙后代学习的榜样。

往昔峥嵘岁月稠

讲 述 人：郭强
讲述时间：2022 年 9 月 8 日
整 理 人：张玉

郭希昌（1932 — 2018），山西和顺人。1947 年 10 月参加工作，1950 年 6 月加入中国共产党。1949 年 4 月，任太原市军管会公安接管组工作员，此后就职于太原市公检法系统；1986 年，任太原市人民检察院检察长、党组书记。曾任中共太原市委六届市委委员，是太原市第七届、第八届人民代表大会代表。1994 年离休。

○

○

立志报国

我爷爷郭希昌于 1932 年出生在和顺县一个小康家庭，祖籍义兴镇蔡家庄。爷爷自幼爱读书，他喜欢品读爱国先贤的故事，对那些誓死报国、抵御外侮的英雄人物无比敬佩，少年时代，便树立了报效祖国的宏大志向。

曾祖父母都鼓励爷爷读书，爷爷也顺利上了高小；但没多久，家里遭了难，生计都成了问题。爷爷没有向苦难低头，他坚持着完成了学业。

高小毕业后，爷爷跟着他舅舅在和顺县人民银行工作，后来进入县人民政府，眼界更开阔了。他在那里认识了很多革命者，对社会思潮和局势的了解、探讨也多了起来。在那个大转变、大动荡的年代，爷爷是个不肯墨守成规的“弄潮儿”，是个壮怀激烈的热血男儿，他没有那么多儿女情长，他随时准备投笔从戎。

1949 年，爷爷参加了解放太原的战役。太原战役打得很惨烈，爷爷说土地都被鲜血染红了。

爷爷说他那时只有十七岁，他站在东山山顶俯瞰大太原，一眼望去是无边的火海。小北门城墙又高又厚，想要登城必须有先锋队员为后续部队打开突破口。1949 年 4 月 24 日凌晨，爷爷所在的部队接到了这个任务，要将城墙打开个一丈宽的口子，以便后续部队顺利通过。这个任务非常艰巨，在攻城时，光从城墙上掉下去的就有很多人，城墙下血流成河，但不断有战士冲上来与城墙上的敌人厮杀。经过几个小时的厮杀，爷爷和战友们攻破了城墙，大批精锐作战官兵冲进了太原城。这时爷爷在废墟上看到一块立着的黑板，上面写着："南京已被解放！"南京是当时国民政府的首都，它比太原早解放一天，它的解放标志着我们赢得了人民战争！爷爷大声念出了黑板上的字，战友们热血沸腾，他们大声喊着"解放太原"的口号，一鼓作气向前冲去。爷爷说，他对共产主义充满了信心。

太原解放后，爷爷来到太原市公安局任干事、侦查员。1952 年，二十岁的爷爷当了北关派出所所长。

爷爷后来谈到他投身革命的初心时，讲起了苦难对他的影响：苦难使他的视角平民化，他看到了民生的艰难，从此便以民间疾苦、天下兴亡为己任了。我曾问过爷爷："如果仍从当年的环境开始，让您重过这一生，您还会选择投身革命吗？"爷爷说："会的。如果天下清平，谁都想有一个稳定的职业，过体面的生活：我们家祖祖辈辈都是读书、做生意，我们完成学业后，也一定会过那种富足的小日子；当时国家是那种状况，哪个大好青年不是满腔热血地要效力国家民族？！蝇营狗苟，成何体统？"像我爷爷这样的为追求理想而献身的革命者，是我一生学习的榜样。

我小时候，爷爷带我回过老家。和顺是革命老区，故乡的土壤是清香的，家乡的亲人是淳朴的。尽管我没有在那里生活过，但我对它有天然的热爱。爷爷总是穿着一件旧军装跟乡亲们下地劳作，黑布鞋、黄草帽，地里到处能听到虫鸣鸟叫，天空清亮透明，劳作的声音从这头响到那头。爷爷说："包容万物的土地是我们的根。"

○

○

桑榆晚景

爷爷年轻时工作太忙，没时间给子女太多的照顾。这个缺憾爷爷弥补给了我——我小的时候，父母工作也很忙，爷爷那时已离休了，我是在爷爷奶奶跟前长大的。都说隔辈亲，一点儿不错，爷爷在我身上倾注了他晚年的所有心血，这令我一生难忘。

爷爷对共产主义的信仰很坚定，我七八岁时，他就给我买《共产党宣言》。小时候我很调皮，有一次没做作业，被老师扣住了，爷爷去接我放学，老师便向他告状。回家以后，爷爷很严厉地训斥我，并让我在门外反省，他自己进家了。我在门口哭，被邻居老爷爷带回他家安慰，他还给我好吃的，我乐不思蜀，在人家家里玩得忘了回家——那时候邻里之间感情很深，跟亲戚一样，特别亲。我从小在大院长大，得到很多爷爷奶奶的照顾，他们都是爷爷的老同事。后来奶奶找不到我，还和爷爷大吵了一架。回到家后，爷爷严厉地批评了我，让我好好学习。爷爷说，学习成绩不好是能力问题，但是不好好学习是态度问题；能力不足就设法努力提高能力，但是不守纪律、不讲原则是做人出了问题。爷爷的话我铭记在心。

爷爷从 1986 年起任太原市人民检察院检察长，当时太原打击经济犯罪在全国树起了标杆。我从小看见很多来送礼的人被爷爷严词拒绝。爷爷说："如果收了东西就没有资格去公正做事。党把这样重大的任务交给我，我必须做好。"我永远记得爷爷说这话时的凛然目光。

爷爷年轻的时候很受组织器重，后来他也受过冲击，但他一直坚定不移地相信党，对党始终保持绝对忠诚。爷爷不是个热衷功名利禄的人，他与人交往非常慎重，不轻易表达自己的见解，也从不随意贬低别人……我在家时，他喜欢带着我去拜访他的老朋友、老同事。

1994 年，爷爷离休了，但是他没有彻底放下工作，继续担任中共山西省委赴文水县"三讲"教育巡视组组长，山西省老年法律工作者协会、司法协会常务理事，太原市老龄委员会副主任，太原市老年法律工作者协会会长，等职，他还做过太原市城建局、残联和《老友报》的顾问。这些群团协会定期组织会员们深入基层去考察，去了解民间疾苦。爷爷很热心，奋斗了一辈子的他很难闲下来。

爷爷心地单纯、性格坚韧，只认“革命”的戒律与教条。他非常感谢共产党带给他的一切：幸福人生、辉煌历程、儿孙满堂。爷爷相信共产主义是最高的信仰，他认为我们的党是勇于自我革命的，他把党章作为自己的行为准则。他一再告诫我，要低调，要谦虚。但我那时很年轻，或许正像他年轻的时候一样，满怀报国的激情。

后来，我参军了。爷爷很高兴，他认为部队是个锻炼人的好地方，我可以在那里学到很多东西。新兵入伍的那一天，爷爷去送我，在夏日炎炎的风中，我看到爷爷脸上的皱纹里有晶亮的东西，不知是汗水还是泪水。我提着行囊挤上车的时候，听见爷爷在后面喊：“好好当兵，好好做人！”我不敢回头，泪眼蒙眬中，车轮滚滚带我驶向远方。在部队上，他每周给我打一次电话——“上党课”，我感觉他是认真“备课”了的。爷爷在电话里总是说家里一切都好，让我不要挂念，末了还补上一句：要老老实实做人做事，不要耍小聪明，凡事都要为别人着想，要能容人。他还给我写信，用他那手严谨秀逸的小楷——舐犊之情，跃然纸上。

2006 年，我转业回到太原市，一直从事经济、安保工作。我曾负责过领导的安保工作，出于保密不能跟家人说。但是爷爷凭借老公安的直觉猜到了我的工作性质，他含蓄地对我说：“一定要保证领导的安全。”

爷爷教我的几句话，让我一生受用。学生时代，他最常对我说的是：“慎思慎独，勤学勤练。”参加工作后，他告诉我要做到：“政治安全、人身安全、经济安全。”我对这句话的理解是：做一个政治上的明白人，身体永远是革命的本钱，要控制自己的物质欲望。成长是件“猝不及防”的事，我很感谢组织这些年来对我的培养。虽然现在我肩上的担子越来越重，但我不会有一丝懈怠，因为我希望爷爷也能以我为荣。

2019 年 2 月，农历正月初六，爷爷永远地离开了我们。当时，他闭着眼，我坐在病床前看着他沟壑纵横的脸，想到深厚的黄土层，想到在山川丘陵上蜿蜒迂回的万千条浅浅细流。我想：这是我的爷爷、我一生崇拜的英雄、一辈子的亲人。

爷爷走后，前来吊唁的人很多。我相信，这数以百计的人们冒着严寒来向爷爷这个瘦弱清癯的老人作最后的告别，绝不是因了他生前的职务和头衔，而是为着他的功勋和品行。

爷爷的一生跌宕起伏：他是进步的青年，也是农民的代表；他做过教员，也当过士兵；他曾被人批斗，也曾和很多领导人有交往……爷爷的经历虽然复杂，但爷爷的信仰从未改变。转眼间，我的孩子也已长大，即将开始新的人生旅程。作为父亲，我希望我们的家风能够更好地传承下去，我希望孩子做爷爷那样的人：有信仰，有原则，一身正气。在太行山最深处那片包容万物的土地上，有我们的根，有已融入我们血脉里的“风土”，在那生生不息的大地上，阳光升腾。

百年风雨人生路，爱国爱党世纪情

讲 述 人：彭莉丽
讲述时间：2022年9月12日
整 理 人：江雪

彭春辉(1920—2021),河北保定人。1938年参加革命,同年加入中国共产党。1964年，任高家堡农场场长；1967年被调至永济县董村农场，后任原平农场管教组组长；1973年5月被调至平遥县，组建少年犯管教所并任党委书记兼政委；1980年12月，任山西省第一监狱党委书记兼政委。1984年离休。

○

○

峥嵘岁月：经受革命烽火洗礼

我的父亲彭春辉，1920年11月4日出生在河北省保定市蠡县蠡吾镇刘村的一个农民家庭。农闲时我的祖父会做一些小生意，将棉花纺织成布匹再出关东去卖。祖父走南闯北见识多了，也便懂得了文化的重要性，所以，祖父勉力供我父亲读了私塾。

为广泛发动群众武装开展游击战争，1938年1月10日，晋察冀边区行政委员会成立。我父亲就是这个时候参加的革命。他先在冀中军区后防军医院工作，1938年8月，又被安排到冀西冀中军区卫生部担任特派员，并加入了中国共产党。

父亲兄妹四人，大伯叫彭春亭，在村里务农；二伯叫彭春培，是当时刘村的农会主席。听父亲说，他原来还有一个姐姐，鬼子汉奸得知父亲在锄奸队，对父亲恨之入骨。好几次，日本鬼子在汉奸的带领下闯入祖父家，想逼迫祖父交出父亲；祖父祖母大概是提前得到了消息，与我大伯和二伯他们躲了出去，鬼子扑了个空。但不幸还是降临了。一天，鬼子突然袭击刘村，气势汹汹地包围了村庄，抓住了我祖父，并害死了当时担任刘村农会主席的我二伯彭春培，还放火烧毁了家里的房子。我父亲担心家里再遭鬼子、汉奸祸害，便一直不敢与家里联系，后来村里就传说我父亲牺牲了。一直到解放后的一天，祖父才得到消息，父亲还活着！那时，父亲已经担任了中央政府公安部八局副处长。抗战中，父亲与战友们一起挫败日伪军的多次“扫荡”和“蚕食”。1948 年 3 月，解放新夕，中央机关从延安向西柏坡大转移的过程中，父亲更是义无反顾地承担起保卫中央安全工作。听父亲讲，在最困难、最艰苦的时候，他和战友们每天吃三粒蚕豆果腹，一条扁担能睡一个人。父亲和他的战友们用鲜血和生命换来了被毛泽东誉为“敌后模范抗日根据地、统一战线模范区”的安宁。

○

○

恪尽职守：保国安民中守土有责

新中国成立以后，父亲继续为革命工作燃烧自己，亲历众多堪称彪炳史册的节点性工作：1949 年开国大典，在天安门城楼全面统筹安保工作，确保国家领导人安全及大典顺利进行；抗美援朝板门店谈判期间，负责我方现场安保总控；20 世纪 50 年代，国际局势风起云涌，时任越南主席胡志明同志多次访华，父亲均身临一线，担任贴身保卫、统筹工作……这些在很多人看来值得终生引以为傲的事迹，父亲从来不主动和我们提起。

父亲因工作出色，被时任国家副主席的宋庆龄先生认可，她送给父亲一盆她亲手种植的文竹，父亲倍感珍惜，却也没有主动和我们提起这盆文竹的来历。父亲始终认为，他就是一名普通的革命战士，为革命工作奉献终生。父亲淡泊名利的态度，为我们儿女作了积极表率。

1962 年 4 月，父亲被下放到山西，在父亲坚持留任公安系统、坚持下基层的要求下，父亲在山西的工作单位由原先的省委组织部调整至省公安厅一线。1964 年 4 月，父亲担任位于清徐县的山西省高家堡农场场长。听父亲说，当时这个农场归山西省公安厅的下属单位劳改局（现山西省监狱管理局）管。1967年，父亲又被调到山西省永济县董村农场；之后前往山西省山阴县学习班学习，后又调至山西省原平农场担任管教组长。这一时期，父亲可以说是调动频繁。但不管怎么调动，父亲始终坚守着一个共产党员的坚强信念。

1976年，父亲有机会调回北京工作，但父亲放弃了。后来我问父亲为什么不调回北京。父亲说："我何尝不想回北京，但我已经五十六岁了，回北京能做什么？如果回北京不能做更有价值的事，那就把回北京的机会让给那些有更多机会做事的人吧。"父亲那番话瞬间让我明白人生的意义——做对社会有价值的事，才是人生的真谛。

1980年12月，父亲被调到山西省第一监狱担任党委书记兼政委。上班那天，他习惯性地到新单位的生活区、办公区转一下、了解一下。他看到办公区有一个水池，水池上的水龙头开着，水哗哗流着，溢出了水池，地上积了很多水。父亲赶紧过去，关掉水龙头。这时，一个工作人员走出来冲着父亲就嚷："哪里来的老头，在这里瞎转！"父亲说："你别管我是哪里来的，这水哗哗流，你不觉得浪费？"那人呵斥父亲："你谁啊？该干吗干吗去，少管闲事！"父亲说："你这是浪费，就得管！"过了几天，山西省第一监狱召开干部大会，那人看到了主席台上坐着的父亲，愣住了。会议散了后，他赶紧找父亲道歉，担心父亲以后会给他"穿小鞋"。父亲说："认识到错误就行，以后好好工作，其他的不用担心。"后来，这人逢人就说我父亲为人正派和善，是一位好领导。

父亲还提起过这样一件事：省监有一个女干部，是单位的技术骨干，她爱人在石家庄工作，也是一位优秀的技术人才。夫妻两地分居，生活工作多有不便。父亲了解到她的情况后，本着爱惜科技人才、体恤下属、免除干警后顾之忧的出发点，设法帮她把爱人调到了省监，解决了困扰他们多年的问题。这个女同志为感谢我父亲，拎着礼物到我家，想表示一下感激之情。我父亲对她说，你爱人调来这件事，是组织决定、组织安排的，不是我个人能做的事，你要感谢，应该感谢组织，并婉拒了她送来的礼物。

父亲作为一名老共产党员，也一直积极践行社会责任。1977年，平遥发洪水，父亲第一时间带人救灾，又捐出了一百元钱。母亲当时也捐了五十斤粮票。要知道，当时一个学徒工一个月的工资才十八块钱。我父亲是那次全县捐款最

我父亲对她说，你爱人调来这件事，是组织决定、组织安排的，不是我个人能做的事，你要感谢，应该感谢组织，并婉拒了她送来的礼物。

多的人之一。抗洪结束后，平遥县委还对父亲进行了表彰。1989 年，国家决定修复长城，父亲又一次捐款；汶川大地震时，父亲也是第一时间捐款。2020 年春节，新冠肺炎疫情暴发，一百岁的父亲还不忘交出自己的一份特殊党费。

○
○

家风传承：认真做事坦荡为人

20 世纪 50 年代，我们一家随父亲在北京生活，当时居住在复兴门外南礼士路国务院宿舍。我母亲徐宝英也是一位老革命，1926 年出生，早年参加革命，1942 年加入中国共产党。她是山西五台县人，1949 年前与我父亲结了婚。父亲与母亲相识于晋察冀边区，携手相伴六十载，既是战友也是伉俪。母亲当时也战斗在公安战线上，1949 年后在北京朝阳分局工作。1949 年前，父亲与母亲聚少离多，直到父亲从朝鲜战场回来，才有了我哥哥和我。我哥哥 1954 年出生，我 1956 年出生。但即使父亲回到了北京，他们还是非常忙。我小的时候，很少能见到父亲母亲。他们一般周六下午回家，周日下午离开，因无暇照顾我们，只好把远在山西五台县的姥姥请来北京。在我和哥哥的记忆中，童年与姥姥相处的时光多于和父母在一起的时光。

20 世纪 60 年代，父亲被调到山西。那时我母亲可以不用来山西，但当时北京出台了新的户口政策，鼓励异地夫妻留京一方迁出北京，我母亲作为领导干部，主动响应号召，离开工作了十多年的北京，我们举家搬至山西。

父亲一直严格要求自己，对子女管教很严。我和哥哥从未沾过父亲一点儿光，从报考学校到毕业分配，全靠我们自己努力。父亲的言传身教，让我们自身以及我们的小家庭受益颇深。父亲爱孩子，但对我们、对孙辈从不溺爱。我哥哥的儿子和我的女儿从小就知道爷爷（姥爷）“抠门”，不让乱花钱，不让浪费粮食，不让乱丢东西，但是他捐款时却很大方。从他们认字起，就能熟读客厅中父亲手书的条幅“闲谈莫论人之非，静坐常思己之过”。孩子们还知道，每天晚上七点开始，爷爷（姥爷）要看《新闻联播》，了解国家大事，谁也不能换台。他们从小也学会了从父亲的大书柜里翻看各个版本的《毛泽东选集》，从父亲的书报架上抽出《参考消息》，像模像样地读书看报。

我嫂子曹琳曾写下一篇随笔：“嫁到这个家是我的福气。二十年在一个屋檐下生活，婆媳从没红过一次脸……二老都是暖水瓶的性格，外冷内热，但老两口一生恩爱，相敬如宾，从不吵架，大小事都总是互相谦让。有件事让我感动至今，以前公公出差从没买礼物的习惯，我进家门后，公公第一次出差就给我买了一份礼物，是一件很合体的做工极精细的、大方高雅的、墨绿色镶本色边盘扣的外套。那件外套我足足穿了十年。小夫妻总有有矛盾斗嘴的时候，每次我和爱人发生矛盾时，二老都是向着我、安抚我，去批评自己的儿子，教育他要关心、包容我。在二老长期的熏陶下，我学会了包容，学会了谦让……”

2021 年 2 月 12 日，一百零一岁的父亲走了。父亲十八岁入党，参加革命八十三年，从未因个人的事向组织提过一点儿要求。父亲生前遗愿：不给组织添麻烦，节约医疗资源，不过度抢救，后事从简。我们遵从父亲遗愿，为他的一生画上了完美的句号。

看着父亲留下的一枚枚奖章，想着父亲的音容笑貌，回顾父亲的百岁人生，我们才知道，父亲早已把正直、坦荡、包容、大度、勤俭、节约、豁达等品格潜移默化地传给了我们。父亲，您留给我们的精神财富与天地永恒，同松柏常青！我们将传承您高尚的情操，以积极阳光的态度投入学习、工作、生活中，去奋斗，去努力！

淡泊名利，一心向党

讲 述 人：杨文庆　杨凤英
讲述时间：2022 年 9 月 16 日
整 理 人：江雪

杨森（1918 — 2016），山西浑源人。1937 年，被山西国民兵营教导团录取，1938 年加入中国共产党。先后在晋西北保安团政治处、晋西北师供给处、晋绥第二分区后勤部、晋绥一野供给处及训练队、西北军区后勤部等部队机关从事供给、财务工作。1953 年初，任中国人民志愿军后勤部副科长；1960 年，任山西省林业厅人事处处长。1983 年离休。

○

○

红色岁月铸牢信念

1918 年 4 月，我们的父亲杨森出生在山西省浑源县一个小商人家庭。我们的祖父在浑源县城一家票号当掌柜。父亲在这样的家庭长大，从小便读了书，掌握了一些财会方面的知识。

1936 年初，日军侵犯绥远，虎视山西。2 月，中国人民红军抗日先锋军从陕北渡过黄河东进抗日。站在日本人、蒋介石、共产党“三颗鸡蛋上跳舞”的阎锡山迫于形势，接受共产党提出的“停止内战，团结抗日”的主张，与我党结成抗日民族统一战线，在九一八事变五周年时，成立了牺盟会。1937 年 3 月，牺盟总会派村政协助员下乡，动员青年报考国民兵军官教导团。在那股抗战的热潮中，父亲报考了山西国民兵军官教导团并被顺利录取。1938 年 11 月，父亲加入了中国共产党。父亲后来相继在晋西北保安团政治处、晋西北师供给处、晋绥第二分区后勤部、晋绥一野供给处、一野供给训练队、西北军区后勤部等部队机关，几乎一直从事供给、财务工作。

兵马未动，粮草先行，后勤供给工作对于维持军队战斗力极其重要。虽然父亲不用到激烈而残酷的一线战斗，但他的工作同样有极大风险。无论严寒酷暑，每次战斗前夕，父亲必须带着供给人员组织筹粮，以保证战士们出发时携带有三天熟食和几天的粮食；每次战斗或者行军前夕，他要检查作战部队的武器弹药和被服装具，按需要和条件给予必要的调剂与补充；为保证部队战士有衣服穿、有被褥盖，还得经常到根据地甚至敌占区的村庄动员村里群众做鞋、缝被、制衣；为筹集粮食，父亲经常与武工队或游击队一起与日军抢粮，然后秘密转移到根据地老乡家里或者山洞隐藏好；从敌占区购回八路军奇缺的军需物资，再冒着极大风险设法通过敌人的封锁线，把物资送到部队。

1948 年 10 月，太原战役打响。太原战役前后两个阶段，历时六个多月，敌我双方伤亡都很大。父亲所在的晋绥一野也参加了解放太原战役。当时父亲在一野供给处担任主任。为保证作战部队有足够的军粮、军备物资，父亲忙前忙后到各处筹集。当时，阎锡山守军为破坏人民解放军的战役准备，派出大量兵力抢粮抓丁，所以当时筹集军粮、军备物资非常困难，也非常危险。有一天，父亲亲自护送一批军备物资到前线去。军备物资用马车拉着，父亲骑着马紧紧跟随。出发不久，部队领导忽然传来口令，有事需父亲回去处理。父亲让战友们和当地的老百姓小心护送物资继续前进，他则返回了驻地。意外就在那时发生了。运送物资的队伍被阎锡山的军队袭击了，运输人员全部被俘虏，军备物资也被抢走。父亲一面痛心好不容易筹集来的军备物资被抢掠，一面牵挂着运送物资的战友和百姓的安全。一天过去了，一年过去了，十年过去了，那些战士和百姓再也没有回来。这件事，父亲念叨了一辈子，每次说起，父亲的脸色就变得凝重起来，他喃喃自语：我那些战友一定是牺牲了，可怜连尸骨都没有找到，我是捡了一条命啊……

1950 年，父亲获得了“人民功臣”奖章。“人民功臣”奖章是西北军政委员会为表彰在解放大西北中做出贡献的西北野战军指战员或作战不满两年但功劳巨大（立有一等功）的西北野战军指挥员而设立的。

1953 年初，根据中央军委志愿军增兵命令，担任西北军区后勤部计划处副科长的父亲随增援朝鲜的部队开赴朝鲜，担任了中国人民志愿军后勤部副科长。父亲每天忙着为前线筹备物资、设法运送物资。战火弥漫下的朝鲜天空，时常会飞过美国飞机，抛下罪恶的炸弹。从战争中摸爬滚打出来的父亲，对美国飞机的空袭已有一些经验。每次运送物资，都需要把汽车乔装打扮，夜行日宿，秘密迂回在后方与前线之间。有一天，父亲带着运输队走到半路，美国飞机又来了。父亲急忙命令运输队停止前进，大家赶紧躲到山崖跟儿隐蔽。但美国飞机还是发现了他们，一颗颗炸弹呼啸着落下，其中一颗炸弹落在了父亲面前不到一米的地方。父亲后来回忆说，当时他的头脑一片空白，他以为炸弹落地瞬间，他和身边的战友一定血肉横飞、灰飞烟灭。但奇怪的是，几秒过去了，几十秒过去了，扎入土地的炸弹没有爆炸——竟是一颗哑弹！父亲庆幸自己的奇遇，我们也时常说父亲命大！

在朝鲜的三年，担任后勤部供给处处长的父亲为了保护军备物资，尤其是艰难运输到一线的军备物资（存放地点基本都在秘密的阴暗潮湿的防空洞中），时常驻扎在防空洞里。军备物资就是军队战斗力，这是常识；何况新中国刚成立，筹集这些物资很不容易。父亲知道，每一件军衣、每一颗子弹，都是后方人民的血汗，所以，军备物资在哪里，父亲就在哪里。防空洞不仅狭窄幽暗，最主要是潮湿阴冷。冬天冷如冰窖，夏天热如蒸笼。三年过去，父亲患上了严重的关节炎，关节变形导致他行动不便。1956 年，父亲转业到了地方。

父亲与很多经历过战争的老革命一样，不愿回忆那段烽火连天的岁月。但父亲的讲述，常让我想起魏巍写的《谁是最可爱的人》：“当你坐上早晨第一列电车走向工厂的时候，当你扛上犁耙走向田野的时候，当你喝完一杯豆浆，提着书包走向学校的时候，当你安安静静坐到办公桌前计划这一天工作的时候……从朝鲜归来的人，会知道你正生活在幸福中。”我想，父亲之所以提及这两件事，是想让我们知道，幸福生活来之不易，让我们珍惜今天的和平生活。

○

○

清正廉洁一生品行

1956年，父亲回国并转业到山西省林业厅，担任了计划财务处副处长；1960年，父亲担任了省林业厅人事处处长。父亲叫杨森，还真与林业有缘，后来一直在林业厅工作，直到离休。可以说，从林业资金管理、队伍建设、科研攻关到机构组建，父亲见证了山西林业的发展壮大。

我们的母亲1929年出生。1947年，父亲曾经回过一趟老家，母亲就跟着父亲参了军，也在部队后勤部工作。父亲奔赴朝鲜时，母亲在吉林临江志愿军留守处工作。后来，我们兄妹五人相继出生，因为要照顾我们，也为了让父亲安心工作，在父亲的“积极支持”下，母亲辞职回到了家里。那时候的父亲是真忙，家里的事别说管了，就连他人也难得在家见到。我们常常五六天见不到父亲。早上他上班走时我们还睡着；下班后他经常开会，会议结束太晚了就住宿舍，有时回家里，我们也早已睡熟了。我们长大上学后，不再需要母亲照顾了，母亲因为失去工作，一直闲在家里。那时父亲已经是山西省林业厅人事处处长了。很多认识父亲的人说：你在人事处，怎么不帮老伴把工作理顺了，何况，老伴是解放前就参加工作的跟着你经历过枪林弹雨的老革命。但父亲始终没帮母亲落实工作的事。父亲当然懂得母亲为了家庭作出的牺牲，也知道如果不是为了这个家，母亲或许可以成为离休干部。父亲经常嘱咐我们：你妈妈是咱家的功臣，我能活到九十多岁，都是你妈妈的功劳；你妈妈为咱们家、为我作出了牺牲，你们一定要好好孝顺你妈妈啊。

父亲长期在林业厅组织人事部门工作，组织上曾给过他三次加工资的机会，但父亲都让给了工资较低的同事。父亲对领导说，他们工资低，也是老老少少拖家带口的，比我更不容易，更需要涨一下工资。我工资一百二十块钱，够花了。父亲的做法让很多同事发自内心地对他更敬佩和尊重了。

有一年，林业厅提拔干部，父亲如果找领导说一说，也许就能往上“再走一走”。但父亲说：局里提拔的是业务干部，我是行政干部，就不要给领导添乱了。父亲的许多战友不断得到提拔，有的到了厅级甚至更高职务。母亲有时候也说父亲：你在人事部门兢兢业业工作了多年，你不找领导，人家怎么能想起来提拔你？父亲笑笑，也不反驳母亲。父亲在处级岗位上一干就是二三十年，但他就是这样，不争职务、不争待遇，就是有机会，也会谦让给别人。

父亲在人事处，有很多推荐人才的机会。在他的关心关怀下，一批批后生才俊走上新岗位，成人成才。父亲推荐的人才，大多非常优秀。林业厅领导曾说过这样一句话，杨处长推荐的人，用起来放心，不用审查都合格！领导的肯定足见父亲的用人严格、任人唯贤。林业厅换了好几任领导，但父亲一直在人事处。领导们知道，父亲会公正无私地帮厅里把好把严用人"关"。

20世纪90年代，林业厅集资盖新房，一部分离退休老同志嫌自己住的房子小，找到父亲，希望他带头出面找找厅领导。父亲当时已经离休，他了解相关情况后，耐心地为大家讲政策，摆事实，让大家多为厅里着想，要多为后辈着想。父亲默默做了很多工作，使得那次集资分房得以平稳有序推进。其实，按照父亲的资历，住房面积应为一百四十平方米，但直到他去世，一直住在20世纪80年代初建成的只有九十多平方米的旧楼里。他常对我们说，战争年代，大家争的是舍生忘死，吃苦在前、享受在后，多少战友都牺牲了，而他活了下来，已经是一种幸福和幸运了，人应该懂得知足。

我是1978年结婚的。结婚时，家里什么也没有为我们准备。当时，我就想做几件家具。那时候不像现在，到处都是家具城，可以买或者定制。父亲在林业厅工作了一辈子，按理说，找点木料不成问题。但父亲却说，要做家具，自己去买木料。父亲很正统，受党的教育多年，真是公私分明。我和我大哥结婚，父亲都没有参加。他担心他一参加，很多机关同事会随礼。他也没有给我们找婚车，更别说使用公家的车了。我们单位团委组织了一个茶话会，同事们一起喝喝茶，吃点瓜子，我买了一个暖壶、脸盆，把我爱人铺盖往一块一搬，就算结婚了。

父亲离休后，经常拄着拐杖到老年大学学书法——父亲不到八十岁就拄上拐杖了，在朝鲜时得的关节炎让他年迈时走起路来不得不小心翼翼。父亲生命最后的日子，因为小脑萎缩，行动不便，离不开人照顾。父亲享受正省级医疗待遇，住医院不用花钱，但父亲一再交代我们，不能占公家便宜，更不要浪费公家医疗资源。我们兄妹五人便轮流陪在父亲身边照顾他的饮食起居。

2018年，我们兄妹五个带着母亲沿着父亲的革命足迹走了一遍，一路下来，我们对父亲越发敬重和想念了。在吉林临江，年迈的母亲看着鸭绿江大桥，忍不住哭了起来……

在天堂的父亲啊，我们想念您，也永远不会忘记您的教诲——淡泊名利，踏实做事，平安是福！

医疗战线的排头兵

讲 述 人：王建民
讲述时间：2022 年 9 月 20 日
整 理 人：王芳

王绍仪（1917 — 2018），出生于四川渠县。1933 年 4 月参加工作，1938 年 8 月加入中国共产党。1933 年 8 月至 1934 年 4 月，在红安县列宁小学学习；1934 年 4 月至 1936 年 3 月，在红四方面军总医院等处做看护；1945 年 5 月至 1946 年 1 月，在晋冀鲁豫军区卫生部野战卫生学校学习；1946 年 1 月至 1949 年 10 月，任白求恩国际和平医院医师；1949 年 10 月至 1953 年 3 月，任山西省立长治医院副院长；1953 年 9 月至 1955 年 4 月，任太原市第一人民医院院长；1962 年 12 月至 1966 年 1 月，任山西省卫生厅干部保健处处长等职；1966 年 2 月至 1983 年 3 月，先后任山西医学院第一、二附属医院及山西省人民医院院长、书记。1983 年离休。

○

○

从放牛娃到主治军医

父亲王绍仪祖籍四川，但他和山西有缘，在山西工作了一辈子，所以我也把家安在了山西。

父亲 1917 年出生于四川渠县，八岁时其父去世，家庭条件更差了，他就给地主家放牛，后来又学做泥瓦工，勉强糊口。十六岁时，他参加了红四方面军。

红四方面军是 1931 年 11 月成立的。1932 年 12 月，红四方面军乘四川军阀混战、川北兵力薄弱之机，向川北进军，1933 年 2 月开辟了川陕苏区。父亲就是在这之后入伍的。只因红军路过我家乡时，看到父亲没有饭吃，给了他一个烧饼，他就跟着红军走了。父亲先在列宁小学上了两年学，后就到总医院做看护。

1937 年 7 月，全面抗日战争爆发，父亲经过集训、学习，被编入一二九师。不久，一二九师渡过黄河，转到太行山区坚持抗战。父亲跟随军队医院来到太行山，辗转在左权、武乡、涉县等地区，先后任看护、看护班长、看护长。那时每场战役下来，父亲都要担负起一百多号伤员的救治任务。打仗期间，也不分科，父亲什么手术都得做。他能照着书做手术，且手术做得相当好。在太行山时，部队俘虏过一名日本军医，名叫山田一郎。山田一郎被感化后加入了反战同盟，父亲还向他学习过业务。

抗战胜利后，一二九师拟办晋冀鲁豫军区白求恩国际和平医院，将第一野战医院第二所和野战预备医院第一、二所合并组成了和平医院的预备医院，并将晋冀鲁豫军区卫生部野战卫生学校本科医疗队毕业生抽调进医院。医院于 1946 年 7 月 1 日在河北邢台开诊。父亲就是从野战卫生学校毕业后被抽调进医院的，他当时任外科主治军医。

1948 年春，医院曾准备随刘邓大军南下，鉴于太行老区人民在抗日战争和解放战争中作出了重大贡献，且当时又缺医少药，边区和军区领导决定将医院留给太行山，让它继续为老区人民服务。经过充分准备，医院搬迁到长治，父亲也就随之来到了长治。医院向地方开放后，父亲的工作重心也从治疗部队伤病员转到对长治百姓的救治。

我就是在长治和平医院出生的。

母亲是父亲的同事。

母亲是 1940 年从榆社跑到太行山的——那时八路军已经到了太行山区，她就带了几个人跑到部队里，后被分配到一二九师的医院。经组织安排，父母结了婚。母亲在医院做护理工作。母亲后来随父亲来到太原，先后在太原市妇幼保健院、山西省卫生厅工作。

父亲一生在医疗战线工作，1983 年从山西医学院第二附属医院党委书记任上离休，他为山西的医疗事业奉献了一生，说他是山西医疗战线的排头兵和奠基人之一都不为过。早年，我们家还保存着中央军委给父亲颁发的奖章，后来这些奖章我们都捐赠给了医院的博物馆。

○

○

对待工作和生活都认真负责

父亲一生清正廉洁。

我记得大概是1966年吧，我有了自己的房子。我想借用医院的车搬一下家，可是父亲坚决不让。他给我找了一辆小平车，让我自己拉着平车搬家。于是我每天都拉着小平车在医院和新家之间往返，用了好多天才搬完家。我从部队转业回来后，分到了卫生系统，本来有政策，父亲在哪个单位孩子就可以去哪儿，可父亲坚决不让我和他在一起工作，我只好先去了山西医学院第一医院报到；一直到他离休后，我才又回到二院上班，一直到我退休。

父亲对工作严谨负责、勇于奉献。

有一年医院暖气不热，为了找到问题并解决问题，父亲自己跑去烧锅炉，一直干到找到原因，正常供暖。医院要拆旧换新，父亲都是自己上手干，从不认为自己是院长、书记，就应该坐着指挥。每年大年初一，父亲都要去病房给病人送饭，这已经成了他的一项工作内容，以致我们每年初一都见不到他。他对病人特别好，只要是方便病人的事，他一定会去做。他每天早出晚归，从没有一天正点回来；因此，我家晚饭总是吃得很晚。

父亲穿着朴素，只要干净就行；吃得简单，只要吃饱就行。在二院工作期间，他的办公室设在地下室，全院的办公室都设在地下室。他坚持做领导干部的表率，从不向组织提要求。他这种艰苦朴素的生活方式，影响了我们全家人。

父亲还要求上进。

他一辈子都在学习，因为少年时没上过学就入伍了，所以他特别珍惜学习的机会。上苏维埃列宁小学，上野战卫校，跟日本军医学做手术，当了院长后在实干中学习管理，他对学习一刻都没停止过。平时在家，他也总是捧着书看，离休后更是了。

父亲对党对军队绝对忠诚，这影响了我们。我们现在是“全家党员全家兵”，除我姐姐很早就去世之外，我们都是兵。哥哥是铁路兵，后来在乐山负责保卫工作；弟弟是北京军区的军代表；我是从山西省实验中学当兵走的，后来转业回到父亲身边照顾他。就连我家三岁的小孙子，爱听的歌也是“兵哥哥”。

父亲做事认真，连和平医院的马永泰院长都这样说过他：“王绍仪他们几个都是工农出身，他们的外科技术都很好，可以和省城医院的大医生媲美。我看过王绍仪同志做阑尾切除手术，手法娴熟，操作细致，无菌观念强。一句话，很好。他原是四川农村的一个穷苦孩子，他的业务能力能达到如此水平，令人赞叹。我从他身上学到了一种精神，那就是不断地在工作中学习，在实践中学习，理论联系实际，边干边学。”

马院长说得对，父亲成绩的取得源自他爱学习，更源于他对待工作和生活认真负责的态度。受他影响，我们兄弟几个在各自岗位上也持这样的态度，因而得到了领导和同事的好评。

父亲一生坚持劳动，他在和平医院时是这样做的，到了省里的几个医院也是这样做的，闲余时间便带领医院职工去劳动；他回家后也坚持劳动，他说这是在发扬艰苦奋斗的传统。

父亲一生都保持好心态，不怕困难。他这一生经历的事情没有哪一件是轻松的，但他却能做到闲庭信步。我从部队转业后一直在他身边生活，在他快一百岁的时候，我得了癌症。在没办法的情况下，哥哥把父亲带回了四川，我就带着乐观的心态抗癌。如今好几年过去了，我依然活着，身体各项指标都正常。只是非常遗憾，因为我的病，父亲离开了山西，一百零一岁时他永远地留在了四川。他从四川参军出来，最后还是回归了四川，或许这就是老天的安排吧。

父亲的一生一直有一股信念在支撑他，那是他年少时的理想：让人民过上好日子！只要是为此，他愿意付出一切。如今，我们也逐渐老去，好在我们的后辈继承了父亲的优良传统，父亲可以安心地长眠了。

西线归来

讲 述 人：赵春玲　赵润林　赵俊林　赵蓉玲
讲述时间：2022 年 9 月 22 日
整 理 人：孟志平

赵义（1930 — 2016），出生于山西省平鲁县（今朔州市平鲁区）下水头乡上石窑村。1945 年 3 月参加革命工作。1947 年 4 月加入中国共产党。1945 年 3 月至 1950 年 10 月，先后在中国人民解放军三军九师二十七团三营七连等担任班长、副排长、副连长、连指导员、连长；1950 年 10 月至 1956 年 10 月，在陆军十一师榴炮营任营长；1956 年 10 月至 1963 年 1 月，在西藏军区炮兵三〇八团任参谋长；1963 年 1 月至 1968 年 3 月，在五十三师炮兵团任副团长；1968 年 3 月至 1976 年 4 月，在西藏那曲军分区司令部任副参谋长；1976 年 4 月至 1977 年 6 月，任运城盐化局二厂副书记；1977 年 6 月至 1986 年 6 月，任盐化局武装部部长。1986 年离休。

○

○

“部队哪去了？”

我们的父亲赵义，1930 年出生于山西省平鲁县下水头乡上石窑村。父亲说，他们祖上几代都务农，他小时候，家里种着几亩地维持基本生活。苦是苦点，总还能过上安稳日子，还有书可读。可书没念几天，日本鬼子就打进来了。日本鬼子从大同一路南下，没用多久就把国民党打到雁门关以南了。

平鲁县被日本鬼子占了。父亲听大人们讲那些日本鬼子如何凶残，他也知道周围各县都有村民遭到鬼子欺凌杀害的事情。在父亲眼里，日本鬼子就是杀人不眨眼的魔王，他说自己年纪虽小，却一点儿都不害怕，心里就一个念头：总有一天要报仇雪恨。

村里不断有年轻后生去参加游击队，他们扛起枪在战场上和日本鬼子展开殊死搏斗。父亲也想当游击队员，可他年纪太小，人家也不接收。父亲急得哭了好几次，心里就盼望着自己赶快长大。

1945 年春，父亲的梦总算圆了。十五岁的父亲终于扛上了真枪，加入了抗日的队伍。在部队里还是因为年龄问题，他最初的工作是当通信员，为部队送信。这一送就是三四年。父亲机灵，反应敏捷，部队首长非常信任他。1949 年初，他们驻扎在朔县（今朔州市朔城区）。在一次战役前，父亲被派去送信，两三天后，他回到朔县发现部队开拔了。他急得就像热锅上的蚂蚁，到处打听，得知三天前的夜里，部队奉命向太原进军，参加解放太原的战斗去了。

父亲说，他那会儿到过的最远的地方就是朔县，太原在哪儿他根本不知道；但他横下心，一路打听一路迈开腿朝太原方向赶，愣是用了半个月的时间，到达了太原外围，找到了自己的部队。

我们小时候最爱听父亲讲故事，尤其爱听父亲单枪匹马从朔县到太原的那段故事。我们问父亲，你从来没出过远门，当时你到底是咋寻到部队的？父亲说，参加队伍是他从小的梦想，部队里的每一个战友都是他的亲人，能在半个月内追上部队，靠的就是心里的那个信念。

○

○

“我要当炮兵”

父亲 1945 年参加革命，两年之后，他就成了一名光荣的共产党员。父亲说他是“火线入党”。

父亲受过几次伤，第一次是在朔县参加战斗时被流弹打中。父亲说就是那次受伤，使他有了一段做医护工作的经历。父亲说他的枪伤本来不算太重，可赶上那些天发烧，浑身上下烫得难受，好几天不知白天黑夜；等枪伤养得差不多了，却浑身没劲，别说拿枪，连路都走不稳。连长得知这个情况后，就分派他先在部队医院帮忙，做点力所能及的事。父亲说，那会儿我也没多想，部队医院缺人，我就留下一心一意地帮部队医院的医护人员们跑个腿，打个下手。我也没想到，在部队医院帮忙的那段时间，我竟然学会了不少战场救助的本事。因为在医院干得有声有色，连长就有意让父亲留在医院当医生。父亲坐不住了，他说："我是一个兵，我从参加革命的那一天起就认定自己是个扛着枪跟敌人拼命的角色。哪能不让我上战场！这可不行！"父亲来到连里和连长说："我不当医生，我要上战场！"

连长了解父亲的那股子犟劲，就说："我是为了照顾你的身体。"父亲说："同志们都在前方打仗，我的枪伤早好了，不需要照顾。我要上战场，我是一个兵啊，兵手里咋能没枪呢！"连长说："好！战场上枪比不过炮，你当炮兵去吧。"父亲一听，高兴得原地蹦起三尺高——让当炮兵就当炮兵，只要能和敌人交手就行。

从那以后，父亲就成了炮兵。

解放后，父亲有一次回家探亲，村里人给他介绍了我们的母亲。父亲说，他们村跟母亲家的村子离得并不远，也就二三十里地的样子；我们的姥娘和爷爷早就认识，就是他和母亲不熟。一来母亲那时候还在上学，从没出过远门；二来父亲十五岁就跟着部队在外面打仗，甭说熟人，就是亲戚见了他都可能认不出来。在媒人的说合下，父亲和母亲就走到了一起。据母亲回忆，两人认识没多久，心里头都觉得合适，就在村里简简单单办了个婚礼。结婚没多久，父亲就接到进藏的命令。从那以后，母亲就作为军属随部队一路西进。

父亲说，他在甘肃剿匪的时候，遇到了他这辈子经历过的最危险的事。在匪患最严重的地方，村子基本都空了，就剩下老人和妇女——年轻后生不是藏了起来，就是被土匪挟持进了贼窝子。有一天，父亲和几个警卫员到外面侦察敌情，不知不觉就到了一座山丘下。突然从沟壑里蹿出十来个骑着马，握着刀枪的土匪，喊杀着朝他们冲过来。他们本来就没几个人，又远离后方，身上虽带着枪，可弹药并不多。父亲那时是营长，大家都焦急地看着他。关键时刻，父亲非常冷静地从枪套里拔出手枪大声喊："咱们是共产党领导下的人民解放军，打跑了日本鬼子，打败了国民党反动派，啥阵仗没见过，还怕这几个土匪！大家跟我冲！"

父亲带头冲了上去，并朝空中连打两枪，一来是震慑敌人，二来是给后方部队报信。那伙土匪也没料到，眼前这几个人这么勇敢，于是又怀疑周围有埋伏。这样一来，没打几枪，土匪的阵脚就有点乱了。好在听到枪声后，部队及时派出援兵，朝山丘冲过来。

那一仗打下来，土匪几乎被全歼。可惜的是，跟了父亲几年的通信员不幸中弹牺牲。打扫战场时，父亲抱着牺牲的通信员，哭成了泪人……

○

○

“冲啊！”

父亲常常自豪地跟我们说，他的第一个工作岗位就是战场。

父亲说，他这辈子没白活，他是从战火里存活下来的，他看到了中华人民共和国的成立，也享受到了幸福生活的滋味——家庭和睦、子孙绕膝，而且还活了这么大岁数，他非常知足。

听父亲这么说，我们都笑了。实际上，在我们子女心里藏着一个秘密——我们商量好这辈子都不在父亲面前提起。

这个秘密与其说只存在于父亲的梦里，倒不如说是一直藏在他的心中。父亲转业到地方工作以后，就和我们住在一个屋檐下，他的内心世界就向我们敞开了。父亲在睡梦中常会出人意料地发出类似于“冲啊、上啊”的声音。他不光喊，手臂还挥舞。母亲把他摇醒，他却一脸茫然。毫无疑问，父亲在梦中回到了他的青春岁月，回到了那血雨腥风的战争年代。

○

○

“不怕受累　不怕受屈才能成长”

（讲述人：赵润林）

运城夏县有个红色旅游景区叫堆云洞，当地人称其为“小布达拉宫”。嘉康杰曾在那里创办平民中学，进行革命活动。1928 年，中共河东特委就在那里成立，故此处堪称晋南革命的摇篮。

我家孩子叫赵洋，父亲离休后和母亲一起帮我照看赵洋。赵洋小时候，每逢七一和国庆，父亲总会带他去堆云洞游玩。回家以后，赵洋就兴奋地告诉我们爷爷在堆云洞给他讲革命历史故事。我们也非常高兴啊，父亲这是在给他的孙子上实地政治教育课。

我小的时候，父亲远在部队，一年聚少离多，与父亲相处的机会和时间并不多。倒是下一代成了幸运儿，他们出生后，父亲已离休，有充裕的时间和他们相处。赵洋小时候听过的故事，绝大多数来自他的爷爷奶奶，而不是他的父母。

赵洋在小学读书的时候，受爷爷奶奶影响，养成了写日记的习惯。他的日记本上记载了许多和爷爷的交流情形，两人不像爷孙辈，倒像是无话不谈的朋友。赵洋在一篇日记里提道：

有次家里吃苦瓜，我咬了一口嫌苦就不想吃。爷爷摸着我的脑袋笑着说：苦瓜虽然苦，但有清热解毒的功效，所以吃点苦瓜对人的身体有好处。人要学会不怕苦累、不怕受屈，才能成长。爷爷说得真好啊！他这句话深深地烙在了我的心里。爷爷平时虽然话不多，但是他总能通过小事让我明白人生的道理。我爱我的爷爷，因为爷爷就是我的启蒙老师。

曾经的小赵洋已长大成人，可他的启蒙老师、我的父亲在 2016 年以八十六岁高龄辞世。

父亲辞世后，赵洋流着泪对我们说，他这辈子也要做一个和爷爷一样的人，不怕任何苦难，不惧任何挫折。而他最大的愿望，就是将来到爷爷生前生活过、战斗过的西线走一遭，踏着爷爷当年的脚印用心去找寻爷爷那段激情燃烧的岁月……

我为党旗添光彩

讲 述 人：郭子靖
讲述时间：2023年2月3日
整 理 人：赵建雄

郭文秀（1923 — 2022），山西五台人。1939年1月参加工作，1940年2月加入中国共产党。曾任五台城关秘书九区区长、晋察冀二专署运输队指导员、盂县中心邮政局局长、阳泉市邮电局局长、大同市邮电局党委书记、山西省邮电管理局工业供应处处长、山西省邮电管理局机关党委副书记、山西长途电信业务总站副站长（主持工作）、山西省长途线务总站革委会主任、雁北大同县委副书记（常委）、雁北地委工交组副组长、雁北地委工业政治部副书记、山西省外经贸厅办公室主任等职。1989年离休。

我的爷爷郭文秀是一名有八十多年党龄的老共产党员，他一生坚定理想信念，不忘初心使命，严格要求自己，为党为民奉献，多次被上级党组织表彰为“优秀共产党员”。爷爷的每本工作笔记本和学习笔记本的第一页上，都写着同一句人生格言：“生命不息，勤奋不止。在有生之年尽力为党和人民多做贡献！”爷爷不仅说到了，而且做到了。爷爷一生对党无限忠诚，他用自己的一言一行影响着我们全家人。我们会将优良家风传承下去，让它成为我们的“传家之宝”。

○

○

哪里需要哪里去

爷爷原名郭成生，1923年11月，他出生在山西省忻州市五台县石咀乡铁堡村一个贫苦农民家庭。听老人们说，铁堡村原来叫铁堡岭，当地原来是有铁矿的，老百姓大多以打铁为业。明朝万历年间，还发生过矿工张守清带领一千多人反对工头剥削、聚众造反起义的事。所以，当地人骨子里就有一种“铁”一般的硬气。在我印象中，爷爷就是一位铁骨铮铮的汉子，用他自己的话说：“作为一名共产党员，就应该有铁一般的信仰、铁一般的信念、铁一般的纪律、铁一般的担当，哪怕自己是一颗螺丝，或是一枚钉子，都要发挥应有的作用，这样才能为党旗添光增彩！”

爷爷的父亲郭昌明长年给地主家当雇工，爷爷的母亲在家料理家务，有时候也帮地主家做做饭、做些针线活，补贴家用。但就是这样，生活还是十分艰苦，日子过得很是艰难。在这种情况下，他们咬着牙，让爷爷读书认字。爷爷七岁时在村里的小学上了学，仅上了四年，由于家庭发生变故，改成半农半读后又上了两年。

1937年，抗日战争全面爆发。1938年，爷爷由区公所介绍到区“第二高小”公费学习了一年。1939年1月，爷爷被分配到五台县榆林村小学，正式参加了革命工作。任教期间，爷爷学习了《社会发展史》，对中国社会的发展概况、阶级产生的原因、阶级斗争的形势，以及自中国共产党诞生以来所做的艰苦斗争有了初步的概念，他对共产党和共产党领导下的革命从认识上有了提高。爷爷的父亲郭昌明以及爷爷的长兄郭文华和长嫂都是共产党员，受他们的影响，爷爷少年时期就参加了儿童团，当过交通员，所以十六七岁的爷爷就萌生了加入中国共产党的想法。爷爷说，当时区组织部秘书跟他进行问询谈话时，问他入党的动机是什么，对共产党的认识是什么。爷爷就结合自己的经历回答道：“八路军与共产党是为人民大众谋幸福、为老百姓办事情的，我就是要做这样的人。我坚决拥护共产党。我就是一块儿铁，要把自己炼成钢，要为共产党工作。”

从此，爷爷真的像一块儿“铁”一样，只要党有召唤，哪里需要哪里去，哪里辛苦哪里安家——哪怕承受千般苦，甘为党旗添光彩。解放前，爷爷当过运输大队的指导员，当过村里的治安员，做过区公所的秘书，任过区长。

很长一段时期，爷爷都在邮政系统工作：在任盂县中心邮政局局长期间，为适应革命工作需要，爷爷开始筹办民间信函的邮递业务；在任阳泉市邮电局局长期间，为适应阳泉市恢复生产建设需要，增设了邮电网路；在任大同市邮电局党委书记期间，爷爷同工人、技术人员吃在一起、住在一起、干在一起，大搞技术革新，通过技术革新对排除通信设备障碍、确保通信安全起到了很好效果；在担任山西省邮电管理局工业供应处处长时，主持试制成功了三路载波机，为增加省内通信线路、节省国家开支作出了贡献。

爷爷就是这样一个“听党话、跟党走、为党为民干革命”的好党员。1991年，山西省外经贸厅成立老龄委，厅机关党组织邀请爷爷担任了秘书长。当时爷爷已经退休两三年了，正是颐养天年的时候；但爷爷没有怕苦怕累，没有推三阻四，而是痛痛快快地答应了。有了新职务的爷爷多次下乡调研，或者去参加山西省委工作组的专项检查工作。1992年6月，厅老龄委兴建办公用房，爷爷在厅领导的支持下承担了基建和管理任务。有人问爷爷：“你都那么大年纪了，而且是离休干部，可以安心在家享清福了，何必要那么忙碌呢？”爷爷听了只是淡然一笑，说：“我是老党员，又是老龄委秘书长，就应该做一些力所能及的事情。能为老同志们办点儿实事，再苦再累也是应该的；能为集体完成一件有效益的事情，我自己也是很欣慰的。”

○

○

愿为党旗添光彩

爷爷的一生，没有轰轰烈烈，也算不上惊天动地。但是，就我听说的、看见的、知道的，爷爷那些点点滴滴的小事，都令我敬佩不已。

爷爷说，儿童团也是在为党工作。那时，他参加儿童团的时候就明明白白地告诉自己，这是在为党和人民工作。他与儿童团的小伙伴们扛着擦得铿亮的

爷爷同工人、技术人员吃在一起、住在一起、干在一起，大搞技术革新。

红缨枪认真站岗，严格盘查过往行人，绝不让敌人和汉奸蒙混过关，爷爷和他带领的儿童团多次受到了边区政府和党组织的表扬。

爷爷说，教员也要保护老百姓。1938 年的秋天，一次，日本鬼子进村烧杀掠抢，当时我主力部队已经向河北平山县转移，正对日军展开英勇的反围攻作战，村里只剩下自卫队。爷爷和其他教员，还有自卫队的人，保护着村子里的老人、妇女、儿童往山沟里躲藏。为了引开敌人，自卫队的队员成功地把日本鬼子引开了；但自卫队队长却不幸中弹牺牲了。当时区公所助理员主动暴露自己，是为了保护藏在山沟里的老百姓。每次回忆起这些事时，爷爷对我说："那时他心中暗暗下定决心，将来一定要成为共产党员，就像自卫队队长和区公所助理员那样，为保护老百姓的生命安全，不惜献出生命，用热血为党旗添光彩！"

爷爷还曾倾力为烈士寻找亲人。爷爷离休后，依然发挥着自己的光和热，毫无私心地为党、为国、为民办一些力所能及的事。爷爷在五台县一区区公所工作的时候，曾与烈士史民维相识共事。史民维是陕西华县王赛续村人，曾先后任晋察冀边区五台县一区区委委员、区委宣传委员、区委副书记、区委书记，1943 年 1 月在一次日寇"大扫荡"中遭袭击壮烈牺牲。年仅二十二岁的史民维牺牲后，当地老百姓把英雄的遗体埋葬在五台县金岗库乡麻地沟村。为了让革命烈士魂归故里，爷爷先后给烈士史民维故乡的陕西电视台、华县电视台、华县县委办公室和其祖籍地的村委会去信，寻找线索；后来爷爷又联系了中央电视台《等着你》栏目组，准备去现场求助；再后来，这件事得到相关部门的重视，史民维烈士的遗骸终于从麻地沟村的山坡上移葬至五台县烈士陵园。爷爷说："我的老战友得到了应有的尊重，终于可以安息了；我也终于了却了一桩心愿，算是为党做了一件小事。希望后人永远铭记这些英雄。"

爷爷还亲自动手留存、整理党史资料。为了对下一代进行红色教育，爷爷平时看报纸、看电视新闻时，凡是涉及革命根据地的内容，他都剪下来或记下来，集中在一个大册子里。一段时间之后，爷爷收集整理了大量的关于晋察冀根据地时期的历史资料，并保存了革命年代的教科书以及数百封信件等资料。2011 年，在八十八岁的爷爷的提议与多方联络下，"五台山老区人民抗日斗争事迹展"开展。展览包括三部分内容：八路军总部在五台南茹村的建立、晋察冀军区司令部在金岗库村、五台县一区人民奋起抗战。具体又包括中国共产党如何发动群众抗战、建设根据地、建立抗战小队、参与平型关战役，以及发生在五台山区的其他战役和一些英雄模范的事迹。说起这件功德无量的事，爷爷说："我个人无所谓，但要为党留些东西，为党旗添点光彩。这是应该的。再一个，我要为牺牲的英雄做点事。我们这些一起工作过的人都想把五台的事迹实事求是地写出来。那些老同志也想看看小康社会，但是他们都走了……我做这些事只是为了慰藉先烈，启迪后人珍惜现在的幸福生活，告诉他们还要不懈地努力奋斗。"爷爷做的这些事，说的这些话，让我懂得了什么叫初心与使命，也让我更加珍惜今天这来之不易的幸福生活。

爷爷心系家乡，关心家乡教育事业。从 2001 年开始，爷爷每年都要回家乡与村里学校的老师讨论如何贯彻落实党的教育方针政策。为调动学校老师们的积极性和学生学习的主动性，爷爷自掏腰包，买来图书和学习文具奖励模范老师和优秀学生。他还给每个教室买了挂表，给学校添了音响设备和体育器材、音乐器材。每逢过春节时，他还给老师们送面粉、发福利。此外，爷爷还帮助学校建成了青少年活动室，他自己花钱制作展板，展出领袖画像以及雷锋、刘胡兰等英雄人物像。通过展览，对青少年进行革命传统和爱国主义教育。他还组织学生们参加学雷锋办好事、敬老助老等活动。在学校放假期间，爷爷还与村党支部联合组织青少年开展学习教育活动。举办纪念红军长征七十周年活动、纪念建军七十九周年活动；组织学生开展青少年夏令营活动，对他们进行法规教育、法治教育，培养他们的吃苦精神；请老党员、老八路讲党史、革命史、抗战史。2008 年，为活跃学校和农村文娱生活，爷爷聘请了两位老师为学生编排文艺节目。爷爷经常对我说："虽然我为家乡人民做了一些工作，但是离一名优秀共产党员的要求差距还很大，我有一些想法还没有具体地去实施，今后我要以'晚年只争朝夕'的精神勤奋努力，发挥一名共产党员的表率作用，为党旗增光添彩。"

党的二十大召开前夕，已经是虚岁一百岁的爷爷非常兴奋，他主动联系了山西省外经贸厅离退处的杨处长，说除了正常缴纳的党费外，还要另外多交一千元党费，为党的二十大胜利召开献上一份薄礼。厅机关党委非常重视此事，将爷爷自愿多交的一千元党费通过山西省委组织部上报到中共中央组织部。2022 年 11 月 1 日，印有鲜红党徽的"中共中央组织部党费收据"发了下来。

遗憾的是，爷爷于2022年10月10日溘然离世了。我想，爷爷虽然没有看到这份珍贵的党费收据，也没有收看党的二十大的隆重召开，但他一定是带着了却的心愿离开的。

投身革命即为家

讲 述 人：李毅敏
讲述时间：2023 年 3 月 29 日
整 理 人：赵建雄

李志贤（1925 — 2007），安徽省临泉县（现界首市）人。1943 年至 1946 年在国民党汪伪政府反动军队服役。1946 年 9 月参加中国人民解放军，1947 年 6 月加入中国共产党。1946 年起，在华东野战军历任战士、班长、排长、连长、教育参谋、侦察参谋等职；1951 年 1 月，调入中国人民解放军空军部队工作，先后在空军十航校任中队长、大队长，在空军唐山场站任第一副站长、第二站长等职务；1978 年 9 月，转业到山西大学，任保卫部部长。1985 年离休。

○
○

穷人家的放牛娃

我的父亲李志贤，1925 年 4 月出生在安徽省临泉县专集乡小李庄村一个贫苦农民家庭。父亲七岁进入私塾念书，接受了中国传统文化教育。父亲说，那时候他们家很穷，连吃饭都成问题，我爷爷之所以勒紧裤腰带供他念书，是想让他学文化、长本事、有出息，不受别人欺负。因此，我父亲小小年纪就一边念书一边给别人家放牛，或干点儿力所能及的零活，以帮助家里维持生计。但是，好景不长，1937 年 7 月 7 日卢沟桥事变爆发，日本侵略者发动了全面侵华战争，国家山河破碎，百姓流离失所。大概是 1940 年 2 月，我父亲跟着我奶奶逃难到安徽黄川，开始了讨吃要饭的流浪生活。1943 年 12 月，我父亲被国民党汪伪政府反动军队强制抽丁入伍，一直服役至 1946 年 8 月。父亲说，在旧军队那两年多时间里，他心里一直有个念头，当兵就是要抗日，就是要为穷苦老百姓打天下；可惜当时他身不由己，逃也逃不出去。1945 年 8 月，日本侵略者投降，不久，父亲所在部队开赴山东临城。

○

○

九死一生的军旅生涯

1946 年 9 月，不愿意拿手中的枪去干“中国人打中国人”这种事的父亲，不甘心在腐败的国民党军队中服役，便跟上思想进步的战友投诚到共产党阵营，成为一名光荣的中国人民解放军，后来他历任副班长、班长、副排长、排长、副连长、连长、团参谋等职务。

父亲说，从加入中国人民解放军的那一天起，他就感觉心里舒展了、亮堂了，因为他找到了人生的奋斗目标，知道该如何去实现人生价值了。他下决心要跟随共产党一辈子，为老百姓能够过上幸福安定的生活而奉献自己的一生。所以，在共产党领导的部队中，他斗志昂扬、不怕牺牲，每一场战斗，无论大小，他都是冲锋在前、舍生忘死。在部队上，父亲靠着小时候学的那点文化知识，举一反三，很快就能熟练使用各种武器，因而深受领导器重。不久，父亲便担任了机枪手，而且是主射手。听父亲说，当时他们用的是日式“歪把子”机枪，这款机枪后坐力强，不好控制；但他的枪法很准，敌人一旦进入三百米射程内就跑不掉了。每一场战斗，最具杀伤力的就是机枪手，而对方首要的消灭对象也是机枪手；所以，差不多每一场战役下来，父亲都会不同程度地受伤。后来，他因枪伤导致腿神经受损，变得一条腿粗一条腿细，走路都有些困难。解放后，父亲被鉴定为十一级伤残军人。

父亲偶尔也给我们讲讲他打仗的故事，但每一次都是轻描淡写地说一下，他无非就是想教育我们从小要勇敢无畏，要有不怕牺牲的精神。记得父亲讲过，在一次战斗中，他操纵机枪射击，而敌人的子弹也“哒哒哒”地向他扫射而来，他突然感觉自己受伤了，腿上、胳膊上都钻心地疼，血也流出来了，可当时敌我双方正处于胶着状态，一放松就有可能导致失败；所以他丝毫不考虑自己的安危，与副射手密切配合，坚持打了下去。最终，这场战斗我方部队取得了胜利。战斗结束后，父亲被卫生员抬下去包扎伤口，这才发现他腿上、胳膊上被打中了两处，一处是弹片擦伤，另一处是子弹贯通伤，好在没有什么大碍，包扎一下他就又上战场了。

1976 年 7 月 28 日，唐山发生了大地震。父亲当时是空军唐山场站第一副站长，是主持日常工作的领导。大地震发生时，父亲因为背部做了一个手术，正在住院。当时他正在床上睡觉，突然感觉地动山摇，瞬间，病房外的一根大烟囱穿透房顶砸了进来，砸在父亲旁边的空病床上——真是命悬一线。当时，医院离我们家不到三百米，但父亲根本顾不上回家，从病床上爬起来就赶到场站临时指挥部投入紧张的救援工作。那几天，他通宵达旦地工作，调度指挥飞机运送医药、食品、衣物、建筑材料等救灾物资，转运伤员，鏖战了近半个月。当时有来自全国三十多个机场的十三个机种在执行十一项救灾飞行任务，有三千多架次飞机起降，最短的起飞间隔只有二十六秒，落地间隔不超过一分钟，平均每两分钟就有一架飞机起降，运出重伤员两万多人，而且无任何事故发生。救援飞行架次之多、密度之大、条件之艰难世界罕见。父亲和他的战友们用自己的实际行动把唐山场站变成生命绿洲。为此，中央军委授予空军唐山场站“抗震救灾模范场站”荣誉称号，给空军唐山场站航行调度室荣记“集体一等功”。

我父亲参加革命后，一直以部队为家，总是战斗在第一线，十年都没有回过一次老家。后来父亲听人说，老家的人都以为他牺牲了，只有我奶奶不信，她经常跑到村口张望，见到路过村子的人，不管认不认识都会问：“看见我家志贤没有？”“看见我家二小子没有？”后来，我奶奶年纪大了，走不稳了，她就拄上拐棍在村口张望、等待……我父亲每每提起这些事，就会感到内疚，觉得自己不孝；但父亲也说，为了天底下那么多百姓能够过上幸福安稳的生活，舍小家保大家是值得的。

○

○

初心不改的革命本色

1978 年 9 月，父亲响应国家号召，服从部队安排，转业到山西大学，后来一直担任保卫部部长的职务。

记得母亲跟我们讲过，父亲到山西大学报到的时候，因为还没有安顿好家，就带着全家住在招待所。第一天报到，第三天就遇到了大案——学校财务处被盗了。当时学校的保卫部门叫保卫处，恰恰保卫处处长突发脑出血住了院，破案的任务一下子就落到父亲肩上。父亲临危受命，毫不推脱，立即开展工作。他克服业务不熟、环境不熟、人员不熟等困难，不分昼夜地带领部下着手调查，一家人被他撇在了招待所，直至盗窃犯被抓获。

父亲坚持原则、与人为善，凡事都为人民大众着想。他总是说，不能放过一个坏人，更不能冤枉一个好人。

母亲还给我们讲过这样一件事。有一个艺术系学生，专业成绩特别好，有一年美国南卡罗来纳大学艺术系来山西大学进行艺术交流，这个学生的表演把南卡罗来纳大学访问团的音乐指挥都折服了——他竖起大拇指连连夸赞。可就是这样一位高才生，却偷窃了同学的一台录音机。事情发生后，学校查明了真相，有的校领导主张按规定严肃处理，报送公安部门按盗窃罪给予这个学生劳教处理。父亲坚决不同意—— 一旦劳教，这个学生的前途就完了。父亲主张以教育为主，要挽救犯了错误的青年人，让他有改过自新的机会。在父亲的坚持下，学校领导最终研究决定，给这个学生“留校察看一年”的处分。

1985 年 5 月，父亲从山西大学保卫部部长岗位上光荣离休。父亲退下来后做的第一件事就是专程去徐州淮海战役纪念馆参观凭吊。其实，他是去追思他那艰苦辉煌的战斗岁月，去看望与他一起浴血奋战的牺牲了的战友。他常常对我们几个孩子说，淮海战役纪念碑后那密密麻麻的烈士名单里，第几个名字是他们的营长，第几个是他同班战友，第几个是……他对战争年代刻骨铭心的记忆，他对革命战友的深切怀念，很多时候都化作对我们的一种教育，教育我们要珍惜和平年代的幸福生活，要无私地为党为国努力奉献。父亲的革命本色，早已刻在他骨子里，一生都不会改变。

父亲严于律己，对子女和亲属亦要求严格，他经常教育我们要遵纪守法、积极工作、努力奉献，不能向组织提任何额外要求。

父亲用他的一言一行，为我们全家树立了榜样。2023 年 3 月份，我们兄妹三人经过慎重考虑，作出一个重大决定，一致同意把父亲的遗物捐赠给老家安徽省界首市博物馆。捐赠物品有我父亲的个人简历、相片、军功章以及各种证书和生活用品等共计三大类六十余件。我们要替父亲完成一个心愿，让父亲这一辈人点燃的革命薪火永远传承下去！

初心如磐赤子情

讲 述 人：阎建红
讲述时间：2023年4月7日
整 理 人：赵建雄

阎二旺（1919 — 2002），山西省沁县故县镇故县村人。1939年参加工作，1943年加入中国共产党。1939年1月至1950年1月，先后任沁县故县镇民兵分队队长、故县镇青救会主席、二区青救会常委、故县镇镇公所党支部书记兼镇长、三区区委秘书、四区区委书记等职；1950年2月至1967年1月，先后任长治地委党校组教科科长、长治地委直属机关党委组织部部长、黎城县委第一书记兼武装部第一政委、壶关县委第一书记兼武装部第一政委、长治地委财贸部副部长、国家重点工程屯绛水库修建总指挥、沁源县委第一书记兼武装部第一政委、中国科学院山西分院党委委员兼山西原子能研究所党委书记、襄垣县委第一书记兼武装部第一政委、屯留县委第一书记兼武装部第一政委等职；1967年2月至1970年4月，在“文革”中受到冲击，被关押在监狱；1970年5月至1985年12月，先后任晋东南地区晋城钢铁厂党委书记、长子县委书记兼武装部第一政委、山西大学党委第一副书记兼第一副校长、省直厅局考察调整领导班子工作组组长和整党工作组组长等职。1985年离休。

○

○

“奶奶是阎家红色家风的奠基人”

我父亲阎二旺于1919年10月19日出生在山西省沁县故县镇故县村。我爷爷在父亲三岁时便去世了。我奶奶是一位了不起的女性，她在十分艰苦的岁月里，养大了两儿一女三个孩子。她虽然大字不识一个，但却悟透了“没有文化就没有出息，没有反抗就没有地位”的朴素道理。因此，她克服了种种常人难以想象的困难，先后将两个儿子送去学校读书。伯父和父亲都念到了四年级，这在当时的穷苦人家中已经很难得了。抗日战争爆发后，奶奶又毅然决然地送儿子们参加革命。1937 年，伯父阎书旺参加决死纵队和民族革命青年团；1938 年，担任了村党支部书记。1939 年初，十九岁的父亲也拿起了枪杆子参加了民兵，并担任分队长。由此可见，奶奶正是中国传统文化推崇的那种坚强而又优秀的女性。可以说，正是在奶奶的教诲下，伯父和父亲才置生死于不顾，全力保家卫国。从这个意义上说，奶奶是名副其实的阎家家风的奠基人！

战争年代，八路军一二九师工作队和上级党组织派来的领导人常常住在我奶奶家，他们在我奶奶家开会、吃饭，我奶奶负责掩护他们。比如，太岳一地委青委书记王绣锦（曾担任山西省委常委、太原市委第一书记、山西省委统战部部长、山西省政协副主席等职）就长期秘密住在我奶奶家，和我伯父一起开展工作。1982 年 4 月，伯父伯母来太原看我父母，父亲因为工作忙，就让我陪同伯父去看望时任山西省委常委、太原市委第一书记的王绣锦。王绣锦和我伯父回忆起我奶奶来，十分感慨地说：“老母亲当年养育、掩护了咱们这些革命人。老人家真是太坚强了，太伟大了呀！四十多年过去了，当年的情景依然历历在目呀！”

○

○

“永葆艰苦奋斗精神”

从父亲的履历可以看出，他在县委书记这一岗位上工作调动得十分频繁。因为 20 世纪五六十年代，基层条件差、经济基础弱、人民生活苦、发展困难大，过硬的领导干部又很紧缺。父亲大都是到了一个新的地方，工作干得有了起色，各项工作上了正轨、稳步推进，几个月或者一年多后，组织上就又调他到另外的地方去改变那里的现状。从我记事开始，父亲就像一台启动了的发动机一样，不停地运转。星期天对于他来说，那只是日历上的标记。因为步行下乡，常常翻山越岭，父亲一年要穿坏五六双奶奶她老人家亲手做的布鞋。

1956 年 7 月，父亲在中央党校学习，体检时查出肺部有多发钙化灶，医生问他是否得过肺炎或者肺结核，他却说没有得过。医生说："你不仅得过，而且还比较严重。"父亲后来对我说："如果不是那次体检，自己根本就不知道过去还得过肺病。"因为咳嗽发烧，他从来都不当回事。

有一个很有趣的故事。1965 年，晋东南地委在地区宾馆召开常委扩大会议，当父亲迈入地区宾馆大门时，被执勤的军分区战士挡住了。原因是，与进入会场的穿着呢子衣服和皮鞋的领导干部相比，穿着泛了白的蓝色中山装和方口布鞋的父亲，根本不像个县委书记的样子。父亲一听执勤战士的口音——这不是沁县老乡嘛！就和人家拉老乡套近乎。但不管他用什么办法，人家就是不让他进。怎么办？父亲建议执勤战士找来地委办公厅主任。办公厅主任来了后，父亲才得以进入会场。

我母亲王林香曾经有两次提升工资的机会，却都被父亲叫停了。一次是 1957 年，母亲当时在壶关县计划统计局工作，负责全县的统计工作。由于她每月的报表数字准确无误、上报及时，使壶关县的统计工作受到省、地有关领导和部门的表扬。在全省统计工作总结表彰现场会上，母亲被评为全省统计工作先进个人，壶关县政府决定给母亲提升两级工资。那时，父亲已经调到长治地委财贸部任职。当父亲得知壶关县要给母亲提两级工资时，立即写信给壶关县委书记，信中说："王林香做好本职工作，是一名共产党员应尽的责任和义务，组织上已经给予了表彰，提升一级工资又提高了待遇。如果提升两级工资就显得过度了，影响不好。再说了，领导干部家属更应该高标准严要求，为大家作出表率。"另一次是 1980 年，母亲当时在山西大学体育系工作。在解放以前参加工作的干部中，母亲的工资算是很低的了，于是体育系上报学校要占用本系指标给母亲提工资。父亲又从工作大局的角度出发劝母亲放弃。自然，提工资的事又黄了。

我们兄弟一共四个，家里为我们举办婚礼时，父亲约法"五章"：不放炮，不坐车，不贴喜字，不通知人，不收礼金。我 1982 年结婚时，只是在家里做了两桌饭，一是感谢介绍人，一是招待送亲的家人。我妻子是山西大学的老师，当时住在学校筒子楼。我们结完婚后，和她相处了多年的邻居对她说："大家本想送你一下，可不知道你什么时候就走了。”

给父亲过生日也是到父亲晚年时才开始的，但从来没有办过寿宴，顶多就是在家里做上几个菜，吃碗“长寿面”。父亲八十岁生日时，也就是 1999 年 10 月 19 日的晚上，父亲的老部下、中国辐射防护研究院党委书记李宝泉，约了 20 世纪 50 年代末曾经与父亲一起工作过的原子能研究所所长任秀等当时的班子成员和老部下黄晨光、李正生，把父母接到饭店吃了一桌饭。这是父亲有生以来唯一一次在饭店吃的生日宴——十分有意义的八十寿宴，却是父亲四十年前的老部下给办的。想起这些来，作为长子的我感到非常惭愧。

○
○

“把党和人民的事业放在心中最高位置”

父亲曾经回忆说：“1954 年，在壶关县工作时，我有一本学习名人诗句、语录的笔记本，其中给我印象最深的就是记录着革命诗人艾青的一句诗，‘为什么我的眼里常含泪水？因为我对这土地爱得深沉’，这句诗自然而然也就成为我工作的座右铭。”

新中国成立后，父亲的工作多有变动，每次都面临着关键时刻。他就像攻坚战中的突击队队长，哪里有难攻的山头，哪里有难啃的骨头，组织上就会想到他，他就会义无反顾地冲上前去：“党和人民的需要就是我的使命！”他的心中只有党的事业和人民群众，从来没有他自己和家庭成员。

1958 年 12 月，组织上调父亲到山西原子能研究所工作，就是因为国家处在核事业起步的关键时期，急需强有力的领导干部。父亲在原子能所工作了三年时间，这在他的履历中算是比较长的。在这三年间，他作出了惊人的成绩，受到中央主管领导的高度评价。

父亲文化程度不高，又长期从事农村工作，一下子让他创建和领导国家重要的科研机构，他还真是不知该如何下手。但他知道这是党中央、省委的重大决策，是党对自己的高度信任，于是一接到调令，就即刻赶到太原赴任。

经过一年多的努力，山西原子能研究所的各项建设已经基本完成，具备了开展基础性科学研究的条件，成为全国各省中建设最快的原子能研究机构。后来，全国大部分省的原子能研究所在国家精简机构中纷纷下马，而山西原子能研究所则成为全国原子能研究机构中的“佼佼者”。

当时在原子能研究所参加工作的青年干部、后来长期担任中国辐射防护研究院党委书记的黄晨光回忆说：“山西原子能研究所建立时，正值国家三年困难时期，全所职工虽然不算太多，但人员成分复杂。有十五六岁刚离开家的娃娃，吃不饱肚子，想家；有二十来岁刚走出校门的青年学子，工作不理想，生活有困难，闹情绪；有四五十岁温文尔雅的知识分子，换了新环境，遇到新问题，也需要特别关照。一系列问题接踵而至，阎书记在忙于组织科技攻关的同时，也没有忘记做好大家的思想工作，安排好职工的学习生活。他还要求有关同志每个周末为大家举办舞会。他用言教，更用身教，总是以积极进取、乐观向上的精神培养和引导大家的成长。他平易近人、艰苦朴素，同大家吃在一起、干在一起，从不搞特殊化。他和大家都在大食堂就餐。午饭常常是每人两个比鸡蛋稍大一些的馒头蘸着糖精水吃，很少有吃上蔬菜的时候。那时每人每月粮食定量减到二十一斤，食油供应三两却还不能保证每月都有，蔬菜供应很少，豆腐、鸡蛋和肉就更吃不上了。由于缺乏营养，包括阎书记在内，不少人患上了浮肿。后来经过任秀所长的努力，利用过去的工作关系，与阳曲县取得联系，在黄寨农民遗弃的十多亩山坡上，阎书记与大家一起开荒种土豆。秋天收获以后，食堂有了土豆，职工生活有了基本保障，群众的情绪稳定了，工作积极性大大提高。即便是为了完成科研任务经常加班夜战，大家也毫无怨言。”这就是我父亲工作态度和工作作风的真实写照。

那时，我家住在山西医学院，由于粮食短缺，母亲全身浮肿，患上了肝炎，但就这也不能耽误上班。我们几个子女中，姐姐在山大附中上学，我在九一小学上学，两个弟弟上幼儿园。家里难免遇到这样那样的困难，父亲都没有时间顾及。姐姐不多回家，即使是回到家里，几个月也见不到父亲。我上小学报到的第一天是父亲送我去的，由于父亲工作忙，去了学校天已经快黑了，男生宿舍已经没有了床位，老师让我在女生宿舍靠门口的床上凑合了一夜，我感到很委屈，很没面子，很不好意思。可是又有什么办法呢？当时，九一小学是太原市最好的小学，省市的高干子弟都就读于九一小学。每到周六下午，会有家长坐着小车来接自己的孩子，周日下午或者周一早上再用小车把孩子送来。我不记得父母接送过我，每次都是父亲委托单位年轻人或者骑着自行车来接我，或者拉着小平车出来拉货时顺便把我接回去。后来上了二年级，周六下午就是我自己独自坐公交车回家，周日下午我自己再坐公交车到校。有一次下大雨，我回家时迷了路。一个八岁的孩子，全身从头到脚都是水淋淋的，在泥泞的马路上不知走了多长时间才回到家。想起这一情景来，就好像昨天才发生似的。

1962 年，在山西原子能研究所的基础上，由国务院副总理聂荣臻同志批示组建“华北工业卫生研究所”。1988 年，国务院正式批准其更名为“中国辐射防护研究院”。现在的中辐院以“强核报国、创新奉献”为宗旨，是我国唯一专门从事辐射防护研究与应用的综合性、多学科、公益性科研机构，在国家国防、科技、经济和社会发展中发挥着不可或缺的重要作用。可以说，我父亲他们作为创业者，为“两弹一星”事业作出了贡献，从他们身上所体现出的，正是“热爱祖国、无私奉献、自力更生、艰苦奋斗、大力协同、勇于登攀”的“两弹一星”精神。

○

○

“桑梓情深，报效家乡”

父亲离休后，用自己的积蓄，从山西省农科院购买了培育三年的红富士苹果树一万株和松树苗一万株，租上大车运回家乡。父亲虽然年事已高，但仍与家乡群众起早贪黑一起种树，前前后后历时一个月。后来，父亲又协调镇政府从省农科院低价购买了十几万株松柏树苗，他连续三年乘坐长途汽车风尘仆仆地回乡与乡亲们一起植树。父亲还想方设法为家乡人民修建了通往县城的五十里柏油路，极大地方便了当地百姓的出行。特别值得一提的是，早在 20 世纪 70 年代中期，为了家乡的生产大队发展副业经济，父亲无偿地捐献了 1947 年土地改革时政府分给奶奶的五间楼房（阁楼）和占地两亩多的院子。

父亲为改变家乡面貌付出了心血、财力和精力。父亲这一辈革命人，虽然年轻时就离家外出，从事革命工作几十年，但仍心系家乡、不忘故土。

家乡、故土，对于父亲来说，那真是难以割舍、魂牵梦萦的地方。他那悠悠的乡土情思，就像连着风筝的那根线一样，怎么扯也扯不断，因为那里有着双亲对他的辛勤养育，有着他从幼年到青年生活成长的一串串脚印。父亲是1944年二十五岁时被组织上调到县委机关工作后才离开家乡故县镇的。在几十年的忙忙碌碌中，父亲只有在万不得已时才回老家。离休后，父亲回过多次，带着我回去有三次。每次回去，父亲都要领着我到同姓的年长者家、青年时期一起干革命的战友家和小时候的玩伴家看看，到村里的各个角落走走。无论到了谁家，无论到了哪里，父亲都要把那时的故事讲给我听。对于父亲的话，我只是认真地听，但没有思考过。现在我年纪大了，才理解了父亲当时的心情：一是人上了年纪，越想回忆往事；二是看到家乡的落后面貌，很想为家乡人民做些事情；三是总想让孩子们记住阎家的根在哪里，阎家的魂是什么。

可以毫不夸张地说，我父亲作为一名老党员、老革命、老干部，他把一生都献给了党，献给了国家，献给了人民。他一生不忘初心、牢记使命，始终坚守着对共产主义信仰的执着追求，始终把为党为国奉献自己作为人生的奋斗目标，始终把为老百姓办实事谋幸福放在心中最重要的位置，始终保持着热爱人民群众、热爱知识分子、热爱战友同事、热爱父老乡亲和感恩父母的真挚情怀，始终保持着艰苦朴素的优良作风和从严要求的美好家风。

我们做子女的以及我们的孩子，也一直在以我父亲为榜样，努力为祖国和社会作出自己应有的贡献！

深藏功与名的父亲

讲 述 人：张计平 武秋英
讲述时间：2023 年 4 月 18 日
整 理 人：江雪

张建玉（1923 — 2020），山西长治平顺人。1940 年 1 月加入中国共产党；1940年1月至1946年6月先后在本村任交通员、抗先队员、民兵队长、民兵指导员；1946 年 6 月至 1947 年 1 月，在太行独立旅一团二营一连任排长；1947 年 1 月至 1947 年 9 月，在二野十五军政工队当学员；1947 年 9 月至 1948 年 6 月，在二野十五军四十四师一三一团二部任指导员；1948 年 6 月至 1950 年 4 月，在二野十五军四十四师一三一团政治处任副股长；1950 年 4 月至 1950 年 10 月，在军委空军学校飞行大队二大队任副指导员；1950 年 12 月至 1952 年 9 月，在军委空军学校飞行大队二大队任副指导员；1952 年 9 月至 1954 年 4 月，在中央燃料工业部水电总局勘测处人事科任科员；1954 年 4 月至 1959 年 3 月，在燃料部北京勘测设计院工会任专职副主席；1959 年 3 月至 1970 年 7 月，在电力工业部北京勘测设计院任组织部副部长；1970 年 7 月至 1971 年 5 月，在晋东南地区水利工作站漳泽水库任指挥；1971 年 5 月至 1980 年 8 月，在山西潞城公建厂任总支书记；1980 年 8 月至 1986 年 11 月，任山西省长治联合工厂副政委。1986 年 11 月离休。

○

○

英雄少年走上革命道路

山西平顺县石城镇豆口村，是浊漳河沿岸一座古老又美丽的村落，距今已有一千五百多年历史。1923 年 11 月，我的父亲张建玉就出生在豆口村。

平顺作为抗战时期华北地区唯一没有沦陷的县城，成为很多抗战部队休养生息、发展壮大的摇篮。1938 年，平顺县成立抗日游击队，各村也成立了自卫小组。同年 11 月，八路军一二九师三四四旅六八八团进驻平顺，创立太行抗日根据地，并组织了平林、平涉、平潞、平黎四支游击队。其中，平林游击队就驻扎在豆口村。豆口村农民踊跃参加各种救亡团体，如农民救国会、妇女救国会、青年救国会，青少年站岗、放哨、查路条，实行地方戒严，封锁敌人消息，严防特务汉奸破坏；老年人则夜以继日地打暗窑、挖地道，进行“空室清野”。豆口村是当时抗击日寇的一座坚实堡垒。在轰轰烈烈的抗日革命洪流裹挟下，十七岁的父亲成为抗日队伍中的一员，并于 1940 年 1 月，光荣地加入了中国共产党。

1942 年 6 月，侵华日军分两路对太行山区进行疯狂“大扫荡”。6 月 15 日，侵华日军来到豆口村，对村庄实行了惨无人道的烧光、抢光、杀光“三光政策”。豆口村抗日游击小组英勇抵抗。那年，我父亲十八岁，他与其他游击队员在豆口岩垴阻击日军，共打死日本鬼子 3 人，活捉 1 人，打伤多人，父亲还亲手击毙了一名日军。那次狙击战连同父亲的名字被记录在八十年后豆口人著的《豆口村志》中。在烽火硝烟中，我父亲逐渐成长起来，先后担任过豆口村交通员、抗先队员、民兵队长、民兵指导员。

听父亲说，他是家中独苗，祖父是一位乡村医生。我想，祖父一定是一位开明的老人，否则，他怎么舍得独子上战场！1945 年上党战役胜利、家乡解放，我父亲却毅然决然走上了解放战争的战场。1946 年 6 月，我父亲正式加入太行独立旅，在一团二营一连担任排长，开启了他南征北战、血雨腥风的戎马岁月。

○

○

追寻父亲的战斗足迹

2015 年 9 月，为纪念抗战胜利七十周年，山西省监狱管理局走访当年在监狱系统工作的老战士老同志，准备做一本画册。我看到老父亲颤颤巍巍却又异常庄严地从柜子里拿出一个白得泛黄的小布袋，掏出了一枚枚陈旧但光芒永驻的奖章，竟然有十多枚！满头白发的老父亲慢慢地把一枚枚奖章认真地别在衣服前胸，留下了一张珍贵照片。一向不开口的父亲，那天，把自己的履历一条一条写了下来。那份履历后来被登载在那次山西省监狱管理局出版的画册《历史路程》中。之前，我们只知道父亲当过兵，打过仗，也听他轻描淡写地说过他参加过淮海战役，却不知父亲有那么多战功。

既然父亲有那么多军功章，他一定参加过很多战斗。但父亲对我们还是绝口不提过去的经历。我们只能通过父亲的履历（父亲故去后，那些军功章不知所终）推测父亲曾经参加过哪些战斗。

○

○

命运的转折

从父亲的履历看，父亲命运的第一次转折是在 1950 年。他“1950 年 4 月至 1952 年 9 月，任军委空军学校二大队副教导员。”

按照十五军的战斗足迹，1950 年初，父亲应该随部队到云南。1951 年 3 月，十五军加入中国人民志愿军入朝作战，隶属志愿军第三兵团。著名的上甘岭战役就是十五军打的。但父亲却在 1950 年去了北京，这是怎么回事呢？

原来父亲那次到北京，与我们国家组建航空学校有关。为建设人民空军，培养大量优秀的飞行员和各种专业技术人员，1949 年 10 月 6 日，中央军委批准创办六所航空学校。它们分别是哈尔滨和长春的两所轰炸机航校，锦州、沈阳、济南和北京建立的四所歼击机航校。当时，司令员刘亚楼一边在全国选校址，一边开始紧急从各野战部队选调航校人员。党中央、毛主席对此高度重视，向各野战军、各大军区发出指示，要求从陆军作战部队和各地军政大学中选调政治可靠、经过战斗锻炼、身体健康、有高小以上文化程度的年轻连排干部到航校学习。经过各野战军和各大军区严格挑选、空军全面复查，首批接收飞行学员 930 名，地勤学员 1980 名，这批学员绝大多数是工农出身并经过战斗锻炼的连排干部，其中不少是英雄模范人物。航空学校机关设参谋处、政治部、训练处、机务处、供应处、卫生处，辖学生营、飞行大队、警卫营，执行师级权限，归空军司令部建制。父亲所在的应是在北京建立的那所歼击机航校，父亲任该校飞行大队二大队副指导员。

1950 年 10 月到 1950 年 12 月，父亲在北京陆军医院休养。父亲是在训练中负伤还是生病了？沉默的父亲把这些秘密都带走了，只在他的履历中留下了两个月陆军医院休养的记录。

之后，父亲从空军二大队副指导员，到中央燃料工业部水电总局勘测处人事科科员，到燃料部北京勘测设计院工会专职副主席，再到电力工业部北京勘测设计院组织部副部长。从父亲的履历可以看出我们国家发展的步伐。中央人民政府燃料工业部是 1949 年 10 月成立的，1955 年 7 月 30 日，第一届全国人民代表大会第二次会议，决定撤销燃料工业部，并以原燃料工业部所属的煤炭工业管理总局、电业管理总局和石油管理总局、地质局为基础，分别设立煤炭工业部、电力工业部和石油工业部。有了电力工业部后，父亲被调到了电力工业部北京勘测设计院组织部。听父亲说，因为工作认真、成绩突出，1954 年、1963 年，他还两次受到过毛主席的接见呢！

父亲命运转折最大的一次是 1970 年 7 月。我是 1955 年出生的，我生在北京。父亲被调到山西长治时，我十五岁。父亲是响应三线城市建设的号召回到长治的。父亲之所以选择长治，大概是因为他是长治平顺县豆口村人，他想回到家乡建设家乡。

从晋东南地区水利工作站漳泽水库指挥，到山西潞城公建厂总支书记，再到山西省长治联合工厂副政委，父亲的“官”似乎越做越小。

○
○

无欲无求的父亲

我父亲是 1942 年在老家结婚的，我的母亲叫张补新，也是豆口村人。1946 年，父亲随部队离开家乡时，我姐姐张计娥刚三岁。都说八路军离开太行山时，演绎过很多妻子送郎上战场的感人场面，我的父亲也是在我母亲的眼泪中背着行李离开的。之后很多年，父亲南征北战，母亲在家里侍奉我的爷爷奶奶。1950 年，父亲被调到北京，生活安定下来，父亲才把母亲接到身边。

1970 年我跟着父亲从北京回到长治时，姐姐已经工作了，在北京第三棉纺织厂，是流水线上的一名女工。我当时因为正上初中，就跟着父亲来到了长治。父亲到了漳泽水库，母亲在地区幼儿园做保育员。

高中毕业后，我在家里闲坐了两年，父亲也不肯为我工作的事托人情。我们曾为此抱怨过父亲，但想到也许是父亲初来乍到长治，身边没有什么人脉吧。其实，我知道，即使有人脉，父亲也不会为我们的事去找人说好话。我大姐在北京就业，当时父亲在北京工作多年了，职位也不低，但大姐招工时还是自己去报名参加工作的。1977 年，我二十三岁，一个老乡知道我的情况后，叹了一口气，让我到手工业管理局下属的轧钢厂上了班。

记忆中，父亲总是沉默寡言、无欲无求。20 世纪 90 年代，母亲去世后，父亲更少说话了。别看父亲大小是个领导，但我家别说从来没有来过送礼人，就是来谈工作的人也很少，看望父亲的战友也几乎没有。那时候我常想，父亲所在部队的战友，会不会大部分牺牲了。他被抽调到北京后，他的部队是上了朝鲜战场的。除了父亲所在单位长治联合工厂每年来人慰问，让我们想起父亲还是一位老干部，在邻居的眼里，父亲平凡得实在让人想不到他曾经是响当当的战斗英雄。

父亲是一个特别坚强的老人。1970 年，父亲老是胃疼，后来查出来是胃癌，他一次化疗也没做，后来疼得不行，干脆做了胃全切手术。都说胃癌很可怕，但我父亲把胃全部切除之后，又活了三十多年。

我常想，如果不是 2018 年发生的那个意外，也许父亲能活过一百岁。那天，家里的狗跑到父亲身边，拴狗的绳索绕住了父亲的腿，父亲毕竟年纪大了，一下便被狗拖倒，摔断了大腿骨。我们把父亲送到医院，医生看父亲已经九十多岁了，建议保守治疗。也是这时候，我们才知道，父亲的腿上还有战争年代留下的弹片。真不知道那么多年，父亲是怎样忍受那种疼的。断骨的疼多疼啊，不能手术，父亲就靠吃消炎药和止疼药，硬是咬着牙坚持了三年。每次疼起来，他就把腿高高翘起来。后来他的腿伸不直，睡觉也老翘着腿。

父亲生活很节俭。他总穿一件中山装，洗得发了白，还照样穿；也从来没有买过营养品，我们吃什么，他吃什么，早上冲一个鸡蛋就算营养了。至于爱好，就是看书。九十多岁时，还在看书，看《中国老年》《长治日报》《参考消息》等。

父亲跟我的两个儿子，也就是他的孙子，很亲，两个孩子从小跟着爷爷睡。但是父亲也没有为他们的工作找过人，我的两个儿子都是自谋职业。父亲把节省下的钱全部花在了他们身上。我们挣钱不多，儿子买房、装修、结婚，都是我父亲出的钱。

知道父亲生前经历了那么多的战役战斗，我们才知道父亲是顶天立地的英雄。即使到了九十八岁，病痛折磨得他瘦弱不堪，他还是那么坚强。想起父亲，我就想哭。想到父亲生命最后的日子，我特别佩服父亲。

父亲的一生是战斗的一生，革命的一生。他出生入死、严于律己、光明磊落，却又低调沉默，别说没有豪言壮语，就连曾经经历的枪林弹雨都不曾提起，以至于我们都不知道他的故事。我想，等到我百年之后见到父亲，一定要缠着他，听他讲讲他经历过的战斗故事……

涉江渡海走天涯

讲 述 人：高怡亨
讲述时间：2023 年 4 月 27 日
整 理 人：张玉

方维吾（1927 — 2022），原名高孝涵，浙江杭州人。1946 年加入中国共产党。1948 年 8 月，赴华北解放区，在河北泊头参加革命；9 月，被分配至石家庄华北人民政府企业部，安排在建平普陀庵兵工研究所；12 月，入职石家庄炼焦厂。1949 年至 1955 年，历任太原兵工局化学厂工程科作业股副股长、股长，兵工总局 145 厂计划科副股长，硝化棉车间副主任、主任等职。1956 年被兵工总局 245 厂委派为赴苏实习总工艺师，1957 年归国。1966 年起，历任 145 厂副总工程师、总工程师、厂长等职。1988 年离休。

○

○

海上生明月

我父亲方维吾，原名高孝涵，1927 年 11 月出生于上海市。我家祖籍杭州，据传为姜太公后裔，因封于高而以此为姓；宋代南迁至临安，称为仁和高氏，是当地颇有名望的书香世家。我的曾祖父是晚清的小官吏，祖父高铦是留日的化学工程师；我祖父四兄弟中就有三个曾在日本留学，他们都在学成归来后报效国家，是爱国人士。我祖父早年在中国民族化学工业之父范旭东门下任职，是那个年代少有的科学知识和化工技术的普及读物和工具书作家，一生编译出书二十五册。祖母童志远也出身于书香家族，她与瞿秋白夫人杨之华是好友。祖父母的兄弟姐妹都是当时的高级知识分子、老革命。在这样的家庭背景下，父亲从小就受到了书香诗礼的熏陶，不出意料地走上了学以致用的道路。

父亲的童年是在上海度过的，他从小天资聪颖，多才多艺，在文艺和理工方面都显现出过人的天赋。他十八岁就考入上海交大理学院化学系，在那个年代是天之骄子。据父亲回忆，他的老师们都是当时的著名学者，有胡敦复、赵富鑫、吴学周、梁普、琚定一等教授；他们授课内容翔实丰富，比一般书本教材生动很多。父亲除了精通专业知识外，还擅长英语和德语。他们的老师是一位德国人，曾任蒋介石的军事顾问，上课时会教他们唱德文歌曲。

父亲的大学时代并不平静，由于时局动荡，他们经常罢课，学生运动此起彼伏。父亲参与了这个过程，也因此走上了革命道路。那是 1946 年，他的同班同学汤寿梁和杨菊找他谈话，要发展他为中共地下党员。父亲那时对当局国民政府多有不满，经过汤、杨二人的启发教育，他决定加入中国共产党。那时父亲是系科班级代表，又是交大青年会党小组的成员，他经常为同学们的党组织活动提供场地，在家中开小组会。他们伪装成一起做功课的样子，实则传达上级的指示，交流国内和学校的形势等，还会谈论人生观和自己的理想。父亲说他们那时最喜欢看进步书籍和报刊，他看过艾思奇的《大众哲学》《辩证唯物论与历史唯物论》《自然辩证法》，还有邹韬奋的《游苏札论》和高尔基的小说；其中对他影响最大的是《钢铁是怎样炼成的》。到上海解放时，交大的党员已有二百多人，是一支不小的队伍，这都是父亲他们努力传播革命火种的成果。

父亲在交大参加过多次学生运动。他的校园生活经历丰富，同学之间情谊很深；他们既是同学又是战友，并肩战斗在风起云涌的时代，成长为国之栋梁。

如火如荼的学生运动并不完全是挥斥方遒的青春世界，也有白色恐怖贯穿其中。父亲的两位同学穆汉祥和史湘雯就遭到了反动派的杀害，直到解放后才找到遗骨，父亲回忆时常为之唏嘘。1948 年的一天，上级通知父亲，他已经被敌特注意，组织决定要他撤退到解放区，必须当日立即离开学校，不能回家。父亲连夜跑到他舅父家住了一晚，然后转移到他表哥的朋友家中，在江西路商行中一个很小的单间里等待了十几天，才悄悄逃离上海。父亲说，因为是去解放区，心情特别激动，特别期待。他第一次出海远行，面对广阔无垠的大海，海上升起的明月是那样的洁白，就如同他们这群热血青年无瑕的灵魂。离开的船票是同学们自己筹款买的，同行有五人，经过两天三夜的航行，他们到达天津，之后找到了京津学生前往华北解放区的交通站负责人——南开大学数学系助教胡国定。

○

○

饮马太行山

父亲一行抵达南开大学时，天津已成孤岛，形势也很危急，组织决定让他们几个分头撤离，减小风险。他们五人遂分散开来，并且都起了化名。父亲的化名方维吾就是那时开始使用的，此后这个名字伴随了他的一生。胡国定为他们买了化装需要的衣服，把联络暗号（半张钞票）交给我父亲——另半张已先期送到河北省泊镇工部所在地，两个半张钞票对上就算是完成交接手续。父亲带着半张钞票，身穿一件白色土布对襟单衫，冒充返乡回到衡水的商人。他找到一个带着几个孩子的妇女，帮人家提行李，冒充一家人，顺利地通过了从陈官屯到唐家屯的三道关卡，来到沧州。

父亲在泊镇待了几天后，与当时从平津过来的许多中学生会合，大家凑够了一卡车人，就坐卡车去石家庄。石家庄是华北解放区最大的城市，华北人民政府就在那里。父亲他们这些进步学生大多分配到企业部，他被安排在华北兵工研究所从事自己的专业——化学研究。

华北兵工研究所位于河北省平山县，在太行山深处。办公场地是一个地主的院落改成的，门口的匾额上写着“南山生秀”四个字，令人心胸豁朗。但是除了住宿条件还好之外，生活上是很艰苦的：一日只有两餐，两天才能吃一次细粮，蔬菜是南瓜、茄子。洗澡要到山后无人的溪流里去；集市离驻地有20里地，他们有次晚上去看歌剧《白毛女》，走20里山路回来已是凌晨三点了。从所里到石家庄要走八九十里山路，整整一天，没有车，只能步行。有一位女分析员被丙酮烧伤，没法去医院，也没有药物，只能待在所里靠简易的包扎和换洗长期养伤。这些事父亲后来讲起来很轻松，但仔细一想当年是多么危难重重啊。我无法想象年轻的父亲是怎样从那些腥风血雨中跌跌撞撞走出来的。

就是这样恶劣的条件，也没有浇灭这些青年的革命热情。父亲从不在意苦难，他一生乐观，性格开朗活泼，叙述从前的经历时，记的总是美好的东西。他说那里有清澈的山溪可以漱洗，山上长了许多核桃树和柿子树；秋天时山花烂漫，触目皆是山河的壮丽。“君不见太行山，撑天拄日高郁盘。”这是父亲作为革命者的浪漫主义情怀。

父亲认真研发化工材料，他说他试验了一种方法，用苯胺酒精溶液气化后通过加热的氧化铝催化剂再冷凝成乙基苯胺并精制。他成功了，这种产品直到现在仍在使用，非常经济实用——那是我父亲七十多年前的发明。

1949 年，根据上级指示，父亲来到太原，被分配到西北化学厂，负责接收理化室。父亲发现厂里的产品硫化氢由于用铁锅制作而影响质量，遂提出用蒸汽烤干的方案。这使产品质量大大提高，带来了经济上的巨大效益，他被评为太原市劳动模范。父亲还负责厂里的工会工作，他组织青工成立歌咏队，教大家唱《解放区的天是明朗的天》……他可以把平淡的生活过得有声有色，紧张的工作进行得张弛有度，他一直都是这样精彩夺目的人。

1949 年，我的父母亲在歌咏队认识并相爱。1951 年，他们结婚了，从此父亲扎根三晋，驻足于他向往的燕赵风云。

○

○

伏枥万里心

父亲在中国人民共和国成立的第一个五年计划中参加了苏联 156 项目工程，他表现突出，被任命为 245 厂技术科长，随即选派赴苏联实习，任总工艺师。父亲回忆那一段岁月，并非人们想象的出国留洋享福了，而是充满了艰辛。他们一行三十多人于 1956 年出发，交通工具是唯一的国际列车“莫斯科—北京号”，要走七天七夜；然后转车到斯维尔德洛夫斯克，也要走五天；然后沿乌拉尔山脉进入北极圈内的城市素里。万水千山，一路风尘，但父亲仍然发扬他一贯的乐天知命，用探险的精神来面对异国。他对我们谈起苏联之行的见闻，怎样从满洲里进入西伯利亚，怎样到达贝加尔湖：那里是数千年前苏武牧羊的地方，父亲说他想到了很多，关于民族的气节，关于国家的兴衰，关于历史的车轮……

“牧羊边地苦，落日归心绝。渴饮月窟冰，饥餐天上雪。”这也是父亲他们当年在苏联的生活写照。8月底就开始大雪飘扬，常年不化，雪花如沙子一样硬，出门皮鞋暖帽必不可少，否则就会被冻伤。父亲是南方人，无法适应这种严酷的自然环境，加之过度劳累，一年后因病提前归国。

回国后，他回到上海养病。父亲休养本来算是因公致病，但他坚持不花单位的钱，他疗养花的是爷爷的稿费。康复后他立即赶回单位，任副总工程师，负责厂里的技术改造。那段时期，台湾方面经常派“U-2”高空侦察机来大陆上空刺探情报，只有引进的苏联“萨姆-2”型地对空导弹可以将之击落。于是1963年初，兵器部领导找到我父亲，要他仿制苏联导弹弹药，研制“红旗-2”助推器无烟药。我父亲临危受命，经过一年多反复试验，终获成功。1967年，“红旗-2”防空导弹定型量产，我父亲功不可没。

1976年，五机部下属的北方公司、七机部下属的长城公司组织国家火炸药代表团访日，父亲任代表团副团长。父亲对日本的环保措施和对文化遗产的保护甚为赞赏；归国后，他主持了喷射硝化线的安全改造，此后这种生产线再未发生事故。1985年，父亲前往意大利考察；同年秋冬季，又赴美国访问。他每到一地都认真学习发达国家化工业对质量、技术的掌控，回来之后将之应用于国家的建设。

1988年，父亲光荣离休。离休之后，他主要做了三件事。第一是发明了造纸黑液物质全部循环回收工艺，并将之推广。第二是注册了太原维高公司，参与了山西甲醇汽油项目的推广实施。第三是2016年上书兵总，提出一些对策和建议。这三件事都关乎国计民生，是父亲毕生心愿。“老当益壮，宁移白首之心；穷且益坚，不坠青云之志”，说的就是我的父亲。

○

○

烽烟解国忧

在我们的印象中，父亲是一个既慈爱又严肃认真的人，更是一个务实专一、事业心很强的人。小时候因为父母工作忙，经常加班或出差，我们很难见到他们，但父亲会在百忙中抽出时间带全家一起去看电影、到公园划船，这是我们最开心的时候。

父亲喜欢音乐，家里有一把小提琴和一架手风琴。小提琴是大姑父送给他的，手风琴是他去苏联留学带回来的。受父亲影响，我大哥学会了拉小提琴，二哥学会了拉手风琴。父亲十分喜欢苏联卫国战争歌曲，如《喀秋莎》《山楂树》《莫斯科郊外的晚上》，每当他和我们一起拉琴唱歌时，家里就充满了温馨欢乐。这时候的父亲一点儿也不摆架子，像个良师益友，有时还指正我们拉琴的节奏和音准。父亲还喜欢下围棋，棋力很高，达到业余四段的水平。他的晚年，靠这些爱好特长自得其乐，一点儿也不寂寞。

20 世纪 80 年代，我们陆续参加工作。因为和父亲在一家企业上班，对他的事情了解得更多了些。由于国家调整经济，军工企业进行军转民，父亲根据市场选择了建筑材料、环保和新能源领域进行攻关。当时媒体报道华北遭受雾霾的严重危害，其中有部分原因是农民大面积焚烧秸秆引起的，他就选了这个题目去做。经过几个月的反复试验，终于取得理想数据，把秸秆用化学方法全部分解，做出几种产品来，并且是零污染。虽然推广过程中遇到重重阻力，但父亲尊重科学、心系环保的精神让我们钦佩！

离休后，父亲也不闲着。他申请环保专利、帮企业做技术服务、为国家建言献策，还经常奔波各地参与项目的建设和指导。因为他年事已高，我和大哥经常陪同前往。他轻财重义，说做这些事不是为了钱。他出门在外省吃俭用，一般吃点便餐。他告诫我们，与朋友的情谊不能看重请客送礼，不讲利益才是真朋友。

工作四十年，父亲攻克了一道道技术难关，当过劳动模范，在全国科技大会上获得过嘉奖，很多媒体都报道过他的传奇人生，但他在家只字不提。他去世后，我们在遗物中才发现一些当年的旧报刊，看到他的光辉业绩。在一份国务院科技干部局《自然科学技术优秀拔尖人才推荐书》中，对他有这样的表述："从 1951 年二十四岁任计划股副股长，到 1955 年二十八岁任厂技术科科长，再到 1966 年三十九岁任厂总工程师，最后 1980 年五十三岁担任厂长，对老企业革新挖潜完成了多项技术改造，做出了突出的贡献。"

经过几个月的反复试验，终于取得理想数据。

我们对父亲更深的了解，是在着手编辑他的回忆录之后。父亲小时候家境优越，但他投身革命时义无反顾。他从上海奔赴解放区，一路栉风沐雨，到山西后对清贫生活和繁重工作甘之如饴。他从繁华的大上海来到贫瘠的黄土高原，从衣食无忧到窝头咸菜，他是如何适应这巨大的落差？他曾为国家立下汗马功劳，但从不居功自傲。他秘密加入中国共产党，与穷凶极恶的反动派斗智斗勇，将生死置之度外；他刚到解放区就解决了炸药生产中的瓶颈问题，为解放战争提供了重大支持；他研发导弹所用炸药，先后打下六架飞机，使得美蒋再不敢派“U-2”高空侦察机窜犯。他在九十岁寿辰聚会上发表感言，简明铿锵地说：“信仰的力量是无穷的，这就是我的总结。”他自己撰写了回忆录，没有表功，没有立传，只以平实的语言客观地记录了自己近一个世纪的所见、所闻、所经历，平静而深沉地表达了对党、对国家、对家人、对工作、对亲朋和战友们的爱。他一生中最美好的青春年华和最年富力强的中年时期都交给了他热爱的事业，他的学识和技术都用来报效国家，这就是他作为一个共产党员的信仰和忠诚吧。

祖父那一辈留洋归国，追寻实业救国的理想；父亲这一辈继续为科技强国而奋斗；这就是我们家族的传承。虽然父亲没有给我们留下多少物质财富，但他的精神和品格是立给我们永远的丰碑。

枪林弹雨凌壮志，盛世华诞享福康

讲 述 人：慕明杰
讲述时间：2023 年 8 月 18 日
整 理 人：孟志平

慕生月（1922 — 2021），陕西吴堡县人。1935 年 1 月参军，1936 年 5 月加入中国共产党。1952 年 6 月，从部队转业到汾城县公安局。1956 年，调入山西省第五劳改支队。1966 年 4 月病退，1981 年据政策由退休改为离休。

○

○

那个毕生难忘的生日

我的父亲慕生月，1922 年 1 月 1 日出生在陕西省吴堡县横沟乡武家山村。父亲家数代务农，生活清苦，一家老少就靠黄土高原上沟岔里的几亩薄田吃饭。父亲出生那会儿，正是军阀混战、民不聊生的世道。村里的老百姓再埋头劳作，收成也有限，到头来仅能够勉强糊口；再加上战乱、横征暴敛，各种税赋多如牛毛，老百姓的日子过的啥样，可想而知。父亲说，他记事那会儿，一年四季从早到晚，肚子里老是咕咕地响，时常处于一种半饥饿状态。

父亲从小就给村里的地主放羊。父亲说，幼年时他的想法很简单，就是这辈子能天天吃饱肚子不用挨饿就知足了。每天天还没亮，父亲就赶着羊群走出村落，走进一眼望不到边际的黄土山梁。在黄土飞扬的世界里，父亲一点儿都不孤单，他将羊鞭插进腰带里，站在山梁上，挺直脊梁，放声歌唱。父亲唱的都是流行在陕西黄土高原上的酸曲，多数是表达男女之间离别之情的。父亲虽然不懂，可酸曲那种直抒胸臆、婉转凄美的曲调却深深地震撼了他幼弱的心灵。

他常常唱得声情并茂，以至眼眶里常蓄满泪水。父亲在释放自己，在宣泄内心的苦闷和仇恨。

父亲的苦闷和仇恨主要来自主家。他不明白为什么他每天的辛劳付出，换来的却是地主的白眼和凌辱。事实上，不光是父亲，村里所有的穷苦人，都是地主一家老少的欺凌对象。他们仗着在村里有田产，有米有钱，就不把穷苦老百姓放在眼里。有一次，和他一样为地主放牛的小伙伴，因为一头牛不知在外面吃了什么东西，回家后上吐下泻，病倒在地。地主和他老婆就像邪鬼，一个手拿木杖打人，一个两手叉腰破口大骂。小伙伴也就十来岁，被胳膊粗细的木杖打得在院子里边躲闪边哭。直到村里其他人家的几头牛也出现了相同症状，人们才知道那头牛是因为染上了传染病才病倒的。可地主和他老婆不仅不向被冤枉的孩子及他们的父母赔礼道歉，反而还一口咬定是因为孩子放牛时不操心，牛才得了病，为啥有的牛没得病，就那几头得了？

这件事对父亲的影响很大，后来父亲对我说他从中看出了“马善被人骑，人善被人欺”的道理。

那时，父亲逐渐听到一些从山外传来的零零散散的消息，经过简单梳理，父亲意识到，在大山之外的某个地方，有支为穷苦人说话、撑腰的部队，这支部队名叫中国工农红军。

那些日子，他连续几天都睡不着觉。覆盖着茫茫白雪的大山，在父亲眼里，就像是一个从没见过的崭新世界。所以当听说有工农红军第四支队在周边村落做宣传工作时，父亲坚定了要当兵的念头。他把这个想法和爷爷说了，没想到却遭到爷爷的强烈反对。作为儿子，父亲当然不敢也不会当面顶撞爷爷，他选择了表面上的屈从；可在他内心里，走出大山到外面参加为穷人打天下的中国工农红军的主意已定。父亲说，那是他这辈子最得意且最坚定的选择，就是老天爷也挡不住他。明着不让走，父亲就选择了偷跑。

父亲独自悄悄出走的那天，山里飘起了白茫茫的大雪。那天是 1935 年 1 月 1 日，正好是他的生日。那年，父亲十三岁。

○

○

血与火的淬炼

父亲非常顺利地找到了陕北的工农红军，成了一名光荣的红军战士。他虽年龄小，但头脑灵活，在部队里团结同志、尊敬别人，身边的战士们都非常喜欢他。父亲回忆说，他第一次上战场，一点儿都没感觉到害怕，反而有点迫不及待。用他自己的话说，当兵就是为了打坏蛋，就是为了消灭那些欺负老百姓的坏人，让穷苦百姓过上好日子。

父亲首次参加的战斗发生在陕西省米脂县。当时，大部队被前方敌人的一座碉堡火力压制。碉堡内敌人的机枪喷吐着火焰，红军战士被打得抬不起头来。连长命令父亲所在的那个班将碉堡炸掉，两位平时对父亲非常关照的战士在爆破时，被敌人的机枪击中。看到刚才还有说有笑的老大哥说没就没了，父亲的心在滴血。一个班的人打得没几个人了，班长就命令父亲去执行任务。父亲好像就等着这句话，他没有半点犹豫，抱起准备好的炸药包就冲向了碉堡。父亲年龄小，个子也不高，比较灵活，这在枪林弹雨中成了他的优势。父亲跑到碉堡下，放好炸药包，果断地拉燃了导火索。随着一声惊天巨响，敌人的碉堡被炸上了天，冲锋的道路终于被打通了。父亲跟随一位扛红旗的战士向前冲时，那位战士突然被一颗流弹击中，肩上的红旗掉在了地上。看着牺牲的战友，父亲忍住悲痛，扛起了红旗。父亲对我说，虽然那面红旗的红布都被打成碎条了，可他顾不上多想，就觉得红旗不能倒，红旗要没了，冲锋的战士们就失去了指引的方向。在冲锋的过程中，他的帽子被打飞了，耳边的枪声就像炒豆子般地响，但他的脚步却丝毫没有停，他说他心里只有一个念头：将红旗插在敌人的主阵地上。

聊起那段战争岁月，父亲总是止不住地流泪、叹息。他常说的一句话就是：死了那么多战友，可惜啊！

父亲的青年时代几乎是在枪林弹雨中度过的，从抗日战争全面爆发到风起云涌的解放战争，他一直跟随部队作战，大大小小的战斗参加了无数次。

在部队，他团结同志，不管是上级还是下级，关系都处得非常融洽。他和他的战友们互相帮助、互相支持，在战场上形成了生死与共、密不可分的血肉关系。在艰苦的战争岁月，父亲还养成了勤俭节约的好习惯，这也为他在新中国成立后转业到地方任职时保持清正廉洁的工作作风打下了坚实的基础。

○

○

光荣在党五十年

新中国成立后，父亲转业到地方工作。在工作中他兢兢业业、认真负责。在领导和同事们眼中，父亲话不多，说话做事非常稳重，值得信赖。

长期的作战生涯，给父亲的身体带来了许多伤痛。父亲在地方工作的时间前后只有十四年，1966 年 4 月因病不得不提前退休。

退休后的父亲坐不住，他身体有病，可心里没病啊。闲下来的日子让他觉得非常难熬。他觉得，他是老党员，啥事不做却白拿党组织发给他的退休金，心里愧得慌。

退休后的第二年，也就是 1967 年，父亲开始担任柳林县中街居委会党支部书记，兼任义务巡逻员、人民陪审员。为了工作，父亲几乎走遍了辖区内每一户人家，他同那些老邻居、老同志盘腿坐在炕上拉家常、说往事，尽自己所能帮他们解决一些生活中遇到的困难。由相识到熟识，再到无话不谈，父亲和他们，包括他们的后辈——那些刚挎着书包读书的娃娃们，都成了朋友。

1981 年，根据国家政策规定，父亲由退休改为离休。鉴于他在革命时期所做的贡献，山西省厅局领导和监狱领导逢年过节常来看望他，询问他在生活中的困难。父亲说："我是党员，只是做了一些力所能及的事，可组织上给我的照顾太多了，与牺牲在前线的战友相比，已经非常幸福了，我绝不能再给组织添麻烦。"这是他的自我要求，同时也是他对我们子女和家人的要求，他不允许我们任何人搞特殊，向组织提要求。

在我们家的客厅里，至今仍悬挂着马克思、恩格斯、列宁、斯大林、毛泽东、朱德六位伟人的丝织像。父亲每天起床后都会站在那里端详半天。他经常说，革命是信仰，共产党员的心里头有了这种信仰，共产党才能一步步发展壮大，才能推翻旧世界，建设新中国。只要坚持党的领导，中国一定会发展得更好，人民的生活一定会过得更好。

2021年七一前夕，党中央决定为入党五十年的老党员颁发“光荣在党五十年”纪念章。当山西省监狱管理局的领导把金光闪闪的纪念章挂到父亲胸前时，父亲用颤抖的右手轻轻地抚摸着纪念章，浑浊的眼睛里有泪水滚了下来……

2021年2月12日，山西省监狱管理局为庆贺父亲百岁（虚岁）华诞，将一块绣有“枪林弹雨凌壮志、盛世华诞享福康”的红底黄字的贺匾送到家里。谁也没想到，百岁高龄的父亲居然满眼是泪，字正腔圆地将其念了一遍。我和家人的手机里，至今保存着父亲挺直腰脊、颤声朗读的那段视频。

遗憾的是，2021年12月30日，距父亲百岁生日不到两天，父亲闭上了双眼，离开了他为之奋斗了一生的世界。

父亲身体不好，但他却活到了惊人的一百岁（虚岁），这不能不说是一个人间奇迹。

父亲累了，他再也奔波不动了。

父亲临终前，颤巍巍地对我们说，他觉得特别困，想睡会儿，让我们所有人都不要打搅他，让他好好歇歇。父亲说完就睡着了……

恪尽职守

当官一阵子，做人一辈子

讲 述 人：阎丽娅
讲述时间：2022年8月8日
整 理 人：王芳

阎广洪（1928 — 2017），山西平遥县人。1945年参加革命工作，同年加入中国共产党。解放前，曾在平遥县贸易公司、粮食公司担任会计、会计股股长等职。解放后，历任运城粮食分公司人事科科长，中共晋南地委宣传部理论科科长，中共万荣县委书记，运城地区革委会副主任，中共临猗县委书记，中共运城地委副书记，中共忻州地委副书记、书记等职。1988年，任山西省林业厅副厅长。1992年离休。

○

○

当官一阵子，做人一辈子

父亲阎广洪常说的话是：当官一阵子，做人一辈子。

父亲的话，影响了我的一生，包括世界观、人生观、价值观。

父亲于1928年出生在平遥县偏城村。那个村子很小，小到在地图上都找不见。爷爷奶奶家境贫寒，只有两孔寒窑，父亲就是旧时最典型的穷人家的孩子。在那样的环境中长大的父亲，自然是有着一些穷家子弟的优良品质，比如说勤劳、俭朴；但我认为，父亲从原生家庭中承接的最好品质是善良、宽厚、好学。

父亲是独生子。为什么在那个年代，爷爷奶奶只生了他一个呢？父亲没说。母亲就是太原人，是大户人家的女儿，有着大户人家的风范，举止进退有度，端庄大气。

我是父母的第一个孩子，1954年出生在运城。我的童年是在姥姥家度过的，姥姥去世后，我在二姨家待了两年。有一年暑假，我去看望父母，他们说一直待在二姨家也不是一回事，这才把我留在了他们身边。

我后来才明白，父母没有把我带在身边，是因为父亲辗转多地担任领导职务，全身心扑在工作中；母亲也要工作，无暇管孩子。我们兄弟姐妹五个，父母都没有带过，我们几个小时候是在姥姥家、奶奶家、大姨家、二姨家生活。

不管父母在哪儿工作，我们家里总是会来很多人，有和父母一起工作的同志，也有老百姓。每次家里来了人，父亲总是热情招呼，而母亲则赶紧撸起袖子去做饭，不管多少人的饭，母亲都做得出来，这是父母的默契。父母用实际行动告诉我们什么是“做人一辈子”。

关于父亲的很多故事是叔叔们讲的，有的是我亲身经历的。

父亲在晋南专署宣传科工作期间，有一次到解虞县（旧县名，1954年由解县和虞乡两县合并设置。在山西省西南部）三娄寺调研，回来后写出了《严重的教训》一文。这篇文章集结在《中国农村的社会主义高潮》一书中（后收编于《毛泽东选集》第五卷），由毛主席题写了按语：

政治工作是一切经济工作的生命线。在社会经济制度发生根本变革的时期，尤其是这样。农业合作化运动，从一开始，就是一种严重的思想的和政治的斗争。每一个合作社，不经过这样的一场斗争，就不能创立……

我认为这是父亲的高光时刻。

今天重温父亲的字句，才深刻领悟到他天性中那份超常的政治智慧，才真切领会到他文章的荡气回肠。

1960年，父亲到万荣担任领导职务，从副书记做到书记。在这期间，他坚持实事求是的工作作风，坚持遇事深入调查研究，坚持写研究报告，因此工作起来有的放矢，获得上上下下的好评。1964年，万荣小麦遭受冰雹灾害，父亲实地查看灾情，面对号啕大哭的百姓，作出了夏粮不足秋粮补的重要决定，并推广在秋粮中间种玉米的经验——他和百姓们打成一片，对基层情况最为了解。在这期间，《运城地区报》发表了父亲的几篇讲话稿。

1970年，晋南专署分家，分出运城和临汾两个地区，父亲在运城地区担任革委会副主任。

1973年，组织上调父亲到临猗县工作。在临猗担任县委书记期间，父亲心系百姓，大力发展经济。他总是亲自上阵，带领干部走上田间地头、坡上坡下，身先士卒冲在前，一锹一锹地整出梯田。父亲深知，农业、粮食是百姓的命脉。在此之前，临猗推广种高粱，父亲经过一番考察后认为，临猗的土壤不适合种高粱，且晋南人爱吃馍，种高粱没有积极性。父亲着手调整思路，因地制宜搞规划，让农民种上小麦和棉花。劳模在他手里树起来，他抓典型，以点带面，实现了临猗县小麦、棉花产量达四亿两千万的奋斗目标，使该县率先跨入了全国农业学大寨的先进县行列。父亲还在临猗搞了棉田地膜覆盖，做新兴科技推广，这吸引了很多人跑到临猗来观摩。

1976年底，父亲回到运城地委工作，任地委副书记。在这期间他大搞农田水利建设——在万荣和临猗他积累了一定经验——兴建引黄工程，围堰、筑坝，这些基本建设后来都发挥了重要作用。

其实，父亲在1960年代就是山西省第三梯队的干部，省里曾经要调父亲走，但父亲走遍了运城的山山水水，他早就把自己融入了那块土地，他牢记毛主席教导，从基层做起，坚持自己的初心，就想一步一个脚印做好基层的事，他决定不离开了。于是，我们家在运城待了三十年。父亲说，运城是我们的第二故乡。

2021年7月，我在晋城市皇城相府组织“庆祝中国共产党成立一百周年”活动，碰到了临猗当年文化馆馆长张建军以及宣传部负责人，他们说起父亲来难掩激情，对父亲当年的事迹一清二楚。

1981年，父亲调忻州地委任副书记、书记，他更是将全部精力投入工作，深入乡村调研，家里很少看到他的身影。他创造性地提出了“五种经济带头、五小模式辅路”的经济社会发展模式，特别是五小模式中的小流域治理，受到了国家和省里的高度赞扬，为改变忻州贫困落后面貌作出了巨大贡献。群众称赞父亲是一位干实事、做大事的好领导。父亲是忻州人民爱戴的好书记。

父亲心里永远装着百姓，也因此，他的人生不断地走向卓越。

1988年，父亲到山西省林业厅任职，他涉吕梁、翻太行，走基层、摸林情、抓典型，提出了“为人民造林，靠人民造林；为致富栽树，靠栽树致富；助小产成大户，靠大户带万户”的林业发展新思路。我们子女深切地感受到父亲身为共产党人的那种实事求是、一切从实际出发的工作作风。

○

○

做人要低调，做事要高调

1992 年，父亲离休了，但他离而不休，担任了山西省关心下一代工作委员会常务副主任兼秘书长。他创办了《娃娃报》《关心下一代》等报纸杂志，多次获得中央关工委和省市的表彰。在关工委任职期间，父亲一个地市一个地市地跑，找各地市退休下来的领导，把各地的关工委组建起来。关工委给予父亲的评价是——山西省关心下一代工作的创始人、奠基者。

正当父亲发挥余热时，弟弟离开了这个世界。父亲有五个子女，弟弟是唯一的男孩，可想而知，父亲有多么悲痛。可他深深地埋藏起失去爱子的巨大伤痛，将更多的精力投入关心下一代事业中。我们看到了父亲坚强不屈的意志和他作为一名共产党员对这个世界的大爱。

父亲直到八十五岁才真正离开工作岗位，但他仍然坚持学习，每天读书看报，关心国家大事，关注山西经济、社会的发展。因为爱学习，父亲从不落伍，家事国事天下事，他事事知道。父亲还有一个良好的学习习惯，那就是做笔记。父亲年纪轻轻就走上领导岗位，虽然他只上到小学四年级，但他聪慧好学，文采斐然，记忆力超强。不论在哪儿担任职务，他都是自己写讲稿；无论开多么大的会议，他列出提纲就能上台，出口成章。他的讲话稿写得好，逻辑性极强，很让人佩服。任职关工委时，关工委正是起步阶段，他没公休日，也没有节假日，好像在和时间赛跑。到了生命的最后，他仍然以坚强的毅力和超乎常人的承受力，与病魔抗争，令人钦佩。就在他即将走到生命尽头的时候，他的案头还放着《习近平谈治国理政》《习近平关于全面依法治国论述摘编》等图书，习主席的一些主要论述，他都能背诵下来。学习就是他的本能。在我的记忆里，我每次回家都能看到他伏案工作的身影。

父亲是从贫穷中走出来的，但他却坚持廉洁奉公。每次碰到送东西的人，他都是严词拒绝。他们那一代人，对腐败是深恶痛绝的。他们坦荡又无私。

父亲对我们说，干工作，就要把心完全操在工作上，当官只能是一阵子，做人却是一辈子的，平时做人要低调，做事要高调。

每个家庭，都有自己的家风家规。在我的记忆中，我们的家规从来不是写在纸上的条条框框、挂在墙上的警言警句，而是父母的身体力行、言传身教。父母做人、修身、立业的道德准则，早已成为规范我们做人做事的戒尺，深深影响着我们，乃至下一代。

父母感情深厚，母亲是父亲的贤内助，父亲在家时间少，平时教育儿女的事情母亲做得多，在学习工作、待人接物、为人处世上，母亲给我们以教诲、引导。我们家是典型的慈父严母。母亲对我们要求严格，有时甚至是严厉的。我们家永远收拾得干净整洁，母亲即使穿着前后打补丁的裤子，也照样整齐利落、气质不凡。邻居有事求助，她慷慨解囊；同事生病了，她关心送饭；过年过节，她都要为大家准备礼物。母亲对我们的教育是严格的，从不娇惯我们，我们五个孩子从小就有家庭任务分工，小妹三四岁就开始扫院，这样的劳动伴随我们长大。母亲教育我们要团结同志，要争取进步、早日入党，要勤俭节约，为人处世要大度，要严己宽人，要从小事做起，培养良好的习惯与素养。现在我们可以自豪地说：我们做到了，我们在各自的岗位上都没有给父母丢脸。

我们全家以我二妹妹为荣。二妹目前是英国唯一一位公立小学的华人校长，她致力于传播中国文化，她所在的学校是英国唯一一所开设中文课程的学校，时任英国首相特丽莎·梅曾两次视察该学校。

正是因为我们有着这样的家教，我们的下一代也都历练成自立自强的单位中坚力量。

父亲一生给我们留下的更多的是精神财富。我们眼中看到的是一个正直、善良、坚强不屈、光明磊落、无私无畏的伟岸的父亲。高山仰止，景行行止。我们为有这样的父亲而自豪和骄傲！也定当将父亲宝贵的精神财富永存心中，代代传承。

雄关漫道真如铁

讲 述 人：常晓明
讲述时间：2022 年 8 月 8 日
整 理 人：张玉

常杰（1924 — 2016），山西长子人。1938 年 3 月参加革命，同年 11 月加入中国共产党。入伍于八路军一二九师，后供职于中国人报社、华北新华日报社、太岳新华日报社等。中华人民共和国成立后，调入阳泉市工作，曾任阳泉市计委主任、娘子关供水指挥部总指挥、阳泉市人民政府副市长、阳泉市八届人大常委会常务副主任。1989 年离休。

○

○

以身作则

我的父亲常杰，是一名离休干部。他于 1924 年 11 月出生在山西省长子县。他十四岁就参军了，在八路军一二九师游击第七支队做一名战士。后来做过《中国人报》长治分馆通讯员，《中国人报》社、新华日报社华北版通讯员，华北新华日报印刷厂工人，华北、太行、新华日报印刷厂工人，太岳新华日报印刷厂工会主席，运城地委永虞县四区宣传委员，《晋南日报》记者、临汾地委宣传部宣传科副科长。

中华人民共和国成立后，他来到阳泉市政府工作，此后一直留在阳泉。

我对父亲的记忆，从 1958 年开始。那一年我四岁，父亲被打成了“右派”，下矿劳动，我们姐弟二人被寄养于一位老奶奶家，父亲虽然一直过着颠沛流离的生活，但他没有那么多儿女情长，只是告诉我们，从小就要坚强，要锻炼身体，要为人民服务。我父亲这样的革命者，大都出身于底层，具有独立人格和侠义心肠，能超越阶级局限去追求为理想献身的那份崇高。

1962年前后，父亲从矿区回到市里，来到物资局工作。回到市里以后，我们的生活条件稍微改善了一些，有一个通信员负责帮忙照顾我们的生活起居，但是父亲从来不要他做家务，所有家事都由父母亲自操持。我和姐姐虽然小，也得帮妈妈做家务。我们自己拎水，因为年龄小，拎不动一桶水，就半桶半桶地拎。那时候家里经济条件不好，粮食经常不够吃，但是该做的工作却一样不能少。父亲特别忙，根本没有时间照顾我们，我印象中，他经常把工作带回家来完成，有时甚至需要在家开会。他因此落下了胃病，妈妈心疼他，给他吃有限的一点点白面，而我们姐弟吃的是白面和着红面，粮食不够时甚至要吃榆皮面。

所以在我看来，父亲从来都不是我可以托庇的大树，我必须自食其力，必须从小坚强独立。父亲的思想感情很平民化，很有劳动人民那么一股劲儿，以天下兴亡为己任。他对子女的教育侧重于身教而非言传。父亲十四岁就参军了，识字班都是后来上的，文化程度不高，不善言辞。他出身平民，不是享乐主义者，数十年来投身革命，奔波周旋，自然就不讲究那么多“正心诚意”“修身齐家”的古训，所以我们的家庭氛围是比较宽松和自由的。

父亲给我的这种影响也被我带到自己的教学生涯中，我时常与学生密切沟通，一方面为他们量身定制更合理的研发项目，另一方面也为能了解他们的生活境况，以尽力提供帮助。我曾遇到过一个学生，因家境贫寒，难以负担春节回家过年的车费。我得知情况后，立刻自己出钱给他买了往返车票，并亲自送他到车站，目送火车启程。对我来说，每一个学生都像自己的孩子，我竭尽所能为他们提供最好的成长条件。我力求不仅做指导他们学业的师长，还要做他们人生路上的导师。

○

○

辉煌人生

1975年秋，父亲迎来了他一生中的高光时刻：市委决定让他负责阳泉市娘子关提水工程。这项工程是低水高提、引水倒流，规模宏大，技术复杂，是阳泉市解放以来地方基本建设项目中投资最多的大项目，其施工条件极其复杂。它的全部工程蜿蜒在三十公里长的崇山峻岭中，其输水干线，从“山顶刀刃宽，两侧是深渊，野兽不敢走，飞鸟不敢站”的刀刃山零号洞起，跨过悬崖绝壁的“通天桥”，由平定的连庄，阳泉的红土岩、杨家庄、白泉、齐家岩、侯家沟等村庄，到达阳泉钢铁厂背后的猫脑山水厂，高差四百五十多米。整个输水干线像一条腾飞的蛟龙，时而跨谷，时而穿洞，时而盘绕，时而直冲，其施工难度可想而知。

父亲认为市委让他负责这个工程，是党对他的信任，他一定要提回娘子关的水，向阳泉人民作出圆满的答卷。他组织工程技术人员多次到外地走访、参观，又对涉及娘子关提水工程的每一个山梁、每一个峡谷、每一条涧沟，都查明情况，通过反复比较，选择了比较理想的输水干线。他吃在工地、住在工地，坐镇指挥，采取精神鼓励和物质奖励相结合的措施，依靠广大技术人员和工人群众集思广益，用“圆锥钢帽牵引”的办法，把总重三百余吨的大型焊接钢管，顺着八十度以上的陡坡安全地拉上山顶，使这项工程经过两个月的艰苦奋战，终于把全部钢管安装在四十五度的陡坡上。该工程于 1980 年正式交付使用，引回了万代“幸福泉”，使阳泉市的工农业用水和人民的吃水问题得以彻底解决——父亲功在千秋。父亲曾对我说，尽管他官至厅级，头衔众多，但他毕生最引以为荣的是这个不算职务的职务：娘子关提水工程指挥部总指挥。这样的父亲，是我人生的灯塔，是我的骄傲。

此后不久，我迎来自己人生的转折点：1985 年，正值改革开放初期，国家大力加强对人才的培养。我通过国家的日语水平考试，获得了赴日留学的机会。初到日本的我语言基础薄弱，不能够熟练地运用日语是学习上最大的障碍。当时物质匮乏，学习日语的资料少之又少。我倾尽全力收集日语资料，利用课余时间努力学习。紧迫的时间观念让我在上学路上也不曾放松下来，站台上、小河边、田野里，随处可见我诵读的身影；每晚伴着录音机入眠更是常态。在日本求学的日子，遥远的故乡和勤勉的父亲始终指引着我、引领着我。

父亲组织工程技术人员多次到外地走访、参观，又对涉及娘子关提水工程的每一个山梁、每一个峡谷、每一条涧沟，都查明情况。

○

○

圆满光明

等到我学成归国之后，父亲已经离开了工作岗位，1989 年他正式离休。可父亲从未有过失落感，做好一名普通党员，尽量少给国家和机关的同志添麻烦，是他的心愿。他在政治上、思想上，尤其在行动上严格要求自己，保持高尚的革命精神，保持公而忘私的好心态、好形象，做到身退心不退，满腔热情地拥护党的方针政策。他经常回顾历史，他认为，忘记历史就是对自己的背叛。

离休之后，他努力锻炼身体，尽量减轻国家、社会和家庭的负担，还利用空闲时间，撰写了《难忘的记忆》一书。父亲开始读书，先后读了《解放战争实录》《抗日战争实录》和毛主席、朱总司令等国家领导人有关这段历史的文章、谈话；专门购买了有关辽沈战役、平津战役、淮海战役的书。通过阅读有关史书，他对历史有了更全面的认识，他经常对家人说："我们国家能够有今天，实在是来之不易。作为革命幸存者应该发挥革命的光荣传统，为建设美好的社会主义和谐社会做出应有的贡献。"父亲的朴实令我感动，数十年的为国奉献，显现出来的是思想感情的返璞归真。

我归国后，在太原工业大学（现为太原理工大学）积极进行研发工作。当时，培养学生仍是一件困难的事，不仅缺少教学管理经验，在教学理念和模式上也不成熟。为更好地培养学生，1996 年，我再赴日本攻读博士学位。此行不仅是为了取得更高的学位，更是为培养学生摸索一条切实可行的道路。读博四年间，我无时无刻不心系着飞速发展的祖国，渴望早日学成，为国家培养更多的栋梁之才。2000 年，我终于取得了日本信州大学的博士学位，我感慨自己从一个有近六年工作经历的工人转变为一名工学博士。再次回国后，我将日本先进教学理念引进国内，自筹资金，创办了以自己的名字命名的晓明研究室，以全新的模式培养了数不胜数的专业人才。如今，太原理工大学的"晓明研究室"已经在高教界享有盛名。

时光荏苒，我父亲的生命之旅最终在 2016 年的门坎上止住了脚步，而我也到了退休的年龄。在我看来，父亲的去世是圆满的、光明的，没有过多的悲痛和遗憾。他负重前行，砥砺奋进在他热爱的土地上，走过了九十二年。在那漫长的岁月中，他都想过些什么，我们今天已无法去探究，他一定仔细地审视过自己的一生，而现在，他优良的作风由我们来传承。

我像他一样退而不休，每天继续往返在学校和家的路上，努力去做学生人生的引领者、思想的领路人，引领学生培养严谨的、科学的思维，树立正确的人生观。我相信他看到这样的我，会感到欣慰的。岁月的风沙侵蚀了我的生命，让我不再年轻，却从不能覆盖我心中矗立的铁血雄关。我看到我的父亲，他在娘子关的城墙上守望着一批又一批的学生，他和我一起用身体撑起他们人生路上的一道道关隘。

一程风雨一世情

讲 述 人：苗平生
讲述时间：2022 年 8 月 9 日
整 理 人：孟志平

苗光照（1926 — 2016），出生于山西省临县曲峪镇高家焉村。1944 年参加革命工作，1948 年加入中国共产党。1945 年 5 月至 1949 年 4 月，先后在晋绥贸易总局三分局、吕梁贸易局、晋中贸易公司任业务员；1949 年 4 月，任解放军太原军管会贸易接管组小组长；1949 年 5 月至 1957 年，在山西省商业厅先后任科长、副处长；1957 年至 1962 年，在中共山西省委财贸部先后任副处长、巡视员；1962 年至 1970 年，在山西省委组织部任副处长；1970 年至 1981 年，在山西省直机关党委任党委常委、宣传部部长；1981 年至 1983 年，在山西省委组织部任处长；1983 年至 1987 年，任山西省对外经济贸易厅副厅长。1989 年离休。

○
○

“一件事管了我一辈子”

父亲苗光照 1926 年 8 月 11 日出生于山西省临县曲峪镇高家焉村一个贫苦农民家庭。苗姓在我们村里属少数户。据族谱上记载，我们苗家是从河南偃师迁徙来的，到我父亲那一辈，是第十六代。我家自我父亲往上数两辈，都是单传，父亲又是家里第一个男娃，又出生在秋天——春华秋实，全家都非常高兴，就给我父亲起了个小名叫秋喜，上学后才按族谱起了个大名叫苗光照。

虽然父亲小名叫秋喜，但美好的愿望改变不了残酷的事实，因为家里穷，一家人经常连肚子都填不饱。可父亲从小喜欢读书识字，心里头很羡慕村里那些能上学的孩子们，就经常在爷爷奶奶跟前哭闹着要上学。家里交不起学费，他又是长子，他得和爷爷种地、放羊、割草、喂牲口，得养家。没办法，只有等农闲了，父亲才跑到学校门口旁听学生们读书。

1940 年，临县解放了，县里成立了中国共产党领导的抗日民主政权，穷苦百姓翻身做了主人，穷苦人家的孩子终于有了上学读书的机会——父亲走进了学堂。他非常珍惜这来之不易的机会，父亲常说，他读书的时候脑袋里就牢牢记住了三个字：共产党。

小学毕业时，父亲被抗日民主政府推荐到我党在晋绥边区办的晋绥一中上学。这是一所专门为边区培养党政军干部的学校，实行军事化管理。从此，父亲的命运发生了翻天覆地的改变。可以说，学校既是他学习文化知识的地方，也是他走上革命道路的平台。

抗日战争后期，父亲被分配到晋绥贸易总局三分局担任业务员，他的主要任务是为边区党政军民采购紧缺物资，有时也把边区生产的东西卖到敌占区。父亲工作起来认真负责、吃苦耐劳。为完成任务，他经常穿梭于边区和敌占区，凭着机智和勇敢几次死里逃生。因而他多次受到上级部门和领导的表扬。

父亲认识的同志渐渐多起来，眼界也渐渐开阔起来，再加上工作能力强，便有些骄傲起来。一次，父亲为临县催调食盐，由于经常来往，盐店的工作人员和父亲非常熟络了，他一到盐店，工作人员就给他递上香烟。父亲住了几天，一直吸工作人员的烟，心里头有些过意不去，临行前就买了两包香烟回敬。

父亲返回三分区贸易局后把出差的住宿费和买烟的钱一起报到机关财务股。机关公计股股长在月底审核时发现了这个问题，当场指出父亲违反了纪律——烟钱不能报，并决定将其从父亲每月的津贴中扣除，同时对父亲提出了严厉的批评。

父亲说，后来他对自己做的这件违反财经纪律的糊涂事非常后悔。在机关大会上，父亲的态度非常诚恳，作了深刻的自我批评。父亲说，这件事对他来说是坏事也是好事。他犯了错误，对他来说是个教训；可从另一方面来说，这成了他日后经常警醒自己，敲打自己的人生教训。

此后多少年，父亲虽身处不同的岗位，却都把这件事铭记在心头。从生活困难的抗战年代一直到解放，父亲手里的权力越来越大了，理论上能运用的资源也越来越多了，有了许多“发家致富、光宗耀祖”的机会；但正因为那件事给他的深刻教训，父亲管住了自己的手，也管住了自己的心。父亲说，权力是人民给的，就要为人民服务，要是有了贪婪的心思，辜负了党和人民的信任不说，也会给自己和家庭带来灾祸。

父亲在晚年自己的回忆录《回忆往事》中，专意将“香烟”事件描述得非常详细。从他描述的态度和语气中，我们后辈深深感到“香烟”事件真如他所说的那样“一件事管了我一辈子”。

○

○

“勤谨为公”

山西省人大常委会原副主任王民在《回忆往事》序言中写道：“光照同志从青少年时期起就参加了革命，经历了抗日战争和解放战争的洗礼，是从战争中走过来的老同志，以后又在各级领导岗位上任职多年……在长达七十多年的革命生涯里，无论是在一帆风顺时，还是在逆境中，给我印象最深的是，他有着清廉正派、坚持真理的一身正气和坚信共产主义一定会实现的崇高理想信念。”

“七十多年的革命生涯”，总结成一句话就是，父亲有着坚定的理想信念。

父亲非常注意自己的形象，在七十多年的革命生涯中，他从没有给他所代表的这个形象抹过黑。在面对损害党同人民群众利益的人和事面前，他坚决斗争，毫不手软。

1983 年，父亲调至山西省对外经济贸易厅工作。当年 4 月，《人民日报》对山西省原外贸局私分公物、侵占国家资产的事进行通报批评——它们乘机构改革之际用公款私打家具分给干部职工。为此省委派工作组来检查，要求职工清退家具款。一位副主任私下找到我父亲说情。父亲不仅不为所动，而且当场严厉地批评了他，并要求他在规定期限内全部清退回私占款项。同年，有人揭发医保公司运用公司流动资金在太原十中附近街道开办了一个商店，把商店经营的盈利当福利分给了职工。父亲听到后大怒，说，企业职工的福利从提取到使用国家有明确规定，你们这是公款私分，性质十分严重，必须立即退回私分的公款，否则按集体贪污论处。此事影响极大，干部职工都为父亲竖起了大拇指。

在同事眼里，父亲是清官良吏，行的是党纪国法；在家人眼里，父亲是贤夫慈父，定的是良俗家规。父亲的家规异于常人，但他的教育方式却让我们每一个儿女心服口服。父亲教育我们不打也不骂，他甚至都不用嘴——只用行动。

在我记忆里，小时候父亲只打过我一次。那是上小学一二年级的时候，我贪玩，下了学以后偷偷跑到黑龙潭去游泳。父亲知道以后很生气，拿苍蝇拍打我的脚，边打还边训我："以后还去不去了？"

外经贸事务繁杂，父亲工作忙，用我母亲的话说，他常常是见头不见尾。在生活中，父亲十分节俭，从来没有带我们下过馆子。在家里吃饭的时候，有什么好吃的都是紧着我们吃。父亲的工资虽然在社会上来说不算低了，但除供全家七口人外，还要供爷爷奶奶、姥姥姥爷，还要长期资助我的舅舅和叔叔上学，所以经济上一直都很紧张，多亏有母亲精打细算过日子。

父亲在家话不多，但家里的重体力活都是他干。以前没有煤气的时候，每年父亲都带领我和弟弟打煤糕。我参军回来以后，在恢复高考的第一年，也就是1977年，考入了山西大学经济系。父亲那会儿对我们说，只要你们能考得上，我一定会把你们供出来。

从小父亲就教育我们，一定要对老百姓好，这一点儿在我妹妹身上体现得特别突出。我妹妹是山西省儿童医院的主任医师。不管是省里市里的干部还是农民来找我妹妹治病，我妹妹都一视同仁，为他们忙前忙后。她不仅医术高明，而且医德高尚。我曾亲耳听父亲教育妹妹说："对那些从农村来的患者，尤其是对那些看不起病的人，一定要尽力帮助他们，因为他们来省城太原看一次病太不容易了。"

我退休前，父亲从不曾要求我什么。我退休后，父亲和我说："你也退了，能不能我出点儿钱，你出点儿钱，咱们买一辆车，你带我出去转转？"我想我怎么能让老父亲出钱买车呢？我就自己买了辆车。这时，父亲才说要我开车带他回老家临县看看。

后来我陪父亲在临县老家的窑洞里住了两个多月，我给父亲做饭，父亲和我三叔一起为家乡写了一部村史。书中把故乡的历史和现状进行了一个对比，为的是让人们记住过去的苦难，珍惜现在美好的生活，感恩共产党。父亲和我说，解放前，老家的人祖祖辈辈没有吃饱穿暖过，是改革开放才使家乡人民摆脱了贫困，实现了温饱，向小康生活迈进。

2005 年 9 月 29 日，父亲八十大寿，山西省工商局原副局长贾昶特意书写并装裱了一首诗赠送给父亲：

勤谨为公坦荡做人耿直处世诚实交朋

品行纯真正大光明光照八秩透亮人生

我们子女都觉得贾昶的诗高度概括了父亲的一生，是对父亲一生的真实写照。

2016 年，年届九旬的父亲离世。

父亲去了，可他身上那种对革命工作一丝不苟的精神，在生活中勤劳朴实的好品格，已在我们后辈人心中深深地扎下了根。

父亲身上有使不完的劲

讲 述 人：任岳江　任晓亚
讲述时间：2022 年 8 月 18 日
整 理 人：周至

任先泉（1929 — 2015），山西武乡人。1944 年 7 月参加革命工作，1952 年 10 月加入中国共产党。1978 年 3 月，任山西省临汾钢铁公司党委副书记、主持党政工作。1981 年 9 月，任临汾钢铁公司党委书记。1983 年 5 月，任山西省交通厅厅长、党组书记。1990 年 11 月，任山西省人民政府经济咨询委员会副主任。1994 年离休。

○

○

工作永远要摆在第一位

1929 年，父亲任先泉出生在山西省长治市武乡县监漳镇观庄村的一户农民家庭。母亲郭焕桃，与父亲同岁，两家隔了一座山，住在前后村，自小定了娃娃亲，可谓青梅竹马、两小无猜。

父亲十四岁那年，从武乡县抗日第二高小毕业，到邻村做了义务教员、代理小学教员。1944 年 7 月，父亲在太岳新华日报社参加革命工作，对外这里称太岳军区独立营第六中队。父亲先后担任新华日报社会计、会计股长、秘书科干事。同年 9 月，太岳区党委、行署和军区由安泽县桑曲、碱土院村转移到士敏县（今沁水县）郑庄、郎必一带，此时的沁水县城已光复，全境解放。太岳区委机关报《新华日报（太岳版）》所在地也随之移至郑庄镇石室村。1945 年，抗战胜利，母亲和几个同村姐妹从武乡老家到沁水投奔父亲。1946 年，父母在根据地结为连理。这一时期，太岳行政干部学校也迁到阳城，校址就设在凤城镇东关村将军府。之后三年，干部学校先后举办了十多期培训班，培养干部两千多人。我们的母亲就是其中一员。将军府也是太岳区党政军领导及其家属的集中居住地，陈赓夫人傅涯、韩钧夫人张光、谭伏夫人尹醒、周希汉夫人周旋及王镛夫人等及其子女也在这里。

1949 年 3 月 31 日，《新华日报（太岳版）》完成其使命，共出版 856 期。就在那一天，大姐出生，父亲为她取名任岳江，“岳”指太岳根据地，“江”指打过长江去，解放全中国！

太原解放在即，部队整装待发。顾不得坐月子的母亲将没过满月的大姐托付给房东大娘——在战争年代，将孩子寄养在老百姓家，是许多革命者不得已的做法。

1949 年 4 月，太原解放后，父亲进入山西省总工会工作，先后任省总工会会计科会计、审计、审计股长。

父亲的工作经历很丰富，去过很多部门，干过很多工作。在省、市总工会搞财务工作的九年间，父亲对全省工会系统建立健全独立的财务工作作出了贡献。他制定的全省基层工会经费开支标准和财务制度受到通报表扬，并在全国工会系统推广。

1978 年，父亲被派往临汾钢铁公司任党委副书记，主持行政全面工作。当时临钢是全省亏损大户，每月亏损一千万元。五年时间，父亲团结党委一班人，依靠一万多名职工的艰苦奋斗，使临钢扭亏为盈，成为全省先进单位，并出席了山西省“双先”表彰大会，为我省钢铁企业的发展作出了贡献。

1983 年 5 月，父亲任山西省交通厅厅长、党组书记。他在任近八年，实现了县县通沥青路，修成了十条出省公路和大运二级公路，修了太原至晋祠、太原至小店的一级公路和部分旅游路，全省革命纪念地都通了沥青路，为晋煤外运创造了条件。

他们这一代人，身上仿佛有使不完的劲，有做不完的事，有干不完的工作……不唯父亲如此吧。

○

○

关爱身边人

父亲是家中独子，生活稳定后，父亲于1956年将老家的老奶奶和奶奶接到太原同住。父母对两位老人很尊重，放心地把管家的重任托付给了奶奶。我们姐弟五个基本是奶奶看大的。

那时候，大人们干工作真的是忙。父亲就不用说了，不是忙着上班学习，就是忙着下基层访贫问苦，回家的时间很少；就是在家，也有干不完的事情，总是把孩子打发得远远的，免得打扰到他。

我母亲也是工作狂，感觉她工作时恨不得长出三头六臂，上班那么多年，几乎没有请过假，生完孩子在家只待五十六天，按照规定一天不落地去上班……她从参加工作到姥爷1966年去世，只回过老家一趟。

在父母眼中，自己家的事从来都不重要，孩子们的事都是小事，他们一心扑在工作上，加班是他们的常态。“工作起来不要命”，这似乎是许多革命夫妻的基本模式。他们不仅是这么做的，也是这样要求我们的。

太原解放一年多后，父母才考虑接大姐回来。据说当年父亲骑马下阳城，将已经会走路的大姐接回太原。从那以后，父母与房东一家始终保持着交往。他们家有人生病或遇到困难，父亲都会热心相助；只要去阳城出差，父亲总要去看望房东一家。父母同他们的关系十分亲密——在根据地艰苦环境中建立起来的情谊，无比珍贵，令人难忘。

我三弟从小在姥姥家长大，到十四岁时才回到父母身边。老家的村里有人提出，舅舅家没有男孩，又养了三弟十几年，希望三弟改母姓以抚慰舅舅。父亲二话没说就答应了。

父亲看事情很透彻，拿得起放得下，大度大气、堂堂正正，极少拖泥带水。他从不和我们子女谈工作上的事，工作、生活分得很开。他总是教育我们：“做老实人，有多大本事，做多大事，不要指望别人。”母亲爱说那句话：“到外面不要给父母丢人，好好干。”这些看似简单的话，却让我们姐弟记了一辈子，不敢忘，不能忘。

在我们家，是讲平等的，父母一碗水端得平，不管是长女，还是最小的儿子，抑或是改姓郭的三弟，父母都一样看待、一视同仁。即便我们都长大了，每次回去看望他们，走的时候给我们带的东西，都是一式五份，不分伯仲。

父亲对人有平等心。不管是对大官，还是对普通人，父亲都平等相待、不卑不亢。父亲和自己的几任司机相处得都很好，从没觉得父亲有过那种“你是为我服务的”优越感，还要求我们见了叔叔们要打招呼。他说，自己是从根据地出来的干部，亲眼见过老一辈革命家的平易近人、艰苦朴素，自己可不能进了城就忘了本，更不能官大了就不认人。

虽然离开省总工会多年，但父亲每到逢年过节，就会去看望已经退休的老领导。这种友谊一直传到我们这一代，我们几家人到现在还时常联系，亲如一家。这可是父辈建立起来的友谊，弥足珍贵。

父母离休后，上对八十岁奶奶的孝，下对孙辈的爱，真是让我们感受颇深。记忆中，父母从没有吵过架，非常恩爱。别人家的婆媳矛盾在我们家根本没有，母亲对奶奶言必称“俺娘”。我家因为有老人有孩子，早早就请了保姆，母亲待人和善，经常对保姆讲，俺娘怎么怎么好，要如何善待她，等等。连保姆都感叹，这家婆媳之间，真是没话说。

有一年，奶奶吃坏了肚子住院，医院下了病危通知书，父亲又在大同矿务局出差，母亲哭着求大夫，“救救俺娘，救救俺娘”。连医院的大夫都说：这么对自己婆婆的人真不多。奶奶跟我们生活了几十年，幸福舒心，安享天伦，九十六岁上，她无疾而终。

父母的党性原则和政治觉悟不单用于工作，在我们姐弟几个找对象上，他们也要求这几点：一定要作风正派，对党忠诚，不允许经商。包括下一代，父母都一再强调，政治上要积极上进，工作上要有所追求，不能因为私事影响了工作。

其实，父亲离休后，一直没闲着，他担任了山西省老龄人才资源开发协会副会长、山西省交通运输协会副会长、山西省老区建设促进会理事、山西省交通厅老龄委员会主任、山西省关心下一代工作委员会委员、厅机关工委主任等十多种社会职务。他以一个党员的标准严格要求自己，从不为自己和家人捞取私利，对党和单位交给的任务不讲价钱，毫无怨言地去干。他先后被评为“省交通厅优秀共产党员”“全国关心下一代优秀工作者”“山西省离退休干部先进个人”。

工作第一，几乎是我们家的口头禅。父母晚年，遇到家庭聚会时，一听某个孩子有工作要处理，父亲立马就说：“快去快去，不要耽误了工作，不要担心家里，你们工作好了，我们就高兴。”就连父亲病重时，母亲也怕孙辈们请假耽误工作，催着他们早早去上班。母亲晚年多病，但她每月都坚持参加离退休支部的活动，从未间断。直到生命最后，病得不能下楼了，她还叮嘱大姐别忘了替她去交党费……

作为干部家属，母亲一生特别维护父亲，有人来送礼都是由母亲婉拒。父亲去世时，她也坚决不收礼，说：“这事党有规定，一分钱不能收。”“听党的话，跟党走”是父母一生的行为准则，这不仅深深影响了我们姐弟，还在我们的下一代身上也留下了不可磨灭的烙印。

父母生前留下遗嘱：“活着为国家尽忠，死后回祖坟，埋在父母脚底下，为父母尽孝。丧事从简，一切按国家丧葬规定办理。”

2015 年 1 月 1 日，元旦那天，父亲离开了我们，享年八十六岁。2019 年 9 月，母亲去世，享年九十岁。

青山不改，绿水长流。虽然父母已逝，但他们的精神，将永远激励后代子孙。我们以他们为荣！

隔辈的人，隔辈的情

讲 述 人：李峰
讲述时间：2022 年 8 月 18 日
整 理 人：孟志平

李家骏（1929 — 2019），出生于太原市南郊区北格镇。1945 年参加工作，1946 年加入中国共产党。1945 年，任太原县三区税务所税务员；1946 年，任太原县县委组织干事；1948 年起，先后任清源县三区助理员、副区长、区长；1950 年，任绥远省临河县土改工作组组长；1951 年，任陕坝地委宣传部秘书；1952 年起，先后任阳泉矿务局供应处科长、副处长、处长；1956 年起，先后任阳泉矿务局四矿、三矿矿长；1969 年起，先后任晋城矿务局四新矿、凤凰山矿矿长、党委书记；1976 年起，先后任晋城矿务局副局长、局长、党委书记；1984 年，任山西煤田地质勘探公司党委书记。1990 年离休。

○

○

“信仰萌芽”

我的爷爷李家骏于 1929 年出生在太原市南郊区北格镇的三贤村。爷爷家以种地为主业，也有自家的药材铺，日子还算过得去。七七事变后不久，日本鬼子就从平型关、雁门关、忻州一路打到太原城下。阎锡山跑了，太原也被小鬼子占领了。

爷爷从小就是个有梦想的人。我小时候，爷爷抱着我给我讲他小时候的故事，还教我背岳飞的《满江红》，爷爷说，这也是他小时候就背会的。他还说，小时候心里头就盼着过年过节能吃上好吃的，能穿上新衣服。可是随着日本人一步步地侵略，国民党军队一步步地败退，爷爷对生活的憧憬被战火给彻底击碎了，他心中充满了对当时政府的抱怨，对日本侵略者的愤恨。后来，村里镇里陆续自发成立了抗日武装，有自卫队，也有民兵组织，这些队伍的共同敌人就是日本侵略者。爷爷报名参加了村里的儿童团——人小腿勤，随叫随到。那会儿他虽然还不明白什么是国民党什么是共产党，但他心里有把尺子，谁把老百姓装在心里谁就是好人，他就听谁的话。

爷爷是在村里念的小学，小学念完后考到了太原念私立中学。

在太原读书时，爷爷常常看到日伪军在大街上欺负老百姓，轻则拳打脚踢，重则枪棒上身。老百姓手无寸铁啊，只能忍气吞声。爷爷每次遇到这些事都恨得牙根直痒痒，他手里要是有杆枪，肯定会毫不迟疑地同这些人拼命。有一次，爷爷和几个同学看到一伙日伪军押着一群衣衫褴褛的人，足有二三十个吧，来到首义门外的荒滩上。那群人身上都是伤，一看就知道被日伪军折磨很久了。他们被押到滩涂上，日本人举起了枪，那伙人没有一个害怕的，其中有人高喊：打倒日本帝国主义，中国共产党万岁！枪声响起，爷爷赶紧闭上了眼睛。他睁开眼时，那些人已全部倒在血泊里。那些不怕死的中国人让他看到了英雄的模样。后来他得知，被日本鬼子枪杀的是城里抗日的共产党员。爷爷在心里感叹：共产党员都是不怕死的英雄，总有一天，我也要当保家卫国的英雄！

从此，爷爷开始在太原城里寻找党组织，他渴望成为一名共产党员，渴望拿起枪杀鬼子……

○

○

“我是王化”

爷爷生病卧床期间，我陪爷爷聊天，无意中发现爷爷床头的一本书里夹着一张荣誉证书，表彰的人是王化。我问爷爷：“王化是谁？为啥咱家老有他的奖励证书？”爷爷笑了，说王化就是他。这就把我弄糊涂了。爷爷这才给我说起他当地下工作者的经历。这段历史，爷爷谁也没告诉，整整瞒了我们全家人半个多世纪。

爷爷说："那五年，我不叫李家骏，我叫王化。"

1945 年夏天——那个时间节点爷爷记得非常清楚，一辈子都忘不了——学校一位经常利用课余时间给他们讲解抗日形势的老师将他们十来个年轻学生召集到一起，动员他们参加地下党组织的抗日武装。这可把爷爷高兴坏了，他等这一天等了好久了，那年爷爷十六岁。

爷爷说，那时候太原城还在日伪的占领下，党组织不能公开，抗日工作却开展得有条不紊。加入地下党组织后，爷爷化名王化。他接到的第一项任务就是和一伙年轻的同学秘密穿过敌人封锁线，到清源县参加抗日培训班的学习。培训班还没结束，日本就宣布无条件投降了。全国人民都欢欣鼓舞地庆祝抗日战争的胜利。清源县的培训结束之后，爷爷就地被分派到清源县税务局工作。年底，爷爷又被派到山西省委党校学习。在第二年春天，也就是 1946 年初，爷爷正式加入了中国共产党。

从 1945 年到 1950 年，爷爷一直用的是化名。解放后，经过山西省委组织部批准，爷爷才重新换回原来的名字。而这段时间所有上级组织的表彰、奖励都是颁发给"王化"的——爷爷这一藏，就藏了半个多世纪。

○

○

"要争贡献，不要争名利"

大概是爷爷当过地下工作者的原因，在我的印象里，爷爷的话不多，好多关于他的故事还是我从他的同事和朋友那里听来的。

他们说爷爷这个人做事果断，历来把集体的利益放在第一位而不讲个人名利，最让人记忆深刻的是他在阳泉矿务局三矿工作时干的一件事。

爷爷到任阳泉矿务局三矿矿长后，对职工开展业务培训，加强职工安全教育，投入资金更新设备。不到一年时间，三矿就发生了翻天覆地的变化，而爷爷常常是忙得连家门都没时间挨。就在全矿工作好不容易步入稳定状态时，汛期到了。阳泉市属两山夹一沟的地貌，中间是桃河，两面都是山。进入汛期，连阴雨下了两天两夜，桃河发了大水，是百年一遇的那种。三矿在桃河上游，阳泉市在桃河下游，所有的政府部门和很多工业厂矿都在市里边，而且很多还是沿河建的。三矿沿桃河有道河坝。当时通信已经断了，根本没办法和外界联系，爷爷就站在雨里果断地下令炸毁河坝。不炸河坝，淹的是阳泉；炸了河坝，淹的就是三矿。当时矿上很多人担忧：没有上级命令，炸了河坝淹了矿区，将来这个责任谁担得起？爷爷说："命令是我下的，责任我担！"

河坝炸了，爷爷苦心经营的三矿被淹了，阳泉市政府机关、厂矿企业保住了，爷爷一下子被人们称为功臣。爷爷说："啥功臣不功臣，如果阳泉市被淹了，我就得跳进桃河。我干工作就是为了党和人民，人民的生命财产多会儿也是第一位的。这个理，共产党员都清楚啊！"

爷爷一辈子有股子犟劲，想到了什么就要一鼓作气不达目的不罢休地去拼去做。奶奶经常数落他，说别人是不撞南墙不回头，他是撞得南墙塌了也不回头。

爷爷不讲名利，他常说他的生命和前途都是党给的，党是他的再生父母。党让他干啥他二话不说，违背组织原则的事他坚决不做。爷爷的工作岗位不断变动，职务也越来越高，在外人眼里，他手里的权力越来越大了，于是找他办事的人也越来越多了。他总是尽自己最大的力量，在不违反原则的前提下去帮助需要帮助的人。可轮到我的父辈们，这条办事"准则"就不管用了。我的父辈兄弟姐妹一共五人，没有一个因为爷爷是领导而沾光的。我奶奶是位典型的家庭妇女，没有工作，所以一家子七口人就靠爷爷一个人的工资艰难生活。有位远房亲戚找我爷爷，想给他的孩子解决工作问题，被我爷爷一口回绝。他说："有本事你们就好好念书考大学，学校毕业了党和政府自然会给你们解决工作问题。不好好念书，那就回家好好种地，我帮不了你们。"远房亲戚碰了一鼻子灰，悻悻地走了。爷爷的脸还耷拉着，家里人谁都不敢说话。奶奶就说："又惹下一门亲。"爷爷说："惹下就惹下，不惹这些做梦都想不劳而获的人，我就惹下了党组织，我就成了罪人。"

那会儿，我才刚刚上小学，平日里和蔼可亲的爷爷一发怒，我也很害怕。爷爷把我抱在腿上说："你要记住，要好好读书，将来不管干什么工作、在什么岗位上，都要争贡献，不要争名利。"

2019 年 10 月 12 日夜里，爷爷走了，那天天降暴雨。

我是党的儿子

讲 述 人：刘建平
讲述时间：2022 年 8 月 23 日
整 理 人：孟志平

刘耀（1925 — 2017），山西临县人。1945 年 3 月参加工作，7 月加入中国共产党。1945年3月至1956年8月，先后任方山县教员，县政府文教科科员、科长，县委宣传部部长、副书记以及离山（今离石、方山、柳林）县委代书记；1956 年 8 月至 1975 年 4 月，先后任交城、和顺、汾阳、临猗、洪洞县委书记；1975 年 5 月至 1979 年 11 月，任中共临汾地委副书记；1979 年 12 月至 1985 年 12 月，任中共忻州地委、行署副书记、专员；1986 年 1 月至 1994 年，任忻州地区人大联络组组长、人大工委主任。1994 年离休。

○

○

“平台是党组织搭建起来的”

我的父亲刘耀于 1925 年出生在吕梁山区临县的一个农民家庭，幼时在村里念书。我不太清楚父亲念书的时候是不是聪明伶俐，但从父亲同事和朋友的回忆中得知，父亲对学习有股子钻研劲，不管是在战火纷飞的年代，还是在和平建设的时代，父亲一有闲暇就钻进书堆，读书成为他的一种习惯。追寻父亲生前轨迹，我发现父亲的读书经历非常丰富。他八九岁时开始在村里的学堂念书，全面抗日战争爆发后的第二年，1938 年，他就进入一所党领导下的、由牺盟会创办的高级小学，开始努力学习文化知识和革命道理。大概在 1941 年，他又进入党创办的晋绥边区第一中学学习。而他参加革命的第一项工作就是当小学教员。父亲是在党的教育下成长起来的，所以他常说：“我是党的儿子。”

父亲在他人生的成长前期一直都在学习，也恰恰是那种难能可贵的学习经历成就了他最高光时刻——日后他的一篇文章得到了毛主席的亲笔批示。

1950 年代，父亲任离山县委副书记。当时，省里首次召开水土保持工作会议，提出要全面开展综合性的水土保持工作。1955 年，山西省水土保持工作局在离山县建立了一个水土保持试验站，对当地流域的降雨、径流、泥沙等情况进行观察。当时，中国科学院黄河中游水土保持综合考察队也来到离山进行实地考察，父亲全程陪同，不懂就问，虚心求教。由此，他产生了一个想法，在全县范围搞一个规划，抓住当时迅速发展农业合作化的历史契机，改变单家独户自发治理的做法，依靠组织综合力量开展大规模水土保持工作。在县委、县政府的通力合作下，经多方调查研究，父亲撰写出了《依靠合作化开展大规模水土保持工作》一文。

这个规划先是报到了地委，接着又报到了省委。让父亲没想到的是，毛主席看到了这篇文章，亲自把标题改为《依靠合作化开展大规模的水土保持工作是完全可能的》，并加附了一段长达二百六十字的评语。其中第一句就是：这是一篇好文章。

那年，父亲才三十岁。

可以想见啊，父亲有多么激动。他一直把这段批语视为一种鞭策，在此后的工作和生活中，不管遇到什么挫折，心里头那股强大的精神力量就会涌荡出来，激励他度过了一次次人生困境。

父亲在晚年和我们子女聊起这件事时，他脸色红润，激动难抑，就像一下子年轻了几十岁，又回到了那段让他终生难忘的年轻岁月。父亲总是把那段经历视作他的人生奇遇，实际上在我看来，它不是奇遇，而是一个非常自然的结果。你想啊，那个年代，在战争中，能够静下来念书的人并不多，尤其是农村出来的孩子，识字断字的都屈指可数啊！父亲不光念了好几年书，还当过教员，也就是说，正是前期的读书教书岁月为他打好并奠定了扎实的基础。

对这件事，父亲还有个自我总结。他说：“平台是党组织搭建起来的……这辈子能得到他老人家的指示，没憾。”

中国科学院黄河中游水土保持综合考察队也来到离山进行实地考察，父亲全程陪同，不懂就问，虚心求教。

○

○

“这已经好很多了”

父亲身边的同事和朋友们这样评价父亲：一生廉洁自律、生活俭朴、以身作则，堪为表率。

大约在 20 世纪 70 年代末，父亲在忻州当专员时，各方面的条件已经好了很多，可他仍然布衣蔬食，不吸烟也不喝酒，生活非常简单。

父亲下乡调研，若吃饭时见饭桌上摆着酒，他就会站起来把酒拿掉，只让炒盘土豆丝、豆腐，最多再加个炒鸡蛋。别人有点过意不去，父亲就说：“这已经好很多了！”有时父亲下乡回来，机关食堂已经关了门，父亲就和身边的工作人员到家里吃饭，母亲也习惯了，常常给做拉面，切一点儿蒜薹倒点酱油拌到面里，就是一顿饭。

有一年，为了让孙子、外孙都吃上鸡蛋，母亲想养几只母鸡，父亲便托人找养鸡专业户去买四只快产蛋的小母鸡，专业户要了十块钱。父亲得知后，认为给的钱少了，硬是又拿出十元钱交给对方。

1979 年，父亲和同事去广州参加广交会，返回北京时已经是晚上，他们实在找不到价格合适的住处，就在一个澡堂子里住了一夜。

1980 年，党的十一届五中全会提出了党员改进作风问题。地委决定，在地区开会时领导同志不坐车，全部步行。父亲第一个严格遵守，每次都是步行近一里地到当时的地区招待所参会。即使下雨或下雪，司机把车都开到门口了，他也坚持不坐。有时吕梁老家的亲戚到忻县看他，他都是安排大家在家里吃住，没有去过招待所。家里有亲戚想让他给找个工作，他都婉言拒绝了。尽管自己也困难，但他仍要给人家一点儿钱，安顿人家回去好好劳动生产。

类似事情还有很多很多，在今天看来也许不太好理解，但这都是事实。在那个年代，父亲他们那一代领导干部都是这样走过来的。

父亲在工作中淡泊名利、待人宽厚，他处事通透是出了名的。他在忻县地区担任专员期间，有位省委领导到忻县调研，接触了不少当地的干部群众，见大家对父亲的评价很高，省委领导非常满意，就提出让父亲到另一个地区担任地委书记。父亲说自己年龄大了，对忻县的情况也熟悉了，谋划下好多事情还没办完，就留在忻县当专员吧。

○

○

“一辈子相夫教子吧”

上面这句话是父亲斩钉截铁说出来的，但父亲没想到这却成了他和母亲之间的一堵看不见的墙，也成了他和母亲之间一辈子的隐痛。

在外人眼里，母亲就是一位和蔼可亲、不急不躁的家庭妇女，但我们都知道，母亲为了支持父亲的工作，她把她的后半生和前途都贴了进去。

20世纪60年代，正是国家困难时期，中央提出了“调整、巩固、充实、提高”的八字方针，要求压缩机关干部，各县都有压缩的硬指标。我母亲当时是机关工作人员，相当于现在的公务员吧。那会儿，父亲在汾阳县担任县委书记，拿着压缩指标该压缩谁啊？压缩谁你就把谁一辈子都影响了，可是不压缩这工作又完成不了。当时纪律很严，父亲是县委一把手，县委县政府多少人的眼睛都盯着他。父亲就决定从自己身上动刀子。有一天晚上，父亲下了班进了门，脸色非常严肃，几次欲言又止，踌躇了半天，终于跟母亲说：“我也只好从你身上开刀了，先把你压了算了。你回家吧，一辈子相夫教子吧。生活上你放心，我养咱们一家。”母亲沉默了一会儿，她没哭，泪都流进了心里。她说：“你实在做不下工作，从我身上做起也可以。回家就回家吧。”父亲把母亲的名字第一个报了上去。没承想，母亲单位的领导不同意，说：“人家在工作中表现得那么好，咋就让人家回家？干得不好的咋就不压？要压也得压那些不好好工作的。”父亲几次给那位领导打电话，硬把母亲从单位弄回家了。母亲就这样成了家庭妇女。母亲的牺牲太大了。

“文革”中，父亲被批斗，工资停发了有一年，家里就靠母亲一人支撑。我兄弟姐妹多，为了一家人吃饭，母亲不知吃了多少苦，受了多少难，但我没听过母亲有一句怨言。

随着时间的推移，我们都渐渐淡忘了这件事，好像母亲从一开始就是个家庭妇女。

到了 2014 年，父亲因病住院。在病床上，他和我聊起了当年，我第一次看见父亲欲言又止。过了一会儿，父亲说："哎呀，我这要是走了，家里没了收入，你妈咋生活呀？我对不住她呀！"

我这才发现，原来一向坚强的父亲一直都记着这件事，一直没放下对母亲的愧疚。当然此时，我们兄弟姐妹都已成家立业了，母亲的生活自然不成问题。可这事是父亲藏在心底的一个解不开的疙瘩，一个半个多世纪化解不了的心病。

父亲和母亲在 1942 年就结了婚，他们两人是经媒人介绍认识的，两人都来自农村。母亲有着勤俭持家的好品性，她把自己的一辈子都给了父亲，给了我们这个家，她付出的不只是精神层面上的，还付出了她的事业、她的前途。

后来，父亲出院回到家，我就和母亲当笑话说起这件事。母亲叹了口气，帮父亲盖了盖被子，边盖边说："你好好养你的病吧，我又没饿着肚皮，娃娃们孝顺着呢。"母亲说完这话转过了身子，我看见母亲在悄悄抹眼泪。

2017 年，父亲离世。临终前，他一直紧紧地拉着母亲的手，断断续续对母亲说："这辈子……我……就对不起……你啊……"

母亲笑了笑，我们兄弟姐妹几个都哭了。

父亲走后，母亲对我们说："你们几个都像父亲，一心扑在工作上，没做过对不起党对不起人民的事。其实你父亲对一家人都好，没有啥对住对不住的。一辈子守着锅灶，我也乐意。"

这一次，我们笑了，母亲却哭了……

“放牛娃”的红色途程

讲 述 人：赵春波
讲述时间：2022 年 8 月 28 日
整 理 人：孟志平

赵芝悦（1924 — 2006），山西省昔阳县赵壁乡西平原村人。1944年参加工作，同年加入中国共产党。解放前曾任民兵指导员，村长，昔阳县五区、七区助理员及县政府干事。解放后，历任昔阳县一区副区长、三区区长，昔阳县政府农建科副科长，榆次专署农建科科员，榆次县副县长，寿阳县县长，晋中地委财贸部办公室主任，寿阳县委书记处书记、县长，襄垣县县长、县委书记、县革委会主任，晋东南地区核心小组成员、革委会副主任，山西省革委农林水利局水利处副处长，吕梁地区核心小组成员，中共吕梁地委常委，吕梁行署副专员等职。1985年离休。

○

○

“在其位就要谋其政”

我的父亲赵芝悦，1924年出生在昔阳县赵壁乡西平原村一户穷苦农民家庭。扛长工出身的祖父原本以为儿子也会和自己一样，一辈子做个“好受苦”人，于是为父亲起名“忙小”。后来我头一次随已任县长的父亲返乡，听到村人亲切地呼父亲“忙哥”，觉得既新奇又好玩儿，便也淘气地叫他“忙爸”。父亲的童年的确够忙的。祖父虽不识字，但知道文化的重要。正好有几年年景好，没有分家的祖父和叔祖父汗珠摔八瓣，多打了几斗粮，靠自学识字的叔祖父便执意送父亲到村小学念了三年书。到九岁时，父亲便从放牛开始，在祖父的调教下学习种地务农。祖父是十里八乡有名的“庄稼把式”，青葱父亲的“二把刀”

当然入不了祖父的法眼，由不得就要上手教训，叔祖父便红了脸百般回护。父亲晚年忆起这些时总是感慨万千，艰辛的少年岁月磨炼了父亲的体魄和意志。

贫寒出身的人总是距穷人的组织最近。叔祖父是1938年的老党员，父亲受叔祖父影响，十六岁便投身抗日游击战争，十九岁回村组建抗日民兵组织，先后任民兵指导员、村长。二十岁，父亲加入中国共产党。从参加革命起，父亲就坚定了只有共产党才能救中国的信念。职务的升迁、工作的历练，让父亲立场更加坚定，对党更加忠诚。

1964年9月，父亲由襄垣县长转任县委书记。次年恰逢大旱，县委发动全县担水抗旱。不少人说风凉话：抓住担杖钩，放走漳水流，真叫端着金碗讨饭吃。原来县里于1960年在浊漳河西源干流上建成后湾水库，但其干渠配套工程一直没有完成，导致8270万立方米库水年年白白流走。农民群众心疼地说："上游淹了几万亩，下游不浇一半亩。"父亲听在耳，念在心："这既是群众对县里的批评，也是大家渴望修渠的心声。民有所呼，咱有所应。大旱之年县委决策续修干渠，一定能得到群众的热情响应。"

但动工需要人力物力财力。此前国家为续建干渠投资307万元，投工94万个，由于依赖思想严重、管理不切实际，五年中断断续续三次开建，却仅完成总工程量的三分之一。工程再度上马，全县上下疑虑重重，阻力不小。父亲为此数日不眠不休，发动县委一班人激烈争论，统一思想。大家总结抗旱中依靠群众兴修水利的经验，县委组织县乡干部到河南林县红旗渠参观，激发出大家自力更生、改天换地的英雄气概。思想统一后，大家热情高涨，群策群力，挖空心思出主意想办法，渠线设计因地制宜，工程施工精益求精，后勤管理精打细算，打了一场漂亮的水利歼灭战。干渠工程1965年9月20日开工，10月20日竣工，投资60余万元，完成24公里干渠配套工程，扩大水浇地5万亩。加上其他小型水利保浇的5万亩，全县15万人的吃饭问题基本解决。大家高兴地说：人心齐泰山移！没花多少钱，一个月一万多人居然干成拖了五年没干成的事！咱县也端上稳产高产的"铁饭碗"了。干渠竣工剪彩通水时，不少老人背着干粮步行数十里赶来参观，还有人在家门贴出对联：胜天渠气死老龙王，幸福水灌溉革命田。当年11月27日的《山西日报》刊发《一场显示了突出政治威力的水利工程》的长篇通讯报道这件事，并配发社论《一个多快好省的范例》。

做官易，做事难。面对事功繁累，许多人可与共成不可与虑始。回顾当年那场水利决战，四十一岁的父亲作为领头人压力应该超大，但他没有退缩。父亲说：在其位就要谋其政。组织把咱放在岗位上，就要倾听人民呼声，全心全意为群众干事。后来父亲调任吕梁，在横泉水库建设、小流域治理、四荒地承包等重大决策中，都沿用了后湾的经验。

○

○

“离基层越近，离真理越近”

父亲一生有“三亲近”，这应该是和他的出身、经历相关：亲近农民、亲近军人、亲近有学问的人。父亲生在佃户家庭，昔阳一带称扛长工的为“砍觅汉”，父亲从小给财主家放牛，财主家就叫他“小觅汉”。他知道农民的苦和乐，所以特别亲近农民。参加工作后，尽管换过不少岗位，但他几乎一辈子都少不了和农村农业农民打交道。

应该是受毛主席“没有调查就没有发言权”“从群众中来到群众中去”的影响，父亲他们那一代工农干部的工作习惯一向是点面结合：下基层蹲点获取经验，然后在面上推广。“离基层越近，离真理越近”是他们的口头禅。1963年，父亲初到襄垣，熟悉情况后便一竿子插到底，选择去全县最偏远的马家东岭公社白堰底大队蹲点。到次年7月晋东南地委召开农村工作会议时，父亲向大会作《我尝到了蹲点的甜头》的汇报。为此，新华社记者冯东书曾发出通稿《赵县长蹲点》。《山西时报》1964年8月29日刊发记者闫振华、连治水采写的人物通讯《劳动人最爱劳动人——襄垣县县长赵芝悦蹲点的经过》，并配发短评《真假蹲点的分界线》。

父亲蹲点不是蜻蜓点水式，而是背着铺盖卷通过访贫问苦，住进村里最困难的人家，和村里人同吃同住同劳动。刚进村，大家还显得生分，背地里叫他“县太爷”“七品官”，直到他和大家一起出工劳动，一起担粪间苗，知道他原来也是种地的行家里手，大家才把他当成无话不谈的自己人。

1965年10月16日，《山西日报》刊出《襄垣县大批干部到基层长期蹲点》的消息。文章对父亲蹲点作出小结：县委书记赵芝悦从去年1月起，第一个选择离县城最远、工作最差的生产大队蹲下去，摸索改造落后队的经验。他在那里和群众一起担粪，一起放羊，一起割麦，一起生活，住在哪家就给哪家担水、扫院，普遍访问贫下中农，倾听他们的意见，请他们出谋献策。他的这种作风受到群众的赞扬，也给全县干部作出榜样。大家感到县委书记还能抽出身子下去蹲点，我们咋不能下？于是，带着三八作风下乡去，已成为襄垣干部的一种新风气。

○

○

“有多大能耐端多大碗”

我的母亲王荣峰生于1932年，母亲家与父亲家相隔七八公里，家境好于父亲家，所以聪颖的母亲能读书至高小毕业。但兄妹八人嗷嗷待哺也使外祖父捉襟见肘，顾此失彼。大姨和舅父夭折后，勤劳的母亲作为长女，里里外外承担了大部分的家务。外祖母做了一件好看的小布衫奖励她。母亲欢天喜地，也羡煞尚且年幼的众姐妹。不料时隔不久，母亲上树捋榆钱时，因担心挂破新衣裳，便将其脱在树下。结果被人顺手牵了羊。多年后母亲笑说，挨了外祖母好一顿打！当然也不会再有新衣裳穿了。艰辛的童年锻炼了母亲，让她一辈子惜物节俭，从不肯浪费一针一线。

为父亲提亲的人上门时，十七岁的母亲正捧着中学录取通知书呜呜痛哭，外祖父和她商量，一个女娃娃，中学能不能不读了，家里负担太重。提亲人见状灵机一动，巧舌如簧，说二十五岁的父亲已经是区长了，又是独子，母亲过了门上个学还不是小菜一碟。母亲看到希望，立马允亲。外祖母说，迎亲时父亲牵着一匹高头大马，一直在院子里转悠，结果踩死一棵梨树。院里的另一棵果树后来长得枝繁叶茂、浓荫四蔽，成为度荒的好帮手。母亲后来屡屡笑说父亲骗婚，父亲总是笑而不语。

母亲有文化，早早入了党，先后在榆次、寿阳、襄垣、太原、吕梁等地税务、商业、财贸、邮电、司法等部门工作，随父亲四处为家。几十年让我们姊弟印象最深的就是隔三差五搬家。早年父亲工作调动频繁，好在也没什么像样的家当，整理好几只白木书箱、几个衣被包袱就能上路。记得在长治时，我和姐姐初中毕业有一段空闲期，母亲便买来一大车煤和烧土，带我们天天和煤泥打煤糕。结果后来好多年，从长治到太原又到吕梁，搬家时总是半车杂物半车煤糕。

母亲手巧，我们的衣服总是大的穿了改一下染一下小的再穿。我们穿补丁衣服是常事。父亲官做大了，外衣尽量不补补丁，但领口破了翻领口，袖口破了换袖口也不稀罕。至于内衣、棉衣，父亲也少有没补丁的。父亲在襄垣县委书记任上时，棉衣袖口磨破了，棉花露出来，正好县委机关讨论职工救济，有人提议说，赵书记家人口多，孩子们还捡兰炭（煤渣）呢，棉衣也补丁摞补丁，布都糟了，给赵书记救济一件棉衣吧。大家一致同意，悄悄给父亲报了个救济。父亲知道后很生气：县里有多少困难的同志需要救济，我袖口破了，补一下还能穿，还有没棉衣的同志呢。

母亲和父亲工作都很忙，我们姐弟四人都有奶妈，我和姐姐断奶后就上托儿所幼儿园，一直到上小学还在幼儿园住，白天去学校，晚上回幼儿园。我和姐姐稍大些，就不仅要顿顿从大灶上打饭回来照顾弟弟们吃，晚上还要监督弟弟们早早休息。1966 年邢台地震，襄垣震感强烈，父母却不在家，夜半天摇地动，把姐姐吓个半死，我却睡得像死狗，任凭姐姐怎么摇都没摇醒。不久父亲在运动中落职，送县工程队监督劳动。母亲不离不弃，顶风冒雪天天为父亲送饭，直到监督解除。

我和长我一岁的姐姐在长治初中毕业后参加了工作。姐姐入职长治惠丰机械厂，后来一直在长治工作到退休。我招工到太原一家宾馆做服务员，后来辗转许多行当，直到 1982 年考入山西电大中文系。取得专科学历后，我转行到新闻行业。两个弟弟都是十三四岁到部队当了小兵，后来一个从事餐饮业，一个在公安口直至退休。

父亲对我们常说的话是：有多大能耐端多大碗，不然给了你也端不住；好好工作，别嫌位置低，先想想自己能做得了什么事。母亲常说的话是：生活越简单越幸福，为人别怕吃苦、吃亏、吃力、吃瘪，不经一事不长一智。我到报社工作后，写过一段时间的批评稿，不时有人上门送钱送礼想让我撤稿，我当然不会答应。父亲听说后很欣慰：这才像我的子弟！印象中这是父亲几十年唯一对我有夸赞意味的话。

一生辛勤务稼穑

讲 述 人：武建华
讲述时间：2022 年 9 月 8 日
整 理 人：张玉

武昌祺（1929 — 2009），山西交城人。1944 年参加革命，在交城县贸易局工作。1948 年 7 月，调清徐县工商局和贸易公司任会计。1949 年，加入中国共产党。1949 年 10 月，被调入中国油脂公司太原分公司。1958 年 3 月，被调入山西省粮食厅，历任计划处秘书、副处长、处长和副厅长，山西省粮食局局长等职。1994 年离休。

○

○

钢铁走廊

我父亲武昌祺，1929 年出生在山西省交城县义望公社奈林村一个贫农家庭。父亲六岁就没有了妈妈。祖父家很穷，只有破房子四间、土地几亩。祖父平日里种田，农闲时下煤窑打零工，以补贴家用。父亲从小就帮祖父劳动，只上过一年小学。

1944 年，父亲在交城周山庄参加工作。当时是抗战时期，为解决根据地生活、生产用品紧缺问题，粉碎敌人的经济封锁，交城县在阳坡村建立起第一所公营商店“利记商店”，之后相继在麻会村、周山庄、南头村办起了“恒泰昌”“西恒泰”“东恒泰”三个贸易商店。我父亲一开始是在位于周山庄村的“西恒泰”工作，做业务员，那时他才十五岁，是个聪明伶俐的小学徒。

干了不到一年，因为工作能力强，父亲被调到南头村的“东恒泰”贸易商店做会计。南头村位于狐爷山脚下，盛产山药、谷子、莜麦，抗日战争时期曾为交城县政府所在地。父亲在这里结识了很多老革命，在他们的帮助下学到了很多东西，逐步成长起来。

那时日寇驻在山上，把据点从城里筑到农村，大据点中间驻上小据点，深入到抗日根据地的心脏地带，加强对抗日根据地的封锁，环境非常恶劣。老区军民连个洋火（即火柴）都买不上，连咸盐都吃不上，最大的问题是没医生、没药，八分区医院是用咸盐水、开水给伤员消毒的。根据地吃饭成了大事情，为躲避日寇“扫荡”，白天不能冒烟，晚上不能有火，做饭都得围起来。父亲说一天能吃上两顿饭就算是好的了。吃的是谷子连着糠，加点莜面，就上开水。没有替换衣服，长时间不脱衣服睡觉，浑身都是虱子，痒得不行就把衣服用开水煮煮。

父亲所在的交城贸易局作为抗战时期八分区根据地的心脏部门，为抗战胜利做出了巨大贡献；因为吃的、喝的、穿的、用的、武器弹药都在那里。父亲和他的战友们肩负着运送伤员、粮食、弹药、文件等艰巨任务。他们经受了多次“扫荡”的考验，藏在石洞里头的粮站、部队的弹药武器库安然无恙，机关人员、伤病人员没有一个被敌人抓走。他们前赴后继，安全护送了刘少奇、彭德怀、陈毅、刘伯承、邓小平、杨尚昆、陆定一、陈赓等中央领导同志和中共七大代表以及其他干部三千多人，八分区被党中央誉为“钢铁走廊”。

1946 年 5 月，父亲被调入晋绥贸易八分局古交办事处，做出纳；短短半年后，又转任交城县贸易支局出纳。一直到解放前夕，1948 年 7 月，他被调到清徐县工商局和贸易公司，才离开故乡交城。

父亲对故乡感情很深，这里不仅是生养他的摇篮，更是他青少年时期艰难成长、砥砺前行的熔炉。这里有他的青春和梦想、激情与奋斗，他在这里养成了不屈不挠的革命精神和大无畏的英雄气概。他曾经带我们回到交城县南头村（现在这个村属于古交）革命旧址，缅怀先烈，重走八分区军事秘密交通线，重返他工作过的地方。“东恒泰”贸易局旧址的建筑还算完好，门前的三道条石台阶依旧。在贸易局不远处就是挂有“交城县委县政府旧址”牌子的建筑，这座老式建筑上大大小小坑凹无言地述说着历史的沧桑。我看到一面干净的墙面上绘有巨幅的抗战宣传画，这让人想起战火纷飞的年代，我父亲的革命征程就是从这里启航的。

○

○

粮草先行

1949年初，国民党政权风雨飘摇，人民解放军兵临太原城下，古老的龙城曙光初现。为了顺利接管城市，太原军事接管领导组未雨绸缪，在各区县培训干部，为解放太原紧锣密鼓地准备着。

我父亲那时在清徐县工作。1949年1月，他在清徐贸易公司由当时的领导王吉祥、张振业二位老同志介绍入党。那时太原城内粮食奇缺，民心大乱，征集粮食成为稳定红色政权的首要任务。10月，父亲就和从其他解放区调来的人员加入了解放太原入城粮食接管组，随着解放的隆隆炮声进入了太原，接管了位于五一路小东门街的国民党第二兵站总监部仓库（后来的山西太原北城国家粮食储备库、太原面粉二厂），并在此基础上组建了“华北贸易公司山西省粮食油盐部小东门直属库”，后改为中国油脂公司山西省太原市分公司（太原市粮食局前身），这是山西最早的国有粮库之一。

父亲一行三十余人进驻粮库后，立即展开工作。他们一方面接收清点库存，归类整理，摸清家底；一方面接收解放区源源不断送来的粮食和草料。他们不分昼夜接收、发出粮食和草料，有时候既当保管员又做装卸工，为稳定粮食市场、稳定新中国政权做出了贡献。

1964年4月，父亲在山西省粮食厅计划处任副处长，当时他主管调运。那是计划经济时代，国家实行粮油统购统销；过了秋收，进入冬季，粮站就开始调运粮油。父亲一到这个季节就特别忙，我们经常很多天见不到他的人影。这个时候每天有粮油公司和战备集团的汽车，源源不断地把粮油运往粮食库和油脂厂。每当遇上雪天道路不好走时，市政府把调运任务分解到各个有车的单位。我记得太原客运公司的班车还来调过粮食，他们用解放牌客车，每个座位上放一麻袋粮食。父亲亲自指挥工人们装卸，忙得脚不沾地。1969年8月，他去石家庄中央学习班学习，之后有过上调的可能；但是太原的工作离不开他，仅仅四个月后，他就又回来了，继续干他的调运工作，任山西省革委商业局粮食计划处处长。

“文化大革命”期间，国民经济遭受了严重损失，粮食工作也同样受到严重干扰，潜在的粮食危机随时都有可能发生。父亲对此很忧虑。这期间，他深入农村考察山西全省的粮食产量，深入车站以保证粮食安全运转——三晋大地的各个角落，他都跑遍了。1994 年，父亲离休前夕，还编写过一本书，名叫《山西粮食史话》，详细记述了从鸦片战争到民国时期直至中华人民共和国成立之后的山西省粮食史，这本书，凝聚了他几十年从事粮食工作的心血。

○

○

稼穑无声

父亲一辈子从事粮油贸易工作，对粮食特别有感情。许多年前，我们家也挣扎在温饱线上，那时父亲时常会脱口而出“吃饭第一”“民以食为天”“兵马未动粮草先行”“谁知盘中餐，粒粒皆辛苦”的话来。他用这些警语或口号来强调粮食的重要性，并以此教育我们。我们家的伙食一直以红面擦尖为主，很少吃白面，连吃豆腐都算改善；一方面是因为确实吃不着，一方面也是因为父母提倡俭省朴素。

那个时代物质匮乏，大家都过得很艰难，我父母虽然工资不低，但他们都是穷人家庭出身，老家的亲戚们都需要帮衬。我父母每年都接济叔叔、姑姑、舅舅和姨姨们。二老特别重亲情，既孝顺父母，又友爱兄弟姐妹。我姥姥晚年一直在我家住，直到 1987 年去世。

1977 年 8 月后，父亲任山西省粮食厅副厅长，算是高干了，但他更加遵守纪律，从未越雷池一步。他这种宠辱不惊的人生态度，一直影响着我们。父亲为我们兄弟姐妹起的名字，分别是武建中、武建华、武建平、武建民，我们四个人的名字最后一字，连起来读就是“中华平民”。这是父亲对我们的定位——我们都是平凡普通的人民。

父亲在工作上精益求精，他教育我们要对工作认真负责。他说，只要肯干，三百六十行，行行出状元。他从不利用手中的权力为我们走后门，他反对我们到他系统的下属单位去上班。在他的要求下，我们在不同的领域奋斗着追求着。我大哥武建平在中国人寿保险公司工作，弟弟武建中参军回来以后自主创业。我1976年参加工作，在太原市第七中学校办工厂干了十年，后来因为身体不好，严重贫血，才被调到太原市粮油供应公司。我妹妹武建民在山西省贸易学校工作，她从劳资科长、副校长一步步走过来，现在担任书记。她能力很强，对工作特别认真，一心扑在工作上。我们兄弟姐妹四人，工作上都很出色，任劳任怨，这都是父亲言传身教的结果。

父亲虽然做事严谨，但绝不是没有人情味的人。因为我奶奶去世得早，父亲从小没有妈妈，因此他特别看重家庭，对家人特别好。父亲对子女的教育并不严苛，常是那种春风化雨式的：表扬多于批评，鼓励多于责骂。在生活拮据的年代，他每次出差都不忘给我们买好吃的小零食，有桃酥、饼干……这些甜美可口的点心，永远温暖着我的童年记忆。父亲还喜欢做饭，爱给孩子们炒拿手好菜以改善生活；他心灵手巧，可以用普通的食材做成绝妙的美味。

在这种和谐家风的照拂下，我们家亲子关系和手足之情都十分融洽。父母去世之后，我们没有财产纠纷。父母两袖清风，并没有多少积蓄，只有一套房子是他们的遗产。现在这套房子我在住，兄弟姐妹们都舍不得出售它去分割房款，我们想保留它，作为对二老的纪念。

我从小耳濡目染，知道农民种粮的不易，知道“深挖洞、广积粮”的含义，也知道粮食是“立国之基”的重要性。现在想想，这就是父亲对我最早的思想启蒙。在我父亲身上，我感受到了老一代党员干部艰苦奋斗、克勤克俭的作风。我父亲的一生，体现了“为耕者谋利，为食者造福”的担当。我将时刻牢记他的教诲，不忘初心，不忘使命，努力为党和国家做出贡献。

父亲已去世多年，但是他又好似从未离去，他活在我的记忆里。每当我想起他，就会想起那些战斗的遗址、疾驰的车队、堆积的粮食。他就像一棵坚韧的麦子，捧出沉甸甸的穗子，将心血献于大地和地上的人民。他的一生硕果累累、颗粒归仓。冬已尽，春可期，山河将无恙。待到稼穑丰收时，清风满山冈！

咱当兵的人

讲 述 人：席淑龙
讲述时间：2022年9月24日
整 理 人：孟志平

席有红（1924—2016），出生于山西省解县（今山西运城盐湖区解州镇）。1945年参加革命，1946年加入中国共产党。1941年至1944年，在解县面粉厂做工；1944年至1945年，在阎锡山警备队做伙夫；1945年，加入革命队伍，先后任副班长、班长；1947年至1948年，任排长；1948年至1950年，任连长；1951年，任指导员、营参谋长；1953年，入朝作战；1955年8月，到中国人民解放军高级步兵学院学习，毕业后任河南省罗山县人民武装部副部长；1976年，任运城粮油机械厂厂长、书记。1982年离休。

○
○

“亡国奴不如丧家犬”

我的父亲席有红，1924年出生在山西省解县二区羊村。他家是个中农家庭，有五十多亩地，家里大大小小十口人。爷爷一辈子务农，大伯边种地边做点小生意，一家人的生活在当时还算过得去。

父亲十三岁那年，日本鬼子打进来了，原来平静的生活被打破了。父亲为了贴补家用，也到外边给人家打短工。他还做过小买卖，售卖零食、弹过棉花。父亲从小就有股子不怕苦不怕累的精神。战火从山西北部一路烧到南边，父亲亲眼看到日本鬼子对老百姓的残害，深深体会到人民的痛苦，脑海里就想起小时候读书时老师说过的一句话“亡国奴不如丧家犬”，对日本侵略者的仇恨就像把火一样就燃烧了起来。

那会儿，二伯在外头当兵，年轻气盛的父亲就参加了共产党领导下的游击队。父亲为啥参加游击队？因为他看到日本鬼子进了山西，国民党政府连省城太原都不管了，一口气跑到了黄河边的克难坡，整个山西一片混乱。在后方，只有共产党领导的游击队神出鬼没四处打击鬼子，老百姓都长着眼哪，谁打日本鬼子谁就是老百姓的救星。

1946 年，父亲光荣地加入了中国共产党。那年，他才二十二岁，参军还不到两年。

父亲是经历过生死考验的人，他经常对我们说："我们那一辈都是经受过大风大浪的人，吃尽了人间的苦。你们这一代生在新社会，长在红旗下，一定要好好珍惜眼前的好生活。到了学习的年龄，就埋下头来好好读书；到社会上参加了工作，就一定要努力工作，为集体和国家尽好自己的责任。"

父亲还说，不管你们干啥，千万不能当那种不劳而获成天就想着嘴头子的狗，身上要有股子吃得了苦、吃得下苦、敢打敢冲的精神头。

○

○

"画定不可逾越的警戒线"

我家兄弟姐妹四个，从小数我调皮，我总挨父亲的训，挨打最多的也是我。

父亲在河南信阳地区罗山县武装部工作的时候，政府给我们家分了三间房子。我家人多住不下，父亲就想了个法子，在房子中间拉了个布帘，一间隔成了两间。那时候，我们都在念书，每到礼拜天，父亲就给我们四个孩子分配任务，一人负责打扫一间房的卫生。打扫完父亲就开始检查，谁打扫得好，就发个作业本或者发几分钱，算是奖励。每次数我干得不好，所以我老是挨骂。

小学念书那会儿，晌午饭我们都是从家带到学校吃。有一个同学那天带的是锅巴，可把我馋坏了，就趁人家不注意把锅巴偷吃了，一点儿没剩。同学知道后告了老师。老师把我叫过去训我，并用教鞭打了我几下。我疼啊，就骂了老师——事情这下弄大了。父亲回家后穿着他的硬头军靴就往我身上踢，踢完还不让我吃饭，带着我去老师家里赔礼道歉。

我的调皮是出了名的，一天不得闲，总给家里惹事。直到后来发生了一件事，才让我彻底醒悟。

父亲转业到地方后在企业任一把手。那时候厂里合同工挺多，每年基本上都有转正的名额。我清清楚楚记得，有一次我放学回家，厂里一个人拦住了我，给了我一个信封，说让我捎给父亲。我当时以为是别人写给父亲的信，就带回家给了父亲。父亲拆开信封，里面竟是厚厚一沓花花绿绿的粮票。你想啊，那个年代粮食多紧张，想买粮你必须得有粮票。一个陌生人通过我的手给父亲送粮票，这哪是送粮票，这是在变相送礼啊，是在搞不正之风啊！

父亲当时就火冒三丈。不用说，火气肯定是直接发到我头上了。我多无辜啊，我压根就不认识那个人，也不知道信封里装的是粮票，更不知道那就是行贿。可父亲哪听我解释？稀里糊涂我就挨了一顿打。用父亲的话说，他是从血和火里滚碾出来的，他不吃那一套，他平生最恨的就是不走正道老寻思着托关系走后门的人。父亲的巴掌可比一般人的厚实，手劲也大。那顿打可以说埋下了我一辈子的心理阴影。以前我看见父亲严肃的面孔只是怕，自那次之后，我但凡看见他的影子听见他的声音就浑身哆嗦。

我长大成人后，才明白那件事的可怕：那是世俗小人对我父亲，甚至是对党组织的侮辱，竟然想通过行贿父亲，用他手中的公权谋取个人私利。我同样也明白了，父亲打得对，也打得及时，不光是对社会不良风气亮明了自己的态度，也适时地对子女进行了一次严厉的教育，让子女从小就界限分明地知道什么是对什么是错，什么是是什么是非，什么事可以做什么事坚决不能做。

那次经历为我画定了我此后一生中不敢逾越的警戒线。

○

○

“吃水不忘挖井人”

战争年代，成千上万的年轻人积极参军保家卫国，很多人牺牲在战场上。不往远了说，就说在我老家解县，就有不少年轻后生走了后就再没有回来。

父亲不到二十岁就跟上部队走了，先是打日本鬼子，后来又和国民党反动派激战，好几年都在外头，别说村里熟识的邻里乡朋，就是席家人对父亲的状况都一无所知。

1947 年，人民解放军一路打到运城城下，包围了运城。老家解县羊村有人跑到爷爷家说，在部队上看见父亲了。爷爷一家都不信，说他肯定看错人了。父亲离家好几年，连个音信都没有，所有人都认为他肯定早就牺牲在外头了。

直到有一天，父亲的身影突然出现在村口，一村人都传开了，大人们都说："老席家那小子回来啦！"

多年之后，父亲自己总结说，他那次回村可不是为了简简单单表示席家小子还活着呢，他是要让一村人都相信，国民党反动派支撑不了几天了，为穷人打天下的共产党回来了。

运城解放后，父亲跟随部队再次出发了。

解县羊村是父亲的故乡，那里有他的父母兄弟姐妹，那儿是他的根。他说不管走到哪儿，他的心里头总放不下羊村。

解放后，父亲从部队转业到河南工作。河南和山西就隔了条黄河，并不太远。逢年过节，父亲回老家的时候，就和亲戚朋友们坐在一起聊天、拉家常。那会儿，在羊村人眼里头，父亲是大领导，是从羊村走出去的唯一一个"大人物"。村里的干部就想让父亲这个"大官"帮忙解决些村里的事，比如说村里的路烂得不成样子，希望父亲能帮帮忙。父亲就带头捐钱，前前后后捐了四五次。他那会儿工资虽然挺高，可自己身上的衣裳也还到处打着补丁，根本舍不得买件新衣裳；但到了帮村里时，他就一点儿都不心疼工资了，说掏就掏。

父亲常说："离家这么多年，家里人担心了这么多年，我连封信也没写过，心里有愧啊！学校里娃娃们念的书本上不是写得很清楚嘛，吃水不忘挖井人。我从小就是吃羊村的饭喝羊村的水长大的，羊村就是那眼井，我不管在哪儿都不能忘了根。"

○

○

回延安

在战争年代，父亲受过五次伤。我们小时候，父亲给我们看过，他的腰上胳膊上头上还有嘴上，都有伤痕。父亲说，他命大，在枪林弹雨中受了这么多回伤，都没伤到要命处。

父亲说，每次打仗之前，战士们都很紧张，可一打起来就一点儿都不害怕了。他一辈子都难忘的是保卫延安的战斗，因为那次战斗差点就要了他的命。

1947 年，国民党反动派调集重兵进攻陕甘宁边区。在一次战斗中，父亲枪里的子弹打完了，他就开始连续不断地投手榴弹。他拉开了保险，手榴弹冒出了黑烟，他把浑身的力量都集中在右胳膊上，身子侧倾，正准备投弹，一颗流弹恰好飞来，擦着他的嘴就飞了过去，他顿时觉得脸上一阵滚热。事后，他说那次好险。因为他扔弹之前，身体刚好向后倾。也就是说，要是他那会儿不投弹，那颗子弹就会直接射穿他的脖子。

父亲讲起这段事的时候，表情总是不由自主有点紧张。为了缓和父亲的情绪，我们就笑着说，这是命大福大造化大啊。父亲一下子就沉默了，半天才叹了口气说，就是那一仗，一个解县老乡再也没醒来……

“我保卫过延安，我保卫过党中央。”这件事成了父亲一辈子最自豪的事。

父亲离休后，肩上的担子一下子轻了，但他觉得心里空落落的，有点不适应。

随着时间一天天地推移，父亲的身体也一天不如一天了。父亲九十岁那年，有一天他突然对我们说，他要回延安一趟，看看他曾经战斗过的地方，看看当年埋在地下的老战友——再不去，这辈子就没有机会了。

开始我们还担心父亲的身体，可他那股子劲头我们一时又拗不过，也不敢拗，只好在做足了充分的准备后陪着他老人家踏上了去往延安的路程。

在延安，我们游览了很多著名的景点。父亲旧地重游，我们都不需要导游，他一路兴奋地给我们讲解，这里发生过什么事，那里发生过什么事。父亲的思维非常清晰，浑身上下透出可与年轻人一决高下的朝气和活力。

在宝塔山的广场上，面对迎风飘扬的鲜红国旗，父亲默默地举起手臂行了一个标准的军礼。我看见父亲的眼眶湿了，然后眼泪顺着他苍老的面庞淌了下来……

说实话，我当时很吃惊，因为从小到大，我就没见过父亲哭！

○

○

“我还能做点啥呢？”

早在父亲过八十大寿时，他就以颇有成就感的口气和我们说，他没想到，这辈子能活到这把岁数，当年好多战友年纪轻轻的就走了，他是最幸运的那个人：“党的政策好，让咱们过上了衣食无忧的好日子啊！”

父亲一说到这里，我们就安慰他说，好日子长着呢，肯定能长命百岁。父亲也不争辩，反而问我们：“我活了这么大了，自离休都多少年了，工作一点儿都没干，党和政府还给我发着这么高的工资，我还能做点啥呢？我应该做点啥？”

后来父亲就经常给同事、朋友、晚辈讲革命故事和他的个人经历；特别是在纪念中国人民抗日战争暨世界反法西斯战争胜利七十周年期间，许多中小学校邀请他去给同学们讲抗日战争、解放战争以及抗美援朝时的故事，父亲来者不拒。

在全国人民抗击非典、汶川地震、青海玉树地震等大事件面前，父亲总是积极响应党和国家的号召，以交纳特殊党费的方式——多则两三千，少则四五百——诠释了他对党和人民的忠诚。尤其是在汶川地震那会儿，父亲几乎每天都坐在电视机前，时刻关注灾情状况，每每看到抢救现场的那些场景，父亲就泣不成声。

那会儿我们家胡同口外就是运城市残联。父亲每天都在胡同口晒太阳，他的目光就又投射到残联门口那些行动不便的老人和小孩身上。有时候到了中午时分，残联下班了，那些没办完事的残疾人就坐在残联门口等。父亲心里不忍，就从身上掏出钱来或买点面包或买几瓶矿泉水送给他们。

父亲爱听蒲剧，一伙退休的老人们在南风广场上组织了一个蒲剧班子。大家在一起说着年轻时的经历、故事，听着最熟悉的家乡戏，日子过得挺悠闲。父亲是蒲剧班子的常客，班子里的某个乐器走了音或坏了，父亲就自掏腰包帮忙置换新的。

南风广场的常客几乎都认识父亲，只要一看到他的身影，男女老少就争着过来帮忙推父亲的轮椅，并把父亲推到最适合听戏的位置。

父亲常说："当年在战场上，慰问演出中也唱过蒲剧，但那时候枪炮声不知道啥时候就响起了，实在静不下心来听；现在好了，这么好的时代，都享受上了。你们一定要珍惜当下的好日子，吃水不能忘了挖井人。党和国家逢着有灾有难的时候，你们就要挺身而出，就要尽到微薄之力。虽说个人对国家起不了多大作用，但重要的是你的心！懂吗？"

我重重地点头说："父亲，我懂。"

父亲笑了……

慈眉善目大好人

讲 述 人：李曙光　李曙明
讲述时间：2022 年 9 月 26 日
整 理 人：赵建雄

李秀林（1929 — 2020），山西沁县人。1945 年 7 月，参加革命工作并加入中国共产党。长期从事青年团和学联工作，曾担任太岳区学联主席。中华人民共和国成立后曾任山西省直机关总团委书记、共青团山西省委学校部部长、共青团山西省委副书记。1966 年至 1973 年 1 月，历任定襄县委副书记、县革委主任；1978年3月起，任中共忻州地委副书记、行署副专员；1981 年10月至1991 年6月，先后任山西省工商局党组副书记、书记、副局长、局长，中共长治市委代理书记。曾任山西省第一、二届政协委员，山西省第六届人大代表，山西省第五次党代会代表，第五届山西省纪委委员。1991 年离休。

○
○

普通人家走出来的好孩子

我们的父亲李秀林，1929 年 9 月 26 日出生在长治市沁县漳源镇西倪村一个中农家庭。我们的爷爷是一位忠厚善良、勤劳朴实的地道老农民，爷爷和奶奶育有父亲和姑姑两个孩子，日子过得还算小康。1938 年，爷爷参加了抗日革命工作，并加入了中国共产党，还被选为抗日联村村长，且连任八年。因此，爷爷家被盘踞沁县的日寇和伪军认定是“八路军家庭”，为了躲避日伪的搜捕，一家老小，特别是爷爷，不得不东躲西藏。奶奶连惊带吓，加上奔波劳累，年纪轻轻就得了重病。这些过往给年幼的父亲留下了难忘的记忆。父亲说，当时日子虽苦，但他为自己生在“八路军家庭”而感到光荣，他也从小就确立了“为劳苦大众斗争”的理想。

全面抗日战争开始以后，太岳抗日根据地不断扩大，蓬勃发展。1945年春天，爷爷把我们的父亲送到了沁县“抗日三高”学习，这是我党在边区办的一所高级小学，那一年，父亲才十六岁。在学校里，父亲努力学习，积极劳动，参加学校的各项活动，表现都很突出，当年7月就光荣地加入了中国共产党。父亲说，从那时起，他才开始真正懂得爷爷为什么要冒着生命危险从事抗日工作，爷爷是共产党员，共产党员就是要为民族解放、为劳苦大众能翻身过上好日子而努力奋斗。在“抗日三高”，父亲说他不仅学到了文化知识，也学会了一切听从党的安排。父亲入党以后，被选为学校学生会副主席，正式参加了革命工作。父亲在“抗日三高”学习一年后毕业。1946年春，父亲考入敌后沁屯中学，一边学习一边生产；半年后，又到屯留二区路村帮助“土改”，担任工作小组组长。这期间，父亲不分白天黑夜，不辞辛苦劳作，领导农民同封建恶霸地主作斗争，通过斗争夺取回来的胜利果实如数交公，然后再发放给农民群众，父亲还被选为“土改”斗争模范。他返回学校时，村里老百姓敲锣打鼓欢送，拍手称赞他是一个“好孩子”。后来，父亲还被选为太岳解放区学生联合会主席、华北区学联执行委员、太岳区党委青委会干事等。

○

○

革命工作中的好干部

我们的父亲一生坚定理想信念，对共产主义崇高理想和伟大事业坚贞不渝，他始终把党和人民的利益放在首位，遵循全心全意为人民服务的宗旨，兢兢业业为党和人民的事业工作。他恪尽职守、亲力亲为、任劳任怨，他为人宽厚、团结同志、爱护干部，他作风正派、人品端正、大公无私，深受广大干部和群众的爱戴。

父亲担任山西省工商局局长十年，这十年，父亲为山西工商事业的发展倾注了大量的心血，付出了无比的艰辛，取得了令人瞩目的成绩。但是，无论与谁说起这些，父亲总是笑眯眯的，只谈全局职工的工作热情与团结奋斗，始终不提自己的艰辛付出和无私奉献。我们对父亲工作中良好表现的了解，还是通过两篇文章才知道的。

一篇是《中华英才》杂志 1991 年第 13 期“隆重纪念中国共产党成立 70 周年”专刊，以《他是个好人》为题对我们的父亲进行的专题人物报道。

另一篇是父亲去世后，《山西市场导报》于2020年10月15日刊发的题为《深切怀念老局长李秀林同志》的悼念文章，文中除了简要追述父亲参加革命工作的经历，还对他的工作给予了充分肯定。

这两篇文章，我们至今都收藏着。这就是我们了解到的工作中的父亲。其实，我们相信，父亲的工作成绩、领导艺术，包括他的人格魅力、高风亮节，应该远远不止这些文字所报道的内容。但是，如果不是看到这两篇文章，我们还以为父亲仅仅就是一个乐观守成、不与人争的“好好先生”式的领导干部呢！

○

○

平凡家庭里的好男人

在家庭里、在生活中，我们也认为父亲是一个“好人”。我们全家人，不管大小老少，从来没有觉得他有什么缺点，除了一些老干部身上共有的坚持原则、廉洁自律、工作勤奋、公而忘私外，我们更多感受到的是他的真诚友善、平易近人、朴实无华、宽厚仁慈等。

父亲先后在不同的单位工作并担任领导职务。我们作为他的子女，亲眼看到了他的任劳任怨、勤勤恳恳。记忆中，父亲总是忙到很晚才回家休息。回家后，父亲从来都自己的事情自己做，尽量不影响家人休息。他患有高血压，有时候头疼得厉害，在家里吃一两片降压药或去痛片，就去继续工作或学习了。

父亲是一位仁慈善良的长者，一辈子善解人意、严于律己、宽以待人。身为领导干部，他总是把单位的年轻人和部下当自家人一样对待。听母亲说，有一年父亲单位分配来一位年轻人，在单位集体宿舍住。年轻人家庭条件较差，生活上遇到了不少困难，父亲就让我们的母亲对这个年轻人多照顾些。单位集体宿舍冬天冷，父亲就把家里正用的煤油炉子送给年轻人以解燃眉之急。那个年轻小伙子结婚后，有了孩子，但小两口平时工作忙，中午回不了家，父亲和母亲就谁有空儿谁去替人家接送孩子，有时候还把人家的孩子接到我们家里来吃饭。遇到单位年轻职工的孩子生病了，父亲也会记在心上，帮忙寻医问药。有的同事工作上遇到了不顺心的事，来家里找父亲聊天，父亲总是热情接待，耐心给他们解答疑问，劝慰疏导，以解开其心结。所以，父亲单位的许多年轻人都把我们家当成了他们自己的家。父亲单位的年轻人都说，父亲慈眉善目，和声细语，看到他，他们的烦恼和忧愁就没有了。我们的父亲真正做到了“对同志如春天般的温暖”。

父亲是一个光明磊落、为人正派的人。他从来不在家里谈论单位的事，从来不在别人背后说长道短，也不会动不动就发脾气、训斥人。他经常教育我们要老老实实做人、踏踏实实做事。我们在家里犯了错误，在工作中遇到了问题，父亲总是循循善诱，非常耐心地帮助我们分析原因，寻找解决办法，他从来不会去单纯地讲一些空洞的大道理，也不会居高临下、盛气凌人地去呵斥我们。但是，我们从他的满脸微笑和轻声细语中，很自然地就明白了道理，或者拓展了解决问题的思路，这让我们受益匪浅。

父亲是一名老党员，说话做事特别坚持原则。他时时处处以一个党员的标准来严格要求自己，也这样要求我们家人。他从来不利用职权解决个人问题，也从来不允许我们借他的职权占公家便宜。父亲经常教育我们不能乱花钱，不能铺张浪费，要节约用纸、节约用水、节约用电，吃饭要“光盘”。所以，我们从小就养成了艰苦朴素、勤俭节约的好习惯。父亲说：“一粒米、一度电，都来之不易。农民伯伯、工人叔叔，都是要付出许多辛苦才换来的，我们一定要珍惜。”妹妹曙明习惯经常洗手，用水比较多，有些浪费，有时候在家里用水没有节制，父亲就会提醒她说，咱们国家水资源如何如何紧缺，一定要节约用水。妹妹有时候就开玩笑地调侃父亲说：“爸爸，您不用当工商局局长了，您应该去当水利部部长！”玩笑归玩笑，妹妹还是会赶紧关好水龙头。平日里，父亲把洗了水果洗了菜的水拿去浇花，把洗了脸洗了衣服的水攒下来去冲马桶。我们看在眼里，记在心上，也就养成了节约用水的习惯了。

我们小时候，还闹过这样一个笑话。当时弟弟在太原市五中上学，弟弟穿

有的同事工作上遇到了不顺心的事，来家里找父亲聊天，父亲总是热情接待。

的衣服总是有不少补丁，有时候干脆就是补丁摞补丁，同学们经常笑话弟弟穿的不好，弟弟有时候回家就闹情绪。父亲总是和颜悦色地给弟弟讲道理，讲他自己小时候的苦难经历，讲八路军的优良作风，弟弟听多了也就渐渐理解了。可是弟弟的班主任老师真以为弟弟是贫困人家的孩子，有一次直接来家里家访——准备帮弟弟向学校申请困难补助，来家后才知道我们的父亲原来是团省委副书记。班主任老师笑着感慨道："父亲已经是级别不低的省领导了，孩子穿衣服竟然如此朴素，真是家教好啊！"其实我们做子女的，早已习惯了，从来没有觉得这样有什么丢人，我们觉得生活就是这样的，简简单单、朴朴素素就很真实自然。

父亲还是一个非常孝顺、善待他人的人。我们的爷爷奶奶一直生活在农村，身体也不好，父亲总是定期给爷爷奶奶寄去生活费，还经常给爷爷奶奶买药。有时候老家的亲戚遇到困难找上门来，父亲从不嫌弃，总是尽全力帮助他们。我们姐妹两个长大后出嫁时，父亲一再地告诉我们说要善待公婆，要求我们要像对待亲生父母一样对待他们，要尊敬，要孝顺，绝对不能闹意见。姐姐曙光是大夫，父亲经常提醒姐姐要善待病人，特别是对农村来就医的患者，更应该给予照顾，给予病人温暖和方便。

父亲教育我们要热爱学习、勤奋学习，要积极上进、努力进取。只要一回到家，一见到我们，父亲就要问我们在学校的学习情况、思想表现情况。姐姐曙光上高中时，课外通读了《毛泽东选集》第四卷，写下了几十万字的读书笔记，父亲对每一篇笔记都进行了仔细阅读，还认真地修改，加以指点，并跟姐姐曙光进行多次探讨。姐姐说，这令她很受益的。她后来参军、入党、上大学，乃至参加工作，父亲的言传身教时时激励着她上进。当然，父亲本人也酷爱读书学习，他白天上班工作忙，晚上回到家经常还要秉烛夜战，刻苦攻读。父亲坚持政治理论学习，经常为工商工作建言献策，工作之余，还主编了《山西工商行政管理史料选编》《中国企业登记年鉴》《工商行政管理法规问答》《商业知识》等书。他的论文《加快培育社会主义市场体系》获山西商业经济学会优秀论文奖。

总之，我们的父亲确实是一个大好人。共产党人的理想信念在他的心中深深地扎了根，中华民族的传统美德在他的身上得到了很好的体现。无论是对谁，父亲永远怀有一颗赤子之心。父亲虽然离开我们了，但他的慈言善行、音容笑貌永远留在我们心中，我们会把父亲的一生追求和美好品德作为一种优良家风代代传承下去，永不褪色！

情系荧屏敢创新

讲 述 人：王保明
讲述时间：2022 年 10 月 8 日
整 理 人：赵建雄

王家贤（1932 — 2012），山西沁水人。1947 年参加工作，1949 年加入中国共产党。历任太岳军区通信兵，山西省军区军邮局连级书记，共青团山西省委行政科科长、统战科科长。1968 年转业地方，走上新闻工作领导岗位，先后任山西电影摄制队领导组成员，山西电视台新闻部主任，太原广播电视局局长、总编辑、党组书记，中国广播电视学会电视学研究会第一届副主席，山西省广播电视厅副厅长，山西电视台台长。1993 年离休。

○

○

情系荧屏

我的父亲于 1932 年 12 月出生在晋东南沁水县嘉峰镇一个农民家庭。听父亲说，他三岁的时候就失去了父母，跟着哥哥和嫂子艰难度日。1947 年，他参加了中国人民解放军。那时候，他才十五岁，只能背两颗手榴弹，跟在战士们行军打仗的队列里，与英武的战友一同经受革命战争血与火的洗礼。1949 年，父亲光荣地加入了中国共产党。1993 年 4 月，父亲从山西省广播电视厅副厅长、山西电视台台长岗位上退下来，光荣离休。

父亲说，他从退下来那时起，就产生了一个强烈愿望："我总想把自己从事电视工作的经验、教训进行系统的总结，留给年轻的同事们，以便于他们在业务工作中做个参考与借鉴，权当发挥余热，以尽一名老电视工作者的绵薄之力。”为此，父亲还写过一首诗：

难忘人生几回搏，聊取片纸记心言。
说长道短对错间，诚望大家多评判。

1997年9月，父亲的第一本业务专著《荧屏探微》由中国广播电视出版社出版发行；2005年4月，又由该社出版发行了第二本业务专著《荧屏求真》。这两本书，分别记录了父亲多年从事电视工作的心得和体会。父亲说：“我还想把这些论文和文章提供给专家、学者和广大年轻同仁、同事们参阅、批评、指正，所以，总是牵挂于心，常有食不甘味、夜难成眠之感。”于是，父亲的第三本业务专著《荧屏如歌》，于2008年1月由中国广播电视出版社出版发行了。这同样是他自己多年来工作实践的系统性归纳、总结，留给后人参考与借鉴。父亲用十年时间完成的这三本书，充分说明了一位老电视艺术家对山西电视事业的钟情和关爱。父亲关心山西电视台和黄河电视台的每一个频道、每一个栏目，甚至每一个节目。他对频道和栏目的定位和宗旨有准确的把握，对节目的优劣得失有独到的评价，因此，他的分析往往是精准到位的，他的建议也是切实可行的，为同行们所重视。这些都体现了我父亲对山西电视事业的一往情深，所以，这三本书又被同事们称为“荧屏三部曲”。它们是我父亲从事电视工作近四十年历程的历史记忆，也从一个侧面对山西电视台四十年发展道路进行了一个形象展示。它们是属于我父亲的，也是属于山西电视台的，属于山西电视界的。

作为山西电视事业的创建者、开拓者之一，我父亲把他人生的大半辈子都奉献给了“荧屏”，奉献给了新闻工作。他曾经自己作过一首诗勉励、鞭策自己：

人生曲折教训深，千锤百炼可成金。
一身清风报效党，党给荣誉挂满身。
坎坷征途险阻路，愿作披荆斩棘人。

○

○

敬业创新

我的父亲非常热爱影视事业，在工作中恪尽职守、锐意进取。我们兄妹四个还小的时候，父亲就经常教育我们说："一个人，不管从事了什么职业，都必须做到干一行爱一行，这样的人生才有意义、有价值。"父亲在新闻战线上南征北战、披荆斩棘、勇于改革、开拓创新，一干就是近四十年，而且多有建树。

1970 年到 1983 年，我父亲担任山西电视台新闻部主任。这十三年间，他锐意改革，开拓进取，推出了山西电视台收视率创新高的名牌栏目《山西新闻》。《山西新闻》每年为中央电视台提供上千条新闻素材，每年登上央视一套《新闻联播》的新闻条数和档次在全国省级电视台中一直名列前茅。

1983 年到 1986 年，父亲被调到太原市广播电视局主持工作。其间，他以满腔的热情和高度的敬业精神，排除各种困难，下大力气抓事业建设、抓节目创新、抓宣传管理，在短短两年多的时间里，筹建了太原广播电视中心，创建了太原电视台，推出了一大批深受观众喜爱的优秀节目和名牌栏目，特别是他亲自策划、组织摄制的电视连续剧《新星》轰动全国，并荣获"飞天奖"一等奖，大大提升了太原电视台在全国的知名度。

1986 年，我父亲担任山西省广播电视厅副厅长兼山西电视台台长后，全身心投入电视台的事业管理和电视宣传的综合改革中。1988 年，父亲主持了山西电视台第一次节目改革，在全国率先采用"固定栏目长度、固定播出时间、固定播出周期、固定播出形式"的创新方式，推出了在全国有较大影响的、在全国第一次实现直播的社教栏目《电视桥》和文艺栏目《五彩缤纷》《家庭演唱会》等，开创了中国电视专题和电视文艺类节目直播的先河，使中国电视节目在播出手段上实现了革命性变革，使山西电视节目的设置、制作和节目播出开始走上规范化、科学化、现代化的轨道。

听我父亲说，当时《五彩缤纷》《家庭演唱会》等文艺栏目的开播，把电视宣传的全新形式和全新内容高度完美地结合起来，受到国家和省委领导同志的充分肯定。时任太原市公安局局长的李玉璋同志热切而激动地对我父亲说：“王厅长，你们的《家庭演唱会》节目太棒了。每当这个节目播出时，太原市的刑事发案率几乎减到了零。说不定小偷都去看节目了，顾不上出来作案了！”

在我父亲的带动下，山西电视台的各项工作都上了一个新台阶，全国有二十五家电视台（包括中央电视台）派代表来参观考察。父亲说，当时上海电视台台长带队参观山西电视台后，曾对他说要“近学浙江，远学山西”。

在我们的记忆中，父亲总是在风风火火地干事。父亲刚调到山西电视台新闻部时，电视台还在后小河，离我家住的青年路还很远，每天早晨父亲总是骑个自行车早早就上班去了。有时遇到手头事情多回不了家，他就吃些抽屉里常备的饼干什么的，压压饥。当时新闻部里就两个大办公室，一个是记者的，一个是编辑的，父亲和十多个记者挤在一起工作。虽然办公的条件确实差了些，但父亲却认为大家都在一起工作、学习，讨论一些事更方便。父亲的同事们回忆，父亲常常是一上班就跟大家谈许多新闻报道上的事，或者传达一些上级文件、精神，进门打开本子就说，及时又便捷。

我父亲从事电视事业以来，有四个“非凡第一”：在山西省广播电视厅，他是第一个出国交流考察的；在山西省广播电视厅领导班子成员里，他是第一个荣获“电视艺术家”称号的；在全国电视新闻界，他是第一个荣获央视《新闻联播》播出数量全国“三连冠”的；在山西影视界，他是第一个获得“飞天奖”一等奖的。这是父亲最为欣慰、最引以为荣的事，也是我们引以为傲的事。可以说，我的父亲为山西电视事业付出了无数心血和辛勤劳动，他把自己的汗水洒在山西电视这方荧屏里，把自己的智慧献给了山西的电视事业。

父亲在他的一篇日记中写道：“在新闻战线上，我走过漫长的道路。道路是曲折的、艰辛的，困难是多样的。我之所以能够闯过重重难关、克服种种困难，靠的是党的培养和自己在工作中的勤学苦练。我自信我是生活的强者，不在困难面前表示懦弱，不在繁重的任务面前表示退却。我还要循着我所走过的道路走下去，为人民的电视事业作出更多更大的奉献，直到我生命的最后一息。”这是我父亲的真实心声。在我父亲七十岁寿辰时，新闻战线的几位老同事、老朋友联名赠送了他一副寿联：

公德文德品德德高望重，
志气才气骨气气壮山河。

○

○

薪火传承

我父亲的老部下、老同事卫杰民先生，曾这样评价我父亲的一生：“知难而进，进而不止；愈难愈奋，奋而克难；难如纸虎，荣达功成；岁月如歌，业绩如歌！”这就是我父亲人生经历的真实写照，也是我父亲的光荣之所在！这是我父亲送给电视后人的宝贵启迪，更是留给我们全家后辈儿孙的精神财富。

我从小就受父亲的影响和熏陶，大学毕业后就从事了影视教育工作。我的女儿王丰，耳濡目染，也慢慢地对影视事业产生了兴趣。

山西流金岁月传媒博物馆，位于山西传媒学院校内，对这家行业博物馆，不少业内专家感慨，要想了解传媒发展史，这个博物馆就是宝库。不过宝库的积累并非一蹴而就，它是我父亲、我、我女儿祖孙三代的努力成果，更是一代又一代传媒人薪火相传的见证。除了在山西传媒学院建博物馆外，我们在四川传媒学院也应邀建了一座传媒博物馆，由我女儿王丰担任馆长。两个博物馆内珍藏有上万件藏品，从相机到摄影机，从收音机到各种电影放映机，在这里几乎能找到各个时代最具代表性的设备，完整展现出整个行业设备演进的脉络。

说到收藏，对我们祖孙三代人来说，一是出于个人情怀，二是家庭传统。

我父亲离休后，一次偶然的机会，他逛太原南宫市场，看到了一台宝莱克斯摄影机，由此打开了我们一家三代人的收藏之门。

我对影视器材、设备的收藏和购买，一开始只在太原南宫市场，最后扩展到全国的收藏圈，与我有着相同爱好的收藏家们，都在给我提供线索。我有时为了一台机器会跑遍大半个中国。我常常把自己的收藏品无偿提供给山西传媒学院，用于专业认知教学。2009 年，山西传媒学院决定以我的收藏品为基础，兴建博物馆。我身为该校教师，很乐意把自己的全部珍藏品放在博物馆里，把博物馆建成一个行业窗口和教学基地。

我的女儿王丰继承了爷爷和父亲的收藏事业之后，对藏品进行了分类，围绕红色基因、传媒发展、青少年教育、公益事业、科普等主题分别设计了不同的展馆，实现了博物馆在行业发展教育基地、专业认知教育基地、爱国主义教育基地、文化创意基地、影视研学基地以及科普基地方面的统一。她能接过传承的接力棒，是勇气，更是担当。

我父亲的收藏，展现的是一代人创业工作的记忆和一段段新中国和影视行业发展的历史故事；我对影视器材设备的收藏和博物馆的执着，源自对影视艺术和学校的热爱，以及对一份传承的许诺；而女儿王丰对于博物馆的钟爱，则源于在新时代大背景下年轻人锐意进取和创新突围的思索。现在，展现我们三代人情怀的两个传媒博物馆，正以三代人的倾心传承，呈现出不断创新的新局面。这份传承，是我父亲一生经历的见证，也是一个时代精神的缩影。这份传承，是我们三代人对传媒发展历史的见证，也是大国气度、工匠精神、科学精髓、人文精神的缩影。其中蕴含着的那份对祖国发展的骄傲、对科技变革的尊重、对红色传承的坚定，在博物馆的设计陈展中，在一件件藏品的陈列展示中，自信而鲜活地呈现出来。

处其位而履其事

讲 述 人：韩银贵
讲述时间：2023年4月21日
整 理 人：赵建雄

韩立全（1928 — 2019），山西省寿阳县人。抗日战争期间，当过民兵队副队长、武委会副主任。1945年2月，加入中国共产党。1946年3月，参加革命工作。1946年5月至1949年1月，先后任晋冀军区一旅二团一营机枪排战士、班长；1949年2月至1955年11月，先后任六十六军一九六师五八七团一营副排长、排长、副连长、连长、营参谋长、营长；1955年12月至1959年2月，为南京总高级步兵学校学员；1959年3月至1964年10月，任六十六军一九六师五八七团一营营长；1964年11月至1966年1月，任工程兵建筑第一六一团司令部参谋长。1966年2月，转业到山西前进机器厂工作，先后担任厂筹建组负责人、武装部长、革委会副主任、顾问、党委常委、纪检委书记、调研员等职务。1988年8月离休。

○
○
从炮火中走出

我父亲韩立全，1928年五月初六出生于晋中寿阳县温家庄乡胡家庄村一个贫农家庭。我爷爷省吃俭用供我父亲读完初小三年级。父亲十四五岁时就在村里参加了抗日活动，当过民兵队副队长，当过武委会副主任，带领民兵和武工队员，协助八路军作战，打击日伪嚣张气焰，为抗击日寇侵略作出了贡献。1945年2月，他才十七岁，就加入了中国共产党。1946年3月，他参加工作，之后参加了人民军队。父亲说，那时候，中国人民经过十四年英勇抗战，刚刚把日本侵略者赶出了中国，老百姓扬眉吐气，正希望过上和平安定的好日子，国民党反动派却野心勃勃，为独吞胜利果实，准备向中原地区发动进攻，挑起内战。当时，全国人民群情激昂，特别是山西各地都掀起了参军的热潮。父亲担心部队上认为他年纪小，不让他当兵，就虚报了岁数，在填写入伍报名表时，把出生时间写成了1925年4月，就顺利地入伍了。

父亲一生文化程度不高，但他干革命工作踏实认真、恪尽职守，坚守理想信念，毫不动摇。他参军后，先后参加过寿阳宗艾战斗、河北卧虎山战斗、保定望都战斗、石家庄战斗、应县战斗、张家口战斗、解放太原战斗，以及抗美援朝“三八线”战斗、鸭谷里战斗，无论是哪一次战斗，他都把阵地当作自己的工作岗位，用生命去坚守，从来没有退缩过。每一次战斗，他都把生命置之度外，总是抱着一个信念：杀敌报国、保家卫国。

父亲经常说，他是打小就从抗日斗争中闯荡过来的，面对穷凶极恶、惨无人道的日本侵略者，随时都有丢掉性命的危险，但他从来都不害怕，其他的吃苦受罪就更不在话下。所以，我跟妹妹小的时候就经常受到父亲的教导，他教育我们一定要有军人“一不怕苦、二不怕死”的精神，无论干什么，“站好岗、尽好职、守好责”，才会有意义、有价值。

记得父亲给我们讲过，他参军的时候，才十八岁，被编入冀晋军区一纵队一旅二团一营，部队驻扎在五台山。五台山在晋北地区，一年四季，除了夏季，秋、冬、春三个季节都特别冷。那时不仅武器装备落后，吃喝穿戴都非常短缺，但是政治工作做得好，思想觉悟高，战士们特别能吃苦，打仗也勇敢。我父亲刚入伍的时候，他们是两个战士一条被子，而且军用被子还很薄。到了目的地，还得自己生火做饭，自己洗衣服。衣服一人就只有一身，所以他们只能等天气好的时候，跳到河里去洗澡，先洗了衣服，把衣服挂在树枝上，或者铺在石头上，然后洗澡，等洗完澡，衣服还没有干透，就穿在身上了。到了天气特别冷的时候，他们就很多天都不能洗澡，不能洗衣服。就是那么艰苦的日子，战士们都是积极乐观，毫无怨言，大家的想法只有一点：打倒反动派，保护老百姓，解放全中国，过上好日子。

我父亲在部队上待了整整二十年，先后担任过班长、副排长、排长、副连长、连长、营参谋长、营长、团参谋长等职务。无论职务高低，他都一切以革命事业为重；他带的兵，也都是以部队为家，以奉献为荣。他们在自己的岗位上奉献了自己的青春，有的甚至奉献了自己年轻的生命。我父亲曾经多次立功受奖，比如，在朝鲜战场上，1950 年他就曾立过个人“一等功”“三等功”，回国后任副连长，他所带的连队也曾立过“集体一等功”，1955 年我父亲还被授予“解放奖章”。其实，我父亲的军功章不只这些。他去世后，我们整理他的遗物时，又发现一个硬纸盒子里保存着他的一堆获奖证书和奖章。

正是因为我父亲工作认真，纪律性强，所以，1953 年、1954 年两次“国庆大阅兵”，我父亲被师部指定为“口令员”，在天安门广场喊口令，指挥部队接受毛主席检阅，圆满完成了受阅任务，受到师部通令嘉奖。当时父亲所在部队是陆军一九六师，师部驻扎在天津杨村，是毛主席批准的第一支对外开放的部队。

父亲知道自己文化程度不高，他说：“没有文化就等于睁眼瞎。”“一个军人，如果知识水平不够，光靠勇敢打仗，就不是一个好战士；如果没有一定的军事理论，更不能做一个优秀的指挥员。”所以，他在战斗之余，还特别注重学习。1952 年 7 月，我父亲进入了六十六军一九六师速成小学校学习；1955 年 12 月，又进入南京总高级步兵学校学习。他学习非常刻苦用功，不仅取得了优异的成绩，还顺利地拿到结业证书。

父亲在世的时候，经常会给我们回忆他的军旅生涯。他不是在炫耀自己，他是在忆苦思甜，他是在教育我们做子女的以及我们的孩子。他经常说：“我是从战争年代走过来的，是从炮火中闯过来的，是从死人堆里爬出来的，能活着回来就好，能活到现在就好。我有子有孙，有吃有喝，这就是幸福！想想那些牺牲的战友，我是多么幸运啊！”

父亲把他在部队上养成的自律正直作风、无私品质，以及坚守岗位、恪尽职守的好习惯，都带到了转业地方后的工作中，也传给了我们全家每个人。我觉得，这对我来说，是一种无上荣光！

○

○

到地方上工作

我父亲是1966年2月转业到地方工作的。听我父亲讲过，1965年夏天，我军战功赫赫的黄克诚大将，受中央委派到山西吕梁山一带考察“小三线”建设。同年8月13日，根据中央“省自为战”的精神，成立山西省第三建设指挥部，负责省内“小三线”地方军工建设，指挥部设在临汾隰县水头镇。随后，按照“山、散、洞”的原则，山西全面开展了省内“小三线”建设，陆续新建了一批“小三线”军工企业。这些军工企业大都分布在吕梁山区的交口、中阳、孝义、隰县、灵石等地。

我父亲转业到地方工作后，先是到红星农业机械厂，也就是后来的山西凌云机械厂，作为筹建组负责人之一，主要分管武装保卫工作。当时，五厂被确定为三线时期华北地区在山西配套的12.7毫米高射机枪枪弹厂，厂址定在长治县境内王村，之后又因不符合战备要求停建，报废厂址再次选址，定在了隰县水头镇神南峪建厂，并于1966年8月开始建设，后由于水源问题得不到充分解决，11月份又停建报废厂址，1966年底将厂址选定在隰县下里镇下均庄石马沟。也就是在这时候，我父亲被调到山西前进机器厂。山西前进机器厂简称“前机厂”，为三线建设时期在山西规划的7.62毫米轻重两用机枪制造厂，厂区最初选在灵石县境内，1969年6月经北京军区国防工办批准，最终定于临汾隰县康城公社水神头的一条山沟内。康城公社后来归属吕梁交口县，同年开工建设，1971年基本建成。生产任务是年产7.62毫米轻重两用机枪四千挺。前机厂在交口县四个兵工厂中是规模最大、职工人数最多、建设速度最快、建厂时间最短、投入生产最快的一个厂。自1971年建成，工厂就开始转入产品试制，到1977年试制产品两百五十三挺，由于产品迟迟未定型，一直没有投入批量生产。随着第一次全国地方军工大调整，于1984年底撤销了军工建制，划归太原市二轻局管理，1992年整体搬迁至太原市小店区平阳路。

我父亲刚到前机厂的时候，仍然是作为筹建组成员之一，与其他成员一起负责建厂工作，1972 年 11 月担任前机厂武装部长，后来担任革委会副主任、顾问、纪检委书记等职务，一干就是近二十年；直到 1984 年 8 月 1 日，北京军区国防工办党委下发文件，我父亲才转为调研员；1988 年 8 月 9 日，经中共山西省委批准离休，享受副厅级待遇。

谈到我父亲在地方上工作的二十二年，不由得想起南宋诗人陆游《病起怀书》中的一句话："处其位而不履其事，则乱也。"我觉得我父亲没有读到过陆游的这一句话，但他在工作中却深谙其道，把持有度。所以，无论是在山西凌云机械厂还是山西前进机器厂，我父亲作为筹建组成员之一，包括后来担任了一定的领导职务，他真正做到了恪尽职守、以厂为家，坚持原则、廉洁从政，从来没有以权谋私、中饱私囊，也没有消极怠工、偷奸耍懒，更没有做过不分是非、欺上瞒下、邀功请赏、对不住自己良心、对不起组织的事。特别是担任纪检委书记后，父亲经常告诫家人："我是纪检书记，这是党组织对我的信任。我知道我是干什么的，主要就是对单位和单位领导干部履行监督职责，我怎么能管不住自己呢？所以，你们也不要期望让我干什么违反原则的事。"

我母亲是 1956 年的随军家属，但我父亲一直都没有给她解决工作问题。我父亲刚调到前机厂，厂里处于筹建阶段，正是大量用人的时候，当时招收工人很多，符合条件就行。我母亲说她当时很想进入厂里工作，起码能够多一份收入，可我父亲就是不同意，他对我母亲说："你就待在家里当好你的家属吧，我好歹也是厂里的领导，省得别人说闲话。"可是，当时厂里就有不少干部把自己的家属安排进去了，有的甚至连亲戚都安排了。我父亲老家也有两个兄弟，我的一个叔叔早早就去世了，我婶婶就让她家孩子来找我父亲，想给孩子在厂里安排一个工作。我父亲还是不管，他对人家说："你又不是家属，我怎么安排你？违反政策的事不能干，这是我的职责。"结果，我婶婶还为此跟我家闹了意见。这事传出去，老家的人都说我父亲不办事，没有人情味，或者说他没本事。

记得是 1969 年，当时前机厂在祁县。那年我十七岁，许多跟我年龄差不多的年轻人都想去当兵，我也很想去，正好祁县的武装部长是我父亲的老战友，只要我父亲去说句话，我就可以顺利入伍了。但他就是不给我去说，还说我是独生子，不够格，不符合国家政策，不能走后门。这件事，我一直不理解，后来，也就慢慢想通了，虽然我一直留在了厂里工作，但我也还锻炼得不错，当过师傅，带过徒弟，也算是为厂里、为国家、为社会作贡献了。

1969年，我想当兵没有走成，就在前进厂上班了，当时是按照国家有关政策正常招工进去的。我是儿子，是普通工人，在工具车间当铣工；我父亲是领导，是我的上级。父亲从来不照顾我，就让我一直在车间"摇摇把"，又苦又累又脏，没有办法，还得好好干，不然父亲知道了就会狠狠批评我。别的领导的子女，人家父母起码给安排当一个司机，那是一个很经济、实惠的工作，有的还推荐上大学，或者当工农兵学员。我父亲当时是有这个职权和资格的，可是他总是说："咱们不能走这些为自家人谋好处的渠道，更不能利用自己的职权搞特殊，工作或待遇上的事应该由组织来做决定。"真是没有办法！后来，我的妹妹也通过正常招工渠道进了前进厂工作，她在车间里当磨工，一个女孩子家，也一样是吃苦受累。我们兄妹两个，一直就是当普普通通的工人，一直干到退休，从来没有得到过我父亲工作上的关照。1975年我结婚，妻子也是前进厂的职工，她也想过让我父亲给调一下岗位，甚至晋升一下职称，我父亲不参与这些事情。他说："自己的事就得靠自己去努力，你要作出成绩来，才会有荣誉和待遇。靠我利用职权去帮忙，我做不到。我知道我的职责是什么。"他就是这样一个人。虽然没有沾过父亲的光，但我们都踏踏实实工作，像父亲一样恪尽职守，从来没有犯过什么错误，同样也问心无愧。

在工作中，父亲从来不摆架子，从来不以领导自居，厂里的什么活儿他都亲自参与干。听我母亲说，我父亲刚到前进厂的时候，厂里刚刚起步筹建，厂址在吕梁山交口县康城公社水神头的一条山沟里。有一段时间，父亲每天带着职工在山坡上平整土地，职工干什么，他就干什么。修建篮球场的时候，他与职工们一起用手推车转运土方，因为劳动强度大，工期又紧，他们总是加班加点地抢时间赶进度，因而父亲腰部严重受伤，导致坐骨神经疼痛，落下后遗症，用力或者遇天气变化就不舒服，发作后疼痛难忍，这种痛苦一直伴随他终生。

我父亲是从部队上过来的，他带兵打仗亲自往前冲，坚守阵地不怕牺牲。他把这种作风一直带到了地方工作中。他深受毛泽东思想影响，他说：毛主席的战士最听党的话！党培养的干部就要全心全意为人民服务！只有恪尽职守、大公无私，才能够对得起党和人民。

父亲在地方工作二十二年，从来没有给自己调整过一次工资，不是没有机会提升，而是他把机会都让给了别人。唯一的一次，是1985年，父亲已经退居二线，那一年国家有新政策，给所有干部职工普调一级工资，父亲这才享受了一次调资待遇。厂里的职工不止一个人对我妻子说过“跟上你那公公，什么光都沾不上”！

父亲刚到前进厂的时候，有一段时间分管过后勤。后勤上的职工们经常说，就是在那生活十分艰苦的年代，我父亲每次去食堂检查工作，从来没有在食堂吃过一口菜一个馒头，更不会借机把食堂的吃喝东西带回家里。他自己给战友、亲戚写信，从来不用厂里的一页稿纸和信纸，更不让我们家里人用。父亲和我们都是自己花钱买。他说，当时他们在部队上，绝对不能占公家的便宜，谁也不能搞特殊！战士用军邮，干部自己买邮票和信封。

父亲有每天写日记、看新闻的习惯。他说，把每天的所作所为、所见所想记下来，并且经常对照反思，可以扬长避短，让他在工作中知道自己该怎么做，不该怎么做，这对做好工作是大有好处的。看新闻，能够让自己及时了解国家的政策、动态，以及发展情况，这也是有利于工作的。总之，他干什么都要跟工作联系起来。直到离休了，仍然坚持写日记、看新闻。他去世前，经常会看反腐动态、纪录片，一看到那些贪官，他就气愤不已，看到气头处，就干脆不看了。他说，我当了几十年干部，没有占过公家的一分钱便宜，现在这些贪官怎么就敢这样做呢？真是厚颜无耻、败坏党风！

生活中，父亲也是保持一个共产党员的优秀本色。他把纪检委书记的角色都能够“扮演”到家庭中。我跟妹妹从小就被父亲教育，吃喝穿戴不能跟别人比，生活享受不能跟别人比。父亲总是说，要比就跟自己比，看看自己每天有没有进步。无论是谁，干好工作才是正道！2018年，正好是父亲九十岁生日，我们家里人准备给他庆贺一下，并且通知了一部分亲朋好友。父亲知道后，坚决不同意，要求我们必须取消。他说：“我活了一辈子了，从来没有过过什么生日，过一下又有什么意义？花钱费物的，对家庭对国家对社会来说都是一种浪费，而且我曾经是领导干部，这影响多不好？”我们拗不过他，只好作罢。

我们知道，父亲真的一辈子都没有过过生日。他的九十岁生日，无论如何，哪怕就是摆三两桌，邀请三二十个亲朋好友，一起庆贺一番，我们觉得也是一件高兴的事。但是，我父亲的军人作风，还有纪检干部作风，坚决不让我们搞形式、搞铺张浪费。结果，第二年，也就是 2019 年，父亲就去世了，永远地离开了我们，给我们留下了一个很大的遗憾！不过，我们也理解他，我们为他恪尽职守的一生感到光荣，也为他清贫乐道的一生感到欣慰！父亲是我们全家人学习的榜样！这也是他留给我们全家宝贵的精神财富。

邃密群科济世穷

讲 述 人：宋楠
讲述时间：2023 年 4 月 27 日
整 理 人：张玉

宋德宏（1923 — 2023），原名宋赓赉，浙江宁波镇海人。1945 年 8 月参加新四军，在苏北三分区军工部炮弹厂做技工。1947 年 3 月加入中国共产党。1948 年任渤海军区炮弹厂工程员。1951 年任中南兵工局 282 厂技术科科长。1953 年调入华北 908 厂，历任总厂办公室负责人、设备机动科科长、工具和机动车间主任、生产技术科科长等职；1966 年任太原 908 机械工厂生产技术总负责人。1972 年任山西工办五七干校校办工厂生产技术负责人。1973 年任 5405 厂副总工程师。1983 年 11 月离休。

○
○
投身革命

我父亲宋德宏，出生在浙江省宁波市镇海县前袁村。祖父务农，父亲是长子。父亲先是工人，然后经商，最后入伍从军，可以说把工、农、兵、商都经历了一遍，是一个阅历丰富的人。父亲曾告诉我们，镇海民风淳朴，景色优美，十分宜居。我的故乡双板桥西邻甬江，上海至宁波的“江天”客轮每日下午五时停靠镇海码头，热闹非常。南侧旁有运河，再过去是大陈山，长年葱绿，从三月起满山的鲜花盛开，还有挺拔的青松林、嫩绿色的苜蓿地；儿童嬉戏声不断，鸡鸣狗叫声不绝，真是一幅乡村美景。

我父亲就生长在这样美丽的江南，我家五世同堂，祖父和父亲都很勤劳，也很聪明，家里的竹器、木器家具大部分是他们做的。每年冬闲他们父子还到邻村的锡箔作坊去打锡箔，用一把铁锤将锡一锤一锤敲成只有 3 微米厚 250 毫米见方的箔，这种锡箔焗在麻纸上，做冥钱用，生意很红火。那时候一个农民有如此卓越的技艺，足以养家糊口，父亲一家的日子过得很不错。

然而好景不长，1937 年 7 月 7 日，卢沟桥事件爆发，局势骤变紧张。国民政府规定年满十六岁的男丁不准离乡，以补充后备兵源。当年父亲已十五岁，个子又高，乡政府把他也列入不准离乡的名单，一家人急得团团转。他的外婆多方托人求情，才把他偷偷送出去。

父亲逃出宁波后，跑到上海投奔他的二叔。不久他考入位于英租界的中华职业学校机械系。中华职业学校在当时是一所鼎鼎有名的学校，它是 1918 年由著名教育家黄炎培等人创立的，主要为工商业界培养技术、管理人才，先后开设了铁工、木工、商业、机械、石油等科。为抵制外国商品对华倾销，又开设了电镀科和纽扣科。不同于当时“两耳不闻窗外事，一心只读圣贤书”的传统学校，这所学校在教学中采取半工半读、工读结合的学制，学生一边学习技能，一边实际操作，并喊出了“劳工神圣”“双手万能”的口号，同时还强调学生的品格教育，尤其是爱国主义教育。这在当时的中国教育界，是开天辟地的创新。学校自建校至 1951 年底轻工业部接管，共培养毕业生近万人；其中有很多成为各行各业的骨干、专家和各级领导，如中共领导人张闻天、上海市原副市长朱宗葆、广东省原省长朱森林、数学家华罗庚、中国工程院院士顾心怿、中国科学院院士王世绩、艺术家秦怡、中国驻外大使祝幼琬等。更涌现了一批在与敌人斗争中光荣栖性的革命烈士，其中最著名的要算曾就读于重庆校区会计训练班的江竹筠，即我们熟知的“江姐”。

父亲在这些杰出校友的熏陶下得以接触多方面人士和知识，开阔了眼界，练就了一身本领。毕业后，父亲的叔父介绍他到义和机器厂工作。父亲一面努力工作，一面广交朋友，得到厂里的先生们的信任和好感。大约两年后，他邀集几个朋友租借设备，自立门户，揽活儿做起大包工，想要白手起家做老板。但是时局没让他如愿。随着战事的升级，1943 年上海全面沦陷，大小工厂一律被征用，成为日本侵略军的后方军需基地。

父亲是科班出身，曾经从事过金属冶炼和锻造业，特别擅长机械制造，而且他在学校学过英语和俄语，通晓两门外语。父亲在当时是不折不扣的技术精英，是各方势力争取的对象。1945 年，他被日伪部门盯上，一个日军司令部的翻译官找我父亲提出合作，要在上海办一个工厂，让他负责业务技术，用技术入股。我父亲宁愿不赚钱，也不当汉奸。他改名宋多鸿，在朋友们的帮助下悄悄逃走，进入虹口万兴铁厂做工，可是这个工厂后来也被日本人收买了，父亲又萌生去意。经好友介绍，他认识了一位姓王的朋友，王伯伯劝他离开上海到苏北去闯天下。

当时到苏北有两条路，一条是到日伪军的兵工厂，一条是到解放区的新四军里。父亲问王伯伯究竟该走哪一条路，王伯伯就亮明了自己的身份：原来这位王伯伯是共产党人。他介绍我父亲到新四军那里去，并且对父亲讲了很多革命道理。父亲决心参加新四军，于是又串联了四个志同道合的密友，一起去干革命。他们非常秘密地逃离上海，一路有人接应，闯过层层封锁线，花了不少买路钱，总算平安到达目的地：苏北三分区新四军司令部。就这样我父亲走上了革命的道路。

○

○

奋战军工

父亲被分配到军工科工作，不久正式定级为公务员副科级待遇。技术干部有技术津贴，父亲回忆他当时技术津贴评为八级（最高级是十级），每月发八斤猪肉折实价，这比司令员还高，说明解放区很重视技术人才。

军工战士是异常辛苦的，而且经常面对流血牺牲——因军工厂是敌人重点破坏的对象。工作更是非常艰苦，经常白天黑夜连轴转，工作不讲时间，只讲需要。父亲说他那时实在困得眼睛都睁不开了，就用冷水淋一淋头，提提神再继续工作。渴了喝一茶缸冷水，饿了吃一口干粮，至于工作服，一年难得洗几回。和他同时去参军的五人中就有一人牺牲，二人吃不了苦，中途开了小差。留下来的二人都负过伤，九死一生才挺过了战争年代。

1947 年，父亲光荣地加入了中国共产党，誓言要为革命事业、为共产主义事业奋斗终生。那一年解放区经济十分紧张，实行三大方案，紧缩开支，发起献金运动支援党和人民。父亲把全部积蓄献给组织，还把一枚金戒指献出。这是他大公无私的表现。其实那时他并非有钱人，这些财物都是他节衣缩食省出来的。1947 年 5 月著名的孟良崮战役开始，依据战场的需要，他又主持改进了火炮的曲、平射，得到了前线的好评。

1949 年春，父亲去了徐州。当时淮海战役刚结束，我军接收了国民党兵工厂——徐州铁工厂，父亲是高级技师，责无旁贷地来到这里负责武器研制。从此，他结束随军转战的生活，专心从事军工行业。

父亲当时职务是工程员，工作很繁忙，而且晚上有事也要出勤。环境很恶劣，设备很少，父亲总想办法改制各种铣床、车床、钻床等设备。他说当时他做了一台特殊角度的尖头车床，使铁屑可以连续不断地呈螺旋状前进，如果钢材有夹灰、杂质、大颗粒晶体，就会断裂。

那时，上海、南京、无锡三地十一个工厂，承制他们的炮弹零件，组织上任我父亲为质量检验总代表。

中华人民共和国成立后，父亲作为革命的工程技术人员，团结党外人士，为建设国防事业而奋斗，先后参与华东第三兵工厂、中南 331 厂、282 厂的建设工作。中苏技术协定签订失败后，他奉调北京，参与俄文新技术资料译制工作。一年后带新技术资料派赴中南 282 厂，搞产品试制和技术定型，开展批量生产。刚刚结束工作，又被调往华北，来到山西太原筹建国家 156 项苏联援建的国家重点工程：防毒器材（防化学武器）908 厂，后来又建设军工配套机械制造企业 5405 厂。

父亲一生为国防事业奋斗，长期接触化工材料使他积劳成疾。因身体原因，他五十九岁就提前离休了。但他没有怨言，他认为那是他为国为民作出贡献的见证，是他的光荣。

○

○

立德立言

父亲一生勤俭，生活以温饱为原则，连起码的花费都能省则省。他参加革命之初，工资很高，每月工资二石大米折实价，衣食住生活必需品是供给制。他主动要求取消，要求和别人一样，每月三元钱津贴。三个月后领导批准，享受每月八斤猪肉折实价的技术津贴，这比别人仍高出很多倍。可他从不多花一分钱，攒下来都帮了别人、捐给公家，不管收入高低，他总过着布衣暖、菜根香的平淡生活。

他平时公差外出开会，饿着肚子节省补助费，坐火车舍不得买卧铺，宁愿几天几夜不睡觉，硬座到底。他到北京开会住高级宾馆（北京友谊宾馆），伙食补助很高，但他只在宾馆饱食一天，就到外面小摊上吃两天清汤面充饥。有时出差住在招待所，他总是只吃一碗饭、二分钱一碟的小咸菜、一碗不花钱的葱花汤，一顿饭不过一二角钱。节省下来的高额补助、津贴，并不是他自己拿了，而是为厂里节省。他一生只穿过一双新皮鞋、一身呢子服，那还是20世纪60年代为了和外国专家一起工作，为顾及礼仪而做的。人家说他勤俭节约、生活艰苦，他不觉得苦，自得其乐。我每每想到这些，都觉得心酸。他真的是为国为民奉献了一辈子，没有享过一天福。

1983年父亲离休后，享受地、师级副厅（局）级待遇。他已年老，又带伤带病，但他坚持不在家吃闲饭。之后他受聘到乡镇企业搞生产，继续从事他精通的技术行业，一直干到七十岁，直到1996年，因为脑出血倒在工作台上。经过抢救，他终于脱险，但是脑出血给他留下了后遗症，他的右半身从此行动不便，再也不能做他心爱的机械制造了。所幸他头脑还灵活，他靠自己的毅力用左手写字，写了很多回忆录，来缅怀自己的过去。左手写字很吃力，他很努力地练习，写出来的字迹还是潦草，与他原来那手漂亮的小楷相去甚远，别人很难辨认。他就更不肯糟蹋好的笔墨纸砚了，连个本子都舍不得用，写在表格纸上自己订起来，用广告单包个封皮，我看了觉得简直可以说寒碜了。

父亲到北京开会，伙食补助很高，但他只在宾馆饱食一天，就到外面小摊上吃两天清汤面充饥。

在他的言传身教下，我们的生活都很朴素，工作都很勤奋。我们兄弟三人都是企业工人，大哥是下岗工人，二哥已经去世，我在 5405 厂工作。我们的工作都是自己解决的，没有沾过父亲什么光——他自己固然不愿为我们去打招呼，找关系；我们自己也不屑那样做。参加工作后，我从基层工人干起，去过生产车间、宣传部、党委工作部等。2003 年 10 月单位破产后，我于 2004 年 5 月被调到单位老干部处，负责离退休人员的工作。因为我父亲就是离休干部的一员，所以我对这些老干部特别有感情，我能体会到他们老骥伏枥、壮心不已的想法，也能体会到他们日益边缘化、力不从心的悲哀。我尽职尽力为他们服务，让他们安稳度过余年。我们的成绩虽然不能与父辈相比，但我们也努力地在自己岗位上奋斗，做好一颗平凡的螺丝钉，我们无愧于父，无愧于心。

2018 年 7 月 1 日建党九十七周年之际，单位属地太原市尖草坪区区委、区政府为区里的几位离休老干部制作了一本画册。那时我父母都还健在。区委宣传部门的相关人员还上门来拍摄他们的生活照，二老都很高兴。尤其是父亲，他像个孩子一样，面对镜头认真摆拍。他颤颤巍巍地站起身，对在场的人们说：“今天大家来给我拍照片，我实在感觉到很惭愧。我对国家、对人民没有什么贡献，如果说有贡献，也只是大海中的一滴水。”画册印制出来之后，他很开心，抚摸着印制精美的纸张，爱不释手。我知道，他不是贪慕这一点儿虚名，而是觉得这是他风烛残年还能得到社会认可的一种见证，是党和人民没有忘记他的见证，是他一生奉献、一生付出的见证。他珍视这个荣誉，把画册小心收藏好，不轻易示人。

今年春节前夕，父亲即将一百周岁生日之时，因残伤及病魔缠身，他离开了我们。在整理他的遗物时，我看到了他自己写的回忆录，我认真阅读了这些手稿，更深地去理解我的父亲。

他这样写道：“我一生道路崎岖，险滩多，坦途少。为了改造旧世界，建立一个国富民强、人人安居乐业的新世界，抛开一切搞革命，炮火连天只等闲，枪林弹雨亦平常，出生入死胆不怯，艰苦奋斗过一生……”

他还学着写诗，尽管不大合辙押韵。我看到这样的句子：“精力尽，年古稀，忽然病魔又缠身……人生犹如一场梦，真作假时假作真。向来王者有其理，一道豪志定乾坤。昔日穷人当圣人，今日又见亿万翁。今好昔好何需问，共同富裕是标准。相濡以沫度残年，幸有老妻恩爱深。”这是他对自身的总结，对政策的拥护，对社会的期待和希望，寄托了一个老革命战士的中国梦。

父亲的品德一直影响着我们全家每个人，父亲的言传身教，不忘初心、牢记使命，诠释了“学思想，强党性，重实践，建新功”这一主题思想，激励后辈做一个实实在在、本本分分，坚定理想信念，不断提升思想境界的人。他朴实善良、乐于助人的品质就好像一面红色的旗帜，引领我们始终明确前进的方向。家，是一座精神的圣殿；而良好的家风就是这殿堂中的镜子，使家族的世世代代受到耳濡目染的影响，照亮自己的面容。我们家的家风，浸染了浓重的革命色彩，它是我们一家永恒的精神支柱。

清正廉洁

清正廉洁

贯以家风训后人

讲 述 人：杨爱国　杨开国
讲述时间：2022 年 8 月 13 日
整 理 人：赵建雄

杨忠信（1923 — 2017），山西灵石人。1937 年参加革命工作，同年加入中国共产党。抗战时，先后任抗日军政大学总校二大队二营书记员兼营长秘书、西北军政大学担任营教导员。中华人民共和国成立后，先后任第二高级步兵学校团级指导员，哈尔滨军事工程学院海军系舰炮指挥仪专科主任、原子工程系教务主任、工程学院教务处处长，太原市物资局革命委员会第一副主任，太原市物资管理局副书记、副局长等职。1983 年离休。

○
○
戎马一生报家国　功勋卓著励后人

我们的家庭，可以算得上是一个革命家庭了。我们有自己的家风："艰苦朴素、廉洁自律、忠贞爱国、自强不息。"这是从我们的父辈那里传下来的。多少年来，在父母革命精神的熏陶下，在十六字家风的训育下，我们兄弟姐妹，包括后辈儿孙，都在各自的岗位上恪尽职守、廉洁奉公、砥砺前行、踏实工作，为祖国贡献着自己的光和热。

我们的父亲叫杨忠信，1923 年 8 月生于山西省灵石县南关镇董家岭村。父亲名如其人，忠于祖国忠于党，守信践诺为人民。父亲从小就有强烈的爱国情怀，参加革命后，立功受勋无数。离休后，他仍然心系国家，以家风训诫后辈，要求我们要做一个有益于社会、有益于人民的人。

1937年10月，十四岁的父亲投笔从戎，参加山西抗日决死队第二纵队五团一营二连；同年12月，光荣地加入了中国共产党。在抗日战争中，父亲经历了著名的百团大战、汾孝战役、灵石罗汉阻击战、忻口会战、雁门关战斗、晋西南战役等战争的洗礼。在解放战争中，参加了西北和西南的解放。

父亲戎马一生，曾荣获中华人民共和国三级独立自由勋章（1937—1945）、抗日军政大学毕业纪念章（1940）、国庆五周年天安门广场观礼台纪念章（1949—1954）、西北人民功臣章（1950）、中华人民共和国三级解放勋章（1957）、“朱德青年队”模范奖章等等，还有解放华北、西北、西南纪念章各一枚，全国人大慰问章一枚。这些奖章是父亲几十年南征北战、为革命奉献的珍贵纪念和见证。

我们的父亲，在抗日战争中浴血奋战，功勋卓著；在解放战争和国防建设中殚精竭虑，成绩斐然。父亲给我们兄弟四个分别起名爱国、开国、卫国、建国，寓意永远热爱我们的祖国、庆祝新中国的诞生、纪念抗美援朝保家卫国、迎接并建设社会主义新中国——这是他的荣耀和自豪，这也成为我们杨家教育后代的“传家宝”。

○

○

廉洁自律扬正气　勤俭朴素做表率

（讲述人：杨爱国）

我是杨爱国，我小时候亲眼见过这样一件事，令我深受教育。当时，我父亲已经转业到地方，担任太原市物资局副局长。有一次，父亲单位的一个同事，为了找父亲办事，趁父亲不在家时，悄悄给我家送来一麻袋农科院培育的新品种苹果——当时这苹果可是紧俏货，市面上根本买不到。我父亲回来后，看到这一袋苹果，问清了来历，不由分说，严肃地批评了家人，并立即叫来那位同事，让他把苹果拿回去。临了，父亲还语重心长地教育那位同事说：“我理解你的心情，要办事可以，但你不要送礼，这是在搞歪风邪气。你的事如果符合国家政策，我会给你办的；如果不符合国家政策，就不能办。我们不能违反原则。”那位同事听了，心悦诚服地走了。

我在边疆工作时，父亲经常给我写信，嘱咐我不要讲吃论穿，要发扬艰苦奋斗的革命精神，要有远大的革命目标，要关心国家大事，要积极靠近组织，要自强不息、艰苦奋斗，要为建设祖国贡献自己的青春。父亲用一封封家书教育我在边疆安心工作，我也从来没有叫喊过苦和累，更没有主动提出过调回内地的想法。

我有两个孩子，老大在国家某机关干财务工作，老二在某研究院负责管理设备。父亲总是担心他们犯错误，经常语重心长地和他们谈心，只要一见到我的两个儿子，就会告诫他们说，你们一定要时时刻刻保持头脑清醒，你们大大小小都是手握实权的国家干部，国家培养你们不容易，你们一定要让领导和同事们充分信任。一定要做到账目清楚，管理好财物；一定要坚持原则、遵纪守法，不要占国家便宜，不要损害集体利益，绝不能贪污受贿；要廉洁自律、努力工作，多为国家做贡献。所以，我的两个孩子不仅是单位的业务骨干，而且能够严格要求自己，从来没有什么违法乱纪的行为，领导和同事对他们都很认可。这些，都得益于我父亲的谆谆教诲。

1983 年 12 月，父亲离职休养。在资深老干部中，父亲的工资收入算是比较高的，但他始终过着简朴的生活，还经常教育子女，要俭以养德，要不忘初心，要恪尽职守。作为一位老资格的离休干部，父亲可以享受副省级的医疗待遇，平时买药可以实报实销。但父亲从不允许家人们用他的医疗本买药报销。有一次保姆感冒了，想用他的医疗本买些药，他都不同意，直截了当地拒绝了。父亲说，占国家便宜的事咱们不能做。有时候，家人们想购买一些药放在家中作为常备药品，但父亲坚决不让多买。有一次，我儿子买感冒药时多买了一盒，父亲知道后，硬是逼着他的小孙子去药店退药。父亲说，买回药来一时不用，过期了就不能吃了，这会给国家造成浪费。这些事情在一般人眼里，似乎过于小题大做，但了解父亲的人都知道，他并不是小气，也不是不近人情。

父亲一生粗茶淡饭、布衣简服，不贪图享受安逸，但国家、人民遇到困难时他却很舍得。2003 年发生“非典”、2008 年发生汶川大地震，父亲虽然早就离休了，但他还是最先捐款捐物，而且还是单位捐款捐物最多的人。即使是平时，他也总是为山西贫困地区、革命老区捐书捐款，累计金额达万元以上。2005 年在纪念贺龙中学建校六十周年的时候，父亲主动为贺龙中学捐款，并担任了贺龙中学西北军政大学山西校友会的会长。

父亲艰苦朴素的优秀品质，深深地感染了我们全家。生活上，父亲一以贯之地发扬了延安精神。父亲有一件白色的衬衣，早就破旧不堪了，领口袖口打满了补丁，父亲说，洗得干干净净就可以穿；一件旧毛衣，已经开线了，父亲说，缝一缝再穿；父亲的鞋和袜子也常是带补丁。父亲永远只穿一身黄军装，总是保持军人挺拔的形象，一件蓝色呢子军官上衣，穿得掉了颜色了，还要染成黑色继续穿。我跟弟弟妹妹们多次劝他换一件，他却说，还是旧衣服穿着舒坦、熨帖、压风。

父亲退休以后，还经常参加一些老干部的会议和学习活动。他每次出门时背的那个帆布挎包，已经使用了不知道多少年了，满是补丁，破旧不堪，但父亲就是舍不得丢掉换新的。直到有一次，我爱人软磨硬泡，送给他一个样式相仿的黑色背包，他才替换下旧的。

父亲一生疾恶如仇，十八大以后，反腐力度不断加大。父亲虽然早就离休了，但他依然保持了一个共产党员和优秀军人的本色。父亲不惧邪恶，不怕报复，以真名实姓跟某些贪污腐化的官员进行了长期的、殊死的、大无畏的斗争，一身正气战胜了邪恶，最终依靠党的制度、国家的政策、人民的力量将那些贪污腐败分子绳之以法。父亲的这种精神，得到广大人民群众的赞许，也受到有关领导的表扬，上级部门曾授予他“反腐英雄”的称号。

父亲经常教育我们后辈说，无论社会怎么发展，无论时代怎么变化，无论生活多么富裕，我们家艰苦朴素、勤俭节约、廉洁自律的风气永远不能抛弃。他的这种作风，潜移默化地影响着我们全家人。

○

○

理想信念永不丢　自强不息守初心

（讲述人：杨开国）

我叫杨开国，是杨忠信的二儿子。近些年来，随着对父亲的深深怀念，我曾特意整理撰写过一些有关回忆父亲的文章，里面许多事都是父亲亲口给我们讲过的。它既是对我父亲一生比较详细的总结，也是我们全家教育子女的“活教材”。

父亲曾经多次给我们讲述过他当年经历的艰苦岁月。父亲十四岁参军，当时在部队每天吃的只有黑豆和高粱，没有蔬菜，几百个人的伙食，二斤干萝卜就算是菜。后来他当了排长，每月可领到二元五角的津贴——当时总司令的津贴是五元，当兵的是一元——因为没菜吃，黑豆和高粱又不好下咽，他就把津贴全部买成辣椒，顿顿靠辣椒就上黑豆、高粱米下饭，结果吃得腹胀，大便拉不下来，非常痛苦。但是再艰苦，父亲也没有想过要离开部队回老家。父亲说，因为他深深地懂得“覆巢之下，安有完卵”的道理，他知道自己当兵的初衷就是要跟着共产党打败小鬼子，让老百姓过上好日子。父亲说，决死队刚成立时，只有些大刀片之类很简陋的冷兵器。当时国民党军队里有人说，连我们正规军都打不过日本人，你们八路军就凭这点装备能顶什么事，只能是白白送死。但父亲他们就是凭着一腔青春热血、一种理想信念、一个挽救民族危亡的决心，誓死与日本侵略者干到底。在抗战中，父亲所在的决死二纵队为抗日救国立下了不朽的功勋。

1940 年 5 月，父亲在太行山进入抗日军政大学总校四团学习，并先后担任八路军区队长、书记、政治指导员、区委正副书记等职。1940 年 8 月，父亲参加了著名的百团大战。当时他们的主要任务是对太谷县白圭镇到晋城的一段铁路实施破坏，那条铁路叫白晋铁路。他们乘着夜色拆铁轨、抽枕木，点火烧，破坏鬼子的运输线，极大地打击了日寇的嚣张气焰。1941 年冬天，日本鬼子开始对部队的游击区进行大“扫荡”。父亲所在的部队开到河北邢台一带。为了躲避日寇的搜山，那段时间他们与鬼子玩起了捉迷藏，经常在鬼子队伍的缝隙中穿来穿去。他们每天只能吃点酸枣面充饥，实在没有吃的了，他们就集合起来去打鬼子的一个据点，缴获点吃的，然后转移。那是抗战期间最艰苦的一段日子，尽管父亲目睹了不少战友被残酷的战火夺去了宝贵的生命，但他从来也没有产生过当“逃兵”的念头。

父亲曾给我们讲过他当年九死一生的经历：他最难忘的是他刚满十四岁，首次参加与日寇在灵石罗汉的交战，排长发现前边左侧新兵班战友在战壕里太密集，让他去通知这个班的战友不要扎堆，要拉开间距，防止鬼子炮弹的集中杀伤。当他起身还未跑两步时，只见一位老兵迅速将他扑倒在身下，紧接着一颗炮弹在不远处爆炸，左侧的三位战友身负重伤，两位战友牺牲。父亲说，我虽然毫发未损，但为我挡弹片的老兵胳膊却受了伤。还有一次在行军途中，他染上了严重的伤寒，无法跟着大部队转移。他独自躺在一个破庙里，手里攥着一颗手榴弹。当时他想，万一日本鬼子来了，就与他们同归于尽，绝不当俘虏。当时，父亲已做好了随时牺牲的准备。幸好有一个四川籍的炊事班长返回来取东西时发现了奄奄一息的他。老班长便从老乡那里找来一头毛驴，将父亲驮到战地医院，父亲这才捡回了一条命。

1942 年，父亲到抗日军政大学总校二大队二营当了书记兼营长秘书，成为抗大第六期学员，毕业后留校当了干部。1942 年底，经过日寇的两次大“扫荡”，党中央觉得当时已不适合再办学校，于是在 1943 年 1 月决定将选拔出的一批三年以上的老干部调回延安进行整编。父亲一行经过好多天的长途跋涉，其间多次与敌人交火，数次躲过敌人的盘查、搜捕，才与交城山里的抗日游击队接上了头。游击队的罗贵波司令员派了一支小分队护送他们通过鬼子的封锁线，他们这才安全到达延安。

1945 年日本投降后，父亲从延安瓦窑堡下山，到了吕梁兴县蔡家崖。当时中央的政策，要求干部地方化，父亲就留在了晋绥边区工作。当时八路军的随营学校（1947 年改为贺龙中学）刚刚成立不久，由贺龙将军担任校长，计划以文水中学为基础开始招生，以扩大革命队伍。1947 年春，父亲率部队来到山西吕梁离石县大武镇，条件极其艰苦。1948 年 6 月，组织上派父亲率领两个班的民兵，到交城、汾阳一带，参加晋中和晋西南解放战役——汾孝战役。这离父亲的老家灵石县已经很近了，父亲却以部队为家，一心杀敌，全身心投入战斗，一次都没有回过老家。

父亲说，1971 年组织上决定分配他去太原市物资管理局担任一把手，但他以自己业务不熟为由推辞了。父亲找领导要求主动让贤，当了副职，任太原市物资局革委会第一副主任、党的核心小组副组长。1975 年，父亲担任了太原市物资管理局副书记、副局长。父亲在工作中从来不敷衍塞责，不耍官僚，不摆架子，不拈轻怕重，不挑三拣四，许多工作都亲力亲为。父亲这种为人谦逊大度、不计个人得失的良好风范，颇令群众敬仰。

父亲经常说，自己虽然脱下了军装离开了部队，但到地方工作同样是为祖国建设做贡献，同样是为人民服务。所以，他的初心信念一直不变。当时太原市物资局一穷二白，连办公室都是租赁的，父亲就率领职工们艰苦奋斗，想办法筹措资金，发展壮大事业，先后建起了办公楼、宿舍楼，还为单位积累了数百万元的资金。在当时物资供应相对紧缺的年代，物资局也算得上是一个有特权的单位了，但父亲带头廉洁自律，严格要求家人，从不以权谋私，更不贪污腐化。他不仅从不让家人享用单位为他配备的小车，而且当社会上许多子女都利用父母的关系上学或安排工作时，父亲却要求我们不要有这种念头，要树立靠自己的思想。因此，我家大哥一直安心在边疆工作，妹妹靠自己考试成为人民教师，弟弟们是由政府分配安排的工作。父亲总是说，党员干部就要带好头，要知道自己的职责，要尽到自己的义务，不要让群众在背后说三道四。父亲说到了，也做到了。老同志们偶尔聚在一起，都念念不忘他们那个年代那些廉洁奉公的老领导、老干部。

父亲总说他是福大命大之人，说自己能活九十多岁已经很幸运了。父亲常常给孩子们讲："当年和我一起入伍的同村的二十多个战友——当时大家都是十几岁的孩子——活下来的只有四个人，我是其中之一。现在我能健康地活到九十多岁，还能享受副省级待遇，这都要感谢共产党，感谢我们的国家。想想那些牺牲的战友，我已经很幸福了。你们更是幸福的一代，所以，你们一定要好好学习、好好工作，好好报效祖国。"每逢节假日家庭聚餐的时候，父亲总是要在开饭前发表长篇讲话，内容都是教育儿孙们要树立正确的人生观、世界观、价值观，要有理想，要有信念，要自强不息。有时候"做报告"的时间长了一点儿，年幼的孙子或重孙子听得不耐烦，要急着动筷子吃饭，父亲还会很生气。父亲就是这样一个固执的人。现在孩子们都长大了，也懂得了他老人家的用心良苦。孩子们都由衷地说，是爷爷的严格要求使他们得以健康成长。

我们的父亲杨忠信，一个从战火硝烟中走出来的共和国军人！一个心系党和国家以及人民前途命运的革命者！一位胸前挂满军功章却从未居功自傲的普通老干部！一位贯以家风训后人、必以赤心报家国的正直老前辈！

父亲去世后，送别父亲时，我们自撰这样一副嵌名挽联，以表达后辈儿孙对他的怀念之情和深深敬意：

忠贞报国，戎马一生树前贤；

信义为本，流芳百世泽后人！

襟怀坦荡，高风亮节

讲 述 人：白小林
讲述时间：2022 年 8 月 16 日
整 理 人：王芳

白木荣（1920 — 2017），出生于山西省武乡县。1938 年参加工作，同年 11 月加入中国共产党。历任武乡县茅庄村党支部组织委员、党支部书记，武乡县三区前方区委委员、六区区委书记等职。抗战胜利后，任左权县四区区委书记、县委会秘书等职。解放后，任中共榆次地委党校组教科科长。1952 年 3 月至 1958 年 2 月，历任山西省供销社榆次专区办事处干部科科长，省供销社干部处副处长、政治部副主任等职；1958 年 3 月，任山西省粮食厅购销处副处长；1959 年 10 月至 1972 年 10 月，先后任山西财经学院党史教研室主任、院党委委员、政治部副主任、党委宣传部部长；1972 年 10 月，任山西省食品公司经理、书记；1974 年 4 月，任山西省供销社政治处处长；1975 年 8 月，任山西省供销社副主任、党组副书记。1983 年离休。

○

○

相互尊重、相互友爱

我的父亲白木荣出身于书香门第，我们家在茅庄村的老院子被当地人称为“旗杆院”，因为我的曾曾祖父白祖乙是乾隆年间丙午科举人。早年间，我家二门外还立着两面石鼓，左右有两根旗杆。小时候，我还见过我们家有“回避”“肃静”两块木牌子。

祖父白士珍曾在沁县县城开有一个杂货铺，他还兼着沁源和沁县的税务工作。1920 年，父亲出生了，祖父就卖掉了杂货铺，辞掉税务工作，回茅庄务农，并给父亲起名白木荣。

父亲十四岁时，考上故城镇高小，但因家庭原因，父亲没有继续读书。父亲十七岁时娶了大妈温雪英，大妈给父亲生了三个孩子。

1937 年冬，八路军进驻武乡；1938 年春，八路军一二九师七七二团驻扎在茅庄镇一带，宣传抗日救国。父亲的本家白德元爷爷早就受到了进步思想的影响，积极投身于革命。1938 年 11 月，白德元爷爷发展父亲入党，并成立了茅庄党支部，白爷爷是党支部书记，父亲是党支部组织委员。三个月后，父亲就接任了茅庄村党支部书记的职务。

土改时，父亲把家里的房子和土地全部捐给了村委会。后来大妈病重，父亲卖掉家中财产给大妈治病，但大妈还是不幸去世了。

解放后，父亲调到中共榆次地委党校工作，认识了我的母亲，他们结了婚。

我母亲是革命烈士的后代，她常以此为荣，并时刻以一个共产党员的标准严格要求自己。

我父母亲的结合是一个完美的结合，他们相互关心、相互包容，一辈子都没有争吵过。我母亲仅比我大妈生的大女儿大八岁，虽是继母，但她始终把我大姐、大哥和二姐当成自己亲生的，对他们疼爱有加。后来又有了我三姐、我二哥和我，我母亲不偏不倚，一视同仁。在父母的教导下，我们姊妹六个从小到大都是和睦相处，相互关心、相互关爱，从不吵架闹矛盾。

我是家里最小的孩子，但是父母亲没有因为我年纪小而纵容我，我犯了错同样会被批评教育，还要接受惩罚，这使我从小就懂得了与人相处要相互尊重、相互友爱的道理。

○

○

一身正气、两袖清风

从父亲十八岁当上村党支部书记算起，到八十三岁真正从山西省供销合作社老干部党支部书记的岗位上完全退下来，他为党辛勤工作了整整六十五年。

无论是在艰苦卓绝的战争年代，还是在百废待兴的建设时期，在金钱和名利面前，父亲始终保持着一份清醒、一种超然，做到了一身正气、两袖清风。在山西财经学院工作期间，校领导找他谈话，想让他把调资的名额让给年轻人，父亲愉快地接受了。另一次调资时，父亲上级领导的家属想提一级工资，但是不够条件，父亲硬是顶住没给提。父亲坚持组织原则，严守组织纪律，即使是老领导、老同事、老战友想提前知道如考察和审定班子等的内部消息，父亲也绝不透漏半点风声。我们从小到大，从未见过父亲到哪个领导家拜访、送礼和走动，即使过年，他也不去拜年。

父亲从没有利用职权为家人开过绿灯，就拿机关配给他的小车来说，连顺风车他都没有让我母亲搭过，母亲总是坐公交或骑自行车上下班。对于我们几个孩子的前途问题，他也从没有利用关系给我们铺路。大姐考上高中时，家里经济困难，父亲硬是让大姐去了免费的中专读书。大哥看到这种情形，没敢报高中，直接上了化工专科学校，当了化工厂的工人。二姐在太原半导体厂当工人。二弟初中毕业就直奔铁路建设兵团当筑路工去了，多年后才回到太原。

小弟上高中时，父母没有让他就近上学，把他送到一个离家十几里地的寄宿制的高中。母亲跟我说，他们这样做是想让小弟能早早地得到锻炼。

那时，知识青年上山下乡是国策，我们这些有着城市户口的青年人都要去农村插队，接受贫下中农再教育。1974 年，小弟高中毕业，正好有个在部队工作的表叔来太原招兵。小弟从小的理想就是当一名解放军战士，扛着枪去保卫祖国。表叔来我家看望我父亲，并提议让小弟去当兵。可父亲回绝了表叔的好意，他说："我是一个领导干部，我不让我的孩子带头响应党的号召去农村插队，我怎么能够动员别人家的子女去插队呢？"小弟听从了父亲的安排，高中毕业后不到两个月就打起了行装，在榆次北山的一个小山沟里插了队，落了户。

两年后，跟小弟一起插队的小伙伴们陆续回城工作了。父亲当时是山西省供销社分管人事的副主任，省供销社下属有十几家公司，每年都有招工的指标，只要父亲跟下属公司的招工工作人员说一声，小弟就有可能被调回省城太原工作。可父亲没有那样做，他对小弟说："你在农村好好表现吧，做好了，贫下中农会推荐你的。要服从组织分配。"

我本来有个上北京中医学院的机会，可当时我刚刚被县委提拔为公社主任，我希望父亲能和地委领导求个情，让县委放我走；但父亲愣是不管，还要求我必须听党的话。就这样，我与我喜爱的中医事业擦肩而过。插队期间，父亲没有为我找过任何一位领导，我入党提干都是凭自己努力干出来的。我提干很长时间了，父母亲都不知道。父亲的老战友很多，一些已身居高位，但他从未向老战友们开过口。他坚持党的原则，襟怀坦荡、高风亮节，始终保持着一个共产党员和人民公仆的纯洁本色。

父亲勤奋敬业、认真求实、为人正直的秉性也影响了我。无论什么时候，我都积极向上、认真敬业、踏实肯干，很早就走上了领导岗位。我们兄弟姐妹几个都像父亲，不贪不占、端正做人。有时我们在家议论起社会上的一些现象，父亲总说：不要抱怨，不要攀比，只要自己老实做人、踏实做事，党和群众是会看到的；即使个别时候看不到，自己睡觉也是踏实的。

父亲一生爱运动，爱学习，到九十多岁时讲话依然条理清晰、思想敏锐，对外界事物反应迅速。

父亲历经了中国的沧桑巨变，他为自己生活在这个伟大的历史时代而倍感自豪，他把自己的一切都献给了党，献给了国家，献给了生他养他的黄土地。我们将继承父母的光荣传统，清清白白做人，踏踏实实做事，永远做一个品格高尚、奋发向上，为党和人民勇于奉献的人。

春蚕到死丝方尽

讲 述 人：韩太生
讲述时间：2022 年 8 月 20 日
整 理 人：江雪

韩国华（1924 — 2016），山西襄垣人。1941 年参加工作，1942 年加入中国共产党。1946 年 6 月至 1951 年 7 月，分别在长治华丰铁工厂、长治军工二分厂任材料收发、保管；1951 年 8 月至 1954 年 12 月，先后任长治三〇四厂公安科内勤、保卫科副科长；1955 年 1 月至 1957 年 5 月，任山西省公安厅第七处副科长；1957 年 6 月至 1959 年 5 月，任华北煤田地质勘测局一一九队保卫科科长；1959 年 6 月至 1960 年 6 月，任阳泉矿务局地质处副处长；1960 年 6 月至 1962 年 5 月，任阳泉市公安局政保科科长；1969 年，任湖南湘勘一队党委书记；1979 年，任煤炭部地质总局干部学校党委书记。1984 年离休。

○

○

在抗日烽火中历练成长

1924 年农历正月十一，我父亲韩国华（也叫韩金鑛）出生在襄垣县王桥镇返底村一个贫苦农民家庭。1927 年，我爷爷韩春景去世，当时我姑姑九岁，大伯六岁，父亲只有三岁。

听父亲说，1938 年 4 月，日本鬼子从潞城牛王岭下来，第一次到襄垣县返底村“扫荡”。因为返底村附近的黄碾、小河堡、东周都有日军的炮楼，日本鬼子到黄崖洞“扫荡”也经常路过返底村，我奶奶经常带着大伯、姑姑和父亲“躲反”，他们在山上废弃的土窑洞里一躲就是好几天。

1941年，八路军工作团秘密来到返底村，当时，共产党的区政府就驻在村里，区公安助理叫解希荣。他看我父亲机灵且靠得住，就经常派我父亲往敌占区襄垣县关道村送信。父亲把情报交给南里信的通信员，再由南里信通信员把情报送到襄垣城里。这时候，父亲已经成为一名地下通信员。百团大战打响后，父亲经常跟着八路军游击队参加破坏鬼子的公路、铁路行动。1942年8月，十八岁的父亲在区政委的介绍下加入中国共产党。1943年，父亲担任了村里的公安员。1944年，年仅二十岁但已被革命历练出来的父亲担任了返底村副村长，一直到1946年5月。

父亲担任副村长期间做了很多抗日革命工作，也参加过一些战斗，比如解放河南新乡的战斗。但父亲的主要工作是动员村民参军，组织人员运送伤员、物资，发动村民为八路军做军鞋，支援前线，破坏鬼子的铁路，抬铁轨，支援八路军工厂用料等。听父亲说，有一次，区里组织民兵夜里到五阳矿破坏鬼子的铁路，被日本鬼子发现了，鬼子立即向他们追来。父亲他们人少，不敢硬拼，只好赶紧撤退。好在大家都是本地人，熟悉地形，三绕两绕，都跑了回来，有惊无险。

我父亲的堂哥韩有其，我叫他六爹，就是我父亲动员去参的军。我六爹参加过很多次战役，比如上党战役、挺进大别山，获得过很多战斗英雄奖章、奖牌。

○

○

服从组织安排，做一块有用的“砖”

抗战胜利后，位于黎城黄崖洞的兵工厂迁移到了长治潞州区塔岭山下的南石槽村。当时，解放战争刚拉开序幕，战场上急需各种武器。1946年6月，我父亲被调到华丰铁厂（后移交长治兵工厂一分厂，即淮海工业集团）。后来，父亲又经历了几次调动。1955年1月，被调到山西省公安厅七处，担任副科长。我就是父亲在太原工作时出生的，所以我的名字叫“韩太生”。1957年7月，公安厅七处被撤销；8月，父亲被调到了华北煤炭地质勘探处，担任保卫处秘书科长。因为父亲喜欢跑野外，1957年6月，又被调到了华北煤田地质勘探局一一九队保卫科，担任科长。那两年，父亲恪尽职守、兢兢业业，在父亲的努力下，1959 年一一九队保卫科被评为全国先进单位；9 月，父亲参加了全国公检法政治先进代表大会，还获得了一枚奖章。

1959 年 6 月，父亲被调至阳泉矿务局地质勘探一一九队担任副队长；1962 年 6 月，父亲被调至山西省煤炭管理局地质勘探局一一九队任副队长；1964 年，父亲又被调到山西长治一一四地质勘探队任队长兼党委书记。当时一一四地质队驻地在高平赵庄煤矿附近，是一个亏损单位。父亲到一一四地质队后，经过多方努力，终于让地质队扭亏为盈。1966 年 2 月 16 日，父亲参加了全国基本建设大会，一一四队因为扭亏为盈成为典型，受到大会的表彰。在这次大会上，党和国家领导人刘少奇、周恩来等接见了全体代表，并与代表们合影留念。父亲把那张照片装裱起来，一直挂在家里很多年。

1966 年，毛主席提出要扭转北煤南运的局面，父亲所在的一一四地质队按照上级要求，需到南方勘探新的煤炭资源。一一四地质队职工大多是北方人，不愿意到南方去。但父亲党性原则很强，认为革命工作就是党要求到哪里就到哪里，便带队去了江西；过了半年，一一四地质队又整队到了湖南。

1969 年，我父亲离开一一四地质队，调至湖南湘勘一队，担任党委书记。湖南湘勘一队在父亲的领导下各项工作都非常出色，1978 年 2 月被煤炭部和湖南省命名为“大庆式企业”。父亲参加了全国“学大庆、赶开滦”群英大会，受到首长的接见，获得了煤炭部功勋奖、湖南省先进标兵等很多荣誉。当时，获煤炭部功勋奖的，全国只有十个。几年后，父亲被调到煤炭部一七三地质队，担任书记；1979 年，又被调到位于河北涿州市的煤炭部地质总局干部学校，担任党委书记。

父亲是 1984 年离休的，因为老家在长治襄垣县，落叶归根，异地安置在长治市一一四地质队家属院。父亲就在这里一直住到他去世。父亲这个家虽然简陋，但父亲就是在这里度过了他一生中最安稳的一段时期。

地质队主要搞勘探工作，说通俗一点儿，就是找矿。父亲一生如浮萍漂泊，哪里有矿就到哪里；又如一块砖，祖国哪里需要就往哪里搬，他从没有叫过苦，也从没有埋怨过。

○

○

无私奉献　甘为他人照前路

我父亲为国家奉献了一生，却被我母亲埋怨了一生。

父亲在长治兵工厂时，与同是返底村老乡的母亲结了婚。当时，厂里没有房子，他们借住在一个老乡家里。我母亲一共生养了三个孩子，我上边原来有一个哥哥。当时父亲每天忙于工厂的工作，根本顾不上家里的事情。我哥那会儿只有几个月大，一次感冒发烧，母亲叫父亲找医生。父亲到医院找了医生，告知医生地址后就着着急急地去了厂里。母亲在家里急得团团转，再加上没有经验，等医生来了，哥哥已经不行了。

我下面还有过一个弟弟，也没有活下来。当时父亲在一一九地质队工作，队部家属区离阳泉市里比较远，从队部到市里医院走近路要翻过一座山。那年，弟弟生病住院，治疗得差不多了，准备出院。母亲对父亲说，你跟队上要辆车接孩子出院吧。父亲那会儿是副队长，地质队也有车，但父亲坚决不同意。我弟弟胖，父亲用小被子包着刚出院的弟弟爬山路，不一会儿便走出了一身汗。天黑了，不知道什么时候包弟弟的小被子掉了，匆忙赶路的父亲却没发现。那天晚上，弟弟因为吹了山风而复感，高烧不止，没来得及送医院就没了。

1975 年到 1977 年间，住在湖南的母亲因为不适应当地气候，经常生病。每次去耒阳中医院看病，都是我和父亲拉着板车接送。耒阳中医院距我们住的地方有七八里路，而湖南湘勘一队有两辆吉普车，我那时已参加了工作，就在队里开车，但父亲从没跟队里要过车，也不允许我开队里的车送母亲去看病。严以律己，对于父亲来说绝不是一句空话。公家的便宜再小，父亲也不占；但单位同事的事再小，他也会想办法去解决。父亲担任湘勘探一队党委书记期间，非常关心职工群众的生活。当时队里有一部分职工家属虽有城市户口，却没有工作，家里孩子多的，经济自然就紧张。父亲看在眼里，急在心里。他想方设法建了一个五七工厂，从修配厂抽调一部分技术工人过去，然后将很多没有工作的家属安排进厂上班。五七工厂主要负责修理旧钻头和钻具，废物利用。厂

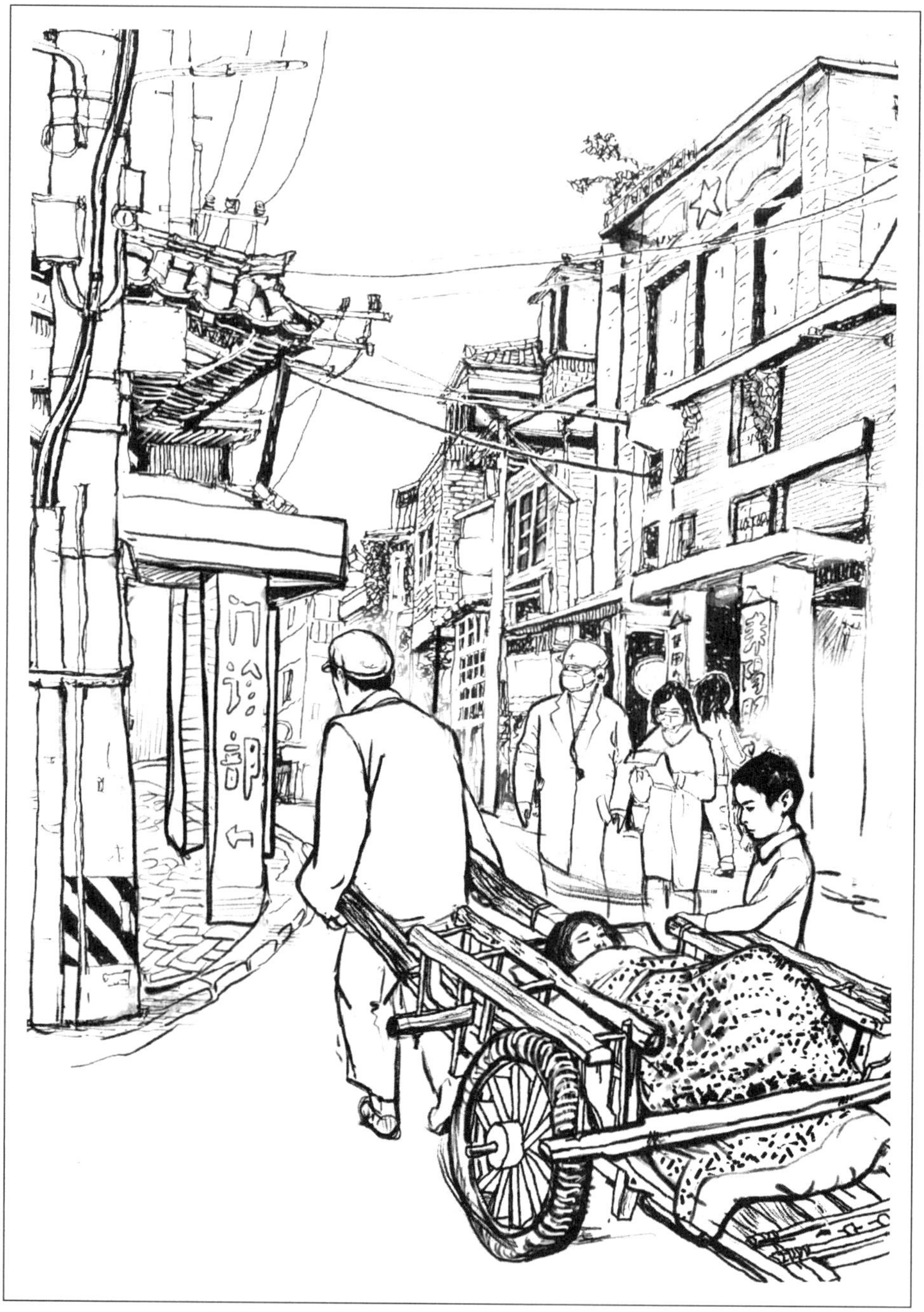

母亲每次去耒阳中医院看病，都是我和父亲拉着板车接送。

里买来建桥工地的废旧钢筋，加工成钢粒。钻头打钻时，把钢粒撒进去，钢粒有棱角，可以增加钻头与石头的摩擦力，提高钻探效率。

还有一部分职工家属在农村老家生活，职工们想家，难以安心工作。父亲就设法筹集资金，在附近农村买了几座山、一些田地，还有水塘，让这些家属迁过来，种田、养鱼、种茶油树、养家禽，一举解决了夫妻两地分居问题。职工情绪稳定了，工作积极性也提高了。

父亲总想着工作，想着同事，唯独想不到自己。我母亲跟着父亲“南征北战”，居无定所，吃了一辈子苦，做了一辈子家庭妇女，到老，连养老金都没有。

因为父亲工作上的“颠沛流离”，我也只能跟着“漂泊不定”。我在山西阳泉一一九地质队子弟学校上过学，在高平县赵庄村学校上过学；十二岁时，我跟随父亲到了湖南怀化，在怀化芦阳镇小学上学。1974 年，我在湖南参加工作，开汽车，很辛苦。当时队里有很多推荐工农兵上大学的机会，父亲却从来没有想起过我。

○

○

终身学习　吐尽最后一口“丝”

2016 年 4 月 2 日，父亲永远地离开了我们。我整理他的遗物时，意外发现了他写下的三十五页共十万多字的《返底村村史》手稿。因为我在涿州上班，而父亲在长治生活，父亲什么时候有了写村史这个想法，什么时候开始写的，写了多久，改了多少遍，我不得而知。留下来的两本手稿，第一本封面上写着四个字“想写村史”。看着这几个字，我忍不住泪流满面。我无法想象，是什么支撑九十岁的父亲完成这样庞大的写作计划的，他又是怎样趴在桌上一字一句写的。这是父亲留给这个世界最后的“一缕丝”，也是他留给这个世界的最后一片爱。

村史手稿一共两本，第一本有少许地方进行了修改批注；第二本大概是父亲誊写下来的，非常整齐。遗憾的是，这一稿只誊写到了第十页——父亲没有来得及完成就离开了……

我细细翻看了父亲写下的村史，尽管我是外行，也忍不住为父亲的认真、仔细而心生敬畏。整本村史内容详细，结构安排得当，对于研究返底村的历史很有价值。

父亲这辈子最大的爱好就是学习。小时候家里穷，父亲只上过两年冬学。他所掌握的知识，全靠自学。父亲喜欢写日记、做笔记，留下了厚厚的一摞笔记本。父亲的笔记本中，还有几个摘抄本，其中一本，是父亲抄写的关于老一辈革命家“家规家风”或者廉洁自律的文章，如《贺龙同志同群众共甘苦》《毛泽东同志的两封信》《周恩来的十条家规》《刘少奇同志的“四不准”》《陈毅与亲属》《任弼时“三怕”可做座右铭》《彭德怀——招待的电影我不看》等等，父亲从20世纪60年代一直抄到90年代。

读父亲的摘抄本，我心潮起伏、思绪万千。以前我很不理解的父亲的一些做法，现在我在这个摘抄本中找到了答案。

一篇关于贺龙的文章，大意是这样的：贺龙响应毛主席关于知识分子要与工农相结合的号召，把儿子送到农村参加劳动。儿子第一次回家，贺龙摸摸他的手掌，说，手光光的，还不行。儿子只好继续下乡劳动，直到手上磨出一层老茧……我一直想上大学，但父亲却让我开汽车、当司机，做了一辈子基层工作。联想到贺龙对儿子的教诲，我明白了父亲——国家领导人克己奉公的做法早已为他树立了榜样。

还有一篇《谢觉哉不做“焦官”》的文章，大意是讲：中华人民共和国成立后，谢觉哉出任内务部部长，他的儿子廉伯、子谷知道父亲做了高官后，就想到北京看看阔别二十三年的父亲，于是写了一封信：一是希望父亲在北京给他们找一份工作；二是希望能找个便车，节省点路费。但谢给儿子回信拒绝了儿子的请求，他说：第一，他给不了他们路费，第二来了还得给他们搞吃的住的，所以劝儿子秋后光景好点再到北京来……而便车也是没有的，因为任何人坐车，都要买票。谢觉哉写道：“你们会说我这个官是‘焦官’，是的，官而‘不焦’，天下大乱；官而‘焦了’，转乱为安。”“焦”为湖南宁乡方言，意思为穷清官。读着这篇文章，我想起1967年，母亲到湖南去照顾父亲，父亲也是没有寄来一分钱。那次到湖南的路费，是母亲卖了自己织的两件毛衣，又找村里人借了一些钱才勉强凑齐的。父亲是一边摘抄革命前辈的故事，一边把革命前辈的做法实实在在地落到自己身上。

《“三怕”可做座右铭》一文中说，任弼时有“三怕”，一怕工作少，二怕用钱多，三怕麻烦人。父亲一辈子何尝不是如此。耄耋之年，依旧舍不得给自己花钱，却“没事找事”，熬干灯油地为故乡写村史……

父亲有一个笔记本，里面全是父亲用铅笔或圆珠笔写下的一些关于党的知识的文章，如《具备什么条件才可以加入中国共产党》《怎样写入党申请书》《怎样填写入党志愿书》等。这些文章，字迹非常工整，很多地方还用铅笔改动过，看得出来，一字一行，都有着父亲对党的工作的思考。

在《具备什么条件才可以加入中国共产党》一文中，父亲写道：“一个人入了党，就要坚持把党和人民的利益看得高于一切的原则，当个人利益和党的利益不一致的时候，就要毫不踌躇、毫不犹豫地服从党的利益，牺牲个人利益，甚至牺牲自己的生命。”读过这段话，我理解了父亲这一辈子的做法，找到了父亲这样做的动力和缘由。

我敬佩我的父亲，也永远怀念我的父亲，他是一位真正的共产党人，一个真正的革命者！

胸中日月自增光

讲 述 人：武宝玲
讲述时间：2022 年 8 月 27 日
整 理 人：张玉

武增光（1932 — 2017），山西汾阳人。1948 年 8 月参加工作，1950 年加入中国共产党。1948 年起，先后供职于清徐县西北农民银行、清徐县委机关报、新华社山西分社、太原日报社。1964 年，调入山西人民出版社总编室；1984 年，任山西省外文书店副经理。1992 年离休。

○

○

任劳任怨，正直善良

我父亲武增光出生在汾阳县一个革命家庭。我们家可以说是书香门第。在那个年代，有知识的文化青年投笔从戎是很平常的事，我家也是如此。祖辈们书生意气，愿以热血荐轩辕，家族中投身革命的长辈为数不少，其中最有建树的是我的四爷爷武通甫，他于 1936 年 11 月参加革命工作，同年加入中国共产党，历任离石县大武区武装工作团团长兼区长、战地动委总会干事、军委三局政治部干事、东北日报社秘书主任、沈阳市铁西区委书记、哈尔滨市委基建部部长，哈尔滨市副市长、哈尔滨市人大常委会副主任等职。

在他们的影响下，我父母在青年时期就投身革命，为党和国家奉献了一生。从我记事起，父母就经常教育我，没有共产党，就没有今天的幸福生活，鼓励我要好好学习，做正直善良的人。

1948 年，不满十六岁的父亲以优异的成绩考入清徐县西北农民银行，他在银行工作期间，被评为全省金融模范，后被调入清徐县委机关报社、新华社山西分社、太原日报社，均任职新闻记者。1964 年，父亲被调入山西人民出版社总编室工作。他任劳任怨，经常熬夜通宵赶稿。记不清有多少个夜晚，当我一觉醒来时，还看到父亲坐在书桌前写稿子。他工作勤奋努力，写的许多稿件被评为优秀新闻稿，并被《人民日报》等媒体转载。父亲也多次被评为优秀记者、先进工作者、优秀共产党员。

作为一名老党员，父亲一生都在用党员的标准要求自己。离休后，他依然积极参加党组织活动，认真学习党的有关文件，按时缴纳党费；他粗茶淡饭，舍不得为自己添一件新衣服，却不曾错过每一次爱心捐款活动，而且总要比别人多捐一些，这已经成为他刻在骨子里的习惯。

我的姥爷和我的爷爷都是十里八乡有名的教书先生。姥爷是清徐县柳杜乡西青堆村人。他既是严师，又是“慈父”，特别重视对女孩子的教育。因而我母亲才能在 1951 年以全县第一名的成绩考入清徐县徐沟银行。母亲善良淳朴，干起工作来勤勤恳恳，工作能力不断提高，在太原市金融行业技术大比武中，她以点钞又快又准而一举夺冠，领导和同行都亲切地称她为“点钞能手”。

母亲是村里有名的孝女，她每次回娘家都不空手，给家里买米买面，买生活用品。姥爷过世后母亲作为家里的长女起到了顶梁柱的作用，我的舅舅姨姨们都得到过她和我父亲的帮助，而我的外婆更是把女婿看得比亲生儿子都要亲，有什么好吃的，准是要留给女婿吃。

母亲在照顾娘家的同时，对婆家也倾注了同样的爱，她把我父亲的弟弟妹妹当作自己的亲弟弟、亲妹妹来疼爱。有一次，我姑姑来我们家，母亲正好刚试穿一件新衣服，见姑姑来了，母亲二话不说，脱下新衣服就直接给姑姑穿上了。多少年以后，姑姑说起这件事还非常感动，说：“我大嫂多少年来一直舍不得为自己做件新衣服，刚做好了一件新衣服，还送给了我。”

母亲不仅对家人好，对邻居、朋友也非常好。记得我上小学时，我们家住在一栋二层楼的房子里，每层楼的住户共用一个走廊。大家都在走廊里做饭。那时候是吃供应，粮食不够吃，细粮就更少了。母亲偶尔用玉米面掺一点儿白面给我们摊煎饼吃时，也不忘给左邻右舍分几张吃。后来，大家提起这事，都记忆犹新，说在那个吃不饱饭的年代，那几张煎饼真的是太珍贵了！

○

○

廉洁自律，诚信做人

1984年，父亲作为筹建山西省外文书店的副经理，负责基建和财务工作。他尽职尽责、一心为公、廉洁自律，不收包工头一分钱的好处，为外文书店的成立和发展做出了突出的贡献。他常说，做人要清清白白，做事要干干净净！

在日常生活中，我的父母给我们立了许多规矩，比如：不要打断别人说话，不要浪费粮食，吃饭时不要吧唧嘴，吃菜时不要在盘子里乱翻，咳嗽或打喷嚏时不要对着人，不许乱翻别人的东西，不说谎话，不做昧良心事，要干一行爱一行，要做一个有理想的人。

在父母的言传身教下，这些家规我们姐弟都做到了。1974至1976年作为知青的我在插队期间，牢记父母的嘱托，不怕苦，不怕累，虚心学习。还利用广播、黑板报、墙报专栏等方式宣传党的方针政策。由于表现突出，我被选为大队革委会委员、大队团支部副书记、知青队长，并出席了太原市和南郊区的知青代表大会。1976年，我正式参加了工作。我刻苦学习、努力工作，很快就熟悉了业务，还担任了业务部门经理，为传播精神文明做出了积极贡献。同父亲一样，我也多次被评为先进工作者和优秀共产党员。

后来，我担任山西省新华书店内供部经理和图书批销中心经理十余年，这期间我一心扑在工作上，廉洁自律、吃苦耐劳，从不为自己捞一点儿好处，为全省图书发行工作做出了积极的贡献，受到了业内人士和读者的一致好评。对此，我的父亲母亲总是鼓励我："君子爱财，取之有道。做经济工作就和做人一样，要认认真真、清清白白，不能出错。只有这样我们才能在任何时候都堂堂正正、问心无愧！"

我弟弟武宝新在上小学、初中时品学兼优，既是班干部"专业户"，又是学习尖子，后以全班第一的成绩考入高中。参加工作后，弟弟以他超人的绘画天赋和刻苦努力，夺得了全厂绘画技术考核第一名。作为厂画工组组长和技术标兵，弟弟被派往北京，参加人民大会堂山西厅大型漆器挂屏《在太行山上》

的绘制工作，该作品得到省里和中央有关部门和专家的一致称赞。面对荣誉，弟弟不骄不躁，他想的更多的是，如何更加努力创作出更多与众不同的优秀作品。

○

○

生命不息，学习不止

父亲一辈子都在学习，无论是坐在书桌前、沙发上，还是睡觉前躺在床上，父亲的手中永远捧着一本书或者一份报纸。父亲离休后，学习的劲头更足了。他去的最多的地方是报亭，花钱最多的地方就是买报纸、杂志和书。父亲每天都很忙，忙着看书、看报、剪报、摘抄和收藏，忙着每天写日记。写日记，这是他每天晚上必做的事情。他的日记中，既记有日常琐事，又记有学习心得，还有备忘录。他常常把报纸上的好文章剪下来，粘贴到一本本旧杂志上保存。他还把一些重要节假日，如元旦、新年、国庆节等献词社论，以及党的重要会议、党的工作报告和有关国内外大事、重要事件等新闻报道的报纸，都收集整理好，作为历史资料分别按时间顺序装箱保存。父亲去世后，他留给我们最珍贵的遗产就是这些日记本、剪报本。

我父母的字都写得非常好，这得益于祖辈的熏陶，特别是我的父亲，不仅硬笔字写得好，毛笔字也写得非常漂亮。记得我刚上小学时，父亲给我的新书包好书皮，还为我写上书名和名字。当班主任老师看到我书本上那一笔漂亮的字时，惊讶地问道："这是谁写的字？太漂亮了！"我抚摸着父亲的字，幼小的心里油然而生景仰之情。现在想来，热爱书法和中华传统文化的种子一定是那个时候在我心中生根发芽的。成年以后，我也醉心于书法艺术，勤练不辍，在此方面颇有心得。当自己在书法上有了独立见解和思考之后，我对父亲的理解和仰慕也进入了新的境界：所谓字如其人，父亲的书法，不唯讲求笔墨熟练、技法高超，还讲求审美积淀、修养气质和文化况味。

我弟弟也遗传了父亲的艺术天赋，如今他作为中国美术家协会会员专职画家，画出了许多弘扬中华传统文化的作品。他的作品不仅多次受邀参加省级美展并获奖，而且十多次入选全国美展，得到了业内人士的高度认可。

父亲晚年时写给孙辈们一篇文章，名叫《示孙儿》。在这篇作品中他告诫后代："好传统，不能丢；感党恩，不忘本。"可以告慰我父亲母亲的是：他们的两个孙子辈的孩子也没有忘本，都继承了好的家风。他们都很优秀，都是硕士学历，现在在北京工作，都在各自的岗位上敬业奉献，取得了好成绩。尤其值得一提的是，他们也同样多次被评为优秀共产党员。

我的父亲母亲虽然没有给我们留下多少家产，但他们教会了我们正直善良、乐于助人、勤奋好学。他们用一言一行，留下了血脉传承的家风家教故事，这故事已成为我们的传家宝！这就是一个离休干部、一个共产党员的家风！

凿开混沌得乌金

讲 述 人：韩德生
讲述时间：2022年9月16日
整 理 人：张玉

韩兴华（1919 — 2004），山西新绛人。1937年参加工作，1938年加入中国共产党。1937年2月，加入山西牺牲救国同盟会寿阳教导团决死三纵队；1938年3月，任新绛县牺盟会特派员；1940年1月，任新军二一二旅五十四团三营十一连政治指导员；1954年从临汾公安处调任阳泉裕民煤矿矿长、书记，劳改支队政委、支队长等职。1983年离休。

○

○

烈火淬炼初心

我父亲韩兴华，1919年4月出生于山西省新绛县。他原名韩辅进，中华人民共和国成立后改名为韩兴华。父亲改名是取振兴中华之意，他的名字可谓改得名副其实。父亲是穷人家庭出身，于1937年2月参加了山西牺牲救国同盟会。牺盟会是中国共产党领导下的抗日民族统一战线组织。1945年抗日战争结束后，为了建立新中国，父亲跟着大部队转战南北，参加大小战役不计其数。十多年的战争生涯，磨炼了父亲坚韧不拔的革命意志，坚定了父亲对共产主义的信仰。

1954年，父亲从临汾公安处调到阳泉裕民煤矿（后改名阳泉荫营煤矿、山西省第二劳改支队、阳泉第一监狱等），先后任矿长、书记，劳改支队政委、支队长等职，在这晋察冀咽喉的刘备山下、桃河之畔扎下根基，担负起了惩罚、改造罪犯和煤炭开采的双重任务。那时的矿区，工作、生活条件十分艰苦，而且自然环境恶劣，当时的矿区民谣是这样唱的："山高石头多，出门就爬坡；春种一大片，秋收一小箩。"我父亲接手组建不久的阳泉裕民煤矿后，就带领全矿一班人，发扬"自力更生、艰苦奋斗"的精神，坚持"改造第一、生产第二"的方针，在艰难中前行。建矿初期，省里要在矿上召开煤炭生产会议，矿上连接待参会人员吃饭的多余餐具都没有；经请示上级后，才从太原宾馆拉来了盘子、碗等餐具，开完会后又给退还回去。

中华人民共和国成立初期，经济基础十分薄弱，百废待兴。煤炭是我国主要能源和重要工业原料，被国家列入首要发展的工矿生产项目。那是在国家的第一个五年计划期间，国家开始了大规模的经济建设，对煤炭的需求量剧增，而矿山原有的基础十分薄弱，开采技术落后。为了获得最大效益，我父亲及一班人带领管教人员，开始了艰辛的创业之路。

经过几年的艰苦创业，煤矿的开采由手工发展到半机械化，再到机械化作业；运输由初期的人力、畜力到改用索道和汽车，再到火车专线，煤炭开采走上了快车道。

在担任监狱长、矿长的数十年时间里，父亲一直与时俱进、勇往直前。伴随着共和国成长的脚步，他带着阳泉一监走过了由小到大、由弱到强、由落后到先进的艰难征程，改造罪犯工作取得了巨大成就，矿山建设取得了辉煌业绩。他栉风沐雨、披荆斩棘，在高墙电网中写下了众志成城的诗章，用忠诚谱写了使命和责任担当。1993 年，我父亲被司法部授予"司法行政一级金星荣誉奖章"，1994 年被煤炭工业部授予"长期从事煤炭事业纪念奖章"。这"三十功名尘与土，八千里路云和月"的光辉岁月，令人难忘。

○

○

熔炉锻造党性

父亲是实实在在干事的人，他教导我们做人做事都要有信念。父亲不仅自己一直保持着艰苦朴素、克己奉公的作风，而且常常教育我们不能丢了这份优良传统。矿长和监狱长的双重身份，以及煤炭生产和罪犯改造的双重冶炼，锻造出他坚如铁石的党性。

有一次，公安部通知父亲去北京参加“两劳”工作条例起草预备会议。当父亲兴冲冲来到公安部门口拿出证件报到时，却被门卫拦住不让进去。后经领导核实后，门卫才道歉放行。父亲问他：“为什么不让我进会场？”他说：“你不像个领导干部，穿着朴素，又没有戴手表。”我母亲生平的心愿是买一块手表，穿一双皮鞋，但直到她五十九岁去世都未能如愿。小时候，家里的煤不够烧，作为一矿之长的父亲，宁愿家里冷些也不让我们占公家的便宜。我们兄弟姐妹几个只好在灰渣堆中捡煤核儿回家用。有一年冬天，家里窗户上的一块玻璃碎了，我们想先去维修组要一块公家的玻璃装上，父亲不让，叫我们先用毛头纸糊上窗户。

父亲对我们很严格，但对职工却十分关心。当时矿上的生产任务非常繁重，运输是个瓶颈，为了高效安全地完成运输任务，父亲要求每天给加班的司机们吃一顿“加班餐”以补充营养。父亲经常到食堂查看饭菜质量，看大家是否吃饱、吃好。司机师傅们都感动地说：“哪有这样的领导，对我们这么关心，他自己又不吃，看着我们吃完了，他才回去。”这就是我们的父亲，关心别人胜过关心自己。

父亲虽然文化程度不高，但他非常尊重知识，尊重人才。记得有一年，上级给矿上分配来了几名中专生，父亲如获至宝，亲自坐着大卡车到太原把他们接到矿上。学生们以为接他们的人是矿上的一般工作人员，结果在第二天的欢迎会上才知道原来昨天接他们的是矿长、书记，非常感动。

1970 年，父亲到闻喜县插队，离开了他付出十几年心血的煤矿。我两个妹妹也跟着父亲到闻喜插队。当地的条件特别艰苦，缺水少煤，他们就自己劈柴、挑水。为了生活，父亲和妹妹们学会了编筐、扎笤帚，能自己制作简易的生活用品。我大妹那时才十二岁，小妹才八岁。有一次，队里的几个知青带我的两个妹妹去摘枣（村里栽的枣树），摘完之后，他们让妹妹们各装了一裤兜的枣。山路崎岖难走，天又下着小雨，妹妹们回来时鞋袜都湿了，又累又饿；可刚到村口就碰到父亲——父亲让她们把枣掏出来交给大队。村里的队长和知青们都说让孩子们吃几个枣不算什么的，但父亲坚持不许，说不能从小养成占公家便宜的习惯。妹妹们只好委屈地把枣上交了。

1973 年，父亲调任新绛县公安局局长。我三姐当时在新绛纺织厂织布车间工作，很辛苦。她央求父亲给她调换一下工作。父亲严肃地说：“别人能干，你就能干。”从此三姐再也没有提出过这样的要求。她在自己的工作岗位上努力工作，成绩突出，先后被评为厂、运城地区劳动模范。1977 年，三姐代表车间出席了全国工业学大庆表彰会议，受到党和国家领导人的接见，并被选为“山西省第四届党代会代表”——直到这时，父亲才露出欣慰的笑容。

1979 年，父亲因工作需要回到阳泉第一监狱担任党委书记。按照政策，我的两个妹妹可以随父亲回到阳泉。她们都在阳泉长大，对这里感情很深，特别想回到自己从小生活的地方。可是父亲不让，他对妹妹们说：“两个姐姐已经都在老家扎根了，你们也留在这里吧，在哪里工作都一样。”妹妹们当时是有怨言的，尤其是小妹。小妹从小崇拜父亲，喜欢警服，觉得在公检法系统工作是神圣而光荣的。她希望父亲带她回来，回到阳泉一监，安排她从事喜爱的警察工作。父亲的拒绝让小妹很失望，她赌气要凭自己的本事进入公检法系统。最后，小妹真的靠自己的努力考入了新绛县公安局，成为一名民警。考上后，她给父亲打电话，父亲很高兴，嘱咐她好好干，小妹的委屈也就烟消云散了。小妹在工作中很争气，曾荣获“运城市三八红旗手”“运城市劳动模范”等称号。

○

○

患难愈见深情

我母亲杨万娇，1918 年 6 月生，比我父亲大一岁，是一位裹着小脚、没有文化的地道农村妇女。我父母的婚姻其实是包办婚姻，结婚前他们没有见过面。他们于 1936 年结婚，婚后不久父亲便参加牺盟会到了寿阳。父亲这一走就是八年，音讯全无，一大家子的重担都压在了母亲肩上。八年来，母亲既要照顾爷爷奶奶，又要照顾当时年龄还小的姑姑叔叔，还要纺花织布，补贴家用。20 世纪 30 年代末，一场伤寒病席卷了全村，爷爷全家都病倒了，只有母亲没有生病。母亲每天熬药做饭，冒着被传染的危险伺候生病的家人，使全家人顺利康复。姑姑们和母亲特别亲，不管母亲叫嫂子，而叫姐姐。

1945年，日本投降了，可父亲仍没回家来，周围人都说父亲怕是九死一生。父亲和母亲又没有孩子，大家便劝母亲趁年轻改嫁，但母亲执意不肯。直到一位老乡捎回来父亲的一封家信，大家才知道父亲还活着。原来那时父亲在战争中身负重伤，一直在晋东南养伤。我母亲喜极而泣。1946年，国民党反动派开始抓捕八路军家属。母亲得知消息后，让舅舅赶着小毛驴连夜护送她前往晋东南解放区，走了好几天，半路上毛驴也被炸死了，才在晋城的深山老林里找到了父亲——夫妻重逢在太行山上。1947年，他们有了我的大姐，因为她是在晋城东沟出生的，所以小名叫东生。

父亲非常孝敬老人。20世纪70年代，国家经济比较困难，父母工作也很忙，但他们仍挤出时间回老家看望长辈，每次去总会买一些当时我们认为非常好吃的东西孝敬老人。说实话，那些东西我们在家里是吃不到的，也只有在奶奶那里才能跟着分享一点儿。

叔叔和父亲分家时，和父亲商量说奶奶跟谁过就多给谁一间半房子。父亲说："我不要房子和家产，只要老人。"这在村里一时传为佳话。

父母的言传身教，润物无声，在父亲年迈多病不能自理时，我们姐妹们争相照顾他。我们一家人以行动尽孝，喂饭、洗涮、端屎倒尿，我和我爱人更是每晚守在床前。父亲长期卧床，大便干燥，我爱人经常用手为父亲抠出大便，以尽量使父亲少些痛苦。父亲卧床几年没有生过褥疮，家中没有一点儿异味。孝敬老人是我们应尽的责任，但组织却给了我们很高的荣誉。2007年，我爱人荣获"阳泉市十佳好儿媳"称号，2010年荣获"山西省敬老好儿女"称号。

我们兄弟姐妹关系融洽，父母在世时尽孝，父母走后互助。我三姐婆家在农村，她既要伺候年迈的婆母，又要抚育儿女，生活较辛苦；她女儿考上大学之后，她在高兴之余又为学费犯了愁。我主动为外甥女垫付了学费和生活费，帮三姐渡过了难关。三姐儿子结婚的时间因故定得仓促，小妹主动拿出她为嫁女儿准备的棉花，大妹张罗着买被里、被面，大姐和二姐组织姐妹们不分昼夜加工缝制，几天工夫就将几床结婚用的被子、褥子整整齐齐摆放在了外甥的婚床上。斗转星移，如今三姐的儿女都非常优秀。2019年，三姐家被评为"三晋最美家庭"，受到山西省妇联的表彰。三姐常说："没有姊妹们的鼎力相助，就没有我家的今天。"

父母倡导的家风，让我们兄弟姐妹和睦相处、互谦互让；我们对家风的传承，让我们的子女知书明理、忠孝仁义。在我们这个大家庭中，一家有事，便是大家之事，所有家庭成员都会伸出援助之手；只要兄弟姐妹在，我们什么都不怕。我每年都会组织大家聚会，大家谈工作、谈理想、谈生活，既促进了大家庭每个成员之间的沟通交流，又在潜移默化中把优良的家风传承了下去。

○

○

薪火代代相传

1970年，我进入阳泉一监参加工作。一看到壁垒森严的高墙，强烈的责任感和正义感便从我胸中升腾而起。我知道这里是光明与黑暗的交界，是正义与邪恶较量的战场，是国家与人民的坚盾，是幸福与安宁的保障。这里充满危险，但我不怕，我有父亲的教诲，有家风的传承，我愿以父之名，以满腔热血为誓，将青春奉献于这个养育我长大的地方！

我永远记得第一次直面罪犯时内心的紧张，记得第一次制作法律材料时的忐忑，记得第一次值班备勤时的孤单，记得第一次因为加班一月不回家时的无奈。我也记得第一次送走刑满出狱的罪犯时，他哭着说“谢谢您”时的成就感；记得第一次送别因公牺牲的战友时内心的悲伤。

父亲已经去世多年，我也已经过了耳顺之年。回眸当年岁月，我在监狱系统基层一线辛勤工作已有四十多个年头。在这一万多个日日夜夜里，我从医院护士、狱警、干事、科长各个身份角色中几经转变，一路走来，不忘初心，牢记使命，坚持原则，始终践行“忠诚、干净、担当”的监狱人民警察要求，用自己的实际行动感染、影响着身边的人，我在工作中取得了一些成绩，我想，我无愧于我的父亲。

我们家三代人都在阳泉一监工作，我儿子现在是看守大队副科长。一代人有一代人的使命，尽管岁月流逝，但我们这个“警察世家”的家风和从警初心始终未变。阳泉一监这个特殊的地方，见证了我们家族的成长历程，是这地下埋藏了千万年的乌金熔炼出我们火红的家风。

明月照高楼，根藏万里心

讲 述 人：高少平
讲述时间：2022 年 9 月 15 日
整 理 人：张玉

高根楼（1930 — 2016），山西五台人。1946 年加入中国共产党。1947 年起，先后任教于上庄、山泉、士集等村。中华人民共和国成立后，先后在阳泉市委纪律检查委员会、阳泉市监察委员会、阳泉市公安机关军管会审判办公室等部门任职。1984 年 1 月，任阳泉市中级人民法院院长、党组书记，兼阳泉市委政法委书记。1992 年离休。

○
○
士集高楼起

我父亲高根楼，1930 年出生在山西五台县士集村一户中农家庭，士集村位于五台县西北角，在五台、代县、原平三县交界处，村口是小银河的源头，清冽的河水潺潺流淌，河谷两岸梯田层层。这里地处土石山区，地形复杂，沟壑纵横，众多山峰一起造就了五台山脉的灵峰胜境。士集村的名字出自《史记·淮阴侯列传》，蒯通曰：“天下之士，云合雾集”，取其中“士”“集”二字命名，寓意名士云集、人才辈出。我父亲的名字也很有内涵，取“高楼千丈，根深百尺”之意。

父亲的少年时期正逢抗战，八路军在五台县建立了第一个敌后抗日根据地——晋察冀军区。我们故乡阳白那一带涌现出许多抗日英雄，他们的英雄事迹广为流传，深深地影响着广大军民。

爷爷奶奶共生二男一女，父亲的哥哥早年参加革命，响应组织号召南下参加工作，不幸在途中病故，被组织认定为烈士。我伯父去世后，爷爷奶奶只剩我父亲一个儿子，二老不愿意让父亲离开——他们希望父亲能留在身边工作以便照顾他们。但是父亲在哥哥的影响下早早就参加了儿童团，爱国主义思想早已在心中生根发芽。站岗放哨、贴标语、送信是他的日常工作，乡里经常召集儿童团进行阅操，我父亲是总指挥。父亲当时正读初小，一边学习，一边参加抗日活动。抗日战争胜利后，国民党搞白色恐怖，镇压共产党。父亲那时已经上高小了，敌人的屠刀并没有吓倒他，反而更加坚定了他对敌斗争的决心。父亲在残酷的环境中成长起来，于 1946 年 5 月入党。那时他年仅十六岁。

高小毕业后，父亲成为一名教师，先后在上庄、山泉、士集等村任教。有一段时间他任教的学校离家有四十多里山路，非常难走，而且没有专门的教室，教学点设在一座庙里。他每次去学校都要带一个星期的干粮，生活条件十分艰苦。在这样的环境下，父亲仍尽心竭力做好教学工作，把知识的火种播到像他一样穷苦的农村孩子们心间，因而他得到了广大村民的认可。

1947 年 5 月，阳泉解放并建市，阳泉市也被称为“中共创建第一城”。刚组建的红色政权面临的困难很多，急需大批的青年干部，经组织安排，父亲来到阳泉。那是 1948 年 6 月，解放战争还未结束，父亲从五台步行七天经盂县到达阳泉，在阳泉市总工会做文书。从此，他就伴随着阳泉这座新型城市一起成长。父亲跟我们回忆这一段历史时，说当时阳泉虽然已经解放，但国民党的飞机仍时不时来轰炸，日子并不平静。当时实行供给制，吃穿都由组织配发，同事们勠力同心，很有大家庭的温暖。他们一群热血青年，就这样在阳泉这片土地上奋进着，也见证了这座工业城市由小到大、由弱变强的历程，他深爱这片红色的土地，深爱这座英雄的城市——这是他的青春他的城。

○

○

心底要无私

中华人民共和国成立后，父亲被调到阳泉市委机关做文书。父亲有文化，不怕吃苦，文书工作做得特别出色。1951 年，他被选送到榆次地委党校学习，在那里父亲学习到了系统的共产主义理论知识，更加坚定了革命信念。学习归来后，父亲进入公检法系统。

1983 年 12 月，父亲任阳泉市中级人民法院院长、党组书记，兼阳泉市委政法委书记。阳泉市中级人民法院是他革命生涯的最后一班岗，他一直在此干到 1992 年 6 月离休。他在那里先后组建设立了“全国法院干部业务法律大学山西分校阳泉分部”、行政庭、司法行政处、纪检组、告诉申诉审判庭，并在山西省法院系统率先成立“经济纠纷调解处”。因成绩出色，他在任期间，阳泉市中级人民法院被荣记集体二等功、集体三等功各一次，并被授予“红旗单位”称号。

父亲在工作中特别重视对广大干警的培训教育工作，积极创办法律夜大，使之在全省法院系统名列前茅；他团结广大干警，密切联系群众，集体观念强、大局意识强，能充分调动每个人的工作积极性，特别注重提高执法人员懂法、守法的意识。如何秉公执法是父亲考虑最多的事情。法院人员在办案过程中经常遇到上访人员要求找院长，父亲总会抽出时间接待他们，认真听取他们的申诉。父亲说，办案工作，马虎不得，多听他们讲一下，有益于深入了解案情，防止错案的发生。父亲要求办案人员要深入细致地进行多方调查，由此解决了一些多年难办的疑难案。我经常听到有关人员讲：“高院长平易近人，向他反映的问题常能得到重视，且最终能够得到解决。我们信得过他。”但父亲也不是一味偏听信，对于无理取闹之人，父亲不仅不会迁就纵容他们，而且会对他们讲明政策、法律，给予批评教育。

父亲在工作中严格要求干警做好本职工作，但他对职工生活上出现的困难也认真对待，帮助他们解决后顾之忧。比如有的职工因为家属是农村户口而过着两地分居的生活，父亲便按规定通过正常渠道给予解决；有的职工家属没有工作，导致家庭经济状况不佳，父亲也通过正常渠道给解决临时工作问题。那时候单位没有食堂，离家远的职工吃饭困难，父亲便提议建了一个职工食堂，以解决大家的就餐问题。父亲办的这些事虽然都不大，但温暖了大家的心，也有利于职工把更多的精力投入工作中去。

父亲在工作中时刻不忘自己是一名共产党员、领导干部。他经常讲一句话：

“一个人活在世上，要留有好名声，要清清白白做人，干干净净做事。”他说到了，也做到了。公与私，他分得清清楚楚；对请客送礼、行贿受贿他坚决抵制。多少年来，父亲把后门关得紧紧的，从没批过一张违背原则的条子，没打过一个“后门”电话。他锁紧了权力的“阀门”，关闭了欲望的“禁区”，在平凡与简单中，赢得了大家的尊敬。

20 世纪 90 年代，企业职工大批下岗。我哥嫂也遇到了单位不景气开不了工资的状况。他们向我父亲提出调工作的问题。我父亲讲：“有好多职工下岗，我不能为自家的事开这个头，困难是暂时的。”父亲让我母亲把他的工资分一半补给哥嫂，帮他们渡过难关。

多年来，由于父亲工作繁忙，吃饭没准点，落下了严重的胃病。为使他下班回家后能立即吃上一口热饭，我母亲自 1952 年从原籍来阳泉后就没再参加工作，一心照顾他的生活起居。我妈妈读过书，她是有文化的知识女性，那时候找工作是比较容易的，但是为了支持父亲的工作，为了这个家，母亲当了一辈子家庭妇女。

○

○

清风携明月

父亲在工作中胸怀坦荡，大公无私，坚持原则，立场坚定，严格遵守党内外各项规章制度；在生活中，他热爱家庭、和蔼可亲，虽对我们要求严格，但并不是一味求全责备。

父亲教育我们要热爱劳动，不能不劳而获，自己的事情要自己做。他一有时间就领着我们去劳动，参加小秋收，拾麦穗，把收到的东西全部颗粒归仓。困难时期，他还领着我们劳动，房前屋后种瓜种豆，既增添了生活乐趣，又让我们体会到了劳动的艰辛。

父亲一生艰苦朴素、勤俭节约，他不许我们贪图享受，他常告诫我们：思想上要向高标准看齐，生活上要向低标准看齐；不能跟别人比吃比穿，要比就比学习比进步。那个时候，我们兄妹的衣服都是大的穿了二的穿，二的穿了小

父亲一有时间就领着我们去劳动，参加小秋收、拾麦穗，把收到的东西全部颗粒归仓。

的穿，一直穿到它彻底不能穿了；笔记本要正面、反面都写满了，才给换一本；铅笔要一直用到在后面套个笔帽也捏不住了时才可以扔掉。

改革开放后，生活条件好了，老一代艰苦奋斗的生活景象好像过时了，奢侈浪费现象时有抬头，父亲对此深恶痛绝。他时常给我们讲述过去的革命故事，并教导我们："吃尽千辛万苦，我们才有了今天的好日子。如今生活条件虽然好了些，一定还要节约，要富日子穷过，必须保持艰苦奋斗、自力更生的革命好传统。"他坚持每天读书看报，有时遇到新词，也乐于向儿孙请教。信息时代，有太多太多的新鲜事儿，这让他有些目不暇接，但他乐此不疲，他开心地见证着新中国一点一滴的变化。

我生长在这个革命家庭，受父母的影响很大，从小学到大学，直至参加工作，都秉承一种简单朴素的思想，即好好读书、好好工作。参加工作后，我也入了党，成为一名光荣的共产党员，并在党组织的培养下成为一名领导干部。回想起悠悠往事，父亲的教诲时刻回荡在心头。父亲虽然去世了，但他给我们这些后人留下了宝贵的精神财富。现在，我也退休了，但是我仍然心系单位、心系工作。我继续发挥余热，担任了单位退休人员党支部书记，并积极参加单位的各项公益活动。

我经常向我的孩子们讲起我的父亲，用他老人家的优秀品质来教育子女。现在，只要我想起父亲，矗立在眼前的，就是一座百尺高楼，它历经风吹雨打，扎根红色人生，用自己的肩膀托起我们去摘取星辰。

山间璞玉江畔云

讲 述 人：陈洪伦
讲述时间：2022年11月3日
整 理 人：张玉

陈玉云(1928—2013)，安徽定远人。1944年，参加新四军，转战于苏皖地区；1947年，加入中国共产党；1950年，转业到劳改系统，在苏北建设农场工作；1957年，调入山西，历任大同市大青窑煤矿管教办公室副主任、临汾市王庄煤矿管教副队长，亦在平遥县老残犯管教所、永济市董村农场等处任职；1978年，任曲沃汽车配件厂副政委。1988年离休。

○

○

遍地英雄下夕烟

我父亲陈玉云祖籍安徽省定远县江巷乡（现为连江镇）小庙陈村，祖上世代为农。我们家有自己的土地，也租种别人的土地，生活得很艰苦。父亲曾和我说他们冬闲时每天就吃两顿：一顿高粱面糊糊，一顿红薯面糊糊——下地干活的人才能吃到高粱面的贴饼子。为了养家糊口，爷爷还种了一些经济作物（柿子树和桃树），买了三台绞锤（轧花机），连我的几位伯父也都学会了织布。从父亲十三岁起，家里桃子、柿子熟了，他就跟着爷爷将这些担到集市去卖，这在同龄孩子中是不多见的。

当时社会很乱，国民党的部队经常抓壮丁、抓伕（伙伕、挑伕）。父亲很小的时候，就经常和大人晚上睡在外面的枯草地里，躲壮丁躲土匪。1941年后，新四军在当地建立了区乡政权，组织了民兵，情况才逐渐有了好转。

我们家以前没有人念过书，父亲也只是在童年时代跟几位教书先生断断续续念了一年多的书，字认得很少，后因家里一是没有放牛的，一是也供不起了，他就回家放牛了。

1944年秋天，抗日根据地发起了参军运动，动员多子女家庭的青壮年参军打鬼子。父亲就到张桥区保安队当了兵。父亲对少年时代的参军经历记忆深刻，他说当时给他发了一支套筒步枪、三发子弹、一套军衣、一条被子，然后他们辗转各个根据点进行训练、行军、作战。这样的生活很艰苦也很危险，许多战友都牺牲了，父亲说他自己也多次走在了生死边缘。

有一次在苏皖边区，父亲跟他的通讯股长李广云去驻地北面的山头侦查敌情，不料被敌人发现，一队敌人追击而来。他们俩跑到一个山嘴处，前无去路后有追兵，在这千钧一发之际，他们俩从十几米高的悬崖上跳了下去——所幸下面是一片玉米地，他俩才死里逃生。

在大别山作战时，父亲他们所在的团曾经一天内伤亡三百多人，一千人只剩下不到七百人。这些逝者有的是在战斗中牺牲的，有的是一天一夜滴水未进，天又热，又是跑步前进，倒下去张张嘴就咽了气。他们团政委身负重伤，到宿营地后坚决要求留下，他不想拖累部队。团里只好派了一个卫生员陪他藏在老乡的家里。可部队走后第二天，他就被敌人搜出，押到来安县城杀害了。

2011年3月25日，我们陪父亲开车来到棋盘山，来到了父亲当年英勇跳崖的地方。山上确实很平整，全是庄稼地，我们还找到了他们跳崖之后躲藏的小村子，当时他们曾经在老乡家要到两个米团。睹物思今，令人感慨。

父亲的部队后来转战于淮南、苏北，他曾多次给我们讲述他这一段的经历。他们渡过黄河，在涟水以东守河防，帮助老百姓收花生。父亲说苏皖一带种的是藤蔓花生，收花生时将一个大铁筛子挂在一根木棍上面，再用包铁口的大木锹将约二十厘米的沙土铲到这筛子里，筛掉土，花生就出来了。那时节，收了花生的田里隔一段距离就有一个沙土堆，一排排沙土堆排得很整齐。筛土的时候要用木棍敲打筛筐，发出有节奏的磕打声。开始他们不会，老乡就教他们，战士们和老乡们的感情很深。父亲说他们也有快乐的时刻，比如收完花生后部队没有什么事情做，他们就打野兔、挖獾子、下河捉鱼，以此来改善伙食。一次在挖獾子时，父亲将洞掏得很大很深，但他不懂那是沙土地，洞顶要切挖成拱形而不能是平顶；他在里面挖，有些累了，想休息一下，刚走出洞口，只听“嗵”一声，洞塌了，他差一点儿就被埋在了里面。

父亲在天高支队的时候，有一次在战斗中负伤，部队就把他安置在小刘村一户人家休养。这家有一个五十多岁的老大娘，她将父亲照顾得很好。她每天早起在房前的河沟里放下鱼网，过一会儿提起，总能网住几条小鱼，拿回来洗干净放锅里煮熟，剔除鱼刺，放回原汤水，烧开后下些挂面，加点油盐，权作“病号饭”——父亲说非常好吃。现在想来这也很符合营养要求。这就是我们常说的“军民一家，鱼水情深”啊！

父亲还回忆他在金沟河东守河防时，在河堤下靠水边的地方挖洞捉鳖——挖一百多个底大口小的洞，每天早上总能捉到十几只鳖，他和连队的战友们几乎每天都有鳖肉吃。现在人们把鳖肉当作高级食品、滋补品，价格很高。父亲说那时他们天天吃，也算奢侈啦！

父亲在那样残酷斗争的环境中成长，却不以为苦，他们苦中作乐，锤炼出坚定顽强的战斗精神。他们这些十几岁的年轻人没有经过正规的军事训练，没有经历过大的战斗锻炼，没有好的武器装备，但是凭着一腔革命的信念、一种不怕牺牲的精神，硬是战胜了敌人。他们是革命的新生力量，打不烂、拖不垮，最终成长为祖国的钢铁军人。

○

○

敢教日月换新天

1949年，淮海战役接近尾声，国民党败退，父亲随部队西行至来安，整编为三十四军一〇二师。整编后，部队开往六合县，1949年进入南京成为警卫部队。进城以后，父亲见了世面，他说他一个穷人的孩子过去哪里见过电灯电话，也从来没有见过如此高大漂亮的楼房和种种现代化设备。父亲和他的战友们参观了大中机械厂、禾烧桥灯泡厂、下关打蛋厂、棉纺厂，看到工人们各司其职完成生产任务，真是大开眼界；再加上团部政委深入浅出的讲解，全体官兵很受启发，这对父亲后来人生观的树立也产生了深远影响。

1950 年 10 月，父亲的部队接收了起义军官五百多人，需对他们进行政治教育。这个之后，父亲带着一些无法处置或比较复杂的人员到苏北建设农场，对他们进行进一步改造。建设农场是在芦苇滩上建起来的，这里是盐碱地，水是苦咸的，地下五十米才有甜水，所以要打深井抽取地下水供人饮用。人住的地方都是深井。用两根圆木搭成人字架后往地上一支，再用毛竹搭成窝棚。窝棚上面盖上芦苇，地上铺五十厘米厚的芦苇当地铺，人就睡在上面；墙是将芦苇绑成条后竖绑在毛竹上，再用泥两面一糊就成了苇墙。全场除榨油厂是砖墙外，其余全部是苇顶苇墙，这种窝棚能挡雨，但不能挡风，海边风大，冬天非常冷。父亲他们就是在这样艰苦的条件下开垦土地、挖渠支灌，把盐碱地改造成棉花田的。

1956 年，苏北建设农场撤销，父亲被抽调到公安部十一局（劳改局）二处（教育处）。二处是一个知识分子成堆的部门，父亲因只念了两年不到的私塾，对很多理论问题理解不了。于是，他努力学习，认真研究各种文件、报告，经过一段工作实践，文化素质得到了很大的提高，这为他后来的工作打下了坚实的基础。父亲经常向我们讲述他的这段经历，教育我们要好好学习，要做一个掌握知识和技能的人。

1957 年 7 月，第六次劳改会议召开，会议决定体制精简下放。父亲就是在这时提出回故乡安徽省的，但是那里没有合适的岗位。当时山西劳改工业项目较多，父亲经过考虑便来到山西工作了。一开始他来到大同的大青窑煤矿，在管教办公室当副主任。父亲来到山西时行李很简单，只有一个铺盖卷和一只帆布箱，到单位后才买的锅碗瓢盆，用炕炉做饭，住一间小平房，屋顶的草吊在半空，吃饭在炕上。那时我才六岁，大妹两岁，但为了工作，他吃在食堂，睡在办公室，十几天才回家一次。

父亲在大青窑工作了近五年，时间特别紧张，白天要进行教育和管理工作，晚上要进监房处理一天犯人中出现的问题，经常是到夜里十一二点才能出监房，睡眠时间根本没法保障，到后来就发展成失眠症。他有时到了半夜还睡不着，就起来到外面去散步，走累了再回来躺下，这才能睡两三个小时。1959 年搞特赦，任务紧，父亲连续十四天没有睡觉，待任务完成，去大同市委汇报的头天晚上，他吃了四片安眠药才睡了四个小时。

2011 年 3 月 23 日，我们陪父亲去大关寻找当年的战斗痕迹。父亲说他在解放战争期间驻守在这里，就是在这里被提拔当了副排长。我们在涟水找到一座佛院，里面的塔是新修的。父亲说 1946 年他们围攻涟水，这座塔当时被打塌了一半。我们还去了一个叫风谷的小村子，父亲说他就是在这里入的党。现在的风谷村是一个娴静的小村子，民风淳朴。我们在这里吃的午饭，炖土鸡的味道很好。吃完午饭，我们来到益林，父亲说，当时益林一战打得很艰苦，整个城都被炸平了。

父亲总结他的革命生涯：一是危险，父亲说，和他在一起生活战斗过的很多同志都牺牲了，他活下来是幸运的；二是艰苦，他们这一批人不图名、不图利，一切听从党的安排，一心扑在工作上，只为建设一个新中国。

○

○

千古清风荆布在

父亲一生恪尽职守、勤奋工作，不论是在战争年代还是在和平年代，他始终高度自律。他实事求是的工作理念、严谨认真的工作作风、废寝忘食的工作态度赢得了同志们的信任、钦佩和尊重，也对我们子孙后代的成长产生了深远的影响。我们兄弟姐妹六人，虽然都工作在平凡的岗位上，但我们都能兢兢业业地踏实工作，孙子一辈儿现在也都发展得很好。

父亲对党忠诚、襟怀坦荡、清正廉洁，为我们子孙后代留下了宝贵的精神财富。虽然父亲一直担任领导职务，但我们从没有过领导家庭的优越感。我们姊妹六人参加工作全凭自己努力；母亲没有工作，全家生活一直靠父亲一个人的工资，经济上一直很拮据，但父亲从来不接受任何的礼物和馈赠。

有一次一个犯人家属来见父亲，拿出一支烟给父亲，父亲拒绝了，家属把烟放在了桌上。谈话结束，父亲让他把烟拿走。那个人走了后，父亲拿出自己的烟来抽。当时我在场，就说，那不就是一支烟吗？父亲向我讲了为什么不能抽这支烟的道理——要防微杜渐。那时我还小，但我记住了父亲的话，懂得了不以恶小而为之的道理。

1973年，父亲从王庄煤矿调到董村农场，矿上只用了一辆解放牌卡车就拉完了我们的全部家当：两个木质箱子和其他几件简易家具占了卡车的一半空间，剩下的一半空间放的是煤块和柴火——我们虽然生活在煤矿，但却从来没有拿过矿上的煤和柴，家里生火用的（包括做饭和冬天取暖）都是我们姊妹在杆子山上捡的煤块以及在木料厂剥的树皮。没用完的煤块和树皮我们也舍不得扔，都带到新家里。

父亲身体不好，年轻时，他在战场上多次负伤；三年困难期间，他在大同大青窑煤矿一天要工作十几个小时，瘦得体重只有九十多斤；1962年，我们一家把户口上在霍县王庄煤矿后山上的汾西村，当时的自留地都是山沟里很贫瘠的土地，我们兄弟姐妹几个都很小，还不能干活，父亲便利用星期天，从矿上挑上大粪，走十几里山路去种地。这些超负荷的工作和劳动让他落下了病根，患上多种疾病。1993年，父亲因输血染上了肝炎，在北京三〇二医院住院。当时有一种干挠素对肝炎的治愈率达百分之五十，九十支为一个疗程，国产每支二百七十多元，进口每支三百五十元。父亲问医生，我不打还可以活十年吗？医生说，没问题。父亲说，那就行了，十年后我就七十六岁了，够本了，这一支就打掉一个职工一个月的工资，不打！医生说，你干了一辈子革命工作，受之无愧。我也做父亲的工作，但他坚持不打。这就是父亲的境界。父亲住院期间，我每每去探望，总会有医生或护士对我说：“你有一个好爸爸！”

2013年6月，父亲被检查出肺癌。我们便陪父亲到北京各大医院咨询，当听说需要住院治疗时，父亲立即决定放弃治疗。当时我们姊妹都说，住院治疗可以延长生命，何况你又是离休干部，百分之百报销；先住院一段时间，治疗看看再说。但父亲坚持说，花钱没意义，他不能让国家的财产浪费在无意义的治疗上。就这样我们遵照他的心意，放弃了治疗，让他平静地度过了生命的最后时光。

父亲于2013年11月7日去世，至今已有整整九个年头了，但父亲的音容笑貌，仍时常浮现在我们的脑海中。他为党、为人民奉献了一生，从十六岁参加革命到六十岁从监狱长的位置上退下来，为革命工作奋斗了四十四年。很多熟悉他的人都曾对我说：“你父亲是个踏实认真的人、有工作能力的人，一个真正的共产党人！”我认为一个人一生有这样的口碑应该知足了。我为我的父亲骄傲，为我的父亲自豪。他一生转战南北，保家卫国，展现了一个共产党人的胸怀。我们追忆他对我们润物无声的教育，追忆他披星戴月的艰辛，追忆他团结进取的精神。他就如山间璞玉、江畔青云般素朴、清正，我们永远热爱他。

默默无闻干革命

讲 述 人：车振国
讲述时间：2022 年 11 月 6 日
整 理 人：赵建雄

车玉恒（1921 — 2014），山西广灵人。1935 年参加革命，1943 年 4 月加入中国共产党。1938 年至 1946 年，在八路军一一五师独立团三支队五分区先后任战士、班长、排长。1948 年，在华北野战军（三兵团）解放张家口战役中光荣负伤，时任连长。1950 年至 1956 年，先后在应县第二劳改大队，应县劳改农场，山西省太原工程队石渣厂任小队长、干事；1957 年至 1970 年，先后在山西大同市大青窑煤矿和山西省临汾监狱供销科任科员、干事。1983 年离休。

○
○
工作要踏实，不能图名利

我的父亲车玉恒，文化程度不高，干革命工作却踏实认真。忠诚于党的革命事业，无论在什么工作岗位，都能严格遵守制度，埋头苦干，任劳任怨，一直工作在第一线，为党的事业耕耘了四十九个春秋。他参加过抗日战争，也参加过解放战争，后来因为在战场负伤而转业地方，一直在公安系统工作，当了一名普普通通的干部，直到 1983 年光荣离休。

我的父亲不善言辞，也不争名利，一辈子恪尽职守，默默无闻地工作。凡是与他一块儿工作过的同事、与他打过交道的人都说，老车，那是一个实在人，那是一个大好人。我父亲从来不跟我们兄弟姐妹谈论他的过去，更没有炫耀过他在战场上的光荣事迹。有时候他给我们开个家庭会议，或者跟某个子女谈话，也就是那几句话：一定要听党的话，不要给政府添麻烦，不要贪图个人荣誉，工作要踏实，做人要低调……我们兄弟姐妹听得多了，听得习惯了，慢慢的，父亲的这些教导也就成为我们家的“红色家风”了。

对父亲的过往，我们只知道他的老家是大同广灵县寨子沟公社寨子沟大队。他好像是 1921 年 12 月出生的，具体的日子我们就不知道了，因为父亲从来没有跟我们说过，我们也问不出来。

听我母亲说，父亲八九岁的时候，我爷爷奶奶就都过世了，只留下我父亲和一个弟弟相依为命，有时候他们的叔叔伯伯等亲戚也会接济他们一点儿，日子过得很艰难。1935 年，日本发动“华北事变”，推动“华北自治运动”，扶持代理人，侵略者的铁蹄踏进了大同。为抗击日寇侵略，共产党在大同领导的抗日队伍不断壮大。当时，我父亲才十四岁，看到共产党领导下的队伍纪律严明，是为老百姓打天下的，就毫不犹豫地参加了革命。

当了兵的父亲，虽然年纪小，但却机灵、勇敢，每次战斗，不管大小，他都是拼命往前冲，英勇杀敌。后来他当了班长、排长、连长。1948 年 11 月，我父亲参加了解放张家口的新保安战役，华野二兵团司令员杨得志率部全歼傅作义的王牌三十五军郭景云部两万余人，激战十一个小时，拿下了新保安，保护了古都北平的完整。当时，我父亲在华北野战军三兵团某部任连长。就是在这一次战斗中，他带领战士们冲锋陷阵，被敌人一发炮弹的弹片击中大腿根，且震聋了双耳。父亲被抬下战场，在麻药紧缺的年代，腿上子弹用刀硬生生挖出，腿总算是保住了，但留下了腿疼、流脓的后遗症。之后，部队上把父亲送到张家口荣军医院疗伤，让他一边学习，一边养伤。过了一年多，父亲才能够下地走路。1950 年 11 月，组织上安排父亲转入地方工作，他来到应县第二劳改大队任小队长，后来又去应县劳改农场、太原工程队石渣厂任干事。1956 年 1 月到 1957 年 1 月，父亲进入山西省公安学校学习了一年。学习结束后，组织调动他到大同劳改支队大青窑煤矿任科员，主要任务就是管理服刑的犯人。1970 年 3 月，父亲被调到山西省临汾监狱，先后担任了供销科干事、科长，一直干到 1983 年离休。父亲的这些经历，还是在他去世后，我们办理他的销户手续等时，从他的档案里知道的。

从战争年代参加革命，到转入地方在劳改系统工作的三十多年，父亲秉持一个原则，就是“默默无闻干革命”“老老实实做好人”——不争名、不争利，勤谨干事、老实做人。听我母亲说，不管是在哪个地方工作，我父亲都是工作第一，家庭次之。父亲有一个口头禅：自己分内的事，不要等人催；领导安排的任务，不吃不喝也要干好！

我是1961年出生的。1980年，公安劳改系统招录工人，按照当时国家政策，本系统干部子弟可以报名，我就报了名，后被招录到临汾监狱，成了一名正式工。刚上班没几天，父亲就找我谈话了，父亲对我说，“振国，你要记住，你已经长大了，参加工作了，单位就是你的家，要好好工作，不要贪图名利，更不要贪图升官发财。监狱工作环境复杂，你要尽职尽责，要学会跟领导处理好关系，不能闹意见；也不要跟犯人拉扯关系，要摆对位置。”父亲的话，告诉了我为人处世的大道理。1983年，劳改系统调整用人政策，我通过考试转为国家正式干部；1985年，我调到技术科，后来又先后到二大队、后勤队、生活卫生科工作，直到2021年9月份退休。我在临汾监狱一干就是四十年，父亲的言行一直影响着我、鞭策着我，让我踏踏实实工作、堂堂正正做人。

离休后的父亲，有一天突然说要召集我们全家人开一个家庭会议。这把我们兄弟姐妹都吓了一跳，我们互相问询，以为父亲是要安排后事，但又觉得不可能，因为父亲身体还十分硬朗。我问母亲，母亲也不知道怎么回事。等大家都到齐了，父亲一开口——原来是要给我们上党课。父亲先是给我们讲了中国共产党成立的艰难过程，讲了党的宗旨和任务、根本目标，他还一字不差地给我们背诵了党章，然后，他严肃地对我们说：“孩子们，你们都成人了，也都成家立业了。你们都有自己的工作，都有自己的家庭，我希望你们一个个都要争气，都要上进，要做出一番成绩来。我现在离休了，退下来了，只是希望你们都能够坚定不移地跟着共产党走，听党和国家的话，踏实工作，老实做人，任何时候都不要犯错误。特别是建国（我大哥）和振国，你们两个是党员，一定要带好头，领好路，不要给咱们家丢脸，更不要丢人。”父亲的话不多，却掷地有声，让我们兄弟姐妹记忆一生，警训一生，受用一生。

○

○

生活要节俭，不能乱花钱

我们家兄弟姐妹六个，我上面有一个哥哥、一个姐姐，下面有一个弟弟、两个妹妹。我们基本上是子承父业。我大哥车建国在阳泉荫营煤矿工作，我大姐车翠兰在临汾市人民医院，我跟小弟弟车志国、大妹车翠萍都在临汾监狱工作，小妹车翠红在临汾动力厂工作。我们小的时候，父亲就经常教育我们，生活要节俭，不能奢侈浪费，不能贪图享受，不能乱花钱，不能占公家的便宜。

1970 年，父亲被调到临汾监狱工作。当时除了我大哥因参加了工作而留在了阳泉外，我们兄弟姐妹五个都随父母来到了临汾。刚到一个新的地方居住，家里还没安置好，我们家孩子又多，我就从监区拿回一块儿闲置的木板，计划跟一张单人床拼搭一下，这样就够我跟弟弟两个人睡觉用了。木板刚拿回来，就被父亲看见了，他狠狠地批评了我一顿，让我把木板马上送回去。父亲说："你的这个办法是好的，说明你遇事会动脑子。但是，有困难要自己解决，不能拿公家的东西解决自己的问题。这种做法是不对的，以后也不能这样做。"父亲言语不多，但他的话我们从来不敢不听。后来，父亲自己去外面市场上买回了一块木板，照我的想法跟单人床拼接起来——我跟弟弟两个人在这张床上一块儿睡了好几年。

在饮食起居方面，父亲要求我们兄弟姐妹都要学会节俭，不能浪费，更不能乱花钱。我们家孩子多，母亲又没有工作，全家的生活开销全靠父亲一个人的工资维持。平时的吃穿用度，父亲总是提醒我们，吃饱喝足就可以了，不要挑三拣四，更不能贪图享受。父亲比我母亲大十几岁，很体贴我母亲。在家里，父亲什么家务活儿都干，他经常帮母亲做饭，炒菜、烧肉、擀面、蒸馍、烙烙饼、包饺子，等等，父亲都很拿手。他总是变着花样给我们做吃的，让我们既能吃饱，又能换换口味。

我们兄弟姐妹成家后，节假日回去看望父母，有时候，我们想带两位老人去饭店改善一下。父亲还是那句老话："在家吃就可以了。想吃啥，我跟你妈给你们做。何必到外面乱花钱！难道饭店的饭菜就比家里的好吃吗？”我们只好作罢。我们吃着父母做的饭，内心是幸福和温暖的。

父亲一辈子没有攒下存款。我们兄弟姐妹结婚成家都靠自力更生。父亲对我们每一个人都说过：“自己的家庭自己建，自己的日子自己过。”他辛辛苦苦一辈子，为单位、为家庭付出太多了，他自己从来没有享受过。说出来可笑，父亲一辈子竟然都没有坐过飞机和轮船，甚至连高铁和动车都没有坐过。他刚刚离休时，我们兄弟姐妹就商量，想带着父母出去转转，让他们坐坐飞机、轮船，坐坐高铁和动车，感受一下外面的风景，感受一下祖国的发展变化。经过我们再三动员，父亲终于同意了。那一次，我们也都很高兴，行程都安排好了，临出发时，父亲的心脏病突然发作了，走不成了。事后，我母亲说，父亲是因为兴奋和激动才导致心脏病发作的。后来，我们再要叫他们出去，父亲就说：“算了吧，这些钱就不要乱花了。留着你们好好过日子吧。”

我父亲是个很和蔼的人，教育我们时也比较温和，一般不会大声训斥，更没有打骂过我们。但是，遇上原则性问题，父亲就是“家长做派”，绝对“专制”，我们必须听他的。2012年，我父亲九十一岁，体检时发现了肺癌，而且是晚期，我就陪他到太原武警总队医院治疗，当时做了伽马刀手术，而且手术比较成功。父亲出院后，回家休养了一段时间。第二年，按照医生嘱咐，应该去复查，但他知道是晚期，说什么也不去了。我们兄弟姐妹都劝他：“你是享受正处级待遇的国家干部，所有医疗费用国家都实报实销，又不用你自己花一分钱。”父亲一听反而生气了，他说：“我知道我的病情，再看也治不好，这不是白花钱吗？国家的钱也不能乱花，更不能白花。现在单位的经费都很紧张，就算我为单位节约开支作点儿贡献吧。”我说：“这是两码事，医疗报销费用跟单位办公经费不能扯到一块儿。”可父亲还是坚持不去医院，他说：“不去就是不去。反正我不会给国家和单位再添麻烦的。”我们拗不过他，没有办法，只能让他继续在家休养，平时就按医生的治疗方案给他吃点儿药。第三年，2014年12月14日5时40分，父亲就因病医治无效去世了。这个时间，我记得清清楚楚。

父亲的去世，成了我们兄弟姐妹心头的一个痛。我们总是觉得对不住他老人家，也对不住我们的母亲。我母亲今年已经八十七岁了，我们会把对父亲没有尽到的孝心和爱心，尽量补偿到我们的母亲身上，也算是作为对我们父亲的报答。母亲一辈子跟父亲过苦日子、紧日子，现在国家强盛了，老百姓的日子也好过了，我们也应该让母亲享享福了。这是我们的心愿，也应该是父亲的遗愿吧。

父亲离开我们已经快十年了。我们会继承父亲淳朴而优良的作风，并把它作为我们引以为荣的“红色家风”，一代代传承下去。

公仆葆本色，黄花晚节香

讲 述 人：张自强
讲述时间：2023 年 1 月 30 日
整 理 人：周至

张钦（1921 — 2017），山西灵石人。1937 年 9 月参加工作，1943 年 3 月加入中国共产党。曾任小学教师、八路军战士、武委会主任、武装部长、县委书记、企业领导、地委纪委常务副书记等职。1984 年 2 月离休。

○
○

一张空白的特殊供应证

父亲张钦离世后，没有给我们留下什么物质财富，但有两张特别的“证件”，却成了我们的传家之宝，也成了我们家风家教的精神象征。

父亲是个老革命，当过县委书记、地委纪委常务副书记，算是有职有权了，但我们做子女的，从来没有一个人沾过他的光。有人说：“你父亲那么大的官，怎么老和我们工人混在一起？你看看人家谁谁谁，早就调到好单位了……”那些别人看来是不可思议的事，在我们家就是常态。父亲先后在侯马红卫机械厂（874 厂）任副厂长，在风雷机械厂（5402 厂）任党委书记。他有过在企业工作的经历，与工人感情至深。恰好是在这个阶段，我们在企业参加了工作。

我是老三届毕业生，二十岁参加工作后，在企业从事技术工作，通过不断的努力学习，勤恳敬业，成为厂里的技术员、工程师。那时候，我就听人说，企业和行政机关待遇差距大，特别是退休以后的工资相差甚远，因为在企业退休后工资不与职称和职务挂钩。于是，我就想让父亲帮忙调动一下工作，可他还是那句老话："党让你干啥就干啥，还能你要干啥就干啥？你干得好，组织上自然而然就会用你。别老想着走后门，找关系，太丢人了。"

我儿子一开始也是在企业工作，单位破产后就没有工作了，那时父亲的下级都已经是领导干部了，只要父亲开口说句话，让人家帮个忙，应该不是难事，可我父亲从没有张过口。他说，托人找关系的事，打死他也干不出来。父亲就是这样的一个人，自十六岁参加革命后，他就一心跟党走，听党的话，坚决执行党的决定……这是他毕生的信念，他用一生去践行这份信仰。

1948 年母亲随我父亲到了山西闻喜县后宫村根据地，我出生的时候正是寒冬腊月，天寒地冻，滴水成冰。那时父亲在部队忙工作，根本无暇照顾母亲，导致母亲坐月子受了风寒，身体一直不好。加上我们姐弟五个，家里花销又大，父亲的工资还要接济老家亲戚，日子过得捉襟见肘。可父亲有着共产党人的高风亮节。1958 年父亲就已经是十三级干部，到 1960 年前后，他的工资就有一百四十元左右。那几年，单位调工资，父亲好几次都把指标让给别人。他说"我的工资都这么高了，怎么能再和别人争着调资呢？人要知足，不能多贪多占。"父亲做事做人公道正派，名声人缘都很好。这一点让我们子女很佩服、很敬仰。父亲不仅是我们学习的榜样，更是我们人生道路上的标杆。

父亲在霍汾县当县委书记的时候，有一次，母亲病得很严重，父亲就带着她去西安诊治，等把病治好了，两个人却没钱回来了。后来父亲当掉了自己的大衣，才和母亲坐火车回来。同事们知道这事后，就有人劝父亲去申请点补助，可父亲却摇头拒绝，他说："我家的困难自己能克服，怎么能因为这就搞特殊，占公家的便宜？！这事我可做不出来。"后来这件事成了大家议论的话题："堂堂的一个县委书记，穷得到了要当大衣的地步，说出来谁信呢？"可事实就是这样。

20 世纪 60 年代，正赶上国家三年困难时期，家家户户粮食不够吃，我们家也靠挖野菜过活。在"文革"期间，父亲也受到冲击，家里被翻了个底朝天，直到这时我们才发现家里有一张"特殊供应证"，那是在困难时期政府给高级干部的特殊补贴，拿这个供应证每月可以买几斤肉、几斤白面和糖等。可我们竟然从没有听父亲提起过，打开一看，里面登记栏都是空白的——父亲从来就没有用过。我们后来问父亲为什么不用，他说："那时候大家都困难，我买那些肉、蛋、面有啥用？总不能就是咱们家吃好的吧！”父亲就是不想搞特殊。他觉得，搞特殊，自己都交代不了自己。在父亲心中，不会觉得有这个证就比别人高尚多少，更不会让孩子们有搞特殊的思想。三年困难时期，因我家孩子多，每顿饭中都拌有野菜。老家亲戚吃不上饭的，免不了要到我家来求助；即便要从牙缝里省出点儿去接济，父亲也从没有想过去动用那张特殊供应证。

我记得20世纪80年代，父亲已是地委纪委副书记，亲自抓平反工作。有些平反了的老干部为了感谢父亲，拿上一袋子红薯、几斤玉米面来我家看他。可他硬生生把人家推出去：“不能收，回去好好工作，就是对党最好的感谢。”过后，他跟我们说：“这些老同志，他们受了那么大的委屈，家里本来就不富裕，咱可不能要人家一分一毫。做干部的，就是应该守好自己的本分，怎么能仗着手中的权力，去接受别人的礼物呢？”他的耿直，令我们钦佩。

父亲一生艰苦朴素，吃喝穿戴与普通百姓毫无差别。他的一件衣服穿了几十年，一双皮鞋穿到修好多次，俭朴惯了，他是真的舍不得扔。到了晚年，即便离休工资很高，他也是一样节约，掉在桌子上的饭粒，他还是下意识地去捡起来吃。“浪费粮食可耻”，于他而言，不是一句口号，而是深入骨髓的认识。

父亲爱惜物件，什么东西都用得精细，无论自家的还是公家的。他觉得所有浪费都是可耻的。有的人一说是公家的东西，就不太爱惜；但父亲那一辈人，是从艰难困苦中走过来的，有极强的社会责任感，集体观念强，公家的东西更加舍不得浪费，他们心里头老绷着“艰苦朴素、勤俭节约”那根弦。我将之称为“知敬畏”，就是做人做事要有所敬畏。

○

○

一张藏匿的残废军人证

父亲有着典型的“家长制”思想：说一不二。他的话一旦说出来，就是命令，由不得儿女发言辩解——通俗点说，父亲有些固执。

父亲文化水平不高，在家乡时只读过几年高小，但他学习能力强，参加八路军后一直没有放弃，在紧张的战斗间隙仍坚持学习。抗战时期，他在灵石、

有些平反了的老干部为了感谢父亲，拿上一袋子红薯、几斤玉米面来我家看他。可他硬生生把人家推出去。

介休、临晋等地闹革命，机智勇敢地领导当地军民处决汉奸走狗，破坏敌人通信铁路设施，组织民兵支援前线，尤其他活捉土匪头子潘老六的传奇故事在当地广为流传。

抗战时期，八路军一一五师六八六团与日寇作战，父亲不幸负伤，新中国成立后，民政部颁发给他一张五级残疾军人证。父亲将这张证一直在柜底藏着，从没有拿出来给我们看过。直到父亲身故后，我们在整理他的遗物时，才发现这张残疾军人证的。他从来不炫耀自己的战绩，从来不拿这些去向组织要东要西，他有自己的坚持。

我老家的门楣上挂着一块“光荣军烈属”的牌子，那既是一份光荣，也是父亲心头的一道伤疤。我们知道，有些痛，他无法言表，却一直在心头存在，挥之不去。当初，我们村和父亲一起去参加八路军的有六七个人，其中一个是父亲的堂兄。这个堂兄自小无父无母，和父亲一同长大，两个人感情很好。1940年8月，父亲在一一五师六八六团任支部文书，跟随部队开赴东北，途中，在山东平阴县遭遇日军阻击，父亲伤势严重被转入后方医院。部队开拔后，父亲被转到老乡家里养伤三个月，几经辗转才回到太行山八路军总部……而和父亲同去的堂伯，在一场战役中牺牲了。后来，同村的战友回忆说，当时他们那个班都住在一个村里，敌军一大早来突袭，因他是炊事员，起得早，逃过一劫，其他战士基本都牺牲了……

我参加工作后，出差的机会也多了。有一次，父亲难得开口和我讲了这段往事，他想让我借着去山东的机会到平阴找找，哪怕能找到堂伯的几块骨头带回来，也算是让堂伯回归故里了。我去平阴县那个村子找了，听说，那场战役结束后，牺牲战士的尸体被集中埋在村外的一处，时间长了也分不出谁是谁了……我回来和父亲说了这个情况，他久久没有言语，最后长长地叹了一口气，这是他的一个心病。在我们眼中，父亲是坚强的，甚至在家里有些主观和“独裁”。当年他腿部负伤，留下后遗症，到晚年更加严重，几乎影响到走路，常常疼得坐立不宁。但他从未对此说些什么。他极少动感情，也很少提及往事，但这一次，我明明白白地感觉到，他是真的伤心难过了，是真的思念了，在那声叹息中，充满了无法了却的遗憾。这可能就是父亲坚持原则、坚定信仰的思想基础吧。他忘不了过去战争年代出生入死的战友，忘不了打游击时和老百姓休戚与共的情感，更忘不了党对他的培养和教育。

不忘初心、牢记使命，对我父亲那一辈人而言，是深入骨髓的信仰，是他们的世界观、人生观、价值观。

记得父亲经常对我们说："干工作就要凭本事，你们要靠自己去拼，工作干得好了，必然会被组织重用。"父亲的坚持，到最后成了我们的家风家教。我们姐弟五个，都在普通的工作岗位上辛勤工作、兢兢业业、任劳任怨，从没有干部子女的优越感。我最小的弟弟今年也退休了，我们的下一代也是做着一份寻常的工作，过着平凡的生活。

我们感谢父亲的教育，他的思想和观点，成了我们的人生方向和行动指南：不搞特殊、不去攀比，做好自己的本职工作，过好自己的普通生活；不给组织添麻烦，不给党的荣誉抹黑，做一个清清白白的人。

父亲离世的前几年，仍然心劲很足，坚持读书看报，勤奋学习，时时关注着国家大事，关注党风廉政建设和反腐败斗争，有时候他还会向有关部门提出建议，建言献策。中央召开的每一届中国共产党党员代表大会审议通过的党章册子，他都会送给我一本，让我学习，时不时还要与我交流，告诫我，党员就应学好党章，按党的要求去行动……听得多了，我也就自觉地向他看齐。人常说，近朱者赤近墨者黑，谁让我是他的儿子呢？他的思想和观念，早在我们童年和青少年时期，就深深影响着我们，并印刻在我们心中，那是无法抹去和改变的。

可惜的是，我们的母亲因身体羸弱，不到六十岁就离开了我们。这也是我们家的一份遗憾。每每谈及母亲，父亲总不免伤怀，他老说最大的遗憾就是母亲跟着他没有享过什么福，没有看到现在的美好生活，没有跟她白头偕老，没有让她享受一下现在这太平盛世的好日子。

父亲晚年是与继母生活在一起的，我们子女有空便过来照顾他们，一家人和睦相处。我们与父亲交流虽然不多，但他的言谈、思想无不影响着我们。他艰苦朴素、勤俭持家的精神，疾恶如仇、磊落坦荡的品格，对后代子孙都是一份精神财富。

父亲去世时，有人曾经送过这样一副挽联：公仆葆本色，黄花晚节香。这应该是对父亲的公允评价。在父亲的遗体告别仪式上，单位领导说："张钦同志的离去，使儿女们失去了一位好父亲，孙辈们失去了一位好爷爷、好外公，我们失去了一位好同事、好朋友、好领导，我们党失去了一名好干部。”这是党组织对我父亲一生的总结和肯定。

父亲，我们永远怀念您！

德能附众，武能威敌

讲 述 人：刘淑华 赵建波 赵建中 赵建卫
讲述时间：2023 年 2 月 16 日
整 理 人：赵建雄

赵武德（1926 — 2005），山西昔阳人。1946 年 2 月参加革命，同年加入中国共产党。1947 年 9 月参军。1955 年转到山西省水利厅，先后任办公室秘书、人事科副科长、厅机关党委专职副书记、办公室主任、厅党组成员。1990 年 3 月离休。

○

○

老赵一生向党为民　毫不利己甘愿奉献

（讲述人：刘淑华）

我叫刘淑华，是赵武德的老伴儿。老赵是一位有近六十年党龄的老党员，他一生热爱党，对党无限信仰，也无限忠诚，严格按党章的规定办事，严格按照党员的标准要求自己，认真履行党员义务。他的一生，如果用一句话来概括，那就是：听党话，跟党走，毫无私心杂念，甘愿奉献自己，全心全意为大众服务。因此，无论是在部队上，还是转业地方后，他都能团结同志、勇于奉献。

老赵于 1926 年农历九月二十二出生在山西省昔阳县洪水乡洪水村，我们是同一个村的，所以我对他很了解。我清清楚楚记得我们昔阳县是 1945 年农历七月十四解放的。老赵的档案上记录他是 1946 年 2 月在原籍参加革命工作的，但事实上，老赵在昔阳县解放初期就已经是一名革命工作者了。那时候，他已经担任过本村工会主席、农会主席、武委会主任等职务。老赵是 1946 年 2

月加入中国共产党的，土改时，他还担任过村政治副主任。1947 年 9 月，老赵参加了中国人民解放军，他在部队服役八年，历任副排长、排长、司务长、营教导员、团部管理员。

说到老赵参军，有这样一件事，让我对他十分佩服。那是 1947 年，正是解放战争时期，战争形势发生了根本逆转，解放军已经具备了大规模反攻国民党军队的可能性，共产党领导的人民民主运动蓬勃开展，解放区的年轻人更加积极踊跃地参军。那时候，老赵二十一岁，他和第一任妻子已经结了婚。老赵有三个哥哥一个姐姐，大哥赵麟德，当年身背手榴弹给八路军站岗放哨，1940 年被日寇宪兵队枪杀；二哥赵顺德，是一个木匠，在村里劳动；三哥赵文德，1938 年就参加了八路军，后来为国捐躯，献出了年轻的宝贵生命；姐姐赵来英已经出嫁。当时他的父母亲都年纪大了，妻子还怀有身孕，家庭生活很困难。即使这样，老赵仍然积极带头报名参军，同时他还说服并动员亲戚和其他村民，在老赵的影响和感召下，全村连他就有十八个小伙子报了名。1947 年 9 月，老赵告别了年迈的父母、新婚不到四个月的妻子和妻子腹中的孩子，带着通过部队审查批准入伍的同村十四个年轻人，一同参加了中国人民解放军，奔赴晋东南长治武乡县补充团进行集训，后来老赵成为补充团的一名排长。在当兵后的五年内，老赵先后失去了父亲、母亲和妻子，他都因为战事吃紧脱不开身，一次也没能回家为亲人料理后事。年幼的儿子无人照料，正好他的二哥二嫂没有生育，就将孩子抱去抚养。后来，每当与家人谈及这些事，老赵都会伤心落泪。记得有一年，不是 1962 年就是 1963 年的春节，老赵不知怎么就突然想起了他的父母亲，把自己一个人关在屋子里，哭了一整天。

1947 年 9 月至 1955 年 4 月，将近八年的时间里，老赵随部队东突西进、南征北战，冲锋陷阵，经历了一次又一次生死考验。解放战争期间，他随刘邓大军夜渡黄河、千里挺进大别山，参加了著名的淮海战役、渡江战役等；之后，又入四川，下云南，在解放大西南、解放华中南的前线奋勇杀敌，为全中国的解放作出了贡献，当时老赵还荣立了“三等军功”。1951 年 3 月，老赵积极响应毛主席“抗美援朝、保家卫国”的伟大号召，和众多的中国人民志愿军一起，跨过鸭绿江，奔赴朝鲜战场，为保卫和平、反抗侵略进行了艰苦卓绝的英勇斗争。这期间，他参加了多个著名的战役，用自己的鲜血书写了伟大的抗美援朝精神。

我至今都珍藏着五枚老赵在部队时获得的纪念奖章，他们分别是解放军中原军区颁发的淮海战役纪念奖章、解放军西南军区颁发的解放西南胜利纪念奖章、解放军中南军政委员会颁发的解放华中南纪念奖章，还有1951年中国人民政治协商会议全国委员会颁发的抗美援朝纪念章、1954年2月17日全国人民慰问人民解放军代表团赠授的全国人民慰问人民解放军纪念章。这些纪念奖章都是对老赵一心向党、为人民大众求解放、无私奉献的嘉奖和肯定，将来我会把它们都留给我们的后辈儿孙，让他们永远学习老赵的精神，永远做一名全心全意为人民服务的人。

老赵是在抗美援朝战争中光荣负伤的。那时的朝鲜战场，以美军为首的“联合国军”的飞机日夜对志愿军阵地进行轰炸。在1952年8月，抗美援朝第五次战役的金城阻击作战中，敌机向我军阵地投下的炸弹爆炸的一瞬间，老赵毫不犹豫地用自己的身躯扑在了首长身上。首长安然无恙，而他自己却被炸成重伤。在战地医院做手术时，由于缺少麻药，医生就找来一只饭碗扣在老赵嘴上，又叫来几个战士摁住他的头、胳膊和腿，他就这样忍着剧痛完成了肩部、背部、腿部等多处手术，腿部的弹片取出来了，但深深嵌入右侧肩胛骨的弹片却一直留在了他的身体里……那次手术，把在场的医生和战士们都看哭了。过了一段时间，老赵跟其他伤员一道被送回国内。他先是被转送到黑龙江海林县医院接受治疗，1953年1月又被转到山西荣军中学参加学习和疗养。而老赵从此以后一看见血或者一到医院就非常紧张，还有拉肚子的生理反应。

老赵受伤后，部队根据实际情况给他认定的是二等伤残。当时部队有规定，二等以上伤残军人就不能再上战场了；可是老赵还是一心想着要上战场，他就拄上棍子找领导说：“我参加部队就是为了跟党走，就是为了打倒欺负老百姓的反动军队，就是要为老百姓打江山，就是要为人民大众服务。”在他的多次要求下，有关部门把他的二等伤残改为三等；在他的软磨硬泡下，他如愿被评定为“三等甲级革命伤残军人”。可没想到部队的规定又有了变化，三等伤残军人也不允许重返前线了。1955年4月25日，无奈之下的老赵只好服从组织工作安排，转到地方——山西省水利厅。

20世纪80年代初，我们的小儿子要上高中了。有一次，我碰到太原市第十五中学的领导，而这位领导恰巧是我在太原三中读书时的老师。因十五中既是重点学校，又离我家近，为此我与他谈起孩子上高中的事情。这位领导提出可以让孩子来学校读书，前提是让厅里给十五中让出些土地——那时候水利厅与十五中只有一墙之隔，而靠十五中那边正好有一块儿地皮空着。老赵说：“我不能为了自己家孩子上学，就把公家的土地白送出去。”最后孩子仍然是在十二中读的高中。

20世纪80年代后期，水利厅领导让积劳成疾的老赵到北戴河疗养一个月，并且允许家属陪同，但老赵没有让家属陪同。疗养结束时，厅领导又征求老赵意见是否需要家人去接，他还是不同意。他说，不能让家属花公家的钱，更不能给组织增添负担。那时候的交通还不太发达，最后，老赵一个人拖着病体几经周折才回到了家。

无论是参军的八年，还是在地方工作的几十年，老赵始终不忘初心， 牢记为人民服务的宗旨。他不但自己两袖清风，还时刻教育、提醒下属，要公私分明，要全心全意为群众服务好。一位多年担任食堂管理员的老同志在工作岗位上突然去世，单位对食堂账务进行了仔细审查，没有找出一点点问题。

我跟老赵生有三个儿子，现在他们也都是共产党员。在孩子们就业时，一个都没有沾过老赵的光。大儿子是上山下乡的知青，后来国家落实政策，规定父母单位要首先接收回城子女并安排工作，所以他被安排在山西省水利勘测设计研究院下属的勘探队，当了一名大卡车司机。水利勘探队是水利系统最艰苦的单位，长年在野外作业，许多年轻人受不了，陆陆续续都离开了。只有我这个孩子还一直坚持在那里，而老赵也从来不过问。直到后来机构调整，勘探队的车队划归设计院管理，大儿子才基本结束艰苦的野外作业工作。其他两个孩子，也都是按照国家有关政策，通过正常招考渠道进了其他单位参加工作的。好在这三个儿子都继承了老赵的优良作风和美好品德，他们都在各自平凡的工作岗位上兢兢业业、踏实勤奋、团结同志、努力进取，取得了一定的成绩，这是最令我和老赵感到欣慰的事。

○

○

父亲一辈子干革命　德能附众武能威敌

（讲述人：赵建波　赵建中　赵建卫）

我们的母亲刘淑华是1936年农历九月初九出生的，她比父亲小十岁。他们俩是在1953年3月5日结婚的，婚后，在贫困中相濡以沫，在患难中相互扶持，在平淡中白首同心，共同携手走过了五十二个酸甜苦辣的岁月。

听我们的母亲说，她是解放后已经快十岁了才上的小学和高小。1952年昔阳县中学成立，有关部门要求各高小的学生提前毕业考中学。因为母亲家生活困难，姥爷含着泪对母亲说："孩子，不是家里不供你，实在是咱家穷，供不起你上学。"母亲学习很好，成绩很优秀，在母亲面临失学的时候，正好遇到了从朝鲜战场负伤回来疗养的父亲。父亲本来就是一个与人为善的人，在去部队之前基本上不识字，所以对读书学习很重视，于是就同意由他供母亲继续读书，最终母亲考到了太原上学。母亲说，父亲那时候是"最可爱的人"，她很敬佩他，而且他们俩是同村人，又都是穷苦人家出生，双方都很了解，后来他们俩就向组织提出了结婚申请，经部队审查批准后一个月就结婚了。婚后，父亲又供母亲上了七年学，而且为了不耽误母亲的学业，他们婚后近六年都没有要孩子。母亲也是一位老党员，她是在太原三中入的党，高中毕业后留校从事党支部工作；后来又在太原市西羊市小学、海子边小学、水西关小学等校任教，担任过老师、校长、革委会主任等职务；1976年6月调入太原市乡镇企业管理局，也就是后来的太原市中小企业管理局，担任人事劳资科科长一职，直到退休。母亲说，她一直对父亲怀着感恩之心、敬佩之情，一生都在以父亲为榜样。直到父亲去世前，他们俩都互敬互爱、互帮互学，可以说没有争吵过一次。

在部队上，父亲给大家的印象是思想进步、工作大胆、意志坚定、号召力强，一方面善于做宣传工作，一方面勤于搞服务工作。解放战争中，父亲参军时在刘邓率领的二野十二军三十一师九十一团三营八连，部队进入四川后开展了数次忆苦教育和阶级斗争教育，每一次父亲都带头发言，哭诉他大哥被日本宪兵队枪杀的血腥事实，以及家中孤儿寡母艰难度日的悲惨经历；控诉了1940

年日寇清水队长指挥日军在家乡昔阳县活埋了两千多人的罪恶行径——这其中就有他们村里的二十多人。父亲通过自己的身边人和身边事，给战友们进行了极其深刻的思想教育，大大激发了他们勇敢杀敌的勇气、信心和决心。

1947 年秋，父亲随刘邓大军挺进大别山。有一次部队急行军，因为劳累和饮食条件差，父亲得了疟疾，由于感染严重，途中发作时身体“打摆子”，一下子就倒在路边的水田里，抽搐不停。战士们将他拉上后，他不仅坚持步行随队行军，还挣扎着继续为战士们搞好后勤服务，战友们深受感动，部队首长也表扬了父亲。

在部队，父亲也是团长、营长的得力助手，他深深懂得打仗要粮草先行的道理。部队每到一个地方，战士们都休息了，他还要外出征集粮食，或是与炊事员一起制作干粮，保证让战士们吃饱带足。另外，他还要为战士们提前准备好充足的换季衣物，因此，战士们对后勤保障工作都很满意。可父亲却从来不考虑自己的休息时间，甚至不考虑自己的安危。1949 年 11 月，父亲参加了解放大西南的战斗。有一次，部队在一个村子休整时，他发现已经没有干粮了，可是部队第二天就要出征。他立即去老乡那里买来玉米，再找到一户有石磨的老乡家，他一个人连夜推着沉重的石磨把玉米磨成面，拉回来后又与炊事员一起加紧为战士们做好干粮，保证了部队按时出征。那次，部队打了大胜仗。就是因为这件事，部队返回驻地后给父亲记了“个人三等功”。后来，部队把立功奖状寄回父亲的老家，村里群众自发组织起来到父亲家的院子里开庆功会，听母亲说，那一次她也参加了，而且还表演了扭秧歌。那时候村里所有人，包括母亲，对父亲这个英雄人物都十分敬佩。

父亲是太行山革命老区出去的兵，在团营连各级领导的眼里，他觉悟高，能吃苦，团结人，遇事拿得起放得下。所以，有什么困难，首长们都会交给他去处理，他也准能想尽一切办法带领战士们圆满完成任务。在抗美援朝战争的第五次战役中，志愿军部队奉命向南纵深穿插，每天要行进一百至两百里，遇有公路堵塞，就得离开公路从两边山地行进，或是另找小道前行。父亲所在部队穿插得最远，一直打过 “三八线”，插到了“三七线”，把美国佬的防线砸了个大窟窿。随着战场形势的突变，有一次，父亲和他的一千六百余名战友被敌人截断在“三七线”上，在接到上级领导要求他们后撤至金城一带驻守的命令后，他们深知，分散突围等于寻死，必须集中力量，整连整营整团集中突围。于是，在极度疲劳和粮食弹药严重不足的情况下，父亲和团营连各级指挥官带领战士们发扬太行革命老区吃苦耐劳、不怕困难、不怕牺牲的精神，同甘共苦、团结互助，冒着枪林弹雨，穿越崇山峻岭，终于胜利到达驻守阵地。

关心群众、团结同志，是父亲最大的优点。转业到山西省水利厅工作后，父亲一开始是负责办公室秘书工作，他这人啥事也管，单位的、职工家属的，没有他不管的事。那时的省水利厅，职工来源很复杂，有阎伪手下工作过的水利工作人员，有跟随傅作义起义过来的军官，还有从学校分配来的年轻干部，也有像父亲一样从部队转业的一批“红色干部”，这么多干部职工的孩子上学、子女当兵、家属就业、住房安置等等，甚至两口子吵架、邻里之间闹矛盾这些杂事，他们都找父亲和他的同事们去解决。父亲就带领同事们发扬我党密切联系群众、依靠群众、服务群众的工作作风，一起想尽各种办法帮助群众解决问题。那时候，在我们的印象中，父亲的工作就没有白天黑夜之分——他加班加点是常事。以前我们住的楼房在水利厅机关大院的旁边，许多个夜晚，我们都是在家里远远地望着父亲的办公室，盼着那里昏黄的灯光早点熄灭，这样他就能回家休息了，我们也就能见到他了。

20世纪五六十年代，正是困难时期，许多职工家属没有工作，生活负担重，职工就经常来找父亲解决家属就业问题。父亲总是为群众着想，在政策允许的范围内，积极想办法，通过组织批准，多方协调，给大家在厅里或是下属单位安排好工作：有的在幼儿园当保育员，有的在食堂当服务员，还有的当机关卫生保洁员，也有的在澡堂当票务员。家属有工作了，在家里的地位也提高了；收入增加了，家庭也更加和睦了，职工的工作积极性也就起来了。有一位职工，家里孩子多，他妻子是后来从乡下老家来的，没有工作也没有收入，日子过得很艰难，又没有赶上机关后勤部门的招工，他便多次找父亲给他妻子谋一份工作。后来正好赶上水利厅下属单位食堂用人，父亲就想方设法将他妻子安排进去帮工了。他们一家人一直都很感激父亲。但说起这事，父亲总是说：“这有啥呀？为困难群众解决工作和生活中的问题，本来就是应该的么！”

有一年秋天下大雨，我亲眼所见，在省水利厅机关大院外的桃园四巷口的道路上，路边的树叶被暴雨打下来将下水道口堵塞了。路上积满雨水，影响车辆和行人通行，身为办公室主任、厅党组成员的父亲，冒着倾盆大雨，挽起裤腿，蹚着水，在一尺多深的积水中寻找被堵塞的下水道口。父亲的行动深深感染了单位的同事和现场的群众，大家纷纷赶来帮忙。不一会儿，下水道口的杂物被清理掉了，水位迅速回落。听父亲单位的同事讲，厅机关办公楼里的厕所脏了堵了，父亲都会带头去打扫、去处理。还有每年除夕那天，父亲都会去看望、慰问去世职工的遗属，给他们送去党的关怀和组织的温暖。

父亲不仅团结服务单位同事，也关心帮助家乡群众。那时候，有老乡来太原买化肥、买种子，看病就医买药，买结婚用品、生活用品，或是给村里购买戏服道具等，父亲都会把他们安排在我们家里吃住，这便给老乡们节省了许多食宿花销。计划经济时代，城镇人口的粮油都是定量供应、凭票购买。老家来的人多了，家里的粮食自然就不够吃，父亲就去市场上买议价粮油，他从来没有怨言，总是尽全力帮助乡亲们。有一次，几名村干部因为给村里办事在我们家吃住了多日，他们过意不去，回去后给父亲寄来二十斤粮票，父亲坚决不收，又给退了回去。

父亲为党工作几十年，一直是努力团结群众，为群众着想，替群众办事。他肚量大，能正确看待问题，遇事都能坦然处之。“四清运动”时，厅机关的总务科长遭到他人诬陷被审查，有人怀疑父亲也有问题，对他也进行了调查。在这期间，正好遇上单位调资，由于父亲正在接受调查，受到影响，因而比别人少调了一级。最后审查的结果，是他和总务科长都是清白的。同事们为此事都替父亲打抱不平，但父亲不计较，过后也没有找领导说调工资的事，且一如既往地做好工作，对单位同志一视同仁。父亲常说：“身正不怕影子斜，自己没有做过的事情自然不怕别人调查，反正自己问心无愧。”

父亲离休前担任山西省水利厅办公室主任、厅党组成员多年，职务高、资历老，但只要是涉及群众的事，他仍然是积极主动、亲力亲为。机关有老职工去世了，父亲一定会全程帮助料理后事，甚至会帮助家属给逝者清洗遗体、穿戴葬服。曾经有一个老职工去世了，他的家属来到我们家，见到父亲后，“咚”的一声就跪下了，把我们全家人吓了一跳，原来是这个老职工临终前有“遗言”，希望他去世后父亲能去给他穿葬服。父亲一听，毫不犹豫就答应了，立马过去帮忙。

父亲于 2005 年 3 月 14 日因病去世，享年八十岁。他去世后，许多同事和群众自发前来参加他的遗体告别仪式，为他的不幸去世而心痛落泪；山西省水利厅机关离退休管理处领导还亲自为父亲的遗体覆盖了一面鲜红的中国共产党党旗，这是一种莫大的荣誉，是对父亲一生与人为善、团结群众、服务大众的褒扬和肯定。在父亲的追悼会上，厅机关也给悬挂了一副挽联“铁血报国一身正气，丹心为民两袖清风”，这也是对父亲一生的最好评价。

如今父亲走了，我们永远怀念可亲可爱、可学可敬的好父亲！

清廉奉公守初心

讲 述 人：李敬苗　李东翔
讲述时间：2023 年 2 月 16 日
整 理 人：江雪

李树屏（1921 — 1999），原名易功，河北行唐人。1938 年加入中国共产党。1939 年参加工作，曾在河北灵寿县、行唐县、察哈尔省宣化市、冀晋四专任小学教员、区助理员、合作社主任、银行总务、区公所副区长、派出所所长等职。1949 年 7 月，在察哈尔省党校进修公安业务。1950 年 3 月后，任大同市一区公安秘书、总务科科长。1952 年 5 月后，先后任大同市劳改大队副大队长、劳改五队副大队长，西峪煤矿矿长，劳改局煤管处副处长、供销处副处长，王庄煤矿矿长，荫营煤矿矿长。1970 年 7 月，在五寨县插队。1973 年 7 月，任晋普山煤矿矿长。1985 年离休。

○

○

风里浪里干革命

又是一年春节，打扫家里卫生，拂拭一幅幅照片，我们又看到了父亲——他的微笑让人感觉那么温暖。

二十三年了，每到春节一家人团聚时，年迈的母亲就会嘱咐我们，先给你们爸爸摆上碗筷——我们还像小时候等父亲回家吃饭一样，给父亲盛好饭，等父亲带着一肩雪花回来……

1921 年初冬，我们的父亲李树屏出生在河北省行唐县一个贫农家庭。家里有爷爷、奶奶和父亲兄妹四个，六口人仅靠不足一亩的薄地维持生活。好在爷爷从小学了银匠手艺，农闲时便走街串巷，为有钱人家的小姐打耳环、戒指什么的补贴家用。父亲七八岁时，爷爷便带着他，挑着担子到附近的村镇，招揽些银匠活计。有一天，父子俩走到灵寿县西岔头村招揽活计，不禁被这里的环境和当地的生活物资交易市场的繁华所吸引。灵寿县历史悠久，滹沱河从这里缓缓流过。雄伟的太行山与美丽的滹沱河，山河携手、交相辉映，汇聚成了别样风光。爷爷看到这里山川秀美，环境和生活条件都比老家好，就把家里人接过来，想在这里立足。但那个年代，军阀混战，土匪骚扰，国民党搜刮民膏民脂……一家人在西岔头村的日子并没如爷爷所愿变得好起来，反而过得更加艰难。

西岔头村南有一条山路，紧靠滹沱河的支流——终年川流不息的磁河。河边芦苇浩荡，夏日碧绿万顷，随风起伏，一眼望不到边。当时农村建房屋都需要用芦苇苫盖屋顶，所以这片芦苇便成了当地百姓的“钱袋子”。更重要的是，在抗战时期，浩荡的芦苇荡还为我党地下工作提供了极大方便。面对日军突然来“扫荡”，当地老百姓便会划一艘小船躲藏进芦苇荡中；我党很多地下工作也在这里秘密开展。西岔头村南那条路上通京津，下达石家庄。日军从灵寿县城出来到解放区扫荡，必经此路。我党地下工作人员躲在芦苇荡中，将路过的日军有多少人、多少枪、多少车辆等情报及时且准确地传递给八路军、武工队。

当时，西岔头村逢三、五、七就有集市贸易交流会，我地下党便抓住集会人多方便的优势，在这里发动群众，宣传党的政策，召开各种会议。七七事变后，抗日的烽火在中华大地上熊熊燃烧，父亲在地下党组织的引导下，1938 年光荣加入中国共产党，1939 年便担任了抗日区小队队长。在武工队的领导下，他带领区小队的同志们，站岗放哨、送情报，组织民兵武装、妇救会、儿童团，配合主力部队同侵华日军开展了一次次的游击战。他们经常深入敌后，到灵寿县城党的地下交通站取送情报，乔装打扮成普通农民到鬼子炮楼侦查情况，了解敌人炮楼的战备布置和人员信息，然后把情报送给八路军主力部队。日军“扫荡”时，得到情报的小分队便立即行动，组织村民向安全的地方转移。安顿好村民，他们便开始埋地雷，并用土枪、手榴弹等配合主力部队与日军作战。没有战斗的时候，他们就成了村里的工作队、生产队，斗地主、除恶霸、分田地，搞生产互助、减租减息，组织民兵担架队，组织妇女们做军鞋军衣，做干粮、炒炒面，支援前线，还开展了轰轰烈烈的大生产运动。

抗战后期，由于工作需要，接受党组织安排，父亲秘密回到行唐老家，当了一名小学教员。父亲的文化程度并不高，只断断续续在农闲时学了一点儿文化。但他服从组织命令，克服重重困难，认认真真地做起了“先生”。父亲在教员身份的掩护下，发展党员，发动群众共同抗日。后来，父亲在组织的安排下，还担任过区助理员、合作社主任、银行总务、区公所副区长，派出所所长等职务。

○
○
忠诚为党守初心

1949年7月，父亲接到任务，到当时的察哈尔省党校进修公安业务。培训结束，按照组织安排，父亲跟随部队南下；刚走到大同，忽然又接到上级命令，让他们支援当地工作——就这样，父亲被分配在大同公安局，先后任大同市一区公安秘书、市局总务科科长。1952年，察哈尔省撤销，大同划归山西省。

父亲说，让他终生难忘的任务是那次极艰难的迁移。当时，山西省公安劳改系统机构重组，决定把大同看守所在押罪犯全部迁移到太原西峪煤矿。那是一次特别艰难的迁移，也是一次特别危险的迁移。这支迁徙队伍的主要成员是罪犯，这些罪犯中有国民党战犯、特务，有社会渣滓，还有政治反革命、刑事犯等——很多罪犯是仇视新中国的敌对分子，一旦出意外，后果不堪设想。临出发前，父亲和参与押送的工作人员反复推敲讨论迁移行动的每一个细节。经过缜密的安排部署，父亲和武警战士、监狱干警以及工作人员一起，押着罪犯，用马车拉着行李，徒步前往西峪煤矿。那时候别说高速公路，就连普通公路也没有。从大同到太原有七八百里的山路，父亲和他的同事们，过朔县、代县、雁门关……一路风萧萧雨潇潇，黄沙漫天，他们不仅饱受风餐露宿、穿山越岭之苦，还必须时时刻刻从思想上绷紧弦，警惕罪犯逃逸、造反。父亲他们凭借对党的忠诚和周密的工作部署，终于按预定时间安全到达目的地，所有工作人员这才长长舒了一口气。

此后，在党中央的部署下，西峪煤矿监狱的干警们白手起家，经过不断摸索，不断总结经验，克服重重困难，终于使西峪监狱的工作走向正轨。20世纪

50年代初，新中国的监狱改造工作刚迈开步子，正处于探索、摸索阶段。改造和生产双驱并进是我们国家改造罪犯的路线、措施和手段。父亲爱学习、爱钻研，到监狱工作后，很快便掌握了煤炭行业的开采技能，并琢磨了一套管理办法。煤矿的有序生产，既解决了监狱的各项开支，又给国家上缴了利润，同时也开创了监狱工作的新局面。监狱、煤矿双驱并进，父亲他们在新中国建设的战线上取得了有目共睹的巨大成就。

1956年，父亲被组织选送到中国地质大学进修。学成归来，父亲成为山西省监狱系统四大煤矿生产的主要领导。

煤矿安全，是各项工作中的重中之重，不得有半点侥幸和疏忽的心理。父亲他们制定了完善的安全生产制度，做到布置、检查、落实到位，单位领导干部按规定每天必须有一个人带班，现场及时解决问题。父亲是出了名的“黑脸包公”，对违规者，坚决不留情面，按制度给予处罚。父亲曾说，“煤矿生产，安全问题大于天，因为煤矿人命关天，一旦出错，可能就会酿成大错。只有把紧安全关，才能尽量不出问题”。

父亲是搞了一辈子公安工作的老党员，他的党性宗旨很强，工作纪律性也很强。在我们的记忆里，父亲总是只说上班不说下班，没有节假日和星期天，更别说调休和轮休。他每天早早就离家上班、开会、外出，决不迟到一分钟。但到了下班时间，经常看不到父亲回家的影子。那时候我们家吃饭的规矩——父亲下班没回来，母亲就不让开饭。有时候眼看等的都快到上学时间了还等不来父亲，母亲才无奈下令开饭。很多次，父亲好不容易回来了，刚端起碗就有人来谈工作，他只好把碗放下。逢年过节，他不是下坑就是去监房，很少在家。

父亲从参加工作到离休，时时处处以一个优秀党员的标准严格要求自己，但他从来没有当过一次先进或模范，并不是父亲不够条件，而是因为他见荣誉就让，见困难就上，这也是他的一贯做法。那时候矿井条件不好，有些地方开采没有到位，人需要爬着过去，父亲总是第一个爬过去。由于父亲身材魁梧，在一次爬行中，锋利的煤块磕到了他的肋骨，父亲骨折了。但即使骨折，他还是一天也不休息。

正因为有父亲这样忠诚无私的一代人，监狱改造、生产的双重任务才能很好地完成。1975年，毛主席等国家领导人接见全国煤炭系统代表，父亲作为全国煤炭系统代表赴北京参加了那次接见。那是父亲一生的荣耀，回来后，他难抑激动，把长长的照片在家里摆放了一张，还在办公室摆放了一张。那张照片伴随了他一生，那份对党对国家的忠诚也伴随了他一生。

○

○

清正廉洁一辈子

父亲是穷人家出身，他与他们那代人一样，把艰苦朴素当作了生活的法宝。我们记得，那时候父亲穿的衣服，膝盖部位、肘关节部位总是打着补丁。按说，他的衣服破了，是可以领新的穿的。但他总是只领两套工作服，办公室一套，家里一套。至于工作用品都是需要了才领，不用就不领。父亲工作几十年，从来没有往家里拿回过单位的一张纸，甚至一个钉子……在饮食上，父亲把对粮食的爱惜做到了极致。他不挑食，更见不得一点儿浪费。吃饭的时候，我们一旦把饭粒掉在饭桌上，父亲就用筷子敲敲桌面，提醒我们把掉的饭粒捡起来吃掉。父亲不会说“谁知盘中餐，粒粒皆辛苦”，但他常常吓唬我们说，“谁糟蹋一粒粮食，老天爷都会看到，就会惩罚这个人”。我们认真地问父亲：“老天爷怎么惩罚这个人啊？”父亲就一本正经回答：“老天爷会让那个人挨饿，吃不上饭；若是太不像话了，老天爷还会发威，大旱大涝或者地震，田地荒芜，收不上粮食。”父亲的话无疑对年幼的我们起到了一种震慑作用。后来，我们也养成了习惯，一旦掉落饭粒赶紧捡起来吃掉。父亲的这一做法影响了我们，我们又影响了下一代。我们长大后，知道一粒米饭并不足以让“老天爷”发威，但几十年的习惯已经深深地刻在了骨子里。现在虽然生活富足了，但我们从来不会浪费粮食。

20世纪70年代，年轻人流行穿洗得发白的工作服，那是一种时髦。当时，我们也都想要一身发白的工作服，就与父亲商量说：“能不能给我们拿一身回来，让我们也赶一下流行？”谁知父亲一听，脸立即黑了下来，他非常严厉地训斥道：“你们穿上像什么呢？那是国家给工作人员穿的，你们穿了算什么！”看着父亲，我们只能硬生生把委屈吞下去，谁让我们有这样一位坚持原则、清廉奉公的父亲呢！有一次，听父亲单位管劳保用品的师傅说，你父亲的劳保用品领得最少，本来应该领走的，他都以“不需要”为由一直没有领，包括口罩、肥皂。别人是想法多领，你父亲是本来应该领的，却没有领走。

那时，以父亲的职位，为亲戚安排个工作是没有问题的，但父亲始终没有把手中的那点“权”用在私人关系上，但是他对待有困难的同志和家属，却总是尽力帮助解决困难。那时候，单位每年有百分之二的自然减员指标。为解决家庭真正有困难的人，父亲不怕得罪人，把指标分配给了真正困难的同志。一些接受过父亲帮忙的同事，拿一些烟酒或土特产来家感谢他，父亲都一概婉言谢绝。

20世纪70年代，国家号召“知识青年到农村去，接受贫下中农再教育”，父亲积极带头，我们姊妹三个从学校刚毕业，就被他安排到农村插队去了。其实，按照当时的政策，每家可以留下一个子女参加工作；父亲给别人家是按照政策办理，留下一个孩子，帮人家孩子安排工作。我们到了结婚年龄，国家号召晚婚晚育，父亲又要求我们响应国家政策。因此我们姐妹结婚，都在晚婚晚育规定范围之内。我们曾对父亲的做法很不满意，但父亲说：“我是共产党员，共产党员的宗旨是为人民服务，共产党员就意味着不能谋私，不能让群众说长道短。”

从我国第一次确定干部工资起，父亲的工资档次一直没有升。改革开放后，国家多次给工作人员调级涨工资；但父亲说，他的工资国家已经给得够高了，好多拖家带口的职工比他困难多，所以他不争，要把机会让给困难的同志。

父亲是一个普通的共产党员，他用一生践行了一个共产党员应尽的责任和义务。他始终把忠诚党的事业贯穿在工作、学习、生活上。在工作的几十年中，父亲批评的人、处罚的人、处理的人很多，但父亲的公平公正、清正廉明也得到了大家的支持和赞扬。

父亲还有很多美德，比如谦恭礼让、勤劳朴实、做事硬气、坦荡无私，他的行为潜移默化地影响了我们。我们兄妹六人，有三个入了党，并多次在单位获评优秀党员、先进工作者或先进生产者荣誉称号。

父亲离开我们二十三年了，但他兢兢业业工作、清正廉洁为人的好作风在我们家传了下来。我们一定会把父亲留给我们的传家宝传承下去，让我们的后代忠诚于党的事业，做清白的、勤奋的、遵纪守法的老实人，为社会奉献一份力量。

言传身教

饱含深情的父亲

讲 述 人：曲小玉　曲传武
主 讲 人：曲传武
讲述时间：2022年8月9日
整 理 人：王芳

曲作同（1927 — 2019），山东牟平人。1945年参加革命工作，同年加入中国共产党。1945年8月至1953年2月，先后在第四野战军独立一师十纵队、哈尔滨市猪鬃厂工作；1953年3月至1964年6月，先后任哈尔滨624厂组织部部长、党委副书记等职；1964年7月至1975年6月，先后任145厂基建科科长、革委会副主任；1975年7月至1977年1月，任山西东安化工厂党委书记；1977年2月至1987年6月，先后任145厂革委会副主任、副厂长等职。1987年离休。

○

○

遇事多让着些别人

父亲曲作同，1927年4月19日出生于山东省牟平县。父亲有三个哥哥、一个姐姐，他是家里的老小，十二岁之前在老家务农，之后在从东北来的邹经理的店里做小工，经常帮邹经理送物资和情报，算是接触了组织。

1945年8月，父亲十八岁，由邹经理介绍参加了东北民主联军。父亲在国家民族灾难深重的时刻，在共产主义旗帜和革命进步思想的感召下，毅然奔赴革命战场。参加革命后，他紧紧追随中国共产党，时时处处从各方面严格要求自己，迅速成长为一名合格的革命战士、一名光荣的中国共产党党员。

父亲于1964年调入145厂，任职期间，父亲组建了厂子弟中学、技校以及职工大学，建设了两栋教育楼、一栋小二楼、一栋四层教育楼；他把工厂的卫生所扩建成医院，并带领医院外科大夫研发了烧伤新药。新药当时在兵器部都是非常有名气的。每当厂里因为工作成绩给他奖励时，他都让给同事，从1964年进入厂子到离休，他没有涨过一分钱工资。

父亲是慈父，亲切和蔼，从来没有和我们高声说过话，说话时总是笑眯眯的。男孩子总是有调皮捣蛋的时候，儿子们只要在外面和人打架，父亲知道后就会数落一顿：既然知道自己是干部子弟，在外就不要惹事，遇事多让着些别人。父亲长得非常帅气，非常爱干净，性格内向。他从小并没有受过好的教育，但通过多年的自学以及党组织的培育，他成了一个文化人，文章写得特别好。

父亲将毛主席在《纪念白求恩》中写到的“毫不利己，专门利人”的精神作为他工作和教育子女为人处世的信条。在我的记忆中，无论他分管人事还是教育，从没有为自己的孩子们开过后门，没有拿过职工和老百姓的一针一线。我记得我们家以前的老邻居杨师傅，为了儿子的工作问题，偷偷地趁我父母不在家时给家里送了二斤用草纸包的点心，虽然按照规定杨师傅的儿子是可以正常办理入职手续的。父亲回家知道这件事后，很生气，饭都顾不上吃，立即带着我拎上点心，步行几里地走回老宅，找到杨师傅，把点心给他送了回去。父亲本已工作了一天，又黑灯瞎火地走了几里路，我猜他肯定很累，但我没有听到他说一声累，只是一路给我讲道理：做干部就不应该要老百姓的一针一线。后来父亲依据规定，按照流程给杨师傅的儿子办好了工作手续。

○

○

父爱是沉默的

在我的印象中，我们家和别人家不一样，父亲和母亲都是领导干部，每天就是忙工作，我们很少能见到他们的身影，我们这些孩子都是父母花钱请保姆或由亲戚来照顾的，而我身为老大，从小就担起照顾弟弟和妹妹的责任。

父亲离休后，总觉得工作了几十年忽视了家人，对不起孩子们，他就每天买菜做饭，练就了一手好厨艺，使得出嫁的姑娘们几乎每天都要回家里“蹭饭”。后来父亲又帮我们带孩子，累得他找不着北。我的父母真的非常辛苦，上班时忙于工作，任劳任怨；离休后忙于儿孙，无怨无悔。到了晚年，他们从不求子女回报，唯一的诉求是希望儿女们能常回家看看——每顿饭都要多做些，自己吃得少，只怕孩子们回来没饭吃。只要是儿女们告诉他哪天要回家，到时一定有一大桌好吃的饭菜，搞得平常日子也跟过年一样丰盛。吃饭的时候，他老人家都会亲自搛菜给他的晚辈们，看着他们吃进去了他才高兴。

孙辈们从小就和老人在一起，耳濡目染，懂得了许多，他们打心底里敬佩爷爷（姥爷）。他们说：爷爷（姥爷）是家里的主心骨，同时又是我们的榜样。父亲是用言传身教，教会孙辈做人的原则与做事的方法。一直以来，父亲都是他们成长过程中非常重要的人——每当遇到问题与挫折的时候，他们总会想起爷爷（姥爷）身上那份坚持与毅力。他们心目中的爷爷（姥爷），既严厉又可爱，既是批评与教育他们的长辈，又是每次在他们出远门时，在阳台上频繁招手、迟迟不肯回去的“老小孩”。孙辈们上大学后，每次放假回家稍有耽搁，父亲就会打电话。父亲打电话的目的不是催促，而是他心中有着深深的思念与厚厚的爱。孙辈们看着他们的爷爷（姥爷）一天一天变老，从手里可以拎十斤菜变成了拄着拐，再到坐上轮椅，他们才明白，自己心里那棵粗壮的大树，也会累弯腰。他们记得爷爷（姥爷）的慈祥和蔼，也记得他的严厉。他们更记得，家里来了客人，不管是同事还是下属，或者是邻居，爷爷（姥爷）都要热情接待；但如果是送礼物的，爷爷（姥爷）总是把来人骂走。他们懂事以后，听长辈们提起，爷爷（姥爷）是在解放战争时受了伤才转业到地方工作的，于是他们就问爷爷（姥爷）：您是老革命、老战士，是不是应该享受更好的待遇？这时，爷爷（姥爷）总说，比起他当年牺牲的战友们，他现在已经很幸福了。

家里的书柜里有《毛泽东选集》《马克思恩格斯选集》以及历史人文等方面的书籍，无论孩子们对哪本书产生了兴趣，爷爷（姥爷）总能给他们讲得清清楚楚。这一点影响了孩子们对人生的态度。

父亲关心时事政治，家中电视只播放时政新闻和教育类节目。

父亲从不对子女谈论自己过去在战场上立下过何种功劳，或是在中华人民共和国成立后作出过何种贡献。

父母从不求子女回报，唯一的诉求是希望儿女们能常回家看看——每顿饭都要多做些，自己吃得少，只怕孩子们回来没饭吃。

在孙子外孙的印象里，爷爷（姥爷）从来就不是什么老领导、老干部，他是每天去市场买好吃的回来“投喂”晚辈的好爷爷（姥爷），是教育晚辈端正做人做事的好长辈。

“父爱是沉默的”，父亲从来不会说出他对我们的爱，他总是默默地用行动来表达爱。连孩子们都记得，那个八十多岁的“倔老头”亲自下厨准备着团圆饭时，一双拿着锅的手在不停地颤抖……父亲的手是最有力量的，为了爱，他可以双手托枪奔赴战场，也可以端锅拿铲为儿女奉献……

父亲影响了我们家两代人，父亲留给我们的宝贵精神财富就是我们的家风，这将在我们每个小家庭中传承下去。

浓情铁面怪爷爷

讲 述 人：李琦
讲述时间：2022 年 8 月 11 日
整 理 人：赵建雄

李志勇（1923 — 2019），山西临县人。1937 年参加革命，1946 年加入中国共产党。先后担任临县一区后寨则村抗日村长、一区助理员，临县机关合作社会计兼保管，隰县水头村（今属交口县）村长，隰县公安局秘书股股长及主持工作的副局长。1954 年，在公安部“中央人民公安学院”深造一年后，1954 至 1965 年，先后任临汾公安处治安科副科长、公安处党总支副书记；1958 年，任石楼县县长、县委常委；1966 至 1968 年，先后任吉县县委副书记、吉县革命委员会主任、中共吉县核心小组组长；1969 年，任晋南地区革委会副主任、核心小组成员；1970 年，任临汾地区革委会副主任、核心小组成员；1972 年，任吕梁地委常委、革委会副主任，吕梁行署副专员。1983 年离休。

○

○

立“公约”树家风

我的爷爷叫李志勇，我从小到大大部分时间都与爷爷在一起生活。爷爷的一言一行，影响了我的成长。小时候不懂事，不理解爷爷的一些思想和做法，每次我都会问妈妈：“妈妈，爷爷是不是一个怪人？”妈妈听了，总是笑笑说：“傻孩子，爷爷不是怪人，爷爷是个好人！”我问得多了，妈妈便给我零零星星地讲了一些关于爷爷的故事。等到我真正理解了这些故事时，爷爷已离开我们好几年了，那时我才真真切切地感受到，爷爷不仅是个大好人，还是一个好干部！

爷爷和奶奶一共育有八个孩子，六个儿子、两个女儿，孙子外孙十几个。爷爷对家里所有人都严格要求，不允许一个人犯错误。平时，爷爷总是一遍又一遍、不厌其烦地把“没有共产党就没有新中国”挂在嘴边，要求我们全家人听党的话，团结和睦、好好学习、积极工作、报效祖国。

2002年11月，党的十六大召开，大会提出构建社会主义和谐社会的战略任务。爷爷积极响应党中央号召，立即提出要带头创建“和谐家庭”，便和家庭所有成员谈话，不在身边的就打电话沟通。经过充分交换意见，当年春节期间，等大家都回到爷爷家里团聚的时候，爷爷明确提出“五讲、四美、三热爱、二不、一全”的“创建和谐家庭公约”，具体来讲就是：

五讲：要求全家人要“讲学习、讲政治、讲团结、讲正气、讲文明礼貌”。

四美：号召全家人要做到“心灵美、语言美、行为美、环境美”。

三热爱：要求全家人必须“热爱中国共产党、热爱祖国和人民、热爱社会主义大家庭（也包括自己的小家庭）”。

二不：要求全家人做到“不违规、不违法”。

一全：要求全家人“一定要保持一颗全心全意为人民的心，一时一刻也不能脱离人民群众”。

这个“公约”确立后，每一个家庭成员既是执行者，也是监督者。

2012年11月，党的十八大召开。爷爷在电视上收看了习近平总书记在国家博物馆参观《复兴之路》展览时的讲话后，对家里人说，习近平总书记强调的“两个一百年”宏伟目标和“中国梦”构想，一定会实现，我充满信心。你们每个人，都要从我做起，从我们家庭做起，都要认真履行“公约”，带头做到不怕吃苦、努力工作，为实现“两个一百年”宏伟目标和“中国梦”自觉奋斗。

2015年的一次家庭团聚，当着全家人的面，爷爷自豪地说：“这个‘公约’是咱们2002年春节制定的，截至今天，十三年时间，我们这个数十口人的大家庭中，没有一个人出问题。这使我这个九十三岁的老人感到高兴。我在高兴之余，这样设想，一个共产党员，如果能够带好一个家庭，那么，全国七千多万共产党员，带好七千多万个和谐家庭，中华民族的和谐社会就大有希望了。”

2017年10月，党的十九大召开。爷爷在之后的家庭聚会上，又开始布置任务了。爷爷要求我们每一个家庭成员，从2018年开始，对照“公约”，在生活、学习、工作等多方面总结经验教训，结合目前国家形势，给自己制订新的计划，提出新的要求，特别是在做人做事方面，要踏实、上进、好学。爷爷告诫我们说：“我已经老了，早就离休了，但我希望你们要牢记咱们家的‘和谐家庭公约’，每个人都要作出榜样。不管你是不是党员，是不是干部，一定要学党章、讲政治、做表率、树形象、多奉献、促发展。一定要把我们这个家庭建成真正的、名副其实的‘学习型家庭’‘和谐家庭’‘五好家庭’，在我们生活、工作的地市、社区起到示范作用——我就心满意足了。”爷爷还拿出他写的一首诗给我们念：

我把离休当考验，争取交份合格卷。
勤看书报和电视，新闻大事不误记。
世情国情和党情，多动脑筋想一想。
邻里亲朋和为贵，人民是天我是地。
当好人民勤务员，坚持天天记笔记。
说到做到不落空，实际行动育后人。

爷爷说：“我们永远不能忘记革命前辈的丰功伟绩。我生在老区、长在老区，参加革命工作，大部分也都在老区。现在离休了，还是生活在老区。我们祖祖辈辈都不能忘了老区人民的养育之恩。这是我一生最放不下的。”

○

○

忠于党　葆初心

爷爷是一位忠于党的好党员。党号召什么，他就干什么；党指向哪里，他就战斗到哪里，对党的事业极其负责任。

爷爷经常对我们说：“我的一切都是党给的，党把我从苦难中解放出来，又把我这个不懂事的穷孩子培养成一个共产党员、革命干部。大家说‘没有共产党就没有新中国’，对我来讲，就是‘没有共产党就没有李志勇，没有共产党也就没有我李志勇的今天’。”

我参加工作后，妈妈给我讲过爷爷的这样一个故事。

1958 年，组织上让爷爷带领民工去罗村修水库，他每天同一千多个民工一起，战斗在水库工地。由于长时间在水中劳动，爷爷患上了“打摆子”病，但身体上的损伤并没有让他退却。在修水库两年多的时间里，爷爷处处以身作则，民工都是“三班倒”，唯有他是“班班到”。家里人对爷爷的做法很不理解，又担心爷爷的身体，就劝爷爷请几天假，回家养病，但爷爷说，我是一名共产党员，入党的初心不能改变，工作的热情不能减退。

爷爷离休后，一直牵挂养育他的吕梁革命老区的发展。他发挥老党员的作用，经常向年轻一代进行革命传统教育，多次主动请缨，去地直机关、中小学校、厂矿企业、农村社区讲授党课，听他讲课的人数达到几千人。他还自费为家乡捐款捐书，办起图书阅览室。1996 年，爷爷被山西省关心下一代工作委员会授予“先进个人”的荣誉称号。

○

○

拒腐蚀　守清廉

爷爷是一位从不谋取个人利益的好领导、好干部。他一生凡事以身作则，率先垂范；廉洁奉公，不谋私利。爷爷在石楼工作时，家中人口多，经济负担重，家庭生活常常发生入不敷出的状况。即使在这种情况下，他也从不贪占公家的任何便宜，也从不接收任何人送来的礼物。为了让全家吃饱穿暖，奶奶经常去菜地里拾捡菜农丢弃的菜帮子，拿回来洗净后食用；还经常去灰渣坡拾捡没有烧尽的炭块；孩子的衣服从来都是大的穿罢小的穿，补丁摞补丁。爷爷恢复石楼县县长职务后，有一次，他和县农林局的副局长焦龙，一起去北京参加国务院召开的全国水土保持工作会议。会上，他们受到刘少奇等党和国家领导人的接见并与之合影。合影照片洗印出来后，爷爷由于自己没有富余钱，就没敢要合影照，这成了爷爷一生的又一个遗憾。

妈妈给我讲过一件事，20 世纪 80 年代末，爸爸妈妈准备结婚了，当时由于家里穷，根本买不起像样的家具和电器，爷爷的一个朋友知道了，就托人找关系买了一台 17 英寸的彩电，作为贺礼送了来，可是爷爷坚决不让家人要，硬是给退了回去。

妈妈还给我讲过爷爷戒烟的事。爷爷原来是抽烟的，而且烟瘾还很大——平时工作劳累，就靠抽烟解困解烦、调节心情。但是因为家里人多负担重，生活拮据，爷爷只能抽当时最便宜的烟。爷爷当了主要领导后，一些朋友、同事，或者想找爷爷办事的人，总想找机会给爷爷送“大中华”等好烟，爷爷每次都坚决不要。为了杜绝人们再送好烟，后来，爷爷干脆就把烟戒了。

爷爷不仅自己清廉拒腐，还经常教育家人绝不能占公家的一点点便宜。我结婚以后，不在爷爷身边住了，爷爷担心我经济困难，把过年过节时领的慰问金和他每月一百元的零花钱省下来接济我。他还经常给我写信，告诫我要牢记“创建和谐家庭公约”，要自力更生，不要占公家便宜；要我经常看他写的回忆录《风雨六十年》和《我这八十年》，学会学习、学会工作，要思想健康、行为端正。

爷爷一辈子当领导干部，但奶奶一直没有工作，他们的八个孩子也没有一个是当官的。爷爷经常给朋友、同事或者生活困难的群众办事，但是自己家的事、子女们的私事，从来不给办。

○
○
苦作乐　当保姆

爷爷离休前，奶奶已经因病瘫痪在床。爷爷离休以后，都不让请保姆，说没有必要花那个钱。爷爷自己呢，养几笼子鸡，早晚遛弯时去菜市场捡拾菜叶子喂鸡。鸡蛋自家人吃，鸡卖了补贴家用。所以，在吕梁，有许多知道爷爷的人，都戏称他是“养鸡专员”。为了照顾奶奶，1983 年，爷爷响应党的号召，主动申请离休。奶奶是 2009 年去世的，这二十多年，爷爷甘愿当“保姆”，和奶奶形影不离，细心地照料奶奶。

爷爷跟奶奶同岁，是同村人，爷爷说他俩是“一对苦瓜”。奶奶三岁时没有了母亲，爷爷是十一岁时没了母亲。同病相怜、门当户对，两家的父亲早早安排，爷爷奶奶十五岁时就结了婚。风雨同舟、同甘共苦、相濡以沫，他们走过了近七十年的婚姻生活。

爷爷常常对子女们说：“你们都有工作，都有家庭，你们把家庭经营好，把工作完成好，我就放心了。我已经离休了，身体还可以。前几年，我工作忙，是你们妈妈侍奉我，为我做奉献；如今她病了，我又是闲身子，应当由我来照料她。你们就一心一意好好工作吧，这也是她的心愿，她也乐意我在家照顾她。”

生活中老两口也免不了为一点儿鸡毛蒜皮的小事拌嘴。奶奶久病卧床，心情不好，情绪易失控，一生气就号啕大哭，哭过后，不是不理爷爷就是蒙头大睡，有时候老两口“冷战”好几天。爷爷总是一方面反省自己的过错，一方面还要想办法哄奶奶开心。实在遇到奶奶不依不饶或者无理取闹的时候，爷爷也会生气。但爷爷还是尽量采取别的办法，避免让奶奶更加不高兴。爷爷曾经对我说：“我是离休了的党员领导干部，你奶奶是群众，一个普通家庭妇女，我应当比她站得高，看得远，胸怀更宽广一些。况且我们又不是仇人、敌人，六十多年都走过来了，我们是革命伴侣，即使吵几句，本质上还是友爱的。”琐碎的家庭生活、磨人的病床前的艰难，爷爷却从不曾觉得烦心，我觉得爷爷真是个无所畏惧且乐观豁达的人。

爷爷去世后，在收拾整理他的遗物时，我收藏了三样东西留作永久纪念：放大镜、印章、党徽。我觉得，这三样东西，对我来说，分别代表着光明、理想和信念。

各人学各人的本事，各人过各人的生活

讲 述 人：李建武
讲述时间：2022年8月12日
整 理 人：周至

李成俊（1923 — 2021），山西榆次人。1940年加入中国共产党，同年参加工作。历任榆次路东抗日政府二区公所助理、三区副区长、四区区长、五区区长，和顺县人民政府硝磺局副局长、工商科长、专署工商科副科长，广东茂名县副县长、县长，援越顾问团助理，广东省总工会劳保部副部长，榆次县委工交部主任，榆次县农机局局长，榆次县革委副主任，榆次县人大副主任。1982年离休。

○
○

各人学各人的本事

父亲李成俊出生在山西省榆次沟口村。沟口村离榆次城三十多公里，村子不大，却在通往和顺、左权和去往邢台方向的交通线上。20世纪30年代，爷爷奶奶在村口开了家车马店，补充家用。来往的商人都在这儿打尖住店。父亲弟兄四个，他在家行三。那时，父亲在长凝镇上学，住在他舅舅家——如果不是日本鬼子侵略，父亲或许会一直读书，当个识文断字的读书人。

榆次地处三晋腹地，交通锁钥，自古就是兵家必争之地。榆次路东地区是我党开展抗日战争的最前沿，是太行抗日根据地的重要门户，是对敌斗争的前哨阵地，八路军、日军、伪军、晋绥军同时并存，呈犬牙交错之势，抗战斗争尤为残酷激烈。

早在抗战之始，父亲就在村里当过儿童团团长、村长，积极投身抗战宣传等活动。1940 年 8 月，父亲光荣地加入了中国共产党，同年，十七岁的父亲参加革命。

父亲乳名小玉，抗战时，化名李效鱼，是当地有名的“神枪手”。20 世纪 60 年代，山西人民出版社出版的《游击队长》一书是以父亲的老战友王鸿岗为原型，书中对“神枪手”有一段描述：“早在大‘扫荡’以前，鬼子雄心勃勃、气焰万丈的时候，王岗旦（王鸿岗化名）的名字就使敌人闻之丧胆。他那支游击队的战斗故事，像神话似的在人们口中流传。现在更厉害了，打得鬼子无法招架。有一回，榆次城东门楼上的膏药旗倒了，一个鬼子爬上去扶，王岗旦在城外看见了，端起枪一下就打在鬼子的脑壳上。鬼子上去一个，被王岗旦消灭一个，鬼子明知道是王岗旦打的枪，但是干着急没办法，谁也不敢再往上爬……”时任榆次路东根据地四区区长的王鸿岗在回忆录中对其儿子说过：“张冠李戴，但事实存在，那枪都是你李叔打的。他从参加革命后就喜欢摆弄，他是真正的神枪手。有一次在南赵碉堡除‘歪脖子猴’，往碉堡枪眼子里打枪的就是李成俊。”晋中解放后，王鸿岗曾担任榆次县第一任县长。他比父亲大一岁，抗战时期，两人“跳墙上房，串沟走壁，神出鬼没，打击日寇”，是父亲一生无话不谈、肝胆相照的老战友。中华人民共和国成立后，父亲历任和顺县人民政府硝磺局副局长、工商科科长、财委秘书，榆次专署行政干部学校班主任、专署工商科副科长。1952 年，父亲奉命南下，带着母亲和大哥到了广东，先后担任茂名县副县长、县长。后前往越南帮助当地政府搞土地改革，担任援越顾问团顾问助理。回国后，父亲被分配到广东省总工会任劳保部副部长。这期间，因水土不服，潮热天气使他患上肺结核。

1960 年，父母带着三个儿子举家返回老家——山西榆次。这是父亲战斗和生活过的地方，有他的亲人和熟悉的山川沟梁。

回到榆次后，四哥、我和妹妹相继出生。父亲对我们兄妹六人要求严格，一视同仁。他给后辈立下的规矩，成为我们兄妹们恪守的家训。在外人眼中，父亲并不寡言，与相熟的战友讲起话来滔滔不绝，但他面对子女时却像“冷面包公”。

小时候，家里来了客人，父亲就把我们支开，从不让家人在场。等我们都长大，成家立业了，他才对我们说，工作上的事情不能让家人，尤其是孩子参与其中，这就是原则性。父亲原则性极强，不肯变通，有时甚至让我们觉得有些不近人情。记得有一年秋天，老家村里的支书来我家，带来些苹果和山上的小果子，并不是什么值钱东西。可父亲却拉下脸，说："搞歪门邪道，以后别登我家门。"还把东西给扔到了院子里。

"占小便宜吃大亏，你们要时刻警惕。"父亲极少和我们谈天说地，更不会摆事实讲道理，他只是简明扼要地说出他觉得我们必须要遵守的规矩。岁月证明，他是对的。我们后代要做的，就是谨记家训。

在我看来，很多时候，父亲并不称职，他有着典型的大家长做派。家里的事情基本不管，是个"甩手掌柜"，虽然不怎么发脾气，也很少训斥人，但他几乎没有个笑脸，不怒自威，让人生畏。从我记事起，他就很忙，差不多一个月回来一次，长大后，听说那时他在修318省道。

那些年，父亲当过中共榆次县委工交政治部主任、政治部部长，榆次县农机局局长，这期间，负责榆次县筑路指挥部，参加山区建设、修路治水，忙得脚不沾地。有一年暑假，父亲把三哥、四哥和我带到榆次东边蔺郊村的水库工地。我们坐大卡车出城，父亲坐在驾驶室，我们三个和工人们坐在车槽里，刚过了长凝村，父亲就下车，挥手让车走，他自己下车步行，要沿路看工程情况。那一段路少说有十里地。工人们说，你们父亲很认真、较劲，凡事要亲力亲为——怪不得他累呢！

到了工地，父亲的安排更是出乎我们预料，他把我们三个交给带工的队长，说："给他们安排些活干。"队长看了一眼又瘦又小的我，一个劲儿地说："这么小，还没有铁锹高呢，让孩子受这个罪？"

可我觉得，父亲从来没有把我们当小孩子看过，他的感情从不外露，从没有过惜子的情况。

母亲一个人管我们兄妹六个，实在忙不过来，她就辞去公职，回归家庭。有一年过年，我们跟着邻居叔叔自造烟花，不想发生了意外，都惊动了派出所。小时候住排房院——外人称老红军院，住的都是革命干部，谁家孩子有个事那可了不得，立刻全院都知道了。不用说，母亲将我们兄弟几个好一顿收拾。父亲还未出马，母亲就将我们收拾得服服帖帖。教训深刻，终生难忘。此后每次做事就要思考一下：该做不该做，会不会惹事。

那年头，当兵和开车最吃香，可父亲不肯张嘴求人找关系。大哥当年想走推荐上大学的路，母亲也说大哥脑子好、爱学习，是上大学的料。可父亲却摇头说："我一辈子不给组织添麻烦，你们各人学各人的本事。"无奈的大哥只好去了修文砖厂拉平车……

遗憾的是，母亲1977年病逝，那年我上初中，妹妹刚上小学……我和妹妹被送回和顺的姥姥家。在和顺待了半年左右，因为要上学，才又回来。之后的很多年，父亲照样忙，几天不见面也是常有的事。我们兄妹几个"抱团取暖"，彼此拉扯着长大。大哥、二哥相继结婚，住得也近，嫂子们也经常回来照顾我们，日子一天天过去，我们也一点点长大。

1982年12月，父亲离休。1984年，我们搬家到榆次区休干所，上下两层楼，带前后小院，条件比过去好了许多。1981年，我十六岁高中毕业，招工到晋华纺织厂，当了学徒工。后来带薪上了三年职工大学。这期间，有个机会可以报考税务局，我问父亲要户口本。他不悦，说："学个技术吧。别去那些油水大的单位，小心把人学坏了。"他发了话，我只好听他的，乖乖去学技术。

父亲特别尊敬有技术的人，觉得当个工人，有个过硬的技术比啥都强。我四伯就是父亲佩服的人。四伯没啥文化，是镇上农机站的技术员，他的四个儿子个个能干，还盖起四座院子……父亲希望我们几个也能凭本事吃饭，不走歪门邪道，不占公家便宜。

○

○

各人过各人的生活

父亲住的休干所按规定配备有司机，老干部用车只要向老干局报备，按里程数付钱就行。有段时间，有人提意见："怎么司机们被老李一叫就走？"原来是有的人执行政策不严格，常常用了车不给结账；而父亲很自律，每回用完车都主动去财务交钱，从不拖欠。

父亲上班那阵子，小年轻都愿意和他出差，因他有个不成文的约定：吃饭时，挣得多的掏钱。因此，出差时饭钱差不多都是他出，自然受欢迎。其实，父亲在1982年离休时，工资就一百多块钱，家里孩子多，需要用钱的地方也多，并没多少积蓄。我结婚他给了六百块钱，妹妹结婚他给了两千块钱，但我们兄妹从没有因为钱多钱少有过冲突。即便父亲后来再婚，搬到继母那边生活，也是互谅互让、和睦相处。

父亲对子女很严厉，但我们都能理解他的良苦用心。我们兄妹虽然都是普通职工，但令父亲欣慰的是，他的儿女们都遵纪守法、老实本分、宽厚谦让。我们兄妹之所以团结和睦，与父亲奉行的父子有亲、长幼有序、朋友有信的原则不无关系。

我们家四代同堂，二三十口人，逢年过节聚餐要准备三桌。起初，父亲怕花钱，不让到外头吃饭，后来家里人越来越多了，才改到饭店聚餐。

我们兄妹六个，下一代有七个孩子，无论谁考上大学，父亲都资助一万块钱。他常说："我是无产者，什么都不留给你们。你们各人过好各人的生活。"我们兄妹也就从不指望父亲，各自埋头经营自己的光景，不计较、不生事。

父亲不抽烟不喝酒，是个非常节俭的人，他最讨厌浪费、奢华的生活。在他看来，能吃饱就行，能穿暖就好。他既不和别人攀比，也不让我们攀比。父亲并非小气的人，他只是将钱花在他认为重要的地方。2008年，汶川地震后，父亲拿出为数不多的积蓄，捐了五千元；随后，还交了两万元特殊党费。据说本来打算交更多，怕其他人难为，就少交了。

父亲还给老家的沟口村山上的一个自然村——猫儿岭捐过一大批树苗植树造林，改善居住环境。父亲和这个村子的渊源，要从1942年说起。抗战相持阶段，路东抗日根据地极端困难，四区地处抗战交通要道，斗争环境尤为恶劣。父亲在一次执行任务时负了重伤，被安置在猫儿岭村的一个山洞养伤，因敌人随时会来"扫荡"，组织上就派村里的一位大娘给他送饭。那是个冬天，山上啥也没有，大娘一天不落地坚持两个多月，天天给父亲送饭……"没有她送的饭，我怕真熬不过去。"父亲始终念念不忘，曾带了我们全家去猫儿岭村，那次正赶上中秋节前，父亲让我们准备了月饼、糕点等，和大娘的后人叙旧谈天，他难得地动容、动情。

二十年前，国家住房改革，休干所的房子要卖给个人。虽然我结婚后一直住在这里，但我不敢造次，等着父亲发话，可他就是不开口，直到哥哥们批评我：你再不主动，小心“老领导”生气。听了这话，我心里才踏实了，赶紧交钱过户。我心里明白，哥哥们这是向着我，父亲之所以不开口，是担心我们兄弟间会因为房子闹矛盾、生嫌隙。这在别人家可能要争个你死我活，但在我家是兄友弟恭，各做各的事，各尽各的责，有商有量，和和气气。

一楼的主卧我一直给父亲留着，这里永远是他的家。父亲生命中的最后几年，是搬回家来住的。我年近七旬的大哥，还有在上班的妹妹，几乎天天过来照顾父亲。其他兄弟和家人一有空就会来看望、陪伴父亲。我们夫妻更是毫无怨言、尽心照料父亲。我爱人是医生，方便照顾老人。我们始终觉得，不是父亲跟着我们过，而是我们跟着父亲过。

私下里，我们兄妹称父亲“老领导”，但当面还是规规矩矩叫“爸爸”。二哥快七十岁了，抽烟都要避开父亲，到外头院子去抽。

父亲喜欢运动，特别是喜欢门球和八段锦。他是国家一级门球裁判员，我们干休所的门球场，就是在父亲号召、争取下建成的，后期还吸纳了其他单位的投资，成为榆次最大、条件最好的门球场地。

父亲到九十多岁时，脑子都很清楚。很难想象，他在年轻时是得过肺结核的人。他大事清楚、小事糊涂的豁达，不远不近、不亲不疏的处世原则，言必行、行必果的磊落风格，都是值得我们学习的。

2021年12月9日凌晨五点，父亲在子女的守护下，安然离去。父亲的一生，是坚守信仰、对党忠诚、坚持党性的一生，是勤勉做事、公道正派、勇于奉献的一生，是清廉为民、团结同事、平易近人的一生，是坚持原则、独立坚强、耿直为人的一生。他不愧为党的好干部、同志们的好同事。这是父亲的骄傲，也是我们做子女的骄傲！

中元节一早，我们兄妹几家人去晋中市殡仪馆祭拜父亲。在回程的路上，二嫂颇有感触地说：“以前不觉得、不理解，如今想想，还是觉得老人家的那一套是对的！”其他人也都颔首赞同，追思之情油然而生。

感恩父亲！

在艰难和坎坷中奋进

讲 述 人：王亚伟
讲述时间：2022 年 8 月 23 日
整 理 人：王芳

王守江（1917 — 2013），出生于山西临县。1936 年参加工作，同年加入中国共产党。1936 年 2 月，由红二十八军安排就地开展工作；1938 年后，历任八路军一一五师四旅机关党支部书记、指导员、转运站站长，安泽县农救会主席，岳北地区合作指导委员会副主任，岳北经济局合作指导科科长，运城地区工商税务局局长等职；1949 年至 1958 年，历任晋南专区工商局局长，临汾地区供销合作社主任，山西省工商局、外贸局副局长，山西省农产品采购厅副厅长等职；1959 年至 1961 年，任山西财经学院副院长；1961 年 6 月后，历任山西省商业厅副厅长、山西省供销合作社副主任、太原市财贸办公室副主任（主持工作）等职。1983 年离休。

○
○
再难父亲也不后悔

我对父亲王守江的了解来自他后来断断续续的讲述。

父亲于 1917 年阴历二月二十九日出生于山西临县一个贫苦农民家庭。父亲小时候爷爷会教他认《三字经》《百家姓》上的字，他自己用柴火棍学着写这些字。十岁时，父亲开始牧羊，三年时间，父亲懂得了许多牧羊的知识，羊也最听他的话。除此之外，农民家庭中的琐事，如碾米、磨面、驮炭、种地他也都学会了。十三岁时，爷爷才把他送出去上学，先在曹家山村，后到离石县后南村，再后来又到临县三交镇——这时才算正式上了学。上了几年学，学习成绩尚好，参加会考时，名列全县第九名。

那时候，临县和陕西沿黄河一线的民间交往很多，苏区红军的活动两岸人民都知道。1935 年，一个外来户到村里定居下来。这个人经常给村里人，尤其是小孩子讲红军的故事。父亲就是在这时产生了参加红军的念头。后来，父亲到东后庄村找了个文书的活儿，到处宣传红军的好，尽力给红军办事。

红军东征时，父亲在红二十八军。红军回师时，首长对父亲说，你是当地人，又有群众基础，留在当地作用大。就这样，父亲就留在村里继续工作了。工作期间，父亲和阎匪爪牙发生了争执，他们往死里打父亲，没办法，父亲乘着羊皮筏渡过了黄河，来到了延安。

到了延安后，父亲先到抗大报到，开始了严格的军事生活。没多久，他们奉命到甘肃庆阳一带建校舍，边劳动边上课；接着奉命到陕西延长待命。因为父亲是逃出来的，没来得及带组织关系，队里几次动员父亲重新入党，父亲开始时总想着找到自己原来的组织关系便没同意，现在要到敌人后方去了，父亲便经介绍重新入了党（一直到 1983 年 12 月，父亲的入党时间才由山西省委组织部批复，调整为 1936 年 2 月）。

父亲的一生，工作多，思考多，他不怕累，就怕工作少。因为很早就进入部队，父亲养成了很有规律的生活，有特别强的时间观念。他说，让有限的生命更加有效，等于延长了生命。他特别注重对大脑的锻炼，可以说，父亲的一生都是在思索中度过的，他的长寿和他爱思考不无关系。

父亲还在古稀之年上了大学，是太原市老年大学的第一期学员，学习了不少知识，进一步提高了自己，充实了晚年生活。

父亲到晚年诗兴大发，把所有的心情都交托给诗歌。父亲不仅留下了许多诗歌，还留下了《谈谈市场经济的社会主义性质》《正确解决商业企业发展中出现的问题》《经济改革和管理物价之我见》《要发扬供销社为农服务的光荣传统》等论文。这对于我来说，是一笔财富；对我们的时代来说，也是一笔财富。

父亲一生坎坷，但父亲始终坚守对党的信念，初衷不改。他把生命献给了党的事业，从一名红军成长起来，历经抗日战争、解放战争，到社会主义建设时期，努力承担起一名党员的使命和责任。

父亲于1948年秋回过一次家乡，这是他背井离乡、与家隔绝音信十二年后第一次回家。父亲回去后才知道，他给家里带来了不幸。日本人和阎军一次又一次地到家里来抓他，最后闹得邻居都不敢和我们家来往。家里活不下去时，姑姑也被卖了；六年前，爷爷也去世了；父亲的妻子误认为他战死了，也改嫁了。这次回家，父亲才和亲戚凑了钱救姑姑跳出火坑。即使这样，父亲也没有后悔过他的选择。

〇

〇

父亲给我立规矩

父亲后来和我母亲结了婚，生了我。父亲是老来得子，我与父亲相差四十七岁，我出生时，父亲那是真高兴。

但父亲再疼爱我，也不忘教给我规矩：

一是廉洁。父亲一生很干净，可以算得上“一尘不染”。别人求他办事，送来的小糕点，他都要求别人必须带走；哪怕是他亲手带出来的兵，也不能给他送一点点东西。他是这样做的，也是这样要求我的——一而再，再而三地跟我说，不管在哪儿工作，不能动钱财。我现在可以自豪地说，我做到了。而我也把这样的故事和要求，对儿女们讲。我从小学习好，聪明、文笔好，父亲后来的回忆录都是他口述我书写。我考上大学时，父亲也很是开心的。即使是这样，党性使然，清正廉洁的父亲也从没让我沾一点儿光。我自己考大学，自己找工作，在棉麻公司奉献了一辈子。中间因为受委屈，我曾离开过公司，但父亲教育我要有责任、有担当，我最终又回到了棉麻公司。

二是勤俭节约。父亲一生勤俭，不乱花一分钱，后来身居高位，也是吃最简单的穿最简单的。我在他的影响下，珍惜一切东西，连掉到地上的粮食我都要捡起来吃掉，不愿浪费一丝一毫；虽然现在时代变了，物质极大丰富了，我依然要求我的孩子们勤俭节约。

三是与人为善。父亲一生坎坷，但对人特别好，与人为善，待人亲和。我与父亲相差四十几岁，随着我自己一年年地长大和老去，也一步步地理解了父亲，我照着他的样子，对人和善，多为他人着想，别人都说我人好。

四是一诺千金。重承诺，是父亲一生的信条，有时候重到一根筋的地步，但这是好品质。我后来不管走到哪儿，都谨记这一条，有诺必践。

以上这些都是我慢慢在生活中总结出来的，说到这里，真是越来越想父亲了。

父亲脾气硬，心却软，母亲生了我和妹妹，前面大妈还留有一个大姐，父亲还收养了他救下的一个女孩和一个牺牲了的战友的孩子。他把我们都养大，到临终时还牵挂着我们。

父亲去世后，过了四年，母亲也去世了，我把他们送回了临县老家。青青的山上，父亲和家人长眠在一起，和他的父母长眠在一起。

我们家的中国梦

讲 述 人：赵胜利　赵建强
主 讲 人：赵胜利
讲述时间：2022 年 9 月 1 日
整 理 人：王芳

赵维新（1913 — 2017），出生于内蒙古和林格尔。1932 年参加工作，1937 年加入中国共产党。1936 年春，参加太原牺盟总会决死队；1937 年至 1949 年，先后任河津县武装自卫队副总队长、左权县武装自卫队总队长、太行邮政管理局股长、涉县司法科事务长、太行行署招待所股长、太行医院总务科科长；1949 年至 1970 年，先后任山西晋祠干部疗养院总务科科长、山西省粮食干部学校总务科科长；1970 年至 1976 年，在山西闻喜县插队；1976 年，回归山西省粮食干部学校，当年退休。1980 年，经上级批准退休改为离休。

○

○

父亲的中国梦

我们家是有一个中国梦的。这是真的。让我来从头讲起。

我是我们家的老大，生于抗战胜利那一年，所以我就叫赵胜利。妹妹生在太行根据地，所以就叫赵太行。大弟弟生于解放战争百万雄师过长江的时候，所以就叫赵长江。剩下四个弟弟，分别叫赵建中、赵建国、赵建康、赵建强。

名字都是父亲起的，我们也是长大以后才悟出父亲的用意。

父亲赵维新把他的革命理想全部放在了我们身上，这些名字既带着他珍贵的回忆，也带着他对新中国的期盼。胜利、太行、长江，他期待革命胜利的那一天；建中、建国、建康、建强，中国康强，这是他内心由衷的希望啊！我们从他身上，知道了许多道理，他们是打江山的一代，所以我们必须把他们的优良传统传承下去。

父亲并不是山西人，他出生于内蒙古自治区的和林格尔，那时候还不叫内蒙古，叫绥远省。

其实，父亲很少给我们讲起他的过去，这些故事都是后来我们从内蒙古的叔叔口中得知的。

父亲于 1932 年 10 月在绥远参加工作，1936 年来到山西参加了牺盟会。父亲当时是在文瀛公园的国民师范那里参加培训并加入中国共产党的。1937 年 10 月，父亲被派到河津工作。可是他人去了河津，组织关系却没去。那些年党的联络都是单线，父亲他们这批人的档案离开了太原，可是却没到河津。后来才得知，因为战争，带档案的人去向不明，也可能牺牲了。之后父亲辗转于邮政、司法、粮食等几个单位，一直管后勤，这期间很多人建议父亲重新入党，父亲坚决不同意，父亲说：我重新入党，不就承认我原来没入党吗？一直到 1979 年，父亲参加了一个活动，见到了当年的介绍人，组织上这才确定了父亲的入党时间，确定了父亲老革命的身份。之后，父亲恢复了党籍。

父亲是个意志坚定的人，他认准的事从不动摇，也从不怨天尤人，党叫干啥就干啥，遇事不埋怨不气馁，心中充满阳光。

○

○

潜移默化树家风

父亲对我们的影响是潜移默化的，我们家的家风现在总结起来，有以下几点：

一是节俭。父亲早年参加革命，虽然不是老红军，但抗日战争、解放战争是参加了的，他是从艰难困苦时期走过来的，后来又生了我们兄妹七人，靠困难补助才能勉强生活，所以他一般是能省则省。那时候，一个月饼要掰成八块才能过一个中秋；一件衣服补了又补，大的穿了小的穿，物尽其用。因此我们全家都养成了节俭的习惯。现在，生活条件好了，可我们全家四十多口依然保持了节俭的传统。

二是团结。父亲非常注意团结同志，不管在哪个部门工作，他都能上上下下搞好关系。他从不与人争吵，不争位置、不争利益。这也影响了我们，我们兄妹七个在家从不争吵，在外与人好好相处，每个人在各自的单位都注意团结同志。父亲的遗产，我们几个都不争，父亲说给谁就给谁。父亲去了后，我们每家每年轮流做东召集大家聚一次，那种和谐人人都夸。我们的下一代也很注重这一点。这也成为我们这个大家庭家风的一部分。

三是勤奋。父亲是个勤奋的人，工作勤奋、学习勤奋。父亲从不用他的关系为我们解决工作上的事情，我们成绩的取得全靠自己兢兢业业、勤奋努力。我们家老三，一上班时只是个挖煤的工人，他很勤奋，工作业绩突出，因而不断得以晋升，最后成了一个单位的副局长。如今想来，我们其实都受益于父亲的“不管”。我们的下一代也在我们的影响下懂得了工作和生活只能靠自己的道理，所以他们一个个也很努力。

四是阳光。父亲从不把自己的坎坷、困难当回事，他总是阳光、快乐地生活。他的工资少，家里人口又多，在困难时期生活有时都成问题，他就去河滩上挖野菜，种点地贴补家用，从不向组织伸手。他常说的一句话是：不给组织添麻烦。父亲是我们全家的阳光，在他的影响下，我们从来不觉得生活有多苦——物质是次要的，在阳光下生活有苦也是甜的。

五是向上。父亲是积极向上的，我们也这样，我们都积极向组织靠拢。我们七个兄妹，有五个当过兵，“海陆空”都有。我们兄妹打小都是寄养在群众家的，我们从小就树立起报效祖国的信念。

母亲家在左权那边算是个大家族，外公是开明绅士，大姨二姨早早就参加了工作，大舅舅是抗日民主政府第一任儿童团团长。那个时候，父母在左权认识了，母亲就嫁给父亲了，大家都不理解那样家族出来的母亲怎么会看上父亲，但是他们感情很好，不然也不会有我们七个孩子。

母亲是陪着父亲从艰难时期过来的。母亲说过，抗战时期，带着孩子藏在深山里，一不小心就会送命，像他们这样的，能生存下来，已经很好了。所以父母都认为不应该向组织提要求——不提要求是本分，而不是高风亮节。他们

现在，生活条件好了，可我们全家四十多口依然保持了节俭的传统。

一辈子都很朴实。

母亲在20世纪70年代去世了，后来，父亲娶了继母，我们待继母如亲生母亲，她也非常好地融入了我们这个大家庭，我们为她养老送终。我们的和谐家庭，邻居们都看到了，说起我们，都会竖起大拇指。

父亲一辈子坚守自己的信仰，他一生不信神不信鬼，只信共产党，即使组织关系没有找回来的日子，他也坚守初心，党是他内心最纯洁的信仰、最干净的方向。

其实，我们是很普通很平凡的一家人，但我们受父亲影响，都心怀一个中国梦，我们爱生活，积极阳光地生活，在自己的岗位上奉献着，过着我们简单而充实的日子。

坚硬的弹片

讲 述 人：江万紫
讲述时间：2022 年 9 月 3 日
整 理 人：孟志平

江维洲（1921 — 2013），出生于河北祁州。1938 年参加工作，1939 年加入中国共产党。1938 年至 1949 年，先后任冀中军区三纵队供给部、军区后勤部文书、科员，三纵队驻张家口办事处副主任，三纵队利生公司副经理，太原军管委医药接管组总务组长；1950 年至 1955 年，任国营山西大药房“济众堂”中药房经理，山西省医药公司办公室主任；1955 年至 1958 年，任山西省商业厅基建处副处长；1958 年至 1975 年，先后任山西财经学院马列教研室副主任、山西省医药公司经理；1975 年至 1983 年，任山西省粮食厅副厅长。1984 年离休。

○

○

“就让我和这块弹片好好相处吧”

我的父亲江维洲，1921 年出生在河北祁州一个普通农民家里。那会儿祁州叫安国，在明清时期，那里就是北方乃至全国的药材集散中心，被称为“药都”。

抗日战争爆发前，那里商贸繁荣，老百姓们生活自给自足，社会尚且安定。父亲早早就上了学。据老人们讲，父亲从小就聪明伶俐，小时候最喜欢听长辈们讲故事。上古圣贤的励志故事啦，流传广泛的神话传说啦，戏曲评书啦，父亲都听得入迷。上学后，他勤学好问，课余时间都用来读书。爷爷给他买了很多书，父亲如饥似渴，一本接一本地读。咱们中华民族历来重视耕读传家，父亲爱学习爱读书，家里长辈们自然高兴。他们对父亲的宠爱自然是少不了的。

父亲得到了鼓励，学习、读书也越来越用功。

1937年，日本鬼子在卢沟桥挑起事端，发动了全面侵华战争，很快就占领了父亲的家乡。那时候，父亲才十六岁，日本鬼子在占领区犯下的罪行他看在眼里，心里头窝着火。父亲说，那会儿他们一伙热血青年都是一样的心思：要是手里有杆枪，就会和日本鬼子拼命。就在那一年，咱们党领导的抗日武装在太行山一带活动，正在河北保定师范学校读书的父亲，就从学校里出来直接参加了抗日部队。

战争年代，像父亲那样能念到师范学校的算是高学历了，于是部队把父亲送到抗大分校继续学习。1938年，父亲正式参加工作，父亲所在的部队属于冀中纵队，就是后来有名的六十三军。他刚到部队时被分配到后勤部工作。随着战争规模越来越大，部队一直缺人缺钱缺物资。打仗历来打的是钱粮啊，后勤保障到不了位，仗没法打啊！三纵队就成立了一个公司，叫利生公司。公司地址就在咱们老区阜平一带，公司的具体工作就是为部队筹钱筹物资。那会儿，父亲他们的任务就是想方设法将一些物资通过中间商拉到北平、天津一带，销售给那些官僚资本家和当地富户，从他们手里换取银钱，然后再购买部队最紧缺的药品和一些精良的武器。

父亲他们沿途要经过沦陷区，这就是说，他们几乎就是在日本鬼子的眼皮底下开展工作的，稍有不慎就会被日本鬼子发现。一旦发现，就非常危险了。我父亲就是在那时候受了伤。

父亲那会儿有个警卫员，姓王。父亲直到去世还记得他的名字，他们那时一直在一起。当时，日本鬼子经常在冀中一带开展“大扫荡”，将周围可以通过的道路都封了。父亲他们那么大一支驮队怎么躲避日本鬼子呢？实际上也非常简单，说起来可能很多人都不相信，那就是一直跟在日本鬼子“扫荡”部队的后边，始终保持一定的安全距离。可惜的是，后来由于叛徒告密，日本鬼子返回头就把父亲他们打散了。

他们是押运驮队，护卫力量很薄弱，根本不是日本鬼子的对手，只能边打边撤。在撤退的过程中，他和警卫员相互掩护相互关照。没想到，日本鬼子投来的一颗手榴弹在离父亲不远处爆炸了，一块弹片扎进了父亲的小臂。后来，警卫员将他送到战地医院，准备做手术，把弹片从小臂里取出来。医生一检查，发现弹片离主动脉血管非常近，按当时的医疗条件根本没法取出。

父亲就说：“我受伤了，能保住命就不错了，取不出来就取不出来吧，不影响工作就行，就让我和这块弹片好好相处吧。”从那以后，那块弹片就一直留在父亲的身体里，慢慢地他也习惯了，这弹片在他身体里待了将近七十年。直到2013年，父亲去世后，遗体火化，弹片才和他彻底分开。说实话，那块扎入父亲肌肉里的日本鬼子的弹片，要说一点儿不影响父亲的工作和生活是不可能的，但父亲从不喊疼叫苦，他那种强大的忍耐力让我们非常佩服。也正是那块弹片，让我们后辈子孙想起来就疼得揪心。

○

○

“夹起尾巴做人，闭上嘴巴做事”

父亲离休以后，有许多当年的同事和朋友对父亲说，你这辈子经历了那么多，可以说是从生到死的滋味都尝了个遍，你应该全部记录下来，好好地写一本自传，留给后人。

父亲笑着摇头，他说，你们要搞这个，我能帮助你们，凡是我能回忆起来的，你们可以随时过来找我，我就不准备留下什么东西了。

父亲这辈子做事非常低调，不写自传，不回忆人生经历。但我们经常聊天，父亲也经常教导我们在工作和生活方面应该朝哪儿多留意，应该朝哪儿多上心，避免出错。为了让说出的道理更浅显易懂，更易被我们接受，父亲也会直接用他的经历和故事说话。

比如，“文革”时期，父亲被隔离起来了。没别的事干，父亲就埋头阅读《毛泽东选集》，将书中话语熟记于心。后来，父亲调到山西财经学院，在大学里教马列主义，在教研室当主任，对于理论和实践两方面他都有着深层次的体验和认知。他经常说的一句话就是：人这一辈子一定要夹起尾巴做人，闭上嘴巴做事。古人的话可是有大智慧的。

父亲说，在工作和生活上，和同志们相处，首先一定要管住嘴，其次要守住心。因为你不管和谁闹了别扭、有了矛盾，最后伤害的都是你自己。这是为什么呢？他说你和人有了矛盾，你要和人家生气，最后你不生气吗？一生气情绪就开始变坏，变坏了就影响工作，影响了工作不得了啊！再者说，可能别人早就忘了，或者别人心胸豁达没事了，但是你自己心里还放不下，这就糟糕了。

在我走上部门领导岗位以后，父亲对我的教导就更加频繁了。我那会儿在省计委当商贸处处长，对口的几个厅局，比如商业、粮食、外贸、供销，都涉及一些紧俏商品，当时计划委员会还是双轨制，我手里确实有点权。

父亲不断敲打我说："不管是在工作上还是生活中，要时时认清自己是做什么的，为谁做事。看上去，你手里头似乎有点权了，但你得意识到，没有党和人民给你搭建的平台，你什么都不是！你手中的权力来自人民！别想着自己管点事，巴结你的人多了，你手头也方便，你就公权私用公权滥用。要是那样做的话，你不但是在害别人，更是给自己头上戴了枷锁。"

老爷子说这话的时候，态度特别严肃。我现在完全能够体会到父亲心里头的那种忧虑了。父亲一辈子既在人际关系相对而言比较简单的学校里边工作过，又在相对复杂的生意场上干过，有什么事他没经历过，有什么人没有碰到过？！

父亲还送过我一句话，叫"喝凉酒、用官钱，必有后患"。我哪能不明白他话中的意思！与其说他是在开导我教育我，倒不如说他是在毫不客气地提醒我警告我。听了父亲这些话，我没有表露出任何情绪，但实际上我的心里那是起了大波浪的。直到现在，我都非常感谢父亲多年来的教诲和警告，它们在我心里头铸成了一把铁尺，我正是遵循着这把铁尺，才不敢有半点懈怠的心思；也正是遵循着这把铁尺，我这一辈子才过得"心安理得"。

父亲的忠告不光是对我，对我的家人、亲戚朋友，都产生了巨大的影响。

2013年，父亲去世了。我们弟兄姊妹聚在一起，回忆和父亲相处的日子，大家不由得感叹：父亲不光是我们血缘意义上的长辈，更是我们的人生导师，他教会了我们怎样为人处世，还教给了我们什么是公什么是私，让我们一辈子都过得平平安安。

父亲虽然去了，我们却依然用他教给我们的去教导我们的下一代，告诫他们一定要记住"夹起尾巴做人，闭上嘴巴做事"，脚踏实地，一步一个脚印。

○

○

“摔倒了让他自己爬起来”

在讲述这个话题之前，我先简单地介绍一下我的家庭情况。我父亲成家早，日本鬼子进华北前就结婚了，那年我父亲才十六七岁，母亲比我父亲大四岁。1938年，母亲怀上了我，我还没生下来，父亲就参加了革命工作。我生下来后直到八岁都没有见过父亲。我们家乡当时处于敌我混杂的拉锯区，斗争非常复杂也非常危险。由于父亲参加了共产党领导的抗日武装，我们一家都是日本鬼子和汉奸追捕的对象。全家人只能东躲西藏，不光躲日本鬼子的追杀，还得躲伪军汉奸的告密。我们来回地搬家，一直不敢在一个地方长时间住。到了抗日战争后期，敌后抗日武工队活动频繁时，我们才相对安全了些。

我从小一直在母亲身边，不知道父亲是谁，心里头就没有形成父亲和家的概念，也没有过那种感受。抗日战争结束后，大概在1945年，父亲回了趟家，他当时已是副团职，身边有警卫员。但是我对父亲毫无感觉，就像面对一个完全陌生的访客。再者，父亲回家也只是路过，待的时间很短，随后就随部队奔赴解放战场了。直到1949年，父亲转业到太原，一家人才真正团聚。

我在太原念中学的时候，脑子里才渐渐对“完整的家庭”这一概念有了认识。

我读书的时候，父亲就常说：一个人一辈子要善学，不要怕吃苦；好多事情，必须依靠你自己，要自力更生。在父亲的影响下，从上高中开始，每到假期，我就到工地里当泥水工、搬运工，给自己挣学费。干的活虽然又脏又累，可是想想父亲在我这个岁数时正冒着枪林弹雨保家卫国，我所经历的这点苦又算啥？

当我成家有了孩子以后，有一次带孩子在院子里玩。孩子还小，走路不稳，没走几步就摔倒了，孩子哭了，我急得正准备上去扶，父亲在我身后说：“你不要扶他，让他自己站起来。哪儿摔倒了就让他自己在哪儿爬起来。”孩子见没人扶，也不哭了，自己站起来了。事后，父亲对我说：“孩子摔倒，最忌的就是有人帮他扶他。”我问为什么。父亲说：“他能做到的让他自己做。他摔倒本身就没道理。路平坦得很，他为什么会摔倒？要让他知道原因在他自己身上，是他自己犯了错。”我恍然想起当年父亲也对我说过类似的话，父亲是想把铁炼成钢啊！不经历挫折磨难，人难以真正成人，铁自然也炼不成钢。这些事虽然很细小，是生活中不起眼的琐事，但多少人生的大道理不都隐藏在那些不起眼的角落里吗？再返回头说，孩子见没人管他，他不也自己一声不吭地爬起来了吗？！这充分说明每个孩子都有自力更生的能力——帮助他可能会害了他。

父亲有一肚子的民谚俗语，讲的时候语气非常平和，就像拉家常、说笑话，可道理却非常深刻，一下子就印在了我们心里。比方说，跌倒了要自己爬起来，这其实只说了半句话，后面的衔接、延伸，是我们没有想到的。他说：“爬起来还要干什么呢？要吃饭要生活啊。你吃饭的时候要少吃一口，经常走一走，遇事别发愁，多交好朋友。”初听起来很通俗，细细一想，这不是难得的养生之道嘛。

父亲风趣幽默，他总能以俏皮的方式将那些看上去并不关联的人生道理用无形的细绳前后连缀起来，再由浅入深地讲给我们听。父亲以九十二岁高龄离开世间，而且他在最后时刻，身体上都无明显病疾。医生说他浑身器官衰竭，换句话说，是自然老去的。我想，在枪林弹雨里厮杀出来，不知道经历了多少艰难险阻的父亲到最后都没有受过病患困扰的原因是，他凡事都想得通放得下，遇上事时把别人用来发愁的时间用在解决实际问题上。

父亲走了，他留给我们的，除了一块冰冷的弹片，还有许多足以根治心病心疾的良方。这些良方，足以让他的后代子孙们在面对生活中的苦难时挺直脊梁，脸上笑容依旧，浑身活力无限。

五男二女的好人家

讲 述 人：肖文毅等
讲述时间：2022 年 9 月 13 日
整 理 人：杜敏　王芳

肖枫（1918 — 1993），出生于山西临县白文镇。1937 年参加革命，同年加入中国共产党。1949 年，在忻州地区公安处工作；1950 年，在山西省公安厅工程总队工作；1958 年，在原平钢厂工作；1964 年，在山西省公安技校工作；1968 年，在山西省第三监狱工作；1970 年，在山西省第一监狱工作；1973 年，在山西省第四监狱工作；1979 年，在山西省第二监狱工作。1986 年离休。

○
○

一生为党的父亲

父亲肖枫的一生是经过战火历练的一个共产党员的一生，是对待党的工作兢兢业业、恪尽职守的一生，是勤俭持家、活到老学到老的一生。

父亲出生在山西临县白文镇李家，原名李丁秀。

父亲家当年在镇上也算大户人家，经营着几个商号。父亲是长孙，爷爷给他取名李丁秀，意思就是李家有了后人。丁，指男孩；秀，希望父亲日后好好读书，早日成为秀才，继承祖业。事实上，爷爷也算如愿以偿：父亲自小聪明，在镇上常考第一，还曾骑着马披红戴花地绕了白文镇一圈，很是风光。

1937 年 7 月，父亲在县城读书，一日在街上看到抗战宣传，热血沸腾，就和十几名同学一起报名参了军。部队把他们这群学生兵送到晋绥军分区干部培训团学习。学习结束，父亲便留在晋绥军分区保卫处工作了。由于工作特殊，组织上要求隐姓埋名，父亲便改名肖枫。那时战火连天，父亲和家里也断了消息。

太原解放后，解放军接管了旧监狱。父亲因工作需要调入山西省公安厅负责监管改造工作，从此开始了他一生与罪犯打交道的工作。

土改前夕，父亲已是团级干部，组织批准他回家探亲。父亲带着警卫员回到了阔别多年的老家白文镇。回家后他才知道，奶奶因为思念他哭瞎了双眼。父亲十六岁结婚，十八岁参军走时已有两个女儿。因为父亲一直杳无音信，有人说父亲早已牺牲，孩子他娘就改嫁了，只是把孩子留下了。这时，父亲才体会到妻离子散的滋味，可父亲是军人，国难当头，只能抛妻舍子。之后，父亲又作出惊人之举。父亲把李姓家族人召集在一起，给大家讲述我党的政策和当前的革命形势，告诉他们要坚决拥护共产党，支持党的各项政策落实，动员号召大家要以崭新的面貌迎接中华人民共和国的成立。在当地镇政府召开的大会上，父亲宣布：我是党的干部、人民的儿子，应该起带头作用，我代表李家，把祖宗留下来的河套里的百亩土地全部无偿捐献给政府。父亲的这一举动，轰动了白文镇，当地政府称赞父亲是党员的楷模。

父亲做了一辈子犯人的思想教育改造工作，他告诫他们："昨天你们犯了罪，党和人民是不会宽恕你们的。但是，在不久的将来，当你们踏出监狱的大门，走向新的人生时，人民会欢迎你们的！努力改造吧，争取早日出狱，投身到建设祖国的行列中，做一个有益于人民的新人。"他让罪犯通过劳动教育改造，看到了自己未来人生的希望。

○

○

以身作则的父亲

父亲的勤务员赵亚垣讲过一件关于我们和父亲的事：

三年困难时期，肖厂长以身作则，严格要求他的孩子们。肖厂长有七个孩子，1961 年夏天，孩子们放假后从太原来到原平，老二老三玩耍中看到职工食堂后面堆放有西红柿、茄子等蔬菜。孩子们在食堂上灶，一天三顿吃不饱，就悄悄地拿了个西红柿想吃，却被肖厂长远远看到，跑过来连打带骂。孩子们前面跑，他就在后面紧追不放，正好被我看到，才赶紧拦住他，最后还是以好好教训了孩子们一顿才算了事。平时孩子们在食堂交粮票买饭票，一人一份不搞特殊，他的孩子也和大家一样排队买饭，一样饿肚子。几千人的大厂长，以身作则，不搞特殊，咬紧牙带领群众共渡难关。

父亲的言行影响着我们，我们的家风家训是：好好学习多读书，做一个对社会有用的人；为人要善良，要团结大众；生活上要艰苦朴素，勤俭持家不浪费。父亲的语言虽朴素，但寓意深刻。

父亲一生非常节俭，总是一身旧衣服，以致他突然去世那天，家里竟然没有找出他一件新衣服，走的时候仍然身着警服。

父亲常年坚持看书学习，政治理论、法律法规、罪犯心理学、基建、工业冶金等方面的书籍，他都认真读。他还有做笔记的习惯，因而积累了大量的读书笔记。父亲的钢笔字虽然潦草，但苍劲有力。我们在家很少见到父亲闲来无事，除了看书学习外，他还适当地做些家事。离休之后，他又忙着上老年大学，买来一套中西医书籍开始系统地学习。

父亲身居领导岗位多年，严于律己、不谋私利，从不收受贿赂，也从未利用位高权重为亲属为子女谋利。他自己最小的妹妹，也就是我们的小姑姑，一直在他身边照顾我们七个侄子侄女的日常生活，但是小姑姑一直是农村户口，父亲没有帮助她解决城市户口，更没有给她安排工作。父亲和前妻生的两个女儿（农村户口）也没有享受过父亲的光环。

我们的父母共生育七个子女（五男二女），父母告诉我们兄弟姊妹要团结，要互相帮助。因为父母常年在外地工作，家里的生活就需要兄弟姊妹团结互助，良好的家风为我们的健康成长打下了坚实的基础。目前，我们都已是年过花甲，但兄弟姊妹情深。我们的孙子辈也是五男二女，按照老话说，五男二女，这是个好人家。

我们兄弟姊妹七人，参军二人，孙子辈参军三人，其中一人曾经参加联合国维和部队。我们都深受父亲的影响，走上了报效祖国的道路。虽然父亲已永远地离开了我们，但我们依然将牢记父亲教诲，不忘初心、砥砺前行。

言传身教沐春风

讲 述 人：樊方杰
讲述时间：2022年9月22日
整 理 人：赵建雄

樊汉朝（1923 — 2016），山西夏县人。1945年加入晋东南抗日游击队，同年加入中国共产党。解放战争中，先后参加了解放闻喜、猗氏、虞乡、解州、永济、垣曲、临汾等重大战役，以及著名的晋中战役、太原战役。1952年，随部队赴朝作战，并参加了举世闻名的上甘岭战役。回国后进入中国人民解放军总后勤学院学习深造，成为共和国第一代海军中的一员。1955年获授大尉军衔，先后驻守葫芦岛、海洋岛、大连水警区。1976年9月响应上级指示转业回乡，在山西运城地区人民医院担任行政副院长。1985年离休。

○
○
艰苦朴素，不忘根本

我的父亲樊汉朝离开我们已经整整六年了。父亲的一生，坦坦荡荡，两袖清风，勤勤恳恳为党和人民工作，为革命事业奉献，从来都没有违反过组织原则，更没有做过任何一件有损于党和人民利益的事。他这一生，算起来真正和我们几个子女待在一起的时间并不多，然而他的品格，如同春雨般，润物细无声，潜移默化地影响着我们。

父亲参加过抗日战争、解放战争、贵州剿匪、抗美援朝战争。父亲一生，始终保持艰苦朴素的优良作风，始终保持一名优秀军人的本色。他从来不浪费一粒米、一度电，甚至一滴水。他自己很少买新衣服，鞋袜都是洗了穿，穿了洗，烂了补，一双鞋袜能穿好几年。吃饭也没有什么讲究，自己感觉吃饱吃好就行。父亲九十岁仍旧坚持自己洗衣自己做饭。记得父亲九十二岁的时候，身体还非常健康，还能自己骑自行车，自己去爬山，锻炼身体。父亲在世的时候经常对我们说："节约粮食，节约用水用电，不光是为了省钱，这是中华民族的光荣传统，也是我们必须发扬和传承的美德。咱们国家这么多人口，但是资源却有限，咱们细算一下，如果每个人每天节约一分钱，十几亿人口加起来那就是一个大数字。相反，如果每个人每天都浪费一点点，加起来那可就不得了啦。"父亲的言传身教，使我们姐弟几个从小也都养成了艰苦朴素、勤俭节约的好习惯。生活中，我们从来不麻烦别人，穿衣吃饭从来不挑三拣四，从小就自己洗衣服，自己收拾房间，轮流做饭。家里的被子、书籍、学习用具，各类物品全都摆放得整整齐齐、丝毫不乱。

○

○

大公无私，一心奉献

小时候，我们全家住在大连。记得那时候，我们很少能见到父亲的身影。有时候连过年也不能全家团聚。我们的母亲一边上班，一边操持家务，还得照顾我们几个孩子，忙得团团转。所以，母亲遇到特别忙的时候，就经常把我们锁在家里，让年仅八九岁的姐姐看着我和弟弟。我们经常问母亲："为什么别人的爸爸经常能在家里，而我们的爸爸老也不回家？"母亲就告诉我们："爸爸是军人，他要守岛，要保卫祖国啊！"我们听得似懂非懂，也不明白：许多小朋友的爸爸也是军人啊？他们为什么就不守岛呢？后来，年龄稍微大一点儿，才知道我们的父亲所在的北海舰队肩负着保卫祖国领海安全的重要任务。他们守卫的葫芦岛、海洋岛、大连水警区濒临韩国、日本，战略地位十分重要。所以，那时候，父亲一心扑在工作上，舍小家保大家，他早已把部队当成是自己的家了！偶尔见到父亲的时候，他总是对我们说："保卫祖国是军人的本职，国家安全这道红线是任何个人不能逾越的！"

还记得我七岁那年，由于顽皮误食了一种野果子，导致中毒昏迷。母亲吓坏了，把我年幼的姐姐和弟弟托付给邻居家一位十三岁的姐姐照看，火速将我送到医院去抢救。后来听母亲讲，当时我因为中毒比较严重，高烧不退，躺在铺满冰块儿的特殊担架上，昏迷了一个星期，差点就抢救不过来了。母亲哭着给父亲发了紧急电报，可恰巧赶上父亲出海执行任务，尽管他心里也十分着急，但他知道，军人的职责高于一切，他不能置任务、置工作于不顾。母亲虽然心里又急又怨，但她多年来受父亲的影响，也懂得军人肩负的职责大于天的道理，只好一个人在医院忙前忙后。好在医护人员工作认真、尽心尽力，经过全力抢救，以及许多不知姓名的好心人的无偿献血，我的性命才终于保住了！出院那天，我和母亲坐着有轨电车回家，下了车就看见姐姐和弟弟两个小人儿坐在马路牙子上眼巴巴地等着我们。我哭了，母亲也哭了，姐姐和弟弟跑上来抱着母亲大哭不已。我在医院住了一个半月，已经好久没有走路了，我摇摇晃晃走到姐姐面前，开口就问："爸爸呢？"姐姐茫然地摇头说："不知道。没有回来！"母亲见状，还替父亲打圆场说："你爸爸在执行任务呢，过几天就回来了。"后来，每提起这件事儿，父亲还是觉得很内疚，他说："唉，我知道很对不起你们，但这毕竟是家里的事，比起保家卫国，这些小事又算得了什么呢？我作为一名军人，就必须听从党的指挥，必须为国家奉献嘛。"

○

○

热爱学习，注重教育

父亲小时候家里穷，没有上过一天学，大字不识一个。参加革命工作后，他对学习知识十分渴望，所以他能付出比常人多十倍的努力，从零开始读书，积极向别人请教，认真学习文化知识，刻苦钻研毛主席著作。也因此，父亲多次受到部队表彰，多次获得"学习标兵"荣誉称号。抗美援朝战争结束后，父亲回到祖国，由于表现突出被上级选派进入中国人民解放军总后勤学院学习深造，成为共和国第一代海军中的一员。1968 年 7 月，父亲还参加了中共中央举办的团级以上干部毛泽东思想学习班，并荣幸地受到毛泽东主席等党和国家领导人的接见。

1976 年 9 月，父亲积极响应国家号召，转业回乡，到山西运城地区人民医院担任行政副院长。工作之余，他坚持每天读书看报，这个习惯一直保持到他病逝前。每天清晨起来，父亲总是先把家里打扫得干干净净、清清爽爽，然后出门跑步锻炼，顺便买好早餐回来，等我们起床后一起吃饭。一切安排妥当，就是他几十年如一日的晨读时间了。他读书看报时要大声读出来，母亲经常说他："你看就看吧，怎么还大声读上了？又不是需要你朗诵表演。"父亲听了，总是半开玩笑半认真地说："我是读给你和孩子们听嘛，怕你们不爱学习！"说完更加大声地朗读起来。有时候，他还无不得意地说："我这是一举两得！既充实了自己，又让你们也能了解时政。"

父亲平时最喜欢看的电视节目就是《新闻联播》，每天从新闻报道中了解国际风云、国内形势，了解社会发展、时代变迁，以使自己的思想永远不落后、不僵化；特别是离休以后，他还喜欢和其他老同志学习、讨论时事政治，经常把自己就某一个社会热点问题写的"心得体会"拿给人家看，一同交流。父亲这种始终保持认真学习、勤于思考、善于思辨的精神，给我们做儿女的树立了一个很好的榜样。

父亲一直教育我们自己的事情要自己做。我们姐弟几个小时候，父亲由于工作繁忙很少回家，好不容易把他盼回来了，他除了检查我们的学习情况就是出难题让我们回答，再不就是故意讲一个错误观点让我们分辨对错。无论我们回答对或错，他都要求我们讲出自己的观点或理由。这对于年幼的我们来说真的实在是有些难。现在回想起来，父亲的这种教育方法，还真是培养提高了我们的思辨能力。特别是我姐姐，从小她就有自己的独立判断，不会人云亦云，有时候我父亲故意说出错误论点时，我和弟弟都说"对"，她都能不受干扰，经过自己分析判断，提出自己的见解。记得那时候，父亲喜欢用草纸给我们做练习本，就是用一种很粗的线把裁好的草纸缝在一起，看上去很像古时候的书籍，然后敦促我们用这个本子去写日记。我说我不会写，父亲就说："不要怕，慢慢来，写一两句话也行！"然后，我就写"今天我去上学了""今天我跟小伙伴们玩捉迷藏了"等等。这时父亲就引导我们说："你们可以这样写嘛。比如：今天天气如何呀，今天上学老师讲了什么新的知识呀，你们有没有勇敢地举手回答问题呀，等等。"父亲用这种方法来提高我们的认知能力和思维逻辑。这为姐姐后来从事律师职业打下了坚实的基础，而且后来姐姐还成了一名业余作家。姐姐说，她一辈子都记得父亲给我们钉的草纸本，一辈子都感谢父亲的悉心教育和引导。

○

○

坚持原则，不搞特殊

我们的父亲原则性非常强，而且以身作则。他从来不允许我们做儿女的搞特殊，也不允许我们滋长奢靡之风和炫耀思想。记得小时候，我们家住在部队大院，经常有文艺团体来部队进行慰问演出，有时候有些首长的孩子会随他们的父亲坐吉普车去看演出，而我们姐弟三人却从来没有享受过这待遇。一次，我壮着胆子问父亲："为什么别人家的孩子可以坐他们爸爸的车去看演出，而我们姐弟三人却不能？"父亲就耐心地教育我们说："爸爸是部队领导。部队官兵一致，都是人民子弟兵，我们要和普通老百姓打成一片，绝不能认为自己高人一等，所以就去搞特殊。"我们当时很不理解，看着别人家的孩子神采飞扬地坐上车走了，而我们只能步行去看，或者有时候干脆没票去不了，就对父亲真是一肚子意见。后来慢慢长大了，我们才慢慢明白了，父亲是在坚持原则、以身作则，反对领导干部搞特殊化，那是他作为军人、作为革命干部骨子里的品质！

1975 年我高中毕业，正赶上国家号召知识青年"上山下乡"。有一天，父亲回家后，把一张申请表递给我，说："去吧，到农村去，锻炼锻炼好！"我就老老实实填了表交上去。不久，突然听到消息说，某航空学院招收飞行员，我们这个地区只有三个名额，我很兴奋，因为当飞行员是我最大的梦想，我就赶紧报了名，经过八次体检和政审等两个多月的漫长过程，我各项要求全部合格，就等录取通知了。这时，有人建议我父亲说："你是部队领导，赶紧去活动一下关系，好不容易的机会，可千万别让别人抢了去，不然孩子的愿望就泡汤了！"父亲却无动于衷，只是说："活动什么？我从来就不信那一套！"我就只好等。结果，我最终没有走成，几个月的辛苦奔波化为了泡影。因为这件事，母亲气得好几天不理父亲，可父亲却说："没有什么大不了的，年轻人就得吃点儿苦，到农村去锻炼锻炼也没有什么不好嘛！”

2016年初，父亲突然患病。就在病重期间，他还多次把我们姐弟几个叫到身边，对我们说：“爸爸这一辈子从未做过违反原则的事，一生清清白白、堂堂正正。现在，我也年纪不小了，可以安心去见马克思了。你们要时刻记住：自己是革命军人的后代，要做一个对国家对社会有用的人，千万不能做违背良心的事！爸爸一辈子没给你们开过后门、搞过特殊，你们不要恨爸爸，一切都靠自己努力争取吧！”父亲去世前，他本来有过在老家土葬的一念之想，但第二天就否定了自己的想法，他对我们说：“我昨晚梦见我对组织做检讨，因为自己违反了纪律，没有尽到一个党员的义务。我要光明磊落活过这一辈子，不能临终了却做错事。我要遵守组织原则和党的纪律，直到最后一天！”父亲去世后，我们全家虽然很悲痛，但我们相信父亲在天之灵一定很欣慰，因为他这一辈子真的是坦坦荡荡、光明磊落、两袖清风，确实是一名合格的共产党员，确实是一名优秀的领导干部。

我们的父亲就是这样，他是革命队伍中的普通一员，一生过着普通人的生活，但他始终保持着共产党员的政治本色，始终保持着革命军人的优良传统，熟悉他的人都交口称赞他的“老八路作风”。而对于我们姐弟几个，甚至我们的下一代而言，这种作风，通过父亲多少年来的言传身教，也早已化为乐观向上、艰苦朴素、坚持原则、刚正不阿、热爱学习、忠于职守、大公无私、奉献社会的优良家风，它就像流淌在我们全家每一个人血液中的基因一样，绵延赓续、代代传承！

拙规矩能正方圆

讲 述 人：吴建梅 吴建华
讲述时间：2022 年 9 月 29 日
整 理 人：赵建雄

吴振勇（1922 — 2010），山西离石人。1937 年 4 月参加中国工农红军，1941 年加入中国共产党。1945 年至 1947 年在晋冀鲁豫军区担任机枪手；1950 年起，在华北军区教导一团山西应县大队任大队长；此后在朔州怀仁劳改煤矿、大同劳改砖厂、阳泉荫营劳改煤矿、太原劳改工程队、大同大青窑劳改煤矿、山西省汾阳监狱等劳改战线工作。1984 年离休。

○

○

苦难童年 投身革命

我们的父亲吴振勇，1922 年农历十一月廿三出生在吕梁市离石区西属巴镇瓦窑间村一户贫苦人家，家中日子过得十分艰难。父亲虽然没有上过学，但他从小就聪明懂事。父亲给我们讲，1937 年 4 月的一天，他跟本村比他年龄大几岁的几个后生到临县招贤镇上去担石板，干苦力活赚钱。在那里，他们正好碰到了一队红军，目睹了红军战士的言行举止、纪律作风，父亲就好像看到了希望。父亲说，他从来没有见过那样守规矩的当兵的，他当时也没多想，只是觉得这支队伍好，和蔼可亲，纪律严明，不欺负老百姓，不仅能替穷人办事还有饭吃，就毅然决然地留下来参加了这支队伍。就这样，一个还不到十五岁的懵懂少年，参加了中国工农红军，从此走上了革命道路。

○

○

革命熔炉　锻炼成长

父亲说，他刚参加革命的时候，因为没有文化，根本不懂什么大道理，只是想，既然主动加入了这支红军队伍，就要规规矩矩地服从部队铁的纪律，就要一辈子跟党走，永远对党忠诚；就要勇敢杀敌，不怕苦、不怕死，为老百姓打天下。父亲一边学习文化知识，一边学习军事常识，逐步提高自己的综合素质。没有多长时间，父亲不仅练就了一身过硬的军事本领，还能熟练掌握、灵活运用作战战术。由于表现突出，1941 年就光荣地加入了中国共产党，当时，父亲还不满十九岁。

父亲在八路军一一五师六八七团二营八连担任战士时，参加了平型关战役。1945 年至 1947 年在晋冀鲁豫军区三四三教导旅第八团二营八连一排担任机枪手时，参加了平汉战役和陇海战役，父亲作战勇猛，屡立战功，先后被提升为班长、排长、连长。1946 年，父亲在山东阳谷、聊城、范县一带带兵作战，令还乡团闻风丧胆，敌人当时曾张贴出布告，以两斗白洋悬赏他的人头。1947 年 7 月，父亲因在陇海战役中身负重伤，被送进山东菏泽的华北军区野战第一医院第二疗养所养伤；伤愈后，父亲被选送进华北军区荣军学校学习一年。父亲先后参加过大大小小战斗无数次，负伤十一处，可以说是伤痕累累，后来民政部给父亲发放了伤残军人证书。

1950 年起，父亲在华北军区教导一团山西应县大队任大队长，主要任务是开荒种地、修水利建工厂、改造国民党俘虏，父亲成为新中国成立后我国第一批劳动改造工作者。此后几十年，父亲先后在朔州怀仁劳改煤矿、大同劳改砖厂、阳泉荫营劳改煤矿、太原劳改工程队、大同大青窑劳改煤矿、山西省汾阳监狱等劳改战线工作，一直到 1984 年离休。

无论是在抗日战争、解放战争时期，还是在转业为监狱警察后，父亲始终不忘初心、牢记使命，恪尽职守、任劳任怨，规规矩矩做人，本本分分做事，从不计较个人得失，时时刻刻践行着自己入党时的誓言，保持着我们党的优良传统和作风。父亲经常跟人们说："我当初参加革命，虽说也有为了能吃饱饭的原因，但在革命熔炉中锻炼了将近五十年，我的初心永远是跟着共产党，给老百姓打天下，从来没有过讲吃论穿、贪图享受的想法。父亲任劳任怨、恪尽职守，从不计较个人得失，时时刻刻践行着自己的诺言，保持着我们党的优良传统。虽然享受着副省级待遇，但他从不自傲。他说：“党和国家给了我这么高的荣誉和待遇，比起那些流血牺牲的革命战友，自己真是太幸运了。”

○

○

严于律己　廉洁奉公

无论是在工作岗位，还是在家里，父亲的做人原则是一致的，那就是严于律己、廉洁奉公。他常常对我们说：“我是共产党员，忠于党、忠于人民，一生为人民服务，这是我永远不变的人生信条。无论是工作上还是生活中，都要严以律己，绝不能给共产党脸上抹黑。你们是我的孩子，也要像我一样，做人做事讲规矩，一心一意求奉献。你们也不能给我丢脸抹黑。”我们从小就深受父亲的影响，追求正正派派做人、认认真真做事、踏踏实实工作、平平淡淡生活。

有这样一件事，至今仍然令我们记忆犹新。那一年，根据国家有关政策，父亲单位调工资。在那个家家生活还不是很富裕的年代，那可是大家日日想夜夜盼的大好事，何况调工资又不是年年调，更不是人人调，每次调工资都是有指标有名额的，而且几年才调一次。按父亲的资历，上调一级工资是毫无疑问的事，但他却把大家好不容易等到的一次机会，让给了单位工作成绩突出而资历比他浅的同志。母亲为此还埋怨了父亲好一阵子。因为当时我们的母亲没有工作，全家六口人，老家还有爷爷和身有残疾的叔叔，一大家子都得靠父亲仅有的工资吃饭。但父亲却说：“我觉得咱就应该让啊！一方面，我是党员干部，本身就应该以身作则，为群众着想；另一方面，单位里还有比咱们家更困难的家庭，还有比我工资低得多的同志，咱要发扬风格，把利益让给更需要的同志。你说不是吗？”母亲是一个通情达理、非常支持父亲工作的人，听父亲说得很有道理，也没办法再反对，只能默认了。

生活中，父亲对我们要求也很严格，从来不让我们占公家的一点儿便宜。

无情的战争给父亲留下了一身的伤病，每遇四季交替和天气变化，就特别敏感，伤病处不是痛就是痒，所以，父亲一年四季都离不开药。父亲是离休干部，医药费可以实报实销。记得那时候，母亲和我们姐弟几个，偶尔有个感冒或头疼脑热，身体不舒服时，想随手吃上父亲的几颗止疼药、消炎药，可父亲总是不允许，非但不行，还要受到父亲严厉的批评。父亲说："你们吃药自己买，不要占国家的便宜，这样不好。"我们觉得这不算什么大事，可父亲不这么认为，他觉得这就是违反原则。

○

○

勤奋学习　热爱读书

父亲还特别热爱学习，非常喜欢读书。在职期间，父亲工作之余，最大的乐趣就是读书、学习。他离休以后，也是戴着老花镜，每天都要坚持看书看报，有些好文章还会读给我们和母亲听。后来父亲年纪更大了，他戴着老花镜都看不清楚字了，还要拿上放大镜一字一句地认真看。遇到节假日，我们去看望父母，有时候，父亲还会让我们给他读读报。

父亲一生没有上过什么正规学校，文化水平也不是很高，但他却非常重视对子女的教育。他总对我们姐弟几个说要多读书、读好书，而且父亲总是用他的勤奋读书来给我们做榜样。我们姐弟几个小时候都喜欢学着爸爸的样子拿起书本，端端正正地坐下来，一本正经地念书；而父亲也经常会给我们带回各种各样的书籍，他希望我们都多读好书，增长见识，增加知识与修养。慢慢的，在父亲的教育和熏陶下，我们姐弟几个都养成了喜欢读书的好习惯。现在连我们的孩子们，也都喜欢上读书了，在读书的过程中去忧解烦定心性，陶冶性情美心灵。

父亲非常关心国家大事，每天的《新闻联播》必看不误。虽然年纪大了，但父亲说起大道理来依然头头是道，一点儿也不糊涂。有时候，我们看到他一手拿着放大镜，一手指着书上或报纸上的字非常吃力地看，就开玩笑地调侃他几句："都那么大年纪了还那么认真，学习了也没啥用了。"这时候，他就不高兴了，会很严肃地说：“毛主席都说过，‘活到老，学到老’，啥叫没用？世界上就怕‘认真’二字，共产党就最讲认真。你们可要记住啊，一个人，如果不学习，就会退步的！”几句话，说得我们哑口无言。

○

○

勤俭节约　孝敬长辈

父亲在家特别勤快，特别注重节约，而且从来不摆架子。我们小时候，穿的是母亲做的布鞋，我们姐弟几个都很费鞋，于是父亲就买了一套钉鞋工具，自己给我们修补鞋。父亲还真是手巧，他用捡来的废轮胎做鞋底，给我们把鞋修补得跟新鞋似的，还挺漂亮。父亲还买了一把理发的推子，弟弟的头发都是父亲亲手给他理的。那时候，在外面理个发也就一两毛钱，但父亲却说：“理个发又不费事，能省就要省。买一把推子几块钱，但能用好多年呢！还是自己理划算。”父亲就是这样，教育我们从小就要艰苦朴素、勤俭节约、吃苦耐劳，绝不允许我们有好吃懒做、贪图享受的坏毛病。他也是这样以身作则、身体力行的，让我们不忘本、能吃苦、做好人。

我们从小受父亲的言传身教，养成了节约粮食、杜绝浪费的习惯。平时吃饭时，不小心掉一粒米，也要捡起来；碗里也从来不会剩一根菜，总是吃多少盛多少。否则，就要挨父亲的批评。父亲经常教育我们说：“我小时候，经常吃不饱饭，才十来岁就得去给别人家打短工，是共产党领导咱穷人翻了身，过上了好日子，但再好的日子也不能奢侈浪费。我们每天吃的花的，没有一样是谁偷来的。”慢慢的，我们才明白了，父亲的勤俭节约，不仅仅是为了节省钱，更重要的意义在于对资源的珍惜、对自己与他人劳动成果的尊重。父亲的思想感召着我们，我们也这样教育我们的孩子把这种光荣传统传承了下去。

百善孝为先。父亲教育我们要艰苦朴素、勤俭持家，更要孝敬长辈、善待家人。我们的父母亲做到了，而且做得非常好，这对我们的教育和影响也很大。从我们记事起，父亲每月领到工资后，首先就是给爷爷寄去生活费；逢年过节，回老家去看望爷爷，父亲也都会给爷爷一些零花钱，或者买一些营养品。

父亲还买了一把理发的推子，弟弟的头发都是父亲亲手给他理的。

父亲走后的十几年，一开始因为我们姐妹两个都还没有退休，妹妹建华离得近，所以就一直由妹妹陪伴在老母亲身边。现在，我们姐妹两个都退休了，就在老家离石一块儿照顾年迈的老母亲。我们姐妹两个从来没有计较过谁陪伴老母亲的时间长，谁伺候得老母亲多。我们都是一样的想法，母亲愿意住哪里就住哪里，只要老母亲心情好，身体好，我们就由着她、顺着她，这就是孝顺，这就是对老人最好的孝了。这也是父亲活着的时候教给我们的一个道理。

父亲的一生，是革命的一生、奉献的一生，是勤俭的一生、学习的一生，更是给我们全家乃至下一代留下无尽精神财富的一生！

俗话说：近朱者赤，近墨者黑。父亲在世的时候，要求我们凡事都要讲规矩。他总是说："没有规矩，不成方圆。一个小小的规矩，都能教会你做人的大道理。"在父亲身边生活的那些年，父亲用他的一言一行教会了我们许多为人处世的道理。我们一定会把这些珍贵的红色记忆、良好家风给我们的后辈儿孙代代传承下去。

父亲用他一生的言传身教，为我们树立了良好的家风。我们都深深地懂得，能够"勿以善小而不为，勿以恶小而为之"，这就是最起码的原则。无论工作中还是生活中，无论是为人还是处世，我们都从父亲身上学到了不少，所以，我们能够凡事讲规矩、不出圈。我们感谢我们的父亲，感谢他树立的良好家风培育了我们淳朴的品德、善良的心地以及对社会、对家庭的担当与责任。这份良好的家风，蕴含着温暖的爱，浓缩着深厚的情，它就像春风化雨，浇灌着我们内心世界里永远向上的生命之树。我们相信，作为树的我们，将在父亲亲手打造的"家"的这方沃土上，蓬勃生长、开枝散叶，不断发展延伸，为社会贡献价值和能量。

从延安保卫团走出来的干部

讲 述 人：李亮英
讲述时间：2022 年 11 月 3 日
整 理 人：周至

李成德（1920 — 2005），山西岚县人。1938 年 5 月参加革命，同年 8 月加入中国共产党。先后在山西省劳改局教育科任科长、平遥少管所任政委、霍州王庄煤矿任副政委。1986 年离休。

○

○

恪尽职守的政工干部

1920 年 9 月，我的父亲李成德出生在晋西北岚县后子坪村的一个贫苦农民家庭。父亲从小卖过豆腐、给地主放过牛、打过短工，小小年纪受尽苦楚的他，立志参加革命，拯救天下穷人。1938 年 5 月，他在岚县参加八路军 120 师，同年 8 月，加入中国共产党。

不久，父亲跟随部队到达延安，被分配到延安保卫团，负责延安地区和中央领导机关外围安全保卫工作。1946 年初，父亲请假东渡黄河回到阔别八年的家，等安顿好家里后，他到晋绥边区办理返回部队的手续时，正赶上晋绥边区急需干部，父亲就服从组织安排，留在晋绥公安总局工作。

1946 年秋，我父母在老家成婚。因为叔叔病故后留下不满周岁的儿子，祖父母已年迈，家庭的重担就落在我父母身上。婚后，父亲先后在岚县专署、忻州专署、山西省公安厅工作。1957 年初，被调至山西省劳改局任教育科科长。从此之后，他一直在监狱系统工作。

1974年，父亲被调到霍州王庄煤矿当副政委，他带着全家进了深山沟，在这个小煤矿一干就是十二年。

父亲刚到王庄煤矿不久，正赶上煤矿收缩下马，王庄煤矿变成汽车配件厂、防爆电机厂、水泥厂。为了配合这次改革，父亲二话不说，扑下身子深入工地调研，并办起宣传栏，设立广播站，弘扬好人好事，把宣传工作搞得有声有色。在回填涵洞时，他半个月不离开工地，和职工同吃同住，干得热火朝天。

王庄煤矿地处山区，位置偏僻，交通不便。为丰富职工文化体育活动，父亲亲自带人平整场地建篮球场；购置电影放映机，每月放映十五场电影；组建职工文艺宣传队，自编自演文艺节目；为解决职工子女就学难问题，还自筹资金新建教学楼，从师范院校招来毕业生教学，不仅提高了教学质量，还培养了不少人才。

1981年，受市场影响，王庄煤矿停建，职工工资不能按时发，人心惶惶。父亲顶着压力，提出：王庄煤矿的牌子不能摘，有问题我负主要责任。之后，他来回奔波于相关部门，要煤田、要批文，终于获批恢复生产，扭转了职工外出打工的窘境。

恢复生产后，来矿上的领导、客人越来越多，父亲陪同就餐也越来越多，他每月都要根据规定到食堂缴纳陪客费和粮票。食堂管理员说：“其他同志催多次也交不来，李政委每次都是主动交。有领导带头，我们的工作就好做了。”

1983年“严打”，父亲没日没夜带领干部职工修监舍、建围墙、架电网，购置必需的生活用品，半年时间就接收近两千名犯人，达到“收得下、管得住、跑不了”的要求。当时，他早就过了退休年龄，却因组织上需要，一直奋斗在一线。

父亲负责人事工作多年，始终坚持任人唯贤，不以个人亲疏、恩怨画线。对待人才，总是想方设法调进来，千方百计留得住，发挥其特长。当年一个有能力的同志想调回老家工作，父亲好言相留并委以重任，后来这位同志为王庄煤矿的建设立下汗马功劳。父亲重用老同志，对年青同志也能大胆培养、起用。有位刚从部队复员的年轻同志，一心想开汽车，得知他在部队当过文书，有一定的写作才能，父亲就把他安排到办公室干秘书。这个年轻同志也特别努力，不久就走上了领导岗位。还有一位师范毕业的同志，父亲发现他很有才华，就调他到政治处搞宣教，经过磨炼，成长为重要部门的领导……

父亲平易近人、品质纯良、为人厚道，对待同志宽容大度，有困难只要找他，都会有求必应；对待犯了错误的同志，他总是秉着“批评从严，处理从宽”“惩前毖后，治病救人”的原则，从不落井下石、一棍子把人打死；父亲从不搞特殊、不讲排场、不铺张浪费，他经常到食堂排队买饭；和同事出差都是他掏腰包，“我工资高应该我掏”；为节省开支，他到太原出差都是在我大姐家食宿。有一回在太原跑项目，他带着司机在我大姐家吃住了二十多天，没报一分钱差旅费……

父亲待人热情，但对于上门送礼、跑官要官的，他却丝毫不客气：“提拔干部是靠干工作干出来的，不是靠送礼要来的。回去好好工作，干出成绩领导自然会重用你，别想着走歪门邪道。”虽然每次都弄得人家很尴尬，但他们内心却很钦佩父亲的正直和坦荡。

父亲不图名、不谋利，勤勤恳恳为党的革命事业、为公安和监狱事业奉献了一生。到离休还是副政委、副处级，后被特批享受副厅待遇。

1986 年 7 月，父亲终于办好了离休，被异地安置到榆次日化厂休养。那年，他六十六岁，工龄四十九年。

○

○

公私分明的八路作风

父亲爱说“三岁看大，七岁看老，教育要从小抓起”。记得我们小时候，老大、老二背着母亲拿了两元钱，到商店买了三毛钱水果，父亲发现后大发雷霆，打得兄弟俩哭天喊地。从那时起，我们就懂得不能随便拿别人的东西。

三年困难时期，家家困难。那时父亲被调到西峪煤矿工作。虽然他的工资高了，但要养活的人口逐年增加。到 1962 年，全家有十口人，父亲还要每月给祖父母寄钱，每年汇口粮款。我们兄弟四个正是“半大小子吃塌老子”的年纪，粮食每个月都不够吃。若申请困难救济，对于我们家那是件很容易的事，父亲就分管这事，但他坚持原则，从没申请过一次。

父亲担任领导多年，我们没沾过他的光，找工作都是自己找，没有得到过特殊照顾。母亲在王庄煤矿缝纫组干临时工，根据政策可转为正式职工，可父亲不同意。至今母亲还是家庭妇女，每月只有遗属补助。

父亲在晋城工作时，为了培养我二弟，给他创造一个良好的学习环境，让他接受良好的文化知识教育，在家庭经济十分困难的情况下，把他送到省城太原读书。等他高中毕业后，父亲又把他送到农场劳动锻炼六年之久。我二弟在那几年虽然远离父母，生活上吃了些苦，但获益匪浅。我三弟高中毕业后，父亲让他放弃去几里外、生活条件好、劳动工分高的知青点插队，把他送到几百公里外、气候恶劣、生活条件差、劳动工分少的原籍插队；两年后又送他到部队当兵。三弟复员后，被安排到下属企业水泥厂干又脏又累的保全工。我四弟是技工学校毕业，被分配到煤矿在井下工作……

父亲离休后，我三弟被调到榆次日化厂工作，因三弟勤勉认真，连续多年被评为“先进工作者”。闲暇时三弟喜欢和朋友玩麻将，父亲得知后，对三弟进行了严厉的批评教育，并向单位领导做了反映，硬是要求取消三弟“先进工作者”的称号。有一次，父亲家里的簸箕坏了，我三弟从单位拿了一个回来。父亲看到后，非要他把东西还回去，还把领导找来，让我三弟做检查。父亲说：“公家的一针一线也不能拿。”

我们兄弟几个每次回家去看望父亲，都得听他讲政治、讲做人办事的原则，他教育我们要在艰苦的环境中经受得住磨炼，一旦发现我们有思想认识、行为方面的问题，就会及时给予纠正。在父亲的教导和言传身教下，我们遵纪守法、廉洁自律，踏踏实实、兢兢业业地做好本职工作，在各自的工作岗位上也作出了贡献，取得了成绩。

父亲廉洁自律、艰苦朴素的作风影响着我们。我们姐弟五个都在监狱系统工作，他经常告诫我们，要与罪犯及家属划清界限，不能贪、不能腐。他一件棉衣穿了十多年，领口、袖口都已磨破了，却还让母亲补了又补，“生活富裕了，但不能忘本，艰苦朴素是我们党的优良传统”。我们给他买的衣服他都整齐地放在衣柜里，舍不得穿。父亲一生嗜好很少，不玩扑克，不打麻将，只喜欢下象棋，但棋艺一般。

父亲从小就养成了早睡早起的好习惯，他虽不会做饭，但其他的家务活他都主动承担：自己的衣服自己洗，自己能干的不麻烦别人帮忙，自己能克服的自己尽量克服。有一年，家中没有煤烧，他就到一公里以外的煤场捡上煤，推车拉上煤。回家的途中有一段是陡坡，年轻人都需要有人帮忙，更何况他都七八十岁了。有位老同志碰到他了，要找人帮他，被他婉言谢绝。他这种不服老的劲头，有时还真让人头疼。

离休干部的医药费按规定可以实报实销，可父亲对自己医药费用的报销严格控制，一旦超出就停止看病。他把看病买药的单据锁到抽屉里，买药、寄药费单据都亲自操作，别人想夹个塞报销点，根本不可能。有一次，他病得很严重，医生让他住院治疗，住院证都开好了，但他非说要回家取东西。到家后，他取出药费单，拿出算盘，算完后决定不住院了，只开了三服中药。我们知道，他是体谅单位，不想多花钱。他带母亲到单位医务所看病，医生说："写你的名字可以报销。"他马上回绝："那样做就占国家的便宜了。"

○

○

信念坚定的党员典范

父亲文化程度不高，只上过部队的扫盲班。战争年代，他边打仗边学习；转业到地方，他边工作边读书。虽然底子薄，但他非常刻苦，平时没啥爱好，业余时间全用在学习上。有一本四角号码字典，父亲用了几十年。他没学过新汉语拼音，就甘当小学生，向孙子们请教。

父亲不断地培养自己的写作能力，在这个过程中，不但字练好了，而且写字的速度也大有提高，开会做笔记基本能跟得上。每次开会准备的讲话稿，他都要通读几遍，不认识的字就查字典，所以从来没读过错别字。他读报纸时很认真，认为重要的句子要用红蓝铅笔标注，重要的文章会裁下来，粘贴到笔记本上，一有时间就翻开学习。他处理公文非常及时，随到随阅不耽搁，还要把重要的内容摘抄下来。他经常说，"眼过十遍不如手过一遍。不但要写在笔记本上，还要记在脑子里，运用在言行上"。

离休后，父亲仍关心国际、国内大事，他每天坚持读报、看《新闻联播》，有重要内容还要做笔记，并装订保存好。我们去看望他，他总要推荐几篇文章让我们学习。随着年龄的增长，父亲的记忆力下降了，学过的知识很快就忘得差不多了。可他不气馁，忘了就继续学，今天忘了，明天再学一遍……

父亲热爱生活，他在自家小院里种花草，养鸡，为此还购买了有关葡萄种植技术、养鸡知识问答等方面的书，边学习边实践，晚年生活过得丰富而充实。他种植的大架葡萄覆盖了半个院落，一到夏天就绿荫如盖，羡煞旁人。父亲每天早起打拳、练功、走步，他还积极参加老年活动和党组织活动。

父亲入党近七十年，对党忠诚，严格按照党章办事，多次被党组织评为“优秀党员”。不论在工作期间还是离休后，他都严格要求自己，按时参加党的会议和组织生活，按时缴纳党费。就在他去世的前两天，是个周末，他一天连续找了三次收党费的同志，直到按时如数缴了党费才歇了心；因为后两天是双休日，他担心缴不了党费。或许他的担心是对的，这是他缴的最后一次党费，与此只隔了一天，父亲就永远地离开了我们。

2005 年 10 月 30 日，父亲与世长辞，享年八十五岁。一副挽联概括了父亲的一生：战争年代不怕流血牺牲转战南北，抗倭寇保家卫国功勋卓著；和平时期不怕艰难险阻走遍东西，搞建设创建监狱成就斐然。

“李成德同志倾尽毕生精力，献身于革命斗争和党的监狱事业，用自己的思想、行动和灵魂在人们心中树起了一座精神丰碑，他‘捧着一颗心来，不带半根草去’的高尚人格和宽广情怀将永远激励我们不断前进。”这就是党组织对父亲这一生的评价。

父亲一生没有轰轰烈烈的业绩，但平凡的点滴凸显出人生价值。他没有给我们留下丰厚的物质家产，却给我们留下了很多值得继承的精神财富。父亲的好思想、好品质、好作风，我们将一代一代传承下去；他的精神会永远激励我们子孙后代拼搏、奋斗、前进。

落叶归根在晋阳

讲 述 人：王芳
讲述时间：2023 年 3 月 30 日
整 理 人：张玉

王元升（1929 — 2022），山西太谷人。1945 年参加工作，同年加入中国共产党。1945 年起，先后任太行二分区军用生产社长江合作社、河北邢台军用分社、太行独立旅立功商店、九纵队二十五旅供给处会计；1949 年，调入十五军四十三师供给处工作；1952 年，在昆明军区后勤部工作，历任供给处审计、财务科副科长、后勤车管处财务科科长、计划科科长、直供部科长等职；1976 年，转业至山西省机械化施工公司任副经理。1989 年离休。

○

○

冲破阶级

我爷爷王元升于 1929 年出生在山西省太谷县一个富农家庭。爷爷的父亲也曾做过生意，生活比较富足。据爷爷回忆，他家那时候有十四间房子、四十多亩地，还雇用了一名长工，算是小康之家了。我奶奶范淑贤，是地主家庭的独生女，年少时就读于山西国民师范学校——当时太原境内规模最大的学校之一，创办于 1919 年，校址在小北门街。关于爷爷奶奶的出身，我觉得没有什么可避讳的——其实在共产党的队伍中，出身于官僚、资本家、地主家庭的并非少数。直到 20 世纪 90 年代，我太姥姥家从前的长工还经常来我家看望爷爷奶奶，这说明他们关系很好。

1937 年，抗战全面爆发，爷爷的父亲也去世了，家计日渐艰难。爷爷的母亲身体不好，不能从事农业生产，土地要靠村里人代耕。田地和房产陆续被变卖，只剩下旱地四亩、水田一亩七分和三间年久失修不能居住的漏雨房屋，爷爷的母亲不得已，带着一双儿女搬到一眼石窑里居住。

就在这样窘迫的条件下，爷爷的母亲仍然支持他读书。老人家性格倔强，认为读书是最正确的道路。爷爷在本村上了几年学之后，于 1944 年赴和顺横岭镇读高小。横岭镇是革命老区，抗战史上著名的石拐会议就是在这里召开的，彭德怀、张浩、任弼时、左权、陈赓等一大批八路军高级将领长期战斗在这里。这里的老师们经常结合教材对学生进行爱国主义教育，学生们则到村里宣传抗日救国、反对内战。爷爷心中抗日救国的种子就是在这里萌芽的。1945 年 4 月 26 日，爷爷在横岭镇入伍，正式走上了革命道路，那时他只有十六岁。而我的奶奶那时在山西国民师范学校也接受了进步思想的熏陶，参加了革命组织，后随军南下。二老虽然是同县同乡，但在参军之前并不认识，他们的缘分是在部队开始的，他们邂逅在美丽的彩云之南——云南，这也是他们革命征程中的温馨乐章。

○
○

落叶归根

爷爷说他刚参军的时候是在敌后工作，在太行二分区军用生产社做社员。那时候抗日民主政府为解决群众生活上的困难，在根据地中心区内的一些主要村庄组织群众自筹资金、自聘人员，创办了一批消费合作社，由合作社前往敌占区或国民党统治区采购物资，以满足群众生产和生活的需要。爷爷就在长江合作社当会计，负责货物保管、门市部营业、采购进货等工作。合作社经营的品种主要有食盐、酱油、纸烟、火油、火柴等生活必需品，以及猪肉、鸡蛋、粮食等农副产品；还为抗日民主政府和新四军代收军用粮草，以供给部队和地方干部。合作社的创办，满足了人民对生活必需品的需求，方便了群众，减少了中间商的层层加价，入股的社员年终还能分得一定的红利，因此合作社受到群众的普遍欢迎。

1948年，爷爷响应党中央的号召南下。“南下干部”纵队是解放战争后期和新中国成立初期，随着政治军事形势发展而产生的一个特殊而耀眼的群体。在人民解放军解放全中国的滚滚洪流中，为了顺利接管、巩固政权，支援南方广大新解放区的建设，各省根据中共中央决议，纷纷抽调大批党政干部随各路人民解放军南下。于是，数以万计的党政干部、共青团员冒着没有散尽的硝烟，远赴长江以南的新解放区，在新的“战场”上为新中国的建设作出了不可磨灭的重大贡献。爷爷就在其列。

爷爷南下后，随部队辗转多地作战，先是在豫西参加了淮海战役，然后参加了渡江战役以及江西追击战、两广追击战、赣江战役和广西战役。解放后，爷爷调入云南省军区，他在此度过了二十多年的和平岁月。

1976年，爷爷转业回到山西，省会太原离老家太谷只有一小时的车程，爷爷很高兴，他觉得落叶终于归根了。1976年的国家正处于拨乱反正时期，爷爷说他当时立志要为三晋大地之腾飞、崛起贡献力量，他要报效祖国、建设家乡。他来到山西省机械化施工公司任副经理，继续从事他一生热爱的建设供给工作。

○

○

梦回军旅

爷爷是老革命，对部队有很深的感情——几乎可以说是执念了。他把他的三个儿子都送去参了军。伯父王有良——爷爷的长子，在对越自卫反击战中牺牲了，这令爷爷奶奶痛苦半生，但他们从未后悔。

我伯父是一个奋发有为的青年，学习成绩很好，我爷爷十分疼爱他，对他寄予厚望。伯父入伍之后还坚持学习，立志要在自卫战结束后报考军校继续深造，为祖国建设添砖加瓦。伯父牺牲在云南河口，遗体和遗物都未能找回，现在那里有他和战友们的衣冠冢，但爷爷奶奶始终未去为心爱的儿子扫墓。不知是不是命运的安排，伯父牺牲的地方正是爷爷戎马半生的云南，他捐躯在此，血洒边疆——“青山处处埋忠骨，何须马革裹尸还”。

如果时光能倒流，我确信爷爷奶奶仍然会把儿子送上战场。因为那一战是凝聚人心之战，是为改革开放创造了良好环境的一战，也是打出真正和平的一战。国难在即，我们必须要杀出一个真正的和平和未来。像我爷爷奶奶这样的老革命，保家卫国是他们矢志不渝的信念。我相信年轻的伯父，他那时只有二十岁，我相信他是拼尽最后一口气去涤荡黑暗的勇士，是他和他的战友们为我们守住了和平，我们不会忘记他们，因为现在的幸福生活都是千千万万个他们用鲜血换来的。

我小时候爷爷经常跟我玩的游戏就是把我当小兵来训练。他教我立正、向右看齐、跑步前进，还不时纠正我的姿势；等我做得有模有样了，他端详一阵，就说“解散”，奖励我吃零食。我长大后才知道，爷爷当年转业是有缘故的。他在“文革”中受到冲击，落下了伤病，腿脚不便，不得已才转业回到家乡；所以他做梦都想回到部队。我现在回想起这些小事，心中很是酸楚，我理解了爷爷，我知道他希望我从军，继续他保家卫国的理想；但是我令他失望了，我大学毕业后就上了班，没有穿过军装。不过我来到了他当年工作过的单位，现在我成为一名管理者，某种程度上来说，这也是一种传承。

○

○

还看今朝

机械公司的业务繁忙，需要经常出差在外，爷爷总是哪里工作忙、任务重就去哪里，从来没有为自己考虑过。他经常说，别人都不愿去的地方也得有人去，别人都不愿干的工作也得有人去干。他似乎并不在意待遇和晋升，只想认真把工作完成好，为人民服好务。

爷爷生活十分节俭，他们老一辈人都是从战争岁月走过来的，历经了多少磨难，艰苦朴素是刻在骨子里的习惯，在他和奶奶身上我丝毫没有看出来“大户人家”“高级干部”的优越感。他们吃穿用度都很简单，朴实无华，我家也没有什么值钱的家私。从小他就教育我们吃饭不能剩，用水用电要省着，要随手关水龙头、关灯。我们已经很注意了，他还要絮絮叨叨地说我们没有挨过饿、吃过苦，不知道粮食来之不易，幸福生活来之不易。

与严厉的爷爷相比，和蔼的奶奶更让我感觉亲近。她是那个年代少有的知识女性，特别重视对孩子们的教育：我三岁的时候她就教我识字读书，给我买文房四宝让我学书法。那时爷爷已经离休在家，晚景欣然，他也喜欢写字，我们爷俩就一块儿练字。爷爷自己写条幅挂在家里，其中有一幅“积力所举，则无不胜；众智所为，则无不成”。爷爷告诉我，这条幅的意思是：只要充分发挥广大人民群众的力量，就没有战胜不了的困难；只要充分发挥群众的聪明才智，就没有办不成的事情。我那时并不能理解这么复杂的道理，但是现在我懂了：写书法靠一笔一画，建设祖国靠一砖一瓦——都是具体的人书写出来、搭建起来的，每个人都应该通过自己的努力，建设自己的家，建设自己的国。

从我爷爷到我父亲，到我，我们祖孙三代都工作在山西建投集团；爷爷当年是做财务工作的，父亲是在安保岗位，我现在从事管理工作；我们都是勤勉工作的人，任劳任怨，默默付出。爷爷经常告诫我，做人要立身刚正、清清白白；施工要保证质量，不能偷工减料，绝不能做昧良心的“豆腐渣”工程。奶奶则给我讲她在抗战时期运送物资的故事。她说那个时候她们在前线和后方跑联络，因为她文化程度高，经常乔装成阔太太，负责转移金银细软，面对许多珠宝，她从没有动过据为己有的念头。我走上工作岗位以后，一直谨遵二老的教诲，踏实做好工作。

爷爷于 2022 年 8 月永远地离开了我们。他的遗物极其简单：几件儿子们给买的衣服，几枚纪念章，一些书籍。爷爷的一生坚持了共产党的理想和信念，在平凡的位置上成就了不平凡的人生。如今我仍然会不时想起爷爷说过的话，因而我总是充满力量，充满希望。

爷爷晚年曾写过一首诗：

抗日烽火燃太行，解放全国跨河江。
两广追击歼残敌，进军云南保边疆。
坎坷征程四五载，吾儿血洒卫中华。
落叶归根返故里，安度晚年在晋阳。

这首诗高度概括了爷爷的人生，他的血、他的泪，他的喜怒哀乐、悲欢离合，以及他坚定的信仰，为人民谋幸福、为民族谋复兴的决心。多年以后，我也会给我的孩子讲我爷爷的故事，希望他们能把这份精神传承下去，成为红色土地上的真正传人。

我们家的“传家宝”

讲 述 人：董爱萍　董文学
讲述时间：2023 年 4 月 17 日
整 理 人：江雪

董兴泰（1927 — 2018），山西晋城人。1943 年 11 月，入伍，在八路军三八六旅老二团（七七二团）三营十连当战士；1944 年 11 月，在士敏独立团五连当通信员；1945 年 10 月，在二十一团一营营部任班长；1945 年 11 月，加入中国共产党；1946 年 2 月，在晋冀鲁豫军区第四纵队十旅三十团一营二连任班长；1947 年 2 月，在十旅三十团一营二连任副排长；1948 年 2 月，在十旅三十团一营二连任排长；1949 年 8 月，在第二野战军十三军一一一团一营二连任副连长；1950 年 1 月，在一一一团一营二连任连长；1951 年 7 月，在三十七师警卫连任连长；1952 年 12 月，在重庆第一高级步校四大队十五队学习；1957 年 2 月，在成都军区公安内部二团一营任营长；1959 年 12 月，在成都军区二团二营任营长；1960 年 12 月，在成都军区步兵二团司令部任参谋长；1963 年，在万县市武装部任部长；1976 年起，先后在长治市物资局任副书记、调研员。1990 年离休。

○

○

贫苦逼父亲走上革命道路

在父亲的记忆中，最苦的日子莫过于 1943 年，那是他不堪回首的一段经历。父亲是山西晋城泽州县南村镇山底村人。山底村虽然地处平原，土地肥沃，每到夏日，一眼望去，田野中碧绿的庄稼恣意生长，一片生机，但没有一片属于我的爷爷奶奶，他们依靠给地主当长工勉强维持生活。1927 年，父亲就出生在这个赤贫的家里。穷人的孩子早当家，父亲很小就摇着羊鞭在山野间为地主放羊。

我爷爷奶奶都没读过书，是当时社会最底层的百姓，他们并不懂得“为穷苦百姓求解放、谋幸福”的革命道理。他们一万个不愿意让孩子当兵，因为谁都知道当兵打仗随时会死人。但他们太穷了，与其守在家里饿死，还不如出去谋条活路。1938 年，大伯董占魁跟着部队走了。大伯在皮定均的部队当兵，解放战争时期在第四野战军。他随部队南征北战，后随部队到武汉，解放后曾在湖北黄石市城建局任党委副书记。让爷爷奶奶没想到的是，继 1942 年太行山大旱之后，1943 年 7 月，一场蝗灾席卷太行山。遮天蔽日的蝗虫从河南飞入山西，如密布阴云，又如秋风横扫落叶，所过之处，寸草不生。

我的姑姑就是在那次蝗灾中被活活饿死的。那年，我父亲十五岁。秋天，看着颗粒无收的田野，爷爷对饿得走路都打晃儿的父亲说，孩子，你去当兵吧，好歹能有一口饭吃。如果我和你娘实在活不下去，我也去当兵……就是不知道部队要不要我这岁数的人，你去了帮忙打听打听……谁能想到，当父亲含泪告别山底村后没有几日，我们的爷爷奶奶便饿死在他们耕作了一辈子的土地上。买不起棺材，村里人就用两口大水缸，装殓了爷爷奶奶的骸骨。

1943 年，八路军陈赓的部队正好转战在太行山一带。父亲找到部队八路军三八六旅的首长看见父亲那么瘦小，就说：部队行军打仗很危险，也很费体力，你还小，过两年等身体长高些再来吧。父亲咬着嘴唇，不说话，硬是饿着肚子跟着部队走了整整一天一夜。那位首长看着父亲执着的眼睛，叹了一口气说，你这娃娃，意志还挺坚定，那就留下吧！就这样，父亲成了八路军三八六旅老二团（七七二团）三营十连的一名战士。因为年纪小，领导就让他当警卫员。

三八六旅是一二九师的主力旅，1941 年 8 月归太岳纵队建制，司令员陈赓兼任旅长。听父亲说，他参加革命后打的第一场大仗就是上党战役，当时他就在长治屯留县老爷山打阻击战。那是 1945 年 10 月 5 日，国民党第七集团军副总司令彭毓斌率 2.1 万余人前来增援。刘伯承、邓小平首长采取“围城打援”的办法，组织太行、太岳和冀南纵队主力部队阻援，留地方武装佯攻长治。父亲回忆说，当时战斗打得非常激烈。老爷山阻击战，是上党战役最关键的一仗。根据父亲的零星回忆，我们推测，父亲参加的是当时陈赓的三八六旅。

1948 年，为保卫抗战的胜利果实，改编为晋冀鲁豫军区第四纵队的三八六旅执行晋南方向作战任务，先后参加了闻夏、同蒲、临浮战役，三战三捷。之后，父亲所在部队参加了临汾攻坚战。临汾古城城墙坚厚，工事火力点相互交叉，被阎锡山称为“铜墙铁壁”，坚不可摧。所以，攻坚临汾之前，徐向前等部队领导决定先攻运城。在打洪洞县的时候，父亲右腿负伤。父亲的腿上一直留有巴掌大的那么一个坑儿，弹片到他去世也没有取出来。每到变天的时候，他的腿就疼，走路不得劲儿。父亲负伤后到后方医院养伤，但他所在的那个连，参加了解放临汾的战斗，那一场战役打得很惨烈，父亲所在连队战士全部牺牲。

随后，父亲又随部队南下参加了淮海战役。1949 年 4 月，解放军二野第四兵团即陈赓第四兵团挥师渡江，南下承担大迂回作战任务，解放两广后又迂回到云南对蒋介石留在大陆的最后一支兵团实行打击，将这股敌人彻底歼灭于云南境内。之后，第四兵团第十三军、第十四军驻守云滇缅边境。父亲所在部队驻守云南时，他又与战士们一起参加了云南的剿匪任务。

○

○

父亲为我们留下“传家宝”

全国解放后，父亲被派到重庆第二高级步校学习。完成学业后，1957 年 2 月，父亲被调到成都军区公安内卫第二团一营担任营长。这期间，父亲参加了西藏叛乱的剿匪任务。

关于这次剿匪经过，因为父亲被授予二等功，留下了一份珍贵的秘密文件。我们姐弟正是从那份文件中才认识到父亲的不同凡响的。1957 年 7 月 20 日，父亲率领包括勤杂人员在内的五十人在冒火山的主峰遭遇了敌人。父亲正带领尖兵班前进的时候，尖兵组突然卧倒了。父亲看到这个情况，知道遭遇了敌人，于是他一面命令部队停止前进，做好战斗准备，一面继续侦察。他发现迎面走来六个叛匪，其后五六里处则有叛匪数十人。当时父亲判断走在前边的六人是敌人的尖兵，实际上大叛首昌托已率二十一个匪徒在我军未到之前已先过去了，父亲遇到的是在后边的部分叛匪。父亲查明敌情，看准地形，对部队战士做了简短动员。他指挥分队包围一股敌人，又把勤杂人员组成战斗小组，在山头上运动，以虚张声势，诱惑敌人。等敌人完全进入我军包围圈，他们突然开始冲锋，四十余叛匪被从天而降的解放军吓傻了，被迫放下了武器。而后父亲派少数几名战士看押俘虏，他带领分队迅速返至山上，包围后面那股叛匪。当敌人进入包围圈之后，父亲让会说藏语的战士喊话，宣讲平叛政策，敌人见大势已去，不得不交枪投降。父亲把这次遭遇战巧妙变为伏击战，被成都军区批准给予二等功奖励。

这份秘密表彰文件就像一面镜子，照耀着父亲血雨腥风的战斗岁月。父亲十多年南征北战，经历了无数次战斗，能一次次穿越枪林弹雨化险为夷，与他足够沉着、足够智慧又通晓战略战术有关。

父亲是一位正直、善良、不善言谈、非常低调的人。他戎马一生，却很少给我们讲他经历的战斗。我们所知道的他生前战斗的点点滴滴，都是他与别人谈话时偶然听到的，所以，我们连父亲参军后所在部队的番号都不清楚。也正因如此，这份秘密表彰文件，成为父亲“英雄”的印章，也成为我们家的“传家宝”。

○

○

父亲的豁达温情与正派

我们的母亲文金凤是山西洪洞人。当时，我姨夫在重庆第二高级步校担任政委，姨妈与姥姥带着母亲住在步校。因为都是山西人，在姨夫的撮合下，1954 年，父亲与母亲认识并结了婚。他们二老一辈子互敬互爱，相敬如宾，从未红过脸。

随军的那段岁月，母亲几乎是居无定所，部队到哪里，她便与很多家属一样，流动到哪里，居住在部队的留守处。我大弟弟叫董和平，是因为当时我母亲居住在四川康定泸和县；二弟弟叫董万平，是因为父亲当时在四川万县工作；妹妹叫雅萍，是因为当时母亲住在雅安部队留守处，而父亲当时在西藏。

有一天，母亲向父亲提出“抗议”：为什么孩子们都姓你的姓，不能姓我的姓？新中国成立了，男女平等。我父亲一听就笑了，名字，就是一个符号而已，你要是喜欢，也可以姓你的姓嘛！1970年我（董爱萍）去当兵了，已经不方便改名字，我的弟弟妹妹都改了名字。我母亲姓文，大弟弟就把“董和平”改为了“董文学”，小弟弟改为了“董文武”，妹妹改为了“董文庆”。从我们姐弟们改名这件事上，足见父亲的豁达和对母亲的爱。

体现父亲性格豁达的还有一件事。1962年，那次自卫反击战本来父亲需要带部队去参战的，父亲当时已经是团参谋长，但他正好请探亲假回了山西洪洞，没有接到参战电报，于是他们团的另外一位领导带部队上了前线。那次战斗后，那位领导成了某部队司令员。20世纪70年代，他来我家看望我父亲，说到这件事。看着父亲昔日的部下成了父亲的上级领导，我们心里感觉酸酸的，有点不是滋味。但父亲对这件事却不以为然。他常说，相比于那些牺牲在战场上的战士来说，他能活着看到中华人民共和国成立就已经非常幸运了；至于当官，当什么官，都是为人民服务，并不存在高低贵贱。

正是因为对“官职”没有欲望，父亲才能坦然接受组织安排的各项工作。1963年，父亲因长期高原反应，身体不适，从野战部队到四川省万县担任武装部部长，而且一干就是十三年。那时候，父亲每天早出晚归，为当地民兵建设、征兵、复转军人的安置等做了大量工作。

那时候，很多复转军人因为工作得不到妥善安置，经常去找我父亲。父亲总是认真听取他们的诉求，热心帮他们联系用人单位，直到他们满意为止。我记得，无论在办公室还是家里，父亲总是被人追着问工作安排的事。我那时候小，看到摘掉帽星、领章的军人到家里来，就觉得烦，但父亲一直很有耐心，也总是和颜悦色。我与母亲说我的烦恼：父亲总是忙，难得回家来，与家人聚聚，但总有外人来，真讨厌。母亲耐心解释说，这是你爸爸的工作，是你爸爸应该做的。母亲还说，你啊，还只是看到一些复转军人到咱家来；我呢，晚上睡觉，听你爸爸说梦话，都是某某某，你的工作安排好了……

“文革”中，父亲常常利用工作关系，保护一些老干部。有一部电影《巴山夜雨》，里面有一位老公安，总感觉他很像我的父亲。我（董爱萍）清楚地记得，父亲曾偷偷把万县市的市委书记、市长等干部保护起来，让他们住到武装部。父亲不便出面与这些干部的家属联系，就让我（董文学）给他们到家里取东西、

父亲常说，相比于那些牺牲在战场上的战士来说，他能活着看到中华人民共和国成立就已经非常幸运了。

报平安。父亲还联系好船只，秘密安排武装部干事护送他们坐船离开万县，转移到老家山东。父亲帮助过的那些老干部恢复工作后，都与父亲成了好朋友。

“文革”后期，单位给父亲配有专车。除了上班或公事，平时生活大小事，父亲根本不用车。他还要求我们不能坐他的车，说车是给他配的，是国家的，我们还是小孩子，是家属，没有资格坐公车。

1976年底，父亲转业回到长治市物资局担任副书记，一直到离休。我（董文学）当时想不通父亲为什么要回到山西，四川是天府之国、米粮之川，山西有什么？在四川，95%都是大米，而回到山西，一个月只有4斤白面，其余全是粗粮，粗粮就是些绿豆、黄豆什么的，从生活上无疑质量变差了。而且，父亲还从一个市级领导的身份调到了局副书记这样的职务上。但父亲母亲对山西的生活却是安之若素。他们认为落叶归根，比什么都强。何况，父亲对“官职”并没有兴趣。

我们小时候，父亲总是忙，我们几乎看不到他的身影，我们的学习基本靠自觉。但父亲对我们要求很严格。记得我（董文学）小学时，学校安排有忆苦思甜饭，都是些窝窝头、野菜什么的。我很怕吃这样的饭食，就偷偷溜回家，在家里吃饭。父亲知道后，找我谈话，严厉地说：必须跟其他同学一起在学校吃窝窝头，否则的话，你就不知道以前人是怎么过来的，不知道幸福生活多么来之不易。

别看父亲一直当领导，但生活中他非常节俭。记得那时候，妹妹董文庆的鞋破了，闹着要买新的；父亲并不惯着妹妹，带上她拿着鞋到大街上的修鞋摊上，把鞋修好，要求她继续穿，直到不能修补。那时候，我们骑自行车上学。自行车坏了，也是父亲推着到街上去修。看着他的背影，我时常想，父亲哪里有当领导的派头！

20世纪90年代，我（董文学）曾在物资局上过一段时间班。当时物资局效益好，就给我们每个职工配了一部手机。那时候手机很贵，我记得那部手机两万六千多元钱呢。手机贵只是一方面，话费也很贵。父亲知道后，认为手机是奢侈品，坚决不让我用。

父亲是一个很坚强的人。1990年，父亲得了脑梗，之后半身不遂，行动开始不便。在母亲的照顾下，父亲每天都要到楼下的小公园里走走。物资局家属院的楼没有电梯，父亲住在三楼，上下楼不方便，我们姐弟给父亲买了一套电梯房。父亲每天坚持锻炼，坚持自己的事情自己做，直到2018年，父亲永远离开了我们。

回忆父亲的一生，真的感概万分。父亲对我们很严格，经常教育我们要正派，要好好学习，努力工作；要艰苦朴素，珍惜粮食；要与人为善，为人低调，能帮助别人的一定要去帮。作为他的子女，在人生道路上，我们一直遵循他的教导做人做事，因为，这些都是父亲留给我们的宝贵精神财富。

坚定不移跟党走

讲 述 人：马荣
讲述时间：2023 年 6 月 6 日
整 理 人：孟志平

马双成（1928 — 2022），河北涉县人。1937 年至 1942 年，任村儿童团员、儿童团团长、青救会主席、闾长；1942 年 10 月，加入中国共产党；1942 年至 1943 年，任新兵连长、涉县公安局干事；1943 年至 1949 年，在涉县公安局、晋冀鲁豫边区公安总局、太行区公安局任干事、会计、科员等职；1949 年至 1952 年，任太原市公安局干部科科员、主任科员；1952 年至 1959 年，任中共太原市委组织部政法干部管理科副科长、中共太原市委审干委员会办公室副主任、中共太原市委工业部巡视员、中共太原市北城区委工业部副部长等；1959 年至 1964 年，任西藏自治区日喀则专署建设科科长（后改为局长）、建设局局长兼计统物资局、工商局局长、代理半年副专员，主持专署全面工作；1964 年至 1973 年，任太原市财贸口宣传队员、山机政治处主任等；1974 年至 1983 年，任太原市中级人民法院政治处主任、审判委员会委员。1983 年离休。

○

○

认准了那面旗

我的父亲马双成，1928 年出生在河南省涉县前寨村一个普普通通的农民家庭。1949 年新中国成立后涉县改属河北省邯郸市，所以父亲也说他是河北人。

父亲五六岁的时候开始在村里上私塾，前后念了八年书，识了不少字，懂了不少理，用父亲的话说，学校念书的那段经历收获最大的是让他在民族危亡、兵荒马乱的年代里找到了一条救国救民于水火的康庄大道。

父亲经常给我们讲他小时候的故事，非常惨痛。父亲说，有一次，附近一个村子逢集唱戏。放了学，他就和村里的小伙伴们迫不及待地往临村跑。到了村里，戏已经开了，庙场院里的好位置早就挤满了观众，实在找不到合适的位置，父亲只好站在大院旁边的一道门楼下。父亲说，当时他的注意力全部集中在戏台上的剧情和戏文里，压根儿没注意他所站的位置。那会儿，他年龄小、个子低，看不见，内心着急啊，见身边有座台子，父亲的手臂就顺势支撑在台子上，踮起了脚板伸长了脖子。正看得起劲，父亲突然感觉着手掌钻心的疼，抬头看见台子上站着一个比他大不了几岁的娃子，脚板直接踩在父亲的手掌上，还一边起哄，一边大笑。父亲这才发现他所支撑的台子是村子里一家地主的上马台，台上的娃子都是地主家的小孩，他踏在父亲手掌上的脚板完全是故意的，父亲从那个娃子得意扬扬的神态上完全可以看得出来。父亲的手被踩得脱了皮，出了血，可他没敢动。地主家的孩子欺负穷人家的孩子是司空见惯的事，在那个时候谁都不敢明着反抗。因为如果反抗的话，全家人都要跟着付出你想象不到的代价。从那时起，父亲对地主恶霸仗势欺人的恶行就有了刻骨的仇恨。

1937 年，父亲九岁时，日本帝国主义发动了全面侵华战争。国民党军队被打得步步败退，几乎没有还手之力，而共产党领导的八路军却一无所惧逆势而上，他们东渡黄河，北上抗日，并在太行山开辟了抗日根据地。八路军在根据地各县乡村迅速开展工作，从上到下，组织建立起自卫队、青救会、妇救会、儿童团等一系列组织，特别是积极发动群众开展减租清债、提高雇农工资等活动，受到了穷苦百姓的热烈欢迎。父亲说，他一下子发现，共产党领导下的八路军是一心一意为穷苦百姓出头的，他们就是人民的大救星。

前后没多长时间，父亲所在的村子里就搞了好几次减租清债工作。减租清债等运动，提高了雇农的工资，减轻了地主对农民的剥削，改善了雇农和贫农的生活，广大农民群众在政治上翻身得到了解放，生产和抗战的积极性得到提高。

父亲那会儿在村里高小念书，村里发生的一切，对他来说是翻天覆地的变化，他都有点不敢相信自己的眼睛：穷苦百姓们一下子活得有尊严了，那些欺凌凶恶的地主恶霸都老实了。

这个发现让父亲浑身充满了力量，并坚定了一个信念：谁让老百姓活得好，能挺起腰杆子，这辈子就跟着谁干！

于是，父亲积极地参加了村里的抗日儿童团。在儿童团里，根据县区委的指示和部署，最初父亲的主要工作是站岗放哨、传递鸡毛信、帮助村里的孤寡老人做些力所能及的营生之类的。不管大小轻重，每一项工作，父亲都精神饱满且认真负责，不怕苦更不怕累，没多久，他担任了儿童团团长。那时，各村村口岗哨的儿童团员主要负责查验过往行人的介绍信和路条，以防敌特和汉奸的破坏。有一次，一个据说是太行五分区的干部路过到太行军区，被两个站岗的儿童团员查住。那人说他没带介绍信，儿童团员就坚决不让他进村。他说要找领导，父亲听到这个消息更加明确了态度：没有介绍信谁也不行，因为这是上级的规定。那人说他有非常重要的事必须尽快赶到军区。为了弄清他的身份还不耽误工作，父亲就派人将他送到了太行军区驻地——赤岸村。军区一位领导最终证明了那人是五分区的侦查科副科长。后来，那人才说，实际上他有介绍信，是专门去现场检验儿童团工作的。为此，军分区领导表扬了村里儿童团认真负责的精神，并打电话让县里进行了通报表扬，号召全县向父亲村里的儿童团学习。

为了破坏敌人的交通，减轻正面战场的压力，父亲还积极主动地加入青壮年队伍，到敌人的占领区进行干扰破坏，比如侦察敌情，抢割敌人的电话线，破坏敌人的公路，阻止敌人的扫荡。父亲说，沿公路的大镇周边都设有敌人据点，距他们村八里的偏镇就驻有日寇和伪军百余人。父亲和村里的青壮年经常到据点附近，趁敌人不注意进行破坏。常常是敌人白天修，他们夜晚破坏，让敌人昼夜不得安宁。父亲说他去过三次，次次不空，最多一次割敌人的电话线五十多斤。那年，父亲才十一岁。村里人问他，你怕不怕？父亲说，跟着八路军干革命，赶走日本鬼子，咱们老百姓才能过上好日子，我怕什么！

工作中，父亲不怕困难、不怕牺牲，态度积极，前后没几年，他就担任了村里的青救会主席。

在历次八路军扩军中，父亲都是带头报名，却因为岁数太小被拒之门外，为此父亲非常苦恼。直到 1942 年，第六次扩军，父亲才获批准。父亲不光顺利参加了部队，更让他刻骨铭心的是，同年十月，他向党组织递交的申请获批，他光荣地加入了中国共产党！

那年，父亲才十四岁。

父亲晚年时说起那段经历，常常泪流满面。他说，当年面对党旗举起右拳庄严宣誓的那一刻，是他这辈子最难忘也是最自豪的时刻。因为他终于和心里早就认准的那面鲜红的党旗面对面、心贴心了！

○

○

稳定压倒一切

1959 年至 1964 年，父亲先后在西藏自治区日喀则专署任建设科科长，后来建设科改为局，父亲任建设局局长兼计统物资局、工商局局长，代理半年副专员并主持专署全面工作。

前后长达五年的援藏经历让父亲明白了一个颠扑不破的真理，那就是：稳定压倒一切。

父亲在西藏工作时，他们所做的第一项工作是发动广大农牧民进行土地改革和民主改革。西藏是 1951 年 5 月 23 日和平解放的，在此之后长达八年的时间里一直没有实行民主改革，地区以下的政权基本没有建立。解放前，西藏实行的是封建农奴制度，那些土地、牲畜等生产资料都属于地方政府、贵族、寺庙三大领主所有，连农奴也属于他们所有，奴隶没有人身自由。解放前夕，西藏地方政府中的右派分子与上层反动集团勾结帝国主义，纠集叛乱分子，向我们驻拉萨的解放军发动全面进攻，山南等地区也接连发动叛乱。为了国家统一和民族的团结，中央人民政府国务院发动命令，要求驻西藏的人民解放军彻底平息叛乱。前后在半个多月的时间内，拉萨市、山南等地区的叛乱被彻底粉碎。

叛乱平息后，根据西藏广大农牧民和僧侣群众的要求，征得没有参加叛乱的上层人士同意，中央决定在西藏进行民主改革。对参加叛乱的领主，没收其土地、牲畜等生产资料，分配给农牧民所有；对牧场、牛羊等生产资料，实行集体管理。

父亲说，日喀则地区是班禅原管辖的后藏，也是西藏最大的一个地区，江孜合并后共管辖十九个县，这个地区基本上没有参加叛乱。根据中央规定和西藏工委的指示，父亲他们充分发动群众，在农牧区进行了土地改革，在寺庙进行了民主改革。经过广大牧民和寺庙僧侣的揭发批判，三大领主的九十万亩土地、四百万头牲畜，按照中央规定的政策，对没有参加叛乱的领主进行赎买，对参加叛乱的领主进行没收，并将这些分配给了广大农牧民，使他们在政治上不受压迫、经济上不受剥削，真正翻身得到解放。广大农牧民兴高采烈地逢人就说“中国共产党是他们的大救星，中国人民解放军是拯救他们的活菩萨”。

在日常工作中，父亲非常清楚“得民心者得天下，失民心者失天下”这个道理。日喀则和阿里地区是近邻，由于交通不便，互不往来。就这个情况，他们先后组织了近千名民工和技术人员，投资二十五万元，用了一年多的时间，完成了公路的修筑。尼泊尔是西藏的主要进口国家，相当一部分建筑材料，由尼泊尔进口，所以修好日喀则到尼泊尔的公路也非常重要。日喀则地区到阿里地区普兰宗有八百余公里，日喀则地区到尼泊尔有五百余公里，两条简易公路的通车，对西藏的进出口和日喀则地区与阿里地区往来交换、发展两地区的经济起到了积极的促进作用。

政治局势逐步稳定，经济良性发展，人民安居乐业。

父亲他们再接再厉，组织人马修建了建筑面积达七千多平方米的班禅新宫，共投资近七十万元。上千人的建筑队伍，有些技术匠人还是从印度雇来的，大部分材料也是从印度进口的，班禅新宫的样式完全是宗教式的。此次修建，前后历时一年。接着父亲他们又修建了日喀则地区大礼堂、日喀则专署小礼堂、专署办公和宿舍等用房，建筑面积达七千五百多平方米，投资近七十万元。这些工程建成后，对加强日喀则地区统一战线工作，解决日喀则地区大型活动和专署用房起到了重要作用。

共产党员心系藏民，不光让他们翻身得到解放，更要让他们过上安宁富足的生活。1961 年，父亲看到日喀则地区到内地的人渡和车渡非常紧张，就组织了二百多名民工和技术人员，投资四万元，在日喀则的大竹渡口造船三只，解决了周边藏民多年为渡河等一天甚至等几天都过不去的大问题，促进了日喀则地区的经济发展。

广大藏民欢天喜地，他们举起火红的国旗和党旗，聚集在崭新且广阔的广场上载歌载舞，发自内心地唱颂着党的富民政策。

父亲说，他们所有的工作人员都沉浸在那种欢乐的海洋中，他们与藏族同胞一齐手挽手、肩并肩跳啊唱啊。

父亲说，看着藏民们脸上洋溢的笑容时，他哭了。

父亲还说，那是感动的泪水，是希望的泪水，是自豪的泪水。在党的领导下，曾经备受领主压迫和欺凌的藏民当家做主，他们的生活日趋稳定，过上了几辈人都不敢奢望的幸福日子，咋能不让人感动呢？

援藏的五年，是父亲付出最多，也是他一生中最震撼、最难忘的五年。

○

○

学习是一生的大事

父亲在参加革命工作前，在村里前后念了八年书。1949 年至 1952 年，父亲任太原市公安局干部科科员、主任科员。在此期间，他业余学完高中课程。

父亲小时候受家里大人们的影响极大。大人们常说，人一辈子受多大的罪吃多大的苦，也不能吃了“睁眼瞎”的苦。别的苦和罪因为客观环境或情势，你避不开，可只要自个儿下定决心努力学习，就不用当“睁眼瞎”。

父亲是个有心人，也是个有志气的人，他说那些年他在学校埋头书本、刻苦学习就是为了不当父辈们眼里的“睁眼瞎”。

在村里高小念书的八年中，父亲的学习成绩非常优秀，经常受到老师的表扬。而更让老师夸赞不已的是，父亲的学习态度和他那一笔龙飞凤舞的字。

父亲参加革命工作并在 1942 年底入伍后，第二年 3 月就因为他识字并写得一手好字被上级领导看中，调到 129 师保卫处当干事，仅仅 3 个月之后又调到涉县公安局任干事。

1945 年，邢台市和平解放。解放时从外边带进来一部分干部，这部分人基本上是原来的保卫干部。他们进城后任务扩大了，经批准又招收了一部分干部和工作人员。在接管旧警察局时，还留用了一部分旧警察和一般工作人员。进城带进的干部对城市工作缺乏经验，新招收的干部没有工作过不懂业务，而留用人员又不懂党的政策和纪律。为了适应新任务的需要，边区公安总局派父亲到邢台市公安局帮助培训这批干部和警察。

父亲走马上任，在培训中，他充分发挥自己的政治素养和业务能力，和学员们一起学习，共同进步。每天清晨太阳还没出山，父亲就早早起床，开始熟悉当日的培训课程和学习内容，然后就是一天的忙碌。晚饭后，他在灯光下认真备课，一方面总结当日，另一方面则为第二天的课程进行紧张的备课。经过三个月的学习和培训，这些学员的政治思想觉悟和业务水平得到大幅度的提高，适应了新的任务需要，保证了邢台市公安局治安、保卫任务的完成。

解放战争初期，在对敌斗争中急需培训一批空中侦察人才。经太行区党委批准，以太行区公安局名义举办一期无线电学校，组织上派父亲到学校任队长，同时也参加学习。除了教职员外，学员从局机关和下属单位抽调了五名，从驻地中学吸收了二十名。他们学习的课程，除政治学习外，主要学习的是无线电原理和机务、报务、译电等。经过半年多的培训，二十五名学员都达到了毕业水平。毕业后留太行区公安局和下属单位的五名，太行行署八名，部队十二名。这批学员在各个岗位上起到了骨干作用，加强了太行区地方和部队的空中侦察工作。

1958 年，中央指示，从太原市工业企业中抽调管理干部、技术人员、技术工人，支援各地、县、公社办的地方企业。太原市要在两个月内抽调五千余名支援山西省地方企业。父亲任巡视员，并确定此项工作由父亲负责抽调完成。经过一个半月的紧张工作，从全市企业中抽调了七千人。抽调后，分地区造册，在杏花岭区体育场召开了全省各地区和太原市各企业单位的组织部长会议进行了交接，提前超额完成了任务，有力地支援了地方工业建设，促进了全省工业化发展。同年年底，太原市委决定，除国防厂、太钢、重机外，所有的工矿企业、财经贸易、文教卫生、农业等片区都归各区管理。父亲任北城区委工业部副部长，分管组织和干部工作。北城区工业企业仅职工就有几十万人，干部近万人。几千人以上的厂矿就有几十个，小厂几百个。父亲到岗后，积极对本部和下属厂矿单位领导班子进行了调整和加强。根据国家劳动人事部规定和省、市委精神，对下属厂矿干部进行一次调级，提级的干部占干部总数的百分之二十，充分调动了企业干部的积极性。

父亲经常教育我们说，学习是一生的大事。1983 年 12 月，经个人申请，中共太原市委批准离休。但一生爱学习、爱思考的父亲却离而不休，一直坚持学习，坚持写回忆录。1999 年，他伏案执笔，对自己的人生经历和革命经历做了一次较为系统的总结，整理出一本长达数万字的小书，并取名为《往事回顾》。在这本小书中，父亲着重对长达四十六年的革命工作进行了认真的回顾与总结。父亲自豪地说，他的一生是在党和马列主义、毛泽东思想的哺育下成长起来的，在各个革命时期、各种不同工作和不同岗位上，在各级党委的领导下，他恪尽职守，完成了党交给的每一项任务，发挥了一名共产党员的先锋模范作用，为社会主义革命和建设作出了自己应有的贡献。

2022 年父亲辞世，享年九十四岁。父亲临终前，强忍着病痛的折磨，意味深长地对守在病床前的我们说："党的最终目标也是我这辈子的最大理想和奋斗目标，我为这个理想和目标奋斗了这一生。要是有来世，我仍然会奋不顾身地投入革命，听党的话，永远跟党走……"

这是父亲的遗言，也是他的来世宣言，更是对我们后辈儿孙的教育箴言，我们一定会牢记他老人家的教导，努力为社会作出贡献！

愿将法治写春秋

讲 述 人：宋鹏
讲述时间：2023 年 6 月 8 日
整 理 人：张玉

胡林荷（1934 — 2022），山西定襄人。1949 年从山西公学毕业后参加工作，在山西机床厂先后任电话员、打字员、机要档案管理员等职；1952 年 7 月加入中国共产党；1958 年调入太原市中级人民法院，先后任打字员、书记员、审判员等职。1990 年 1 月离休。

○

○

先人功绩

母亲胡林荷，1934 年 9 月出生于山西省忻州市定襄县宏道镇贾庄村一个民间石匠家庭。说到这里，需要特别讲一下我的外公。我的外公胡明珠（1895—1968），耕读小康之家出身，幼时受做私塾先生的太外公影响，熟读四书五经，酷爱绘画书法，又极善思考，遇事常有独到之见。十二岁时，外公拜崞县沟北村匠师刘元成为师，前往五台山学习石雕；未到十年，便具有单独设计和组织施工的能力。1923 年，五台山龙泉寺的汉白玉牌楼就是外公设计主雕和指挥完成的。牌楼至今保存完好，其雕刻精细、华美绝伦，被清华大学建筑系楼庆西教授誉为“中国石雕仿木最为彻底的一座建筑”。抗战全面爆发后，外公返回故乡，被村民推举为村长，进行秘密抗日工作，曾被奸细告密而遭日军抓获毒打，幸得众乡邻作保搭救，才保全性命。解放战争时期，他来到太原，居住在城隍庙街，以石雕、绘画谋生。中华人民共和国成立后，外公被山西省工艺美术社聘为工程师，参加了太原市海子边公园（今儿童公园）改建工程的总体设计。所以母亲说，她的家境在当时算比较殷实的，并受到了良好的初始教育，同时也继承了外公爱国为民的高尚品质。外公的艺术天赋和革命情操，都对母亲产生了深远的影响，直接反映在她的一生中。

1949 年 4 月，太原解放前夕，党中央面临着全面接管城市的重大任务，而当时的干部尤其是专业技术人员严重不足，因此中共山西省党组织就在已解放的晋中榆次开办了一所专门培养革命干部的学校——山西公学。同年 4 月 24 日太原解放后，我党立即将山西公学迁往山西大学旧址继续开班。1949 年 5 月初，创刊没几天的《山西日报》上刊出了“山西公学”的招生简章，当时母亲跟随外公在太原，就报考了山西公学，从此走上了革命道路。

公学对学习的考核采取自报公议、民主评卷的形式。教员们以身作则、身体力行，严格要求自己；学员纷纷订立学习公约，从思想、学习、生活几个方面对自己进行约束。母亲在上学期间受老师的影响，懂得了许多革命的道理，为今后参加革命奠定了坚实的基础。母亲从公学毕业后被分配到山西机床厂工作，工作期间光荣地加入了中国共产党。后来她经组织培养又先后进入太原市委党校、山西省团校、山西省政法干校等学校进一步学习；回到工作岗位后不久，便被挑选充实到政法系统。

○

○

执法生涯

1958 年，母亲被调入太原市中级人民法院，这跟她以前在工厂的工作完全不同。担任这份工作以后，她以甘当小学生的态度，埋头苦干，苦学苦练，虚心向同志们学习，从打字员、书记员一步步做起，直至升任审判员。她凭着坚实的理论修养和丰富的实践经验，逐步成长为新中国第一批开庭审理案件的女法官之一。

母亲在办理案件中，工作积极踏实，出庭会议记录细心，记得清楚、准确，能全面反映案件的情况。特别是她帮助审判员处理案件中的行政事务，凡是她能做的她总要想尽办法主动去完成。抄写材料、誊写内文、起草判决书、填写各种报表，任务非常繁重，全由她一个人完成，她从未有过怨言。她对所做的开庭记录、会议记录总要再三核实对错。我记得她说过，仅 1961 年她共收办了三百二十件案件的行政事务工作；收案时她总是及时装订好，分配给审判人员，从未有收编积压、遗漏现象。母亲说，书记员工作必须是既能抓住中心，又要全面周到，不能草率；既要有计划，又要见缝插针。她经常利用自己空闲时间将卷宗进行整理、归档。1961 年，刑事庭和民事庭分开以后，庭里书记员由她一个人兼任，每月收案达到五十件左右，十分繁忙，但她对工作一如既往地认真负责。她妥善合理地安排各项工作，还积极支持配合单位的全市公判大会，抄写文件和刑庭开庭记录。这些都是她回忆过往时对我们讲的。那时我年纪还小，并不懂得母亲的工作性质和辛劳，只记得她晚上总是加班到深夜才回家。

母亲虽然家境好，但从不娇气，无论工作上还是在家中都勤劳肯干。20 世纪 60 年代，法院在阳曲县建立副食品基地，单位每每分配下乡劳动任务时，她总是首先报名积极参加。到了地里她干劲很大，不怕苦、不怕累，脏活、重活抢着干。有一次去基地劳动的途中，母亲突然肚子疼痛，别的同志劝说让她回去休息，她不同意，愣是顽强地将劳动任务完成后才去医院检查，经诊断为急性肠胃炎，休息了好几天才见好。

母亲政治思想觉悟高，能坚决听党的话，服从领导；党叫干啥就干啥，上级分配的任务总要想尽办法去完成。1960年压缩人口返乡时，她听了动员报告后，就积极响应党的号召，动员我外婆返乡。她是我外公外婆的掌上明珠，他们感情很深，让外公外婆回乡去参加农业劳动是件很痛苦的事，但她毅然决然去落实，忍痛让我外公外婆回到老家。她认为个人利益在党的利益面前就应该作出牺牲。

母亲特别遵守纪律。有一次，她受理刑事庭的一件打架案，有个当事人认识她的老乡，就托这个老乡送她一包点心——那正是三年困难时期，人们都处于深度饥饿中，我们家也常常吃不饱饭，一包点心是非常珍贵的。但母亲断然拒绝，并对此人进行了教育，让他不要再做这种事。对于母亲的这种模范遵守制度的优良品德，1961 年和 1962 年她连续两年被评为“民事审判庭先进工作者”，1963 年又被评选为“五好干部”。

母亲参加的第一次开庭，就被作为教学案例，让当时山西大学法律系的学生们来旁听，并且还上了《山西日报》，对此母亲一直引以为荣。她曾深情地说："做一名中国女法官是值得骄傲的！"数十年的职业生涯中，她办理了大量婚姻、家庭、继承等方面的民事纠纷案件。她的一生，与中国法治进程紧紧相连。

20世纪八九十年代，一些在太原社会上影响很大的民事案件的审判都有母亲的心血。每一起案件，她都力求使案件的处理经得起历史的检验。对于受害者，母亲是仁慈的、富有同情心的。她在办理一些棘手案件时，总是对那些受伤害却又不善于用法律武器保护自己的弱势群体给予深深的同情，在审理中尽力维护他们的合法权益。这不是因为她偏袒弱者，而是因为她顾惜人权，尽量在公正执法的同时维护每一个生命。在她审理的案件中，无一件误判或错判案件。

○

○

家风永存

在家庭生活方面，母亲道德感特别强，她是一个好女儿、好妻子、好母亲。母亲在生活中体现出的点点滴滴，言传身教，对我们影响很大。

作为外公外婆的爱女，母亲孝亲敬老做得特别好。外婆曾经因为脑出血导致半身不遂，卧床两年之久；母亲一边工作，一边抽空伺候老人。她每天熬药喂外婆喝，还请大夫上门为外婆扎针，自己摸索着为外婆按摩。经过两年的针灸、按摩、服药，外婆奇迹般地康复了。外婆在1976年去世，母亲十几年都无法缓解精神上的痛苦。

母亲和父亲，夫妻伉俪情深。1958年，父亲被错划为右派，直到1978年才获得平反；二十年来，父亲生活在颠沛流离、担惊受怕的日子里，母亲始终不离不弃，一直为父亲申诉。她不仅在生活上给父亲细致的照顾，在精神上也给予他及时的安慰。父亲下放到古交时，母亲每周休息时都去探望。1970年，她受父亲牵连，被清除出政法系统，下放到房地局接受改造。对此，母亲毅然决然地接受了，因为任何事情都动摇不了她对父亲坚贞的爱情。遗憾的是，父亲在1986年去世，这对母亲是一次很大的打击。

母亲从小酷爱读书，一直延续着自己的这个爱好，并从古今中外的名著中不断寻找提升认知的途径。母亲曾教我们读《曾国藩传记》和《胡雪岩传记》，她不是为了让我们从政，也不是让我们经商，而是让我和哥哥学习那种民族气节和爱国精神；她还爱看古典小说，比如《包龙图》《狄仁杰的故事》，她说那里面有涉及法官的业务，让她获益匪浅。她爱好唱歌、跳舞、打太极，这些都是她日常生活的一部分。她还喜欢看法制节目，看完了还要和我们讨论，她说在社会主义国家，保护公民权益是头等重要的事情，看着我们国家法律体系越来越健全，作为一名法治工作者，她感到十分欣慰。

母亲始终关心国家大事，并积极学习党的路线方针政策，她当年曾经是学《毛选》的积极分子。她关注时事，最关心台海局势，台湾回归是她最大的心愿，临终时还关心着两岸统一。改革开放后，社会上有一些人否定改革开放的成就和进步，但母亲立场坚定，并能接受新生事物。有一年，河北张北县发生了地震，新闻报道中说全国都在支援，母亲说旧社会人人各顾各，现在我们伟大的党和政府关心人民，真正做到了“一方有难，八方支援”。

母亲身上流淌着悲天悯人的情怀，“人类命运共同体”“世界和平”“妇女儿童权益”是她总挂在嘴边的词。作为女性，她始终对世界怀有一种“母爱”情结，并用行动践行着自己的初心。希腊神话中著名的司法女神茱蒂提亚，是一位蒙着双眼、手持宝剑和天平的女神——天平是为了衡量诉讼双方的证据，蒙上双眼是为了避免受到外界侵扰作出误判，这一直以来被看作是法律人的形象，而我一直将她看作是母亲的象征。“公平公正”在大多数人嘴里不过是一句口号，而在母亲的身上，却是伴随使命的、真实的行动。这是她从学生到工人到法官一路走来最好的总结，也是她的人生信条。她一步一个脚印，走出了一位女性承担法律重任的成功之路，为推进中国的法治建设，为社会的进步贡献了自己的力量。

七十多年的生涯中，我的母亲始终以一名共产党员的标准来严格要求自己——她是解放前出生、在新中国成立前夕参加革命的；她入党七十年，从事政法工作三十二年，经历了新中国的诞生和新中国各个历史时期党的重大活动。

时光荏苒，母亲虽然已经离开了我，但她的精神会永远伴随着我们。每当想起母亲的教诲，心中就有了无比坚定的信念。我会像母亲一样，永远以一个优秀共产党员的标准要求自己。

听妈妈讲那过去的事情

★

我的红色家风

（下册）

中共山西省直属机关工作委员会　编

山西出版传媒集团
北岳文艺出版社·太原

图书在版编目（CIP）数据

听妈妈讲那过去的事情：我的红色家风 / 中共山西省直属机关工作委员会编 . 一 太原：北岳文艺出版社，2024.4

ISBN 978-7-5378-6804-4

Ⅰ . ①听… Ⅱ . ①中… Ⅲ . ①中国共产党一模范共产党员一先进事迹 Ⅳ . ① D263

中国国家版本馆 CIP 数据核字（2023）第 234798 号

听妈妈讲那过去的事情：我的红色家风

中共山西省直属机关工作委员会　编

//

出品人
郭文礼

选题策划
郭文礼

责任编辑
谢放
关志英
吴国蓉
赵婷

插图
史霖

装帧设计
张志奇工作室

印装监制
郭勇

出版发行：山西出版传媒集团 · 北岳文艺出版社

地址：山西省太原市并州南路 57 号　邮编：030012

电话：0351-5628696（发行部）　0351-5628688（总编室）

传真：0351-5628680

经销商：新华书店

印刷装订：山西万佳印业有限公司

开本：787mm × 1092mm　1/16

字数：658 千字　印张：41.625

版次：2024 年 4 月第 1 版

印次：2024 年 4 月山西第 1 次印刷

书号：ISBN 978-7-5378-6804-4

定价：88.00 元（上下册）

学习不辍

碧空悬旭日，文笔染光华

讲 述 人：魏晓勤
讲述时间：2022 年 8 月 13 日
整 理 人：张玉

魏文碧（1929 — 2018），山西武乡人。1942 年 12 月参加革命，1944 年 4 月入党。先后任长治市二区区委秘书兼宣传委员，长治市委、太行三地委干事。1949 年 9 月，任共青团山西省工委研究员和团省委秘书处秘书。后历任省公安厅团委书记、党委常委，国营 245 厂、太原重型机器厂团委书记，共青团山西省委委员，团省直机关总团委书记，省劳动局办公室主任，省劳动服务公司党委书记，省劳动局副局（厅）级调研员等职。1990 年 5 月离休。

○

○

革命伉俪，鹣鲽情深

我的父亲魏文碧，山西武乡杨桃沟人，1929 年 1 月 17 日出生，大学文化。1942 年 12 月参加工作，1944 年 4 月入党，是一名老革命。

父亲的原生家庭很不幸。我的祖父是一名雇农，生活拮据，在我父亲十岁时，因地主逼债，祖父和他的弟弟分了家。祖父先是给父亲找了个拉瞎子的职业；之后，又让他到武乡县同心烟店做学徒。那时他们的生活举步维艰，我祖母在这样的困境中，操劳过度，染病于身，由于无钱医治，不久便与世长辞。那年，我的姑姑年仅七岁，就被卖给了一个三十多岁的瞎子做童养媳；我叔叔当时五岁，被寄养在姑奶奶家里；我父亲也去给地主打长工。父亲的少年时光苦难深重。

驱散乌云，见到曙光，是在红军东渡、八路军开进武乡之后。经过减租减息、土改等运动后，父亲终于拥有了一个安身的家。他投身革命，从太行三中勤务员、武乡七学区小学教师、襄垣县抗日县政府民教科科员等职做起。

革命和战争的锤炼，激发了父亲为党和人民多做工作的热情。解放战争时期，父亲曾任中共长治市二区区委秘书兼宣传委员，中共长治市委、太行三地委干事，先后参加了反奸清算、土地改革等运动。1948 年，党组织又选送他到中央团校第一期学习，并参加了北平和平解放接管工作；当时他是中共北平市宣传部干事，负责石景山钢铁厂（现首钢）的党、团登记。1949 年 7 月，组织上又分配他到太行区青委筹建团；同年 9 月，太行、太岳、察哈尔合并，他又参加了共青团山西省委工委的成立和筹备召开山西省首届青代会工作，任共青团山西省工委研究员和团省委秘书处秘书；随后，父亲又调任省公安厅团委书记、省公安厅党委常委。

20 世纪 50 年代，由于工业发展的需要，父亲调任国营 245 厂、太原重型机器厂当团委书记。之后，他由工业企业转入省直机关，任共青团山西省委委员、团省直机关总团委书记。1966 年“文化大革命”开始前，他被调入共青团北京市委，任办公室主任。后到中央学习班学习，下放到武乡插队。“文革”后期，父亲又被调到山西省劳动局工作，任办公室主任，山西省劳动服务公司党委书记、省劳动局副局（厅）级调研员，先后参加了省劳动、工资制度改革和筹建省劳动服务公司等工作。1984 年任省委整党办公室驻雁、同地区巡视组副组长，驻临汾地区巡视组组长。1986 年任省老龄委副秘书长，省老龄人才资源开发协会副会长。

我母亲梁旭华，于 1930 年 11 月 29 日出生在武乡县韩壁乡土河村的一个贫下中农的家庭。她早年丧母，是家中老大，年仅十三岁，便挑起了家庭的大梁。母亲读书努力，取得了高中学历，并于 1947 年 3 月参加革命工作，三个妹妹都由她带到太原并找到了工作。母亲 1952 年 7 月加入中国共产党。她做过教师、妇联干事，先后参加了党的土地改革、肃反、三反五反、审干等运动。转入工业战线工作后，积极投身社会主义工业化建设，曾被太原重型机器厂和太原供电局评为先进工作者。党的十一届三中全会后，她又回到年轻时战斗过的教育系统，积极从事教育战线的冤假错案平反工作和落实知识分子政策工作，受到中共太原市委的表彰，并荣获“太原市工会积极分子”的称号。

印象中，我的父母感情很好，很少吵架拌嘴。在对工作和生活、事业和家庭的态度上，他们夫唱妇随，出奇的一致。工作期间，二老兢兢业业，为国奉献；离休后，二老相携相伴，走过名山大川，走过异国他乡。

我的父母是革命伉俪，因为革命相识，也因革命结合。他们曾经冲破了一切艰难困苦，在人生道路上风雨兼程；他们相濡以沫几十载，经历了无数风云变幻、坎坷曲折。但那朵在血与火的洗礼中绽开的爱情之花经世不变，令人赞叹。

他们的人生分外幸运：身边有一个和自己有一样信念的人，惊慌、恐惧时可以相互安抚，而不是一个人在黑暗中无措。在那些血与火的岁月里，噩梦醒来相互安慰，雨夜奔波相互扶持，独自归来给你肩膀和怀抱……我们的出生和成长，从某种意义上说，也是他们爱的传承和延续。

○

○

行千里路，读万卷书

父亲是个爱学习的人，在转到工业企业和省直机关工作的七年中，他利用业余时间攻读了中国人民大学工业经济专业专科、政治理论专业本科学位。在武乡插队时，曾出席晋东南地区及武乡县学习毛主席著作积极分子大会。

父亲的晚年，参与了省老年学会、省老年基金会及省老龄人才资源开发协会的筹建工作，协助省老龄委在全省开展了“双奖、双学”等一系列活动，受到了全国老龄委的表彰，并撰写了有关老龄工作及老年学的论文数篇。他于1991年出席了在日本横滨召开的第三届亚大地区（亚州大西洋）老年学术讨论会。由他拍摄的此会议服务人员热心服务的照片——《优质服务》，入选1993年3月由省委组织部、省摄影家协会，省经贸厅等单位联合举办的“山西人看世界”——万国风情摄影展。1996年，父亲又担任当代山西研究会理事，《山西通史劳动篇》《山西大典》有关劳动、工资、保障等部分的执行副主编，先后编撰了近百万字，被山西省劳动竞赛委员会荣记两次个人二等功和两次授予“五一劳动奖章”称号。

母亲在积极为党的教育事业和国家工业建设努力工作的同时，还精心抚养与教育了我们六个子女——其中有四个大学生，一个赴美留学的研究生，为国家培养和输送了人才。

我父母都有很高的文化素养，热爱写作、旅游，“行千里路，读万卷书”一直是他们的人生追求。1993 年后，二老两次到美国探亲，走访了芝加哥、亚特兰大、奥兰多、匹兹堡、费城、纽约、华盛顿、底特律等城市；他们撰写了多篇文章发表于《太原晚报》，父母离休之后，我们也经常带他们出去旅游，以满足二老对山川风物的热爱。

我父亲在书法上颇有造诣，他的字不仅仅是漂亮而已，在我看来，他的书法作品特别的“正”，透着一股浩然正气。他教育我们：“写字就像做人。”我母亲长相出众、知识丰富，做事很利索，料理家务井井有条，是那种勤勉精干的人。她对我父亲和我们几个都精心照顾，对我们在生活自理和仪表修饰方面有很大的影响，我们兄弟姐妹都特别注意个人形象，任何时候都要把自己和居住的场所收拾得干净利落，不管是做工作还是做家务都是高标准、严要求。

父亲长期做青年团工作，是老一代的团干，由于工作需要，兴趣爱好十分广泛，剪报、书法、工艺品、藏书、影集、游泳等，这方面对我们影响也很大。从小，父母亲对我们的学习就十分重视，抓得很紧。他们经常给我们修改作文，到太原桥头街少儿书店购买图书和小人书，还给我们学校的阅览室赠送过小人书、连环画等。

“文革”开始后，学校停课了。父母要求我们每天都要在家里认真抄写毛主席语录，晚上还要检查。记得当时我出去玩时，院子里的孩子还学着我父亲的口气对我说：“快，回去抄语录。”只要我们肯学习，或在学习上取得一些进步和成绩，父母都会及时表扬，充分肯定，鼓励我们不断前进。在这样的家庭氛围中，我们兄弟姐妹都养成了爱好广泛、力争上游的性格。

我姐魏晓荣，插队时作为优秀知青曾被《太原日报》报道，“文革”后考入北京理工大学，20 世纪 80 年代后期赴美留学。当时她已经三十多岁了，一边带孩子一边打工，还得学英语，终于拿到了佛罗里达州立大学营养和食品学硕士学位，后来在美国顶尖制药公司默沙东及强生制药公司做研究员，参与了多种疫苗和抗体的研发工作。我自己十六岁参加工作，在工厂干了五年；1976 年，二十一岁我参了军；1977 年入了党，1979 年提了干，立过三等功，在部队生活了十年。在连队，我办板报、写材料，一直从事文字工作。我弟弟魏晓鹏也当过知青，下乡插队两年。他是1977年当兵的，那时“文革”已经结束，他在六十三军一八八师五六三团的一营三连服役，那是大功团、钢铁营、猛虎连，是一支光荣的队伍，弟弟的经历是我们一家的骄傲。弟弟在该团参加集训队训练时，被总参评为班用机枪特等射手；提干后他被调入军宣传处搞宣传报道摄影工作；转业后来到山西省人大常委会政法委。他勤学不辍，取得了中国法学学会会员资格，撰写过多篇论文，参加过第十四届亚太法学大会及第六届首席大法官会议。大妹魏晓虹十五岁参军，在部队七年，多次受到嘉奖；到地方工作三十多年来，利用业余时间取得（EMBA）研究生班结业证书，2001年被评为政工师，2003年被派往联合国国际老龄问题研究所马耳他进行学习。我们兄弟姐妹都爱好写作，在单位都是笔杆子，这得益于父母的教诲。

1986年，我转业到省信访局工作。在信访部门辛勤耕耘的二十九个春秋我一直秉承父亲的教诲，学习雷锋精神，乐于服务别人，特别是在负责接待来省委上访人员六年半的时间里，以群众的困难为己任，解决了很多信访问题。被省直机关劳动竞赛委员会记个人一等功，并荣获“五一劳动奖章”称号。后来我被派驻北京从事驻京信访维稳工作，三年一千多个日夜里，我一直研究和探索驻京信访工作的长效机制，听从指挥，维护全局，以高度的政治责任感为全省的维稳工作做出了自己的贡献。

我们家的家风一直在传承。我大姐的女儿在美国长大，曾获得美国总统教育奖、宾州中学生科研成果一等奖，还曾荣获富布莱特奖学金，最后成为斯坦福大学法学博士。我女儿留美获得博士学位后归来，在北京高校任教。我弟弟的女儿在北外上大学期间，曾在日本长琦纯心大学交换留学，硕士毕业后，在北外附中当老师。大妹的女儿出国留学并取得注册会计师证。二妹的女儿是英国爱丁堡大学硕士毕业，归国后在天津任教。侄女们从小跟我妈妈一起生活，深受奶奶、姑姑的影响：爱学习，爱美好的事物。她们练习书法、学小提琴和钢琴……在我们眼里，这“五朵金花”是世上最美好的天使。

○

○

勤勉努力，积极向上

父亲和母亲为我们提供了很多宝贵的精神财富。他们的生活很朴素，除了阅读和写作、旅游，他们没有太多的物质欲望，对吃穿不怎么舍得。我们家的伙食是典型的晋东南农家饭：稀饭、南瓜、面条……我爸爸总是穿白衬衫、深色裤子，一件衣服穿很多年。每当我花钱购置物品时，我都会想到生活节俭但精神富有的父母。节俭的思想可能限制了你的享受，但能带给你生命的充实和内心的自由。

父母虽然在吃穿等生活方面很简朴，但在培养孩子的文化素质方面却很舍得投入。20 世纪六七十年代的时候，父母就都给我们买了游泳衣，全家都学会了游泳，我们经常去青年路游泳场和西海子玩。父母还常买票带我们去梅山会议厅和七一礼堂看电影、看戏、看文艺演出。这些丰富多彩的文体活动为我们打开了高雅浪漫的世界，让我们受益终生。

父母亲对入党有执念，他们热爱中国共产党、热爱祖国、热爱人民、热爱毛主席。在他们眼里，这些都是神圣不容亵渎的。他们是传统的老革命，政治立场特别坚定。他们告诉我们，一定要有目标，有追求，有信仰，要相信自己，相信未来。

父亲经常忆苦思甜，讲自己过去的苦难，然后感喟时代和社会带给我们的幸福。他告诫我们不要逃避困难，不要抱怨人生；要适应环境、创造条件，不怕吃苦、努力向上；要体现自己的个人价值，抢抓机遇来改变命运。只要坚韧不拔，努力必有回报。我们就在这样的教育观念下长大成人的。现在，父母已经逝去，他们教导我们的这些，会指引我们继续走向未来。

我大哥魏晓明在太原第一机床厂当喷漆工，因为工作强度太大，劳累过度，落下一身病；父亲却从未托人走关系为他调动工作。大哥咬牙坚持工作，年年当先进。我大妹魏晓虹从事军退干部管理工作，被北京市退役军人事务局评为优秀，荣立三等功。小妹魏晓琳在省委组织部管理档案，荣获全省先进个人。

父亲曾经送我们三句话：一、跟对人，不与不三不四的人来往，不做违背良知的事情；二、走正路，在任何时候都要坚持原则，保持乐观；三、有作为，无论是工作还是生活，都要踏实肯干。这些话朴实无华，说出了老一辈革命者的心声。我们谨记在心，永远不忘。

2018 年的春天，我的父母亲先后去世了；那几天格外寒冷，浅灰色的天空中有细雨夹雪。现在，父母与我们阴阳永隔已有四年，但是他们优秀的品质、伟大的精神永远不会被遗忘。“天下之本在国，国之本在家”，父母为我们树立的那润物无声的家风我们永不遗忘。

勤学笃志为国用

讲 述 人：李迺英
讲述时间：2022 年 8 月 17 日
整 理 人：赵建雄

李修仁（1921 — 2016），山西左权人。1937 年 12 月参加革命工作，同年加入中国共产党。先后在辽县（今左权）分区委从事宣传、组织工作。后历任辽西工委书记、和西县委书记、和顺县委书记、太行区党委办公室秘书。新中国成立初期，任省委政策研究室副主任；后历任全国总工会政研室副主任，办公厅副主任、主任，榆次地委书记处常务书记，介休县委工业部长、县委书记处书记，省委工业办公室主任、工交政治部秘书长。1973 年 8 月至 1981 年 6 月，先后任汾西矿务局党委书记、革委会主任，省轻工业厅厅长，省经委副主任，省委副秘书长兼省委调研室主任；1982 年，任太原市委书记；1983 年，任省委常务副书记；1985 年 5 月任省政协主席、党组书记。1995 年离休。

○

○

笃志经学到老

我的父亲李修仁，1921 年 12 月出生在山西省辽县（今左权县）五里垴村。他六岁时入本村小学上私塾；十一岁开始在县城高小读书；十三岁考入国立第八中学即榆社中学；1937 年 7 月，卢沟桥事变爆发后停学；1937 年 12 月，经县立高小教师冯瑞如介绍，加入中国共产党，同时参加革命工作，走上革命道路。

父亲身上体现的所有美好品德中，对我们影响最大的、最值得我们全家人崇敬和怀念的，就是他的勤学、好学精神。父亲有两句口头禅：一句是“活到老，学到老，多学习才能长本事，才能为党为国家为人民好好工作”；另一句是“时代在前进，社会在变化，不学习就要落后，落后就会被社会淘汰。我们不能做落伍的人”。父亲的这两句口头禅，对他自己，对我们全家，甚至对他的同事和部下，都产生了很大的影响。

父亲说，他从小就认识到“没有文化就是睁眼瞎，就会受人欺负”。父亲在县城高小和榆社中学读书时，学习成绩一直优秀，分别享受过贫寒生待遇和公费生待遇，可惜七七事变爆发，中断了父亲的学业。那时候，父亲还当过几天教师，但他的理想是当一名记者。父亲参加工作的头两年，一直都是从事党的宣传工作；后来担任党政和企业领导，父亲还是坚持看书看报，学习充电。许多讲话稿，父亲都是亲自写，虽然有秘书，但父亲还一直是亲力亲为。父亲说：“自己写的过程，也是一次学习；等别人写好了，自己就是念一遍，那就会不了解情况，就会脱离实际，自己也就会退步。”不管担任什么职务，用父亲的话说：“工作就是学习，学习就是工作。不管在什么岗位上，必须做到工作学习两不误。”

父亲读书涉猎广泛：读马列、毛选等政治理论书籍，也读工业、农业、商业、城市建设、计算机、网络等百科书籍。父亲常说：“历史在进步，人不学习等于退步！学习是追赶时代的动力。”

1952 年，父亲被调到北京，在中华全国总工会工作，他订阅的第一份杂志是《知识就是力量》。这深深地印在我的脑海中，也鼓舞了我的一生，让我从小就明白，必须好好学习，汲取力量，用自己的文化知识去服务国家、服务社会、服务人民。

1993 年，七十一岁的父亲从山西省政协主席岗位上退了下来，他除了参与那些研究会、基金会的工作，出席省里的一些大型会议和活动外，大多数时间就是在家里看书、读报、学习，有时候去到各县和外省参观、访问、交流，都要写一些“感言”“心得”“随笔”之类的东西，既充实自己，也给他人提供了学习参考。同时积极给省委提建议，为山西改革发展献计献策。

有一次，父亲突然问我，有没有看过《战争与和平》。我说初中就看过了，当时父亲还问了我好几本外国名著。他遗憾地说：“过去我工作太忙了，没有时间看更多的书，总觉得自己文化层次不够，现在退下来了，应该抓紧时间补上了，多看书、多学习，不能被历史潮流淘汰。”所以，父亲在七十五岁时开始学电脑，而且学的是最难的“五笔字型”输入法。他白天坐在电脑前刻苦练习，常常忘记吃饭，晚上学到深夜，如醉如痴，就像当年打仗一样的劲头，不攻克难关，绝不收兵。

1999年开始，父亲为了熟练掌握电脑编辑文本操作技能，用电脑抄录报纸、记日记、作随笔、录档案、写回忆录。2000年，父亲把以前不同历史时期自己写过的一些文稿和材料，亲自逐字逐句逐篇地输入电脑，整理出一部分内容，编辑出版了一本书，起名叫《断壁残题》，洋洋洒洒三十八万字。2001年，父亲又继续出版了《断壁残题续篇》，也是三十多万字，这些文字，都是父亲一个字一个字敲进电脑，倾注了他大量的精力和心血。

父亲在任期间，每次外出开会、调研，都要带上几本书，一有闲暇就看书学习，记日记、写心得，如《资治通鉴》、经济、金融类等。直到后来八十多岁了，眼睛看不见了，每天还要让家人、司机或秘书给他念报纸、念内参，汇报新闻时事，汇报教育等情况。

○

○

鞭策家人学习

我上小学时，父亲已经被调到北京工作。他经常是晚上下班回来后，就给我讲《西游记》的故事，讲抗日战争时期的故事。父亲教会我唱的第一首歌是《大刀进行曲》。父亲经常带我去书店，给我买许多小人书，有中外神话故事，比如《西游记》；有历史人物故事，比如《林则徐》。父亲还给我订阅儿童杂志，比如《连环画报》《小朋友》等。父亲还鼓励我去西城区图书馆看书，后来妹妹们上学了，父亲也会鼓励她们。当时新华书店出版发行了《四角号码新华字典》，父亲一下子买回两本来，他一本，我一本，我们共同学习。那一本字典，我从小学到中学、从北京到边疆，直到回到太原，一直带在身边。我上初中时，父亲让我读的第一本书就是著名的马克思主义哲学家、教育家和革命家艾思奇写的《大众哲学》。父亲就是这样鼓励、鞭策我们去学习的，这也是父亲给予我们儿时最宝贵的精神食粮和文化财富，这些对我们的学习成长起到了非常重要的作用。

1963年，我考上了高中，父亲特别高兴。当时，父亲已经被下放到山西，在太原工作。父亲送给我一个大书包，里面装着一本小说《钢铁是怎样炼成的》，他对我说："迺英，你是咱们家第一个高中生，你可要好好学啊！像保尔·柯察金一样，做一个对国家有用的人。"其实，那本书我在初中就看过了，但我明白，父亲就是希望我不怕吃苦，努力学习，将来要考上大学，学习更多知识，掌握更多本领，做一个坚强的、有意志的、有毅力的、有理想的人。

父亲还会经常把他书房的一些他认为对孩子们学习、成长有帮助的书推荐或者赠送给他的外孙们。我的儿子受我父亲影响最大，总是喜欢买书，见到有用的书就买，买回来就抽空看。我儿子的书房像他姥爷的一样，书柜上摆满了书。1996年，父亲知道了他的外孙花潇高考失利，就打电话给他，又是关心询问，又是鼓劲加油，还拿他自己的人生经历跟孩子交流、谈心，给孩子提出学习建议，帮助孩子制订学习计划、学习目标，鼓励孩子继续复读考学，后来孩子不仅考上了大学，还读了研究生。

父亲对亲戚们也是一视同仁。有时候回到老家，或者老家的人来看望他，闲聊的时候，父亲也是首先关心他们和子女的学习状况，鼓励他们要好好学习，告诫他们说，再穷也要读书，再忙也要学习。

父亲被下放到晋中介休县的时候，我母亲也跟着到了介休。当时，父亲担任介休县委工业书记，母亲在一家企业上班。平时在家的时候，或者节假日，他们两个总是在一块儿学习，在一块儿看书，"比学赶帮"。母亲一直到老了，也同样是改不了喜欢看书看报的习惯——这都是受到了父亲的影响。

○

○

注重书本外学

在担任山西省政协主席的八年中，父亲不顾年事已高，亲自跑遍了全省各地市及数十个县区，走访了数百个企业、村庄。他说，调研就是学习，这比书本上和理论上学到的东西更有用。每次调研回来，父亲都要亲自撰写调研报告。

父亲的这种学习精神和工作作风，得到了全国政协的认可。1988 年，父亲被选为全国政协第七届委员会委员。这期间，父亲三次在全国政协会议上上台作大会发言，两次作书面发言，《人民日报》也多次介绍山西省政协积极参政议政、建言献策的经验。

父亲说：“不走进社会，不深入群众，学习就是肤浅的，就是没有价值的。”所以，他总是坚持亲赴第一线，亲自参与调研。在他主持山西省政协工作期间，通过学习调研，撰写完成了许多专题研究报告，这些研究报告对于促进山西的现代化建设均是有价值的积极可行的建议。

父亲把自己学到的知识，全都用在了为国家、为社会奉献自己一生精力的伟大事业中。他为我们全家树立了生命不息学习不止的光辉典范！他生前的这些点点滴滴小事，无不体现着他勤学好学的精神追求和心系家国的炽热情怀。父亲永远是我们全家人学习的榜样！

向学一生传家风

讲 述 人：巨荣昊
讲述时间：2022 年 8 月 19 日
整 理 人：赵建雄

巨玉秀（1921 — 2017），山西左权人。1938 年 4 月在左权县参加抗日联校读书并加入中国共产党。1939 年 5 月至 1946 年 6 月，任左权县牺盟会干事，左权县委组织部干事，左权县西二区副书记、书记员，左权县委会秘书；1948 年 1 月，任太行二地委宣传部副科长、科长；1949 年 10 月至 1981 年 2 月，先后任榆次地委宣传部副科长、科长，榆次地委常委、秘书长，榆次市委常委、市委第一书记，山西艺术学院党委书记，山西省文化局党组成员、副局长，山西省农村社队企业管理局党组成员、副局长，山西省文化局副局长、党组第一书记，山西省文化局党组书记、局长。1983 年离休。

我的爷爷巨玉秀是一位老党员、老革命、老干部，他一生好学，刻苦用功，学而不辍，他的这种精神已经成为我们的家风，一代代薪尽火传。

我的奶奶和爸爸妈妈，经常给我们这一代人讲述一些关于爷爷读书、学习的故事，以此激励我们上进。

爷爷老家在晋中左权，他早年在私塾念书，由于聪明好学，成绩一直很好。爷爷的国文老师曾经对他说："照这样走下去，你将来一定会是国家的栋梁之材，一定会是一个对社会有用的人。"听了老师的夸奖，我的爷爷也信心满满，更加努力地学习，决心不辜负家长和老师的期望。但是不久，爷爷的求学梦破碎了，日本发动了全面侵华战争，致使我们国家"华北之大，已经安放不得一张平静的书桌了"。于是，爷爷追随着招展的红旗，追随着中国共产党，参加了革命，投身到抗日救国的洪流中去。此后，爷爷戎马倥偬半生，但向学之心始终不改。

爷爷非常热爱学习。他在学习方面，能做到持之以恒、锲而不舍。不管是精力充沛的青少年时期，还是从工作岗位上退下来以后，直到耄耋之年；不管是在炮火连天的战争年代，还是在和平稳定的社会主义建设时期，他都要抓紧各种机会读书学习。

抗日战争时期，爷爷有五年多时间是在敌占区工作。那时候，日寇到处烧杀掠抢，爷爷他们随时都有生命危险，就是在这样残酷的环境中，爷爷也没有放下手中的书。当时爷爷担任区委书记兼区武装政委，他经常带着几本书，即便在情况十分危急时也不肯丢掉。区里同志们经常拿爷爷开玩笑说："书记要书不要命。"有一段时间，爷爷脚上长满了疥疮，不能走路，县委的同志们就把他隐藏在敌炮台脚下的村子里，爷爷却抓住这个难得的清闲机会读了二十多天书。爷爷说，这是他这一辈子度过的最好的读书时光。

1949 年，山西榆次地委安置在了太谷县城赵铁山的庄院里。赵铁山是山西有名的学者、书法家，当时赵铁山全家已迁往外地。赵家的藏书很多，地委负责同志为了保护这批图书不至于丢失、损坏，就责成区委宣传部负责保管。这下可把爷爷乐坏了，他主动把这个任务承担起来，每天晚上都钻在书堆里。这段时间他阅读了大量的书，每次下乡或到外地开会，爷爷的行李中都要带上不少书。后来地委迁到榆次办公的那几年里，爷爷还会不断地到太谷去借书看。

新中国成立后，晋中地区各县图书馆都有不少藏书，特别是祁县藏书更多，全套完整的《二十四史》放了两大柜——这里又成了爷爷借书读书的乐园。爷爷把《二十四史》大部分通读了一遍，爷爷认为是重点的，比如《史记》《汉书》《三国志》等，他反复读了好几遍。和爷爷经常一起下基层作调查的同志都知道爷爷有这个习惯，出发时都会提一提他的行李，总是沉甸甸的。同志们开玩笑说："是不是又自带'干粮'了？"爷爷听了也总是笑而不答，算是默认了。爷爷在榆次工作的十多年时间里，都是在机关宿舍住，每天晚上，机关值班的人从来没有谁见过爷爷宿舍的灯在十二点以前熄灭过。

爷爷不仅自己爱学习，而且还要推动别人学习。他在地区宣传部工作时，是机关支部的宣传委员，参加地委的领导班子后，又是直属党委的负责人，他把组织机关、直属单位的学习作为一项重要任务来抓。除政治学习外，他还参与了地专机关文化补习学校的组织领导工作。文化补习学校办得很有成效，爷爷在其中是起了一定作用的。

爷爷特别喜欢买书，因此他和榆次地区及省新华书店负责机关学校图书供应的陈群喜爷爷（后来调到省新华书店工作）成了好朋友。只要书店来了新书，陈群喜爷爷都要通知爷爷。所以，爷爷在榆次的十年里，积累了不少藏书。当爷爷调往太原时，光书就装了好几大箱子，除少数书放在他办公室外，大部分都放在了文化局的库房里。这些书在“文革”中全部丢失了。后来提起这事时，爷爷非常痛心。

爷爷爱看书，更喜欢藏书。多年来的藏书虽然有一部分在“文革”中丢掉了，但又经过二十多年的积累，爷爷家里两个房间整个墙面的大书架上，各种书籍又装得满满的。我奶奶经常对我们说：“你爷爷生活十分简朴，不讲究吃穿，但他在买书方面花钱是很大方的，我们全家人对他的这点爱好应该理解，应该支持。早几年我们家地下室遭水淹后，放在那里的几个木箱都发霉了，有的甚至泡烂了，几个纸箱就更不用说了。可是，放在里面的衣物霉了烂了你爷爷没吭声，对霉了烂了的书他却心疼了很长时间。”

山西省老年大学成立时，已离休的爷爷立即报名参加了学习，六年中风雨无阻、寒暑不辍。爷爷是老年大学的模范学员，学校三周年、五周年校庆时，爷爷两次受到学校的表彰奖励，爷爷像小学生一样高兴。后来，因为爷爷年纪大了，家里人不放心他每天跑来跑去的，就劝他说：“您都一大把年纪了，还那么认真学习干甚？况且学了也没有多大用处了。”爷爷听了很生气。1991 年 7 月，爷爷作《上老年大学有感》诗二首，以表达他“活到老学到老”的态度和决心：

（一）

半生演武半修文，花甲又进大学门。

文史书画从头学，疑难课程拜儿孙。

（二）

壮心未与年俱老，负笈束脩入课堂。

莫笑愚翁童心发，白首方知惜寸光。

爷爷说：“国家号召老年人要老有所为，发挥余热，这也需要好好学习，只有不断充实自己，才能跟上形势的发展，才能为祖国的现代化建设添砖加瓦。”

爷爷生在一个特殊年代，少年时期正赶上日本人发动侵华战争，他失去了读书上学的机会。在国家危急存亡之际，爷爷以满腔热忱参加了伟大的全民抗日救亡运动，参加了轰轰烈烈的抗日战争。他经常对我们说：“我是国难学校师范部毕业，没有多受过正规的学校教育，最多算个初中肄业学生，十六岁就参加了革命，因为文化水平低，不能适应工作发展的要求，造成了终生遗憾。在根据地山上时，艾蒿里边选枪杆，马马虎虎还算是个有文化的‘小知识分子’，还可以滥竽充数。但全国解放后，随着工作任务的加重，深感不能适应，大有‘江郎才尽’之感。特别是到了太原后，多年从事宣传文化工作，自己就觉得更远远地落在形势后边了，如果不读书不学习，怎么能行呢？”爷爷工作以后通过不断地充电，能够达到后来那样的文化水平和知识层面，不能不说是他不懈努力学习的结果。正如爷爷 1991 年 10 月在一首题为《书缘》的自作诗中写到的那样：

少时结缘一架书，终身相守不曾疏，
年届古稀无倦意，只缘痴情尚未了。

爷爷的可贵之处在于几十年如一日持之以恒地读书。对爷爷来说，真的是“可以一日不吃饭，不能半日不读书”。这也是爷爷的学习座右铭。

爷爷的学习不仅只着眼于书本上的，他还重视深入基层调查研究，重视从工作实践中学习。他在榆次地委工作的十余年中，用一半以上的时间深入基层学习调研，即使后来参加了地委的领导班子，做了“一把手”，下基层的时间也不会少于三分之一。我们家里人都记得，爷爷有好几年的春节都是在农村过的。

深入基层调查研究，帮助基层同志在工作中学习、在学习中工作，这是爷爷的一贯作风。爷爷对前人所说的“纸上得来终觉浅，绝知此事要躬行”十分欣赏。他下基层有个特点，那就是一竿子插到底，直接深入农村或车间。而且每次下到一个地方，不是一天两天，而是十天半月。每次下基层调研，爷爷总是要把发现的问题了解透彻了，并且一定要帮助基层同志研究出解决问题的办法。比如在和顺县的青城村和牛村、祁县的贾令村、平遥的洪善村、平定的维社村、昔阳的思乐村等，他都住过十天以上。因为他对一个村子、一个问题吃得比较透，所以他能写出有质量的调研报告。地委不定期的情况通报上，经常能见到爷爷亲自撰写的调查报告，《山西日报》也不断有他写的稿件发表，比如爷爷写的《昔阳一区的党课传教制度》《平定维社村的爱国日教育》等等，这些文章让大家深受教益。爷爷离开榆次到省文化局工作期间，也很注意深入基层调查研究。《平陆县张村乡文化站》《寿阳县文化轻骑队》《交城县半农半艺剧团》等文章，都是爷爷经过深入基层调研后写出来的，对推动当时农村文化建设，解决县剧团改制引发的思想问题、发展方向等问题，都起到了一定的作用。

爷爷深入基层的另一个特点就是，经常备有一个简单的小行李卷和一个下乡专用的帆布背包，包中装有笔记本、水笔及日常生活用品——当然还要有书，这是不能落下的。什么时候动身，根本不用准备什么，提起行李就走，而且想住几天就住几天。所以，爷爷的学习调研是务实的，并不是走过场，因而收获也就大。

还有一件事，也让我记忆深刻。爷爷在山西艺术学院担任党委书记的时候，1960 年 8 月，有一位大学生从北京大学毕业，被分配到山西艺术学院任美术系教师。这位大学生就是后来曾担任山西文化艺术学校高级讲师、副校长，以及山西省电影学校校长、书记的张大敏。2003 年 5 月 8 日，张大敏爷爷写过一篇文章《巨书记是我们这一代人青年时期的偶像》。他在文中提到过这样一件事："我被分配来到山西艺术学院时，学院的新校址正在建设中。美术系师生借住在省委党校院内教学。那时，我担任中专二年级的素描课讲师，并担任一年级的班主任。当年冬季寒冷的一天，我正在上课，系领导王书记找到我，通知我到校本部院党委办公室报到。在党委办公室，刘萍主任正给我交代着新的工作任务，学院党委巨玉秀书记从里间他的办公室出来，弄明白我就是张大敏时，对我说，这是领导研究决定的，交给你的一项政治任务。现在国家经济处于非常困难时期，抓好群众的生活就是当前的政治任务。具体工作任务由党委秘书王祥云同志负责安排。当日，王祥云就带着我乘火车去了太谷县，参观学习种植蘑菇的技术。此后，我就离开美术系的教学工作，住到了学院本部。一年多的时间里，先后还有武承、赵球两位老师参与，我们圆满完成了学习任务……后来，巨书记还经常深入教师中，请教什么是绘画中的印象派、现代派等等，并请教师给他借画册，推荐专业书阅读。正是在这一段时间内，我在院本部工作期间，对巨玉秀书记有所接触和认识，我和许多青年教师都对他产生了深深的敬仰。我们从他身上得到了精神上的宽慰和支撑，度过了艰难、饥饿、困苦的时期。”爷爷的这种学习、实践相结合的精神，曾经影响了一代人。

爷爷是 1938 年参加工作的，1983 年退出省文化局领导班子后离休，他在不同的岗位上工作、学习了整整四十五年。爷爷离休后，回顾自己四十五年的工作历程，他说深感自己文化水平不够，工作成绩平平，愧对党和人民的哺育之恩。所以，他下定决心在有生之年，加强个人学习，继续发挥余热，为建设社会主义大厦添砖加瓦。1991 年 6 月，爷爷写过一首诗《戏题离休生活》：

闲来负笈上大学，书报相伴度余暇。
朝行十里一万步，暮看胡可学涂鸦。

诗中提到的胡可是爷爷的小外孙。这首诗充分表达了爷爷学而不辍的愿望和对晚年充实生活的满足感。

爷爷离休后的生活可以说确实是很充实的。1986 年，爷爷开始上山西老年大学，选学的是中国历史、旅游地理、古典文学、卫生保健及古典诗词、书法等课程。几年下来，爷爷在学习之余，还与别人合作编写了《抗日战争中的辽西县》《辽西抗日烽火》《左权抗日英烈传》，以及自己的回忆录《风雨寒暑七十年》《远踪近影》等等。在山西老年大学，爷爷一直学习到 1992 年，后来因为身体原因，才停止学习。在六年多的时间里，爷爷说他既陶冶了情操，又学到了知识，感触颇多，受益匪浅，上老年大学是他晚年生活中的一大乐事。

其实，爷爷爱学习、爱读书的故事说也说不完。爷爷的向学之风，也成为我们的家风。爸爸工作后，也是在不断地看书学习，不断地“充电”、更新知识，在出差的时候也经常要带上或买上几本书，有空就打开学习。我自然也是非常热爱学习的，除了学校的语数英外，我还参加了学校的航模兴趣班，课外还在

1986 年，爷爷开始上山西老年大学，选学的是中国历史、旅游地理、古典文学、卫生保健及古典诗词、书法等课程。

少年宫报名学习乒乓球、电子琴。

在爷爷的影响下，我明白了一个道理：我们三代人的求学、成长，虽然道路各不相同，环境也不一样，但都离不开高扬的红旗，而擎旗人就是我们的党。爷爷那代人，是在反帝反封建的新民主主义革命红旗下抛头颅、洒热血，历尽千辛万苦，开创了新中国；爸爸那代人，是在改革开放、全面建成小康社会的红旗下，撸起袖子加油干，为夺取新时代中国特色社会主义伟大胜利而努力工作着；我们这代人，是生活在前辈搭好的和平幸福舞台上，我们应该树立正确的人生观、世界观、价值观，向学向善，勤奋读书，全面发展，才能无愧于前辈、无愧于时代、无愧于头顶飘扬的红旗。只有做到了这些，爷爷那代人的血才不会白流，爸爸那代人的劲才不会白使，我们这代人才能站在红旗下挺起胸膛傲视世界，去实现中华民族伟大复兴的中国梦。

捧着一颗心来，不带半根草去

讲 述 人：荆明
讲述时间：2022 年 8 月 21 日
整 理 人：周至

荆世华（1928 — 2019），山西临猗人。1943 年参加革命工作，同年加入中国共产党。1947 年从运城师范毕业后，历任永济中学教师、教导主任、党支部书记，晋南专署中教视导组组长，《山西教育》秘书，运城地区教革组组长、地委文教部业务处长，山西省教育厅中教处处长，山西省教委职称改革办公室主任，山西省教育科学研究所所长，山西省教委教研室主任等职。1990 年 5 月离休。

○

○

竹杖芒鞋绿斗笠

“桃李不言，下自成蹊。”我的父亲荆世华是个教育家，是个真正具有情怀的教育工作者，他为乡村教师、为农村教育事业鞠躬尽瘁、死而后已。从 1943 年加入地下党组织到 2019 年去世，父亲为党工作七十六年，为中国的教育事业倾注了全部心血。

父亲离休后仍不懈工作，以“中学教育教学改革与管理及陶行知教育思想”为研究方向，述著四十余部，论文五十五篇，共一千余万字；荣获嘉奖二十二项，在山西教育界乃至全国教育界都颇有名气，被称为“山西教育历史的见证者”“记录山西教育历史的司马迁”“山西教育战线上的全面手和一杆旗”“山西陶行知思想研究的践行者”。

记忆中，父亲是个工作狂，平日里他不是在教学一线，就是在农村调研，或者是在伏案研究，陪伴家人的时间少之又少。他公而忘私，对事业执着，对工作勤恳，离休后仍笔耕不辍，就在离世前还坚持写作。“春蚕到死丝方尽，蜡炬成灰泪始干”是父亲对教育事业热爱的写照。

“莫言行知路不平，何妨携月又披星。竹杖芒鞋绿斗笠，揭谛，一如玄奘苦行僧。教改春风吹峻岭，民醒，龙城欢笑掌声盈。桃李不言天下晓，归隐，只留书声与清风。”这是孙女荆媛为庆祝爷爷九十大寿写的一首词。它概括了父亲一生的艰辛和奋斗。

我小时候是跟着奶奶在农村长大的，与父亲接触的时间很少，在我幼小的心灵里对父亲就一个字“怕”。长大后，母亲又因“六二压”回到家乡，我和妹妹从那时起就跟着母亲生活在农村；父亲在太原工作，只有在每年春节他才回家和我们团聚，有时因工作忙连过年也不回来，真的是聚少离多。那时，父亲在我心中是令人尊重和敬畏的。

随着年龄的增长，特别是读完父亲的回忆录《脚印》后，我才深切地理解，父亲的严厉只是表象，他其实是一个有情有义的人，有情怀、重感情、懂感恩。佩服之余，我更加明白，父亲一直是我们家的一棵大树、一片晴空。他一直在为我们子女遮风挡雨，正像一首歌里唱的：父亲是儿登天的梯，父亲是那拉车的牛。

父亲刚出生八个月，爷爷就去世了，奶奶含辛茹苦，拉扯一家大小。父亲自小受到“忠孝”和“克己复礼”等儒家思想的影响，对家庭感情至深，对奶奶极为孝顺。每次从外地回来都要给奶奶带上好酒和她爱吃的零食。那些年，奶奶因身体状况，每天有喝点小酒的习惯，父亲投其所好，从没半句怨言。奶奶与邻居聊天，常会说，我儿子在省城做事，如何懂事、孝顺、能干，云云。虽过去多少年了，但我仍能记起奶奶那种神情——父亲是她的骄傲，又何尝不是我们子女的骄傲！

母亲小父亲三岁。在我印象中，母亲总是含辛茹苦地伺候老人、照顾家庭，生活过得简单清贫；父亲总是以工作为重，几乎永远在忙。父亲事业有成的背后，是母亲的默默付出。但那时我们很少能感知父亲对母亲的关心。

2000年，母亲病重卧床，生活不能自理，几乎都是父亲陪伴照顾。他怕耽误我们工作，不顾年过古稀，亲自给母亲熬药喂饭、揉搓按摩、舒展筋骨。

父亲还四处奔波寻医问药，为了给母亲治病，不惜花重金请专家上门为母亲治疗……十五年如一日，每次母亲吃完饭，父亲就会把她的假牙拿下，用水冲净再给母亲戴上。一个小小的举动，饱含了父亲对母亲深深的爱，他们相濡以沫的感情，感染和感动了我们兄妹。

父亲在回忆录中，字里行间都是对母亲的赞美和爱恋。其实，一段婚姻，外人是看不懂的，哪怕是子女、家人，我们看到的也可能只是表面，其内在含蓄的情感交流、默契和深沉的爱，只有身在其中的人最清楚。2015 年 11 月，母亲去世，离别时父亲用手摸了摸母亲的脸，满眼充满了爱意和深情，夫妻之间的爱情早已化为一种亲情。

父亲是做“大教育”工作的，自然特别重视对子女的教育。伯父去世得早，为了堂姐能健康成长，父亲一直把她带在身边，上学、就业，如同己出。“六二压”那年，我和妹妹随母亲回乡生活，为了让哥哥能受到良好的教育，哥哥就留在父亲身边。父亲既要上班，又要照顾孩子，艰辛可想而知。

我们村是个小村子，读完小学就要到外村上学，因此父亲不管我和妹妹的年龄大小，就把我们安排到离家二十里外的临晋镇小学读书，并且经常写信教育我们要努力学习、踏实做人。我们不负父亲厚望，走出农村，接受了高等教育。受父亲影响，我们这一代中有五个人从事教育工作，下一代中有两个在高校任教、一个在中学任教。为教育事业做贡献，成为我们的家风使命。

父亲离休后，经济宽裕了点，他还不忘接济在农村生活的亲朋。我有个远房本家弟弟，有两个孙子正在读书，日子过得艰难，父亲就自掏腰包，赞助了不菲的教育经费，并且告诉本家弟弟，不管多困难都要供孩子读书。父亲有个小时候的玩伴，生活很困难，父亲每次回乡都要去探望他，临走还要给他留些生活费……父亲谦和厚道、乐善好施的品格深深地影响了我们。

父亲爱读书，更喜欢买书、存书，偌大的书柜可是他的心爱之物。就在他七十多岁时，他将五大书柜的书籍无偿捐献给故乡的中学，以一己之力帮学校建起了图书馆。

《山西教育》杂志是 1959 年父亲和几个同事创办起来的。五十多年过去了，他把创刊号走到哪儿带到哪儿。2005 年，当他听说杂志社到处寻找创刊号时，父亲毫不犹豫地将其无偿捐赠给杂志社。

2008年汶川地震，父亲二话没说，捐款五千元。在他的带动下，我们兄妹及孩子们共捐款两万多元。实际上，父亲生活一向俭朴，从不铺张浪费，一套简易沙发弹簧都坏了，他还舍不得扔，“能用就行”是他的口头禅。电视机看了许多年，直到大家都看上了液晶电视机，他还是看的老式电视机，直到无法显示图像了，才同意我们给换了台新电视机……

父母是孩子最好的老师，只有言传身教，才能成就品格。“俭朴真诚、知恩图报、悲天悯人、善良勤谨……”父亲虽少“言传”，但“身教”颇多，等到我们做了父母，这种感受更加真切。父亲给我们树立了一座丰碑，他是子孙后代学习的榜样。

○

○

桃李不言天下晓

父亲十六岁加入地下党组织，十九岁那年在晋绥十一地委党校学习一个月后，被分配到晋绥边区公立临晋中学工作。1947年永济解放，太岳地区接收一所中学，更名扶农中学。同年11月，扶农中学与晋绥边区临晋中学合并，改名为太岳区公立条西中学，这便是永济中学的前身。父亲因有音乐专长，便教授音乐和语文课程；他还在学校成立了剧团，并任团长，组织排演了许多具有时代特征的剧目，以宣传教育群众。在这期间，父亲为解放区选送培养了大批学生，或南下或上军校，有的成了留苏博士，有的成为高级工程师和教授，他们都在各自的岗位上贡献着自己的力量。

1956年至1966年，父亲先后担任《教师报》和《光明日报》记者、《山西教育》编辑。这期间，他深入农村采访报道了众多山区农村的优秀教师，影响最大的一篇是报道山西省平定县红峪口小学教师张瑾瑶的模范事迹的，一时引得全国各大报纸杂志纷纷转载。

十年的记者生涯对父亲影响至深，也是他笔耕不辍的缘起。父亲文化程度不高，但酷爱学习，凡有闲暇就是读书看报，且自律严谨、思维开阔，对未知事物有着很强的探知欲，并不故步自封。即便到了耄耋之年，他还要学习用电脑写作，用智能手机阅读文章、聊天视频。

父亲勤于学习、善于思考，不断用新的知识武装自己。他坚持每天看《新闻联播》，关心国家大事，常年订阅报纸杂志；每次家庭聚会时，谈论的话题也离不开对国家发展政策的关注。每年国庆节，父亲总要在家门口悬挂五星红旗，足见一个从生死一线的战争年代走过来的老革命，那种珍惜生活、热爱祖国、痴心不改、忠诚于党和国家的赤诚之心！在他执着坚守的“行知路”上，传承“一心为国、夙夜在公”的家风。

1985 年 9 月 5 日，中国陶行知研究会在北京成立；1987 年，山西省陶行知研究会成立，父亲被选为常务副会长，主持日常工作。自此以后，已近离休的父亲，仿佛驶上了快车道，再也停不下来。

借鉴陶行知乡村教育思想，父亲在吕梁山办了一所实验学校。这所学校成了村校结合、三教统筹、教科劳兼顾的改革实验地——多次被中央领导批示。2003 年 9 月，父亲应邀参加“第四届国际教育论坛会”，做了题为“农村教育为农村社会发展服务”的报告，介绍山西实施“科教兴村”“科教兴乡”“科教兴县”的经验，受到各国教育专家的好评。为此，人民教育电子音像出版社还出版了一套光盘，使农村教育改革经验走出国门，走向世界。父亲曾多次被评为“离退休干部先进个人”“先进学会工作者”“优秀共产党员”。

撰写文章，是父亲一生的挚爱；伏案写作，几乎成为父亲最经典的形象。他没日没夜地写，文思泉涌，不知疲倦。有人曾问，你父亲那么大年纪了，不图名不图利，没完没了地写，到底图个啥？

《我的最大心愿是奉献》，这是父亲一篇文章的标题，他以此响亮地回应了所有的质疑。1999 年，父亲被全国教育工会、全国中小学幼儿教师奖励基金会评为“全国普教系统离退休教育工作者”“老有所为先进工作者”。在全国政协礼堂召开的首次国际老年人年会上，父亲被安排第一个发言。他道出了自己的心声：“我的最大心愿是奉献。”《中华老年报》《中国老年报》先后发表此文，并且此文还被《中国老年报》评为“征文一等奖”，父亲因此获得三枚金质纪念章，在“五一国际劳动节”大会上，受到时任国家副主席胡锦涛的接见。

父亲的严谨认真、勤奋踏实，无人能及。在实践的基础上，他撰写了《中国教育科研成果概览》《陶行知教育思想与实践》《成长中的新型教师》等四十余部著作，发表《当前中学教育改革中的几个问题》《农村三教统筹的理论与实践》《论陶行知的社会大学思想与实践》等五十五篇论文。

父亲一生走过很多单位，职务虽不高，但却赢得众口称赞。尤其是在山西省教育厅工作期间，他深入基层，走访学校，提出中学布局改革，评选省重点中学、评选特级教师、开展教师职称职务的评审等，推动了教育系统体制改革。我每次出差到各县市，与认识父亲的人谈起，他们无不赞许父亲的工作能力和敬业精神。这怎能不令我引以为荣！

父亲暮年，仍心系于党，谨记入党誓词，致力于改变农村面貌，期待革命老区和贫困山区能走上小康之路，过上富裕生活……2019 年 8 月 11 日，父亲溘然长逝。

父亲将一生献给了他钟爱的教育事业，将自己的心血都洒在农村教育改革这条路上。他求真务实、乐于奉献，如同陶行知先生说的那样：捧着一颗心来，不带半根草去！

父亲离开我们三年有余，往事依然历历在目。他没有为我们留下万贯家财，但留给我们的精神财富无比宝贵，将会代代相传。他的故事和人品至今仍被世人传颂。我们为有这样的父亲而骄傲、自豪！

父亲为我操碎了心

讲 述 人：李谷生
讲述时间：2022 年 9 月 11 日
整 理 人：周至

李捷（1920 — 2017），山西武乡人。1938 年 6 月参加革命工作。1939 年 3 月加入中国共产党。1940 年初，曾在祁县牺盟会任组织委员，同年 7 月在祁县四区、一区、二区任区长。1945 年，先后担任祁县民主政府民政科、司法科科长，秘书。1948 年，任榆太祁路西县政府秘书。1949 年，任太谷县人民政府县长。1951 年，任晋中地区法院秘书主任，后任院长。1954 年后，历任榆次专署副专员，榆次市政府市长，晋中专署副专员，晋中地委副书记，晋中地委驻西山工委秘书长、副书记，寿阳县革命委员会副主任、副书记、书记等职。1984 年离休。

○

○

不辍学习　重视子女教育

父亲李捷，又名李学儒，1920 年 12 月出生在山西省武乡县一个贫苦农民家庭。父亲没上过几年学，十六岁时才读了一年高小。参加革命后，他边工作边学习，靠着坚持不懈的自学，工作能力和理论水平逐步提升，成为基层党组织的优秀干部。他最初在武乡县分水岭抗日小学当教师，后来又到牺盟中心区做群众工作，先后在左权县路东办事处、祁县牺盟会、榆太祁路西县政府、太谷县政府工作。

父亲文化程度不高，但字写得很好，不管工作有多忙，他从不放松学习。他对我们兄妹四人的学习也相当重视。身为长子，我压力一直很大，我能明显感觉到父亲希望我能带好头，做好弟妹的表率。长大后回想起来这些，那时的我真是让父亲操碎了心。

我小时候，父亲工作特别忙，不是到基层下乡蹲点，就是开会加班，在家的时间非常有限。但只要有空，他就会不定期召开“家庭民主生活会”。不出意外的话，几乎每次议题都是“批判”我。弟弟妹妹吐槽我如何捉弄他们，母亲陈述老师、家长告的状。一般情况下，我都低着头，躲在炕沿靠门边的位置，不辩解，也不反驳。父亲皱着眉头，听完大家的发言，然后便是入情入理地教导我一番。可我那时候正处于叛逆期，太调皮贪玩，根本听不进去，左耳朵进，右耳朵出。但在父亲跟前，我又不敢吭声，装着很老实的样子，一动不动；可心里倔强地想，等父母走了，我就和弟弟妹妹算账。每回开完家庭会，我的腿都麻了，下地走路就像踩了棉花一样。如今，我已年过七旬，现在想起来，那时的情形仍历历在目——有父亲的管束和呵护，也是一种幸福啊。

父亲虽然对我们子女很严厉，但他从不骂人，更没有体罚过我们。他总是不厌其烦、循循善诱，这对我影响很深。改变是从我上初中二年级的那年除夕开始的，我被父亲的深情感动，从那时起，我开始变得懂事并理解父亲了。

那一年，父亲被派到离家很远的西山工委会任离石县委书记。那里工作条件差，交通不便，年三十了父亲才赶回来过年。因隔壁张伯伯一家回老家过年，我晚上就过去给他们家看房子。父亲风尘仆仆地回到家，见我不在，就到张伯伯家，和我彻夜谈心。他教育我要重视学业，为自己的前途争口气，身为家中大哥，就是要给弟弟妹妹做榜样，做一个顶天立地的男子汉。

其实，父亲工作非常繁重，他只在家待了两个晚上。大年初三下午，就让我送他去太原。那时交通不便，大过年不好动用公车，父亲要在太原住一晚，次日一大早才能坐长途汽车去离石……春节是中国人最重大的节日，人们都在家团聚，路上很少有行人，可父亲念念不忘群众，不顾寒冷，早早结束了假期走上工作岗位。他对工作的敬业，对子女教育的重视，深深打动了我。那个春节过后，我便有所触动，开始发奋读书，各方面都有了改变。

“据老师说你比以前有进步了，但还不是很好，上课贪玩，听讲的时候思想不够集中的老毛病还没有彻底改掉，见信后迅速改掉毛病，切实按你订的计划指导行动。”以前，父亲因分管教育，常去学校视察，见到老师总会询问我的学习情况。我爱看小说，偏科很严重，学习漫不经心，没少让父亲头疼。

父亲在外地工作期间，写给我很多封信，信中他语重心长地教育我，至今读来我仍感动不已：“冬生来信告我说，你过春节以后到现在，各方面有较大进步，在学校你能与错误的倾向开展斗争，受到老师表扬。回到家里和你妈妈、弟弟妹妹的关系也好了，这些都使我感到高兴。希望你继续学习政治，学习毛主席著作，巩固提高并坚持下去，防止冷热病。你已经大了，对革命和不革命的问题，对社会主义和资本主义的问题，对正确与错误的问题，对先进和落后的问题，对什么是前途、幸福等问题，应该分清大是大非的界线，应该坚持正确的，反对不正确的东西……”当时年少，觉得都是老生常谈，但随着年龄增长，我慢慢理解了父亲的苦心。后来我到部队当兵，复员到工厂，都没有放弃学习，我积极要求进步，读完了电大课程，成为企业基层管理者。

受父亲热爱学习、重视教育的影响，我们也非常重视下一代人的学业。我儿子 1998 年考入北京师范大学读研，毕业后，与媳妇一起留在北京创业；同年，我侄女考入清华大学建筑专业，本硕连读；2021 年，我外孙考上北京林业大学，孙子考上北京八中……

○

○

谦虚谨慎　有原则不逾矩

抗日战争时期，父亲曾在祁县牺盟会任组织委员，历任祁县四区、一区、二区区长；1945 年后，相继担任祁县民主政府民政科、司法科科长，秘书。1948 年 6 月，任榆太祁路西县政府秘书；太谷解放后，父亲担任人民政府第一任县长。

1951 年，父亲被调入晋中地区中级人民法院（省院分院），任院长。许多人对我父亲名字的熟悉，源于公告栏贴出的判决书上的签名。在外人的印象中，父亲是个冷面包公，十分严厉；但在我们子女心中，父亲是个有情有义，对工作和家庭负责任的人。

父亲不是没有权力，在小城榆次，父亲名声不小。他曾是威严的法院院长，是晋中专署副专员、榆次市市长、地委秘书长，还担任过中共寿阳县委书记、晋中地委文教部部长、秘书长。他为人低调，谨言慎行，公私分明，从不在家谈论工作，更不会为私事去搞特殊。

在我小时候，一到冬天，家家户户要储存大白菜、红白萝卜等。母亲总是派我去排队买菜，有时排到天黑了还没有轮到我。那时的菜店在北门口，离我家不太远，父亲下了班就去替我，他站在队伍里排队，让我回家吃了饭，再去帮他去搬冬储菜……在父亲看来，他就是个普通人，手中的权力就是为人民服务。

记得有一年，妹妹想去当女兵，榆次没有指标，但寿阳的女兵指标多，当时父亲在寿阳当县委书记，本来就是一句话的事，可他思忖片刻说："你又不在寿阳，怎么能占当地的指标呢？"我家三男一女，父亲平素是最疼妹妹的，但这一次，他还是狠心地拒绝了妹妹，坚守了原则，守住了底线。妹妹没办法，只好去一个村镇小厂当了个工人。

年轻时，父亲典型的装扮是穿一身中山装，胸前口袋里插根钢笔，腰杆笔直，不苟言笑，但他并非不近人情，只是工作习惯使然，认真严谨罢了。父亲就是这样的人，我们都知道，他是爱我们的。父亲写给我的一封封家书，便是明证："刚接到你的来信。知你被选送去无线电学校学习，这很好。你能被选送无线电学校，当中国人民解放军通信兵，这是党的信任。正是因为你是革命家庭的子女，因此你不能辜负党的希望和信任，到部队后要对得起党、对得起革命、对得起人民事业……走前因时间紧迫，不能当面嘱咐你，在信上详细提一些注意和希望。你远离家乡、远离我们，我们内心有许多说不出的记挂！"父亲的关爱，让我倍感温暖。

我在北京当兵期间，父亲去看过我一次，来自晋中的几个战友就过来与父亲见了一面。不想多年后的一天，其中一个战友在地委大院门口被路过的父亲一眼认了出来。父亲让司机把车停稳，下车与他攀谈，并叮嘱他去家里做客。父亲去世后，这个战友再次提及此事，仍感慨不已："李书记有长者风度，平易近人，有水平，没架子。"父亲记忆力非凡，到九十多岁时，依然思维敏捷，一点儿也不糊涂。父亲坚持学习，善于思考，我想，这是他长寿的秘诀之一。

1981 年，我的母亲病逝。那一年，父亲还没有离休，手头还有很多工作。

在此之前，家中很多事情都由母亲操持。父母是在抗战时期，从事革命工作时建立起的感情，几十年风雨同舟、相互扶持、彼此信任，他们不仅给了我们一个安稳幸福的家，还给了我们快乐的童年和深沉的爱。

1984 年，父亲离休。离休后，父亲仍牢记“政治坚定、思想常新、理想永存”，自觉加强政治理论学习，坚定理想信念，关心国家大事，积极参加党的组织生活，在希望工程、救灾助残等社会捐助活动中，总是热心参与。他退而不休，发挥余热，曾担任晋中市二休干所四届党支部副书记，被评为“优秀共产党员”；还被晋中老年体协和三晋文化研究会聘为顾问。1997 年，父亲被山西省老干局聘为“老干部工作督察员”。

到晚年，父亲读书看报，关心时事，后来他眼睛不太好，就开着电视听新闻，或者让继母给他读报。每每与院子里老同志谈论国家大事，父亲总能说得头头是道，虽言语不多，但颇有见地。晚年的他，生活虽富裕，但他还是清心寡欲，不爱凑热闹，更不讲排场，很少出去应酬。在家他也闲不住，帮着整理家务，自己能做的从不假手于人，种菜、养花，把他住的院子打理得井井有条。我觉得，勤快也是父亲长寿的秘诀之一。

2017 年 8 月 9 日，父亲在榆次逝世，享年九十七岁。

父母生前，自己生活特别节俭，却总是要照顾这家、考虑那家，对子女更是无私奉献，付出很多。见我们工作忙，只要有空闲，他们就把孙子、孙女接到家里，关心学习，培养品格，对下一代倾注了满腔的爱。我儿子至今说起来，还能回忆起很多细节，那些浓浓的亲情，成为他奋发前行的动力。过年从外地回到榆次家中，儿子总要给老人们上坟，一次都没有落下，以此来表达他对老人们无尽的思念和一份孝心。

做一个纯粹的人

讲 述 人：张明远
讲述时间：2022 年 9 月 13 日
整 理 人：孟志平

张文昭（1924 — 2015），出生于山西省五台县东冶镇北大兴村。1938 年加入中国共产党。1938 年 3 月，任沱阳学校党支部书记；1939 年，在晋察冀二分区任译电员，后任五台县委宣传干事；1947 年，任盂平一区委宣传委员，后任区委书记，五台县委宣传部部长；1947 年 8 月，调到《冀晋日报》，后任新华社冀晋支社记者；1947 年 11 月，任《晋察冀日报》记者；1948 年 6 月，任华北《人民日报》记者；1948 年 9 月，受命前往太原前线；1949 年 4 月，参与筹建太原新华广播电台的工作；1953 年，任山西人民广播电台副总编；1956 年，任山西人民广播电台副台长；后任山西省广播管理局代理党委书记兼山西人民广播电台副台长；1979 年 8 月，任山西省广播局副局长。1984 年离休。

○
○

少小离家　投身革命

父亲张文昭，1924 年出生于山西省五台县东冶镇北大兴村一个较为殷实的耕读人家。听父亲讲，他的祖父张奋霄曾做过清末同治年间的举人，因其母亲去世，须在家守孝三年，错过了进京考取进士的机会；清朝末年，其参加了辛亥革命，为推翻清政府贡献了自己的一分力量；清廷灭亡后，其担任了《山西公报》的第一任主编。他的父亲张惠自幼读书，曾考中秀才，后到太原读书、谋生；但因战乱，又回到家乡从事教育事业，做过村里的小学校长，思想进步、追求真理。父亲说，他第一次读到的《共产党宣言》，就是从他父亲那里得到的。

1937年七七事变后，抗日战争全面爆发，八路军东渡黄河，北上抗日，路过了我们家乡——山西省五台县东冶镇。

“一杆杆红旗一杆杆枪”，看着身背马枪，手持传单，一路宣传一路唱歌的红军小战士，还在东冶镇沱阳学校上学的父亲热血沸腾，这给他幼小的心灵播下了革命的火种。自此，父亲在学校积极参与抗日宣传工作，并于1938年初加入了中国共产党，后担任了学校的党支部书记。那年，父亲刚刚十四岁……

说起前人的故事，现在很多人难以相信那是事实。十四岁的党支部书记能说明什么呢？一、说明那时我党正处在蓬勃发展、大量吸收新鲜血液的黄金时期；二、说明当时对敌斗争的残酷性。父亲曾多次给我们讲起那段让人热血沸腾的青春岁月……

1939年，刚满十五岁的父亲放弃了家中优越的生活条件，怀揣着学校党组织的推荐信，到八路军晋察冀二分区报到。接待他的是聂荣臻的妻子张瑞华。当她看到父亲的推荐信时十分诧异，惊讶地问：“你这么小的年纪，咋就成了正式党员了？顶多算个预备党员吧？”父亲急切地争辩道：“我不只是正式党员，还是党支部书记呢！我是去年初入的党，当时组织上公布的十八岁入党的条例还没实行呢。”张瑞华看着他那着急的样子，不禁笑了起来。由于父亲是高小毕业，在当时的革命队伍中就算是“知识分子”了，所以组织上给他开了介绍信，安排他去第二军分区司令部担任译电员。

年轻的父亲怀揣着介绍信上了路。但他一路忐忑不安，不时地从兜里摸出那个密封的信封对着太阳仔细地瞧，想辨认出其中有无“正式党员”这几个字。我们奇怪，就问父亲：“为什么你要那么费劲儿地去看呢？”父亲说：“我是正儿八经的正式党员，我怕组织部门把我的党员身份给改成预备的呢！”

每每听到他讲起这件事，我们都能想象出他那稚气未脱的毛头少年的样子——父亲眼里透出的那种纯真、怀恋之情，把我们带到了那个激情燃烧的岁月，也让我们发现了他那股认真执拗劲儿的源头……

父亲说，当时与他一起参加革命的还有两个同村少年，但他们都因忍受不了根据地的艰苦和战争的残酷跑回了家乡。父亲说，即便是在反扫荡最为艰苦的时期，他得伤寒打摆子，全身一阵儿像在火里，一阵儿像在冰里时，只要一清醒过来，他就会问：“根据地情况怎么样？党中央毛主席怎么样？”他从未丧失过革命斗志，从未动过返回家乡的念头。

○

○

刚直不阿　勇于担当

父亲是一个生性耿直、清正廉洁的人。

我大弟弟的名字叫红旗，在“文革”时，有人给我父亲贴了一张《红旗与帽子》的大字报，并在批斗大会上拿此说事，说我父亲竟敢拿自己儿子和《红旗》杂志相提并论。作为“走资派”、批斗对象，一般在批斗大会上是不敢吭气的。但生性耿直的父亲，当即便反驳道：“我喜欢红旗这个名字有错吗？我儿子 1956 年出生，《红旗》杂志 1957 年创刊，这两件事怎么能扯在一起呢？”

从进城到退休，我父亲始终在一个单位工作，也甘于在一个单位工作。用他自己的话讲：“一个人一生能做好一件事情，就算一个非常完整的人了。”他讨厌吹吹拍拍、拉帮结伙的事情，从没有为自己的仕途上下打点、跑官要官。

在我们几个孩子的印象中，“文革”前，父亲很少回家。他大部分时间都待在办公室里，不是处理新闻稿件就是看书。由于长期从事党的新闻宣传工作，他养成了对待工作认真负责、一丝不苟的好习惯。他生性耿直，当看到有些同志在工作中出现问题时，他会发脾气，跟人家急；但他从来是对事不对人，他从来不给人打棍子、扣帽子、穿小鞋，也从没有整过一个人！即便是在“文革”期间给他写过《红旗与帽子》的大字报并批斗过他的那个人，在“文革”后也被他调回了单位工作。

他的老上级和老朋友，原山西人民广播电台台长，后任过山西省委宣传部副部长的刘江伯伯就曾多次对我们讲：“你们的父亲就是这样一条真汉子。在‘文革’时期，很多人都往我身上泼脏水，可你们的爸爸把许多栽在我身上的所谓罪责往他身上揽。真算得上是条铁骨铮铮的汉子！”

○

○

嗜书如命　坚持锻炼

我的父亲痴迷读书，是出了名的。了解他的老同志们众口一词，说他真是个嗜书如命的人。记得小时候，常听妈妈抱怨，说父亲不交工资，也不与她商量就把自己的工资拿去买书了。“文革”开始不久，父亲就被从机关办公室赶了出来。在办公室存放的书，大多也被“造反派”抄没了。父亲后来说，被抄走的书，合计价值五百多元。当时的书非常便宜，想必那也是一笔不小的损失吧。即便这样，可以拿回家的书也很多。由于没处放，我们就把它们一堆堆地摞起来当床睡。那时，学校停课了，我们待在家里看了不少书，由此也养成了爱读书的好习惯。

父亲跟我们说过，他刚入伍不久，捧着一本厚厚的马克思《资本论》看，被领导看到，笑着说：“你小小年纪，这种书，你也能看得懂？”父亲听了这话很不服气，从此发奋读书。解放后，他不光买了全套的马恩列斯的著作和毛选，还买了许多中外文学名著以及历史、哲学、宗教、体育等方面的理论书籍。他常说：“读理论著作，如同饮白酒，头几口很辣，但愈饮愈有滋味儿，是会上瘾的。”

父亲是 1949 年后中共中央高级党校新闻专业招收的第一批脱产学员。他曾骄傲地说：“那可是我自己考上的，当时山西考取的只有我一人。”“文革”中，“造反派”抄我们家时，曾抄出过一大包他做的笔记。“造反派”如获至宝，但最后一查，竟然全是学马列毛著时的笔记！后来，他住毛泽东思想干部学习班时，每天一大早就去锅炉房读“毛选”，以至于最后竟读了八遍！当时就有人说，“毛选”中的标点符号，张文昭都知道在哪里标着呢！

父亲自退休后，仍然保持着爱读书的习惯。每年，他都要读六十到八十本书。在他的日记上常可看到“今天读书八十页”“今天读书六十页”的记录。父亲不只读书，还画书、标书、记书、抄书……他像孩子般单纯执着、如饥似渴地“啃书”。父亲说过一句很经典的话：“读书就像呼吸一样，不读书便形同行尸走肉！”除了马列著作，什么逻辑学、修辞学、中外历史、哲学、艺术哲学以及太极拳、气功、围棋等，他也多有涉及。在他读过的这些书上，都留有他的笔记。单位好多人都说，父亲是共产党员里真正的知识分子。

除了爱读书，父亲自参加革命时起，就养成了锻炼身体的好习惯，并练就了一副好身板。解放后，单位参加劳动，他都是“模范”，即便拉板车，他也是驾辕的。他不光注重身体锻炼，还特别注重脑力锻炼。他酷爱围棋，一有闲暇，不是打谱，就是找人手谈。著名围棋国手江铸久、方天峰的父亲都曾是他的棋友。他不光自己下棋，还把我母亲和我二弟培养成了围棋爱好者。退休后，他每天上午长跑十公里，还参加过太原市的马拉松比赛，他酷爱打网球、打太极拳。除了锻炼躯体，他便在家中看书、打棋谱、写日记……在他八十三岁之前，从未输过一次液。他常常告诫我们：“你以为你的业务好是靠辛苦，我的身体好就不是靠辛苦吗？人有好的身体，才会干好一切啊！”我弟弟以前比较懒，懒得锻炼身体，他和我父亲曾有过这样一段对话。弟弟说：“人的寿命长短其实和锻炼身体没有多大关系。”父亲反驳道：“你说的可能也有点道理。但你我同活了八十岁，我精神抖擞地活了一辈子，你病病歪歪地活了一辈子。哪个人的生活质量高呢？”

○

○

言传身教　从严治家

我父亲不光对自己要求十分严格，对家人的要求也是如此，在有些事情上，甚至到了近乎苛刻的地步。

我母亲 1946 年参加革命，次年加入中国共产党。解放后，母亲与父亲一起在山西人民广播电台工作，先后任人事科科员、幼儿园园长、采通部副主任等职。但是两次涨工资，因名额有限，父亲生生地把该涨工资的母亲拿了下来，把指标让给了生活困难可资历不如她的同志。

我姐姐小学毕业考中学时，差两分没考上重点。有人找到父亲说，可以帮我姐姐转重点，并说他已帮他女儿转了。姐姐听说那位叔叔的女儿比自己少二十多分都能转，她也想转。但我爸爸却拒绝了。他对姐姐说：“自己的路要自己走，自己负责。”后来，姐姐发奋读书，不仅成了学习课代表，还早早加入了共青团，成了团干部。

“文革”中，知青插队下乡，许多机关单位都设置了自己的知青点。大弟弟本想到广电厅子弟的知青点插队，可父亲不让，并对他说：“你得学会吃苦，你得自己成长。”于是，大弟弟一下子就被父亲送到十岭关外的五台县去了。那是一个离县城十里开外的小村子。大弟弟后来戏谑地讲：那是个五里河床五里山路，连鸟都懒得拉屎的地方。别的知青点有做饭的，但这个村没有，什么事情都得自己做。知青们都像村里的光棍汉一样无依无靠：自己收割粮食，晒干后磨成面，自己担水，自己做饭；每天起早贪黑，背着自己蒸下的窝窝头下地干活。有一次，父亲出差到五台县，抽空去村里看望大弟弟。大弟弟高兴坏了，忙活着烧火做饭，想让父亲尝尝自己的手艺。没想到临近晌午时，县里有人开车来接父亲，父亲竟二话没说，抬腿跟人家走了。大弟弟失望至极，以至掉下泪来。

两年后，山西省广电局到五台县招工，在大弟弟他们村就招走一个。大弟弟去找父亲，问为啥不招自己。父亲说，按规定插队满两年才够资格。大弟弟说，我插了两年啊。父亲说：“哪有两年？你才一年零九个月，还差三个月。”一下子把大弟弟堵得半天说不出话来。就这样，弟弟插队竟整整插了五年！直到1979年才凭自己的文艺特长在县文化馆拿到一个自然减员的指标，正式参加了工作。弟弟后来说，父亲把我扔在村里五年，起初我确实恨过他，可现在我明白了，五年的艰苦生活让我体验到了底层民众的生活，也让我经受了艰苦生活的历练，为我今后的人生奠定了基础。

在我们子女的印象中，父亲是个雷厉风行、干事不拖拉的人，只要想起该做什么事就必须马上做，今天要做的事就绝不拖到明天；若是有什么东西找不着，哪怕是翻动天地也必须找着，容不得半点马虎。

我大弟弟三四岁时，在院子里玩耍，一不小心，差点掉进窨井里。父亲看到后，赶紧跑去，一把将还挂在井口的弟弟拽了上来，先让他走了两步，看他没事后，随即就在他屁股上狠狠地打了一巴掌。晚上，姥姥摸着弟弟屁股上高高肿起的几道红印，心疼地数落了父亲两句。可父亲却说：“从小就马马虎虎，顾头不顾腚，连前后都看不清，将来长大了还能干些啥？”

在对待公与私的问题上，父亲总是在理论的高度上给出底线，告诉我们什么事能做，什么事不能做。大弟弟上幼儿园时，曾在机关木工房的附近捡了几颗钉子拿回家。父亲得知后，立即让他送了回去。1964年，父亲率工作队到阳高，有些同志从收割后的大田里捡了一些豆子。父亲知道后，让人将豆子全部收集起来交回了生产队。他曾和我们说，当时在他住的那个屋子里，放着许多生产队的红薯，但他即便饿得前胸贴后背，也没烤着吃过一个。记得有一次，一个县里通讯组让人给我们家送了一桶油，父亲说什么也不要，可那人不由分说放下就走了。无奈之下，父亲便让我将油送到了机关幼儿园。他经常告诫我们："不是你的东西，你一个针尖儿都不能动，动了是要付出代价的！"

如果说，母亲给我们的是血肉的话，那么父亲给的便是骨头。正是在父亲的言传身教下，我们姐弟五人都没有辜负他老人家的期望，都靠自己的努力，闯出了一片天地。

我大姐参加工作后，一直做会计，因成绩突出，曾当选为山西省劳动模范。

大弟弟后来从事新闻工作，一直从记者干到了晚报副总编，多次立功受奖，还连续两届当选为山西省人大代表。

我二弟弟也曾下乡插队，后随广电知青点的子弟们一起回到山西省广电局工作。但他始终觉得不自在，依他的话讲：我在这里干得再好，人家也会说我是沾父亲的光；干不好，还会给父亲抹黑。所以在1986年，他毅然决然南下，成为深圳特区的第一批建设者——深圳市人民广播电台的创始人之一。

我的小弟弟继承了我父亲爱读书的习性，几经高考，考上了大专，他南下深圳后选择了在职苦读，在天津大学完成了本科学业，又在浙江大学拿到了硕士学位，成为广东省第一个工程造价专业的教授级高级工程师。如今，他在将近退休的年龄，自费读取了博士学位。

在我的印象中，我们姐弟无论作出什么样的成绩，父亲都很少当面表扬我们。有一件事让我终生难忘。20世纪90年代，我还在大学教书，有一年，世界妇女代表大会在北京召开，全国各地的媒体都在配合开办与此相关的专题节目。当时学校选我做一期电视台的专题节目。虽然那时我已申请到国家课题，并有文章在国家级刊物上发表，但当我向父亲说起这件事情时，父亲淡淡地说："你觉得自己变成一个公众人物，让人人都认识你，好吗？有意思吗？"当时我不解地看着他。父亲接着说："做人还是要夹着尾巴，不要心高气傲，想想自己到底给国家作出了什么。不要在乎你是个什么，而要注重你做了什么。"父亲这番话，让我终生难忘。

我们不仅要把父母的优秀品格和清正家风保持下来，还要传承下去！让我们和我们的子女都成为毛主席说的那样的人：做一个高尚的人，一个纯粹的人，一个有道德的人，一个脱离了低级趣味的人，一个有益于人民的人……

搬家时最重的是书

讲 述 人：马少光
讲述时间：2022年9月25日
整 理 人：周至

马应之（1913—2011），山西沁县人。1936年10月参加革命工作，1938年10月加入中国共产党。先后任沁县牺盟会秘书，沁县第六区区长，沁县青救会宣传部部长，太岳七专署秘书，漳源县民教科科长，太岳区行署干部学校教导员、科长，太岳师范学校党总支部书记，太岳行署干部学校校务主任，山西公学科长、部主任等职。历任山西省人民政府机关党委宣传部副部长、山西省直属机关委员会政法委副书记、山西省委组织部办公室副主任、山西省委财贸部干部处处长等职。1983年11月离休。

○

○

热爱学习，活到老学到老

父亲马应之文化程度不高，但他自学能力很强，且坚持不懈。1937年到1940年，父亲曾在山西军政训练班学习；1969年到1970年，曾在中央学习班学习。这些学习机会，都成为他十分珍惜的提升机会。不论是在战争年代，还是在繁忙的工作期间，或是在离休后，他的学习精神，都令我们感动和佩服。他是我们子女心目中的楷模，更是我们一生学习的榜样。

从1949年进了太原城以后，我们先后搬了十几次家。我们家最初住在山西省政府大院，后来搬到南宫对面的财贸大楼，之后又住到南海街附近的一处平房院……每次搬家，全家最头疼的，莫过于那一大摞书。

那年头也没啥值钱的东西，家里的书就显得特别重要，舍不得扔一本。书放在箱子里装不下，就用麻绳捆起来，又多又重，搬运中还容易蹭破，必须小心翼翼地搬……房子虽然变了，但我们的家从未改变，父亲对我们兄妹的要求也未改变。他常常教育我们，要听党的话，鼓励我们多读书，不要荒废时光。

父母节俭的生活作风深深地影响了我们，并在潜移默化中成为我们生活的一种习惯。家里的水至少要利用两遍，洗菜的水、洗脸的水都要留着冲厕所；随手关灯，坐着聊天不能开灯，只有上床前才能开一会儿灯；肥皂头要收集起来，装在瓶子里制成肥皂水用，或用丝袜装起来再使用……

父亲教育我们时刻不能忘本，不要追求奢华，女孩子不要化妆，穿着得体、质朴无华就好。说句老实话，从小到大，父亲都没舍得带我们进过一次饭馆。他自己也只有在开会时，才在外边吃顿饭，其他时间都是在家里吃——家常手艺，粗茶淡饭。就在他晚年时，我们想为他办寿宴，也就是一家人在一起热闹一下；饭店都订好了，他就是不肯去，说是铺张浪费，让在家炒几个菜，吃碗长寿面就挺好。按常理说，父亲离休后，工资并不低，但他艰苦朴素的本色依旧，省吃俭用、简单知足。说出来可能没人信，父母没怎么买过营养品，唯一的一次，是父亲病后体弱，买了一斤西洋参，母亲切片蒸熟后给父亲滋补。

就是这样一个“老抠”的父亲，给我们买起书来却很大方。小时候，别的孩子要到街上花一两分钱去地摊上租连环画看；而我们家不仅有几百本连环画，还有全套的经典书籍，特别是《红岩》《野火春风斗古城》《铁道游击队》等。我们都看过好多遍，从书中了解了父亲说的战争年代的艰难困苦，懂得了做人的道理，汲取了许多知识和营养。这是父亲给予我们最大的教育。只要在家里，他就督促我们兄妹好好学习，告诫我们不管外边怎样，不能人云亦云，更不能说怪话、发牢骚，学下的知识才是自己立身之本。

父亲脾气好，很少发火，但我挨过父亲一次打。大概是在我十二岁时，那回，我们几个孩子准备在一起玩，父亲让我读报纸，我一边读一边笑，嬉皮笑脸，一点儿也不认真。这下惹怒了父亲，他脸色越来越黑，拿起一根棍子在我后背上狠打了一下，并批评说：“做什么事情都要认真专心，不能敷衍了事。”真是“人教人，教不会。事教人，一次会”，从此以后，不论是学习还是做事，我都特别专注细致，努力做好。虽然生不逢时，我还是通过自学取得了专科文凭，

那年头也没啥值钱的东西，家里的书就显得特别重要，舍不得扔一本。

论文还被评为优秀。后来通过招考，进入太原市公安局工作。我二哥也参加了自学考试，拿到了大学文凭。

父亲是“活到老、学到老”的典范。他一生手不释卷，再忙再累，也要读书看报。离休后，他积极报名上了老年大学，学习书法和国画，很多书画作品多次参展、获奖。到了九十多岁，他右手开始发抖，不能握笔，于是就用左手攥着右手，不停地写、不停地画。我有时忍不住劝他，“别写了，有吃有喝，干吗自己找罪受啊”。可他有自己的主见，坚持学习不放弃。

父亲去世时，留给我最珍贵的遗产：一个是全套的竖排版《毛泽东选集》；另一个是他自己印的一本书画选集，里面选载了父亲创作的几十幅书画作品。父亲以实际行动，为我们子孙后代留下了宝贵的精神财富。

○

○

苦中作乐，活得有滋有味

父亲是个乐观的人，这也是他能长寿的秘诀。遇到逆境，他总能找到生活的乐趣，能将普通的日子过成好日子。

年轻时，只要空闲在家，父亲就手不停。他用找来的几块木头，自己动手做成小板凳；用纸糊上瓶子盖，涂上颜色写上字，制成象棋，教我们下象棋；还用一些废弃的扣子，涂上白色和古铜色的颜料，做成围棋子，教我们下围棋……我记得小时候，每次下不过父亲，连输上几盘就哭了，还被他教训：“不能没出息哭鼻子，遇到事情不能气馁，要多动脑筋。”

如今想起来，和父亲在一起的点点滴滴都那么美好。他留给我们那么多美好的回忆，都化作我们成长的动力和战胜困难的勇气。

在南海街住的时候，我家人口多，都拥挤在两间小平房里，还是土坯房，生活环境很差。有一年下暴雨，多亏邻居从外面发现我家房顶塌下去了，等我们扒开顶棚一看，是两根椽断了，这要是掉下来后果不堪设想。看到这情景，父亲没有怨天尤人，而是积极采取了应急措施，找来两根木头顶上，及时缓解了危险。

所幸，父亲带给我们很多快乐，现在回忆起来，那些时光反而是我们人生中很开心、幸福的一段时光。

小时候，文化生活远没有现在丰富，电影院、剧院都少得可怜。我们住的院里有二十多户人家，孩子们除了玩耍，没有其他文化娱乐活动。父亲动手能力强，喜欢琢磨事情。那时候，他用鞋盒子和一些药丸筒子，做成了幻灯机，并四处搜集玻璃碎片，让我哥用毛笔照着《三毛流浪记》《洪湖赤卫队》等连环画，在上面画上图，写上字，制作成一组组的幻灯片。我们小一点儿的孩子，就找些花花绿绿的纸片，模仿电影票，写上时间、地点，分发给院子里的小朋友，让他们来我家观看“小电影”。一到天黑，几十个孩子聚集在一起，打开手电筒，一张一张自制的幻灯片就开演了……如此简单的“小电影”，在当时，竟成了我们小孩子欢乐的源泉。

1962 年到 1969 年，父亲先后任山西省供销合作社副主任，山西省粮食厅党组副书记、副厅长，为我省的粮食事业作出了突出贡献。1974 年至 1983 年，父亲在山西燃化所任党委书记，兼山西省粮食厅顾问。自始至终，我们兄妹几个都和普通人家的孩子一样，从没有因为父亲的官职而谋取到好处，更没有走过一次后门。在父亲眼中，贪腐、走后门，都是想也不要想的。他对革命忠诚、对党忠诚，他只有鞠躬尽瘁地工作，而从没有要好处、讲功劳这一说，更不要说为了自家孩子去以权谋私了。

我们家有六个孩子，我行五，上面有三个哥哥、一个姐姐，下面有一个妹妹，父亲都一视同仁，从没有溺爱过任何一个。大哥先是参军，后转业到新疆当地工作；二哥到阳泉煤矿当了煤矿工人；三哥因为身体不太好，到清徐下乡插队；我十几岁就报名去长治一家工厂当了工人；妹妹是顶替母亲上了班，也是一名工人……

父亲从小就教育我们要自食其力，别想着靠别人，自己的路要自己走，自己的前途更要自己奔。

但这并不是说父亲不爱我们，不关心我们。我小时候体质弱，动不动就扁桃体发炎，继而引发高烧。大冬天的，父亲五点钟就起床去为我找大夫，到人家门口等着；大夫一起床，他就拉上大夫去我家。看完病，安顿好，父亲还要赶着八点去上班，一天也不能迟到……

1983年11月，父亲光荣离休。辛劳一生的他，总该歇歇了，但他仍关心国家大事和粮食流通体制改革，担任了山西省粮食经济学会第一、第二届副会长。

到晚年，父亲兴趣不减，除了坚持写字画画，还是个“运动达人”。可能是因为我大爷是中医大夫，父亲对中医方面的书也很感兴趣，收集了很多偏方，对养生也自有一套心得。每天练个拳，跑个步，和同龄人谈天说地，从早到晚，总是乐呵呵的。每天一早他就去迎泽公园遛弯，后来年纪太大了，就去我家附近的西海子公园遛弯。虽然九十多岁了，还一天不落地去走路锻炼，公园的人都认得他，都叫他“老寿星”。他勤于锻炼的事迹，还一度登上了报纸，这令父亲开心了好一阵子。

父亲特别爱看体育节目，篮球、足球等都喜欢。他去世前，就是因看了好长时间电视，起来得太猛了，一下子摔倒，造成骨裂。由于手术风险很大，不得已只能保守治疗，卧床休息……就这样，父亲还不忘锻炼，让人在床尾绑了两根绳子，他双手拉着，在床上做仰卧起坐。可毕竟上了年纪，卧床一段时间后，脏器逐渐衰弱……

2011年5月20日，父亲病逝于太原，享年九十八岁。

我母亲也是长治沁县人，抗战时期参加的革命。她退休前，是山西机器厂的工会干部，是有名的好人，待人厚道，心地善良，、别人着想得多，对父亲更是体贴入微、关爱有加。她自己身体不好，却不肯请保姆，还要亲自安排父亲的一日三餐。父亲爱吃家乡菜，母亲就不厌其烦地给他做……她在厨房坐在凳子上做饭的身影，常常印在我的脑海中，挥之不去。每天清晨，母亲起床的第一件事，就是倒一杯白开水给父亲送到床前。这是他们很多年养成的习惯。那天早上，都过了七点，母亲还没有过来，父亲觉得不对劲，就去母亲房间，看到母亲摔倒在地上……那一年，母亲八十八岁。

父母一生相濡以沫，虽然偶尔也会吵几句，但很少大生气，我们的家庭氛围总是和睦融洽。这与父亲乐观开朗的性格有关，也与母亲慈爱善良的秉性不无关系。我们的良好家庭氛围，也为我们兄妹后来每个小家庭奠定了幸福温暖的基调。

感谢父母给了我们生命，感谢父母留给我们的精神财富，让我们回望人生时，是那么温暖而明媚！

浮山汉子

讲 述 人：唐逢桐
讲述时间：2023 年 2 月 19 日
整 理 人：孟志平

唐启尧(1918 — 2002),山西浮山人。1933年,参加中国共产党领导的决死队。1942 年，加入中国共产党。1949 年前后，在浮山县公安局、临汾公安处工作。1956 年，在山西省监狱局工作。1978 年前后离休。

○

○

信仰的力量

我的父亲唐启尧，1918 年出生在山西浮山县一个贫苦人家。我小时候就听父亲讲过，他祖上几代人都以种地为生。我爷爷那辈弟兄四个，爷爷是老大。

那会儿家里穷，爷爷跟祖父干完地里的营生，回到家里还得照顾年幼的兄弟，做饭洗涮基本都是我爷爷干，穷苦人家的娃娃早当家。爷爷没念过几天书，也没认得几个字，可早年的苦难经历让他更早地懂得了人世，爷爷明白，没有文化是不行的——这就为下一辈人受教育扎下了根。爷爷成家后，和同是穷苦人家出生的奶奶一起勤俭持家，勒紧裤腰带过日子。他们把地种得应时应候，一家老小的温饱问题算是解决了；之后他们做的第一件事，不是起房盖屋、添置家具，而是让子弟们念书识字。

父亲从小就受到了良好的教育。首先是在家庭教育上，父亲说，爷爷夜里经常在油灯下给他讲许多做人做事的道理。父亲从小就在心里头形成了一种人应该咋活的意识，并以此指导他在日常生活中的一言一行。父亲这个人还有个特点：不爱说话，凡事爱琢磨。平时，他和爷爷做农活或做木活时，遇到一些问题，他总在自己心里多问个为什么。我想这也为以后父亲爱学习、爱钻研奠定了基础。就像家里做农活的工具坏了，爷爷愁得皱起了眉头；父亲二话不说，拿起工具就埋头琢磨了起来，用他自己的方法开始修补。这种生活里看似不起眼的习惯，在父亲走进学堂念书识字时，就显示出了与众不同的模样。村乡里的娃娃们发现，父亲念书态度认真，碰到不懂的问题就追根究底，起初还有人嘲弄他，可是每次考试父亲总是名列前茅，经常受到老师的表扬。同学们的嘲弄渐渐消失了，代之的是夸赞和佩服。可以说，父亲用他的学习态度征服了别人。

父亲念书那会儿，正是国内军阀混战的年代，各种势力在城乡渗透。父亲十来岁时，就秘密参加了当时一个叫决死队的组织，他后来才知道，这个组织是由共产党领导的。

父亲暮年时常说，他这辈子，特别是年轻的时候，最让他激情澎湃、自豪不已的就是选择了共产党的队伍。父亲年轻有活力，一腔热血、朝气蓬勃，迫切地想要认识世界，他非常渴望接受各种新思潮、新理念的冲击。在决死队里不管是参加什么活动，或者上级组织安排什么任务，他都二话不说，积极主动，不遗余力。

抗日战争全面爆发后，父亲已历练成一名成熟的干部，他积极向党组织递交了入党申请。可当时党的工作还处于地下，并没有完全公开。父亲参加的活动多了，常常是白天在地里劳动，晚上参加秘密会议。这种反常的现象终于没能逃过爷爷的眼睛，他数次盘问父亲，都被父亲以各种理由遮掩过去。当时，党组织的所有工作是地下的、秘密的，父亲严格遵守党的纪律，从没向爷爷和身边人透露过半个字。爷爷是个地道的农民，他和村里绝大多数农民一样，希望自己的孩子安分守己，一辈子能过上“三十亩地一头牛，老婆娃娃热炕头”的好日子。他最担心的就是孩子年轻、不晓事，脑子一热走上邪路，败坏了家风不说，还弄得家庭不睦。

1942 年，父亲加入了党组织，成为一名中共正式党员。那年，父亲才二十四岁。父亲连日忙碌，不见影子，爷爷急了，到处找不到他，就找到了村长。村长也是党员，他就含糊其词地对爷爷说，你放心，我给你找他，可你得答应我，找回他，人家干啥你不要管。爷爷半信半疑，只好点头答应。

抗日战争后期，党组织的各项工作开始由秘密转为公开。据父亲回忆，他们父子俩多少年来，第一次坐在炕沿边面对面展开了一次谈话。爷爷问父亲，你为啥选择共产党？父亲的话不多，他归结起来就简简单单两个字：信仰。爷爷问他信仰是啥。父亲说："共产党是给咱穷苦人打天下的队伍，我信。"爷爷想了想说："自古以来能得天下的，就是为穷苦百姓着想的。你信，我也信。选定了人家，就好好跟着人家干。"

父亲笑了，他向爷爷承诺：跟着共产党，我要干一辈子革命。

○

○

爱读书的父亲

从抗日战争到解放战争，父亲都在公安系统工作。那时候，他们的任务非常艰巨，也非常危险。他们的对手不光是日本鬼子和伪军，还有到处寻衅滋事、妄图挑起事端对我党下狠手的国民党反动派和各种心怀鬼胎的敌特分子。

1948 年初，解放战争后期，父亲有幸参加了解放临汾的战役。临汾在日伪时期就修筑了坚固的工事；日本无条件投降后，阎锡山和胡宗南又在原来的基础上，进行了修筑和加固，前后共筑起了六层防御工事。父亲跟随部队直接参加的是夺取尧庙据点的战斗。那里是临汾城南的第一个据点，是临汾飞机场和临汾南关的屏障，敌人构筑了以营为基干的据点阵地。在那次战斗中，父亲和战士们奋勇冲杀。在攻打一个阎军碉堡时，父亲经历了一次可以说是一辈子最危险的情形。他和几位战士匍匐前进到碉堡前，点燃了随身携带的炸药包，在后撤的过程中，一颗炮弹在距他不远的地方爆炸，弹片四溅，父亲本能地卧倒，突然觉得腰部热辣辣的痛——一块弹片斜斜地击中了他。他的腰部系着一个小挎包，里面是他前两天从一个镇里寻到的一本线装书。原本准备打完临汾后看的，没想到，正是这本破损不堪的线装书为他挡住了飞过来的弹片。弹片穿透这本厚书，扎破了皮肉，流了点血，属轻伤。可以说，是那本线装书救了他的命。战斗结束后，一本书救了他的事在部队里就传开了。

父亲爱读书、爱学习，参加革命工作后，他有机会接触到更多的书籍，或借或买，书在他的眼里比粮食还金贵。不管到哪儿，他都带着一两本书，有时间就翻。父亲这种爱看书的习惯一直保持着，为他日后被顺利保送上中国政法大学，成为那个时代为数不多的大学生奠定了基础。村子里的亲戚、朋友，从父亲念书时起，就对他认真负责的学习态度和有事没事爱看书的习惯习以为常了。要是知道谁家里有书，父亲肯定是那儿的常客。借不到书的时候，父亲就凑在长辈们膝下，听他们讲故事。在父亲眼里，油灯下听长辈们嘴里倒腾出来的那些故事同看书也没有什么两样。父亲离休后，常常给我们后辈子孙说起他年轻时东家串西家串的经历，他说他正是从那里听到了许多书上找不到的故事：夸父追日、愚公移山、牛郎织女、杨家将、呼家将、精忠报国的岳飞与金兵大战朱仙镇的故事，甚至还有妖魔鬼怪、神话传说，等等。父亲在讲他的故事时，眼里闪着光芒，好像一下子又回到了那个时代，那种兴奋和满足，一眼就能看出来。

父亲天生就有股子犟劲，一旦认定的事，干起来就不要命。在工作中，他是单位公认的拼命三郎，组织上安排的工作，他冲锋在前，不干出个样子不罢休。而一到晚上，在油灯下，他就从枕头下掏出书认真阅读。

当时，身边很多人不理解他。他们问父亲："你老爱看书，书里到底是有好吃的还是有好喝的？"父亲说："古人早就说过，书里头有黄金屋呢。从书里能看出啥是忠啥是孝，能看出做人的道理。"

父亲结了婚有了家，母亲也是农村出身，在村里操持家务。爷爷在地里劳碌了一辈子，身体不太好。有一次他病得下不了地，村里的医生来了好几拨，也检查不出啥毛病，就到了县医院。县医院当时的设备条件也不好，医生建议去临汾市人民医院。那会又没有交通工具，从浮山县城到临汾有七十多里。从单位赶回来的父亲二话不说，就把爷爷背在身上，带上干粮带上水，徒步把爷爷背到了临汾市人民医院。

在临汾市医院治疗了一段时间后，爷爷的生命暂无大碍，可他卧床不起了。父亲工作忙，常年不沾家。爷爷出院回到家以后，照顾爷爷的重任就扛在了母亲一个人肩上。母亲一边照料我们几个娃，一边照顾爷爷，前后长达十四年。作为儿媳妇的母亲，侍候爷爷端屎端尿，任劳任怨，没说过一句怨气话，更没做过一件惹老人生气的事。父亲实在过意不去，在母亲跟前内疚得像个孩子一般哭。反倒是母亲安慰他，说他是公家的人，端着公家的饭碗，就要给公家做好事，家里有她。父亲说，爷爷临终前躺在炕上，已经说不出话，嘴唇颤抖着，苍老的眼睛里蓄满了泪水，看着母亲不住点头。别人都在哭，爷爷却含着泪笑了……

有母亲在，父亲在工作时就没有了后顾之忧。他离休以后和我们说得最多的是生活上的事，工作上的事他基本不提。父亲是个爱读书、爱学习的人，也是个懂规矩、守纪律的人。可以说，我们兄弟姐妹从父亲身上学到了很多东西，特别是他爱看书、爱学习的精神深深感染并影响着我们及子孙后代。

○

○

特殊的日子

我是1940年出生的，解放后，父亲一直处于繁忙的工作状态。我们兄弟姐妹在家里很少见到父亲的影子，有时候一个月见上两三回，有时候两三个月也未必见得上一次。好不容易看见父亲回家，母亲从来都没有埋怨过，总是动作利落地给父亲做饭、洗衣。我记得有一年，差一两天就快过年了，父亲回到了家，说是局领导让他在家过个平安年，局里的工作已安排好其他人了。我们一家老老少少都高兴啊。因为这些年，父亲就没有和家人过过一个团圆年。可谁能想到，父亲回家还没有两天，我记得是腊月三十那天，前晌我和父亲在院子里搭好了旺火，待晌午饭后，我正在院里打扫卫生，公安局的人就来找父亲。我也不知道他们说了些啥，父亲就急匆匆地穿戴整齐走出门。母亲追出来，问父亲出了啥事。父亲头也没回，大声说："和娃娃们过好年，该你问的问，不该问的别多嘴。"直到快过正月十五，我们才隐隐听说，他们公安系统的同志们消灭了一个藏在山里的由国民党残余势力组成的土匪帮。

剿灭了土匪，父亲再次回到家时，我们看到他背着一个鼓鼓的大包，脸上满是喜悦。原来，父亲的包里背的既不是我们想象中的军功章，也不是什么奖励品，而是一摞子书。父亲高兴地对我们说，他返回时在沿途的镇上遇见了当初的一位战友，战友的亲戚家里藏着很多书，就送了他一些。父亲爱看书，亲戚朋友们知道，他的战友也知道。

全国解放后没几年，我记得大概是1956年前后，父亲工作调动，从公安局调到了山西省监狱局。当时的监狱局下设有一个联合加工厂，主要是干木工活。由我们的公安战士监督，监狱里的犯人从事主要劳动。过了也没几年的样子，由于形势需要，上级要求他们的联合加工厂由木材加工直接转型为汽车配件加工，以全力支援国家的经济建设。也不知父亲从哪里找来的各类专业书，他不分昼夜地翻，一边埋头苦读，一边做笔记。那段时间，父亲光笔记本就写了厚厚三大本。从木材加工到汽车配件加工，这个差距简直是一个天上一个地下。

父亲在全力学习理论知识的时候，还不忘与实践结合。那么，这个结合是什么呢？说起来，也许现在很多人不相信：他向身边的人学，向专家学，向同事学，向犯人学。

当时的监狱，里面关押的犯人多数是战犯。其中有不少是前国民党部队的军官士兵，更为关键的是，父亲了解到，他们中还有不少曾经在国民党掌管的工厂工作过，很多人是有知识、有学历、有实践经验的技能人员。

父亲做事的原则就是人尽其才、物尽其用。他走进监狱，和一些有学识、有实践经验的犯人进行交流。经过思想教育，那些对前途无望的国民党军人发现自己对社会、对新中国还有用，他们别提有多高兴。这样一来，父亲与他们的交流就非常顺畅了。经过一段时间的学习，父亲收获非常大。

后来，上级又将他派到上海专门学习了锻造技术。父亲认真的学习态度受到了上级部门和各级领导的一致肯定，单位又保送他进入中国政法大学继续深造。

1964年6月26日，在首都北京，父亲受到了毛主席的亲切接见。这一天，父亲终生难忘，同时也备受鼓舞。父亲说，受到毛主席的接见之后，他浑身都充满了力量。回到工作单位，他立足岗位、埋头苦干，工作热情和工作积极性更加高涨。

总之，父亲的一生是学习的一生，也是忙碌的一生。2000年秋，父亲因病医治无效离开了人世，享年八十四岁。他的一生用他晚年的一句话概括：活得坦坦荡荡，活得利利落落，活出了形，也活出了味。

百年人生，岁月留声

讲 述 人：刘彤宇
讲述时间：2023 年 3 月 1 日
整 理 人：周至

刘江（1918 — 2023），山西省和顺县温源村人。1936 年参加革命工作，1937 年加入中国共产党。解放前，历任《胜利报》、《晋冀豫日报》、《新华日报》（华北版）校对、记者、编辑、通采科科长、编辑部部长；新中国成立后，当过《太原日报》总编辑，山西人民广播电台台长、总编辑，山西省广播电视局局长，山西省新闻出版局局长，山西省文化厅厅长，山西省委宣传部副部长。1984 年离休。

○

○

一生耕耘不辍

我的父亲刘江，1918 年 7 月生于山西晋中和顺温源村。他一生战斗在新闻宣传战线。革命战争年代，父亲在太行山革命根据地第一张报纸《胜利报》（后改版为《新华日报》华北版）先后任战地记者、采编、编辑主任等职。太行山上，留下了他的青春足迹和奋斗的汗水，坚定了他终生跟着党走的决心！

父亲在战火中磨砺了意志，在实践中增长了才智，写过长篇小说《太行风云》《剑》《韶华时代》《烽火摇篮曲》《太行飞虎队》《一滴水中看太阳》等，约有五百万字。

父亲还是一位红色文化传播者，八九十岁了还到处去宣讲，百岁时还接受各种媒体的采访：端坐大书桌前，激情澎湃地给人们讲述久远的战争年代，追忆他的战友……

父亲是一位老八路、老党员、老报人、老作家，还是一位健康老人。父亲一生在领导岗位工作，兢兢业业，敢担当、有作为。其百岁人生，给社会留下太多的财富。他坚韧博爱的品格、乐观向上的精神、宽厚博大的胸怀，给家人，给与他相熟的人，留下了难忘的印象。

父亲一生学习不辍，记忆力超群，年过百岁，谈起战争岁月，时间、地点都记得很精准，讲话滔滔不绝，声如洪钟，思维非常敏捷。见过他的人都说，怎么看都不像那个年纪的人。这些都得益于他坚持不懈的锻炼和有规律的生活习惯。

“挤不出个死的时间”，是父亲颇为经典的一句话。父亲热爱生活，兴趣广泛，百岁以后还能去讲课，还会为一些人写序，还在写榜书。

父亲小时候因战乱只读了四五年小学，文化程度并不高，但他学习能力强，还特别有恒心，能够做到持续不断地学习，因而他从一个放羊娃成长为一个能文能武的战地记者。1984 年他离休后继续为社会做了很多事。父亲晚年对社会做的最大的贡献就是创建傅山碑林，此碑林被誉为“三晋一绝”。父亲还写过篇《傅山书法艺术研究》的论文。

父亲博闻强记，每天在固定的时间背诵古诗词，如《洛神赋》《离骚》《报任安书》等，日复一日，恒心永续……作为女儿，我看在眼里，记在心头，也效仿他去背诵经典诗词名篇，才深切感觉到日日坚持真不是一件易事。父亲却乐此不疲，几十年如一日，毅力之强，令人钦佩，令人自叹弗如。父亲写书法作品时从不现翻诗词照抄——他早已倒背如流，因而常常是一挥而就。

父亲九十岁后酷爱写榜书，尤擅一米见方的大字。父亲喜欢写“国魂、军威、笃实、慎独、勤奋、颐宁、都赢”等内容，字体大气恢宏、洒脱有力。百岁后，其书法更是练得炉火纯青，大量书写了“福”“寿”“龙”等，而且还专门在红纸上写了送给亲朋好友和来访的客人。毛主席诗词《沁园春·雪》《沁园春·长沙》《满江红·和郭沫若同志》《七律·长征》《七律·人民解放军占领南京》和岳飞的《满江红》、辛弃疾的《永遇乐·京口北固亭怀古》、苏轼的《赤壁怀古》都是父亲所爱，真不知他腹中装了多少诗书。由此我也明白了“腹有诗书气自华”的真正含义。一百零四岁生日之际，他特意书写了一幅《人民是江山》，此作后被有关部门收藏。

○

○

一生宽厚谦和

父亲是有大爱的人，他对党忠诚，对工作尽心竭力，对朋友肝胆相照，对家人耐心温和，对外人宽厚仁慈。

在外人眼中，父亲是做了一辈子领导的人，但其实父亲待人宽厚、平易近人，做人做事从不斤斤计较。

那个年代的官，根本没有贪污受贿的念头。父亲用一生诠释了清廉为官。在他心中，自己就是老百姓，“我就是人民中的一分子”。父亲在文化部门、宣传部门工作多年，难免有求办事、来送礼的人，父亲从来不肯收，直接让人家带走。我亲眼见过，有人趁父亲不在，来家送了两只漂亮的铁皮暖瓶。父亲将暖瓶拎回单位，让同事帮忙给退回去。有老家人来访，带点土特产，走的时候，父亲总要叮嘱母亲，给他们带上更多更好的礼物。

从战争年代过来的人，都很节约，能用半张纸绝不用一张纸，能省的就要省下来。父亲的书桌上有单位的稿纸、便笺、信封，却从不让我们碰。家里买东西附赠的绳子、袋子，他都一一整理收集起来：“扔了多可惜，攒着，说不定啥时候能用上。”

父亲通晓中医，懂得气功养生等。有人为此来访，他都会给出方案。因为有效果，找上家门请求治疗的人真不少。

父亲晚年时，凡有客人提出要求，他几乎是有求必应。有个姓董的泥瓦工师傅，是河南民工，来家干活时与父亲熟络了，就常来走动，与父亲谈天说地，十分投缘。那人嗓门大、方言重，不太讲究，大大咧咧，从来不把自己当外人，有时也带点老家土特产来。每回拿父亲写的书法，别人拿一张两张，他从不客气，一次总要拿好几张，还要挑挑拣拣，保姆有时都看不过眼，可父亲从不阻拦，尽可能地满足他，让他开心地满载而归。父亲待人的这份心胸，非常人能够做到。

说到保姆，这么多年，父亲对她们宽容担待。我与保姆有了小矛盾，父亲只要听到，就会直接批评我，从不苛责保姆。母亲在世时，为这还生过气，我们都觉得父亲太惯着保姆，可父亲总是说：“但凡有一分奈何，谁愿意出来当保姆。要理解她们的不易。”

父亲吃东西，无论多贵，总是切三份，他和两个保姆分着吃。逢年过节，父亲都会额外给保姆包五百、一千元的红包，还不忘提醒我们：“过年了么，要记得给人家红包。”连保姆都不好意思，推辞说：“每到过节大爷都会给，你们不用再给了。”待人好，父亲是真心的。无论是对在家里长住的保姆，还是对临时来做活的电工、泥瓦工，父亲都一视同仁，说话客气，让座倒水，从来不会冷面冷脸，更不可能颐指气使。

遇事时装一次两次可以，但要做到一辈子对人平等，没有区别之心，就很难了。在这方面，父亲是典范，是我们做子女学习的榜样。父亲身体力行，从小就教我们待人要和气，为人要谦和，切不可张扬和欺负别人。这种家风家教影响着我们，这是父亲给予我们后辈的精神财富。

我母亲小父亲十二岁，父亲一生都谦让母亲，对她好得真是没话说。20世纪60年代，母亲查出来有先心病，父亲就买了西洋参、人参等补品。那时家中子女多，并不富裕，可父亲对母亲什么都舍得，从没有对母亲说过重话。父亲对母亲的那份情，让我们做儿女的都羡慕。

父亲在“文革”期间受到了冲击，造成终身残疾，但父亲仍信念坚定。

那时我们全家被下放到忻州奇村，父亲每天都要拄着拐下地劳动，艰辛程度可想而知。但他说自己少年时放过羊，这些农活不算啥。和他一起下放的有四个叔叔，父亲常给他们讲故事、说笑话，逗得大伙乐不可支。原本沉闷、绝望的几个人，因了父亲而暂时忘却了烦恼。很多年后谈起此事，叔叔们仍念念不忘父亲当年和他们在一起战天斗地的情景。

我家孩子从小都要干活，女孩要学着整理衣橱，每个人一个包袱，上面写上自己的名字，打开后里面要整整齐齐，父亲周末要检查。男孩负责墩地，每个人分工一两个房间，父亲都会检查。

我们兄妹六个，三男三女，我排行老三。父亲从不重男轻女，一视同仁，对每个孩子都不偏不倚，从没有动手打过我们。小时候，男孩子要到理发馆理发，女孩子是父亲在家给剪头发。记得有一次，父亲把我头发剪得太短，像个假小子，我就不肯去上学……现在想来，有那么好的父亲，是我们莫大的福气。

父亲晚年，喜欢到迎泽宾馆找一位姓郭的师傅理发。郭师傅的手艺好，费用也高。父亲时常还会给他带点礼物，有时是上好的汾酒、茶叶等。家里人不解，父亲却说，常来常往这么多年，都处成朋友了，带点东西是应该的。

父亲就是这样的人，待人诚心，愿意付出，特别是对普通劳动者，更是以礼相待。

父亲在待人接物上，特别有分寸感，从不拒人于千里之外。有客人来家里，他从不让人换鞋："大不了，客人走了再收拾一下。"保姆有时怕麻烦，就会嘟囔，父亲却说不能让客人不自在，宁愿人家走了后，自己再清理。

父亲在战争岁月里也讲究仪容仪表。在战斗间隙，父亲会抓紧时间到河边洗衣洗鞋。他的军装总是洗得发白，鞋子也比别人的干净。父亲干起家务也是把好手，他很会烙饼，外焦里嫩，他做的红烧肉味道堪比大厨的手艺——那味道，至今想起来都让我回味无穷。

父亲常常和我们讲他小时候的事。他出生在太行山深处，放羊三年，行走山野，尝尽风雨侵袭之苦，但也学到了很多本领。学习，是父亲老而不衰的法宝。他能当新闻记者、作家、书法家，能用中医给人看病，能养花种菜、下厨烹饪等，都是因为他乐于学习、善于学习。

父亲生活得十分规律，几十年如一日，每天坚持锻炼身体。九十岁前，父亲每天凌晨三四点开始在床上做功，然后再出门晨练，直至天麻麻亮才结束，雷打不动。大冬天，他穿着T恤出去晨练，旁边人看了，无不惊叹："老爷子，这是啥体质啊！"

九十七八岁后，他才不外出锻炼了，只在家里练习太极拳、意念静功，做保护心脏的饶舌和保护牙齿的叩击动作，每餐前后必甩手臂五百次，每天午睡前双手握"握力器"二百次。每年5月至9月，日日晒太阳，持之以恒……

父亲有很多良好的生活习惯，自制力也强，吃东西粗细搭配，什么时间吃什么，他有自己的一套理论。父亲能长寿，是有很科学的道理在里面的，其意志力也是他能够老而不衰的因素之一。

老八路，在我看来不仅仅是一个称谓，它代表的是一种革命前辈的精神，代表着中华民族用鲜血铸成的脊梁。父亲，是八路军的一分子，是我们家庭的光荣，是我们一生的荣耀。

2023 年 1 月 12 日，父亲离开了我们，享年一百零五岁。

在我心中，父亲是座永远屹立不倒的山。慈父如山，我会永远依偎在他身旁。

常有人问我，有个百岁的父亲是个什么滋味？我觉得是一种特殊的“人生享受”，我到了七十岁了仍感觉有靠，有家，还可以撒娇任性，还被人宠爱。父亲的慈爱，护佑了我一生。父亲生在太行山，战斗在太行山，他就像太行山上的一棵长青松，永远挺立在山顶。每每回忆陪着我们长大的父亲，心里是温暖的，眼眶是湿润的，脸上的笑是灿烂的，那是一种幸福的滋味。

此生能做父亲的女儿，是我的福气，父亲永永远远在我心里！

奋武更知文，一生赤子情

讲 述 人：方萌　方蓁
讲述时间：2023 年 4 月 23 日
整 理 人：周至

方其端（1921 — 2019），河南杞县人。1938 年，奔赴延安；1939 年，由抗大毕业后到太行山抗日；1940 年，跟随八路军前往鲁西南开辟根据地；1948 年 4 月至 1950 年 6 月，任十七军五十一师一五三团教育部长；1950 年至 1951 年 6 月，任贵州省军区都匀分区政治部教育科科长；1953 年至 1958 年 4 月，任中央高级党校语文教研室助教讲师、秘书；1958 年，调到太原市市长办公室；1960 年，调到太原师范任教员；1973 年至 1978 年，先后调到太原二十三中、十八中任教员；1979 年，任太原十中副校长；1980 年，任太原市委党校副校长。1981 年 3 月离休。

父亲是“一个老八路、老革命、真英雄”。在抗日战争中，他英勇杀敌，光荣负伤；在解放战争中，他担任军代表，孤身一人成功平息了国民党起义部队中的叛乱阴谋，荣立三等功。

父亲是“一个好老师、好的教育工作者”。转业地方后，他努力工作，教书育人，桃李满天下。曾上书中央及教育部，为教育改革提供了宝贵的经验和建议。

父亲是“一位业务过硬的好领导”。他“留下对革命、对工作、对人民、对生活的眷恋，留下好作风、好传统”。在太原市委党校的校史上，“留下了父亲的光荣一笔”。

○

○

跟着共产党　一定能胜利

“人生归有道，衣食固其端。”陶渊明有首古诗，将衣食与大义并列，意义极不寻常。道，乃人生大义，是中华传统文化的核心。

我们的父亲叫方其端，不知“其端”二字是不是来源于此，但其人格品性，却与这几句诗不谋而合。父亲耿介坦荡一生，对党忠诚，正气凛然，是我们后辈的楷模。

父亲1921年3月24日出生于河南开封市杞县一户农家。“卢沟桥事变”后，日寇的铁蹄踏向中原大地。1938年，正在开封师范上学的父亲，被迫中断学业，他怀揣抗日救国的信念，毅然离开家乡，投奔红色革命圣地延安。7月，进入陕北公学分校学习。次年，父亲加入了中国共产党。

1939年，父亲抗大毕业，被分配到晋东南的赵谭支队。1940年，支队东出太行，开辟了冀鲁豫抗日根据地。父亲去了齐鲁大地，在冀鲁豫军区第五军分区干校任教育主任。1947年6月至1948年8月，父亲在山东菏泽定陶县委任县委委员，兼定陶大队副政委、副大队长，过江前父亲所在部队被编入主力部队。

父亲虽说是文弱书生，但其胆魄令人钦佩。1949年秋，父亲在贵州省军区都匀军分区任宣教科长，奉命担任改造起义部队的军代表。当时，被改造反动军队发动武装叛乱，活埋我军军代表的事不是没有发生过。一天，有个卫士酒后发疯，拔出枪，扬言要打死几个人才能出了胸中恶气。父亲闻讯果断拔枪，稳定局势，并立即向贵州省军区汇报。避免了一场哗变，荣立三等功……

父亲意志坚定，他选定了人生的方向，无论遇到什么困难，都要坚持下去。他自己坚定不移，初衷不改，对我们兄弟四个和后代子孙，也是如此教育。

2014年，大年初一，中午吃过饭，父亲见全家人聚齐了，说要开个家庭会议。不仅要记录下来，还要录像留存。他很严肃地说，这算是他的“政治遗嘱”。

“……1942年，河南闹灾荒，家里饿死了好几口人，我的母亲带着妹妹和表妹逃到乡下。一天夜里，突然有人敲门，带来一小袋粮食和一点儿钱，之后多次有人送过东西，这些来之不易的粮食和钱，救了一家人的命……”送粮食和钱的是游击队。当时，父亲惦记家里，联系上杞县万寨所在的“水东”抗日政府，说明自己身份，并带回一封家信。是地下党派人去抚恤抗日军属……这段往事，父亲讲了很多遍，每一次都泪流满面。他说自己无法报答父母养育之恩，用这样的方式，党和政府的救助，让他“报得三春晖”。

“这份恩情永世难忘。我跟着共产党打了十年仗，又跟着共产党建设新中国，也就有了咱们这一大家子人……我有两句话，希望传于后代：那就是跟着共产党走，不要在政治上犯错误。跟着共产党，一定能胜利！”

至今，我们都忘不了那天父亲在家庭会议上的讲话，我们的家族史和他走上革命道路的历程，就是我们的可贵家风，是我们家庭引以为自豪的财富。

当日寇的炮火逼近开封时，父亲泪别家人，伯父此时已去了延安，家里只剩下老人和孩子，生活十分困顿。但父亲的爷爷开明懂礼，告诫我的父亲：“舍小家，保大家。”父亲永远记得他爷爷的这些话。自古忠孝难两全，“在民族大义上，方家儿郎绝不能退缩，更不能做亡国奴。我永远记得他老人家在我离家时说的话……”父亲每次讲起，都无比激动。

○

○

亲情重如金　传承好家风

儒家认为，“孝悌忠信、礼义廉耻”是做人的基本道德。入则孝，出则悌。父亲坚守这样的信条，对家族文化重视，对父母家人孝敬，与伯父、姑姑手足情深，与亲戚家人和睦亲厚，给我们后辈立下了规矩，作出了表率，留下了好的家风。

父亲兄弟二人，还有一个妹妹。抗战爆发后，大伯去延安参加革命，随后父亲也追随而去。抗日战争时期，父亲在冀鲁豫五分区，大伯在六分区。解放战争时期，父亲在十七军，大伯在十八军，一块渡过长江打到西南，后来父亲到贵州，大伯去了西藏……烽火万里，兄弟俩居然奇迹般地七次离奇相遇，传为佳话。

此后，父亲先到北京，再到太原工作，伯父留在西藏工作，兄弟俩相见实难，但兄弟情分丝毫没有减少，两家人更是来往颇多，亲密无间。

“红颜学友，青春战友，白发笔砚友，兄弟有幸成挚友；坦对寒风，勇抗飙风，欣沐杨柳风，子孙勿忘继家风！”这是父亲为伯父七十大寿写的一副寿联，表达了兄弟情深和子孙和睦的家风。

巧合的是，我家兄弟四个，伯父家也是四个儿子。

伯父远在西藏，生长子后抚养困难，父亲得知后，主动把我堂弟接来抚养，一住多年。父亲到晚年，仍不忘给身有残疾的侄儿寄钱……距离没有隔绝两家往来，更不会影响兄弟情谊。

父亲对他妹妹也是照顾有加。刚到北京那阵子，姑父尚在部队，姑姑没法随军，要带着孩子回农村去。父亲此时受部队选派，正好在北京上学，毕业在即，面临转业留校还是重回部队的抉择。思忖再三，为了照顾姑姑一家，他选择转业留校任教。

20 世纪 60 年代，我们一家搬到太原后，当工人的姑姑在成都因工作太忙无法照顾三个孩子，父亲又接来最淘气的一个男孩，到太原读书上学，一待就是三年。表弟和我父母也特别亲，经常嘘寒问暖。到父母晚年，只要家中有事，表弟都要从北京赶来……

父亲重亲情，爱手足，对我们兄弟几个影响很大。我们兄弟少时淘气，没少惹父母操心，但彼此相处和睦亲厚，不单是对父母亲孝顺，兄弟之间家庭子女也都相亲相爱，互帮互助。这些品格和家风，源于父母的言传身教。其中，不乏母亲的功绩。父母伉俪情深，对我们影响至深。

我们的母亲高勃，比父亲小十岁，曾任解放军五军分区后勤处文化干事。随军南下后，调入二野战军女子大学任教员，曾被评为一等模范教员。1950 年，任贵州省军区都匀军分区司令部任青年助理员、政治部组织助理员。1953 年调中央高级党校任人事、保卫干事。1958 年随父亲调到太原，在山西省教育厅从事人事和档案工作，任处级保密员、副研究员。1982 年被评为省先进工作者，1989 年底离休。

父亲落难之时，有人劝母亲与他划清界限。母亲意志坚定，跟随父亲无论到太原，还是被下放到忻县农村，她都无怨无悔，安之若素。母亲孝顺老人，善待亲戚，抚育后辈。我们家从没有婆媳矛盾，母亲宽厚大度，把媳妇当女儿待。支持儿子们工作上进，支持媳妇爱岗敬业，四个孙子、孙女中，全是在她的养育下长大，可谓我们大家庭的“功臣”。

○

○

终身爱学习　教育立丰碑

1948年春，部队即将南下作战，趁战前的空隙，在党组织批准下，父母突击结婚。开了一个简单的茶话会，摆了一些花生、瓜子等零食，也就五六个人，三天后部队开拔过江南下，两年后两人才在贵州见面。谈起这个俭朴的婚礼，父亲不无感叹地说：“如此匆忙，如此简陋，这就是战火中的婚礼。如此旖旎，如此壮烈，这就是战火中的蜜月。”

父亲好学习，爱钻研。一生学习不止，笔耕不辍。少年时读开封师范，被战争打断，没有毕业，后到延安就读抗大。1953年，父亲被派到马列学院深造。马列学院是一所1948年创办于西柏坡的高级党校，1949年10月，迁至北京颐和园东门外的原清华农学院，后称“中央党校南院”。1955年8月1日，中央决定将“马列学院”与华北局党校合并为“中共中央直属高级党校”，简称“中央党校”。父亲毕业后，因成绩优异被留校，任中央党校语文教研室助教讲师、秘书。

1958年，父亲被无端打成“右派”，从北京遭贬到太原，先后在太原师范、太原二十三中、十八中任教，在太原十中、太原市委党校担任副校长。1981年离休，从事教育工作三十多年，父亲热爱教育事业，桃李满天下。

1963年，父亲被调到太原师范当语文教师，闲暇对旧体诗词产生兴趣，开始了诗词创作。他曾在中央党校时编撰过汉语修辞教材，一出手就不凡，作品高人一筹。其中不少被全国性诗集选用，有数篇获全国性诗词比赛奖项，并荣获“中华诗词艺术家”“中国当代艺术界名人”“爱国诗人”称号。为中华诗词学会会员，集辑诗集《前尘》。

父亲热爱教育事业，桃李满天下。

父亲一直遗憾不能忠孝两全，曾作诗《七古·端阳雨》，表达悲愤心情。“天公何事泣泪多，时作滴沥时滂沱。斯民大劫难幸免，行见古汴血成河。六三年前端阳雨，斑斑铭心不消磨。倭骑已陷朱仙镇，国军闻风弃城遁，街巷频频传谣惊，蚁民惶惶向天问。天何言哉地无门，神不佑兮难脱困。我家祖老父病多，一兄西安谋升合，生计全靠华年子，我岂能，日寇屐下乞苟活？鹏举天祥来相唤，移孝作忠志不夺。端阳雨，心啼血，跨出家门成永诀。明日全家成饿殍，拼受终生良心责，挥剑斩断亲情去，国仇家恨结死结。男儿三尺豪气在，黄沙白刃倾碧血。”

这首诗是父亲的代表诗作之一，在第二届国际华夏诗文大奖赛中获特等奖。此奖是从两万三千位华人的两万五千篇作品中评出的七篇诗词之一，也是父亲诗歌创作的最高荣誉。大赛的一个评委被感动得频频流泪，忍不住打电话向父亲表达敬意。

父亲爱说话，但从不絮叨，这与他耿介的性格有关。对我们兄弟几个，抓大放小，大的方向不能错，但小的方面不多管，养成了我们独立的人格特质。

我大哥最早在太原南郊的化工厂当工人，三班倒，经常深夜十一点从家出发去上夜班，路远辛苦，交通不便，且工作环境差，便开口让父亲找人办个调动。“想让我走后门，你想也不要想。”父亲一句话，让他从此不敢再有这个念头。后来，我大哥自己通过刻苦学习考取了山西大学函授学院，以优异成绩毕业，调动到自己理想的岗位。

我母亲生前常说，“这辈子最欣慰的事，是培养了四个大学生”。其中，老二、老三赶上恢复高考，都考上了大学；老四当兵复员后，又读了电大，也取得了大学文凭。这与父亲积极进取、学习不辍的精神不无关系。

战争年代，父亲在战斗中负过伤，为二等乙级革命伤残军人。困难时期，做了阑尾炎手术，营养不良，严重浮肿……为此，他重拾少年时练拳健身的习惯，跟随杨式太极拳杨振铎坚持刻苦练习杨氏太极拳。1982 年，父亲与李荣春发起创建山西省杨氏太极拳协会，任副会长兼秘书长和训练部长，将杨氏拳术推遍全省，协会声誉远播全球，并著有《澄公太极拳新论》一书。

1993 年，父亲突发脑梗，势将半身不遂。但面对沉疴，他不失望，不灰心，病情稍轻即恢复太极拳锻炼。终于战胜恶疾，未落下一点儿后遗症，令许多人惊叹不已。这足见父亲毅力之强。

2002年起，父亲决心向全世界推广经络太极拳。2003年末，拟定在有生之年，创作《毛泽东诗词的修辞》一书，历经三年，于2006年完成《诗词名篇的修辞》。“生命不息，斗争不止”，正是父亲喜欢，并且身体力行的行动宗旨。

五柳先生诗云：……开春理常业，岁功聊可观；晨出肆微勤，日入负耒还。……盥濯息檐下，斗酒散襟颜，遥遥沮溺心，千载乃相关。但愿长如此，躬耕非所叹。父亲名如其人，以恬淡赤诚之心，走完了近一个世纪，像一座丰碑，教育和鼓舞着我们后辈子孙。

父亲名其端，一生有很多巧合。1938年6月2日，农历五月初五，端午节，大雨，日寇炮火逼近，父亲怀着抗日报国的信念，离开家乡奔赴延安；2019年6月8日，端午节，大雨，天地同悲，父亲病逝于太原，享年九十八岁。

太原市委党校如此评价我父亲：他“努力钻研业务，兢兢业业授课、尤其是注重科学管理的工作作风，受到教职员工和学员们的好评。为了提高学员身体素质，他还利用课余时间为学员教太极拳，获得很好的口碑，离休后，他还曾向有关部门建言进行教育改革，充分体现老党员、老同志关心教育事业的赤诚之心”。

风雨一生，铁汉柔情

讲 述 人：孟萍
讲述时间：2023 年 4 月 26 日
整 理 人：周至

孟国卿（1927 — 2019），山西文水人。1945 年 8 月参加革命，1956 年 6 月加入中国共产党。1954 年至 1956 年在中国人民解放军装甲兵第一坦克学校学习。历任吕梁军区第八分区游击大队文化教员、大队部书记，晋中军分区司令部文印员，汾阳军分区司令部参谋，南京军事学院、大同装甲兵学院军事教员，山西武警总队一团军训股长，山西武警总队司令部训练科副科长，山西独立师作训科科长，内蒙古独立师作训科科长、二团副团长。1981 年转业到太原市北城区，1984 年任区人大常委会任法工委主任。1988 年 3 月离休。

○
○
铁血军营文化人

我的父亲孟国卿，1927 年 1 月 10 日出生在文水县东城村一个小商人家庭。幼年，他跟随父母在汾阳、太原居住。1937 年，为避战乱，全家搬回原籍，少年的他积极参加儿童团，站岗放哨、查路条、学唱抗战歌曲。抗战期间，父亲断断续续读完高小，后进入汾阳中学。

1945 年夏，经文水县抗日政府教育科负责人张松涛介绍，父亲当了一名小学教员，并进入干部训练大队接受培训。第一次接受了政治理论教育，对父亲触动很大，之后对革命有了更深刻的理解。“听课时坐在阳坡上，以砖头为凳子，膝盖为桌子做笔记，每天晚饭后学员们到野外拾粪积肥。”那段艰苦的日子，提升了父亲的思想觉悟，也改变了父亲一生的选择。当年 10 月，父亲进入文水县游击一大队一中队，任文化教员。从此，开始了南征北战的戎马生涯。

1948 年，晋中战役开始，父亲随部队转战祁县、平遥、汾阳等地，配合野战部队作战，并进驻文水县城，担负城防任务。1948 年底，部队开赴太原冶峪沟，配合吕梁军区十五团三营全歼赵家山据点的敌人。战斗结束后，部队整编，父亲随大队首长返回驻文水西城村的晋中二分区工作。1949 年 2 月，父亲被调到晋中军区司令部队列科任文印员，刻印战斗简报、敌情通报等。太原解放后，父亲被调入华北独立二十三团。

为加强特种兵建设，1952 年 7 月，父亲被调坦克一师（系军委直属的战略预备队）坦克二团，驻北京丰台。当年入朝参战，编入志愿军第二坦克指挥部，代号五三五部队。1953 年 9 月，父亲回国。1954 年到位于北京长辛店的第一坦克学校学习，历时两年。1956 年 7 月，父亲到南京军事学院任教员。这是我军最高学府，其学科涵盖了各军、兵种所有的训练内容，被称为“军神”的刘伯承元帅任院长。1958 年到装甲兵学院任教，1962 年被调入山西武警总队，1971 年被任命为内蒙独立师二团副团长、团党委委员。

1981 年底，父亲转业到太原市北城区，任区人事局局长兼组织部副部长。1984 年 4 月，任区人大常委会任法工委主任。1988 年 3 月，他光荣离休。奋斗了一辈子，风风雨雨走过来，终于可以歇歇了。但父亲就是闲不住，主动要求义务帮忙，先后到区市容管理办公室、区地方志编撰办公室工作。

工作不是特别辛苦，但需要认真、细致、耐心。特别是一些政策性强的问题，不仅要具有很强的责任心，更需要对相关规定烂熟于心。十年时间，父亲仔细审核，严格把关，从未出现过一次纰漏，深得年轻人的敬佩和尊重。在编撰地方志过程中，父亲不顾年迈，不辞劳苦深入基层，调查研究，文字功底扎实，描述准确精练，受到各方好评。

父亲年轻时长得很帅，俊朗挺拔，一副知识分子的模样。但他驰骋疆场几十年，是标准的职业军人形象。他说，自己时刻准备着为革命捐躯。晚年，父亲常常追忆过往战场风雨，告诫我们要珍惜美好生活，认真工作学习，在自己平凡岗位上作出贡献。

父亲是个文化人，爱学习，勤钻研，一生不曾放弃读书，他喜欢读赵树理的小说，还订阅了他喜欢的军事和历史人文类的杂志。在老年大学，父亲认真学习了各种法律知识，并全部以高分结业。

直到离世前，父亲也没有停止学习，做了几十本笔记，坚持做剪报，整整齐齐贴了多个本子，看电视做笔记，读书看报做笔记……这些看似不经意的好习惯，无形中影响了我们一家人，做事严谨认真，细致周到，善于学习，善于思考。生于1935年、米寿之年的母亲也受父亲影响，坚持做笔记，每天发生的事要记录，新闻里的信息要写下来，自己喜欢的句子文章要抄下来……既防止老年痴呆，也是一份家庭备忘录。

大姐十五岁参军入伍后调到某医院任护士，父母就鼓励她参加自考。那时，她已结婚生子，就住到娘家复习备考，终于取得大专学历。之后大姐通过函授取得中央党校本科学历；二姐电大毕业后，通过函授学习取得中央党校经济管理专业本科学历；三姐从事财会工作，会计师职称，先后担任一家大型公司的财务部长和经理；我应届考取太原理工大学暖通专业，从事热力设计和预算工作，高级工程师……我们下一代，都取得了研究生和博士学位。

更难能可贵的是，读书滋养了我们全家，知书达礼，待人和善，一家有事全家帮忙，相亲相爱，相互扶持；相聚时欢声笑语，有说有笑，其乐融融。

“现在的幸福生活来之不易，老有所养、老有所依、生活安逸、岁月静好。作为一名目睹祖国从任人欺凌到自立自强的老人，我衷心祝愿祖国更加繁荣、富强、昌盛！祝福祖国的明天更美好！”2013年，父亲的作品集《回眸一生》集结成册，记录了他七十年的革命历程，摘录了他在人生各个时期的老照片和回忆性文章。这些图文记录是我们家族、家庭沿革的一次梳理，是父亲晚年生活的一件大事，更是我们姐妹和后代的一笔精神财富。

“每一张照片都承载着父辈艰苦卓绝的战斗经历，每一张照片背后都有一段父亲对当年战争时期的记忆，每一张照片都有一段不平凡的幸福和快乐回忆，每一张照片都记载一段父亲的光荣历史。”2013年12月，大姐曾写过一文《解读父亲的老照片》，发表在《太原晚报》上。

父亲最珍视的是他获得的七枚纪念章，分别是西北解放纪念章、华北解放纪念章、全国解放纪念章、抗美援朝纪念章、抗日战争胜利六十周年纪念章、抗日战争七十周年纪念章、中华人民共和国成立七十周年纪念章。

这些闪耀的纪念章背后，凝结了千千万万烈士的鲜血，更饱含了父亲对党和国家的忠诚和挚爱，同时令我们全家人引以为豪，因为它们承载着一份崇高的家风。

○

○

铁骨柔情好男人

1960年，父亲认识了在大同柴油机厂医院当护士的母亲。两人相差八岁，却一见钟情，情投意合。在五一国际劳动节那天，父亲和母亲结婚了。

部队换防是常有的事，我们一家人也跟着部队搬家，大姐、二姐生在大同，三姐生在太原，我在呼和浩特出生。

父亲性情正直善良，他以博大的爱滋养着我们这个家庭，让母亲内心愉悦，幸福满足，让我们姐妹健康成长，彼此和睦。父亲对姐姐们比较严厉，对她们会提出一些要求，学习要好，品格端正等。在部队大院里，我们家的孩子，从没有让别人说个“不”字，这是父母引以为豪的一点。

父亲的勤快，是在部队时就养成的习惯。小时候，父亲在部队忙，几个月才回来一次。只要回到家，他就忙着劈柴火，把大块煤捣成小块，脚不沾地地干这干那。他很有计划，准备的柴火和煤块基本够我们用，等他下次回来，继续为我们准备。

在部队大院住时，家家有块菜地，翻地种地、掏粪施肥，这些体力活，父亲从不让我们干，都是他挽起裤腿，自己动手。我们家菜园子里的蔬菜，丰富而鲜美，是我们童年的乐园。

父亲动手能力强，自己做马扎，做小板凳。每当放露天电影时，我们姐妹几个就兴奋地拎着马扎，飞奔着跑去占座位。即便到晚年，父亲生病后手脚不太灵活，依然在家干这干那，常常帮着母亲掰豆角、削土豆皮等，做些力所能及的事情。

父亲很心细，把核桃仁一个个地剥好，做成琥珀桃仁，再分装一个个罐子，放进冰箱保存，等我们来，一家家带走食用。每年做西红柿酱，在我家都是大工程，几十个瓶子要洗要蒸，西红柿去皮蒸煮，再一瓶瓶装好，一家一份让我们带走……只要有父亲在，我们就还是受宠的孩子。

作为家中最小的女儿，我得到了父亲更多的宠爱，点点滴滴的画面和细节，都是值得我一辈子珍藏的幸福瞬间。

记得每回父亲从部队回来，我和小伙伴在部队大院里玩耍，一看到吉普车开进来，我就欣喜若狂地飞奔回家，追着父亲，让他把我高高抱起，咯咯咯地笑。那时我还小，父亲已年过半百，更加溺爱我。我上初一那阵子，父亲转业到了地方，每天早晨给我做早饭，送我上学。他还换着花样给我做好吃的，西红柿打卤面简直是一绝，还有蒜薹炒鸡蛋、虾酱豆腐等，都特别好吃。晚上回家，我忙着做作业，父亲就端进来洗脚水……到父亲老了，我经常和父亲一起回忆以前的美好画面。

父亲近九十岁时，为了方便照顾他，我们干脆就买下我家对门的房子，但房子装修好还没住进去，父亲就离世了，为此，全家人倍感遗憾。

父亲母亲感情很好，相濡以沫一辈子。他们不是把爱挂在嘴边，而是很深沉的感情。虽然也有争吵，但是谁也离不开谁，是那种难以割舍的真挚情感。他们年轻的时候，两个人都特别忙，父亲在部队专心忙工作，很少有时间照顾家里，可一旦回到家就马不停蹄地干活。母亲既要上班又要做家务照顾我们，虽然很累，但是毫无怨言，始终全力支持父亲。

父亲转业后，每天我放学回到家，总能看到父母脸上洋溢着幸福的笑容，一起为我们准备香喷喷的饭菜，家里充满温馨和欢乐……

到晚年，父亲生病后，腿脚不灵便，每次母亲要去买菜，父亲总会叮嘱一句“注意安全，早点回来”。每年，母亲所在单位都会组织活动，虽然父亲心里并不希望母亲参加，但他也不好阻拦。母亲则会在临走前做好准备工作，比如：给父亲的保温杯里倒满水，把父亲的书和眼镜拿过来，电话放在父亲手边等等。等母亲回来后，父亲的心就踏实了，脸上也有了笑容，还会笑着和母亲说：“你走了三个半小时啊。”母亲打趣道：“你脑子挺好使，还卡着时间啊。”

2010年初春，父亲住院，白天我们姐妹轮流陪床，晚上送母亲去医院看父亲，老两口握着手，那种眼神交流，那份牵挂依恋，看得我们姐妹心中好暖，也很感动。父母的亲密感情，是我们家庭的凝聚力，是我们战胜生活中困难的法宝。

4月5日，父亲病愈后，给我们姐妹写了一封信：“你们的母亲是位好母亲，聪明、勤恳、善良、慈祥，识大体，明事理，一生相夫教子勤俭持家，养育你们健康成长。她已年逾古稀，身患多种疾病，健康状况令人担忧，我一旦走后，她将孑然一身凄凉寂寞，望你们永远牢记母亲的养育之恩，常回家看看，对其关怀体贴，不仅在物质上，重要的是对你们的母亲施以‘精神赡养’，使你们的母亲不感到孤独，心情舒畅愉悦地度过晚年……”文字虽不多，但父亲如此郑重其事，以临终嘱咐的方式写给我们姐妹，流露出对母亲浓浓的爱意和眷恋。

父亲业余生活唯一的爱好就是打乒乓球。在部队时，响应号召，他练出左手打乒乓球的绝技，是国家三级运动员，经常代表部队参加比赛。闲暇时间，父亲最喜欢和战友们拼杀，每当遇上了对手，必是大汗淋漓、痛快之至。离休后，父亲风采依旧，斗志不减当年，每每参加太原市北城区体育运动会，都拔得头筹，获得奖励。这也是他晚年的一桩乐事、快事。

父亲始终自强不息，坚持党性、以身作则、艰苦朴素、一身正气、两袖清风，对我党我军、对国家和人民、对革命事业无限忠诚，他始终坚定共产主义信念，拥护党的路线、方针、政策，始终与党中央保持高度一致。

2019年10月8日，父亲在太原病逝，享年九十三岁。

“父亲的一身正气和崇高境界影响着我们。特别是在我的成长过程中，父亲就是我成长的航标，在他的照耀下，我像一条行船，在大海中披荆斩棘、扬帆远航。”大姐的话，也是我的心里话，更代表了我们姐妹的心声。

父亲一生爱国爱家，以严于律已、宽以待人的博大胸怀激励、教育我们，要多做有益于国家、有益于社会、有益于人民的事情。他虽然远去，但我似乎觉得，他还在我们身边，注视着我们，有父亲的呵护，是我们的幸福，有他的精神鼓舞，亦是我们的幸福。愿父亲千古，祝福母亲健康吉祥，百岁年华！

英雄父亲老革命

讲 述 人：褚建军
讲述时间：2023 年 4 月 29 日
整 理 人：赵建雄

褚海生（1928 — 2013），山西太原娄烦人。1942 年 1 月，在静乐县二区常家坡村任民兵；1943 年 4 月，参加八路军晋绥军区一二〇师；1948 年 3 月，加入中国共产党；1945 年 1 月，在晋绥军区八分区二支队二小队任副班长；1946 年 10 月，在一二〇师三九八旅六团任班长；1947 年 11 月，在晋绥军区一兵团一军二师六团任文化教员；1948 年 10 月至 1951 年 3 月，在西北军区一军先后任副政治指导员、政治指导员；1951 年 6 月至 1959 年初，在六十四军先后任高机连政治指导员，青年股副股长，管理股副政治协理员、政治协理员，干部股股长、四级干部助理员；1959 年 12 月，在沈阳军区司令部通信枢纽部任政治协理员；1960 年 3 月，在六十四军一九二师五七五团任营教导员；1962 年 3 月，在沈阳军区防化学器材仓库任政治处主任；1963 年 9 月，在六十四军一九二师五七五团任副团长；1965 年 10 月，在沈阳军区防化五团任政治委员；1970 年 8 月起，转业地方工作，先后在大连港务局西区政治部任主任、营口港务局政治处任主任；1971 年 3 月，在营口市盖县徐屯公社插队，任干宣队组长。1972 年 9 月，被调回娄烦县工作，任县工交组副组长；1982 年 9 月，任县商业局副局长、党总书记；1985 年 4 月，任县财贸委员会副主任，县人民代表大会常务委员会委员、人大政法委主任等职。1990 年 4 月离休。

一年一清明，一岁一追思。清明节刚过，今年是我追忆父亲的第十个年头了。记忆的大门一经打开，真是令人百感交集。

父亲一生从事革命工作，担任过一些领导职务，1994 年经中共山西省委批准享受副司局级待遇。他留给我们的物质东西并不多，更多的是通过言传身教，把他的革命理想、献身精神、无私品行、高尚操守、谆谆教诲等留给了我们。父亲无论在部队还是地方，始终坚守着一颗爱党为国为民的初心，保持着革命军人的优秀本色，他在不断完善自我的同时，一直也在用心回报社会。他用不懈的奋斗和崇高的追求彰显了一名中国军人、一名中共党员矢志不渝的社会责任感和大无畏的奉献精神，他的光辉形象是我们的榜样，也是我们的镜子，我们兄弟姐妹几个在各自的工作岗位上兢兢业业、任劳任怨、廉洁自律，我们的孩子在学习和成长的道路上勤奋努力、刻苦上进、向善向好，这些跟我们的父亲是分不开的。

○

○

英雄的父亲

我父亲 1928 年 1 月 7 日出生在山西省娄烦县庙湾乡常家坡村的一户农民家庭。娄烦是中共第二届中央执行委员、山西党团组织的创始人高君宇的故乡，是著名的革命老区。因为受到进步革命思想的影响，我父亲高小毕业后，于 1943 年 4 月就参加了八路军，当时他才十五岁；1948 年 3 月 30 日，我父亲二十岁，在陕北宜川县，光荣地加入中国共产党。

抗日战争时期，我父亲一开始参加的是八路军一二〇师二支队，历任八分区二支队战士、二小队副班长、班长，并参加了多次抗击日伪军的游击战、伏击战、围困战。2006 年，电视剧《吕梁英雄传》在央视热播，剧中抗日民兵的鲜活形象深入人心，这些民兵英雄原型就在娄烦，剧中围困日军据点的战斗故事就是取材于发生在 1944 年的娄烦镇围困战。我父亲当时才十六岁，他参加了那场战斗。1942 年 8 月 21 日，日军占领娄烦镇，随后，他们围绕娄烦镇修建了碉堡群，对娄烦人民进行血腥镇压。1944 年 8 月中旬，抗日民主政府和晋绥八分区二支队在蒲峪村成立指挥部，决定拔掉祸害百姓已久的娄烦镇日军据点。这以后的一个多月，我父亲所在的二支队战士和民兵用火攻的办法，将镇四周的四座小炮台先后端掉，驻扎在里面的日、伪军也被全部消灭。不过，仍有三十七名日军、一百余名伪军和伪警察固守着山石梁大碉堡和四座炮楼。面对顽敌，我父亲和他所在二支队的战士，还有当地民兵采取围困战术，击毙敌哨兵和走出炮楼的敌兵，并抓捕了几个罪大恶极的汉奸。一时间，敌人只能龟缩在炮楼里，成了瓮中之鳖。9 月 22 日，我军正在对日军碉堡进行围困的时候，娄烦迎来了一批特殊的客人，那就是由《时代杂志》《纽约时报》《泰晤士报》等多家国际知名媒体记者组成的国际盟邦记者团。国际盟邦记者团来到了距山石梁碉堡仅有两公里的蒲峪村。他们要亲眼看看，八路军和民兵是怎么对付日军碉堡的。9 月 23 日夜晚，二支队支队长林海清、政委孙继争带着部队和民兵队向娄烦镇日军据点发起了强攻。战斗从 23 日夜里打到 24 日傍晚，敌人虽然遭到重创，但仍然凭借强大的火力和坚固的碉堡工事继续顽抗。“怎么办？”“上炸药，让鬼子们坐土飞机！”24 日晚，在支队长林海清的指挥下，我父亲和战士们，率领民兵运输队通过事先挖好的地道，将 2.5 吨自制炸药放置在两座碉堡下面。25 日，司令员王长江带领记者团来到了距敌碉堡只有几百米的阵地前。看着异常坚固的日军碉堡，看着我军的劣势装备，记者们纷纷提问：“敌军碉堡这样坚固，你们有多少门大炮呀？没有大炮能打下来碉堡吗？就凭你们的这些小战士和民兵吗？”司令员王长江风趣地回答：“我们的‘炮弹’早就钻进敌人的屁股底下了！”正当外国记者们疑惑不解之时，“轰隆”一声巨响，两座碉堡飞上了天。就在这时候，我父亲和他的战友，还有民兵们在嘹亮的冲锋号鼓舞下，与挥动着大刀、长矛、镢头、铁锨的群众一起冲向敌人，敌人死的死、伤的伤，剩下的逃跑也来不及了，只好乖乖地举手投降。这一幕，把盟邦记者团的记者们彻底惊呆了。“你们八路军的战术真高啊！”回过神来的记者竖起大拇指连声称赞。回到延安后，记者们饱含激情地向全世界发出报道。其中，美国记者福尔曼写下轰动世界的《来自红色中国的报告》，后来翻译为《北行漫记》，最后一个章节就专门记述了我父亲他们进攻娄烦日军据点的过程。父亲说，那一次，他也是冲在最前面，面对敌人机枪、炮弹的疯狂反击，面对 2.5 吨自制炸药的全面开花，他一点儿也没有害怕，心里就是想着要跟战友们一起，尽快打掉敌人的碉堡。

1945 年，父亲还参加了绥包战役。那年 10 月，中共中央军委决定发动绥远战役，第一次绥远战役在包头打响，也就是绥包战役。11 月，晋绥军区司令员贺龙在包头沙尔沁召设立了指挥部，八路军晋绥军区向踞守包头的国民党军发起进攻。在那次战役中，八路军迅速扫清外围，虽然歼灭了一部分国民党守军，但由于缺乏攻坚装备，时值冬季，天气寒冷，指战员衣服单薄，加之土工作业及部队后勤补给遇到极大困难，而国民党守军人数众多、准备充分，一时难以攻克包头。参战的晋察冀军区和晋绥军区部队遵照中共中央指示，于12月4日、14日先后撤出对包头、归绥的包围，转入休整。父亲说，第一次绥包战役，历时五十余天，虽未实现预定目标，但歼灭了1.2万敌人，收复了绥东、绥南广大地区，打破了国民党当局控制平绥铁路的企图。那一场战役，打得十分惨烈，部队进攻多次受阻，战士们饥寒交迫，但他们没有一个人退缩，部队每一次发动进攻，父亲都冲在前面。

1948年2月，参加解放西北的瓦子街战役时，父亲任文化教员兼排长，他先是带领两名卫生员负责抢救伤员，他们机智地通过敌人的两道密集封锁线，完成抢救六名伤员的任务；战斗中，他又带领突击队冲入敌人阵地，消灭敌军三百多人，并俘虏了一名国民党军副团长。那一次父亲腿部多处负伤，其中有一块弹片飞进了他的身体，因为战事吃紧没有取出来，这块弹片伴随了他一生，后来，我父亲被评为“革命伤残军人”并荣立二等功一次。1948年5月，在参加陕西郃县西府战役中，父亲任副政治指导员，他负了伤却仍然坚持战斗不下火线。1949年8月参加扶眉战役，父亲任连政治指导员，他带领一个排的战士，顺利完成掩护步兵运动任务，全排受到通报表扬，并获得奖旗一面。1950年1月，父亲随第一野战军一军二师进军青海大剿匪，调武工队配合进政时，父亲任六团政治指导员，他认真执行回民政策，大力宣传我党我军争取散匪的有关政策。经过耐心细致的思想工作，他说服三名国民党反动军官坦白投诚，并缴获六挺机枪、四十二支步枪，取得剿匪工作胜利，受到师政通令表扬。父亲说，那一次战役中，无论是与匪首谈判，还是与匪军交战，时时处处都有危险，每一次都有回不来的可能，但父亲他们抱着赴死的决心，毅然决然地参加每一次行动，最终还是取得了胜利。

中华人民共和国成立后，1951年，父亲响应毛主席“保家卫国”的号召，积极参加了抗美援朝战争。入朝后，他担任连政治指导员，在工作中积极负责、敢挑重担。有一次，部队连续十八天行军，他带领的全连战士未发生掉队、落伍等情况，每到宿营地，父亲都不顾疲劳，深入班排关心、了解、掌握战士们的各种情况，做到了及时奖评、奖罚分明，因此受到团部表扬。

在二十八年的军旅生涯中，父亲参加过大大小小战斗数百次，多次立功，三次负伤。父亲曾荣获过许多奖章、纪念章，比如：华北解放纪念章、解放西北纪念章、青海军区抗美援朝保家卫国志愿出征纪念章、解放东北纪念章、人民功臣纪念章、抗美援朝纪念章、抗美援朝和平万岁纪念章、中华人民共和国自由奖章、中华人民共和国解放奖章、中国人民抗日战争胜利六十周年纪念章等，2015 年还荣获中国人民抗日战争胜利七十周年纪念章。父亲为我们树立了一个革命军人、共产党员的光辉形象，他就是我们心目中的大英雄。

○

○

老革命作风

1970 年，我父亲服从党组织安排，从部队转业到大连港务局西区任政治部主任。1972 年 9 月，为支援家乡建设，父亲向组织提出申请，自愿回家乡娄烦县工作，先后担任县工交组副组长，县商业局副局长、党总书记，县财贸委员会副主任，县人民代表大会常务委员会委员、人大政法委主任等职务，直到 1990 年 4 月离休。

在地方工作二十多年，父亲不居功，不自傲，不追求生活享受，不计较职务高低，任劳任怨为家乡的建设和发展贡献力量。他的“老革命作风”在工作和生活中得到了淋漓尽致的体现。

父亲在部队学习成长，在地方搞社会主义建设，都离不开他的刻苦勤奋、廉洁自律和坚持原则的老革命作风和习惯。同时也深刻地影响着我们兄弟姐妹。我记得上小学时，暑假作业有一项是练毛笔字，由于贪玩，我胡乱写了几个字，就急急忙忙找小伙伴玩耍了，被下班回家的父亲发现了，他黑着面孔狠狠地批评了我，也许是出于对父亲的害怕，我从那时候起做什么事都不再三心二意，后来我也不自觉地将这份认真带到了工作中，并且传给了我的孩子。

父亲不仅教育我们要好好读书，他一生也酷爱学习。我小时候遇到不认识的字总是问他，他基本上都能说出来，他还能写一手好字。我对父亲能有深厚的文字功底和儒雅的文人气质感到敬佩和惊讶。我们兄弟姐妹都这样想过，父亲难道仅凭读两年高小的私塾就能做到这些？其实不然。父亲对我说过：“学习主要是要养成主动自觉的习惯。你们现在条件好，可以在学校系统地学，我们那时候哪有这个条件啊！所以，你们要珍惜时间，珍惜机会，要学会见缝插针，有时间就学。”父亲有一个爱翻字典的习惯，他能熟练地运用字典自学。这个习惯父亲一直保持到他八十五岁。在我的记忆中，父亲对子女教育是很严厉的，特别是在学习方面，我们总是非常怕他。我们最怕见他的时候，就是拿考试卷子和期末成绩考评让他签字，这等于主动找他挨训，虽然平时他对我们的学习并不过问。父亲总爱以他自己的学习经历教导我们要好好学习、天天向上。什么是天天向上？父亲说：“就是不断地进步。只有树立理想，才能有学习的动力，才能学得精，学得好……”

父亲常常用一首诗来鼓励我们：“三更灯火五更鸡，正是男儿读书时，黑发不知勤学早，白首方悔读书迟。”他要求我们多读书，读好书。父亲不仅要求我们，也同样要求他自己。父亲在大连港务局海港机修厂任职时，为了使单位干部职工的素质有所提高，他想尽办法找各种相关学习书籍，亲自抓深抓细学，使工厂的面貌得到很大的改善。受父亲影响，读书成了我每天必须要做的事。

父亲平时比较儒雅随和，但他在是非面前十分讲究原则，我们兄弟姐妹一旦做错了事，母亲会像护小鸡一样护着我们，总会说小孩子调皮，长大就好了，父亲却认为“子不教，父之过”，他会批评指正我们的错误，让我们在改正错误的过程中反思和成长。所以，在我们的记忆和认知里，父亲绝对不是一个蛮不讲理之人。他只是不允许我们不学习、不听话，更不允许我们做一些违反原则、违反纪律、不守规矩、有违道德的事。所以，我们全家人都是在清清白白做人、坦坦荡荡做事。父亲也从来不会为我们家里的事以权谋私，不让我们占一点点公家的便宜，他从来没有利用他的职权照顾过我们兄弟姐妹六个和母亲。受父亲的影响，我们兄弟姐妹都是通过自己的努力走上各自工作岗位的。

父亲在商业系统任党总支书记期间，他深刻地认识到，商业发展，需要发挥基层党组织的引领作用。从部队到地方，由于角色发生了转换，为尽快加强商业系统党建工作，充分发挥基层党组织的战斗堡垒和先锋模范作用，他积极下基层，走访调研，了解情况，征求民意，虚心向有经验的同志学习，针对商业系统行业的特殊性，他把基层党建工作做到下属公司和营业网点，力求党建工作戒虚务实，使基层党务工作真正落到实处，同时他经常教育广大党员干部要保持勤俭节约、艰苦奋斗、清正廉洁、大公无私的作风，要做到不占不贪、担当尽责，而他自己更是身先士卒，为人表率。

1990 年 4 月，我父亲离休，但他仍然怀着满腔的爱国爱党之情，仍然关心着人民群众。1991 年华东大水灾、1996 年太旧路建设、1996 年山西引黄入晋、2008 年汶川大地震，我父亲都以一个老党员、老革命、老干部的身份，带头主动捐款缴纳特殊党费，支持党和国家社会主义建设，支持灾区人民重建家园。

父亲要求于人的甚少，给予别人的甚多。他从来不夸耀自己，也不会拿自己过去的英雄事迹来教育别人；但他总是希望别人进步，希望别人行得端走得正，包括我们家人和他的同事。在父亲的影响和教育下，我们全家人都养成了读书的好习惯，学习用功、做事踏实、工作努力、与人为善、积极向上是我们的良好家风。

我的父亲是一位平凡又伟大的好父亲。他的一生，是革命的一生、光辉的一生、奋斗的一生、奉献的一生。他给儿女们留下了永享不尽的精神财富，我们将永远铭刻在心，世代相传。

不负韶华晚霞红

讲 述 人：庞川宾
讲述时间：2023 年 5 月 10 日
整 理 人：赵建雄

庞俊（1931 — 2020），又名庞永义。山西代县人。1945 年 6 月参加革命工作，先后任代县政府二区通信员、财贸助理、县财粮科见习会计。1946 年 7 月考入晋绥军区青年干部学校（后改为贺龙中学二部），参加八路军，任三队学员、文书。1948 年 10 月加入中国共产党。1947 年 10 月至 1952 年 10 月，在西北第一野战军第三纵队军事科任会计、科员。1952 年年底，任空军第十一航空学校航空器材股股长。1953 年 2 月带职在空军第七航空学校学习。1956 年 4 月被调入空军第十三航空学校，任航空器材科科长、教材科科长、副大队长。1971 年至 1976 年 4 月，任空军第八师汾阳场站副站长。1955 年授予上尉军衔，后晋升为大尉、少校军衔。1976 年 4 月至 1984 年 4 月，任太原市木材总公司经理、党委副书记等职，兼任山西省物资经济学会理事。1991 年 4 月离休。

○
○

《难忘的岁月》传承好家风

父亲在世的时候，曾经无数次地教育我们兄妹三个，要热爱我们伟大的祖国，热爱伟大的中国共产党，要永远牢记“没有共产党就没有新中国”这条颠扑不破的真理。

2009 年 7 月，已经七十八岁高龄的父亲编写了一本书，叫《难忘的岁月》。

在“编者寄语”中，父亲这样写道：“我热爱山河秀丽、历史悠久、古老而又文明的故乡——代州。因为这块土地曾经养育了我。七七事变后，日本鬼子入侵华北，代县沦为殖民地，从六岁起我就生活在那硝烟弥漫、战火纷飞、腥风血雨的抗日战争中，这样的生活给我的童年留下了惊心动魄的深刻印记。我热爱代县，是因为我十四岁就参加抗日斗争，曾在这块土地上，同战友们风雨同舟、生死与共、出生入死地战斗过，在全县境内留下了光辉的足迹。为了驱逐日寇，为了粉碎国民党反动派，为了解放代县，我在血与火的斗争中经受了考验与锻炼，这也是我摆脱旧的传统观念和家庭的束缚，步入军旅生涯的起点。代县是我生长的根。无数革命先烈为了中华民族的独立和解放，献出了宝贵的生命。他们的爱国主义、革命英雄主义和无私奉献的精神，永垂千秋，浩气长存，世代传颂。”

《难忘的岁月》是以中共代县革命历史大事记和县志为主线，从抗日战争中县、区、村全民抗战的一个侧面去书写的，反映了代县革命斗争的历史，在片段式的回忆录中，父亲又以自己的亲身经历和感受做了比较详细的叙述；同时，从我党的战略方针高度入手，叙述当时历史背景和战役战斗的过程，让人们领悟到毛主席人民战争思想的英明伟大。父亲说，《难忘的岁月》以他耳闻目睹和亲身经历来记述革命战争年代先辈们可歌可泣的英雄事迹。他编写这本书，就是要让青年一代懂得，革命先烈们为了民族的独立和解放是怎样抛头颅洒热血与敌人进行顽强斗争的！我们今天的和平幸福生活又是怎样获得的，我们应该如何珍惜来之不易的美好时光。

父亲热爱学习，用心良苦。他的这本回忆录，不仅是我们全家接受革命传统教育的活教材，而且也给我们传承下来许多好的家风，成为我们的传家宝。我们兄妹三个以及我们的孩子们，没有辜负父亲的谆谆教诲和殷切期望，在各自的学习和工作中，都取得了令人骄傲的成绩，也在为党和国家、人民贡献着自己的光和热。

○

○

青春韶华在革命熔炉里锤炼

1931年农历四月，父亲出生在忻州代县磨坊乡“杀子河”畔赤土沟村的一个普通农民家庭。父亲说，他的启蒙教育就是读过三年私塾，读的是“四书”。1937年9月30日，日本鬼子从应县茹越口侵入代县境内，从此，代县变为日寇残暴统治下的殖民地，老百姓过着暗无天日、任人宰割的亡国奴生活，因此学校不得不停办，父亲只好辍学。1938年初春，日本鬼子的铁蹄第一次踏进赤土沟村，一支五十余人的日军队伍，烧杀掠抢，无恶不作，还用伪善的姿态宣传所谓的“王道乐土”，说要建立所谓的“大东亚共荣圈”，日本鬼子的恶行激起了村民们无比的愤怒。父亲说，那是他第一次见到日本鬼子，那时候，在他幼小的心灵中，就留下了魔鬼的阴影。

1938年1月，中共代县县委在峨口村成立，代县的抗日斗争轰轰烈烈地开展起来了。当时，父亲全家人积极参加和支持抗日斗争，我爷爷担任村粮秣委员，我大伯是基干民兵，父亲是村儿童团员，后来当了儿童团团长。父亲说，他的童年就是在民族危亡、战火纷飞、硝烟弥漫的环境中度过的。他八岁时目睹了日伪军在大西庄村的山梁上抓捕二区区委书记金方昌的情景，后来还亲眼见了在县城东门外的城墙上悬挂着被日伪军杀害的革命同志的头颅，也目睹过日伪军杀害地下党员、堂兄庞存魁的惨状，日伪军的这些暴行，震撼着、刺痛着他幼小的心灵，国恨家仇激发了他参加革命的热情。1945年夏天，十四岁的父亲，毅然离开了家，走上了革命的道路。

父亲参加抗日工作后，因为年龄小，政府就留他在二区也就是城关区担任通信员、财贸助理员。有一次，区委在红崖湾召开了征粮工作会议，区长冯占都（卜文会）和父亲深入敌占区执行征粮任务，当他们路过赤土沟村时，突然发现父亲发起高烧，患了伤寒病，区长就安排父亲回家里养病。那时缺医少药，好几天都高烧不退，人一直处于昏迷状态。有一天傍晚，村子突然被日伪军包围，一名日本鬼子兵和一名伪军端着刺刀闯进院子里抓八路，搜查到我父亲昏睡的东房内，差点儿把他抓走，多亏他祖母以伤寒病传染为由沉着应对，日伪军怕被传染，父亲才幸免一难。父亲说，那一次，他已经做好了牺牲的准备，多亏了他祖母的掩护。父亲活下来了，想不到却把伤寒病传染给了他祖母，老人家病了七天后离开了人世，父亲心里十分愧疚。第二天，他骑着毛驴，带了六块银圆，去十里铺村请他外祖父进城去买一条给他祖母安葬穿的装老裙子，结果半路上，又差点儿被日伪军抓去。

在那个全民抗战的残酷年代，父亲小小年纪，为躲避敌人的捕捉杀害，只得白天进村工作，夜间在荒山野岭露宿。他经常跟随区长冯占都深入敌占区征粮，过着艰难困苦而又提心吊胆的游击生活。1946 年春天，父亲被调到县政府财粮科任见习会计，负责税契和河北三个区工作人员的粮票发放、公粮催运，以及收购伪军的武器弹药等工作。在抗日战争反攻阶段，南北两山根据地以滹沱河为界而分割开来，日寇以公路沿线为链接设立据点，封锁切断了两地的联系。因为父亲他人小胆大、精干心细、熟悉路线等特点，抗日政府多次派他夜渡滹沱河，穿越封锁线去执行任务。父亲说，有好几次与日伪军遭遇，他都机智勇敢地脱险，经受了生死考验与战争锻炼。

1946 年 6 月，晋北战役开始，父亲在当时抗日政府县长杨亭秀的率领下，渡过滹沱河，到达段村堡，迎接野战部队，攻打二十里铺日伪据点。在激烈的战火中，他们绕开敌人密集火力的封锁，在枪林弹雨中，将粮草运送给部队，配合野战部队攻克繁峙后，挥师代县。7 月 6 日，代县县委、县政府机关以及地方武装从东关列队进入县城，宣告代县回到了人民手中。当时，父亲在县城西街兵站财粮科工作，负责野战部队的粮秣、柴草供应，后来被调到代县粮食局当干事，随后参加了代县举办的干部训练班学习。9 月中旬，晋绥军区青年干部学校，也就是后来改为贺龙中学二部的学校，在崞县组建并招生。在代县招生期间，父亲在县政府报名，经考试后被学校录取。他舍家离乡参加了八路军，并随部队进行军政训练，当时父亲担任三队学员、文书。

刚进入“青干校”学习期间，由于处于艰苦的战争环境，父亲也曾经跟部分学员一样，产生过不适应和不稳定思想，甚至产生过离校的想法。经过学校开展的思想整顿、忠诚教育、政治审查，特别是在学校开展进步竞赛后，他总结了自己的思想转变过程，在全队进行了总结演讲，学校的《贺龙报》还登载了父亲的思想总结。从此，他真正树立起为解放全中国、为人民革命到底的决心和信心。父亲说："要成为一个合格的革命军人，就必须通过学习，具备一定的政治、军事、文化素质。由于战争形势随时会发生变化，在战争中学习战争，这是培养革命军人的主要途径。贺龙中学就是塑造新型革命军人的一座熔炉。在贺龙中学二部参加学习，使我学习到了我党的优良传统和良好的革命军人作风，使我成长为一名真正的革命军人，为我坚持革命到底打下了坚实的基础。"

1947 年 3 月 13 日，蒋介石集中精锐部队进攻延安。为响应保卫延安、保卫毛主席、保卫党中央的号召，父亲和大部分学员被分配到西北野战军部队，奔赴大西北前线，参加了陕西省宜川瓦子街、洛川、白水公路（解放延安）、虎梯山、永丰镇、扶眉以及甘肃兰州等解放大西北的许多战役，经受了革命战争的洗礼。

1952 年年底到 1953 年春天，遵照毛主席"建立一支强大的人民空军，保卫祖国，准备战胜侵略者"的指示，父亲被调入中国人民解放军空军部队，先后参加组建第十一、第十三航空学校和基地。1952 年全军"三反"（反贪污、反浪费、反官僚主义）运动后，部队整编，抗美援朝。父亲响应党的号召，报名参战，在空军第十一飞行航空学校飞行第三团任航空器材股股长；同年年底，为了适应抗美援朝战争形势的紧迫需要，父亲被调入空军牡丹江第七航空学校学习航空理论。父亲说，那时他们所有学员文化水平普遍都低，学习非常困难，但他们还必须完成飞行原理、空气动力学、发动机原理、飞机构造维护、军械射击、特设电工、气象场站等十四门功课的学习。父亲担任六班学习组长，他们在苏联顾问的指导下，实行六小时一贯制的高强度学习，大家主要是靠死记硬背。经过半年多的刻苦学习，父亲毕业考试成绩除政治是四分外，其他科全是五分，获得二等生称号，受到学校表彰。航空理论学习结束后，学校为他们颁发了毕业证书。随后，父亲和学员们到空军锦州第三航校绥中第三团对口实习。通过学习，父亲由一名陆军战士变成一名合格的空军干部。后来，父亲在陕西阎良机场服役期间，在学习实践相结合的基础上，自行总结编制出《卸油作业的四过程》，即：卸油前准备、取样化验、卸油作业、卸后讲评，使卸油工作紧张有序地进行，提高了卸油的输入效率，缩短了卸油时间，减轻了卸油劳动强度，确保了安全卸油。

1956 年 4 月，父亲又被调入空军第十三航空学校，任航空器材科科长、教材科科长、副大队长。1971 年至 1976 年 4 月，任空军第八师汾阳场站副站长。可以说，父亲戎马生涯三十多年，在我国空军建设中贡献了自己的青春年华，从一个幼稚无知的农村少年成长为共产党领导下的一名军事干部，他为中华民族的独立和全国解放、人民空军的建设，作出了自己应有的贡献。

1976 年 4 月，父亲转业到地方工作，一直到 1984 年 4 月，先后在太原市木材总公司担任革委会主任、经理兼党委副书记。木材是那时候国民经济中最短缺的物资，在当时国家计划经济方针指引下，他锐意改革，改变企业的经营方式，着力发展木材加工生产，增加木材的销售附加值，在公司原有生产线的基础上又建成一条生产线，使原木年产量达到三万立方米。同时，父亲带领公司广大职工，学习其他单位的生产经验，创新工作方式，采取提高捆车器、麻绳的回收和开展送货上门、装卸车等业务，不仅降低了费用成本，还提高了经济效益。经过不断努力，公司很快扭转了每年亏损二十余万元的局面，最高年份上缴国家利润二百六十余万元，并为提高木材利用率和发展综合利用打下了基础。随着木材加工生产的发展，落后的生产工具已经不适应生产的需求，单靠小平车和人工装卸木材满足不了生产的需要，父亲就号召公司职工开展“大学习、大比拼”，他亲自参与创新试验，组织机修工人和技术人员，利用报废的坦克和飞机轮胎，加工组装成移动式电动吊车和拖拉机拉运木材的作业线，促进了公司生产力的发展。

1977 年 4 月至 5 月，“全国工业学大庆”会议先后在大庆、北京召开。此后，党中央、国务院号召全国所有企业，都要努力向大庆看齐。根据国家发展木材综合利用的指示，父亲领导太原市木材公司，大胆改革、大胆创新，经过五年努力，建成了年产一点四万立方米、年产二点五万立方米的刨花板、胶合板生产线及制胶、锅炉、供电、供水的配套设施。1984 年试产成功，交付生产，把太原市木材公司建设成市工贸综合性大型企业。父亲说，不管干什么工作，必须把不断学习放在首位。所以，为适应木材生产的发展，在修建厂房的同时，父亲还着手成立了技工学校培养技术工人。

由于父亲长期从事物资工作，加之他不断加强学习，所以工作成绩显著，并且积累了丰富的经验。除了做好管理工作，他还注重调查研究、理论学习、论文撰写。他在《太原经济》《太原技术研究》《太原物资》《山西物资》等刊物和山西省历届物资经济理论学术研讨会上，发表了《流动资金与物流的关系》《开辟木材新领域》《增强企业活力》《企业决策科学化问题》等专业论文，从理论和实践的结合上，探索了企业经营管理的规律，使企业经济步入良性循环的轨道。父亲凭借他的大胆改革和不断创新，带领公司全体员工改善了劳动条件，提高了劳动生产效率，促进了木材综合利用生产力的提高，以高度的政治责任感和事业心，对企业的建设与发展作出了贡献。特别是在“全国工业学大庆”活动中，父亲领导的太原市木材公司被山西省委省政府、太原市委市政府评为“先进单位”，父亲也以先进集体代表的身份光荣出席了全国物资战线学大庆表彰大会，在人民大会堂受到了党和国家领导人的亲切接见。

○

○

莫道桑榆晚　为霞尚满天

1984 年 4 月，父亲退居二线后，任公司调研员兼调研室主任，还被选举为山西省物资经济学会理事，负责审核全省经济论文，为历次学术研讨会做准备。除了参加公司的一些决策会议和公司领导交给的任务外，他把主要精力都集中到物资经济理论研究工作和撰写党史、回忆录上来。父亲经常跟人说，他的文化水平不高，知识面非常欠缺，完全跟不上时代发展的步伐，必须不断地学习、学习，再学习。父亲没有把晚年的时光放在修身养性、养花种草、打牌喝茶、旅游观光等享受上，而是抓紧时间、挤出时间去读书、学习、关注新闻、浏览网页，通过学习和思考，他从理论和实践结合上总结以往的经验，撰写了大量的物资经济论文，探索出企业经营生产的规律。在山西省历届物资经济研讨会上，父亲撰写的论文多次被大会宣读交流。通过调研、考察、学习、研究，父亲撰写的《物资流通与加速资金周转》《关于提高木材综合利用率》《加强物资经济理论研究》《关于增强企业活力》《做好物资系统思想政治工作》等论文，都在省、市刊物上发表过，有的被省物资经济学会批转全省，受到业界专业人士的广泛好评。其中，《关于提高木材综合利用率》一文，经山西省物资经济

除了做好管理工作，父亲还注重调查研究、理论学习。

学会评定获得二等奖，又被推荐参加华北物资经济研讨会交流，并收录在《华北物资经济论文集》里面。父亲在个人撰写论文的同时，还参与山西省物资经济学会历届研讨会全省各地报送论文的审定工作，为省里每次召开学术研讨会做好材料准备。父亲说，他如果不坚持学习，早就被社会淘汰了，根本没有资格参与这些活动。1988 年，父亲被全国物资经济学会授予“全国物资经济理论先进工作者”荣誉称号；1989 年，经山西省职称评审委员会评审，父亲被评定为“高级经济师”职称，成为一名经济学学者；太原市物资局开办电视广播大学班，父亲被聘为毕业论文辅导教师和毕业论文答辩评审委员会委员，并荣获“优秀知识分子”称号。

在进行物资经济研究的同时，父亲还撰写回忆录。他牵头组织原晋绥军区“青干校”（贺龙中学二部）的领导、老师和同学们，编撰出版了《在战斗中成长》一书，父亲为该书撰写了一篇名为《晋绥军区贺龙中学二部简史》的文章，还撰写了大量古体诗词。2002 年，父亲被太原市物产集团聘为顾问，为建立太原木材市场编写了许多规章制度，他还经常以《参事录》的形式为集团的改革提出合理化建议，受到集团党政领导的好评，并多次将他的建议以简报形式转发各分公司；父亲注重引导集团上下广泛开展学习，并在工作中取得优秀成绩，多次被物产集团评为“先进顾问”称号。2000 年 9 月，父亲的事迹被国家人事部专家服务中心收入《中国专家大辞典》《西北军大人名录》；2003 年 12 月，父亲为《中国共产党人格言宝典》积极撰稿，他的许多优秀作品被收录其中；2005 年 2 月，全国老龄委组织编辑出版的《开国将士风云录》，也收录了他的业绩，稿件都是父亲亲自撰写的。在党组织召开的各种学习活动、主题教育中，父亲积极学习政治理论、积极带头发言、积极撰写学习心得体会、积极汇报思想工作，多次被评为模范党员、党员标兵、先进个人，受到党组织表彰。

岁月沧桑，夕阳无限；蜡烛虽短，光照人间。父亲一生从事革命工作，经过革命战争和社会主义建设的锻炼、考验，他树立了正确的人生观、世界观和价值观，确立了坚定的共产主义理想信念；他忠于党和人民，忠诚党的各项事业。在战争年代，不畏艰险，不怕牺牲，出色地完成了上级交给的各项任务；在国防和经济建设中，他以高度的事业心和责任感，呕心沥血，艰苦奋斗，自力更生，勇于改革创新；他无私奉献，从不计较个人得失，党叫干啥就干啥；

他干一行，爱一行，学一行，钻一行；他学习刻苦勤奋，注重调查研究，不断积累经验，带动产业发展。他始终保持了中国共产党和人民军队的光荣传统和优良作风，深入实际，艰苦朴素，密切联系群众，以身作则，身先士卒，甘做表率；他遵守党的纪律，坚持党性原则，坚决抵制不正之风；他勤政廉洁，尊重集体领导，维护党在企业中的核心领导地位，从不以权谋私。即使是退出领导岗位之后，他仍然能够以“老牛自知夕阳晚，不用扬鞭自奋蹄”的勤奋精神，做到老有所学、老有所乐、老有所为，为建设中国特色社会主义伟大事业献计献策，尽力贡献，真可谓“老骥伏枥，志在千里。烈士暮年，壮心不已”。

2020 年 4 月 24 日，父亲因病去世，享年八十九岁。在沉痛怀念他老人家的同时，我们全家人形成了一个共识，就是要继承他的崇高精神和优秀品德，追求真理，勤奋学习，在纷繁复杂的社会环境中实现自己的人生价值，做一个对社会有用的人。

永葆共产党员的本色

讲 述 人：于邑生 于原平
讲述时间：2023年6月1日
整 理 人：周至

于化龙（1922 — 2020），山西晋城人。1938年4月参加革命，1949年4月加入中国共产党。曾在冀南八路军宣传队、汤阴鹤壁煤矿、太行实业公司、山西省工业厅、山西省委工业部、山西省委组织部、山西纺织厂、太原市手工业管理局、太原市电子工业局、太原市纪律检查委员会筹备领导组工作；历任山西纺织厂组织部部长和政治部副主任、太原市手工业管理局党委副书记、太原市电子工业局党委书记、太原市纪律检查委员会筹备领导组成员（副厅级）。1985年4月离休。

○

○

听党话跟党走　一身正气

我们的父亲于化龙，不满十五岁就参加革命，因年龄小、个头矮，被分配到“南公八路游击队曙光话剧团”儿童队工作。当时他的主要任务是，到群众中宣传党的抗日救亡政策，揭露日寇侵略罪行，唤起民众，团结起来一致抗日。战争间隙，部队经常组织战士学习文化知识，听取部队首长做报告。父亲印象最深的，是部队首长赖若愚给他们做过一次形势报告，讲了国内形势和国际形势，讲到了西班牙、葡萄牙等国家。父亲说，当时年幼的他，听完报告仿佛开了一扇窗，令他豁然开朗，后来和同志们交流讨论，对世界格局有了粗略认识。

八路军是行军打仗的部队，也是学习知识文化的学校。1939年底，父亲所在部队被整编到八路军晋冀鲁豫边区游击队，少数人被分到八路军在阳城的黄河剧团，大多数被分配在连队。父亲跟着他的队长，到了唐天际司令部的警卫排，进入三大队通信班。父亲说，这支部队的很多同志是从长征过来的老红军，政治、军事素质比较高，组织纪律性也很强，日常演练的项目也多，各项要求都特别严格。当时，为了应对突发事件，全体指战员到阳城山区去拉练；为了提高部队干部的政治、军事水平，还分期分批往延安抗大送过学员。特别是朱德总司令、彭德怀副总司令由陕甘宁边区进入山西，指挥八路军抗战路经阳城时，还给父亲所在的部队做过报告。这些经历令父亲终生难忘，到晚年也常常提及。

参加革命那么多年，父亲也有一些遗憾。他常说，虽然曾经配有手枪，但因一直在后方工作，从来没有机会扣动扳机，与敌人真刀真枪较量一番，因此他很羡慕上过前线的战士。然而，父亲以他坚定的信念、坚强的意志，严格自律，在其他战线上为革命事业兢兢业业地奉献了自己的青春。革命队伍培养了父亲敢于坚持真理、修正错误、敢于斗争、不怕牺牲、敢作敢为的共产党人大无畏精神，所以在之后的工作中，只要遇到有悖原则的人和事，父亲常常敢于直言，面对大是大非的问题，从不做老好人，从不和稀泥。

参加土改工作时，面对从地主老财家里没收的金银财宝，父亲毫不动心，坚守底线；在河南汤阴煤矿任总出纳员时，父亲每天值班，守着用麻袋装的大量钞票，恪守尽职，用生命保护国家财产安全，赢得领导信任和群众好评；在下放期间或下乡工作到群众家吃派饭时，父亲都会主动交上粮票和餐费，严格执行党的三大纪律八项注意……

父亲看不惯一些领导干部高高在上的做法，他对劳动人民有着深厚感情，对群众的疾苦感同身受。他经常告诫在农村插队的家中子女，还有在老家基层工作的侄儿们，“要对戴草帽的人（农民）和撑伞的人（干部）一个样”。与一些干部遇到麻烦就躲、有了功劳就抢不同，父亲勤勉工作，责任心强，只要不违背组织原则，符合规定，他就勇于担责，敢于作为，所以找他解决问题的人自然就多。

记得小时候，我们家九口人拥挤在三间平房里，父亲常常因为工作早出晚归，到家已经很晚了。我们姐弟几个睡在一张大炕上，父亲坐在门口桌子前，接待来访的人。别看父亲平时脾气急，但对来反映问题的人很有耐心。有时熬到很晚甚至黎明，父亲灯光下的背影，深深刻进我们的脑海。有时，一大早，还有人来敲门。当时弟弟、妹妹在上初中、高中，学习也紧张，在家都不能正常复习，晚上睡觉也受影响。那时，我们年纪小，难免私底下还会抱怨几句。但长大了就特别理解父亲，甚至崇拜父亲，是他的人格力量，滋养了我们姐弟几个，是他用自己为革命工作的脊梁，塑造了我们的生命底色。

无论走到哪里，身居何位，父亲从未利用职权谋取私利，更没有伸手要官，争过好处。相反，他总是见荣誉就让，见困难就上。机关曾先后两次晋升级别、调整工资加薪有他，但父亲却将名额让给了别人；单位分配住房几次有他，父亲都把名额让给了困难户……

在父亲观念中，领导干部就应该吃苦在前，享受在后，绝不能利用职权为自家开方便之门。20世纪七八十年代，我们姐弟相继到了成家立业的年纪，家里没有钱购买木料、家具。那时父亲在太原市手工业管理局担任领导，下属好几个木器厂，请人帮忙是轻而易举的事。但他从没有开过口，而是去旧货市场买来一些废旧木材打家具。我们“新房”里的家具和门窗都是修旧利废做的。对于我们姐弟工作的安排，父亲也没有管过，都是靠自己学校分配或按插队返城规定安置的。相反，他对一些有困难的同事、下属及院邻，总是主动地去帮助他们排忧解难。在他力所能及的范围内，有的安排了工作，有的从外地调回了父母身边……许多年后，这些被帮助过的人谈起父亲所做之事，我们才得知。而父亲就是这样一个默默做事奉献的人。

父亲待人平等，平易近人。离开农村那么多年，父亲对劳动人民的感情从未改变。只要老家有人来太原办事，他从不嫌弃厌烦。不论私事还是公事，只要正当合理，父亲都会热忱接待，尽心帮助解决问题。

父亲离休后，几乎每年都要回老家探望亲人，我们有时也利用假期，陪父亲回老家住一段时间。父老乡亲对父亲的敬重、爱戴，深深感染了我们，也增强了我们的浓浓乡情和家国情怀。乡亲们逢人就夸我们的父亲：“在省城工作生活了几十年，一点儿架子也没有，和蔼可亲没忘本，不愧是党的好干部！”听到这样的评价多了，我们自然知道该怎么待人，如何处事。父亲的一言一行，给我们几个子女作出了榜样，树立了良好家风。

○

○

爱学习爱唱歌 心胸宽广

父亲小时候上过几年学，在那个年代算是个文化人。难得的是，父亲在革命工作中，总是干一行爱一行，其学习精神深深影响了我们子孙后辈。

父亲一生酷爱读书、学习、写字，老人家对学习的热爱程度，到达了一定高度。1985 年，父亲离休后就参加了太原市老年大学，他是老年大学中最年长的学员，但无论在哪个班级，父亲都是大家备受尊敬的好学生。可以说，父亲毕生都把学习当成他生命中的重要组成部分了，老有所学、老有所为、老有所乐是父亲奉行与坚持的人生态度。父亲多次作为太原市老年大学上报的典型，被黄河电视台、《太原晚报》等新闻媒体采访报道，广为传颂。

1991 年母亲去世，当时父亲还不到七十岁，他除了准时上老年大学的课程，还收听早间新闻、读党报、学书法，并且每晚收看《新闻联播》《海峡两岸》。那个可以随身携带的收音机，也算父亲的一个伴，这么多年，不知用坏了多少个收音机。大姐退休后，也跟随父亲一同上老年大学，“女儿陪父亲上老年大学”一时被传为佳话。后来老年大学有个规定，八十岁以上不让报名，父亲那时已经九十多岁了，自然不能再去，但他一再叮嘱大姐，要把他的老年大学学员证保存好。父亲无比珍视能够学习的机会，在家几乎是手不释卷，晚年眼睛不好，看电视都费劲，他就听有声书，每天让孩子们给他读报读书，直到生命的最后阶段，仍在孜孜不倦地坚持学习，毫不夸张地说，父亲真正做到了“活到老学到老”，他老人家率先垂范的学习精神一直都深深地影响着我们全家。

父亲不仅自己爱读书，也注重对我们姐弟及后代的教育。无论生活多困难，他都千方百计保障我们上学的费用，鼓励我们姐弟读书上进，力争上游。1965 年，大姐初中毕业，那时家里生活太困难，弟妹太小，她心疼父母，就想放弃上高中，早点工作替父母减轻生活负担。父亲知道后暴跳如雷，训斥她去参加高中考试。母亲说：“你只管去考，我们就是要饭也供你上学。”在父母的支持下，我们姐弟及后辈中有多人考上大学。父亲倾其所有供我们完成学业，让我们用知识改变了命运，过上了虽不富足但和谐快乐的生活。

父亲尊师重教。记得有一年，他的老师从老家来太原，父亲知道后就接来家里热情款待，尊敬地一口一句地称呼“陈先生”。在得知老师家中困难，就从刚发的工资中拿出三十元钱送给老师。那年头，谁家都不富裕，陈先生看到我家生活也很拮据，母亲还在生病，感动得掉下眼泪，直言父亲一点儿也没变，还是那么忠厚善良、有情有义。

晚年时，父亲每年回老家，总要与在晋城市教委担任领导的同村老乡裴武琪见面，交谈有关教育制度改革和办学方面的问题，关心并支持家乡的教育事业发展。大姐和二姐夫在高校任教，父亲见面就对他们讲，要提高专业知识水平，注意培养高素质的有用人才……

父亲自小爱唱歌，到部队就进了宣传队，每天就是唱歌、跳舞，宣传鼓舞群众与侵略者做斗争。到了老年大学，父亲除按规定报了三门课程，还报了书法、历史、唱歌班。虽到晚年，他仍曲不离口。即使卧病在床，他的妹妹来看望他，他依然要跟我们的姑姑一起高歌：“敌人从哪里来，把他打回哪里去，敌人从哪里进攻，把他消灭在哪里。神圣的民族革命战争已经展开，全国的大众要紧紧地结成一体，清除一切私仇，对外抗战，我们的血要流在一起。快武装起来……”父亲喜欢的革命歌曲，有《全面抗战之歌》《救亡进行曲》《三大纪律八项注意》《游击队之歌》《大刀进行曲》等，从中他能获得力量，斗志昂扬，永不言败。父亲最喜欢唱革命歌曲《松花江上》，那悲愤的曲调、激昂的歌声，如今听来，我们都能想起父亲的音容笑貌。

从战争年代走过来的父亲，用一生践行了他对中国共产党的忠诚，用一生诠释了一个革命者的气魄和风范。无论在哪里生活，在什么岗位工作，父亲都以一个共产党员的身份严格要求自己。

○

○

意志坚品格高　后辈楷模

父亲性子耿直，但他在我奶奶面前总是毕恭毕敬。父亲对待我们子女及晚辈也是宽严相济、慈爱有加。记忆中，父亲从我们姐弟幼年时就严格要求，是典型的严父。但他对我们的慈爱，却说也说不完。由于家里人多钱少，生活比较拮据，正值困难时期，父亲得了严重的胃病，当看到孩子们饥饿难耐时，他果断地把烟戒掉了，还想方设法将购烟票拿去兑换成粮票或食物来解决我们的温饱问题；大弟两岁多时，有一天夜里突发急病，正好父亲在家，就连夜把大弟送到医院，因诊治及时大弟才脱离危险；大姐上初中的学校离家较远，父亲就经常骑自行车送她上早自习，遇到冬天下雪路滑，父亲还要去学校接她；大姐毕业分配到外地工作，父亲经常写信关心、鼓励她，还委托下放到闻喜工作的同事去看望大姐……

父亲晚年，是大姐一直陪伴着他，照顾他的生活。父亲生活很规律，自制力也强，每天凌晨四五点准时起床，听着收音机的早间新闻做一套强身健体的洗髓功，之后下楼遛弯儿、吃早餐。寒来暑往，刮风下雨，他的生活作息雷打不动。

父亲做事奉行有始有终，绝不虎头蛇尾。他经常教育我们，凡事贵在坚持，这也是他多年来养成的良好习惯。父亲说人贵有恒，他的一套拳一练就是一辈子，是每天清晨不变的早课；毛笔字一写就是几十年，直到他再也不能握笔才停手。但凡父亲决定做的事，几乎没有一件会半途而废。这一点说起来容易，做起来真挺难。“贵在坚持，持之以恒”的优良作风，是我们非常敬佩父亲身上的闪光点之一。

父亲离休后，担任太原市纪委离退室党支部书记，这个职务不是只挂个名、有个牌子就可以了，他依然是老骥伏枥，发挥余热，坚持开展支部学习生活，为搞好党组织建设建言献策。他为人正派，威信极高。一直到快九十岁了才卸任，党组织信任，群众拥护。在任期间，父亲多次被评为“党员标兵”。

父亲九十四岁那年，生了一场大病，当时是因为寒冬凛冽刮大风降温，父亲仍要下楼去报刊亭读报，导致感冒引起肺部感染，住进重症监护室。我们一大家人度过了惊心动魄的一百四十余天。在重症监护室，父亲全身插管不能说话，仰着头写下“不要伤心”“谢谢”等字。是父亲的坚强战胜了病魔，转危为安，医护人员都被父亲的强大意志力所感染，夸赞是父亲生命力的顽强，子女的不言放弃，才能创造了如此奇迹。父亲大病之后，医生说他以后下床都费劲，再也无法站立了。但靠着钢铁般的意志力，父亲硬是咬着牙慢慢锻炼，下床站立一秒、两秒，后来竟然可以借助助步器再次走路。

父亲卧病在床期间，仍关心国家大事、国际时事。父亲的一生虽然没有过什么惊天动地的豪言壮举，但他信仰坚定、忠诚于党、不怕困难、敢于斗争，以及他的耿介性情和磊落风格，得到了众多人的肯定和赞许。

父亲对待我们姐弟几个，还有他的孙子、孙女、外孙，都能一碗水端平，平等关爱，耐心教导。他总是教导我们要团结友爱，常来常往，互相帮助，所以我们全家多年来形成了一种牢固的凝聚力，多次被社区评为“五好家庭”。这个儿孙满堂的大家庭中成员虽多，但彼此间相敬如宾、尊老爱幼、和睦相处，几代人之间多少年以来从未红过脸，都非常宽容大度、相互理解、相亲相爱，是和谐幸福的一家人。我们兄弟姐妹及晚辈们立誓：愿将父亲母亲创立的“崇尚读书，勤奋做事，正直做人”的家风家训传承并发扬光大，让我们及后辈都过上幸福和有尊严的生活。

父亲斗志昂扬的工作作风、热爱学习的精神品质和与人为善的生活态度，是留给我们后辈的宝贵财富，是我们战胜困难和挫折的法宝。这股精神力量，将如同细雨般源源不断地滋养着我们这个大家庭。

2020 年 9 月 20 日，父亲在太原逝世，享年九十八岁。在父亲的追悼会上，太原市纪律检查委员会给予了我们的父亲高度评价。感谢父母给了我们一个幸福安稳的家，教会我们怎样处事、怎样做人。当我们历经沧桑、尽阅世事之后，追忆父亲生前的一言一行，会更加深刻理解父亲、敬仰父亲。我们全家人有一个共同的信念，就是每一代人都要像父亲那样：生当砥柱，逝如高山，顶天立地，清白自律，正直向上。

团结大众

喜看春意在人间

讲 述 人：窦林玲
讲述时间：2022 年 8 月 20 日
整 理 人：张玉

赵宇（1925 — 2016），山西沁源人。1941 年至 1943 年就读于太岳中学。1943 年参加工作，于沁源县任教；1945 年入党。1946 年，任太岳新华日报社科员；1949 年起，从事晋东南地区妇女工作；1953 年，调任至山西省妇联，历任干事、秘书、办公室副主任、组织部部长。1986 年离休。

○

○

烽火山城

我的老家在山西沁源。沁源是革命老区，那里参加革命的人很多。我妈妈赵宇受当时环境和氛围的影响，从小立志报效国家。1941 年，她十六岁，和两个小伙伴一起瞒着家里报考了太岳中学。太岳中学是中共太岳区党委和太岳行署的前身——山西省第三行政专员公署路西办事处，根据 1940 年初夏中共中央北方局黎城会议上关于根据地教育建设的要求，于同年 8 月 1 日在沁源县城创立。它是太岳革命根据地最早的一所中学。我的父亲窦凯，1921 年出生，十六岁时就参加了革命，十九岁便入了党。

那时开展革命工作十分艰难，条件很艰苦，而且危险，我姥姥家不愿意让我妈妈去读太岳中学，但是妈妈执意要去。她一直都是这样立场坚定的人，谁也拗不过她。她入学的同年秋，日军同浦路清水师团伊藤部及白晋铁路、临屯公路等处之敌江口联队、村井旅团大井大队、增田大队等部对沁源及整个岳北根据地实行“铁壁合围大扫荡”，学校被迫辗转于绵山、王家湾、鱼儿泉一带进行教学。师生的生活十分困难，每人每天只能吃到半斤粮食。他们在山沟分散教学，一边战斗一边转移，充分利用各种场合宣传抗日救国的主张，积极配合根据地军民的反“扫荡”斗争。我妈妈就是在这样的环境中成长起来的。太岳中学一共培养了一千三百多名党、政、军干部，为太岳区的革命建设事业作出了巨大贡献，我妈妈就是其中的一员，这是她引以为傲的经历。

妈妈后来谈到她的革命历程时，提到当时的阶级矛盾、民族矛盾、社会弊端。她说凡是了解事实、有正义感、有同情心的青年学生，大都会站在代表社会进步力量的一边。他们没有什么既得利益需要捍卫，欢迎社会的变革；他们一腔热血，愿为国家民族而流。

○

○

默默奉献

我于1943年出生，那时爸爸妈妈都在长治市工作，我们家在长治市委的一个小院里。他们工作都很忙，顾不上看我，尤其是父亲，我很少见到他。我经常一个人在家等他们回来，我的童年是孤独的。但是和我的弟弟妹妹相比，我还是幸运的，他们或被托给我姥姥照顾，或寄养出去，都没能在父母身边成长，而我很幸运地一直跟着父母。我们是普通的革命家庭，父母一生为党和国家做贡献，干了一辈子工作。他们子女较多，一生清贫，对我们兄弟姐妹的培养和教育其实是不到位的。在我的记忆中，父母做家务比较少，因为机关一直有食堂，他们和我们兄弟姐妹的相处时间也很少，沟通较少，对我们的教育主要靠行动来表达。

1951年，我妈妈被安排到长子县做妇女主任，我也随她过去了。她上班，就把我一个人留在宿舍。当时我们和民兵连住在一起，年幼的我正是活泼好动的时候，有一次我跑到民兵连的宿舍里，把手榴弹拿下来玩，差一点儿酿成大祸。幸亏有一个民兵看到了，跑进来把我抱住，才阻止了一场惨剧的发生。这件事发生之后，妈妈也感到很愧疚，但是还是没办法兼顾工作和家庭。

1953年7月，我随妈妈来到太原，在省委宿舍住。姥姥跟我们一家一起住，帮我父母带孩子。那时宿舍大院还是窑洞，取暖要靠自己烧煤炉子。姥姥带着我和弟弟妹妹去捡煤核回来烧。那时锅炉房的灰堆里总会有一些没有燃尽的煤核，工人师傅怕引起火灾，拿水把余烬浇灭，灰堆上空冒着腾腾的白汽，像蒸馒头一样。姥姥带着我们，扒拉着煤渣，把煤核拣出来。这样烧过一次的煤核没有煤烟，姥姥很喜欢。我和弟弟妹妹都努力去拣，虽然不多，但是也能稍稍让家里的煤炉多烧一阵子，给寒冷的冬天增添一点儿暖意；最重要的是我妈妈还会表扬我们勤俭节约。那时是最艰难的岁月，尽管我父母两个人工资都不低，但我家里人口太多了，我们兄弟姐妹七人，还有姥姥，还有在老家生活的姥姥的母亲和我的爷爷奶奶，一大家子十几口人需要我父母养活，生活自然是捉襟见肘。这样的环境迫使我早早懂事，经常在假期勤工俭学。

1960年，大同的老白洞煤矿发生了一起爆炸事故，共造成六百八十四人遇难。那次事故不但让很多家庭支离破碎，也对当地的煤炭经济造成了很大的影响。我妈妈被抽调过去做妇女工作。我记得那天她刚上班就接到通知，然后她打电话告诉姥姥说她要走了，组织安排她去做救援。她连家都没回，只带了块毛巾就走了，一去很多天。像这样的事情还有很多，她一直辗转多地，奔波劳碌，学习、培训、开会，颠沛流离、风餐露宿，十分辛苦。1965年，她被选到省委驻曲沃县“四清”工作队，去了一年多，回来之后就参加了“文化大革命”中办的学习班。1970年，她被下放到孝义县梁家庄大队插队劳动，户口也从城市迁到农村。她在孝义农村待了两年，住在一个孤寡老人的房子里，条件特别艰苦，但她从无怨言，被孝义县革命委员会评为先进模范。

我的父母都热爱学习，喜欢看书。儿女们受他们的影响，读书都很用功。我们兄弟姐妹七人，有两个是通过推荐去上大学的，有两个是恢复高考之后自己考上大学的。我们当中有六个是共产党员。

我个人的成长比较顺利，1968年大学毕业，分配到大同市钢铁厂工作，从工人到车间主任，一步一步踏踏实实干过来。1975年，我被调回太原，当时儿子已经五岁了，父母年龄也大了，我就回来照顾他们。在冶金工业局，我又从头做起，从科员一步步做到处长。1986年，我去代县下乡扶贫，任扶贫队长。我们在省计委的支持下组织代县建设了年产二十万吨铁精矿粉的乡镇企业，我们扶贫工作队被评为模范工作队，我被评为模范队长。

那时大家都想把自己的工作做好，一点一滴地建设社会主义新事业。我爸爸妈妈看到我的成绩很自豪，但同时也告诫我要谨慎做事、恪尽职守。妈妈总是说我们不要太激进，要平稳做事，注意细节。在她的指导下，我干工作一直稳中求胜，不搞冒进。在代县，我们帮村民们打井，让他们吃上清洁的饮用水，这件事还上了经验交流会。那是我一生中少有的用绿色环保的缨络编织起来的单纯快乐的时光。在代县扶贫工作的一年，是我一生中难忘的一年。

○

○

寄语未来

我的父母对党忠诚，严于律己，对我们的要求也特别严格。我最小的妹妹做过省经贸委副主任，她是恢复高考之后自己考上大学的。爸爸当时在省人事厅做厅长，但是并没有对她有任何特殊照顾。爸爸对她说："我也许可以照顾别人，但不会照顾你。你要自己努力。"这话是说给妹妹的，也是说给我们兄弟姐妹所有人的。我们理解他，并将这句话铭记于心。我们的一切，都是靠自己努力得来的，我们从未想过要依靠父母得到一些不该得到的东西。

我妈妈注重事业，也注重家庭。虽然她年轻时忙于工作，对我们关心不够，但是她的晚年是回归家庭的。离休之后，她就一心扑在了家庭上，她仿佛要以此来弥补之前几十年对家人的疏忽。她尊敬老人，而且特别孝顺，我姥姥的晚年一直由她照料，在姥姥最后的日子里，我和妈妈一起伺候她，衣不解带。姥姥走得很安详。同样的，我妈妈的最后岁月，由我们来陪伴，我是长子，跟她一起生活，照顾她最多，我弟弟妹妹们也轮流来照顾她，大家都很精心。妈妈走得无牵无挂，很平静。

我妈妈人品特别好，她工作过的地方都对她有着很好的评价。她跟领导、同事、群众的关系都很好，非常融洽。她在省妇联的办公室主任和组织部长这两个岗位待得最久，有十几年时间。她去世之后，我住在她生前一直居住的家属院里，舍不得离开，这里有很多她的老同事、老熟人，承载了我们家太多的记忆。住在这里，我感觉父母好像从未离去。有一次，一位司机跟我聊起我妈妈，他说老赵这个人特别自觉，那个时候干部们坐单位公车不是免费的，要交钱，老赵每次都严格按规定及时交车费，从不蹭车。还有一次，一位年长的退休干部告诉我，她当年调到省妇联工作，调动手续是我妈妈办的，他们两口子拎了两瓶酒到我家表示感谢，我妈妈没有收……这样琐碎的事很多，都是后来别人告诉我的，妈妈生前从未说过，有些事直到她去世多年后，我才从当事人口中得知。我既感到辛酸，又感到骄傲——我从别人的言语中感到他们对我母亲的肯定和赞扬，我知道他们和我一样，怀念着我的母亲，我平凡而伟大的母亲。

是的，平凡而又伟大，这是我对父母的评价。我的父亲和母亲，他们亲历过火热的革命岁月，又一起投身于百废待兴的社会主义建设事业，在那些或平淡或奇崛的历程中，他们对我们说的最多的就是："对党忠诚，认真踏实做事，永远忠心革命。"在他们心中，人生短暂，平凡地做事、平凡地生活就是最好的。

如果要我做一点总结，我觉得他们身上有两个很明显的特点：一是对党的信任，对组织无条件的服从；二是特别自律，自强不息。照着他们的要求，照着他们的样子，我踏踏实实做好每一件事，做一个问心无愧的人。

不能胜寸心，安能胜苍穹？如今，我的儿女们也已经长大，这代人生逢盛世，他们用不着经历父辈的艰辛。我寄希望于他们，也寄希望于下一代、下下一代及更多的新生代之三晋英才，我希望他们继续传承祖辈的优良家风，乘着祖国发展的东风，取得更辉煌的成就。

有一次，一位司机跟我聊起我妈妈，他说老赵这个人特别自觉。

人间正道是沧桑

讲 述 人：史小平
讲述时间：2022年8月22日
整 理 人：张玉

史首先（1927 — 2021），山西沁县人。1943年毕业于左权县太行一中。1944年于高平县太岳区二专署参加工作，1945年加入中国共产党。1949年，在河南省政府财政处任粮食局出纳、会计；1950年，在山西省粮食局任支部书记、副经理，后到国家物资储备局、省财政干校工作；1958年，在山西省财经学院党委任组织部部长。1985年离休。

○

○

革命岁月

我出生在山西省沁县一个革命家庭。我们整个家族都是革命者，身上承继着光荣的红色基因。

从我的祖父辈说起。我的爷爷兄弟姐妹六人中就有四个是老革命。我爷爷史广文，1937年入党。1949年前，他以教书先生的身份作掩护为党做地下工作；1938年之后从事农村工作，担任过联村主任、农会主席；1949年后，当村长、村支书，为了家乡的解放和建设付出了全部的心血。1945年，日军在汉奸的带领下，到村里抓人，爷爷在撤退时被敌人抓住了。敌人用刀刺伤他右肩，血滴了一路，他昏迷了一天才醒。敌人拷问他，他说他什么也不知道。后来亲戚们把他保了出来，经村医调治半年多才伤愈。但他的右手残废了，而且常年咳嗽，这都是为革命付出的代价。我的三爷爷史保文，1915年6月出生，1947年1月南下时，路经芮城，因叛徒告密，被胡宗南溃军抓住，吊在柿子树上严刑拷打。面对众乡亲，敌人逼问一句，他反骂一声，敌人就残忍地在他身上割一块肉，直至一刀一刀将他活活割死。三爷爷身上被割了二百多刀，惨不忍睹。最后，他仍然艰难地喊着："共产党万岁！我们胜利了！老乡们不要哭……"芮城县为了纪念他，在县城烈士陵园为他树了碑。三爷爷的遗体后来运回村里，埋进了祖坟。他给我们诠释了英勇就义、视死如归的伟大精神。四爷爷史贵文早年离家南下，离休前为河南省总工会教育部部长。他出席过很多全国性会议，见过许多老一辈无产阶级革命家——这是他的光荣，也是家族引以为豪的事。

我的姥姥、姥爷是沁源人，跟我爷爷一样，也是1938年入党的老党员。我姥爷和我爸爸在一起工作，他促成了我父母的婚事；姥姥、姥爷亲自把我的爸爸、妈妈送到队伍，让他们参军南下。姥姥、姥爷只有我舅舅一个儿子，但是抗美援朝战争一开始，姥爷就毅然将这个独子送上了前线，舅舅回国后在海军工作。这些都是姥姥、姥爷对革命的支持。

我父亲史首先，1944年于太岳区二专署参加工作；我妈妈1949年参加工作，也是离休干部。

1949年前，我的祖辈、父辈跟着党闹革命，无私无畏；在那些风云岁月中，他们在不断地为了推翻旧制度而努力着；在这期间，他们有过失败，有过牺牲，然而他们一次次地挺过来了，而且最终走向了成功。

作为他们的后来人，我们继承祖训，敬业奉献、清正廉洁；我们继承了家族的革命意志，愿用一生的精力和实际行动努力报效祖国。我们有责任将红色家风传承下去，我们是这么想的，也是这么做的。

○

○

蓝天翱翔

我小时候，爸爸妈妈工作很忙，早出晚归。他们便给我找了一个奶妈，她家卖酱油、醋，住在小黑屋里，条件很艰苦。奶爸奶妈没文化，却很淳朴，很爱我。后来我跟他们的儿女也相处得很好。他们的儿女都很努力，我奶妈家的弟弟考上了太原理工大学，后来从事科研工作。我爸爸一直教育我要向他们学习。1955 年，四岁的我就被送去省政府幼儿园住宿，七岁开始上民办小学，自己过马路、在食堂吃饭、在两个沙发对起来的“床”上睡觉，自己带着小板凳上学。我就这样艰难地度过了自己的童年。

1963 年，妈妈被调到财经学院图书馆工作，当时五个学校合并，我爸爸是组织部长，虽然很忙但凌晨一两点钟还得去接妈妈下班。他们老到外地出差、开会，有一次爸爸去天镇下乡，在一个村里待了有一两年。听爸爸说他在那里还生过大病，休克了。爸爸喜欢记录工作、生活的事情，留下的文字资料很多，他的工作笔记保存下来的有一二百本，占了书柜两排半，这都是他风雨人生的见证。

1970 年，我到了工作的年龄。那时正是“文革”时期，学校以派性为根据分配工作，我不在分配之列，档案被转回街道。我上学每天会路过太原市供电局的大院，那个院落并不是很宽敞，环境幽雅，我路过时总要探头向里面张望，心想，如果能到这里上班多好啊。可是爸爸不管我找工作的事，他说他不能滥用职权。爸爸当时被疏散到平遥工作，他给我写信，让我不要搞特殊化，“要听毛主席的话，到农村去接受贫下中农再教育”。我弟弟史小波高中毕业后，爸妈送他去农村插队，也吃了不少苦，之后他回到山西省建设银行工作，整个过程父亲也没有帮过他。

1970 年 5 月，山西省铁路建设兵团成立。我们居委会主任通知待业青年参选。我报了名，参加了面试，被录取为山西省铁建兵团一团十二连会计。1970 年 5 月 7 日，我随先遣队开赴繁峙。我干会计，其实以前并没有系统地学过，但是我很努力，在团部老会计叶老师的指导下，很快就适应了工作，跟连里各级领导和战友们都相处融洽。那时我不仅做会计的本职工作，还负责采购后勤物资，从大营买米、面、菜，回来之后一袋一袋卸车；酱油、醋等物资不能用卡车拉，我就挑着担子步行十几里地担回来。担子很重，我走一走歇一歇，从不喊累。团部的领导同事都表扬我，说：“小姑娘能干大事。”那个时候大家都学英雄，树立世界观；连队搞学习毛主席语录心得演讲，推荐我参加演讲。后来，我被评为连里的毛主席著作学习标兵。

离开兵团之后，我被分配到太原市供电局工作。在供电局，我曾经有过脱产上学的机会，但是爸爸没有让我去，他让我把学习进修的机会让给别人。爸爸让我参加山西省电力局“三八”女子带电作业班，去做电工。爸爸让我做电工的事情大家都不能理解，周围的熟人、同事都说：“人往高处走。怎么能放着办公室的工作不做，去爬电杆呢？”但我听从了父亲的意见，报名参加了带电班。

那是1973年，20世纪70年代，正是毛主席号召“时代不同了，男女都一样，男同志能办到的事情，女同志也能办得到”的年代，全国各地都有女飞行员、女驾驶员、女火车司机等新鲜事物出现。铁塔银线上的风云，记录着“三八”带电班曾经的辉煌，也是一个时代的缩影。我们战长空、傲苍穹，超越自身生命极限，做起了原本属于男人的工作。

我从小身体不好，很瘦弱，带电班是室外作业，遇上刮大风的时候，我摇摇欲坠的样子很危险。领导照顾我，让我少爬杆，我却不服输。我穿上重重的均压服，踩着尼龙软梯，爬上高耸的铁塔，一步步接近高压线，头发和脸上的寒毛一下子竖了起来，头上“噼噼啪啪”的放电声作响，火花四射……我喜欢这种英姿飒爽的感觉，勇敢、自信、绝不认输，那是那个红色年代特有的气质。

直到20世纪70年代末，国家人事部明确禁止女性从事高危作业，其中就包含电力行业的高空女子作业。1978年年底，组建了八年的“三八”带电作业班正式解散，我们这些“铁姑娘”们才告别了铁塔，我们最美好的青春年华就这样流淌在高压银线下……那是山西输电史上的奇迹。

当我攀爬在高空中时，我曾经想到过我的祖父、我的父亲、我的家族；每每想到他们，我就有了战胜一切惊、险、苦、累的勇气。这是他们传递给我的不畏艰险、以苦为乐的理想主义和浪漫主义精神，是最质朴的英雄主义之回归。

离开了“三人”带电班，又被要回到财务科工作，在领导培养和自己的努力下很快成为业务尖子，负责各车间及县区业务指导，汇总上报财务报表及财务分析，去各单位检查、纠错，节假日都不休息，周末也总在加班，为财务工作贡献了自己三十年的精力与智慧。

○

○

上善若水

我爸爸性格很好，关心他人，体贴入微，跟亲朋和邻居关系都很融洽。

爸爸是善良的人，他教育我们吃亏是福。出去买东西，总怕人家吃亏，要多给钱；请清洁工来擦玻璃，也总要多给些钱。有灾区需要捐助，立即慷慨解囊。我借给别人钱要不回来时往往很苦恼，爸爸劝我别要了，就当是帮助他们了吧。我任何时候看到爸爸总见他面带善良的微笑。他八十多岁时还健步如飞，跳舞、练剑，打乒乓球、羽毛球，下象棋，和大家说说笑笑，像个老顽童。小区周围的银行、药店、菜市场的工作人员都认识他。常有人对我说："那就是你爸爸？人真好，还幽默。"他是大家都很喜欢且敬佩的老人。

爸爸处处与人为善，却对自己要求特别严格。他一辈子身心扑在工作上，工作很努力，经常加班。他办事公正，坚持原则，从来不谋私利，公家一张信纸都不拿。那个时候他掌管着财大人员进出、学生分配，有不小的权力，但从来没有为我们走点关系解决一件工作、上学的事。他不重视个人利益，调工资、分配都听从组织安排，不争不抢。他的工资自从定级为十四级后，就一直没有再升过，每次他都把调资的机会让给别人，直到快离休才升到十三级。他后来享受副省级看病待遇，医药费是全部报销的，可他坚决不允许我们用他的医疗本开药，而且挺认真地教育我们："你们都有各自的医保，如果不够，我用钱给你们补贴。"国家给的老年补贴，爸爸坚决不要，说他的钱够用了，很满足了。

爸爸很重视党员身份，他一辈子都担任党支部书记；他离休之后还担任离退休党支部书记，一直到九十岁才离开岗位。我一参加工作他就催我写入党申请书，敦促我入党，告诉我要听党的话。

我妈妈也特别要强，她在工作上力求上进，历次运动都是工作组成员，多年担任团支书、党支书。在家里辛勤操持家务，工作家庭两手抓。弟弟遗传了母亲的性格，比较强势，跟我一样从事财务工作，学的是经济管理。

我在 1976 年结了婚，结婚的时候妈妈不在身边。爸爸说不用买新衣服，不要请假，照常上班吧。于是他们和我都正常上班，没有婚假、没有蜜月，只有两床被子陪伴我匆促的婚礼。我的父母没有为我们的学习和生活操过心，青春都奉献给了国家，我们升学就业，都是靠自己努力得来。

我们的人生轨迹和父母高度相似，都是从那个年代过来，养成了爱岗敬业、乐于助人的习惯。我特别热爱工作，爱帮助周围的人，经常帮下属每个区、县电网做账表测算和太原公司的业务。正确完成上报工作是我最大的幸福和快乐。退休之后，我愿为别人分忧，给同事们的儿女介绍对象，撮合了身边十几对年轻人。

去年 3 月 15 日，我爸爸去世了。尽管他没有什么可歌可泣的功业，但是不可否认的是，他一生都在兢兢业业地工作、革命，他的一生都在为建设祖国而不断努力着，他值得我们用一生去铭记！我们家族的革命史就这样传承下来，我希望这样的家风能影响和带动更多人珍惜来之不易的幸福生活，努力继承革命先辈遗志，践行为党的事业奋斗终生的信念。

父亲的身影

讲 述 人：刘庆乐　刘庆仙　刘庆荣　刘庆宁　刘瑞香
讲述时间：2022 年 8 月 23 日
整 理 人：孟志平

刘健（1922 — 2014），出生于忻州市西张镇。1937 年参加工作，1939 年加入中国共产党。1937 年，入伍晋察冀军区；1940 年 7 月，在延安八路军总部直属队任队长；1948 年 9 月至 1958 年 3 月，转业地方，任忻县公安局副局长；1958 年 3 月至 1980 年，先后任阳方口劳改煤矿矿长、忻州地区铁合金厂厂长；1980 年，任忻州地区司法局副局长。1983 年离休。

○
○
“血火里滚出来的”

我们的父亲刘健 1922 年出生在忻州市西张镇魏家庄村。在他很小的时候，父亲就去世了，他和母亲及两个妹妹相依为命，家境十分艰难。1937 年的一天，东渡黄河后的红军工作团来到魏家庄村，十五岁的父亲毅然告别家乡，跟随红军走上了革命道路，成为晋察冀四分区七大队三营十连的一名普通战士。1939 年，父亲加入了中国共产党。面对党旗，父亲庄严宣誓：我志愿加入中国共产党，坚持执行党的纪律，不怕困难，不怕牺牲，为共产主义事业奋斗到底。

父亲生前常对我们说，他是穷人家的孩子，长大后又是从血火里滚出来的，吃惯了苦，见多了生死，一辈子啥都不怕。抗日战争结束后，父亲被派到延安抗日军政大学学习。当时，国民党军队从四面包围延安，党组织就把抗大转移到甘肃省合水县。合水县突然增加了那么多人，食宿成了大问题。为了生存就得开垦荒地。父亲他们每天天不明就上山，早饭和午饭就在山上吃，吃不饱就用野菜充饥，太阳落山时才收工。父亲说没有亲身经历过那段历史的人，是很难想象那种艰辛的。他们只用了半年时间就开出了百亩荒地，还养了猪。三年的艰苦奋斗，不仅粮食够吃了，还能吃上肉，学校的生活有了很大改善。父亲说，那会儿他不仅是劳动能手，还是军事能手，在一次部队刺杀比赛中他还获得“刺杀模范一等奖”。

父亲晚年时说，他没想到这辈子能活到这么大岁数（当时，父亲已九十高龄），当年在河北平山和日本鬼子打仗时，他差点葬身火海。那一仗打得很惨烈，父亲和另一位战士紧握手榴弹，怀抱炸药包，做好了与冲上来的敌人鱼死网破的准备。关键时刻，增援部队冲上来了。

说到这段故事的时候，不善言谈的父亲满眼含泪。他对我们说：“命是党救的，好生活是党给的，你们一定要努力工作。没有共产党就没有新中国。没有共产党，也没有咱们这一大家子啊！”

○

○

“人心齐了，咱就能把泰山移了”

父亲能团结人、带动人，这是他的战友们说的，更是和他一起在企业工作过的干部职工们说的。

父亲人缘好。他在哪个单位或者哪个工作岗位上，遇到问题或者矛盾了，首先做的就是安定人心，然后才采取相应的措施。父亲说，他在延安读书的时候，有一位中央领导说的一句话对他影响非常深，那就是：稳定压倒一切。这就是说，我们面对的所有问题，看上去千头万绪，归根结底都是人心不稳、人心不齐造成的。所以，能服众，问题就解决了一大半。

中华人民共和国成立前夕，父亲因为身体原因，经组织批准转业到了地方工作，先是在忻县，后来又调到山西省公安厅。

1958 年，父亲调山西省公安厅阳方口劳改煤矿任政委兼矿长。当时因为各种原因，煤矿里人心浮动，严重影响了安全生产。父亲是怎么做的呢？他第一个带头下井跟班作业。在地底下的巷道里，他和当班的工人们一起劳动、谈心，升井后又和工人们一起吃饭、拉家常。没多长时间，父亲和工人们的距离就拉近了。工人们非常高兴，争着抢着主动和父亲交流工作经验，反映工作和生活中存在的问题和困难。父亲掌握了煤矿的实际状况，就从以问题为导向开始干起，没几年，煤矿就被评为先进单位。

干部职工们喜欢什么样的领导？就是一点儿架子也没有的领导啊。五年后，父亲从阳方口劳改煤矿调走时，干部职工们含泪相送，那真是不舍啊。

父亲的工作干出样子来了，引起了上级部门领导的重视：哪里有问题，哪个企业不景气了，就想到了父亲，父亲一下子成了“灭火队员”。可以这样说，父亲的好人气好人缘，就是来自他的领导力和执行力。

父亲后来调到忻县豆罗砂厂任书记、政委。那是个新单位，是由公安厅、民政厅两家合办，收容社会上闲散人员九百多人的单位。略想想都知道这种单位情况有多复杂。可父亲一如既往，从关心干部职工们的工作和生活入手，一下子就取得了大伙的信任。没多久，厂里有五百多人转为正式工人，他们成为厂里的骨干。这对稳定社会秩序起到一定的作用。而最让上级部门和干部职工们认可的是父亲在铁合金厂的工作。

父亲接手忻州地区铁合金厂时，厂里账面亏损八万八千八百余元，职工们不正常上班，厂内无政府主义思想严重，管理混乱，事故不断。经过调研，父亲发现，造成这种局面的原因就是人心不稳，干部职工没有生产积极性。

父亲到任时，厂里职工对父亲还有看法，说一个部队出身的，想要外行管内行，怎么可能呢？父亲也不吭声，他在短时间内主要做了两件事，就这两件事却一下子让职工们对他刮目相看了。第一件事，那会儿厂里有夜班，上班那个点儿正是人们一天里最困的时候，因而事故频出，父亲就带头和职工们一起上夜班。白天，上完夜班的职工们休息去了，父亲又到办公室去做案头工作。父亲用实际行动回应了所有质疑，那些不和谐的声音渐渐地就没有了。第二件事是，父亲主动找厂里的技术人员谈话、聊天。他们在窑洞里的炕桌上，针对厂里各个岗位各个环节存在的问题进行讨论。父亲不懂就问，虚心请教，明白了技术问题。理顺了工作流程，调整好了工人情绪，父亲已把干部职工的心凝聚在了一起。人心齐了，力量足了，职工们的生产积极性提升了。前后不到两个月，曾经在人们眼里是一盘散沙的铁合金厂就呈现出和谐稳定的局面。

父亲在厂里，不管走到哪儿，遇到谁，他总是主动和人打招呼，干部职工们都说，老刘好说话，咱们就得好好干！

经过一百多天的共同奋斗，铁合金厂扭亏为盈，上缴利润三万两千九百元。特别是到了 1979 年，提前六十天完成了全年计划，受到地委、行署表彰，厂子还荣获“大庆式企业”荣誉称号。

父亲对我们说：人心齐了，咱就能把泰山移了。人的心思往一处想，劲儿往一处使，就没有干不成的事。

◯

◯

“家庭会议”

我们的“家庭会议”实际上就是家庭聚会，这个主意是父亲在离休前夕提出来的。多年来，逢年过节或谁过生日，我们家四代人都会不约而同来到父母家里相聚。父母去世后，我们后辈一直延续着这个“家庭会议”，从不间断。

离休前，父亲工作忙，常常不着家，别说过生日，就算过年过节也是说加班就加班，说不在就不在。我母亲那会儿经常唠叨我父亲，说，家在你眼里就是个店，连店都不如，住店你也得登记登记吧。父亲就是这样，将全部的时间和精力都投入工作中。父亲退下来以后，就不一样了。他要求我们几个子女逢年过节过生日，或者各家子女考试取得了好成绩之类时——父亲说这都是一个家族的大事——大家必须聚一聚。一来是家庭聚会，二来是祝贺，三来让大家借助这个平台交流一下学习心得、工作经验。每次聚会，父亲讲话时声音洪亮、底气十足，讲的话特别应时，完全是围绕家庭和睦、幸福这些主题，讲的道理浅显易懂，连孙辈们都爱听。

谁家的孩子取得了好成绩，谁家的孩子被评为三好学生了，父亲都一个不落一一表扬，并按照成绩高低和各类荣誉称号现场进行评奖。这个奖励五元，那个奖励十元，孩子们高兴不说，还激发出一种发奋学习的动力。正是这种动力，让孩子们在每个学习阶段都目标明确。过年聚会时，孙子辈们按照大小顺序一个接一个规规矩矩给父亲和母亲磕头——咱们中华民族讲究孝道，这种仪式我们几十年不变。印象最深的是每年过中秋节时，孙辈们用稚嫩的声音一起唱：“爷爷是个老红军，我给爷爷送月饼……”全家人都开心地一起拍手打节奏。

我母亲总爱给孙辈们讲一句话，就是吃亏的事情不要怕，吃亏是福。孙辈们起初不理解，就问为什么吃亏是福。我母亲说，你不吃亏让谁吃？吃亏人常在世。记忆中，小时候母亲常说，让三分海阔天空，忍一忍风平浪静。

我们后辈人从父亲和母亲的身上学到了很多东西，潜移默化，深入内心。父亲母亲文化程度都不高，都是小学没毕业，可他们社会阅历丰富、人生经验丰富，这都是学校里学不到的东西，他们给我们后代的教育和启示那真不是三句话五句话能概括出来的。

父亲当年为什么决定要开这个“家庭会议”呢？父亲自始至终也没说，可我们觉得他是在做一个弥补。离休前，他常年在外忙，对母亲、对这个家有种深深的愧疚。离休了，他有时间了，他要补偿。

聚会加深了我们兄弟姊妹的感情。我们一个接一个地畅谈工作中的得失，讨论工作目标；孩子们给我们表演各种节目，唱歌啦，跳舞啦，说祝酒词啦，也锻炼了孩子们的交往能力。

我们家庭的这种聚会，从父亲离休到父母离世，前后延续了三十多年。父母走了，我们这一辈从他们手里接过来接力棒，逢年过节，我们几个小家庭都会相聚在父母生前的房子里，向他们汇报我们的状态，请他们放心。

百宝箱中见人生

讲 述 人：王阳民
讲述时间：2022年9月11日
整 理 人：张玉

王毓秀（1918 — 2016），山西阳城人。1937年参加革命，1942年加入中国共产党。1938年10月，加入山西牺牲救国同盟会，任太岳四区同盟会组长。1945年，任太岳四分区区党委和军分区前线总指挥部侦察队队长、教导员。解放后，历任阳城县武装部长、组织部长、县委副书记、县长。1975年，任晋东南地区农机局书记。1978年离休。

○
○
战火中的成长

1918年农历腊月十一，一个小生命在阳城县一个贫困农民的家里诞生，他就是我的父亲王毓秀。父亲上面有一个哥哥，小名叫甲乙，所以父亲小名就叫丙丁。儿时的父亲特别聪明淘气，胆子也特别大。村里的孩子们都服他，他是娃娃头。那时候的老百姓生活特别艰难，父亲到了七岁时，爷爷奶奶就让他去给地主放牛；父亲没有裤子穿，很难为情，他嫂子就把自己的裤子改一改让他穿。每天天不亮，父亲就上山了，一直到晚上才回来，因为他怕别人看见笑话：他脚上还穿着嫂子的绣花鞋。

父亲十一二岁时就到我们县固隆乡一家杂货铺里当小伙计，在那里差不多干了四年。这四年中，父亲学习到了许多做生意的经验。杂货铺老板特别喜欢我父亲，还想把女儿嫁给他，没有想到父亲居然回家了——他志向高远，不愿意在杂货铺度过一生。

1937年7月7日，震惊中外的“卢沟桥事变”爆发，日本侵略者开始了对中国的全面侵略。在这个危难时刻，不到二十岁的父亲毅然投身革命，报名参加了村里的民兵组织。在民兵连锻炼的一年里，他不仅学会了制作地雷，也学到了不少军事知识。1938年10月，他便参加了山西牺牲救国同盟会，并且担任了太岳四区同盟会组长。1939年6月，他开始参加抗日武装斗争。在那艰苦卓绝的烽火岁月，父亲的勇敢是出了名的，这也难怪他身上有七处伤痕。常有人问父亲：“为什么你总是被子弹打中？”父亲总是笑着说：“因为我勇敢！”

不错，父亲是勇敢的！1943年9月，一架日本飞机因为没有燃料，降落在阳城县董封的河道里，作为四区联防总指挥，父亲亲自带领民兵和老百姓，活捉了两名日本飞行员，受到上级的表彰和奖励。

1944年中秋节后，父亲带着他的队伍正在帮助当地的老百姓秋收，放哨的民兵突然发现从县城方向来了一伙鬼子兵，为了掩护区委书记秦斌等人突围，父亲领着十几个人便去阻击敌人，也就是在那一次战斗中，有颗子弹从父亲的下颚处穿过。那时，部队医院的医疗条件差，故伤口愈合得不好，他的下巴处留下了一个明显的巨大的伤疤。我奶奶当时哭着说：“我可怜的孩子没有下巴了，将来恐怕连媳妇也娶不上了。”父亲却笑一笑，对奶奶说：“我以后去唱戏，化了妆戴上胡子，不就看不出来吗？”半个多世纪过去了，这个战争年代留下的特别印记伴随着父亲经过了风风雨雨。

1945年春，根据太岳四分区区党委和军分区关于开展对日寇春季大攻战的指示，阳城县军民相继参与了两次大围困。为此，阳南、阳北两县成立了前线总指挥部，父亲是前线总指挥部的侦察队队长，也是教导员。在每一次战斗中，父亲总是冲锋在前。一位跟着父亲参加过几次战斗的李医生告诉我：“你父亲根本不怕死。”我在阳城武装部编辑出版的《军事志》里看到一些关于父亲参加战斗的记录。在一张参战成绩表上，父亲排在第一位；他立功多，成绩也特别优秀。后来父亲当了县武装委员会主任，带着野战民兵配合主力部队攻打临汾、远征豫西，更是让敌人闻风丧胆。

在远征豫西的战斗中，父亲的十三名战友被当地的土匪杀害了，这成了父亲一生的伤痛。每年清明节，只要父亲在我这里，老人一定要我陪他去烈士陵园纪念他牺牲的战友。多少年过去了，父亲还常常梦见他们——他们牺牲时都是不到三十岁的年轻人啊！

父亲在给我讲那一段战斗经历时，常常按捺不住激动的心情。父亲九十三岁时，非得让我和他坐火车去看一看他年轻时打仗的地方。一路上，老人家望着窗外，告诉我哪里是他曾经的战场。一个经历过无数战斗的老人，可能对现在的一些人和事情不那么在意，但是年轻时的战斗经历却永远刻在脑海里。

从抗日战争到解放战争，父亲经历了大大小小无数次枪林弹雨。父亲身体上的七处弹伤，见证了那个时代的革命者为了中华民族的解放所付出的血泪，值得我们这些后代永远铭记。

○

○

革命时期的爱情

阳城解放以后，在没有正式成立人民政府之前，父亲是县武装部长、组织部长、县委副书记。这期间，父亲随着华北地区慰问团去朝鲜慰问志愿军，在朝鲜待了差不多两个月。就是在那个时候，母亲经过组织介绍认识了父亲。那是 1953 年，那时的母亲是村里的妇女主任，后来还担任过一届村长。我母亲的家离县城只有不到五里的路程，她经常来县城开会。母亲在县城学习文化，作为领导的父亲也经常去给这些妇女积极代表讲话。我不知道母亲是怎么喜欢上我父亲的，只知道后来父亲去朝鲜时，母亲给了父亲一张她的照片。父亲回国后不久，二十岁的母亲就嫁给了三十三岁的父亲。

1962 年，响应国家政策，父亲让母亲辞去银行的工作回家。母亲想不通，父亲想方设法做她的工作。他告诉母亲："我是县长，我不做表率，别人怎么会听我的？"母亲辞职之后，全家人靠父亲每个月一百多元的工资过活；我母亲生了我们兄弟姐妹五个，我在 1960 年出生，弟弟 1961 年出生，最小的妹妹 1963 年出生。生我弟弟时正是困难时期，因为营养不良，弟弟黑不溜秋的，别人都开玩笑说我母亲生了一个"黑铁蛋"。父亲那时经常下乡，母亲一个人带着我们的确辛苦。当我们长大以后，父亲经常对我们说："你们母亲是最伟大的母亲。”这简单的只言片语，凝聚了父亲对母亲的深情，是父亲对母亲为家庭付出的肯定。

父亲虽然很爱母亲，但有时候也会批评教育她。那时，县城里一些卖菜的农民，常常给母亲送一些新鲜菜吃，也就是几毛钱的事，但父亲知道后马上打发通信员给老百姓送去钱。他还批评母亲，让她以后拿了菜马上给钱。我们县城的老人一提起父亲，都是打心里佩服。父亲去世前几年，我陪他去步行街，许多人看见父亲，都围了过来；我带他去看戏，一些老人见到父亲都十分激动。我能体会到这些老百姓对父亲的感情。

1975 年到 1977 年，父亲担任地区农机局书记，这在当时来说是个挺有权的单位。那时国家对农业机器的供应还挺紧张，想要购买农机产品，是要有计划才可买到的。我记得那个时候来找父亲的人很多，无非是想让父亲给他们解决些农机产品。父亲尽量帮助他们解决，但绝不会违背原则去为他们提供方便。有一次，老家山里人想买些农机配件，按照计划是需要批的。他们来时，给父亲带了些山里的土特产，也就是些核桃、山木耳之类的东西。当时父亲在省里开会，母亲觉得是老家人带来的，就收下了。父亲回来以后，批评了母亲，还让我和弟弟在市里一家招待所一家招待所去找他们，一定要让他们把东西拿回去，才给他们解决他们所需的物资。

关于父亲这方面的事情，实在是太多了。母亲娘家人想让父亲给批一台大马力的拖拉机，父亲都不给情面。娘家人不理解他，觉得他太不近人情了，但是母亲理解他。母亲一辈子以父亲为荣，母亲对父亲的爱，有关怀，有依恋，有崇拜，那是生发于革命时期、成长于火红年代的爱情，情比金坚。

○

○

任期最长的县长

1953 年，阳城县第一届人民政府成立，父亲在这一次人民代表大会上被选为县长。父亲的当选，连他自己都不敢相信，但是投票结果不容置疑。从此，父亲就成了阳城县第一届人民政府县长，不久省政府任命书就下来了。这一消息传回家乡时，我奶奶根本不相信——一个放牛娃，居然当上了县长。不久父亲回家去看奶奶，奶奶把头伸到父亲身边，小声问父亲："是真的吗？"父亲点点头说："是真的。"奶奶流下了激动的泪水，说："我儿不容易啊！"

奶奶在我七个月大的时候去世，因为父亲是县长，所以县城各个机关给送了帐布、花圈，县委办公室到粮站借了五十斤小米用于丧事的饭食。处理完我奶奶的后事后，父亲交代办公室主任，把各个单位送的布一律退回去，把借的小米付了钱。办公室主任很是为难，不知道怎么办。父亲说："就按我说的办。"多少年以后，这些和父亲共事过的同志一提起这件事，还是感慨万分。

父亲是我们阳城唯一干过三任的县长，第一届、第三届、第四届，可想父亲当时在老百姓心中的威望。如今当地六十岁以上的人，都是知道父亲的，他们见过父亲骑马下乡，也见过法院枪毙犯人时布告上父亲的大名。

不清楚父亲在工作中是个什么状态，但我从后来一些人写的文字里，看到了父亲的为人。父亲不论是对自己的通信员，还是马夫，甚至县委食堂的大师傅，都像对待家人一样，他对下属是特别关怀照顾。以前父亲都是骑马下乡，在路上，父亲还会让马夫骑上马，自己走着。父亲的警卫员看不过去，父亲笑一笑说："你也上去骑吧。时间长了，我还是走一走好。"

1964 年冬天，我们离开了阳城，一辆解放汽车拉着简单的行李，那些和父亲共事了多年的同志们对父亲是那么依依不舍。后来"文革"开始，许多人都受到"造反派"的打击迫害，有人问父亲："你当了十多年县长，能没有问题吗？"父亲笑一笑："有问题就让大家来提嘛。"

从三十四岁成为阳城第一届人民政府县长后，父亲在这个位置上干了十一年，是任职时间最长的一位。这在新出版的县志里有详细的记录。这些年里，很多阳城人写书，来找父亲写序，父亲都婉言谢绝，但是不少人还是要把父亲的讲话录音回去整理一下，用来作序。许多人说父亲是"老历史、老档案、活字典"。还真是这样。阳城的山山水水，父亲再熟悉不过了。前几年，乡亲们来看望父亲，只要说他是什么地方人，父亲就知道他姓什么。我觉得父亲的记忆力很厉害。父亲特别幽默，他的故事很多。在父亲七十多岁时，我们这里有人居然把他说的故事拿去出书赚钱了。出书人并没有付我们什么稿费，只是给了老人几本书罢了。父亲对这些看得很淡。

○

○

遗物中的思念

2016年9月4日，父亲永远地离开了我们，享年九十九岁。老人的去世，对于我们这个大家庭来说，无疑是一个重大的损失。几年了，我们总是回想起老人生前的音容笑貌，怀念他在世时的一举一动。

不久前，我在整理老人的遗物时，看到一个精致的茶叶盒，打开盒子，里面除了父亲经常随身带的笔记本、剪贴本以及一本我送给老人的《健康语录》以外，剩下的就是些日常生活用品，像什么老花镜、创可贴、小剪刀、铅笔、碳素笔、糨糊、针线包，还有我们洗浴剩下的一次性用品等等。真是五花八门，一应俱全。十几年前，父亲在福建南下长江支队的老部下回来看望他时给他带了茶叶，后来茶叶喝完了，父亲就把这个盒子用来做他的生活物品收纳箱，他说它是“百宝箱”。我们常常会让老人把这些东西扔掉，但是老人总是会说，有用处。

像这样的百宝箱其实不止一个。我记得父亲在县城工作时有一个木头箱子，他离开阳城到长治工作时，把它放在我姨夫家。当我有了房子后，父亲让我把它搬回来，如今这个箱子仍然放在我家阁楼上，里面有父亲以前的工作笔记以及一些旧书籍。父亲工作了一辈子，没有给我们留下什么遗产，却教会了我们做人的道理。从一个个十分普通的百宝箱上，可以看出他勤俭持家的品格，可以梳理他沧桑百年的人生。每每看到它们，我总是思潮起伏。

我们家里现在还有一件父亲在解放战争时期的老战友靳玉峰在北京给父亲做的呢子大衣，父亲很爱惜它，一穿就是几十年，直到我们上高中时还经常穿它。这位靳叔叔八十八岁时去世。2009年，九十一岁的父亲还专门和我去北京到总参大院看望他的遗属。枪林弹雨中结下的战友情，是很难忘却的。

父亲光明磊落，一身正气，平易近人，心地善良，胸怀宽广。他是毛主席时代的人，受到的教育是朴实无华的。父亲生前，很不愿意让我们宣传他。我们兄弟姐妹五个，虽然也算“红二代”，但别人都说我们比普通老百姓还老百姓。这可能就是因为父亲树立的家风，在潜移默化地影响着我们。

仰望太行忆父亲

讲 述 人：武青平
讲述时间：2022 年 9 月 13 日
整 理 人：赵建雄

武显忠（1922 — 2003），山西武乡人。1938 年 5 月参加革命，1939 年 2 月加入中国共产党。1938 年 5 月至 1945 年 12 月，在太行抗日根据地（太行军区）第三分区工作，任干事、武委会主任等职；1945 年 12 月至 1948 年元月，在太行行署公安处任司务长等职；1948 年 1 月至 1949 年 4 月，在太行行署财经处任会计等职。1949 年 4 月至 1956 年 7 月，在山西省政府接管办、财经处任会计、科长等职。1956 年 8 月至 1968 年 6 月，在山西省粮食厅任行政处处长等职；1968 年 6 月至 1970 年 6 月，任山西省革委抓革命促生产指挥部办公室主任；1975 年 12 月至 1984 年元月，任山西省粮食厅办公室主任等职。1984 年离休。

○
○

一个富有亲和力的人

我的父亲武显忠，1922 年 10 月出生于太行山区晋东南武乡县蟠龙镇大道场村一个普通的庄户人家。父亲自幼禀赋过人，七岁时便被我奶奶送回她的娘家，跟我的太姥爷太姥姥一起生活，接受了严苛的私塾教育。1937 年七七事变爆发，侵华日寇的铁蹄踏碎了父亲的求学梦。1938 年夏，还不满十六岁的父亲毅然投笔从戎，参加革命，义无反顾地加入太行山根据地抗击日寇的队伍里去。1939 年正月，不满十七岁的父亲，由于能力较强，表现突出，经麻贵书同志（中华人民共和国成立后曾先后担任过山西省副省长、黑龙江省委书记）介绍，光荣地加入了中国共产党。从此，我父亲把自己的一生都投入到中国人民的解放事业中，成为真正觉醒的一代人。

参加革命工作后，父亲表现最突出的优点之一，就是团结大众、取信于人。父亲能文能武，“一手枪杆子、一手笔杆子”。抗日战争时期，父亲有多年随身不离的“三件宝”：一支自来水钢笔、一个牛皮公文包和一把德造驳壳枪。父亲担任太行（军区）行署三分区武委会主任时，深得区委重视，在太行（军区）行署和区委的领导下，父亲与时任区委委员、武工队长的姜一同志（中华人民共和国成立后曾任湖北省委副书记，山西省委副书记、省人大常委会副主任）密切合作，并由此负责开展分区的敌后抗日武装斗争及征兵动员工作。

说到征兵，最难的就是接兵和送兵，这是既麻烦又担责的活儿。但是我父亲却能轻松地把那些平时散漫自由惯了的年轻后生团结起来，顺利完成任务。

父亲说，征兵前的宣传工作很关键。每次征兵，他总是亲自带领武委会的战友们，深入广大乡村地区，挨家挨户上门走访，耐心宣传党的抗日主张，揭露日本鬼子的残酷暴行，广泛发动各方群众，在他们的广泛宣传下，广大人民群众热烈拥护、大力支持，老百姓纷纷把自己的优秀儿女送到八路军部队，奔赴抗日最前线。

父亲说：“带新兵是个很难操作的‘技术活儿’，护送新兵到达指定部队，是一件非常麻烦复杂的事情。带兵的人必须十分操心和负责，压力很大！”然而，我父亲却总是主动面对，亲力亲为，明知征途危险很多，却依然挺身而出，全力以赴地去挑起重担，坚决完成这一重要任务。每隔个把月的时间，父亲就会带着征来的新兵，抓紧时间分别进行短期的、适应性的集训，尽快强化他们的集体意识、战斗意识和纪律意识，竭尽全力解决新兵们提出来的各种问题，建立互信，加强磨合，让入伍的新兵尽快适应军队的集体行动。父亲总是用他的满腔热忱，对待新加入八路军队伍的每一个新战士。其实，那时我父亲比新战士也大不了几岁，有个别的甚至比我父亲的年龄还大。但我父亲非常善于跟新兵沟通，他的带兵经历和言行举止让新兵们看在眼里、记在心上，他们对我父亲很是佩服，特别有好感，每每流露出发自内心的崇拜与羡慕。我父亲成了他们心中的楷模，成了他们信得过、靠得住、最贴心的兄长。听我父亲说，每次送兵途中，他们必须要时时刻刻关注新兵的思想情绪变化，生怕有什么闪失。

新兵们大多是来自深山里的农家子弟，互不相识，而且平时自由散漫惯了，从未参加过什么有组织的活动。现在要让他们告别亲人，离开家乡去前线打仗，去服从命令，去拿起武器跟鬼子厮杀，还是有些难度的。这时候，父亲会像对待亲兄弟一样，一个一个地检点他们的行装，悉心照顾着每一个新兵。经过短暂的相处，新兵们和父亲结下了深厚的战友情谊，他们对父亲更加信任，发自内心地服从他。

我的父亲跟老百姓也能打成一片，成为一家人。1970 年夏天，父亲挂职下放插队到举目无亲的晋东南襄垣县东周村。这期间，尽管自己和全家人还生活在苦巴巴的环境中，但父亲并没有丢掉他时时处处关心群众的习惯。过年时，父亲便会去大队供销社，自掏腰包买来大红纸，还有毛笔和墨汁，亲自动手给乡亲们书写春联。村民们把我父亲写的大大的“福”字高高地举过头顶，在人群中传递，乡亲们阵阵喝彩，声声叫好，一时间场面十分热闹。红彤彤的对联，大家捧在手里，映在脸上，乐在心里，人人赞不绝口！索取春联的人络绎不绝，他们常常会把父亲里三层外三层地围在当中，一个个瞪大眼睛，惊喜地、静静地看着父亲挥毫泼墨。忙碌中的父亲，浑然不觉天寒地冻，不知时间短长，不觉辛苦劳顿。临近年根，能看到乡亲们淳朴的笑容，能听到老乡们爽朗的笑声，日子虽然清苦，父亲却也乐在其中！

父亲的老同志、老战友们都说，父亲是一个极富领导艺术、文艺才能和团队合作精神的人。抗战时期，根据地为了团结广大民众，宣传发动群众，鼓舞部队士气，只要形势许可，逢年过节都会组织一些军民联欢之类的大型群众性文化娱乐活动，诸如八音会、踩高跷、武乡秧歌等独具地方特色、深受群众喜爱的文艺表演。每当此时，多才多艺的父亲就会活跃其中，成为各种活动的组织者和参与者。他的文才加人才，以及出色的组织能力和表演能力，使他成了当时武乡广大军民中很受待见的知名人物之一。老百姓都说，共产党、八路军人才多，个个能文能武，其实就是因为队伍里有像父亲这样极具影响力的人。

1976 年初，父亲被调回山西省粮食厅工作。这期间，父亲干了两件大事，足以证明父亲善于团结大众并具有协调解决问题的能力。第一件事是成立“山西省粮食储运总公司”。当时省厅党组想要彻底解决我省长期以来粮食储运的难题，经研究后决定，让刚刚从乡下回到城里的我父亲负责解决。父亲慎终如

村民们把我父亲写的大大的“福”字高高地举过头顶，在人群中传递，乡亲们阵阵喝彩，声声叫好，一时间场面十分热闹。

始，带领一干人马，包括各地市粮食局局长，从多个方面进行协调，经过一年多的努力，彻底摸清了全省粮食系统的家底，找到了问题的主要症结。父亲整合了当时的有效资源，彻底打开了长期制约全省各地粮食储运、加工生产工作的瓶颈。这为全省各地粮食加工、储运流通的良性循环，满足人民群众日益增长的粮食需求和日后的供给侧结构性改革发展，奠定了坚实的基础。第二件事是恢复粮食系统专业干部培训学校。父亲后来回忆说："与其说是'恢复'，倒不如说是一场紧张的从'零'开始的系统工程。它承载着历史与现实的重要任务；既要解决历史遗留问题，还要面对诸多现实困难。不但时间紧、任务重，而且还要牵扯到方方面面的关系，一切都得从头再来。"父亲和他的筹备工作组成员克服重重困难，奔波交涉，多方协调关系，科学严谨规划，精心组织实施，按照既定目标，如期完成任务。

父亲曾经对我说过："作为一个领导班子成员，既要有集体观念，善于团队合作，尊重他人，有一些大度和宽容之心；有独立的人格，要学会独立思考，一个人势单力薄，干不成大事，只有联系群众、融入团队，才能真正立于不败之地。也只有大家在一盘棋中，摆正各自位置，相互支持配合，才能各自发挥作用，才能共同创造价值！"

○

○

一生与人为善

我的父亲出生于庄户人家，他深深懂得社会底层老百姓的疾苦。无论是在部队带兵打仗，还是在地方工作，父亲都十分关心群众。凡是他的部下，或者找他办事的人，无论什么身份、什么背景，只要合情合理，他都会尽心尽力地帮助解决。小时候印象最深刻的就是父亲常常说的一句话："人，生而平等。这都新社会啦，一切都应讲究'平等'二字！谁也不能让受苦人再受欺负，再受伤害，我们当干部的更要公平对待所有人和所有的事。"父亲平易近人、诚实厚道、言而有信，从不计较个人得失，总是为着他人着想，我从未听到父亲说过任何人一句难听的话。因为父亲心里装着老百姓，所以他能够得到群众的信任。

下放农村时，春节期间，父亲总忘不了和母亲一起去看望、走访那些下放插队在农村的来自不同部门、不同单位的干部、家属们，向他们传递温暖。父母还会邀请插队知青来我们家里做客，一块儿过年。记得那是 1973 年的春节，我退伍后第一次去乡下陪父母亲过年。随他们去看望下放插队人员及其家属的路上，父亲对我说："我们在给别人送去温暖的时候，也正被别人温柔以待，这岂不是人世间最好的奖赏吗？"父亲所言极是，我和父母所到之处，无不受到大家热情的欢迎，握手、拥抱，嘘寒问暖，互贺新年。那些下放老干部紧紧地拉着我和父母亲的手，仿佛我们就是他们的亲人，脸上流露出的既有忧伤，又有喜悦。他们眼含热泪，激动地对我说："孩啊，襄垣人有句俗话叫'有事能上，这人能处'。你爸爸就是个能相处的人啊！你父母时常上门来关心、慰问、看望我们，虽说不代表什么上级机关、领导部门，但你父母亲的所作所为，总是让我们的心里感到温暖，毕竟还有人惦记着我们，看看我们的活相，听听我们的心里话……"这件事，从一个侧面反映了我父亲的宅心仁厚、与人为善。

人无信不立。在东周村插队期间，父亲怀着对一方水土的敬畏，在大队干部们的陪同下翻山越岭，爬坡、过坎、下沟，跑遍了东周大队大大小小的庄稼地，无死角地摸清了整个大队的家底。有些偏远的地块，甚至连他们的队干部们都没有去过。听母亲说，有段时间父亲似乎忘记了一切，晴天一身汗，雨天一身泥，扑下身子和当地干部群众同吃同住同劳动。父亲常常对老百姓说："只有先干起来，后面的一切才会有转变。"父亲的言行举止，大队干部、群众都看在眼里，许多村民感动地说："就凭老武同志这么上心地帮助咱们，咱就是说成个啥，也没有什么理由不把生产抓上去啊。"

提起父亲，襄垣县东周村的老乡们总会说："别的事咱就不说啦，要是说出来，还真得感谢咱老武，为俺东周村的老百姓做了一件功德无量的大事啊！人家给俺们办了个学校啊。"当时，为了彻底解决东周村孩子们上学远、上学难的问题，父亲经过充分酝酿，并和母亲再三商量，决定要为村里盖一座像样的小学校。于是，父亲四处奔走呼吁，并专门联系县里、公社等各有关部门，在征得各方的同意与大力支持后，与各方达成共识，村大队划拨了专门的地块并完善了相关的用地手续，父亲会同大队党支部发动广大党员、干部和社员群众捐款捐物，出工出力，终于在那穷山僻壤中建起一座配套比较完善的六年制小学校，彻底结束了东周村村子虽大，孩子很虽，却没有一所学校的历史。就连周边村落的学龄孩子们，也可就近来东周村小学上学，在这里接受教育，快乐地成长。后来，我父母亲还带头为学校捐赠了一笔数目可观的钱款，他们的名字也被村民刻在了学校竣工时修建的“功德碑”上。

父亲就是这样把老百姓跟自己拧成一股绳的，而父亲也在老百姓心目中有了很高的威信。

○

○

一生严于律己

1948年初，太原解放前夕，原本准备“南下”的父亲，突然被抽调为接管山西阎锡山伪政府机构的财会专业的人员，离开老家武乡，奔赴省城太原工作。1949年4月24日太原解放，父亲作为一名接管干部，知责于心，担责于身，履责于行，繁重而庞杂的财务会计交接和账务整理、清理工作，让父亲几乎透支了自己年轻的身体。连续而长期的伏案工作，各种大量的核算、清点及查询各种档案资料，各类文件文字的汇总与起草工作，加上经常熬夜加班，父亲抽的烟越来越多，父亲说，其实当时他也仅仅是想通过吸烟来缓解一下精神和思想压力。但不承想父亲却因此患上了严重的气管炎，以致经常剧烈咳嗽，一到晚上尤为严重，能把睡梦中的同室人都吵醒。他常常夜不能寐，只能用喝一口热水来压一压，这种痛苦困扰了他一生。

父亲虽说是从大户人家走出来的，但他洁身自好、安贫乐道，脚踏实地、廉洁自律。即便是进入了繁华的大城市，生活依然十分简朴，基本上是顿顿食素，几乎滴酒不沾。父亲说：“喝酒不仅会沾染上奢侈的坏习惯，还会误事的，甚至会影响工作。”在我的印象里，父亲虽然常年从事财务工作，但他一直对钱财充满了敬畏之心，他极少谈到钱以及和钱财有关的事情，钱这个东西对他来说，好像真的不是什么个人非要去追求和拥有的。生活中，功成名就的父亲，一直到去世，都能保持纯洁干净的灵魂，内外兼修，远离铜臭，不追逐高官厚禄，不居功自傲，不坐享其成，这实在是一种难能可贵而又令我们晚辈望尘莫及的高尚品质。

父亲不仅严于律己，而且也常常教导我们要坚持原则、坚守规矩。父亲住院期间，我去陪侍他的时候比较多。有一次，与父亲聊天，他对我说："咱们都是共产党员，你做个普通党员容易，但做一个称职的党员领导干部，做一个有理想、有抱负、有立场、有担当、有作为、有创新的共产党人可就太不容易啦。你得要始终和党中央在政治上保持高度一致，有政策观念、法治观念，党纪国法更是'紧箍咒'，你一定要把'政治规矩'和'组织纪律'放在首位。坚持适度的原则，宽以待人，严于律己。目空一切和放任自流的人大概一生都难成大器。常言道：自律者出众，放任者出局。凡事都有底线。一个人无论干什么，首先要对自己负责，才能对他人负责。我就不信，一个连自己的情绪、行为、语言都管控不住的人，他怎么可能管理好一个集团、一个单位或者一个企业呢？其实，一个人最大的本事，就是首先学会管理自己，能够控制自己的情绪，管住自己的行为，管好自己的嘴。让自觉自律始终成为工作与生活中一种最为重要的习惯，这才是我们一生的必修课。"

父亲1984年离休，2003年8月去世。去世前，父亲最后一次跟我说："还有几件事情需要你把它处理好。一、你现在就去和医生签订个'免责承诺书'，我到最后时刻不做抢救，不必麻烦大夫，既免得病人自己痛苦不堪，又免得浪费医疗资源。一切顺其自然就好。二、我走以后，丧事从简，不发讣告，不登报纸。三、不必惊动年龄比我大的老同志，不要通知太多的人。四、你母亲一辈子不容易，为这个家庭奉献太多。你们要照顾好她的晚年生活，处理好家务事。五、不要向组织上提任何要求，一切按规矩来办。"即便已经知道自己已走到生命尽头，父亲还在为组织考虑，为别人着想，而唯独没有考虑他自己。

父亲是我们的骄傲！他一生经历坎坷、忍辱负重、跌宕起伏，但他只管奉献、不问前程，止于至善。我们姐弟几个一直都把父亲当作偶像，立为楷模，以他为镜来审视自己的行为，鞭策自己的人生。在父亲的熏陶和影响下，无论在任何环境下，我们都不办无原则之事，不处无信用之人，但我们会努力团结一切可以团结的人，也会尽自己的努力去帮助一切需要帮助的人。我们会把父亲给我们树立的良好家风世世代代传承下去，不负明天，更不负时代！

枫树经霜紫更红

讲 述 人：周玉珍
讲述时间：2022年9月17日
整 理 人：孟志平

周先和（1928—2014），山西辽县（今左权县）人。1943年参加革命工作，1948年加入中国共产党。1943年至1944年，任太行二分局会计；1945年至1947年，任晋东合作总社审计；1948年至1949年，任太行二分局审计；1950年至1951年，任汾阳专区供销社副科长；1951年至1953年，任山西省供销合作总社副科长；1954年至1957年，先后任山西省供销社财务处副处长、计划处副处长；1958年至1961年，任山西省委调研室研究员；1965年至1967年，任山西省委宣传部派定襄县工作队副队长；1967年至1969年，任职山西省委宣传部；1970年至1971年，下放左权县插队；1972年至1973年，在山西省委审干办公室工作；1974年，在山西省劳改局办公室工作；1975年至1988年，先后任山西省劳改局政治处副主任、调研员。1988年离休。

○
○

报家仇雪国恨，坚定信念跟党走

我的父亲周先和，1928年出生在山西省辽县一个普通农民家庭。

1938年，日军占领辽县县城。1942年2月14日，爷爷被日军杀害，父亲当时才十四岁。家里的顶梁柱一下没了，奶奶悲痛万分，一个多月很少进食，整日整夜难以入眠。父亲肚里窝着一腔怒火，对日本鬼子恨之入骨，他做梦都想着有一天能拿起武器和日本侵略者拼命，报杀父之仇。

1943年，父亲在我大伯（1938年的老党员）的带领下，毅然决然地奔赴抗日前线，从此走上了革命道路。

父亲最先的工作单位是太行二分局。1948年，父亲光荣地加入了中国共产党。党小组会议上，党代表问父亲："为什么要加入党组织？"后来父亲回忆说，他从来没有那么激动过，当时他眼含热泪，紧握拳头说了一句话："跟着共产党，我要为天下穷苦人报仇，我要为共产主义理想奋斗。没有共产党，就没有我们的好日子，老百姓就没有希望！"

○

○

"单位姓公，没有私事"

在我眼里，父亲是一位少言寡语、不苟言笑的人，他的身上有股不怒自威的强劲力量。我们几个孩子从小都害怕他，常常躲着他，很少敢与他面对面交流。

20世纪70年代中期至80年代末，父亲一直在山西省劳改局工作，任政治处副主任、调研员（主持工作）。那时，省劳改局管辖着全省各地的二十多个监狱，干警多达八千多人。

"文革"后，一大批冤假错案得到了平反。这期间，大批落实政策的人员来到省局，省局需要逐一了解情况后再逐步解决问题，工作量非常大。父亲那时常常是一个人接一个人地谈话，一个会议接一个会议地研究，忙得不可开交。有的老干部因为种种原因在单位没有见到父亲，就利用中午或晚上的时间找到家里反映情况。不管是谁上门，父亲总是放下饭碗热情接待。遇到没吃饭的，就让母亲给他们做饭吃。那时大家都困难，上访人员大都在基层单位工作，远离省城，交通不便，来一趟省局不容易。父亲对此十分理解，便尽自己的力量帮助他们。在各级党委的协同努力下，一大批老干部的政治生命获得了重生。

那段时间，我在家里亲眼看到许多发生在父亲身上的让我们感慨而又敬佩不已的事情。比如，对于上门要求升迁、提拔，或为子女转干、调动工作的人，父亲一律拒之门外；对上门送礼的人，他坚决地回绝。他在任期间，一大批年轻干部走上了领导岗位，逢年过节有不少人来看望他，他很高兴，有的同志为了表示感谢，带了烟酒等礼物，他都一一谢绝。

父亲说：“单位姓公，没有私事；家里姓私，没有公事！”

父亲身处领导岗位，确实手握着干部提拔、使用的权力，他拒绝别人，别人也见识到了他的清正廉洁。在工作中，他同样从未任人唯亲。我二妹夫从部队转业到太原第二监狱任政治处主任，他政治素质高、组织能力强、业务精，完全具备提拔条件，也是单位一直重点培养的对象。谁也没想到在局党委会研究讨论提拔二妹夫时，我父亲会坚决反对。他的理由是，我二妹夫到监狱系统工作时间短，还需要再锻炼几年。二妹夫的事就这样被搁下了，直到父亲离休后，妹夫才被提拔重用。

但二妹夫从来没有因为这事抱怨过父亲。二妹夫说，从这件事上他看到的是一位品德端正的老党员，以身正求公正，以公正换人心，他更加敬重、敬佩老丈人了。

此后，我们一家人惊讶地看到，二妹夫对待工作的态度和工作方法居然和父亲越来越像。对此父亲也非常欣慰，他曾和我说，从二女婿身上看到了自己的影子。

○

○

艰苦朴素，永葆革命本色

在生活中，父亲一向提倡勤俭节约不浪费。

父亲一日三餐，粗茶淡饭，从不浪费一粒粮食、一片菜叶。每当吃饭时孙子们不小心掉到桌子上饭菜，他都要捡起来吃了，还会笑眯眯地说：“粒粒皆辛苦。”父亲衣着简朴，一件衣服总是穿很多年，褪了色还在穿。随着生活条件的改善，子女们也总觉得该给他买几件新衣服穿，但他总是不让，认为有穿的就行，洗得干干净净就可以，不必那么讲究。我印象最深的是父亲这辈子就穿过两双皮鞋：一双是警服中配给的“三节头”皮鞋，一双是三弟媳给他买的轻便休闲皮鞋。父亲年轻时一直穿母亲一针一线为他做的千层底布鞋——穿着这样的布鞋，父亲参加了革命，走向了抗日前线，又从解放区走到了省城太原……后来，我们给他买了许多种鞋，运动鞋、休闲鞋，但他最喜欢穿的还是母亲给他做的那种千层底布鞋。

父亲的生活，剔除掉了多余的欲望，快乐且简单，这让他感到踏实。勤俭节约是中华民族的传统美德，父亲很好地传承了这一美德。

○

○

细雨润物，人生导师

我是家里的老大，但我小时候也怕父亲。长大后我才慢慢明白，看上去严肃认真、不近人情的父亲，把对子女的爱都深深地埋在心底，以一种让人不易察觉的方式在我们头顶撑开一张无形的伞，为我们遮冷风、避阴雨。父亲总在我们人生的关键时刻，在重大的选择交叉路口，为我们指点迷津、拨正航向。

那时，我们全家十口人全靠父亲一人的工资养活，生活拮据，常常入不敷出。面对这种困境，我想我应尽早参加工作，用自己的双手助父亲一臂之力，帮他养家糊口，或是及早出嫁以减轻家里的经济压力。

20世纪60年代中期，我正准备参加高考，党中央发出了知识青年上山下乡接受贫下中农再教育的号召。我经过深思熟虑后就和父亲商量，说不想考大学了，准备报名上山下乡。父亲心里明镜儿似的，他知道我的顾虑，我心里头想的不过是大学四年的学杂费和生活费。说实话，对我们家来说，这确实是一笔不小的开支，我如果念大学，肯定会加重父亲的负担。

让我没有想到的是，父亲用非常平静而又坚定的语气说："古人说过一句话，'书犹药也，善读之可以医愚'。读书是在哺育灵魂，不多读书，不光你的脑袋里没有知识，你的灵魂也不会改变。上大学既能丰富你的知识，又能学到一技之长，将来到社会上你才能有立足之本。钱的事你不用操心，只要你能考上，我就会想办法供你上完。"

父亲一番话解除了我的顾虑，也坚定了我考上大学、完成人生梦想的决心。1965年8月，我没有辜负父亲的期望，被山西财经学院会计系录取，正式成为一名大学生。父亲默默地支持着我，一直供我到大学毕业。

父亲总是在我们人生的重要阶段，从政治上为我们把关，从生活上给予我们关怀。父亲是高瞻远瞩的，这与他读书多、视野宽阔等有着密切的关系。我从父亲的身上学到了许多书本上没有教的人生知识，这让我拓宽了人生视野，避免了许多失误。可以说，父亲就是我人生的导师。

○
○
“家和万事兴”

我们这个家，是一个四世同堂，拥有四十多口人的大家庭。父母膝下有七个子女和三个女婿、四个儿媳妇，其中有八人经过党组织的培养，或成为单位骨干，或走上领导岗位；而我们家第三代人中已有九名共产党员。

我们这个大家庭还有一个雷打不动的习惯：每到节假日，四十多口人全部集中到父母跟前聚会。后来随着父母年龄的增长，我们七个子女就又细化聚会方案，除了春节，五一、十一由我们承办家庭聚会。在我们的引导下，孙辈们也主动承担起组织元旦家庭聚会的任务。大家欢聚一堂，让老人尽享天伦之乐。

我的母亲是位普通的家庭妇女，一生为家操劳，很少有机会走出家门。三妹夫利用假期，带着母亲登长城、逛京城。她生病住院时，我爱人一大早去医院排队挂号，三弟媳全程陪着看病，三妹夫出钱办入院手续。全家都忙了起来，争先恐后陪伴母亲。在医院里，医生护士们都说，他们实在分不清女儿、媳妇、儿子、女婿了，看到的只是这一家人浓浓的亲情。说实话，我从医生和病人以及那么多家属的眼里看到了羡慕之情。那时，我既为母亲的身体担忧，又有种莫名的自豪和幸福感。

在我们这个家族里，不管谁家遇到了困难，我们总是群策群力、互相帮助。我们还成立了一个“家庭教育基金会”，我们一起起草了章程，基金会在父亲八十岁生日时正式成立。章程规定，我们这个大家庭里的每个小家庭每年拿出一定的资金存入基金账户，由三人小组审定每年给困难家庭的补贴金额，每年向全家公布基金使用情况。基金会的成立，让一时有困难的家人们走出了困境，让孩子们可以健康快乐地成长。

在父母过生日时，我们每个人都会送上有纪念意义的礼物。母亲过八十岁生日时，我们全家人照了一张全家福。至今，那张充满祥和欢乐气氛的大幅照片还挂在和平照相馆。照相馆的经理一再请求我们同意将这张全家福挂在照相馆中的显眼之处。他说，这张照片给了他很多启示，他从中体会到浓浓的和谐、团圆、幸福的味道。他还说，咱们中国传统文化中的美满家庭，就是这个样子。

○

○

发扬中华文化，创建文明家庭

文明是一个国家进步的标志，也是一个家庭美满、幸福、和谐的标志。在我们这个大家庭中，个个勤劳工作，人人要求进步，没有一个违法乱纪的。父亲离休后，仍然关心党的事业，关心国家大事，关心监狱工作，积极参加党支部和院委会组织的各项活动，为老、边、贫困山区希望小学捐款捐物，为地震灾区捐款，永不落后，多次受到机关党委的表彰。

父亲离休后，坚持上老年大学学习书法。当晚辈们向他索要书法作品时，他立刻意识到这是一个极好的教育机会。他针对每个人的性格特点、兴趣爱好、工作环境等情况，书写不同的励志名言。我们几个儿女趁热打铁，在2008年国庆节举办了一个隆重的“赠送仪式”。在父亲的影响下，我们几个小家庭的学习氛围越来越浓厚。祖孙四代都对书法、绘画、剪纸等发生了浓厚的兴趣。祖孙四代相聚时，常常沉浸在对文化艺术的讨论中。2011年国庆节前夕，祖孙四代共四十八人舞文弄墨创作书画作品，穿针引线制作工艺品，隆重举办了“周先和家庭书艺展”。这些展品歌颂党，歌颂祖国，歌颂美好生活，受到了邻里的赞美和监狱局领导的表扬，领导还题字“文明之家，文明之花，文明之果”，《三晋都市报》《太原晚报》都对此做了报道。

2014年，我家荣幸地被评为省直单位第一批“十佳文明家庭”。

父亲的一生是平凡的一生，也是革命的一生、努力奋斗的一生。无论是在顺境中还是在逆境中，总有一种力量和精神在支撑着他、激励着他勇往直前。这种精神和力量就是：“不忘初心、牢记使命。为党，为人民，为共产主义理想，为实现伟大复兴的中国梦而奋斗终生！”

父亲给我们留下了宝贵的取之不尽、用之不竭的精神财富。我们全家一定学习好、传承好父亲坚守信仰、矢志不渝的精神；学习好、传承好父亲不怕牺牲、敢于担当的大无畏精神；学习好、传承好父亲面对困难逆流而上的坚韧不屈的精神；学习好、传承好父亲艰苦朴素、吃苦耐劳的精神，并让这种精神世代相传，永不熄灭！

从“煤黑子”到革命干部

讲 述 人：王瑾
讲述时间：2022 年 10 月 2 日
整 理 人：江雪

宋志民（1926 — 2019），山西文水人。1945 年 2 月加入中国共产党。解放战争中先后担任文水县七区武委会主任、七区区长、武委会书记等职；1950 年，任文水县委副书记；1965 年，任平遥县县长；1967 年至 1969 年，任晋中区革委会主任；1970 年至 1975 年，在沁水县下川公社插队并任沁水县革委会主任；1975 年至 1985 年，任晋东南地委常委、行署副专员。1992 年离休。

○

○

“煤黑子”走上革命道路

1947 年 1 月 12 日，一位十五岁的小姑娘毅然决然地踏着浸染了六位烈士殷红的鲜血的道路，走向了冰冷的铡刀——这个小姑娘就是后来毛主席为她亲笔题词“生的伟大，死的光荣”的烈士刘胡兰。我老伴儿宋志民与刘胡兰是同乡，都是文水县人。刘胡兰是文水县云周西村人，宋志民是文水县开栅镇北徐村人。刘胡兰壮烈牺牲时，宋志民正带着一百多人的队伍在山上打游击。他们虽然不属于同一个党支部，但刘胡兰牺牲的消息，还是大大地震撼了他。

1926 年 9 月，宋志民出生在一个贫苦农民家庭。他们家祖孙三代务农，靠五亩薄田艰难度日。因为家境贫寒，他只上了三年私塾，七岁时便给本村一家油坊做了学徒工。

五亩薄田不能养活一家人，他祖父就在外面“跑单帮”，干了几年，千辛万苦积攒了两百块大洋，回家途中却被一伙土匪抢劫一空。他祖父又气又急，回家后一病不起，撒手而去。屋漏偏逢连夜雨。他祖父去世不久，他父亲、他大伯和他，都染上了伤寒。因为无钱医治，他父亲和他大伯很快便去世了。

家中只剩下他和祖母、母亲、伯母三个小脚寡妇以及一个未成年的弟弟，家庭的重担落到了宋志民的肩上。为了活路，他与祖母、母亲商量后卖掉两亩地，又借了地主二十块大洋的高利贷，买了一头骡子，每天到二十多里外的小煤窑驮煤，再运到缺煤的村庄卖给有钱人家，挣点钱补贴家用。为了多挣点钱，每次运煤时，骡驮两只大筐，他自己再背一口袋。他每次都与煤矿老板说好话，希望多要点精煤。就这样，他起早贪黑，翻山越岭，走村串巷地卖煤，但两年过去了，二十块大洋的高利贷非但没有还清，反而越滚越多。因为风餐露宿常年驮煤卖煤，周围村庄的人都认识他了，他小名叫“黑子”，老人就叫他“小黑子”，年轻人则称他“黑子哥”。

卢沟桥事变后，文水县处于日伪军和阎锡山的双重残酷统治下。生活在水深火热之中的百姓这样评价当时的情形：“大讨债，二讨债，阎锡山，良心坏，养的军队不抗日，叫咱们活成这时代。”其实，七七事变后，文水县已有了地下党活动，还建立了秘密的地下情报网。在抗日战争和解放战争中，文水县属晋绥八分区。晋绥是延安的屏障，文水县是八分区的前哨。文水县是晋中平川与吕梁山脉的连接地，是晋察冀、晋冀鲁豫根据地通往延安的交通线和战略要地，也是八路军后方及前线粮食等物资的重要供给地。宋志民每天在村里卖煤，他憨厚朴实，思想活跃，又是穷苦出身，搞政工工作的八路军地下党组织便注意上了他。他利用卖煤身份为党收集情报，护送回延安的干部。1945 年 2 月，在七区党支书孟书记的介绍下，宋志民光荣地加入了中国共产党。文水解放后，他把攒下来的津贴变换成纸币，终于还清了当年借下的二十块大洋。他后来跟我说，还清那笔钱后，感觉压在心里的石头一下子被搬掉了，顿时觉得轻松了。从此，他坚定了跟党走、革命到底的决心。

1945 年 9 月，宋志民秘密加入民兵大队；1946 年，担任了七区民兵大队长。他带领一百多名民兵队员机智灵活地隐蔽在荒山野岭，与敌军周旋作战，打游击，袭扰敌军。他们还做锄奸反霸、减租减息的工作，给黑暗中的百姓送去光明。

听宋志民说，有一次，他带领游击队与阎锡山“勾子军”交战，因为游击队熟悉地形，“勾子军”被打跑了。当时天寒地冻，又是深夜，他们没有地方去，就把敌人的尸体摞起来，靠着那些尸体睡了一夜。我后来问他，靠着那些尸体睡觉不怕吗？他说，那会儿，死人不怕，怕的是活人。

在 1947 年冬季的一次遭遇战中，牺牲了一个叫小牛的民兵战士。小牛是独子，家里只有一位年迈的寡母。宋志民到他家里对他母亲说，从今以后，我就是你的儿子，我会为你养老送终。1962 年，我们结婚后的第五天，宋志民就带我去这位大娘家，让老人家看“新媳妇”。虽然政府一直给老人家发烈士补助，但宋志民仍按月给老人家寄钱寄物，一直到老人家去世。

解放战争中，宋志民先后担任七区武委会主任、七区区长、武委会书记等职，他带领游击队活跃在文水的山林沟壑中，为野战部队侦察敌情、护送伤员、征缴给养，从一个“煤黑子”逐渐成长为当地赫赫有名的游击队队长。

○

○

农民干部

1948 年 7 月 13 日，文水解放。从干革命到干生产，宋志民的岗位变了，工作目标也变了，但他的革命本色始终没变。他带领当地群众艰苦奋斗，抓生产、建互助组，为百废待兴的文水县做了很多工作。

1950 年，宋志民担任文水县委副书记，分管农村工作。当时的农村工作主要是建立合作社，抓农业生产。县里有一辆吉普车，他一次也没有用过。他经常骑着自行车，不带随从带铺盖，走到哪里住到哪里。吃派饭，睡土炕，到田间地头与老乡交流，跟老乡打成一片，深入了解民情民意、大事小情。当时文水县的百姓说他是一个“土得掉渣”的干部。他笑着说：“这样的评价最好，我本来就是农民。”因为他没有“官架子”，老百姓有什么话都愿意跟他说。

1965 年，宋志民被调任平遥县县长。平遥县派来一辆大卡车为我们搬家。让司机惊讶的是，我们的全部行李只有两卷铺盖和两个装衣服的箱子！而让司机更为惊讶的是，宋志民指着车上的两筐炭说：“同志，麻烦帮我抬一下这两筐炭吧。”司机当时目瞪口呆，他怎么也想不到，“县太爷”竟然这么寒酸，穷得搬家时还要带走两筐炭。宋志民看司机发愣，调侃说，兵马未动粮草先行，这两筐炭可是后勤保障，有后期保障才能安居乐业啊！就这样，大卡车的斗子里“空空荡荡”地拉着两筐炭到了平遥。宋志民还真说对了。我们到了新居后，一开门，过道正好有一个砖砌的火炉，把两筐炭卸下车，点着火，我们就能做饭了。

宋志民只上了三年私塾，读书不多，但他工作起来很有逻辑性，很会找方法。每次开会，他都不让秘书给他起草发言稿。他说：“如果秘书起草报告，我照本宣科，那是他作报告还是我作报告？”每次开会前，他会先拉提纲，然后照着提纲一条一条讲下去。他作的报告既紧密结合国家大政方针，有政治性，又没有虚话套话，通俗易懂；既实事求是有典型事例，又言简意赅有高度；让参会者既能迅速领悟会议精神，又能找到实施办法贯彻执行。这一点，我特别佩服他。我从事播音多年，读过很多讲话稿，他的讲话稿通俗易懂又生动活泼，接地气、有思想。

知屋漏者在宇下，知政失者在草野。宋志民是农家孩子，他一生都没有脱离“农民”本质，待人接物非常平和。他对生活要求很低，大大咧咧、简单粗放；但对工作却兢兢业业，非常认真。他知道自己是从农村走出的干部，对专业人才特别稀罕、爱护、尊重。他把他们视为老师，从来都是虚心请教，更不以领导自居。到平遥后，他下乡还是独来独往，很少带从行人员。每到一处，地方干部不认识他，他就自报家门，然后在当地干部惊讶的目光中挨家挨户去了解情况。这样一来，很多基层干部有问题愿意找他反映，他也常常不请自到，很快便与干部群众打成了一片。

1972 年，他被下放到沁水县下川公社（下川乡）东川生产队（现东川村）劳动改造。为响应党中央扎根农村的号召，他动员当时在平遥县机关工作的我也到东川生产队扎根劳动。经向上级请示，我被批准到东川生产队劳动。

与我们一起下放到东川生产队的还有六个干部，其中就有赵树理的女儿赵广建。我们在一个农户家住下来。那时候农业学大寨，到处都在建梯田，农闲时我们的主要工作就是修梯田、垒石堺。

那时东川村没有小卖部，买食盐还得到下川公社去。但出入下川只有那条崎岖的羊肠小道。小路很窄，路边一人多高的杂草丛生，有的地方还非常陡峭，走起来得小心翼翼。外地人提心吊胆，本地人走得也很艰难。

“文革”期间，尽管身处逆境，宋志民还是那么乐观，依然是实实在在扑下身子，与东川村干部群众打成一片，为一方百姓谋福利。想到东川村村民祖祖辈辈出村难，他提议自力更生修通一条出山的路，为村里百姓做一件好事。大队支书一听很高兴，立即动员群众。宋志民亲自勘察地形、丈量路程，带领全村男女老少挑灯夜战，硬是用锄头、铁镐，一锄一镐地凿通了一条八里长、可通平车的山路。淳朴的百姓为感谢我们，1973 年 5 月 5 日，他们亲手做了一面锦旗送给我们，上面写着“手上磨老茧，山河换容颜”。这面锦旗至今我还保存着。

1973 年 8 月，六位下放东川村的干部陆续回城。宋志民在东川村坚守三年，是最后一位离开东川的下放干部。此次恢复工作后，他被调到了沁水县担任革委会主任。离开时，东川群众手捧锦旗，敲锣打鼓，依依不舍地送了一程又一程。

大浪淘沙、烈火熔金，经历了运动和下放劳动的宋志民，革命信念愈发坚定。1974 年，他被调到了晋东南地委担任常委委员，兼任沁河灌区指挥部总指挥。跟着他在山里生活了三年多的我，此时，内心特别希望回到城里工作——小儿子也需上幼儿园了——作为晋东南行署副专员随迁家属的我，调回城里也是正常的。但他竭力劝我到一线去，他说作为革命干部家属，更应该到一线去与大家一起同吃同劳动。“火车跑得快，全靠车头带”，他说我到沁河灌区指挥部工作，会起到旗帜的作用，会带动更多干部职工把家属带到工程一线，这样他们才能安心建设水库。我只好带着两个儿子和我的妈妈再次搬迁，来到沁水县端氏沙沟村，与职工、农民工一起，投身到漫天黄沙的水库建设中。

端氏沙沟村尽管比东川条件要好些，但这里没有自来水，更别说煤气了，我们每天只能挑水烧火做饭。宋志民在行署工作，大儿子在沁水读书，小儿子还小，挑水的任务就落在了我妈妈的头上。我妈妈到河边挑水时，一些民工看到了，便主动帮忙把水挑回家。宋志民知道后便告诫我说，既然来到工地工作，生活就应和所有家属一样，特别是在生活上，别搞特殊，也别例外，经常用民工帮忙，影响不好。

○

○

言传身教如镜子

从贫寒家庭出来，经历了革命年代的宋志民，对党怀着深深的感情。他常对孩子们说起党史、家史，说他是一个农家的孩子，能从一个“煤黑子”成长为革命干部，必须感谢党。有损党威和党的荣光的事，无论大小，都不能做。我们必须以身作则，爱国、爱党、爱社会主义，有理想、有信念、有道德，要做对国家有用的人，要做遵纪守法的公民。2008 年汶川大地震，此时宋志民已经八十五岁，他看着电视，流着眼泪，执意要我帮他捐两个月的工资给国家。他说：“我老了，去不了地震现场了，国家有难，我得出一份力啊！”

身教胜于言教，我的大儿子宋胜涛毕业后自己找了工作，当了一名工人，他如他父亲一样，干工作从来不叫苦叫累，为人朴实而厚道。从没有上过幼儿园的小儿子宋胜澜深受他父亲影响，以父亲为榜样，爱岗敬业、廉洁自律，多次受到公安部、省公安厅的嘉奖。做好本职工作的同时，他还参与了社会慈善活动。得知平顺县遮峪村一个叫牛惠杰的十三岁孩子上不起学，便从 2016 年开始帮扶他，从小学三年级一直到中学。小儿子每年会准时给牛惠杰送去学费、生活费，并承诺将帮他读完大学。

2019 年，怀着对党无限忠诚，我的伴侣宋志民走完了他平凡的一生。回首岁月，我知道，他是一名合格的共产党员，是一名优秀的革命干部！

洒向人间都是爱

讲 述 人：马瑞红
讲述时间：2022 年 10 月 2 日
整 理 人：张玉

马腾云（1920 — 2018），山西沁县人。1942 年参加革命，同年加入中国共产党。1942 年至 1955 年，在长治市公安系统工作；1955 年以后，转入司法系统，从事劳改劳教工作。1985 年离休。

○
○
扎根三晋

1920 年 11 月 13 日，我父亲马腾云出生在河南省林县任村乡青沙村一个贫农家庭。那时的中原一带自然灾害不断，粮食歉收，加之军阀势力割据，战乱频仍，民不聊生，老百姓在水深火热中挣扎。我爷爷为了养活全家，决定背井离乡，为家人寻得一个安身立命的地方。就这样，襁褓中的父亲跟着爷爷奶奶踏上了去往山西的路程。一家人顶风冒雪在崎岖的盘山小路上艰难前行，一路风餐露宿，在崇山峻岭中跋涉数天，来到了沁县次村乡马步庄，从此落户山西。又过了几年，爷爷奶奶在附近的北岭村买下了三孔旧窑洞，全家就在北岭村定居下来。

爷爷有一门祖传的打铁技艺，我父亲从十一岁开始就跟着父兄们学习打铁技术，在家乡一带走村串户为大家锻造、制作、修理农用工具。后来，父亲和他的兄弟们跟着爷爷在长治沁县盘道联合村负责为村民自卫队锻造砍刀、红缨枪等武器，用于支援抗日、打击日伪汉奸。1939 年春天，父亲跟他兄长去了中共太行三分区驻武乡县韩光村修械所，为八路军制造“六五”式步枪。同年秋天，他们又转到武乡县洪水镇显王村，继续打铁、锻造武器。

1940 年秋天，父亲回到北岭村参加了民兵组织，并接受了专门的集训。这期间，他参加了抗日救国的运动，经常和村里的民兵、自卫队员一起为八路军做引路、站岗、传送情报等工作。也就是从这时候起，父亲正式走上了革命的道路，投身到轰轰烈烈的抗战之中。1941 年春，父亲担任了村里的民兵队长。他经常组织和带领民兵自卫队深入敌占区，破坏敌人铁路运输设施，打击了日寇向解放区进攻的势头，激发了家乡人民自觉地联合起来打击日寇的爱国热情。

○

○

战天斗地

解放战争开始以后，父亲进入长治市公安系统，这期间因他工作成绩突出，在太行区群英劳模大会上受到市公安局甲等奖的表彰。中华人民共和国成立后，父亲被调入长治地区公安处，主要负责刑侦工作。他带领工作组配合属地公安局侦破了多起刑事案件，获得了各级好评，后被调回武乡县任公安局局长。1955 年，父亲从武乡县公安局被调入山西省公安厅，组建山西省公教人员短期训练班。1957 年 7 月，父亲被任命为高家堡农场场长，从此开始了他的艰苦创业。

父亲曾主要在两个农场任职，分别是太原高家堡农场和永济伍姓湖农场，他对这两个农场的建设倾注了极大的心血，可以说这里有着他人生的最高成就，有着他一生引以为豪的功绩。父亲组建高家堡农场时，只有二十余名干部和三百余名劳教人员，所有人都住在农村，条件很差，生活特别艰难。父亲带领全体干部职工和劳教人员辛勤劳动、奋力拼搏，短短几年就建成了农场。他们先后建设了办公区、家属生活区、劳教人员的住所和活动场所等。

父亲对劳教人员的改造很重视，他一边建设农场扩大生产，一边教育劳教人员，形成了良好和谐的文化氛围。为了丰富干部职工的业余生活，改善劳教人员的精神面貌，他组织开展了各种形式的宣教和文体活动。父亲在劳教人员中组织了一个晋剧团、一个话剧团、一个上党落子剧团、一个蒲剧团，并分别给他们购置了所需的乐器、服装、道具等，到了周末就在农场大礼堂进行演出，同时还邀请附近村里的老乡也前来观看。

父亲曾经详细地给我们讲过这段经历，他提起那些劳教人员，一个个都有姓名、有故事、有特长，都是鲜活的人。他没有歧视他们，他真心地把他们当作自己的同事、战友一样看待。他担任农场领导的时候，想尽办法为那一批人员谋出路，在政策允许的范围内尽可能照顾他们。后来有一部分“右派”被平反之后重新回到工作岗位上，他们中有些还是高级干部，有广州的、有北京的、有上海的，他们带着家人来看望我的父亲。有几个叔叔在太原，年年结伴到榆次看望父亲，直到他去世。每当谈起那段经历，他们都对我父亲不胜敬佩和感激。父亲并不居功，他只是缅怀自己的青春和奋斗，那种深情不能自已。他热爱高家堡，那是他倾注心血的世外桃源。

1973 年，父亲来到永济伍姓湖劳改农场任职，这是他组建的第二个农场，也是他工作生涯的最后一班岗。父亲在这里一直干到 1985 年 7 月离休，整整十二年。这是他呕心沥血的十二年。父亲很珍视伍姓湖，他像对待孩子一样精心呵护、养育这个农场，他看着它一点点成长。父亲共有六个子女，大姐和二姐当时已在太原参加工作，我们四个小的都跟随父亲来到了伍姓湖农场，这是我们与父亲相处最久也最美好的时光。

伍姓湖地处山西省南部中条山北麓，位于永济市市区东北方向，它是一个盐碱湖，想要把它建设成出产鱼米的农场谈何容易？那时伍姓湖周围的环境十分恶劣，且不说水有多熏人，先说说蚊子有多厉害。晚上收麦的时候，用手一搓，满胳膊、满脸都是血。连牲畜身上都是蚊子，老百姓把牛、马身上都披上布单，要不然它们都受不了。人在前面走，后面跟着一群蚊子。鸟很多，还有狼出没。两边滩涂全是盐碱地，用扫帚一扫全是盐和硝，连土都是白色的。

我父亲不信邪，他说他一定要把伍姓湖改造好。他带领干部职工和劳改人员，又拿出当年建设高家堡农场的劲头开始改造伍姓湖。湖边的滩地以前是水淹到哪儿种到哪儿，父亲召集技术人员想办法。引水来灌溉、冲洗盐碱地。中条山的十八峪水、涑水河、姚暹渠，都是对伍姓湖的补充。这一带土地一米以下有一层胶泥，土地板结厉害，他们采取上压下排的方法，把碱水排出去，用来种棉花。原来南滩、北滩全是荒地，长满芦苇，后来全改成了良田。父亲带头上阵，和劳改人员们一起挖渠、种地，一身泥一身水。到1985年，伍姓湖农场已经形成了以农业、玛钢生产为主体，林、牧、副、渔全面发展的产业结构格局，建成了环境优美、设施完善、发展实力强劲的劳改农场。

离休多年后，父亲还回过两次伍姓湖农场，陪同的三姐和四姐回来以后又自豪又感动地向我们炫耀："这次可跟着爸爸沾光了，场里的老人们请我们吃饭都排不上队……"他们对父亲的爱戴无以言表。农场是时代的熔炉，燃烧着火红的烈焰；父亲是一块煤炭，在其中默默燃烧。那是他用血汗挥洒出的无疆大爱，彪炳于天地之间。

○
○

情系桑梓

1985年，经山西省司法厅劳改局党委研究，组织同意批准了父亲的离休申请，给予他异地安置，落户到榆次。7月19日，他来到榆次女子监狱职工宿舍，住进了山西省劳改局专为离休老干部提供的住房，从此尽情享受美好的晚年。

我父亲是个闲不住的人，性格活泼开朗，特别爱热闹。他离休后很怀念以前为革命战天斗地的岁月，每每想起故乡、农场那些人和事，他就激情燃烧。在这种心态下，他开始了数地奔波的生活。

父亲对家乡北岭村感情很深，他总是说他们全家在旧社会从河南逃荒来到山西，备受人们欺负和歧视，是北岭这个贫瘠的小山村收留了他们。这里的父老乡亲虽然穷，但是善良宽厚。热心的邻里帮助他们买地、典地，一家人才得以站稳脚跟。现在他要把党的恩情回馈给人民，要用他的微薄之力让老百姓感到党的温暖——为他们做些事才算报答故土。父亲工作期间难得回老家，仅有的几次他也都要积极为乡亲们办事。他曾经协调当地政府为老家村民们解决了土地纠纷和通电问题。离休后他有了时间，就经常带着我母亲回去。那时候老家还没有修路，车也不通，他回去都得坐牛车，一路颠簸，但他不怕辛苦。

老家的条件很落后，许多人从没照过相，有些人家连一张全家福都没有；七十多岁的父亲自己买了照相机和胶卷给乡亲们拍照，照完后拿回榆次自己洗

七十多岁的父亲自己买了照相机和胶卷给乡亲们拍照。

好后再寄给他们。村里医疗条件差，人们又穷困，经常有老人们生了病也不去治疗，自己硬扛；父亲就自己学习中医，购买了理疗的用具给老人们理疗，以缓解他们的疼痛。父亲帮助的乡亲们太多了，他尤其重视孩子们：有一家的孩子得了抑郁症，父亲带他外出治疗；还有一家孩子是兔唇，父亲带她去做了手术……这些孩子们看病治疗都在我家吃住，父亲对他们嘘寒问暖，极尽关怀。村里有的年轻人要结婚了，到城里买结婚用的东西，我家就是他们的落脚点；父亲怕他们人生地不熟，还会亲自陪他们去买东西；他还给他们买被面、衣物等生活用品作为礼物，这在20世纪八九十年代，算是一份厚礼。我母亲是典型的贤妻良母，父亲所做的一切，她都默默支持。于是父亲常说：军功章上有老伴儿的一半。

父亲身体硬朗时，每年都要回乡几次，尤其是夏天，他会请县里的剧团、说唱队给村民演戏。这个活动很花钱，戏班子来了住在村里，吃住都是父亲掏腰包。十里八村的乡亲们都来看戏、走亲戚，像庙会一样热闹，大家都盼着我父亲回来。乡亲们有事向他借钱，父亲总是提供力所能及的帮助，这些钱有的还上了，有的还不上，父亲都欣然接受。村里的老人们不懂法，邻里间闹意见纠纷总爱请我父亲主持公道。父亲就给他们调解，同时还进行普法教育。他每次回去，都要买许多吃的用的带回去给村里的老人们，或者干脆给点钱，次次都不落空。这些钱物，父亲仔细地分成一份一份，用厚纸包好，写上名字……现在他去世了，这个任务由我们来完成。我父亲六十五岁离休，到九十多岁还在为家乡人民做事情，这些事情大多数都是我们陪着一起办的，爱家乡爱人民的理念已深深地烙印在我们的血液里。

2005年，父亲还组织乡、村干部召开抗战胜利六十周年纪念活动，让人们不要忘记烈士和历史。他跟我四姐夫等人筹集了两万余元资金，建了一座乡革命功臣纪念碑。这座碑一直到五年以后才落成，那时父亲已经九十岁了。这座纪念碑一直矗立在沁县，成了红色教育基地的标志，家乡人民用一封《大爱无疆·大爱永恒》的书信表达了对父亲的热爱。修纪念碑的资金剩下了一些，父亲又贴补进一些钱，给乡亲们购置了一些桌凳、锅碗瓢盆，用来办村人的红白喜事；这样乡亲们家里有宴席就可以采取互助合作的形式依托村委会来办，又省事又省钱。村干部们也很高兴，他们看到村里团结互助的氛围就这样形成了——现在想来，这其实就是“红白理事会”的雏形，所以说父亲真是一个办实事的人。

○

○

两袖清风

父亲是一个党性原则特别强的人，他常年担任领导干部，但从来不搞特殊化，做人实实在在，说到做到。记得20世纪70年代在伍姓湖农场时，家家都不富裕，大家就都挖野菜、养兔子、养鸡。农场有大片的苜蓿地，别人家孩子就近去苜蓿地摘苜蓿，又多又好，还摘得快。我和哥哥就只能到远处找野菜。当时场里还有果园，别人家孩子和附近的农户小孩悄悄去摘，父亲总是睁一眼闭一眼，他说孩子们可怜，生活困难没有吃的，摘几个果子填肚子不算什么，让他们吃吧。可他坚决不让我们去采，一根苜蓿、一个苹果也不许摘，他说要以身作则，不能拿公家一针一线。

父亲晚年经常很自豪地说：“别人评价我两袖清风、清正廉洁，是党的好干部。我倒是觉得我始终在岗位上敢说两句硬话，是因为我在工作中无私心，这样说话才大胆，跟一切不正之风、不良习气做斗争才无所畏惧。”离休后，他仍然积极参与党组织的有关活动，八十几岁还参加歌唱党的比赛；他在家认真练习《没有共产党就没有新中国》的样子，至今还在我的脑海中萦绕。他年龄大了，写字手抖，可他写学习体会还是一笔一画，十分认真。灾区募捐、缴纳特殊党费，他一次都不落。从离休到九十五岁高龄，他年年被评为“优秀党员”。他就是这样一个把一生都献给党和人民的人。

父亲特别喜欢孩子，他鼓励孙辈们好好学习，做一个文化人。儿孙们（包括亲戚家的孩子们）考上大学的，他每年赞助两千块钱的学费，从不间断。孩子们放假回家，他都要询问学习生活、思想进步情况，嘱咐孩子们学好本领，为国家做贡献。晚辈们都跟他特别亲。但是他不利用权力为我们谋求什么。我大姐和二姐都是自己通过招工上班的，分别在纺织厂和机械厂工作，都是很苦很累的工种。他那个时候跟县领导是一个级别，但他绝不为女儿打个招呼换工作。三姐和四姐去插队，在劳改系统最边远的知青点，没有得到过他一点儿特殊照顾。我哥哥 20 世纪 70 年代末招工到厂里，我自己通过考试考到太原。我们兄妹都很自立自强，在各自的工作岗位上作出了各自的成绩。

1996 年，父亲在天津跟我生活了将近一年，这也是我工作后跟父亲在一起生活最长的一段日子，其间我真正体会到了一个老共产党员的党性原则，这让我终生受益。这里有两件小事。一件是我老公替父亲去药店买他常吃的脑梗药（父亲享受副省级医疗待遇，在药店自购任何药品都可以报销），我老公正好那两天有点感冒了，就顺便一起给自己买了感冒药。结果父亲说他没有感冒，不能吃这个药，也不能让别人吃，他坚决要求我老公去换发票。他反复说："这是国家给我的待遇，你们不能享受。"另一件是过端午节时，下属给我送来了礼盒粽子。我父亲告诫我，礼尚往来在一定限度内可以，但收了就要回礼。我当时不以为然，觉得一盒吃食算不上收礼。当我晚上下班回来时，父亲和保姆亲手包了粽子，还准备了他从山西带来的汾酒让我送给人家。父亲说："衣服小洞不补，大洞尺五，再补就难了。"父亲还说："勿以善小而不为，勿以恶小而为之。"父亲的话牢牢地记在我心里，之后落实到行动中，我在工作中自觉抵制金钱的诱惑，多次被企业评为优秀共产党员和优秀管理者。就是这样，父亲的点点滴滴，一直鞭策着我们儿女做廉洁奉公的好干部、好党员。

我的家庭是传统之家，我的父亲是宽厚长者，在我们这个四世同堂的温暖的大家庭里，一直传承着清正、诚信、奋斗、博爱的家风。真爱无敌，至善无言，我的父亲是平凡的英雄。他以爱守护生命，以爱担当人生。在革命岁月，他不忘初心；在建设时期，他践行使命；在晚年时光，他反哺土地。他以微光聚集大爱，点亮这盛世的春天。多年来，我们这个家庭儿孙孝顺、家庭和睦。我们知道，只有每个小家都博爱敦厚、崇德向善，祖国这个大家才能拥有和谐美好的正气。我会一直将父亲的美德、家族的仁善、祖国的大爱传承下去。

百年风雨不虚生

讲 述 人：金国华
讲述时间：2023 年 3 月 18 日
整 理 人：张　玉

金之锋（1921 — 2022），出生于山西省五台县。1938 年参加革命，1949 年加入中国共产党。1938 年，在晋察冀边区大众剧社任管理员；1949 年起，先后任太原兵工局 743 厂警卫大队队长、保卫科科长；1953 年以后，就职于山西建筑工程总公司，历任省建二公司副经理、省建五公司副经理、省建总公司材料处处长等职。1983 年离休。

○
○
青春无悔

我的父亲金之锋，1921 年出生在五台县耿镇镇照吞口村一个贫苦农民家庭。我的老家是偏远山区，也是革命老区，照吞口这个小小的村庄，走出了数十名革命战士，我父亲就是其中的一员。

我的祖辈们大都没上过一天学，受尽了没有文化的苦，因此对读书识字有着由衷的向往。我爷爷把希望寄托在我父亲身上，鼓励他好好读书，做一个有文化的人。父亲在这样的厚望中读书识字，以优异的成绩毕业于五台高小。

1938 年的夏天，晋察冀军区政治部宣传队来到五台县做抗战宣传文艺演出。那时的剧目有《八百壮士》《顺民末路》《张家店》《林中口哨》《秋阳》等等。父亲当时只有十七岁，他通过这些戏剧了解到民族英雄们可歌可泣的事迹，看到了新的世界和新的理想，于是他毅然投笔从戎，加入部队。父亲最先被分配到大众剧社。

1938年9月下旬，日寇对晋察冀边区发动了围攻，军区机关由五台转移到河北平山县，年轻的父亲随军背井离乡，转战冀北。他在部队里认识了很多革命者，对共产党有了更深刻的了解和认识，懂得了很多革命道理，进步很快。前方部队在一线作战，他们就在后方做宣传工作，团结了民众，鼓舞了士气。父亲经常回忆那些战斗的岁月，他说1940年，中共北方分局颁布了《晋察冀边区目前施政纲领》，为了宣传这一建设抗日民主根据地的纲领性文件，剧社组织了一次突击性创作和演出，能动笔的三十多位同志集中在一间大房子里，点起汽灯通宵写剧本。这一年疟疾流行，很多同志带病参加创作，那种完成政治任务的使命感，创作时大家的那种拼命精神，让他终生难忘。父亲记得每一个他战斗过的地方、他创作过的剧目以及与他相伴相依的战友——那是他挥洒青春的年少时光。

1949年2月，父亲光地荣加入了中国共产党；同年4月，太原解放，华北兵工局顺利接收太原兵工厂，太原兵工厂成为人民的兵工厂。父亲从部队转业到地方，被分配到太原兵工局743厂任保卫科科长等职，为刚解放的人民政府接管兵工企业做了大量的安全保卫工作。1953年，父亲被调入山西建设工程集团总公司。父亲在此一干就是三十余年，先后担任省建二公司副经理、总公司材料处处长等职，多次受到上级领导的表彰。

○

○

修身立德

父亲在生活上很节俭。20世纪五六十年代，我们国家经济困难，我家孩子多，粮食不够吃，父亲宁愿买最便宜的土豆代替主食，也从来不到单位去蹭饭吃。他春夏秋冬都穿那一身衣服，吃饭总是稀饭就咸菜。

等我们长大了，自立了，想给他过生日，他也不肯到饭店摆酒席，怕我们花钱，总是说在家吃个便饭就好。家里的家具几乎全是我们淘汰掉的旧货：平柜和立柜是姐姐们换下来的，床是我换下来的。更夸张的是，两个老式扣箱都算得上是“文物”了，是父亲20世纪在大同工作时置办的——随着他的工作调动，这两个箱子从大同来到五台，又来到忻州，然后来到太原，陪了他七十多年，箱身全是裂缝了，他也舍不得扔。直到去世，他住的房子还是水泥地，好多亲戚朋友去了我家，看到这种情形，实在想不明白——大企业集团的材料处处长，级别也不低，工资还挺高，怎么就这么寒酸？其实是父亲简朴惯了，他总是讲：“这比解放前好多啦，我们参加革命工作时，要啥没啥。”父亲真正做到了不忘初心、牢记使命，他真正保持了艰苦朴素的本色。

在工作上他很清廉，一向秉公办事。有几年他管人事，掌握调工资的权力。单位有一个人工作实绩不行，连续几年没有调资，对父亲很有意见；父亲不妥协，指出他工作上的问题，一点儿也不怕得罪人。

但是父亲又绝对不是那种不近人情、死搬教条的人。20世纪70年代正是钢材、木材、水泥非常紧缺的时期，家乡照吞口村地处偏远，村口的小桥是木质的，一到雨季发山洪桥就断了。为了改善生活环境，方便老百姓出行，村里决定要修建一座大桥。村支书找到父亲，说明来意，请求他帮助解决建筑材料的难题。父亲听后觉得这是造福人民的好事，他多方协调找货源，搞到几十吨水泥和钢筋，确保了工程用料，使得大桥得以顺利建成。五十年过去了，这座桥现在还完好无损地为乡亲们服务着。每次我们兄弟姐妹回老家，都要去桥上走一走，缅怀父亲。

父亲于1983年离休，但他退而不休，继续从事老干部工作，担任了离休党支部书记。那时集团有七百多名离休老干部，父亲工作很忙，一点儿也不亚于在职期间；但他乐此不疲，以发挥余热为荣。就这样，他一直干到八十多岁。

2008年5月2日，父亲突发大面积心梗，我们火速将他送到医院，那是他离休二十五年来第一次住院。他的病情很危急，血压忽而飙升到二百毫米汞柱，忽而低至无法测量；但最终他挺了过来，医生说这是医学上的奇迹。他大难不死，康复后又度过了十几年，成为一名百岁老人！我想，这与他过着朴素的生活，有着宽和的心态是分不开的。

父亲晚年，身体机能下降，特别是2015年母亲去世后，他的健康每况愈下。他是耄耋之年，而我的哥哥姐姐们也都是六七十岁的老人了，照顾起他来有点力不从心，我们商量为他请一个保姆，但是他坚持不允许。他的节俭的习惯，他从小养成的顽强的自立性格让他觉得这样是不对的。他固执地认为，不能让别人伺候他。就这样，我们兄弟姐妹几个轮流陪侍他，连我二姐夫也参与进来。我比兄姐们年轻，理应照顾他最多；在他最后的一年里，他已意识不清，认不出别人，只记得我的名字。我们以最真挚的爱回报他，回报他那奉献的一生。

○

○

爱家爱国

父亲经常说："家是最小国，国是千万家。"他认为，一个家庭有好的家风，才能和睦团结；千万个家庭有好的家风，国家才能和谐稳定。所以父亲一直注重孝道和团结。

我爷爷奶奶有四个儿女，但因旧社会医疗条件差，姑姑和叔叔们在二十多岁就相继过世了，白发人送黑发人，我奶奶悲伤过度，整天以泪洗面，导致双目失明，生活不能自理。父亲回到家乡后看到他们的惨况，非常难过，要接二老到太原生活，可二老坚决不同意。那时候我爷爷奶奶年事已高，受传统习惯影响，不愿离开家乡，一是怕丢了老祖宗奋斗几辈子攒下的房产，一是他们不愿接受去世后的火化。父亲说，不能让二老没人管。于是 1962 年，他让我母亲带着我和我二姐回到老家照顾老人。我和二姐生在太原，突然回到农村，很不适应；老家还没有通电和自来水，我们照明用煤油灯，吃水都得自己挑，生活十分艰苦。我们在照吞口住了十一年，我从一个六岁的孩子长成一个少年，给爷爷奶奶养老送终后，才回到太原——那一年我十七岁，正是当年父亲离开家乡的年纪。

虽然我们受了点苦，但是在五台十里八乡，我父母孝敬老人的美德无人不知，大家都说一般人做不到。中国人的传统，百善孝为先，我父母做到了，他们永远是我们做儿女学习的楷模。

我母亲也是老革命，她是 1941 年参加工作的，但是解放后为了照顾我爷爷奶奶和我们兄弟姐妹，她放弃了工作，做了家庭妇女。我母亲是一个特别善良的人，与左邻右舍和同事的关系都特别好，把每个亲友的孩子都当作自己的孩子一样爱护。我们在大同的时候，父亲一位同事的妻子是上海人，只会做大米饭，不会做山西面食，母亲就手把手教她，还帮她缝被子、补衣服——母亲针线活做得很好。那位阿姨很感激她，和她情同姐妹。

我父母很重视对子女的培养和教育。我哥哥搞技术工作，是高级技师；我大姐搞财务工作，是会计师，任财务科科长；我二姐搞材料管理工作；我和父亲在同一个单位供职，我从事机关管理工作，是高级政工师，也算是子承父业吧。我们兄弟姐妹没有一个做官的，也没有一个经商的。我们都牢记父母的教诲，凭本事吃饭，以清白立身。

我父亲在职时忙于工作，对家庭照顾不周；离休后他回归家庭，做起了培养下一代的工作。那时我哥在外地，我工作也比较忙，父母便把两个孙子接到身边，从幼儿园开始带到他们考上大学。父亲从孩子们两三岁时就教他们写字——在自家的水泥地板上用粉笔写，写完了用墩布拖干净。孩子们从小养成了好习惯，学得很认真，成绩特别优秀。我哥哥的儿子毕业于西安科技大学，现供职于深圳兵工企业；我儿子毕业于北京大学，现供职于国家电网电科院。他们现在都是高级工程师，从事科技工作。

总之，我父亲参加革命工作以来，为祖国和人民默默无闻地奋斗了一辈子；历经抗日战争、解放战争以及改革开放时期，度过了自己跌宕起伏的百岁人生。一百年，弹指一挥间，父亲留给我们的最大财富不是遗产，而是他一生践行并遗留给后代的那些人生真谛，那是生命之外，老一辈给予后辈们最珍贵的红色礼物——淳厚家风。

不见经传老红军

讲 述 人：武玉娥 武仁成 武春娥 武月娥 武仁清
讲述时间：2023 年 7 月 9 日
整 理 人：赵建雄

武海科（1927 — 2017），山西交城人。1937 年 5 月，参加文水县游击支队，为司号员小战士；1938 年 4 月，参加山西工卫旅，为儿童队学员；1939 年至 1940 年，参加山西新军西山决死四纵队，任三十五团卫生队卫生员，参加百团大战；1941 年 6 月，任晋西北军政委员会及参谋长秘书警卫员；1942 年，在延安抗日军政大学学习；1946 年 7 月，在黑龙江军区供给部皮鞋厂工作，任管理员、代理厂长，同年同月加入中国共产党；1949 年 1 月，参加南下干部大队，先后任江西九江军分区武宁县大队十区中队长、九江军分区后勤处管理股长、关西新围管理股长；1951 年 10 月，任空军三〇三部队七团军事股长；1952 年 11 月至 1953 年 9 月，在空军三〇三部队运输科工作，后到转建大队；1954 年，带病转业回乡，在西石侯村领导并组织了初级农业合作社；1956 年秋，任西石侯村高级农业合作社检察委主任；1958 年至 1960 年，任西石侯村党支部书记；1960 年 5 月，任交城县城关中心保健站党支部书记，后任交城县中医院党支部书记。1992 年 6 月离休。

○

○

革命队伍的“红小鬼”

1927 年 4 月，父亲武海科出生在山西省交城县西营镇西石侯村的一个雇农家庭。那时候，西石侯村还是隶属于文水县西城乡。听父亲说过，那时候他们家中有四口人，除了我的爷爷、奶奶，父亲下面还有一个妹妹。即便是四口人的家庭，还是穷，生活过不下去。没有办法，我爷爷就跟着别人“走西口”，逃往他乡谋生计，后来就再也没有音信儿了，家中只留下我奶奶带着两个年幼的孩子，孤儿寡母，无依无靠，被生活所逼的奶奶只能靠给有钱人家做针线活儿、当奶妈，甚至沿街乞讨来供养父亲和姑姑，过着有一顿没一顿的日子，常常是停炊断灶、没吃没喝。面对危难又绝望的生活，可怜的奶奶没有办法，为了不让父亲、姑姑饿死，就找村里识字的人代写了“卖身契”，逼着年幼的父亲在契约上按了手印，把自己卖给了附近的寨子村，从那时候起，父亲和姑姑就被奶奶带到继父家生活。父亲说，那时候，他母亲满以为卖身可以换来一家三口的活路，没想到他继父对他们很不好，特别是对父亲更是嫌弃，结果他们还是过着饥不饱腹、衣不裹体的苦日子。

父亲说，在那暗无天日的旧社会，天地虽大，却没有一个像他那样年幼孩子的安身之处，他饱受风霜雪雨，历经艰难困苦，简直就是走投无路了。就在那时候，1936 年春天，红军东征经过吕梁，父亲第一次高兴地看到原来还有这样一支为老百姓打天下、谋幸福的军队，于是，在他幼小的心灵里就萌生了要加入这样一支队伍的想法。1937 年 5 月，父亲听说文水县有一支抗日游击支队，也就是老百姓说的“文水县大队”，他就毅然决然地离开了母亲和妹妹，偷偷地报名参加了文水县大队，当了司号员，成为一名“小战士”。父亲机灵、胆大，给县大队站岗、放哨、侦察敌情、传递情报、后勤服务，受到了大队领导和战士们的喜爱、表扬。那时候，父亲才十岁。

1938 年 4 月，县大队考虑到父亲年纪太小，但又是一个值得培养的好苗子，就把他送到山西工卫旅，让他成为工卫旅儿童队学员。听父亲讲过，那时的儿童队是伴随着工卫旅而诞生的。1937 年 11 月 8 日太原沦陷后，为了适应战争的需要，部队领导把散在各连队的孩子集中起来，组成了工卫旅儿童队，跟部队一起向交城山游击区转移。儿童队的孩子们都是跟随父母参加到工卫旅中的，他们中最大的不过十五岁，最小的十岁。他们中有的是随全家一起参军的工人的孩子，有的自己本身就是童工，也有城市贫民的孩子。儿童队转移到交城山区后，部队派他们在附近村庄组织农民自卫队进行操练，他们还对群众进行抗日宣传，有时候被组织起来去医院照顾伤员、为被服厂整理军衣和做翻整干粮袋等战勤工作。同时，上级还派来文化教员教他们抓紧时间学政治、学文化、学军事，掌握杀敌本领。后来，儿童队还不断吸收农民的孩子壮大队伍，由开始时的几十个工人的孩子发展到一百多人的队伍。后来，儿童队正式编入旅属军政干校第四队。在战火的洗礼中，儿童队成长为一支坚强的抗日队伍。父亲说，就是在那时候，他被送进了儿童队，开始接受新三民主义“联俄、联共、扶助农工”三大政策教育和抗日军政大学“十大纲领”教育。父亲从此接受了马列主义革命教育的启蒙，也接受了中国共产党在抗日时期的政治主张洗礼。在儿童队，父亲遵守纪律、服从命令、尊重教员、团结队员，也能吃苦，经过一段时间的政治、文化、军事学习，父亲进步很快，表现突出，成长为一名真正的小战士，大家都亲切地叫他“红小鬼”。

○

○

战争时期的“好战士”

1939 年，父亲进入山西新军西山决死四纵队三十五团，后来在卫生队担任卫生员；1940 年 8 月，在交城、文水一带参加“百团大战”。当时，父亲不仅要做好卫生员的医护工作，同时还根据团部要求，参加动员、组织交城县、区、村干部和自卫队破击公路、打击日伪的行动。每一次行动，父亲都积极地、机智地、勇敢地跟队友配合，为大部队作战胜利发挥了很大作用。

1941 年 6 月，父亲担任晋西北军委及参谋长秘书的警卫工作；1942 年被调回延安，在抗日军政大学参加学习。抗日战争胜利后，山西新军决死四纵队编入中国人民解放军野战部队序列，转战大东北、大西北、大西南。1946 年 3 月 1 日，中国人民解放军第一所航空学校——东北民主联军航空学校在吉林省通化市成立，这是中国共产党领导创办的第一所航空学校，父亲被选派到那里，参加了由苏联人担任教官的军事训练。1946 年 7 月，父亲被调到黑龙江军区供给部皮鞋厂，担任管理员、代理厂长；同年 7 月，他加入了中国共产党。1948 年，父亲又被选派到黑龙江省委党校参加学习，进一步比较系统地学习了《党纲》《党章》和《土地法大纲》以及党的历史，从而使他对共产党有了更加深刻的了解，也更加明确了自己作为一名共产党员所肩负的重大责任和使命光荣。1949 年元月，父亲在黑龙江自愿报名参加了南下干部大队，在南下干部大队出发前的培训中，他深入细致地学习了新解放区的各项政策，为日后的部队工作奠定了基础。1949 年 5 月，父亲随南下干部团来到江西九江军分区武宁县大队工作，10 月份担任了武宁县十区中队长。

1950 年 6 月 25 日，朝鲜战争爆发；同年 8 月，美军飞机不断入侵我国领空。中国人民忍无可忍，10 月 19 日，志愿军雄赳赳，气昂昂，跨过了鸭绿江，开始了伟大的抗美援朝战争。全国掀起了参军、参战、支前的热潮。父亲对美帝国主义的侵略行径恨之入骨，发誓要为“保家卫国”贡献自己的青春和热血。1951 年 2 月，父亲到江西九江军分区后勤处担任了管理股长；1951 年 4 月，在江西关西新围当了军分区管理股股长，负责往朝鲜运送兵员，支持“抗美援朝”。1951 年 10 月，父亲被调到空军三〇三部队七团任军事股长，在这期间，父亲经历了“三反”“五反”运动的严峻考验，他坚决服从上级的指示要求，积极配合开展各项工作，团结广大干部群众，有力抵制旧社会恶习和资产阶级思想，坚定保持共产主义革命精神，不仅自己主动接受思想教育，还努力帮助犯错误的同志检查反思，从而提高了认识和觉悟，也深刻感受到了党的纪律的严明，以及党的政策的英明和伟大。1952 年 11 月至 1953 年 9 月，父亲在空军 303 部队运输科工作，1953 年年底，父亲因身体健康出现问题，不能再适应部队生活，经中南军区批准转业到转建大队，至此结束了他衷心热爱向往的军旅生涯。

父亲后来的这些经历，他从来没有跟我们讲过。我们还是在他去世后，办理有关手续时查阅他的档案才知道的。父亲小小年纪，十岁就参加了革命，在部队经历了十五年的战斗生活，工作频繁调动十七次之多，但他从不计较个人得失，时时处处以共产党员的标准严格要求自己，真正做到了“党叫干啥就干啥”“一心一意为人民”“团结大众干革命”。他无条件地服从组织的安排，无论在什么岗位上都能团结大家一起干，每次调任，他从不计较官职的大小、兵种的好坏，他能上能下，可官可兵，可见他态度之端、胸怀之广、觉悟之高、理想之远。在他参加过的历次战役中，不论冲锋陷阵，还是后勤补给，或是救死扶伤，他都不惜牺牲自己，总是为别人着想，能够跟部队首长和战士们拧成一股绳，为革命工作奉献，部队首长多次夸赞父亲是“毛主席的好战士”。

○

○

和平年代的“老革命”

父亲因病结束部队生涯后，组织上征求他的意见，问他愿意去哪里搞地方工作。父亲说，那时候，如果他提出要求，去北京，去上海，回太原，都是没有问题的，因为他的许多战友都这样被安排了。但是，父亲跟别人想法不一样，父亲说，他是十岁的时候就从老家出来闹革命的，闹革命的目的就是要打倒地主、打倒反动派、消灭剥削阶级，让穷苦老百姓过上好日子。新中国刚刚成立不久，到处都是一穷二白，到处需要党员干部团结带领广大人民群众去搞建设，特别是农村，更需要他们。他怎么能够再次抛弃生养自己的家乡，而去大城市享福呢？“先天下之忧而忧，后天下之乐而乐”，这是共产党员应该坚持不变的本色。他在农村老家生活了十年，吃尽了苦、受尽了罪，但他对家乡的一草一木、一山一水都有感情，对刚刚从旧社会熬过来的父老乡亲更有牵挂。因此，父亲毫不犹豫地申请带病转业回到山西，回到老家西石侯村，响应党和毛主席的号召，积极投入到了建设新中国的伟大革命事业中。

1954年，也就是父亲回乡当年，正赶上我国农业合作化运动进入第二阶段，初级社在全国普遍建立和发展，农业集体化开始。父亲不顾自己有病的身躯，就在西石侯村开展统购统销工作。他积极宣传国家统购统销政策，深入群众家中和田间地头，与村民谈心谈话，跟大家一起劳动，按照政府计划实行粮食征购，工作做得有声有色，得到了上级领导的认可和肯定，也得到了全村百姓的支持和拥护。其间，父亲积极响应中央农村工作部召开的第二次农村工作会议精神，带领村民大力开展互助化合作化运动，他领导组织了西石侯村初级农业合作社，并动员、鼓励、吸引更多的农民加入合作社。1955年7月31日，中共中央召开了省、市、自治区党委书记会议，毛泽东在会议上作了《关于农业合作化问题》的报告，对党的农业合作化的理论和政策作了系统阐述，并对合作化的速度提出新的要求；10月4日至11日，中共中央在北京召开七届六中全会，通过了《关于农业合作化问题的决议》，要求到1958年春在全国大多数地方基本上普及初级农业生产合作，实现半社会主义合作化。那几年里，父亲积极发挥共产党员的先锋模范带头作用和“听党话跟党走”“吃苦耐劳搞建设”的“老革命”精神，团结带领全体村民积极推进社会主义改造，完成了西石侯村由农民个体所有制到社会主义集体所有制的转变。1956年秋，西石侯村由初级农业合作社转为高级农业合作社，父亲担任了村里高级农业合作社检察委主任。

1958年，根据文水县县委安排，父亲担任了西石侯村党支部书记。关于西石侯村，有这样一个传说，古代的时候，在汾河南岸有类似于咱们后来说的烽火台，别的地方的烽火台都是用土垒起来的，而这里的烽火台却是用石头垒起来的，当地老百姓叫它为“堠墩”。堠墩不远处有个村子，人们就叫它石（堠）侯。后来因为河水经常冲漂，把村子一分为二，石侯村就分为东石侯、西石侯两个村子。东、西石侯村，历史上一直都归文水县管辖。当时流传一句民谣，“西石侯，水圪漂；东石侯，碱地闹”。西石侯村子比较大，汾河紧挨着村边流过，所以经常有水灾发生，农田村庄被淹。当时，因为西石侯村紧挨着交城县界，但离文水县政府驻地却很远，每年冬春农田浇水的时候，或者夏秋雨涝的时候，西石侯村往往会发生水灾。每到水灾发生，交城县管不了，文水县又管不及。面对这种情况，村民们苦不堪言，为了让村民免遭千年的水患之灾，担任党支部书记的父亲急西石侯村百姓所急、想西石侯村人民所想，多次组织、带领一些村民代表找当时的晋中地委领导反映情况，希望把西石侯村划归交城县，方便就近管辖。但是，从政治、历史原因考虑，甚至考虑到面子和影响问题，当时的文水县领导，包括一些乡村干部，都不赞成这样做，而且还对父亲的做法大加阻挠，甚至派人监视控制他的行踪。有的领导还放出风说，如果父亲还要这样闹，就要免职处理他。但是，当时父亲一心想的就是全村老百姓的安危，他完全不考虑自己的得失，所以他不惜丢掉职位，顾不上考虑个人尊严，好几次装疯卖傻、头顶棉袄、语无伦次，躲过了监视阻挠他的人，带领一部分村民代表到榆次晋中地委“请愿”，最后终于得到了晋中地委领导的重视。经过研究决定，于1959年10月将西石侯村划为交城县管辖，从而使全村近万亩良田和几千人口避免了水患的侵扰。一直到今天，西石侯村人民都对此感恩戴德，都铭记父亲这位老支书给全村子子孙孙营造的福祉。父亲在世的时候，人们每每说起这事，他总是说，“当时我也没有想那么多，这也不是什么大事。为官一任造福一方，这是我应该做的。团结群众，爱护群众，为群众办实事，是每一个共产党员干部的责任”。

1960 年 5 月，因工作需要，父亲从西石侯村村党支部书记的岗位上，被交城县委组织部调到交城县城关中心保健站担任党支部书记。后来，交城县城关中心保健站经过多年几次扩建后，更名为现在的交城县中医院。单位虽然多次更名，但父亲的职务自始至终没有变，一直到 1992 年 6 月份他离休。在医院任职的三十二年中，父亲虽然一直是单位的“一把手”，但他从来不把自己当领导，而总是以一个普通职员的身份出现在同事和病人以及他们家属面前。我们清楚地记得，只要是工作日，父亲就吃在医院住在医院，总是以医院为家，好像他就没有上下班的概念，更没有缺岗误岗的时候。他时刻关心着医院的医患情况，他视每一位医务人员为家属，关心他们的工作和生活；他视每一位患者为亲人，重视他们的病情和困难。

在医院里，他既是一位坚守岗位的领导，又是一名忠实可靠的普通员工。那时候，保健站没有食堂，父亲就跟其他医护人员一样，自己在宿舍做饭吃，到周末才骑上一辆破旧的自行车回到石侯村的家里。母亲一直是农村户口，比父亲小十一岁，他们是父亲转业回乡后才结婚的，父亲也从来没有想过要给母亲安排一份工作，哪怕是一份临时工，好歹也能给家庭增加一点儿经济收入。可他倒好，那时候保健站办公经费困难，为了节约开支，父亲就不聘用临时工，每天早晚上下班前后，他都是起早贪黑，手拿笤帚和簸箕，自己把医院的楼道、院子、厕所等地方里里外外打扫得干干净净。不忙的时候，他就跑到药房帮助药剂师抓药卖药，或者做点儿饭给有困难或者行动不便、没人照顾的病人送饭。很多时候，病人或者家属还以为我们的父亲是医院的勤杂工，或者也是病人家属，后来才慢慢知道父亲原来是医院的“一把手”。病人和家属曾说：“武书记那个人啊，丝毫看不到他身上一点点医院领导的影子，真是一个老百姓的好官！”多少年下来，父亲跟不少长期住院的病人及他们的家属处成了亲人关系。父亲还经常教育医院的医护人员说：“你们一定不能慢待病人，更不能歧视他们，甚至耽误他们的病情。他们是病人，他们信任你们、需要你们，才来找你们、求助你们，所以你们一定不能再给他们增加痛苦了。他们都是老百姓，生活很不容易，咱们是国家干部，一定要服务好群众！”父亲就是这样，感召并带领医护人员，一步一步地把保健站、中医院办成了老百姓放心的医院。

1992 年 6 月，父亲经山西省委批准后离休，生活上享受退伍老红军战士补助待遇，住房医疗、出行用车和生活用品供应享受厅局级待遇。这样高的规格，这样优厚的待遇，在普通人的眼中是物质财富，是一种特殊享受，而父亲却不这样想，他把党和国家给他的政治荣誉、物质待遇作为鞭策自己、鼓励自己的动力。他从不向组织张口，也不向组织伸手，没有给子女安排过工作，没有沾过公家便宜，没有坐过专车，没有搞过特殊。他不仅坚持原则严于律己，还时刻以自己的苦难童年教育子女。他经常告诫我们：不管干什么工作、在什么岗位，一定要把群众的利益放在第一位；不要忘记过去的苦难和历史，一定要珍惜当今来之不易的幸福生活！他寄希望于儿孙后辈，教育我们要把革命的优良传统代代传承下去，“青山不老，绿水无忧”，只有不忘前辈革命初衷，只有团结人民大众，我们的后辈才能在新中国现代化建设的革命道路上不断前行，取得应有的成绩，作出应有的贡献。

父亲离开我们已经整整六年了。在我们眼中，在我们心中，父亲就是这样一个“老革命”，虽名不见经传，但他永远是我们的骄傲，永远是我们的榜样！他的一生虽然平平淡淡，没有什么轰轰烈烈的功勋，但他无愧于共产党员的光荣称号。他始终保持了一个老红军老战士应有的本色。我们永远怀念他！我们也会像他一样，永远做一个人民群众信得过、靠得住、值得处的好人！而且也会教育我们的孩子这样做，让他们在平凡的生活中、普通的岗位上，留下让人民群众称道和记忆的东西！——这是父亲的心愿，也是我们的家风！

勤俭节约

红色家庭

讲 述 人：徐向远
讲述时间：2022 年 8 月 17 日
整 理 人：孟志平

徐宪章（1924 — 2018），出生于河北省蠡县。1937 年参加革命工作，1940 年加入中国共产党。1938 年 10 月至 1940 年 10 月，在晋东南鲁迅艺术学校学习；1940 年 10 月，任冀中警备旅特务连副指导员；1940 年 11 月起，先后任冀中军区政治部火线剧社副队长、队长；1943 年 6 月起，先后任晋绥八分区行政干部学校组织科干事、八分区开栅学校教导主任、清徐县区长；1948 年 7 月，任晋中行政干部学校班主任；1949 年 4 月，任山西公学班主任、组织科科长；1950 年 5 月，任中共山西省委秘书处处长；1952 年 9 月，任太原水泥厂党委书记；1958 年 12 月，任太原日报社编委；1960 年 1 月，任太原市人事局局长；1961 年 2 月，任中共太原市委组织部副部长；1970 年 7 月，任太原市南城区委副书记；1975 年 6 月，任中共太原市委宣传部副部长兼文化局局长；1982 年 10 月，任太原市人大常委会秘书长。1987 年离休。

○

○

寻路

我的父亲徐宪章 1924 年农历七月出生在河北省蠡县一个普通农民家庭。家里人口多，就靠着爷爷种地养活，和那时候农村里的绝大多数人家一样，能勉强填饱肚子就不错了。我爷爷念过书，认得字，在村子里也算是一个有文化的人。逢年过节，爷爷给乡亲们写写对联啦，写封家信啦，村里人很信任他。

爷爷知道念书识字的好处，家里再穷，他也让父亲去学校念书。

学校就在村里，父亲一边念书一边帮爷爷干活。父亲从小不太爱说话，主意都在心里头。老人常说，穷人家的孩子早当家。父亲从小就是个有谋划的人。

1937 年，全面抗战开始，日本人的部队很快就打来了。那年冬天，村里有位部队上的远房亲戚回村探亲，父亲和一伙半大娃娃们从他那里听说了许多外面的事情，这让父亲眼界大开，心里暗暗做了一个重大决定。当那位部队干部返回部队前，动员村里的年轻人跟着他去参军打鬼子时，父亲鼓足了勇气，和爷爷说出了他的想法。

让父亲没想到的是，爷爷并没有呵斥他阻拦他，只是叹气，说："去吧，进了部队至少能吃饱饭。"

就这样，父亲和村里几个年轻后生跟着部队干部走了。那一年，父亲十三岁。

十三岁的父亲在部队里哪能算个兵？！他就是个娃娃。参加共产党领导下的部队是父亲人生的第一个选择，是他心里头"寻"下的一条光明大道。在部队里，他亲眼看到军官和士兵和睦相处，没有欺生也没有排外，上上下下就像一家人。那时，部队里虽然都是年轻后生，可绝大多数人都是穷苦人家出身，他们不识字，家信看不了，名字也不会写。父亲岁数小，可他好歹念过几天书，识得几个字，在众人眼中就成了文化人。部队把他安排在宣传队，干一些写写宣传语，教唱抗日歌曲，给战士加油鼓劲等工作。

父亲干得非常起劲，他话不多，爱琢磨事，在战地宣传中，他经常出主意想办法：咋让那些宣传标语念起来朗朗上口，让战士们既能够听得懂又能够记得住，从而产生宣传效果。可以说，正是那会儿做宣传工作的经历，为他日后的工作奠定了基础。

○

○

半张饼子和抖面袋的故事

我记得小时候，偶尔家里吃些好东西时，父亲总是会说：人活着要懂得感恩啊！接着就又会讲起那个关于半个饼子的故事：在一次大战前，由于主力部队的行军速度非常快，父亲所在的火线剧社和主力部队拉开了距离。那时候，他们跟随主力部队出征，每人背一条米袋，里面装着小米或其他粮食。部队休息时才倒出米来煮粥，连吃带喝。这次行军时间长，没几天，米袋就空了。父亲那会儿正是长身体的时候，两天没吃饭就饿得头昏眼花。随行队伍里有一位河北老乡，宿营时刚好路过他的家乡，他就从亲戚家里要来一张饼子，撕了半张给了父亲。正是那半张饼子，让父亲念念不忘。父亲直到去世，还记得那位战友的名字。他说那半张饼是他一生中吃过的最香的饼子。遗憾的是，后来他再也没有见到过那位战友。那半张饼子，在父亲眼里胜过珍馐美味，那是救命粮啊！

父亲心里头一直惦念着那半张饼，惦念着那份恩情；他想报答，却无从报起。但是他一直对我们念叨一句话：知恩要图报。这句话是他说给自己听的，也是说给我们听的。

在日常生活中，父亲要求我们后辈要艰苦朴素、勤俭节约，杜绝奢侈浪费。我记得那会儿父亲每月定额二十八斤粮，除了百分之三十是细粮外，剩下的都是粗粮。每到月底买粮时，母亲就把粮箱里每个粮袋都拿出来，一个一个地抖，犄角旮旯，都抖干净，一粒粮食都不浪费。你想啊，那会儿家里不光我们一家人，我姥姥是农村户口，也跟着我们住；还有我二姨，也是农村的，二姨家一个儿子一个女儿也在我们家住。虽说我妈也有工作，但要用两个人的工资和粮本来养活十来口人，还是捉襟见肘的。可这都是没法子的事啊，再艰难饭得吃，日子得过。后来我哥哥大了，他想出去挣钱养家，这样至少家里少张嘴。父亲就我哥一个儿子，可他和当年的我爷爷一样，一点儿也没阻拦。父亲对哥哥说："你长大了，也该自食其力了，应该出去闯闯，学会自己讨生活。"后来，我哥就到了一个工厂当了工人。

哥哥在家时，他的饭量最大。按理说，哥哥出去了，家里的粮食应该有富余了。可每月买粮时，母亲抖面袋的习惯一如既往。有一次，我就和母亲说："咱不用抖面袋了吧？"母亲说："人多人少、粮多粮少是一回事，勤俭才能持家啊！过不了苦日子，咋能过上好日子？"

每到月底买粮时，母亲就把粮箱里每个粮袋都拿出来，一个一个地抖，犄角旮旯，都抖干净，一粒粮食都不浪费。

○

○

“我比不上你母亲”

说起父亲和母亲的故事，还真有意思，他们的爱情一点儿不比现在年轻人的差；有了战火里的经历，从某种程度上说，比现代年轻人更浪漫呢。要讲这个话题还得回到解放战争时期，具体时间节点就是 1949 年咱们太原解放前夕。

1949 年，解放太原城的战役已到了总攻时刻，党组织已在积极筹备太原接管后的一系列工作。那时候，部队缺乏有文化有知识的干部，就决定在太原解放后成立一所山西公学，专门培养干部。父亲因为念过书，就被提前抽调到这所学校。太原解放后，父亲便进了城，在这所学校里任班主任。我母亲正是学校的首批学员，她是父亲的学生。

也是穷苦人家出身的母亲作为后备干部，非常珍惜学习机会。她勤学好问、朴素大方，自然引起了父亲的注意。后来好像是通过部队里母亲的一位老乡介绍，两人才走到了一起。

父亲和母亲从 1949 年认识，到 2009 年母亲患病去世，他们俩相伴了整整六十年。六十年的岁月里，两人一路历经风雨，相伴相知、相敬如宾，一辈子很少红脸。我想这同他们的爱情萌芽在那个百废待兴的时代有关。他们都经历过生死离别，经历过我们这一代人想不到的重重劫难，他们对和平有着最深切的渴望，所以他们比我们这一代更懂得珍惜来之不易的幸福生活。

父亲和母亲都是工作狂，尤其是父亲，不管在哪个单位，都被人称为“拼命三郎”，对待工作他是没的说。母亲在单位是中层干部，她一方面在单位忙前忙后，另一方面回到家里还得操持家务。父亲常说：“我比不上你母亲，她公私兼顾啊！她一个肩膀上担着两副担子，做着两份贡献啊。”

可惜的是，就在父亲母亲刚过完他们的钻石婚后，母亲就因病离开了人世。在此后将近十年里，父亲常常和我们聊起过往，聊起母亲。一聊起母亲，一辈子都不怎么爱说话的父亲，话就特别多。他常常眼含热泪，常常说到中途就说不下去了……

2018 年，父亲与世长辞。我相信，父亲和母亲在地下团圆了，他们在另一个世间相依相偎……

〇

〇

抗战功臣

1995 年 8 月，在太原市召开的纪念抗日战争胜利五十周年的大会上，父亲荣获“抗战功臣”的光荣称号。我记得清清楚楚，会是白天开的，晚上回到家，父亲一个人在卧室里抱着证书哭得像个孩子一样。我以为父亲想起了以前那些艰苦的日子，不想父亲却说：“看着这证书，想到的不是我个人的荣誉，我想起了那些为了战胜苦难而抛洒鲜血的热血青年。我忘不了我的那些战友们！”

1937 年，十三岁的父亲参加了革命；1987 年，父亲离休。整整半个世纪，他心里只有一个信念，那就是跟着共产党闹革命打天下。

离休后，虽然他离开了繁忙的工作岗位，可是他一点儿也闲不下来。每天晚上七点，准时看《新闻联播》的习惯三十多年雷打不动。他也开始向我和爱人提要求了，要求我们给他找一些党史和革命史方面的书来看。他总是一个人安安静静地在卧室里读书看报，并在书报资料上批注他的感想。在三十多年的离休时光里，他还写了整整八大本近二百万字的读书笔记。那时，他经常和我说：“我要看到香港回归，我要看到澳门回归，我要看到台湾回到祖国的怀抱。”父亲对党和国家永葆一颗炽热的心。

2018 年，病榻上的父亲自知来日无多，他对我说：“香港回来了，澳门回来了。台湾回归我怕是看不到了。你们这一代看吧。记住，多会儿台湾回归了，和我说一声。”那时，我突然想起著名诗人陆游那首家喻户晓的诗。

父亲临终，抓着我的手说：“我做工作是合格的，做家长不合格啊。”我安慰父亲说“合格”，父亲却颤抖着手哭了。

病榻边，家人都哭了。

父亲说的“不合格”这件事，是针对哥哥而言。我之前说过，父亲严厉，我和哥哥妹妹从小就怕他，不敢在他跟前大声说话。哥哥是家里的老大，又是男孩子，父亲管教得也多，哥哥从小就养成了沉默寡言的性格。哥哥年纪轻轻就外出工作，从长治到太原，一直在工厂里当工人，工作很累。父亲看在眼里，却从来没有用自己的权力和影响帮过他，哥哥也从来没向父亲张过嘴。哥哥三十九岁那年，在工作岗位上突然感到身体不适，在太原检查一番后，大夫建议他上北京复查。哥哥又不傻，他猜到是怎么回事了。为了不让父母担心，哥哥并没有把实情告诉父母。临行前，他回家准备和父母见个面。刚好那天因为其他事，父亲不在家，没见上面，哥哥就独自去了北京。等接到北京的电报，父亲赶到北京时，哥哥躺在重症监护室里已不能说话。我爱人安慰他说："医院正在全力抢救……"父亲起初沉默不语，后来他说了句 ："贝贝（哥哥小名）不行了啊……"听到这里我爱人也忍不住悄悄背过身去抹眼泪……

哥哥走的那年是 1991 年，白发人送黑发人……

父亲一生性格坚强、感情细腻，他教育我们要谦逊做人、踏实做事，要树立理想信念。他的话，我们谨记在心。

一身布衣见本色

讲 述 人：贾晋
讲述时间：2022 年 8 月 17 日
整 理 人：张玉

贾青龙（1927 — 2021），山西阳城人。1944 年参加革命，同年入党。1945 年参军，历任中国人民解放军第十三军战士、班长、排长、团政委，参加过吕梁战役、淮海战役、大西南战役；1976 年，转业到地方工作，任山西省军体校党支部书记、副校长。1983 年离休。

○
○
功勋卓著，珍惜荣誉

我的父亲贾青龙，1927 年 3 月 20 日出生于山西省阳城县。父亲曾经是一名军功卓著的军人。1946 年，他在山西十三旅政治部记师大功一次，这是吕梁战役中的军功；1948 年，他在河南省十三旅政治部记师大功一次，这是淮海战役中的军功；1951 年，他在云南十三军三十八师一一四团立团大功一次；1953 年，他被中国人民解放军云南昆明速成中学校记三等功；1955 年，他被国防部授予中国人民革命战争时期解放奖章一枚。这些赫赫战功，见证了父亲从军经历的辉煌。从小到大，我们经常在家里看到他的各种奖章、奖杯和荣誉证书，他很珍视这些荣誉，说这是党和人民对他的褒扬和肯定。

年轻的时候，父亲一直在南方生活，那时他在部队工作，辗转多地，待的时间最长的地方是云南和四川。我的母亲是四川人，她是部队的文化教员，我父母亲感情非常好，他们是在部队结的婚。

1976年，父亲从部队转业，任山西省军体校党支部书记、副校长。母亲也随父亲转业到太原，当时我大姐已经十九岁、二姐十五岁、我八岁，可以说我们是在四川长大的。父亲是山西人，回到太原算是落叶归根。我记得四川很热，山西的气候就比较凉爽宜人。山西省军体校是一所体委下属的军事体育学校，是为了培养有体育理论和体育技能的师资队伍和体育骨干设立的。招生对象主要是优秀教练员和准备退役的省、地、市优秀运动员，还有应届高中毕业生中具有体育专长的学生。我父亲主要负责业务，他一直发扬部队艰苦奋斗、不怕困难的革命传统，兢兢业业、严于律己，以身作则、勤奋工作，为运动队的建设和管理做出了贡献。1983年在第五届全国运动会上，他带队参赛，他的学员们在射击女子步枪3×20团体项目上为山西省代表团赢得一枚宝贵的金牌。

父亲于1983年离休。离休后，他仍然关心党的事业和国家大事，自费订阅杂志、报纸，并认真阅读学习，参与力所能及的党组织活动和公益活动，多次被评为优秀共产党员。1994年6月，他被评为“山西省体委射击训练基地优秀共产党员”；2006年6月，他被评为“山西省射击射箭运动管理中心优秀共产党员”。

○

○

廉洁奉公，舍己为人

父亲带我们回过阳城老家，那里是山区，很穷，但是山清水秀，风光优美。父亲很乐意资助乡亲们，我觉得他对山西感情更深。后来我们姐妹三人都在太原工作，大姐贾宇是一名教师，二姐贾利是通达石化公司总会计师，我从事财务管理工作。

1970年至1976年，父亲在重庆市支左时任劳动局书记兼局长，他曾经有机会推荐我姐姐上大学，但是他没那么做。他从未利用手中的权力给亲戚朋友安排工作。他经常教育我们要自立自强、积极向上。

20世纪70年代，我大姐在南郊插队。那时插队的环境很恶劣，姐姐生活得很艰苦，我们一家都很惦记她。我们想去看姐姐，父亲便带我们坐公交车去。

去了之后，姐姐和我们有说不完的话，怎么也不舍得分开，等我们终于要走的时候才发现已经没有公交车了，然后我们步行了四个小时从南郊走回家。我走得脚都破了，很疼；第二天更疼了，没法上学。但是父亲说这是必需的锻炼，姐姐需要锻炼，我们也需要。

1992 年我大专毕业，考取了会计师证，父亲并没有为我托关系找工作，我自己打工自己交保险，过得很辛苦。后来，我考入省服装公司，可没几年，公司倒闭了。再后来，我通过自己的努力来到现在的公司。在我找工作这件事情上，我没有得到父亲的任何帮助。

2002 年，父亲有机会在单位集资买房子。按照他的级别可以买一百六十平方米的大房子，我们全家都很高兴。因为我们一直挤在狭小的宿舍里——小北门那边的宿舍很阴冷，现在终于能够住大房子啦，一想到宽敞豁亮的高层建筑，大家都充满了期待。但是父亲居然没钱买——他没有积蓄。对此我们感触特别深，工作一辈子的老革命竟然买不起房子！我们到处找亲友借钱，凑了首付买了个一百一十六平方米的房子。

2007 年，新的商品房终于落成了，全家人终于住进了新房。搬家时有人劝父亲不要退旧房，占住旧房别人也不会怎样。确实，当时有些领导干部明明已经购买了商品房，却占着旧房不退，甚至自己退休之后还留给子女或近亲属使用或用于出租谋利。当时我们也需要房子，旧房子可以给我们姐妹继续住，也可以租出去；但是父亲坚决不干。他说："不行，我是共产党员，又是单位领导，别人都看着我呢！我必须以身作则，遵守规章，给大家起到榜样的作用。"就这样，他主动把旧房交还给单位，之后住进了商品房。

他一直积极交党费，特别认真；退休之后行动不便，还让我们帮他按期交党费。从这些小事就可以看出父亲的良好品质和高尚人格。

父亲的生活很简朴，用水用电特别节俭。我多年照料父亲的饮食起居，对父亲的习惯再熟悉不过。他最怕浪费，一餐吃不完的菜，坚决不让我倒掉。家里的旧家具旧家电，只要能用的绝不让换。

他的节俭，有时到了苛刻的地步。在他的影响下，我们姐妹三个结婚都很简单，没有彩礼。我二姐连婚礼也没有，去西安旅行结婚，因为父亲不让大办婚礼。

父亲这代人，有些东西是刻在他们骨髓里的。不管现在生活条件怎么好，艰苦朴素的作风他们都不会忘。一粥一饭当思来之不易；半丝半缕，恒念物力维艰。历经艰苦岁月，父亲不仅自己一直保持着艰苦朴素的作风，而且常常教育我们不能丢了这个优良传统：“历览前贤国与家，成由勤俭破由奢。”

父亲虽然自己不舍得花钱享受，却从不吝惜为别人付出，他关心别人比关心自己要多。他积极响应政府号召，带头为太旧高速和引黄工程捐款；为故乡阳城县“希望工程”学校捐款；他还多次为灾区捐款捐物，资助贫困山区的孩子。家里的那些亲戚遇到困难时，他也总是慷慨解囊，予以资助。

2009年左右，有一位老人来找我父亲，老人已经六十多岁了，专程从北京找来答谢父亲的救命之恩。我们才知道父亲在年轻的时候救过他，此事父亲从未提过。在我们的追问下，父亲才说，当时是解放战争时期，这个人是他战友的孩子，因为敌人向他们部队驻地投放了炸弹，孩子被困在室内，千钧一发之际，父亲冲进火场将他救出。当他抱着孩子冲出来之后，房子就坍塌了。后来随着部队的迁移，他和战友一家就失去了联系，这孩子多方打听，几十年后才辗转找到父亲。沧海桑田，数十年日月轮回，当年的孩子已是老人，这惊心动魄的往事在父亲这里只是轻描淡写的几句话。父亲从不居功自傲，从不挟恩图报，他冒着生命危险去救助别人的孩子并不希求任何回报。

○

○

回归家庭，儿女情长

父亲退休之后，含饴弄孙，享受天伦之乐。也就是那时，我们才真正感受到他对家庭的爱其实并不比爱工作来得少。工作期间，他作为父亲的属性被作为革命者的属性“遮盖”了。回归家庭之后，他也回归为一个平凡的老人、一个平凡的丈夫、一个平凡的父亲，他像爱工作一样爱我们，爱这个家。

我母亲七十六岁去世，当时父亲八十岁。母亲在去世前几年已经因为脑出血而瘫痪了，那几年时间，她主要靠父亲照料。母亲病了以后，父亲给母亲找了两个保姆，保姆主要是做饭和干一些重活。母亲平时的擦洗、换药和陪侍都依赖父亲。父亲把母亲照顾得很好，他很耐心地听她说话，喂她吃饭。母亲去世了，他表面上平静，只是淡淡地说：“我还想多照顾她几年啊。”当时我们并没有体会到他这句话里的深情，直到几个月后，父亲突然耳聋，我带他去看病，医生问我：“老先生是不是遭遇了什么重大的打击？他这是伤心过度造成的。”听了医生的话，我们都很难受，我们不知道一个八十岁的老人经历爱妻去世会是一件多么绝望的事情。后来经过治疗，父亲才恢复了一点儿听力。

晚年的父亲特别喜欢锻炼身体，他爱走路，坚持每天散步，雷打不动。他晚上七点看新闻、天气预报，然后洗漱、休息，生活特别有规律。其实他身体不算太好，他在战争年代落下了毛病，关节炎和胃病都很严重。他喜欢养生，坚持锻炼，这些病似乎并不影响他的生活，八十岁的他还可以爬十三层楼。他保持了在部队的生活习惯，几点钟干什么都要规划好。在他的影响下，我们姐妹也养成了守时的好习惯，单位人都说我时间观念特别强，从不迟到。

父亲爱学习、爱看书，他喜欢看党报党刊，也喜欢了解时事新闻，一直订阅《求是》《太原日报》等。他经常告诉我们要坚持学习，学好文化才能做对社会有用的人。我们姐妹也都爱学习，我大姐是本科毕业，二姐和我都是大专毕业，我们在工作后都取得了高级职称。

父亲去世前很痛苦，饱受病痛折磨。我们想给他请保姆，但是他想去养老院，他不愿拖累别人。后来，在我们的坚持下还是请了保姆。他跟家里的保姆相处得特别好，他自己洗衣服，能自理的事情就自理，很自律。九十二岁的时候，他摔了一跤，之后就失去了自理能力。他从不发脾气，卧床后也不迁怒别人。再后来，父亲连意识都丧失了，直到九十五岁去世。我们都舍不得他离开，尽量用药物等治疗手段来延长他的生命，但是他还是在今年永远地离开了我们。

黯然销魂，唯别而已。我父亲的人生，是“一身布衣见本色，一根手杖伴余生”的人生。他的人生是苦难的，他经历过痛苦，经历过缺憾，也经历过坎坷和曲折；但他的人生又是幸福的，他健康长寿，儿孙满堂。一身红军传统，一门平民家风。父亲经常给我们讲淮海战役等战争年代的那些故事。他告诫我们：“我们的战友很多都牺牲了，我是从死人堆里爬出来的，我身上流着战友们的血。你们的生活很幸福，是因为他们用生命换来了你们的太平盛世。”用现在的网络流行语来说，那就是：“从来没有什么岁月静好，只是有人替你负重前行。”我们的幸福生活，确实都是我们的父辈这一代人用青春和热血换来的，我们理当珍惜，理当传承。如果要问我的家风是什么，我父亲一生身体力行就是我们的家风。

爷爷的宝贵“遗产”

讲 述 人：冯志刚　索双荣　冯敬父　冯小瑞
主 讲 人：冯小瑞
讲述时间：2022年8月21日
整 理 人：江雪

冯光玉（1921 — 2018），河北邢台人。1938年参加革命，同年加入中国共产党。随军南征北战，曾参加过百团大战。抗战胜利后，曾任长治市副市长、长治市委宣传部部长、长治市中级人民法院院长等职。1990年离休。

○

○

危亡之时，携笔从戎坚定信念

1921年12月8日，我们的爷爷冯光玉出生在河北省邢台县磨镰岗村一个农民家庭。虽然家庭穷苦，但爷爷特别喜欢读书学习。太爷爷就送他到村里的小学读了六年书。1938年2月，爷爷主动当起了村里的义务教员，无私地教村里上不起学的孩子们读书认字。因为爷爷的课讲得好，镇上就把爷爷调到附近的西张马村当了教书先生。

听爷爷说，他第一次见到红军，是在1937年的冬天。正值民族危亡之时，爷爷清楚地记得，那名红军战士来到磨镰岗村是做抗日动员演讲的，他衣着单薄，脚穿草鞋，踩在雪地里，慷慨激昂地喊着口号，革命之火在爷爷胸中点燃。

1938年10月，爷爷挥泪阔别了父母和家乡，抱着为国捐躯的决心，义无反顾地投身革命，临行前写下一首《救亡曲》：“举国救危亡，弃教赴战场，父母妻儿送行元，泪洒磨廉岗。立下救亡志，不胜不还乡，驱逐日寇金瓯固，齐把凯歌唱。”参加八路军后，爷爷先后转战河北、河南、山西等地，参加了百团大战等无数战斗，直至 1945 年 8 月抗日战争全面胜利。

抗日战争中，爷爷及家人时刻面临着生死考验。1945 年 1 月的一天，日寇从汉奸那里获悉，爷爷在八路军里任职，于是派汉奸到家中威逼利诱爷爷的父母，要他们找到爷爷并劝爷爷投降。面对架在脖子上的尖刀，太爷爷太奶奶铮铮铁骨、毫不屈服，汉奸数次劝降均未得逞，气急败坏把太奶奶扣押到日军的炮楼，严刑审讯达八个多月。1945 年 8 月 15 日，日本宣布无条件投降，但盘踞在邢台城内的伪军却拒不缴械，八路军包围邢台城并发动猛攻，9 月 24 日，邢台胜利解放，太奶奶才被八路军营救回家。爷爷感慨于太奶奶的坚贞不屈，为他的母亲写下一首《忆母亲》：“母亲送我上太行，抗敌卫国保家乡，不幸母亲落魔掌，铁窗八月苦断肠。毒刑受尽志不移，不肯劝我降豺狼，欣喜反攻大军至，营救母亲出牢记。”

○

○

恪尽职守，秉公断案赤诚乐观

抗日战争胜利后，爷爷先后担任邢台县公安局副局长、长治市人民法院院长、长治市副市长、长治市委宣传部部长、长治市中级人民法院院长等职。无论是在战争年代还是在和平年代，爷爷对待工作都一如既往的严谨、认真，体现了一名共产党员的责任与担当。

1951 年 1 月到 1956 年 12 月，1975 年 10 月到 1983 年 3 月，爷爷两度在法院工作，担任法院副院长、院长时间长达十多年。百姓常说，人生幸福，一是不进法院，二是不进医院。法院这个工作岗位的特殊性众所周知，那是探知民间疾苦最近的一扇窗户。为维护法律的公平正义，爷爷殚精竭虑，苛求严谨，廉洁自律。他在《病中诗记》中写道：“彻夜难眠日如年，饭菜亦觉不香甜，只为思索疑案事，避免任内假错冤。”还有一次，爷爷为了完成一项重要工作任务，连续工作了三天三夜，最后累得嗓子一热，一口鲜血吐了出来。爷爷曾告诉我说：咱帽上有国徽、肩上扛天平，要向包拯学习，做到秉公断案。正是因为爷爷的严谨和认真，在他任上没有发生过冤假错案。

而最让我感动且不能忘怀的是爷爷身上的革命乐观主义精神。20 世纪六七十年代，已担任长治市副市长的爷爷被安排到长治市堠北庄村插队，爷爷没有半句怨言，欣然接受。他写了一首《插队记》，描述了当时的情景：“锣鼓欢送戴红花，堠北庄村去安家，胸怀朝阳去插队，志在农村度年华。全市沸腾爆竹鸣，车马红花大送行，吾生光荣莫过此，插队农村乐无穷。”怀着对党的赤诚之心，爷爷以革命的乐观主义精神投身到农村的劳动中。白天，爷爷到田里劳作，扑下身子和村民一起锄地、挑粪，从不嫌脏嫌累。晚上回来给村民读报纸，教他们学习文化知识。1970 年 8 月，爷爷奉调回城，村里的乡亲们不舍地握着爷爷的手，送了一程又一程。

20 世纪 70 年代初，正是国家的建设时期，军工业、农业都需要钢铁做支撑。根据上级组织安排，1971 年 1 月，爷爷带领一群工人，成立了城区红旗冶炼厂。建厂房、上炼炉，爷爷与厂里的职工一起奋战在冶炼车间。1971 年 5 月，冶炼厂首次生产出灰铁。爷爷作一首《炼铁歌》：“打铁必须自身硬，炼铁靠的思想红。冶铁炉前炼红心，既炼钢铁又炼人。”爷爷和工人打成一片，每天坚守在炼铁炉前，既为炼出铁而自豪，又为工人们的辛劳而牵挂，他还写了一首七绝《工人比我流汗多》：“大炉日夜唱战歌，浇铸铁块堆成坡。我到炉前来学习，工人比我流汗多。”五年的炼铁生涯，练就了爷爷对党的一片赤诚之心，也练就了爷爷钢铁般的意志。

○

○

艰苦朴素，勤俭节约一生向善

在我们的记忆中，爷爷总是穿着一身灰色的法官制服，脚上是一双黑布鞋。只有他兜里插的钢笔，让人觉得他有文化。从外表看，爷爷不像一个厅级干部，也不像威严的法院院长，只是一位普普通通的慈祥老者。

有一次，爷爷去省城太原开会，刚走进大楼要进电梯，就被保安拦住了。保安看爷爷衣着朴素，不像是来开会的，非得让爷爷出示证件。爷爷从口袋掏出证件后，保安惊讶地瞪大了双眼："原来您是法院院长啊！"

爷爷从家里到法院上班，有十多里路程，但他从来不坐单位的公车，而是坚持骑着一辆旧自行车，风里来雨里去。他还写下一首有趣的《车上曲》："日里骑车去上班，夜间骑车归来晚，一年三百六十五，天天都在车上行。"

我们的奶奶姚亚光，也是一位经历过枪林弹雨的让我们敬重的老革命。她八岁做童养媳，因为不堪婆家欺辱，1937 年，十三岁的奶奶偷偷跑出来参加了革命。奶奶参加过百团大战，还在一次战斗中与敌人短兵相接，拼刺刀杀死了一名日本军官，缴获了一把手枪、一个饭桶、一个马搭子。返回时，奶奶被日军的冷枪击中腿部，虽不致命，但弹壳入骨，一直没有取出来。奶奶去世后，妈妈从她的骨灰里发现了这枚子弹壳，我们这时候才明白，为什么多年来奶奶总是腿疼，为什么她一辈子总是步行，连自行车也不能骑。那枚可作为日军侵华历史罪证的子弹一直在奶奶身体里，伴随了她一生。奶奶在世时，总穿一身军绿色的军装。20 世纪 80 年代改革开放后，大街上流行五颜六色的衣服，但奶奶仍然穿着一套军绿色的旧军装，让很多不认识她的人认为她是一个古怪的老太太。其实，从战争年代走来的爷爷奶奶，勤俭节约早已成为融入他们血液的一种习惯，那抹神圣的军绿也成了他们一生的底色。

1998 年 12 月，爷爷在他七十七岁寿辰时写下一首《自题》："勤俭奋进吾所爱，为国为民心向善……"爷爷勤俭节约的习惯深深地影响了我们。我们穿衣服从不讲究是不是名牌，就像爷爷说的，只要干净整洁就好。

○

○

终身学习，谆谆教诲永记心间

如果让我列举爷爷身上的优秀品质，终身学习一定是其中之一。

爷爷是自学成才走进革命队伍的。当时的他并非"投笔从戎"，而是一手拿枪，一手拿笔，这才有了很多战斗间隙写下的诗作。遗憾的是，因为战乱，他的很多诗作没能保存下来。

1990 年 7 月，爷爷离休后仍发挥余热，积极奔走在每一个需要他的地方，为企业和困难职工提供法律援助，维护他们的合法权益。1988 年，长治市成立了法学会，闲不住的爷爷担任了法学会的顾问，还义务担任了“关心下一代”宣讲员，利用自己的法律专长到各大院校讲授法治课。他想把毕生所学毫无保留地传授给下一代。

爷爷非常关心我们的生活并支持我们的学习。有一次，我正在上课，忽然下起了大雨，我正犯愁中午怎么回家，忽然听到教室门口有人喊：“报告！”那声音透着浓浓的河北乡音。老师诧异地打开门，看到了雨中的爷爷——看到两鬓斑白给我送伞的爷爷喊“报告”，很多同学笑起来，我也笑起来，但笑着笑着，我的眼泪就流了出来。

爷爷八十六岁时，为勉励我们好好学习，他语重心长、饱含深情地为我们写了一首《示儿孙劝学论》：“人生苦且短，难活到百年，决心苦攻读，方能站人前。勤学增知识，业务精又湛，胸内怀真才，办事不觉难。理事与闲谈，出口不觉凡，办事好又快，同仁都喜欢。风雅水平高，众人不轻看，腹中书百卷，胜过美食宴。古人油灯读，而今夜有电，切莫空度时，光阴去不还。话多淡如水，贵在记心间，如不下决心，后悔在晚年。”

晚年的爷爷仍然耳聪目明，每天习惯性地读报纸、看新闻。有时我们带孩子来看爷爷，孩子们就搬个小板凳坐在太爷爷面前，嚷着让太爷爷讲打鬼子的故事，爷爷就给孩子们讲起我们小时候曾经听过的故事……

爷爷自幼爱好诗歌，从十几岁到九十岁，笔耕不辍，写下了很多诗作。爷爷在堠北庄村插队时，他白天辛苦干活，晚上点着煤油灯整理仅存的诗稿。2009 年，爷爷产生了整理自己诗集的想法。2011 年，我们帮九十岁的爷爷把他近三百首诗作辑录在了他的《冯光玉诗词集》中。这部诗集，如爷爷所说，记录了他近一个世纪的曲折道路，也记录了工作中的成功和失误、经验和教训，承载了爷爷一生的情怀和喜怒哀乐，写满了一位老人对儿孙的期待和教诲。

○

○

品格高尚，优良家风代代相传

从我记事起，生活中的爷爷总是那么和蔼可亲、乐于助人。爷爷很少和我们说“家风”二字，但他的一言一行无不在潜移默化地影响着我们，让我们从小懂得对家人的疼爱、鼓励、包容、责任……我们的生活简朴，精神却富足，家人之间充满了爱的流动。

爷爷的平易近人有口皆碑。爷爷虽然担任过副市长、市委宣传部部长，但为人特别随和，没有一点儿官架子。有一次，冶炼厂的一位老邻居去法院看望他，爷爷又是倒茶，又是让座。这位老邻居是爷爷在一心菜场插队时认识的。当时，这位邻居住在菜场隔壁。一天，爷爷去他家借了水桶去挑水，还桶时，爷爷给他挑了满满两桶水。这件小事让邻居记了很多年，逢人就讲爷爷这人真是太好了！他对我说：“你爷爷上班时一穿制服就是院长，回到家一换衣服就是个老百姓。”

爷爷对我们这两个孙女非常疼爱。小时候，我们姐妹俩偶尔会生气打架，但爷爷从不责怪我们，而是给我们讲故事，比如《二十四孝》《草船借箭》等。每到夏天的夜晚，爷爷抱着我坐在院子里乘凉，一边给我扇着芭蕉扇，一边讲故事。我就一边看着天上的星星，一边听故事。我记忆比较深的是《六尺巷》的故事。爷爷通过故事教给我们，无论是在生活还是工作中，要懂得忍让，要有胸怀、有格局，退一步海阔天空。

因为爸爸身体不好，家人给姐姐取名“冯敬父”，意思让姐姐和我懂得，孝顺是非常宝贵的品质。其实，孝顺也是我们家的传家宝。奶奶年迈时生活不能自理，姐姐当年才十五岁，还在上学，为照顾奶奶，便跟奶奶住到一起。每天早上，姐姐早早起来，给奶奶做好小米饭，炒了菜，喂奶奶吃了饭才去上学。晚上奶奶起夜时，姐姐会把奶奶抱起来给她接尿，再抱回床上。奶奶病重时，妈妈也经常去照顾她，喂饭擦身、解大小便，妈妈从不嫌脏嫌累。由于我们一直和爷爷共同生活，爷爷年迈时，妈妈更是把他照顾得无微不至。她每天把爷爷抱到轮椅上，再推到阳台上晒太阳。爷爷住医院时，妈妈日夜守护在病床前，以至于很多人以为妈妈是爷爷的女儿，医生护士更是为妈妈的孝顺而感动。

2018 年 11 月 11 日 11 时，九十七岁的爷爷永远离开了我们。那天，我和姐姐像往常一样，却分明是最后一次，细心地给爷爷擦脸，为他剪去指甲，刮掉胡子，为他穿好衣服……我们流着眼泪，嘴里一遍一遍地呼唤着："爷爷、爷爷……"但这一次，爷爷紧闭着双眼，再也没能回应我们。我捧着爷爷的衣服深深地闻着，想永远记住他的味道，我和姐姐把爷爷的碑文一遍一遍地描了又描、摸了又摸……可是，无论我们怎么做，都唤不回爷爷了。

爷爷在弥留之际，拉着我的手说："孩儿啊！爷爷这辈子，什么也没能给你们留下，只留下一本诗集，这是我一生的财产。如果想爷爷了，就读一读这些诗……"

二十三年前，爷爷送别奶奶时写下："你走了，你走吧，你走好……"送别爷爷那天，我们也把这句话送给了他老人家："您走了，您走吧，您走好……"

克勤于邦，克俭于家

讲 述 人：常耀　常雅君
讲述时间：2022年8月22日
整 理 人：周至

常玉堂（1923 — 2020），山西平顺人。1942年10月参加革命，1940年11月加入中国共产党。解放前在太行根据地从事公安保卫工作，先后任干事、股长、科长。新中国成立后，1951年3月至1986年1月，在山西省委、山西省公安厅、山西省政府机关事务管理局等单位工作。曾任山西省委警卫科科长，山西省公安厅警卫科科长、文化保卫处副处长，孝义县委书记处书记，晋中医专党委副书记，山西省人民委员会交际处处长，五台县县委常委，山西省革命委员会招待接访行政办处长，山西省政府机关事务管理局副局长、党委书记等职。1986年12月离休。

○

○

克勤于邦　赤胆忠心

1923年10月，父亲常玉堂出生在晋东南革命老区——山西省平顺县阳高村。抗战爆发后，父亲迅速成长，十七岁加入中国共产党。在平顺县淜头村、实会村小学以教书为掩护，侦察探寻情报，隐蔽地为党工作，积极发展党员，组织引导群众抗日支前。父亲积极宣传革命思想，组织青年参军报国，在他的动员下，家乡大批青年参军入伍，许多人后来成为国家的栋梁。

小时候，父亲常给我们讲起抗战时期与敌特斗争的故事，在那艰苦的斗争岁月，他和战友们风餐露宿，潜入敌占区侦察收集情报；点着煤油灯，彻夜分析、研究敌情特情，制定锄奸反特计划。他们一连几天带着干粮，潜伏在大山密林中，蹲点守候、抓捕敌特汉奸。夏天蚊虫叮咬，冬天寒风刺骨，遇到顽敌，还会刀枪相见；但他们总是不畏艰险，机智应对，出色地完成了斗争任务。

熟悉父亲的老同志曾说："常玉堂年轻时是个十分活跃、精力旺盛的人，有什么工作和任务，他总是走在前、干在前。"1949 年后，父亲来到省级机关工作，他大多数时间是在公安战线和交际部门负责上级机关、领导同志及外宾的保卫服务工作。白天忙不完的工作晚上接着干，他和同事们一遍遍地研究推敲方案，梳理保卫服务的每个环节，确保做到万无一失。

父亲在工作中有时也会被人误解，但他从不会将时间、精力浪费在无意义的事情上，他总是一如既往地、任劳任怨地继续为党、为人民工作。人说机关事务烦冗庞杂、事无巨细，他却始终没有出过任何大的差错。改革开放以来，父亲在山西省政府机关事务管理局肩负领导职责，负责山西省委、山西省人大、山西省政府、山西省政协和一百一十多个部委厅局办的行政事业经费、基建项目和车辆管理分配及对上对外的接待工作，管理省属宾馆、饭店和招待所等十几家单位，职权范围广，权力大。父亲对自己要求很严格，他自觉遵守党的纪律，从不以权谋私，没有照顾性批出去一分钱、一个项目、一辆车；他从不多吃多占，没有在所属宾馆、饭店免费为亲朋好友开过一间房、摆过一桌饭，始终保持着一尘不染、两袖清风的作风。

父母曾先后在山西省政府、山西省人大信访部门工作过，他们遵循"一名信访工作人员就是一座连心桥，一头连着党和国家，一头连着万千群众"的原则，把来访群众当家人，把群众来信当家书。他们分别接待和经手处理过上千人、几千件群众来访来信，对于涉及全局性的问题、重大问题，总是第一时间请示领导或联系有关部门研究处理，做到"民有所呼，我有所应"，他们的工作作风得到党组织和群众的一致肯定。遇到寒冷的冬天，父亲就把一杯杯热水送到上访群众手中；面对从基层连夜赶来的上访人员，母亲就用自己的饭票从机关食堂打来热腾腾的饭菜请他们用餐。这种难以言表的对人民群众的关爱之举，给我们留下了永远的记忆。

在起伏跌宕的人生道路上，父亲保持着抗战除奸的神勇之气、警卫安保的忠诚精神，真正做到"为官一任造福一方"的清廉和奉献。自始至终，他都坚守初心，圆满地完成了不同时期党交给的任务，多次受到上级的褒奖。

○

○

克俭于家　言传身教

我们的父母都是从太行山区的平顺县走出来的，那里山高谷深，自然环境恶劣。抗日战争时期，八路军一二九师在平顺县建立了较为稳固的抗日根据地。1940 年 1 月，平顺县成立了由我党领导的抗日民主政府，领导和团结各界民众积极投身抗日救亡运动，顽强抵御日军入侵。平顺成为抗战时期山西唯一一个没有沦陷的县城。

父母是从艰苦环境中走过来的，他们始终保持着革命者艰苦朴素的本色，勤俭持家，从不浪费。缝缝补补的内衣外衣、床单被罩，盖了几十年脱了边的毛毯，已经发白褪色的沙发垫，这些不光父母家中有，我们兄妹家中也有。父母常说："虽然我们花了钱，但资源却是国家的。为了子孙后代，也不能浪费一滴水、一度电、一粒粮食。"父亲有一套灰色中山服，那是在 20 世纪 60 年代出访东欧时，国家给配置的，父亲很是爱惜，只有遇到重要活动和重大节日时才拿出来穿，但年代久了，领口、袖口也都被磨破了，父亲就让母亲缝补好后再穿。

记得当年，生活在老家农村的姑父突然病故，撇下姑姑和一双年幼的儿女，生活非常窘迫。那时，我们一家六口，还赡养着年事已高的爷爷，经济上本就不宽裕，可父母还是决定尽量节省自己家里的花销，优先帮助姑姑一家三口——直到她的两个孩子上完初中，参加劳动并成家。父亲的品行深深地影响着我们兄妹，多少年来我们都能够与亲友、邻居互相帮助、和睦相处。

父母无论在职时还是离休后，每次遇到救灾、扶贫捐款，他们都按单位要求的上限捐，没有上限要求的，就尽力多捐。他们不但自觉主动地献爱心，还经常询问我们在单位救灾、扶贫捐赠的情况，提醒我们要心中装着人民，要尽心尽力献爱心，要多为群众做实事。

我们的母亲身体较弱，一生中大、小手术做过六次，放、化疗等治疗无数次。

父亲有一套灰色中山服，那是在20世纪60年代出访东欧时，国家给配置的，但穿得时间久了，领口、袖口也都被磨破了，父亲就让母亲缝补好后再穿。

父亲非常关心母亲，不仅在生活上照顾她，还在精神上支持她，鼓励她保持乐观心态，积极与病魔做斗争。母亲也非常坚强，在父亲的加倍呵护下，他们携手走过了七十个春秋。老两口一生除了为数不多的几次相伴回乡省亲外，没有一起出游过。父亲晚年曾多次感叹：“多么想和你母亲相伴去看看祖国的大好河山，多么想和你母亲一起去北京天安门，登登城楼，在金水桥边留张合影……”往事已矣，留下的是父亲无尽的遗憾和我们对父母的崇敬及思念。

父亲从小就教我们唱《没有共产党就没有新中国》《五星红旗迎风飘扬》，给我们买《红岩》《雷锋的故事》《青春之歌》《吕梁英雄传》等书籍，告诉我们要永远热爱共产党、热爱祖国、热爱人民。他推崇革命先驱李大钊和鲁迅，经常以他们的光荣事迹和斗争精神激励和鼓舞我们。在父母的言传身教和长期耳濡目染下，我们兄妹四人传承了父辈的光荣传统和作风，不忘初心，遵纪守法，牢记为人民服务的宗旨，在各自平凡的工作岗位上，勤勤恳恳、任劳任怨地努力工作。兄妹中，有多人因工作出色而立功受奖。

古语说得好，“父母之爱子，则为之计深远”。我们的大哥在当兵前，去探望当时都在石家庄学习的父母，父亲一再叮咛大哥：“你参军报国的同时，不要荒废了学习，保卫祖国、建设祖国，都需要科学文化知识……”1977 年，恢复高考，当时大哥已退伍到工厂，但他萌生了参考的想法，父亲非常支持并让他认真备考。第一门考下来，大哥觉得没考好，不想去了。可母亲却说，要坚持下来，不能半途而废……大哥听从了母亲的建议，作出了百分之百的努力，终于圆了大学梦。

父亲不仅注重教育我们这一代，也十分重视孙辈的教育。他常常劝诫孙辈要有宽广的心胸，不要计较个人得失，遇事要忍让宽容；他还经常带着孩子们看抗日战争、解放战争时期的影视剧，教导孩子们不忘艰苦的革命岁月。在耳濡目染下，爱国爱党、爱人民、讲奉献的红色种子扎根于第三代人幼小的心里。大孙女一进大学校门就向党组织递交了入党申请书，由于她表现优秀，第一批被批准加入了中国共产党。外孙女大学毕业后，成绩优异，赴国外的大学读博。出国前，姥爷、姥姥叮嘱她说：“我们支持你出国留学，但学成一定要回国，用学到的知识报效国家。”她把姥爷、姥姥的话铭记在心，并将之作为求学的动力。不久的将来，她将回国为祖国的生命科学事业奉献才智，兑现对姥爷、姥姥的承诺。

“了解新闻、掌握政策是当干部的起码要求”，这是父亲经常说的话，几十年来，父母每天都坚持读书看报，收看《新闻联播》和《海峡两岸》的节目。他们始终关心着国内国际大事，关注着党的大政方针。党的十八大以来，祖国各条战线取得的丰硕成果和方方面面发生的巨大变化，让他们十分高兴。他们为能亲眼看到祖国由衰而兴、由弱到强的巨变而激动。他们也企盼着海峡两岸和平统一大业的早日实现。

随着年事的增高，父亲听力不断下降，但视力还保持得不错；母亲患有青光眼，视力减退，但听力相对较好。因此，老两口在学习上、生活上互动互补。父亲给母亲读书读报，母亲听《新闻联播》时帮父亲解释他没有听清的内容，就这样互帮互学，他们的老年精神生活非常充实。与此同时，他们还把一些认为有价值的资料留存剪辑下来，以便随时再学习。父母的这种孜孜不倦的学习精神，鞭策着我们始终不懈地学习各种新知识来不断充实自己，紧跟时代步伐。

父亲从不过自己的生日，也没有给母亲过过生日，但他对党的生日却总是念念不忘。八十年党龄的父亲和七十五年党龄的母亲一起欢度了党的九十九岁生日，他们互勉相约，要一起共度党的百岁生日——虽未能如愿，但父亲在生命的最后时刻，仍然没有忘记嘱咐母亲要坚强、愉快地生活下去，一定代他为党过百岁生日。母亲不负所托，和党一起欢度了党的百岁生日和一百零一岁生日。

父母认为家庭事、个人事都是小事，有困难要自己克服，他们从不向组织提任何特殊要求，也不曾给组织和亲友们增添麻烦。就连他们自己的身后事也留下话：不设灵堂、不搞遗体告别，丧事从简。他们的豁达坚定和淡看生死，彰显了他们作为唯物主义者的精神品质和共产党员的崇高风范。我们按照父母的嘱托，肃静地送别了两位老人，让他们安心放心，无所牵挂。

“克勤于邦、克俭于家”，正是对父母亲一生的绝好诠释。

我把一生献给党

讲 述 人：王晓晋　王强　王钢
讲述时间：2022 年 8 月 24 日
整 理 人：江雪

王献英（1923 — 2017），山西榆社人。1937 年参加工作，1938 年加入中国共产党。1937 年 10 月至 1938 年 6 月，在一二九师民运部宣传队和县民运学校工作；1938 年 7 月至 1947 年 7 月，先后在沁源县八路军工作团（中共沁源县委）任组织干事，在二区区委任书记；在安泽县二区任区委书记；在岳阳县（现古县）县委任组织部部长；在安泽县委任组织部部长；在太岳区党委组织部任干事、交发科科长。1947 年 8 月至 1950 年 3 月，在荥河县委任组织部部长、县委副书记。1951 年 7 月至 1952 年 7 月，任永济县委书记。1952 年 8 月至 1960 年 10 月，先后任省供销社任干部处长、党总支书记；七四三厂干部处长、七六三厂党委组织部部长、行政人事副厂长；太原开关厂党委书记；太原水泥厂党委书记；1960 年 11 月至 1964 年 4 月，任太原市委组织部组织处长、办公室主任；1964 年 5 月至 1974 年 8 月，任山西机器厂党委书记；1974 年 9 月至 1979 年 4 月，任太原汽车修造厂党委书记；1979 年 5 月至 1983 年 12 月，任太原市总工会副主席。1983 年离休。

○

○

枪林弹雨把敌杀

1923 年农历十月初十，父亲王献英出生在山西省榆社县峡口村一个农民家庭。父亲祖上是从太谷逃难来到榆社的，世代都是穷人。曾祖父靠种几亩薄田为生，养育有四个儿子，他们都曾给地主扛过长工。

祖父王成元分门立户后，全家仅有一亩多薄地，眼睁睁看着一家人忙碌一年，最后颗粒难存，糊口无望，仇恨的种子开始在他心底萌发。祖父虽然生活艰难，但他深知文化的重要。父亲七岁时，开始在峡口村上小学。十一岁，在祖母的督促下，考上了榆社县第一高级小学。

1937 年的夏天，十四岁的父亲高小毕业。这年秋天，八路军工作团进驻榆社，来到了峡口村，他们一面宣讲抗战，一面发动群众减租减息。

他们的抗战演讲迅速点燃了父亲的斗志。父亲读过书，深知国家兴亡匹夫有责的道理，所以，他怀着保家卫国的强烈愿望，偷偷报名要参加革命。祖父祖母考虑到父亲年纪还小，怎么也不同意他的决定。父亲在与祖父祖母几次协商无果的情况下开始绝食。看到儿子几天不吃不喝，祖父祖母心软了，但他们恳求部队领导，希望父亲能留在当地工作。就这样，父亲参加了八路军榆社工作团。一开始，父亲在八路军一二九师民运部宣传队和榆社县民运学校工作，时常到各个村落召集群众开会，进行讲演和抗战话剧的演出，宣传抗日主张，号召人民团结起来，抗击日本侵略者。1938 年 4 月，日寇对晋东南地区发动九路围攻，父亲被派去侦察敌人的活动情况。父亲虽年纪小，但他乔装打扮，灵活机动地为八路军部队提供了许多重要的情报信息。

1939 年 12 月，阎锡山发动“十二月事变”，白色恐怖下，父亲被调往安泽县担任二区区委书记。以雇工身份隐蔽在群众基础比较薄弱的安泽县牛鼻子沟张玉龙家里，化名“大孩”，白天下地劳动，晚上秘密宣讲抗战政策、发展抗战积极分子。因为这里是日寇、蒋阎势力活动频繁的地区，且反动分子气焰嚣张，父亲的工作开展得非常困难。

1941 年秋天，日寇“扫荡”主力部队从霍山脚下经过，沿途烧杀抢掠，几座村庄都被付之一炬，牲口和家禽也基本被抢掠一空。

那天，父亲和岳阳区党委组织部副部长郭钦安（中华人民共和国成立后曾担任山西省副省长）原本都住在窑头村贾四则家。早饭后，父亲陪郭钦安离开窑头村来到泊沟，晚饭后在回去的路上，父亲他们听到了从窑头村方向传来的枪声。因为不明情况，父亲与郭钦安返回了泊沟。第二天，父亲得知厥沟发生惨案，才知道敌人原本是冲着他和郭钦安去的，因为外出，他们侥幸躲过了一劫。

1942 年夏天，父亲担任安泽县委组织部部长，负责指导原岳阳地区的抗战工作。面对穷凶极恶的百日“扫荡”，父亲总结以往的经验教训，组织群众转移，带领群众站岗放哨，在山上种植“消息树”，使敌人的突袭搜山常常落空。此外，他们还主动出击，组织民兵在晚上向敌人据点打枪，扔手榴弹，破坏敌人的汽车，使敌人惶惶不可终日。

○

○

干革命工作要不计个人得失

父亲把他的一生都奉献给了革命事业，从没有喊过累、叫过苦。他服从组织安排，兢兢业业、恪尽职守，从没有向组织提过任何要求。

1943 年 3 月，父亲接到太岳区党委组织部通知，调他到中央党校学习。接到调令后，父亲交接完工作，离开安泽县委来到太岳区党委组织部报到。第二天，太岳区组织部副部长郭钦安找父亲谈话，嘱咐父亲要先到平遥兵站，然后由兵站护送父亲过同蒲铁路，再到延安。抗战时期，延安是革命圣地，更是每位中华儿女的向往之地，并不是谁都有机会去的，所以父亲对此行充满了期待和渴望。但让父亲始料不及的是，就在临行前，郭钦安再次找到父亲，告诉父亲组织上决定让父亲接替太岳区组织部组织干事任之信的工作，延安改派其他人去。奔赴延安的热情被突如其来的一盆冷水扑灭，可以想象父亲当时有多失望。父亲虽然表达了想到延安的愿望，但还是服从组织安排，留在了太岳区组织部。当时的太岳区党委组织部部长叫薛迅，副部长是郭钦安，下面有干部科和组织科两个科室。郭钦安兼任干部科科长，组织科科长是戴苏理，两个科干事只有父亲一人。组织部事无巨细，工作繁多，收发部里文件，干部人事调动，接转组织关系，印刷分发干部、党员统计表，抄写报告中的典型，参加集体劳动等等，父亲忙忙碌碌，认真工作，毫无怨言。

后来，我们问起父亲对于那次夭折的延安之行是否还感觉遗憾。父亲说，革命工作，哪里需要就到哪里，不能计较个人得失。

1951 年 8 月，父亲担任永济县委书记。1952 年 6 月，山西省委抽调地方干部转入工业，到工厂工作，父亲在抽调之列。从政多年的父亲一下要转到工业建设中，这对他来说无疑又是一次挑战；但父亲二话没说，很快便来到太原报到。让父亲没想到的是，本来说好的要分配他到工厂工作，最后却被调到了省供销社任干部处处长兼党总支书记。父亲再次服从调动，专心投入新的工作。

1954年6月，山西省委决定抽调干部二次转工业，省供销社抽调副主任，处、科级干部十多人，被分配到各大厂矿工作。这次抽调，父亲被分配到了七四三晋西机器厂筹备处，担任干部处处长。本来父亲从永济回到省城，就是要调工厂工作，结果在省供销社“转”了一圈——父亲还是二话没说，乐呵呵地走马上任了。

1956年，太原市委调父亲到七六三厂（江阳化工厂）担任党委组织部部长、人事副厂长。1958年，党中央号召大办地方工业，太原市委为快见成效，让老厂包新厂。七六三厂是新厂，没有包建任务，但要抽调干部支援新建厂工作。父亲被抽到新建的开关厂担任党委书记。开关厂从零做起，父亲等人开始各种筹建工作。1959年，开关厂关停，农村招来的工人，哪里来还回哪里去，干部、工人自己找单位安置，父亲也“失业”了一年多，1959年10月，父亲被调到太原水泥厂担任党委书记。父亲在开关厂一年多，各种辛苦等于付诸东流。对于这次抽调和开关厂的筹建、关停，父亲后来对我们说，国家有国家的考虑，任何时候，个人都应该服从大局。

1960年11月，太原市委调父亲到太原人事局担任局长，但最后却改任了太原市委组织部组织处处长；一年后，又改任组织部办公室主任。对于这样频繁的平级调动，父亲还是没有任何怨言。

我们那时候年纪小，不懂得父母的艰辛。长大后看父亲的履历，一开始山西省委调动他，之后是太原市委调动他，再到最后，是工厂之间的来回调动。但不论是政府机构的行政工作，还是到工厂去，每次调动，父亲都无条件服从组织安排，并踏踏实实工作，从不挑肥拣瘦。

1985年5月，父亲参加沁源县党史办召开的座谈会，见到了1939年在沁源工作时的一些共同战斗、共同生活、生死与共的战友。中华人民共和国成立后，他的战友大多担任了很高的职务。看到昔日的战友从高职位离休，父亲并没有任何失落；相反，他觉得，经历过枪林弹雨的他们，仍能健康、乐观地活着，就是幸福。

姐姐女儿高考那年，母亲和姐姐都希望她能考重点大学，这样出来能找一个更好点的工作。父亲却说，能上大学就挺好，不要给孩子太大压力；至于就业，革命工作分工不同，什么工作不需要人去干？踏实本分干好本职工作就行了。姐姐瞬间明白了父亲这些年为什么会无条件服从国家安排工作的缘由。父亲没有功利心，他认为，再平淡的工作，只要认真干，干好了，就能对得起国家。父亲的睿智、豁达，令我们姐弟对他肃然起敬。

○

○

勤劳节俭的中华传统不能丢

父亲出身贫苦，一家人在旧社会受尽剥削、压迫之苦，依靠祖父勤劳、祖母节俭，一家人才能过上勉强糊口的日子，将一个家族维系下来。正如我们姑母王云兰说的：父亲勤劳、母亲节俭是我们家得以生存下来的两件法宝，也是父母为我们传下来的传统美德。

我们的曾祖父从小给地主扛长工，祖父六七岁时就开始割草、拾柴、放羊。祖父分家后，租种地主家土地。每年春耕过后，祖父便兼做一些挑担贩运的活儿。秋收之后，祖父每天赶着毛驴走三十五里山路，去贩上武乡洪水镇的煤，放到驴背两侧的驮筐里，然后再用口袋装上八十斤煤，分成两截，背在身上，一路往北走村串户卖掉（榆社不产煤）。两天往返一次，能赚几角钱。祖父驮煤卖煤干了二十年，没睡过一个天明觉，没吃过一顿歇心饭；穿的衣服常常被煤面浸成黑色，脊背上的皮肉也是黑色的，因此村里人送给他几个外号："铁脊背""铁棍""铁棍老汉"。

祖母是个勤俭过日子的好手，从不浪费一分钱、一粒米、一滴水。祖父那时贩运煤炭，但祖母舍不得烧用一点儿，家里烧火皆是父亲兄妹捡拾来的柴火；为节省灯油，祖母在月光下纺棉织线，没有要事，家里是舍不得点灯的；村里有一种土，经过水滤、日晒可以制成盐巴，祖母就去刮土晒盐，为家里省下一笔开销。刚懂事的三个姑妈也时常去刮土晒盐。祖母时常说，能用劳动换来的东西，就不要拿钱买，一分钱、一粒粮食都不要浪费，过日子就要精打细算、细水长流。

因为有了祖母精打细算，合理安排着家里的饮食，全家人才不至于在20世纪二三十年代那军阀混战的艰难日子里断炊，甚至饿死。春节小忙时，全家人以稀饭为主，配以野菜。祖父下地干活，可以补充少许谷面疙瘩；夏天每日早上，用一勺小米煮稀饭，用一小升谷面做煮疙瘩，除祖父外，其余不分长幼，一律只能吃一到两个疙瘩。冬天农闲，三餐主要以南瓜、山药蛋、稀饭为主。至于穿衣，更是新三年，旧三年，缝缝补补又三年。尽管破旧，但祖母会把孩子们的衣服洗得干干净净，补得齐齐整整。

祖父祖母的言传身教，让父亲他们从小养成了勤劳俭朴的习惯。而父亲闲不住的习惯，就是那时养成的。父亲在村里上小学时，只有八九岁，但他寒暑假就跟着祖母给家里刨硬柴，打干柴；高小毕业后，跟随祖父在田里劳动，锄草、割谷、掰玉米，都做得非常好。祖父还曾给父亲买了一只小羊羔让他喂，那只羊羔入冬后杀了五十多斤肉，除去买羊羔的本钱外，那年父亲喂羊还挣了几块钱。

参加革命后，父亲跟随部队机关风餐露宿，行军打仗，宣传抗日，经历了严酷战争的洗礼，变得更加坚强。

1959年，正是我们国家三年困难时期，父亲被调至太原水泥厂工作。水泥厂职工因为吃不饱，影响了工作干劲儿。父亲全力以赴抓生活，抓食堂，职工生活有了改善，职工吃饱了，干劲儿也足了，生产任务也得以完成。

父亲离休后，姐姐成家了，但弟妹们还在上学，加上七十多岁的外婆也住在我们家，家里人多劳力少，父亲便承担起主要的家务活，比如打煤糕、腌咸菜、做饭、洗衣、打扫卫生，整日忙忙碌碌。

那时候冬天取暖靠火炉和自制的土暖气，烧煤量很大。秋天，父亲常用扁担、箩筐到附近煤厂挑回煤面，一担一百多斤，一天挑二十多担，然后用铁筛把碎块筛出，再把煤面与烧土和匀，用水焖上，打成煤糕。当时粮菜缺乏，父亲、母亲、外婆每年秋天要腌几缸白萝卜、芥疙瘩、雪里蕻，还要蒸制一百多瓶西红柿酱。

20世纪60年代到80年代中期，我们住在太原市委宿舍。宿舍是一排排的平房，每家前后院都有一块空地。父亲把空地整理出来，种上西红柿、黄瓜什么的，以改善一家人的伙食。锄地、掏粪、播种、灌溉，父亲全部亲力亲为。院里的邻居对父亲非常尊重，他们觉得父亲既朴实又能干。

父亲会做各种各样的饭食，比如蒸馒头、擀面条、焖米饭、炖肉、炒菜等。20 世纪七八十年代，粮、油、蛋、蔬菜等都按月按户按人供应，很多人家寅吃卯粮，月底甚至断炊。父亲发挥奶奶教给他的“光荣传统”，合理安排一日三餐，在粮食、副食都不富余的情况下，尽可能让全家人吃饱、吃好，保证了我们身体发育的需要。

父亲在他的回忆录《艰苦的岁月》中这样写道：“家务劳动成为我强身健体的一项运动，也是我每日生活中不可缺少的一项内容。”在父亲身上，我们看到了他以苦为乐的精神，也看到了他不畏困难、积极向上的乐观精神。

父母亲生前的住房是 1987 年市总工会分配的。白墙水泥地，一家人住了很多年。母亲曾多次提议装修一下，但父亲不同意。直到 2006 年，历经岁月烟熏火燎后的白墙成了灰色，父亲才同意简单装修一下。父亲的那张老写字台，也用了几十年。父亲的回忆录就是他八十多岁时趴在上面写的。还有那老沙发，是 20 世纪 70 年代初期的老物件，但父亲一直舍不得丢。父亲去世后，我们保留了屋子的原貌。

父亲把勤劳节俭的习惯也传给了我们。小时候，父亲给我们弄了小铁耙，让我们在煤灰堆里拣没有烧尽的煤核。父亲在院里养了几只鸡，让我们放学后到供销社或者菜市场捡烂菜叶，剁碎喂鸡。父亲这样做，不仅是在培养我们勤俭节约的习惯，也让我们懂得了劳动的艰辛。

1982 年，弟弟王强考上太原师专，上学走时只有一件的确良衬衣，他心心念念想要一条新裤子，也好有个换洗的，但父亲不同意。后来王强找到我们开汽车的表舅，要来一条劳动布裤子，改了改穿在了身上。

其实父亲不是没有钱。1953 年，父亲是行政十三级，工资一百五十元，1978 年，父亲是行政十二级，一个月有二百多块钱。父亲不喜欢穿新衣服，也让我们穿得很朴素。我们与普通人家的孩子一样，都穿打补丁的衣服，从小没有一点儿儿干部子女的优越感，这使得我们养成了与同学、同事平等相处的习惯。

父亲去世后，工会干部处处长孙淑兰这样评价父亲：一生艰苦朴素，为人坦坦荡荡。孙处长还说我们家家风好，父亲对子女教育得好。

今天，生活富裕了，我们的日子过得好了，但我们始终牢记着父亲教给我们的“勤劳”和“俭朴”。勤劳俭朴成为我们一家取之不尽、用之不竭的精神财富。

〇

〇

孝顺友爱、和睦相处的一家人

父亲一生与人为善、豁达厚道，尤其对长辈的孝顺，可谓感天动地。

1951 年 8 月，父亲被调到山西省供销社工作。这一年，祖母被查出患上了食道癌，需要人照顾，祖父祖母便来到我家，与我们一家一起生活。有一天，祖母对父亲说，她活着时没有好吃好穿，希望去世后有一个好住处。父亲理解祖母，利用假期回老家为祖母圈好了墓地。1953 年农历七月，祖母滴水不进，靠灌肠和打营养针、强心针维持生命。祖母提出，死也要死在老家，但此时祖母已经病入膏肓，怎么回去呢？父亲愁了几日，最后找人用担架抬着祖母，并请来护士一路跟着打营养针，经过四天步行，终于满足了祖母心愿，把她老人家送回了老家。四天后，祖母安然在老家去世。

我大伯王献儒 1947 年就去世了。1956 年秋天，大娘带着三个孩子来到太原，帮忙照看姐姐晓晋，这样，我们一家与大娘一家以及祖父十多口人一起生活在同一屋檐下。大伯的三个孩子，父亲都曾竭力供他们读书，后来又帮助他们找了工作。1958 年，大娘也找到了一份工作，有了经济收入。一直到 1960 年我们一家搬到太原市委家属院，我们才与大娘家分开生活。

1953 年，三姑妈云兰离婚后，带着两个女儿来我家暂住，得到了我父母的照顾。

祖母去世以后，祖父一直跟父亲生活。1962 年，祖父摔了一跤，胳膊骨折，父亲母亲悉心照顾，祖父很快恢复了健康。1965 年春天，祖父突发中风，继而瘫痪，住院治疗三个多月。这时候母亲正怀着弟弟王强，父亲和母亲每日在家与医院间奔波，既要照顾两个年纪尚小的女儿，还要照顾生病的祖父。几个月后，祖父基本可以生活自理了，父亲母亲松了一口气。那年9月，王强出生。没想到，三个月后的1966年春节前夕，祖父再度摔了一跤，这次是左胯骨及股骨颈损伤，住院牵引多次却始终没有见到成效，之后便卧床不起。父亲要上班，母亲还要照顾我们，父亲不得不从老家请二姑妈王粉兰来照料祖父。父亲白天上班，夜晚让二姑妈休息，自己照顾祖父。那段时间父亲疲惫不堪，但一直在咬牙坚持。

那时候我们家经常有十多口人。这么多人要吃要喝，要穿衣服，父亲母亲都得操心。

这段历史，父亲很少与我们谈起。父亲认为，儿女尽孝，是天经地义的。直到父亲八十多岁写出回忆录，我们才从父亲的文字中隐约感知到，当时为了照顾祖父祖母，父亲母亲吃了多少苦。

我外婆从20世纪70年代中期开始到她1993年去世，一直生活在我们家里，父亲对外婆照顾有加，是院里出名的“孝顺女婿”。那时舅舅也跟着外婆来到我们家，直到工作之后才离开。家里经常有老家亲戚来，父亲自己节俭，对亲戚却很大方，经常让我们陪亲戚去动物园，给亲戚买衣服，亲戚临走时还总是要塞上二三十块钱。

○

○

父爱如山一生不忘

父亲用行动潜移默化地教会了我们姐弟很多，他的很多做法影响了我们一生。比如要勤劳节俭、与人为善、热爱学习等等。

父亲与母亲1946年结婚，一直到1956年才陆续有了女儿晓晋、小春，儿子王强、王钢。父亲对我们姐弟宠爱有加，但对我们的要求也很严格。

20世纪60年代初，粮食紧缺，副食更少。有一天，晓晋看到家里桌上放着一沓钱，就偷偷抽了一张两块的钞票，还有一斤粮票，到街上供销社买了糖果、冰棍等小吃。她以为神不知鬼不觉，心里还有些小得意，一边吃，一边回家。那时候年纪虽小，但也知道偷拿家里的钱是错误的，所以快到家时，就把没有吃完的东西扔进了公共厕所。她不知道，那一沓钱其实是父亲准备用来买粮食的。父亲到了粮店，把钱给了工作人员，结果左点右点，少两块钱，一斤粮票。父亲纳闷了，不会啊，明明数好放桌上的，怎么会少两块钱呢？不用说，这两块钱肯定是家里人拿了；因为如果是外人偷，一沓钱就会全没了。父亲回家三问两问，就问明白是怎么回事了。那是晓晋第一次挨父亲的打，父亲一边打一边训斥："还敢不敢了？从小偷针，长大偷金。我的孩子，必须做事品行端正，做人干干净净！"

王强也挨过一次父亲的打。当时父亲带着他在地里干活，王强调皮，拔掉了一株谷子，父亲就用那棵拔起来的谷苗抽打他。小时候的王强不理解父亲为什么会因为一株谷苗而打他，长大后他懂了，父亲出身贫苦，在祖父的教育下，那真是一粒粮食也不能浪费——平白拔掉一株谷苗，那就是不爱惜粮食，不珍惜土地给予人类的恩赐。

父亲很少打我们，就连训斥都很少，但父亲对我们学习要求很严格。王钢小时候寄养在老乡家里，六岁时才回来。他基础差，作业写不好时，父亲会让他重写，或者用指头点着他的脑门，让他好好反思，为什么不珍惜学习的机会。有时候王强、王钢兄弟俩调皮，做错了事，父亲会让他们站在墙角反思，想通了再吃饭。

父亲晚年，依旧爱读书看报，关心国家大事。父亲记性特别好，八十四岁写回忆录，一件一件往事哪年发生的，都记得清清楚楚。父亲的口才也特别好，说话非常有逻辑性。

受父亲影响，我们姐弟上学时学习都很勤奋，干工作后也都是踏踏实实的。退休前，晓晋在太原市政设计院工作，是高级工程师，等于搞了一辈子专业；小春考入北京医科大学，先后在卫生部医院管理研究所、中华医院管理学会工作，现在是国家注册心理学教师；王强曾经在太钢电力厂工作，后来下海经商；王钢现在迎泽区法院工作。我们如父亲的要求，本本分分工作，踏踏实实做人，生活过得平淡而幸福。

王钢刚上班那会儿，父亲嘱咐他，每天清晨要早一点儿到单位，打扫打扫楼道，做做办公室卫生，打水、擦桌子这些活儿要抢着干，做工作要机灵，多干点不吃亏。王钢现在是法院副院长，他工作勤奋，得到了单位和同事的认可。

父亲母亲孝顺长辈，为我们姐弟作出了榜样。我们的母亲裴仙云双膝患骨性关节炎多年，2001 年，我们姐弟为母亲做了膝关节置换手术。那时候国内做这样的手术还很难，我们找了国内一流医生为母亲手术，给母亲做有营养的饭菜，买各种补品，母亲的手术很成功，恢复得也很好。2002 年，父亲下腹部疼痛，反反复复检查，住院一百多天，最后确诊为腹部动脉狭窄，我们姐弟以及女婿、儿媳轮流照顾，父亲的病得到了有效医治。为了父母生活得更轻松，我们买来了电饭锅、全自动洗衣机等现代化的家用电器。1995 年，小春给父亲母亲买了二十九英寸“北京牌”彩电，那时候大多数人家看的是二十英寸电视。我们还给父亲装了上海“申花牌”煤气热水器，添置了微波炉、煤气灶，在 20 世纪 90 年代，这都是比较前卫的。退休后，父亲想到处走走。有一次，太原市组织老干部到香港旅游，可以带家属，但费用需自理，四千多块钱。因为费用问题，母亲犹豫着不想去，小春立即给父亲汇来五千块钱，我们也给予父母一定的资助，让父母实现了香港之行。

2017 年 10 月，父亲腿肿了，我们当时想带父亲去医院看看，他是厅级干部，可以享受很好的医疗待遇，但他坚持不住医院，对生死看得很淡然。20 日，我们感觉父亲情况不太好，就拨打了 120。120 急救车来了，父亲已经安然离去了，就像睡着了，很平静、很安详。

父亲对党忠诚，对家尽责，正如很多人的评价，父亲不仅是革命战士，更是好儿子、好丈夫、好父亲、好兄弟。

我们按照父母亲生前的陈设保留着这个家的一切。这里有很多关于父母的回忆，也有我们成长的回忆。每逢节假日，我们姐弟就来家里聚一聚；小春从北京回来，也能住进父母家里。

阳台上父亲母亲亲手种下的很多花依旧生机盎然地生长着。每隔一周，我们姐弟会来浇浇水。那株杜鹃花，四季开花，从未断过；那株鸭脚木，如今已经一米多高了，叶片浓绿，枝干粗壮。很多次，浇着花，我们就想起父亲，想起父亲在阳台上拿着水壶缓缓浇水的情形，阳光透过窗户洒入屋内，温暖、明亮……

勤学尚俭示后人

讲 述 人：赵晓慧
讲述时间：2022 年 8 月 27 日
整 理 人：赵建雄

郭光远（1924 — 2016），山西寿阳人。1940 年参加工作，1945 年入党。曾先后担任过县区委副书记、书记，县委组织部部长，监委书记，地区监委专职委员等职。1984 年离休。

我的爷爷郭光远其实姓赵，叫赵应壁。爷爷 1924 年出生于现在的晋中市寿阳县尹灵芝镇白草峪村。小时候家里比较穷，没钱供他上学，可他一心想念书，总是缠着大人要上学。他十岁那年，我的老爷爷实在无奈，就变卖了家里的一部分口粮，这才供爷爷上了私塾。据说，那一年全家八九口人断粮近半个月，全靠土豆、野菜等掺和着度日。上学期间，爷爷勤学苦读，倍加珍惜来之不易的学习机会。他每天早早就起床，背着中午的干粮，走好几里地的山路，到邻村去上学。爷爷学习用功，积极上进，成绩也很好。但是，1937 年卢沟桥事变爆发，日军全面侵华，打碎了爷爷的求学梦，爷爷小学还没毕业就失学了。他小小年纪就勇敢地投身于抗日救国的洪流中，积极参加了当地的抗日游击队。日寇投降后，爷爷又参加了八路军，党组织安排爷爷从事党的地下工作，为了革命的需要，爷爷化名为“郭光远”，从此，这个名字就伴随了爷爷一生。

我是爷爷的长孙女，爷爷理应最疼我，但是，直到 2016 年爷爷去世，我对爷爷的感觉一直就是“敬大于亲”。小时候不懂事，对爷爷的一些做法不太理解，总觉得爷爷太过于苛刻、固执，甚至不近人情，后来随着年龄和阅历的增长，我才渐渐懂得，原先以为的爷爷的那些“缺点”，其实恰恰是他老人家高贵品格的体现——他经历过战争的洗礼，自觉不自觉就形成了那个时代老一辈领导干部的共有风格。平日里爷爷种种的言传身教，其实就是一笔宝贵的精神财富，他教给我们家族里的每个人做人处世的道理。

现在回想起来，爷爷给我印象最深的，就是勤学不辍与清廉俭朴。这也是我们全家人的共识。

○

○

总把学习当乐趣

爷爷的勤学好学，是出了名的。从小到老、家里家外、同事邻里都说爷爷是“学习狂”。1984 年离休后，爷爷自费报名参加了中国人民大学法律系函授学习，一学就是三年，但爷爷还是感到未能满足自己的求知渴望，觉得没学够。1992 年，文水县老年大学成立，爷爷立即报名参加，选报了文学、书法、绘画、保健等多项课程，做到学必无遗、学必有所得。

爷爷的学习座右铭是：“学无止境，余热生辉。当好老年大学的老学生，活到老学到老！”所以，到了后来，爷爷尽管身体欠佳，腿脚走动不便，但拄着拐杖也一定要坚持去上学，坚决不落课。家人怎么劝他都不听。他在一篇心得文章中说：“有生之年，我要以实际行动，决心将老年大学这一新生事物弘扬光大，造福子孙后代，一代一代传下去，为党和人民奉献余热。”直到他的腿病愈发严重，不能走路了，他才不得已停学。再往后，爷爷患上了阿尔茨海默病，但他还是要坚持看书、读报、看新闻，有时候，突然就嚷嚷着要去老年大学上课。此情此景，让家人们既感动又心疼。

○

○

清廉俭朴作表率

爷爷一生默默无闻、无私奉献。他坚持原则、乐观向上、安于清贫、勤俭持家、克己奉公、坚毅豁达。我们家里每个人都受到爷爷的熏陶和影响，在平凡的岗位上不贪图名利，不追求享受，尽心尽力工作，努力做一个对社会有用的人。我现在在文水中学工作，面对家庭、生活和工作中的一切，我总是以爷爷为榜样，总是感觉自己信心十足、力量满满，凡事淡定从容，不计得失，兢兢业业，恪尽职守。能有这样一份淡泊安然的心境，我想应该是得益于爷爷良好的家风家教。

记得小时候，家中院子里有一个地窖，每到冬天，爷爷就要亲自储备一些土豆、白菜、胡萝卜之类的蔬菜，以供全家人整个冬天食用。柴炭房里也要准备一些柴炭。爷爷总是说："自己动手丰衣足食。有吃有喝，冻不着饿不着，该知足了，别的不要攀比。"

奶奶给我们讲过，爷爷在文水任职的时候，因为工作原因经常给同事或群众办些实事，过后大家为了表达感谢，免不了给家里送一些鸡蛋、苹果、土豆、白菜，或者粮油米面，爷爷一律谢绝。有时候碍于情面实在赶不走的，爷爷就要求奶奶事后按市场价折合成钱给送过去，为此，爷爷还专门买了一杆秤。爷爷的这种较真做法，真是令人钦佩！

爸爸十六岁的时候参加了工作。按照当时的国家政策，爷爷完全可以给我爸爸安排一份好工作，可是爷爷对我爸爸说："抗美援朝的时候，千千万万的人民子弟兵为了保家卫国牺牲了。现在是和平时代，国家处于建设时期，你们都应该响应国家的号召，到最基层、最艰苦的地方去实践锻炼。劳动是光荣的事，怎么能害怕吃苦受罪呢？"于是就把我爸爸安排在一个工厂车间里。在那里，铸工、锻工、木工、钳工爸爸都当过，又苦又脏又累的活爸爸都干过，而且一干就是六年。后来爸爸因为在车间连续加班导致工伤切了一个手指头，才被调离那个岗位。爷爷有六个子女，四个儿子、两个女儿，没有一个享受过爷爷的特权，他们全都是普普通通的工人。

爷爷勤俭朴素，要求全家人都不能奢侈，不能浪费，不能追求物质享受。我记得，爷爷里面穿的衣服，总是补丁摞补丁，奶奶也一样。他们老两口，到老都一直保持着这个作风。爸爸说，他跟妈妈结婚的时候，爷爷什么家具都不让置办，都用旧的，房子也是租的。爷爷只是把自己骑旧了的一辆"飞鸽牌"自行车送给爸爸。结婚要办喜宴，爷爷规定只能办五桌，多了绝对不允许。爸爸说，亲戚朋友加上单位同事，起码也有二十桌，即使亲戚也有八九桌。但任凭爸爸怎么说，爷爷都不同意，而且告诉爸爸，如果结婚那一天桌数多了，他坚决不参加爸爸的婚礼。爸爸拗不过爷爷，只好让单位选了几个代表，最后加上亲朋好友，请了四五桌。到了我的叔叔姑姑们结婚时，爷爷还是一样的要求，谁也不敢破例。

爷爷在离石吕梁地委工作时，家还是在文水，爷爷上班时就在单位宿舍住。1984年爷爷离休后，回到文水，全家人还是挤在房管局的两间公房里。当时吕梁地委给了爷爷五千元安家费，子女们想让爷爷单独建一处院子住，可是钱不够。县里领导知道后，就找到爷爷说，根据国家有关政策，可以照顾离休老干部自建房，可以给我们家在一块儿闲置的麦场地上特批五户房子的宅基地，让四个儿子也搞个自建房。爷爷一口就回绝了，说："一是没有钱，虽然我工资赚得不算少，但大部分都用来买书了；二是孩子多，我不能搞特殊，更不能给政府添麻烦。"直到1997年，在子女们的拼凑下，爷爷才建了自己住的一所房子。

发生在爷爷身上的许多小故事，现在说起来都好像让人难以理解，甚至让人感觉到有些不近人情。但细想这桩桩件件，彰显出来的正是爷爷的清廉本色和高风亮节。

不管大事小事，爷爷的一言一行都对我们产生了深刻的影响。我们小的时候，都不愿意去爷爷奶奶家吃饭。有时候爸爸妈妈工作太忙，顾不上照顾我们时，我们只能去了。吃饭的时候，爷爷总是要求每个人的碗里边一粒米都不能剩下，吃多少，盛多少；盛多少，吃多少。他总是教育我们："你们要记住，战争年代少吃没喝，战士们都是饿着肚子在打仗，多难呀；现在是和平年代了，一样不能浪费。这不是钱的问题，是要你们养成良好的生活习惯，将来也要教育好你们的下一代！"

我结婚后，有一次跟爱人去看望爷爷，爷爷给我爱人讲起"上甘岭""长津湖"这些故事。爷爷还给我们讲了抗美援朝时候"一个苹果"的故事。爷爷告诉了我们一个道理：勤能持家，俭能养德，民富才能国强！同时，爷爷也在告诫我们要珍惜当下来之不易的幸福生活。爷爷这些故事的内涵，已随时光慢慢融进了我们的家风里，成为滋养我们每一个人的精神食粮。

我的岳父是红军

讲 述 人：冯智奇　陈建华　陈建纯　陈彦杰　陈建利　韩　江
主 讲 人：冯智奇
讲述时间：2022 年 9 月 2 日
整 理 人：江雪

陈保邦（1924 — 2015），甘肃环县人。1936 年，参加中国工农红军。1949 年，加入中国共产党。1939 年 9 月至 1949 年 4 月，在部队任司号员、班长、司号长等职；1950 年 1 月，在部队任政治指导员；1951 年 7 月，奉命入朝作战，同年 10 月任东北军区陆军医院三分院政治指导员；1952 年 12 月，转业到黑龙江双鸭山市勘探局；1955 年，被调至潞安矿务局；1976 年，任潞安矿务局石圪节煤矿工会主席。1987 年离休。

○

○

从一个古朴的乡村农民成长为红军战士

我的岳父陈保邦是一名老红军。

1924 年 11 月，岳父出生在甘肃省环县洪德镇陈家塬一个穷苦农民家庭，祖祖辈辈面朝黄土背朝天，全家九口人靠着租种地主的二十多亩山地勉强维持生活。

质朴的乡村，养育了质朴的农民。“中国出了个毛泽东，陕北出了个刘志丹……”这歌声常常在我们一家团聚时响起。记得那是 1935 年 10 月 12 日红军长征进入环县。那年深秋的一个夜晚，出去讨饭的祖父和岳父背回一个受伤晕倒在路边的教书先生。祖父祖母把教书先生安置在家里的一孔破窑洞里养伤，岳父与教书先生住在一起。这位教书先生是一名红军干部，非常和气，在祖父家里养伤时，给岳父讲了很多革命道理，包括农民如何当家做主人。一个月后，他的伤基本养好了，准备回部队。临别时他问岳父，你想不想当红军？岳父说，想！可我今年才十二岁，红军能要我吗？红军干部便给岳父留下一封信说，如果想当红军了，就拿着这封信到洪德城去报名。1936 年春天，天下大旱，岳父和奶奶出去要饭，只是要一把干菜都很难，父亲与村里一位叫吴成宜的小伙伴偷偷跑到洪德城（现在洪德乡，20 世纪 30 年代是陕北红军环县县委所在地）参加了红军，并上交了那封信。岳父这时候才知道，在家里养伤的教书先生，原来是一位红军首长。

○

○

枪林弹雨铸就红色信念

岳父刚参加红军就给时任红军环县县委书记的首长当小鬼，一次急行军岳父受伤，习仲勋和刘志丹的弟弟亲自送岳父回家养伤，爷爷、奶奶才知道岳父当了红军（原以为他已经丢了），后又被安排给当时任陕北红军保卫局首长担任勤务兵。

岳父跟随毛主席转战南北，参与了土地革命战争、抗日战争，延安大生产运动，参与了抗日战争中所有大小战役与战斗数百次，还参加了著名的延安保卫战、兰州战役，以及解放太原等有名的解放战争中的战役战斗。岳父时常跟我们讲起延安保卫战和青石砭战役。岳父说，那时候他们转战陕北，两条腿要跑过敌人的汽车轮子，带着敌人在山林里打转转，鞋子磨透了，脚指头和鞋子粘连一起，血肉模糊，有的战士还光着脚，他们就是用这样的战斗意志战胜了敌人。

而让岳父最难忘的就是兰州战役，那次战役中岳父可以说是九死一生。1949 年 8 月 4 日，第一野战军司令员兼政治委员彭德怀发出了攻取兰州、西宁的作战命令。岳父在第二兵团第四军第十师，按照部署日夜兼程几千里急行军，于 19 日抵达兰州外围。那天，他所随部队转移途中被一小股偷袭的敌人包围。为了掩护首长和警卫连突围，司号员、通信员，还有部分作战参谋，全部投入战斗。战斗打得非常激烈，最后，仅剩下他和一名作战参谋两个人。子弹打光了，他就与那名作战参谋背靠背，互相对视了一眼，看着蜂拥而来的敌人，准备拉响最后一颗手榴弹时，外围传来了激烈的枪声，是师长带人打回来了！敌人转身迎战，他和那位作战参谋才转危为安！我问他，当时您和那名战友“对视一眼”是什么意思，岳父说，“心照不宣，轮到我们了”。他们就是以这样的革命意志成为坚不可摧的革命战士。

兰州战役打得非常惨烈，当时我们的部队医药、医护人员都十分紧缺，前线战士负伤后，很多都因无法得到及时止血导致失血过多而牺牲。岳父当时年纪小，他亲眼看到，战士们在出发前会为自己抢一口棺材，在上面写下自己的名字——他们都做好了牺牲的准备。而更多战士会在激战前夕（包括营连干部），到附近捡一兜羊粪蛋带在身上。我问岳父，为什么要捡羊粪蛋？岳父说，受伤没有止血药，只好先把羊粪蛋取出来，啐一口吐沫，堵住枪眼止血。随后他跟我讲，他亲眼看到一名机枪连长肚子中弹后，把一兜羊粪蛋塞进肚子止血……但这位连长还是因为失血过多英勇牺牲了。兰州解放后，岳父所在的一野第四军受到了“四军健儿再建奇功”的表彰，岳父也获得了二等功。

我问他当时没有医药包扎你怕不怕？他说怕！虽然怕，但是我们跟着毛主席为自己的子孙后代打江山，解放全天下受苦人，虽死犹荣。中华民族就是这样在毛主席的英明领导下，培养出一大批优秀的革命战士，中国人民从此站起来了。

1950 年，美帝国主义把战火烧到了鸭绿江边。岳父再次横戈跃马，带头走上了抗美援朝的战场。后因病不得不撤回国内，于 1951 年 10 月，被分配到第四医管局，担任东北军区陆军医院第三分院政治指导员。1952 年 12 月，岳父转业到黑龙江双鸭山市勘探局；1954 年，被调到河北峰峰煤矿；1955 年，又被调到来到潞安矿务局人事科；1976 年，岳父被调璐安矿务局（现潞安集团）石节煤矿（现石圪节煤业公司）任工会主席。

○

○

红军家训代代相传

不谋私利、勤俭持家、艰苦奋斗、爱岗敬业、永远跟党走，这是岳父活着时常挂在嘴边的话，也是我们家的家训。

岳父会编织毛衣，我爱人他们姐弟都穿过岳父亲手织的毛衣毛裤。岳父织的毛衣花样虽然少，但一针一针非常密实。那时候，岳父下班回到家，一有时间就会拿起毛衣针。他还参加过潞安矿务局的织毛衣大赛，获得过冠军呢。

岳父学会织毛衣是在1936年刚参军不久。岳父时常哼唱一首歌："织啊织，织毛衣，织好毛衣送红军，送啊送红军……"这首歌讲的就是1936年秋天的事。

每逢节日、家人生日或者我爱人姐弟家孩子考上了大学等喜庆日子，兄弟姐妹都会带着孩子回到岳父家里团聚。开饭前，岳父先给孩子们讲我们家的家训，然后讲一个红军长征打仗的真实故事，让孩子们从小热爱祖国热爱党，还会教孩子们唱军民大生产，这成了我们家聚会的特定节目。岳父健在时，每次领唱的人都是他。岳父唱一句"解放区呀么"，我们和一句"嗬嘿"；岳父再唱一句"大生产呀么"，我们就再和一句"嗬嘿"，一家人在一起的那种热闹氛围一下就调动起来了。如今，岳父离开了我们，但我们在聚会的时候，还是会唱起这首歌，追忆岳父，也追忆那段红色岁月。

岳父不仅会织毛衣，还会编放饺子的草垫、筷笼子，做补袜子用的木衬等。记得每当逢年过节，省国资委和省委组织部来慰问老红军时，他总是高兴得像个孩子，打着拍子领着大家一起高唱《军民大生产运动》和《绣金匾》《没有共产党就没有新中国》等歌曲。岳父常说，我的这些技能包括唱歌，都是来自当年自力更生的延安大生产运动。

那段经历给我们全家都留下了非常深刻的印象。我爱人姐弟六个，20世纪五六十年代我们国家很穷，我们也都经历了很多难挨的日子，但在岳父的影响下，岳父一家人的家庭氛围总是那么和谐，充满信心和欢乐，似乎从来没有过困难。

岳父一家生活非常俭朴，一家人吃饭从不浪费一粒粮食。岳父常说："不要以为现在生活条件好了，鸡鸭鱼肉都能吃上了，就随便浪费粮食，想想农民兄弟辛苦劳作，再想想我们国家那些吃不饱饭的人，你们有什么理由浪费粮食。"一般岳父说到这里，就会讲起他参加兰州战役部队急行军，部队吃不上饭，炊事班只能在路边支起大锅煮黑豆的故事。战士们都排着队，每个人只能盛半茶缸，边吃边走，还要行军打仗。现在虽然生活好了，但是革命的胜利果实来之

岳父会编织毛衣，我爱人他们姐弟都穿过岳父亲手织的毛衣毛裤。

不易啊，所以坚决不能忘本。

○

○

清正廉洁令人敬仰

陈彦杰是岳父的小儿子，他给我讲过一件事。1983 年，陈彦杰上技校，下课没事时与他的同学会打打扑克，放松一下学习压力。当时买扑克是用省下的买饭票的钱。当时一个月仅有十几块钱的生活费，有同学就说："你爸不是工会主席吗？工会肯定不缺扑克，你找你爸要一两副，咱们就能省点饭钱。"陈彦杰一听，觉得也不是什么大事，星期天回家就找岳父提出想要两副扑克牌。岳父听了，沉思了一会儿说，"孩子，扑克确实不值几个钱，但你知道买扑克的钱是怎么来的吗？是井下工人一锹一锹挖煤换来的。你说，这扑克能随便给人吗？"

2003 年，岳父体检时被查出淋巴癌，需要到长治市和平医院化疗。当时医院床位紧张，我们在长治市内没有房子，为了方便我们照顾岳父，石屹节煤矿就安排他住在德风宾馆一个套房。岳父一看是套房，知道很贵，死活不同意，最后跟矿上说明情况，换了一个标间。岳父在医疗方面享受副省级待遇，所以当时还安排了专车接送，结果治疗的第三天，岳父亲自给矿长打电话，让专车回去。岳父说，专车早上从矿上来长治市里，接他去医院化疗，几十分钟后，再返回矿上，一来一回百把里路，太浪费人力物力了，他完全可以坐公交车去化疗。专车退了，八十岁的老岳父每天在宾馆外的路上等公交车，斑白的头发在风里飞扬，让人看着心疼，可他甘之如怡。

岳父身上那种老革命的高风亮节，真是让人由衷钦佩。

岳父告诫子女，谁也不许打着他的旗号去要车用车！岳父对子女要求严格。我爱人及其兄弟姐妹，也都非常自觉，严格遵照岳父的要求，直到老爷子 2015 年去世，没有一个子女打着岳父的名义用过车。

岳父就是这样说到做到，在住房问题上更是名副其实不忘本的老红军形象。他住的房子是 20 世纪 80 年代石屹节煤矿的旧楼，木头门窗，不像现在的塑钢门窗装着中空玻璃，冬天外面西北风大吹，屋内西北风小吹，特别冷，岳父、岳母有时就喊我帮他们用胶带糊窗户缝隙。其实，矿务局几次要给他调整住房，但他总以住惯了为由婉拒搬入“局长楼”。每年省委组织部、省国资委相关领导都会来慰问岳父，曾经几次明确提出要求改善老红军居住条件。2009 年，石屹节煤矿党委根据省委要求，专门为岳父住房问题下了红头文件，要为岳父修缮装修房屋。时任党委书记任润禾几次找我，让我做岳父的工作，但岳父还是坚持不肯接受。为此，岳父还写了《致党委的一封信》，表明自己的态度，让我亲自交给矿党委书记。我还记得那封信的一些内容：“感谢党委各级领导一直以来对我的关爱。我住得很好，也已经住习惯了。给我装修房子还得花公款，现在煤炭生产也不太景气，煤矿处处都需要钱，还要开发新项目，我已经是一个快九十岁的人了，不需要组织再为我操心，感谢党委，还是把钱用到生产第一线吧。”

这件事在矿务局还掀起一阵波澜，说什么的都有。我理解岳父的为人与做法，他是一位真正的老革命，老红军，是毛泽东时代艰苦奋斗的典范！

如果让我说岳父的缺点，那就是他太古板了，从不循私情。六个儿女，个个都是自己奋斗。我最小的小姨子陈建利，岳父特别亲她，因为她最小嘛。她在漳村煤矿当播音员，也是自谋职业，属于大集体。

岳母跟随岳父一生，勤俭持家，一心想出去参加工作，而且岳父也完全有能力给岳母安排工作，但岳父为了顾全大局，有了指标总是让给更困难、更需要的家庭。岳母虽有怨言，但为支持岳父的工作，便安心在家抚养六个孩子，直到去世。岳父都从来没有向上级领导提出过任何个人要求。

○
○

言传身教 积极上进

岳父从枪林弹雨中一路摸爬滚打走来，从不居功自傲，深知今天的幸福生活来自不易。他担任石圪节煤矿工会主席期间，经常组织讲座，把那段血雨腥风的革命历史讲给年轻同志听。20 世纪六七十年代备战备荒，为培养下一代，亲自指导开展劳动竞赛，工会职工教育亲自指导基干民兵练刺杀和打靶。

我与岳父的相识也很有意思。1973 年全国工业学习石屹节，我去学习。我们下井上来后，被安排去听老红军作报告。那天就是岳父作报告。当时我对眼前作报告的人就有一种特殊的亲近感。没想到，五年后我与我爱人陈建华相识，并走到了一起，当年作报告的人成了我的岳父。我第一次去岳父家，他就给我提出要求：一定要积极上进，一定要入党（当时我爱人已是中共党员）。在岳父的教诲下，我爱人他们姐弟大都入了党，几个女婿（包括我）也都先后入了中国共产党，而且我们有的还连续几年被单位评为优秀共产党员。

1987 年 3 月，岳父正式离休，离休后又担任了山西省红色文化教育老红军宣讲团名誉团长。他不顾年迈，长期奔波于山西各地，宣讲红色文化、革命传统，讲述硝烟战火中的悲壮往事，让下一代铭记历史，珍惜现在的生活。闲不住的他，还热心地帮助小区出黑板报，他亲自挑选内容，亲自书写。岳父小时候没有上过学，参加革命后上过部队的扫盲班，后来通过努力还上过抗大。几十年来他养成了写日记的习惯。岳父有一个小本子，上面记录着他那些牺牲战友的名字及战斗事迹。每到过年、清明节和战友忌日，岳父就会与岳母一起包饺子，祭奠那些牺牲的战友。他说："吃水不能忘记挖井人，我还能活着已经很知足了。"2015 年 7 月 6 日，岳父去世，享年九十二岁。当时岳父已经接到去参加抗战七十周年阅兵观礼的通知，很遗憾，老人家没有等到那一天就走了。2017 年 8 月，九十岁的岳母也去世了。从此，我们再也没有机会听到岳父带着大家唱"大生产呀么嗬嘿"了……

清水衙门“兰台人”

讲 述 人：白卫华
讲述时间：2022 年 9 月 4 日
整 理 人：周至

白凤翔（1926 — 2016），山西五台人。1949 年参加工作，同年加入中国共产党。1958 年，在榆次市委工业部办公室任主任。1966 年，在榆次市东风纸厂任书记。1969 年，在山西省档案馆业务室任主任。1981 年，在晋中地区档案局任局长。1984 年，在晋中地区档案局任调研员。1986 年，在晋中地区组织史办公室任副主任、二组组长。1991 年离休。

○

○

甘守清贫　无怨无悔

父亲白凤翔，1926 年 6 月 28 日出生于五台县白家庄镇。父亲大半辈子都在从事档案工作。因为我国最早的官方中央档案馆被称作“兰台”，所以档案工作者也自称“兰台人”，而我的父亲有幸成为其中的一员。

1965 年 11 月，为实施“三线”建设工程，山西省档案馆由太原市并州路二十五号搬迁到交城卦山天宁寺。1966 年 7 月之后，父亲先后在山西省档案馆任业务一室主任、保卫组清档办公室副书记、副主任、副馆长。

1969 年 9 月，山西省档案馆又迁驻卦山脚下的文昌阁。在此期间，我们家也搬到此处。记得小时候，一旦有空闲，父亲就带着我们去空地栽瓜种菜，自给自足，生活虽然艰苦，但日子过得清净快乐。

父亲对我们很慈爱，但要求也很严格。有一次，姐姐在墙上撕了几张写有父亲名字的大字报，父亲知道后就严厉制止，并生气地训斥姐姐说："不能乱撕，不管上面写的是什么，都要让群众说话，有则改之，无则加勉。"那一段时期，父亲每天都要面对那些来档案室查找他们所需要的资料的人，显得很疲惫，为了保护国家机要档案不丢失、不损坏，父亲坚守底线，与他们斗智斗勇，圆满地完成了档案保管任务。

1981年，父亲被调回晋中，筹建晋中档案局并担任第一任局长。这期间，父亲亲自编撰了《中国共产党晋中地区组织史》等。作为晋中地区首任档案局局长，他心系大局、忘我工作，为晋中档案事业发展作出了很大贡献。

1986年，父亲担任晋中地区组织史办公室副主任、二组组长，负责地委、行署在新中国成立后组织史资料征编任务。他不辞辛苦地走遍了五十余个委、局，对涉及外地的七十余名老同志进行走访，建档归案。他对工作一丝不苟，顺利完成了稿件的送审任务，受到领导和同志们的好评。

离休前的几年，父亲已退居二线，但他却主动挑起了建档案分类卡的工作，从各单位临时抽调五六个人帮忙抄写。档案在地下室，又阴又潮，父亲一个人在下边整理，其他人按照他的要求拿上来抄写好，再送下去。那时正好是暑假，我上高中，父亲说人手不够，让我去帮过一周的忙——一天下来，我已筋疲力尽。父亲用两三年时间，将档案分门别类，整理得细致精确，圆满地完成了这项任务。

有人对父亲说："你都是快退休的人了，干吗还要拼了命地干？"父亲却说："当干部就是为人民服务，离岗不能离服务。作为党员，活着就要为人民服务。党给了我政治生命，我就要为党工作一辈子。"父亲的话，我至今难忘。

1991年3月，父亲正式离休。离休之后，他还担负起多家单位的内部档案整理工作。他早出晚归，任劳任怨，从不计较得失。在别人看来很枯燥的档案工作，父亲却做得乐此不疲，一笔一画、细致严谨地干了一辈子。他那勤谨敬业的工作精神，常常感动着我，也感动着他身边的许多人。

父亲爱读书、爱积累，喜欢买历史方面的书。当年榆次文化中心的图书馆刚建成，父亲就跑去办了张阅览证，每天上午要花两三个小时去看书。父亲喜欢订报纸杂志，还坚持剪报，并将其分类贴在厚杂志上，一本又一本。我对他说："你剪那么多给谁看呀？"父亲回答："你们不看有人看，现在不看，将来有人看。"这是父亲的职业病吗？我想着将来把父亲整理出来的那些资料捐献给档案馆，或许对未来的研究会有帮助。这也算是帮父亲了了一桩心愿。

父亲热爱艺术，离休后他就报了老年大学的课程——写字、画画。每天下午基本上是父亲练字的时间，他特别喜欢中国大书法家“颠张醉素”。父亲多年坚持学习书法绘画，从不浪费时间，不放松懈怠，意志力很强。他的书法作品还参加过多次展览。

我大学毕业那年，被分到农村中学教书。我不想去，想让父亲出面找关系，把我调动到城里工作——这样也方便照顾家里。父亲却说：“你只要好好干，到哪里都能发光出彩。”父亲自己守规矩，更不许我们拉关系、走后门。我至今还是一名中学美术老师，爱人下岗后开了家装裱店。我们听从父亲的教导，本本分分生活、踏踏实实工作，从没有给父亲丢过脸。

○

○

艰苦奋斗　舐犊情深

二勇、卫华：我一生无依无靠，靠的只有自己。在我有生之年，我尽量做好力所能及的事情，但毕竟已到晚年，有的事总有一天会落到你们身上，我做一个身后的安排，你们按要求去实施……

这是父亲生前给我和我爱人的一封信，是一份嘱托，详细安排了他的身后事。父亲离开多年了，每次读起这封信，我都能想起父亲伏案的身影和干瘦淡然的模样。

父亲做事认真严谨，连后事也早早安排妥帖。在信中，他列出条目，对他的丧事、继母的晚年生活和丧事、我大哥的生活和丧葬及骨灰处理等，都一一做了明确安排：他的丧葬问题，要从简办事，总开支以五千元为限；继母丧葬费以一万元为限，这笔钱要交给继母的儿子具体承办；卫平（我大哥）的丧葬费以四千元为限。他、母亲、卫平骨灰均不留存，火化后，将骨灰撒在榆次和老家两个故乡的河流山川……

卫平是我大哥，有智力障碍，是父亲一生最大的牵挂。在那封信中，父亲说从1995年开始，他每月为卫平存款两百元，已存一万多元，争取在他去世前，存够三至五万，以保障大哥今后的生活。可惜的是，大哥先父亲而去……

我家兄妹三个，都是在榆次出生，父亲虽然在平定、太原、交城等地工作过，但我们家的大部分时光都是在榆次度过的。

我老家在忻州五台县白家庄，因为那里有煤矿，在抗战初期就被日军占领。当时八九岁的父亲，就跟着八路军去了河北平山县根据地去上学。因为年纪太小，被安排到一户烈属家里吃住，那户人家的四个儿子都为抗战牺牲了，为安抚烈属一家，父亲就认了干爹、干娘，并随他家“凤”字辈，改名为“白凤翔”。其实父亲是家中独子，原名白桂宏。父亲家从我老爷爷辈就心向革命，早年间，就把自家的上下两座院子，腾出来一座给八路军用。我爷爷是中共党员，在抗战时期曾为部队传递情报……我母亲思想进步，也是中共党员，还领导村里妇女积极支前。父亲背景清白，根正苗红，这也是他从事机要档案的基础。

父亲十几岁时，由家里大人做主，与有亲缘关系的我母亲结了婚。按当时农村说法，叫作“亲上加亲”。但父亲当时不太同意这门婚事，为此他极少回家，一直到1950年以后，工作生活稳定了，他才将我母亲接到榆次生活。不幸的是，因为是近亲结婚，我的哥哥、姐姐都有智力障碍，既不能上学也不能工作，有时还难免闯个小祸，这成了父母一辈子的伤痛。但父亲从来没有嫌弃过我的哥哥、姐姐，对我们兄妹三个一视同仁。

父亲虽然工作很忙，但却给了我们足够多的爱，用他的辛勤汗水滋养了我们一家人。他不讲究吃喝，一件衣服一穿就是几十年，很少添新衣服；他也不爱讲别人的是非，从不听家长里短，却十分爱谈论国家大事和战争故事。

父亲晚年时，我常去照顾他。父亲就给我讲过去打仗的事，谈起我母亲，他也是情真意切，令我感动。他们夫妻一场，虽然一开始父亲不愿意，心有不甘，但既成事实，父亲自然也就担起了责任。年轻时，父母亲为了工作，两地分居、聚少离多，体弱多病的母亲一个人带三个孩子，还要工作，早早就累出了一身病……

1981年，母亲因长期劳累，最终病重无法下床。那一年我刚上高中，学业繁重，哥哥、姐姐也需要人照顾，父亲毅然放弃在省城的工作，从山西省档案馆调回榆次。父亲很要强，他是一边勤恳工作，一边照顾家庭。他内心要承受的压力可想而知。

那时，父亲对我说："无论吃多少苦，付出什么代价，我都会陪伴好你母亲，更会照料好家人，你要安心学习。"

母亲去世后，父亲撑起了家庭的重担，与我们兄妹三个相依为命。几年后，在别人的撮合下，父亲与我母亲在老家的一个姐妹再婚。继母人好又勤快，与我们相处得也非常和睦融洽，她陪伴了父亲的后半生。

父亲一生清廉，加之家庭的拖累，所以并没有什么积蓄。父亲的遗产主要是他住了几十年的老房子。在那封信中，父亲写道："……我和你继母早有议定，买房是卫华出的钱，所以，产权将来是卫华所有，这是家庭会议上的约定。我去世后，你们是否搬回来和你继母一起生活，到时候看情况由你们自己决定。"父亲事无巨细，都早早安排好，再难他都会自己扛着，就怕给我们添麻烦……想起父亲的音容笑貌，我常常会泪流满面。

2016 年 9 月 17 日，父亲在他的第二故乡榆次病逝，享年虚岁九十一。我的父亲没有给我们留下什么物质财富，但他留下了对党的忠诚、对我们无私的爱、对亲友的宽仁慈爱，还有他意志坚定、热爱生活的品格。

朝鲜战场上的婚礼

讲 述 人：郑爱菊　樊家兴　樊伊丽　樊丽萍　樊晋萍
主 讲 人：樊丽萍
讲述时间：2022 年 9 月 8 日
整 理 人：江雪

樊克明（1920 — 2010），原名樊峻吉，江苏赣榆人。1942 年 10 月参加工作，1944 年 4 月加入中国共产党。曾任二十一军通信独立营教导员、政委，山西省劳改局政治处组教科科长、干部科科长、政治处副处长，山西省晋普山煤矿筹建处负责人，山西省忻县地区医院党委书记，山西省公安医院政委等职。1983 年离休。

○

○

朝鲜战场上的婚礼

我们的父亲樊克明是一位老革命。对我们来说，父母的婚礼是我们姐妹“羡慕”了一辈子的事。父亲的婚礼太浪漫了，因为，那场婚礼是在朝鲜战场上举行的。

1920 年 1 月，父亲出生在江苏省赣榆县（今连云港市赣榆区）塔山镇小莒村的一个农民家庭。祖父祖母家里有一些地，开明的他们供父亲读了私塾。父亲从私塾毕业后，到附近一个村庄教书。这时候，抗日烽火已经在中华大地熊熊燃烧，深知“国家兴亡，匹夫有责”的父亲便开始瞒着祖父母从事地下党的工作。1942 年，他组建起抗日武工队，公开与日寇战斗。1945 年，侵华日军投降后，父亲率领武工队伍参加过当地的剿匪战斗。父亲对我哥哥讲过，那股土匪装备好，战斗力比国民党的正规军还强。

淮海战役前夕，父亲率武工队归建二十一军，担任二十一军通信独立营教导员、政委。二十一军由华东野战军第二纵队改编而来。解放战争中，第二纵队转战于华东战场，在孟良崮、济南及淮海等战役中主要担任阻击和“打援”任务，而后参加渡江战役、上海战役、舟山战役，并参与了解放舟山群岛。这些战斗和战役，父亲参加了没有，他从没有对我们讲过。我们知道，为救父亲，父亲的一位警卫员壮烈牺牲了；父亲的脊背上有枪伤疤痕，但他从没有跟我们，甚至我们的母亲讲过是什么时候负的伤。父亲是一个沉默寡言的人，尤其对那段艰难的战斗岁月，总是讳莫如深。

1949 年 5 月 3 日，二十一军接到命令，5 月 5 日南下进军浙东南沿海。二十一军第六十三师被派往温州，成为温州解放后第一支进驻温州的解放军野战部队。1951 年，母亲郑爱菊（母亲是温州人）参军，与父亲同在二十一军。就在那年，在战友的介绍下，父亲与二十二岁的母亲相识并相爱了。

其实，1940 年，父亲在老家赣榆县娶过一位妻子。不幸的是，在连天的炮火中，父亲的这位妻因病撒手而去，留下两个男孩——我大哥樊家杏和二哥樊家兴。妻子去世后，父亲随部队南征北战，一直没时间考虑个人的事情。

淮海战役前夕，有一天，祖母听说父亲的部队在离老家二三十里外的一个地方驻扎，于是带着不到五岁的二哥樊家兴去看望父亲。二哥自从出生开始算起，那是第一次见父亲。二哥年纪小，一路哭着让祖母抱。祖母是小脚，也只能背二哥一段，再拉着二哥的小手走一段。

1953 年 3 月，二十一军奉命入朝作战。1953 年 7 月 26 日，中朝两国与“联合国军”的代表在板门店签署《朝鲜停战协议》。毛主席下令让二十一军驻扎朝鲜“三八线”附近，一则防止美国举兵再犯，一则承担起帮助朝鲜战后家园重建的责任。

1954 年，父亲的一位战友回老家省亲，父亲便委托他把二哥樊家兴带到朝鲜住几天。父亲已经有很多年没有回过家了，二哥甚至记不得他长什么样子。在二哥的记忆中，在朝鲜那次才是他第一次见到父亲并记住父亲的模样。二哥在朝鲜住了一个多月，但父亲忙于工作，早出晚归，陪他的只有父亲的勤务兵。

我想，也许正是二哥到了朝鲜才让特别忙碌的父亲有了结婚的想法——十来岁的孩子，太需要母爱的润泽了。1953 年父亲入朝鲜时，母亲郑爱菊所在的二十一军后勤部来到了中朝边境，当时驻扎在长春。因为此时战火已然熄灭，从 1953 年到 1955 年，母亲每年都会过鸭绿江到朝鲜去探视一次父亲。与二哥的待遇一样，母亲到朝鲜后，父亲也没有时间陪她，她只能自己在部队驻地“三八线”附近转转。

1955 年 11 月，恋爱了近五年的父亲与母亲终于结婚了。此时的父亲正随部队忙于帮助朝鲜人民重建家园，且在“三八线”上，他们的婚礼非常简单，两床被褥搬到一起，买了些糖果给战友们发了发，准备了一些茶水，大家一起坐坐，热闹热闹，就算结了婚了，走到一起了。父亲母亲的婚礼虽然简单，但在我们看来，那场婚礼却是那么奇特而有意义——那是一场举办在“三八线”战争堡垒之间的婚礼啊！

1958 年 7 月，二十一军终于在“雄赳赳、气昂昂，跨过鸭绿江”的歌声中凯旋。

父亲和母亲伉俪深情，携手风雨五十五年。父亲少言寡语，母亲任劳任怨。他们先后生育了樊洁、樊伊丽、我、樊晋萍和樊英萍五个女儿。作为女儿，我们见证了父亲作为一名共产党员对工作的一丝不苟、任劳任怨，也见证了父母亲朴素而平淡的一生。

○

○

清正廉洁　一身风骨照日月

1959 年，父亲转业到了山西省劳改局政治处，先后担任干部科科长、政治处副处长等职；之后又被调到山西省晋普山煤矿筹建处。因为是筹建，什么都没有，他们只能住在荒山野岭中的几间简陋的房子里，自己动手做点简单的饭菜。那里蚊虫遍地，蚂蚱都可以用桶装，生活条件异常艰苦，但父亲他们克服一切困难，组建完成了晋普山劳改煤矿。1970 年，干部下基层，父亲又被调到山西省忻县（现忻州）地区医院担任党委书记。从劳改煤矿到医院，父亲面对的管理内容和人员有了一个全新的改变，但父亲工作能力强，肯吃苦，肯用心，很快便熟悉了新的工作流程。再加上父亲待人真诚，在工作上讲原则，他很快得到了各职能部门和各科室专家的拥戴。父亲充分调动医院业务技术骨干的积极性，使医院的工作有了很大的进步，得到了上级部门的表扬。

父亲对工作积极认真的态度也影响了我们。我记得，当时通信技术还不发达，整个医院宿舍大院只有我们家安装有医院的电话，我们几个子女便充当起了义务通信员。一旦医院有病人需要抢救，或者需要哪些主任专家会诊，接到电话，我们便摸黑上门去通知。

1973 年，父亲被调到山西省公安医院（今山西省 109 医院）担任政委等职务，一直到 1983 年离休。父亲是副厅级干部，而且多年在医疗系统担任一把手，我们兄妹七人，却没有一个是父亲利用手中权力安排工作的。

大姐樊洁，小时候放学家里没人，就到医院找父亲要钥匙。一来二去，她喜欢上了那些穿着洁白衣服的医生。医生是大姐的第一职业理想。大姐高中时学针灸、学打针，可是，父亲从来没提过让她到医院工作。大姐学习非常优秀，那时候，我家的墙上贴的全是大姐的奖状。大姐高中毕业后，服从分配，被安排到忻州解州农场插队。1977 年高考恢复，大姐经过努力考上了大学。大学毕业时，父亲正担任公安医院的党委书记，但父亲还是没有为她开一下“绿灯”。大姐一开始被分配到忻州，最后通过自己努力才留到了太原。当时有两所医院可以选择，一个是传染病医院，一个是精神病院，最后大姐选择了精神病院，穿上白大褂成为一名医生。

1974 年，二姐樊伊丽刚满十五岁，她的理想也是做一名医生。但她毕业后，父亲亲自把她送到了千里之外的永济于乡农场插队。分别时，父亲交代二姐：一定要好好干，不要怕吃苦，更不要怕吃亏。在父亲的教育下，我们姐妹性格都很要强，干活都非常积极。二姐虽然只有十五岁，是插队到永济的知识青年中年龄最小的“青年”，但她特别能吃苦，耕地、种小麦、割小麦，样样都是一把好手。

半年后的一天，有人敲我家的门，母亲打开门，只见一个又黑又瘦的女孩站在门外。母亲愣了一下，问：“你找谁？”女孩含着眼泪叫了一声“妈”，母亲这才认出，是二姐回家探亲来了。半年前离开时，十五岁的二姐水润水润的，像水葱一般，乌黑的大辫子一甩一甩的，那是多么漂亮的姑娘啊；半年后，眼前的女孩身材消瘦，皮肤黧黑，头发像一丛秋后的荒草，完全变了个人——以致母亲都没认出亲生的女儿！母亲一把抱住二姐忍不住哭了起来。父亲下班回家，看到二姐的样子，也吃了一惊，但半天没有说话。第二天早上上班时，不善于表达感情的父亲交代母亲，让伊丽睡吧，不要叫她起床。这几天叫她好好休息，不要让她干家里的活儿。几天后，二姐又要离开家里回永济的农场了，临行前，父亲又一次叮嘱她说：去了要积极干活，别怕吃苦，做人要实诚……

二姐积极能干，年年是先进。1981 年，二姐插队七年才回了城，到太原医药公司上了班。

我十三岁那年，部队到我们学校招女兵。我那时特别想去当兵，还曾借来别人的军装穿上照相——一身“橄榄绿”，多么光荣啊！父亲知道后说，那你就按规定去参加考核吧。后来，我考核失败了。我当时想，如果父亲肯找他的老战友帮我说一句话，也许我就能圆梦“橄榄绿”。我留城到“大集体”性质的太原第二变压器厂上班，后经学习考上了职工大学，成为一名技术人员。

1958 年，我大哥樊家杏、二哥樊家兴被父亲接到太原，与我们一起生活。我大哥凭自己的努力考上了哈尔滨军事学院，我二哥考上了太原理工大学，我妹妹樊晋萍接母亲的班在太原气压机厂当了一辈子工人，小妹樊英萍也是凭自己努力考上了南京医科大学，毕业后应聘到天津工作。

我父亲就是这样，一辈子不给组织添麻烦，也从没有因为私事请求组织照顾过。我母亲 1951 年当兵，在部队多年，按说身份应该是干部序列。我们兄妹七个，年龄跟台阶一样，那时候都小，吃饭、穿衣，再加上家里事情非常繁杂，有一段时间，母亲只能暂时放下工作，全力照顾家庭。1973 年，父亲到了忻州，这时候我们年纪大些了，母亲在忻州一个印刷厂上了班。母亲的工龄就是从这时候才算起的。算起来要比实际工龄少二十多年，但父亲从来没有为这事找过组织。

我母亲现在居住的房子是租来的——母亲九十三岁了，上下楼不方便，这套房有电梯。1958 年，父亲转业到太原，一开始住在坞城路，那里是部队的营房；后来又搬迁到胜利街、大营盘。1970 年，父亲被调到忻州，住在忻州医院宿舍；1973 年，父亲回到太原后，住在劳改医院宿舍。那套房子是 20 世纪 70 年代的建筑，七十多平方米，直到现在还是灰白墙、水泥地。父亲有好几回可以分到新楼房，但父亲执意不肯要。

大事父亲不肯麻烦组织，小事就更不用说了。父母亲是南方人，他们习惯了吃米饭，但父亲服从组织安排，来到忻州后，经常吃的是玉米、高粱等粗粮，常常吃得我们大便不通畅。看到我们面黄肌瘦、营养不良的样子，父亲也很心疼，于是他就利用星期天的一点儿空闲时间到山上打猎，有时猎一只野兔，有时猎一只野鸡。母亲炖了野味为一家人补充营养，用野兔皮给我们做手套，用野鸡毛为我们做毽子。那时候，我们穿的衣服、鞋子都是母亲手工缝制的。

父亲就是这样一个严于律己、清正廉洁的人。但他对他们医院的困难职工，就像变了个人似的，非常宽厚。他给很多困难职工子女安排过工作，唯独没有管过自己的儿女。

在我们的成长过程中，父亲总是那么忙碌，甚至在家吃饭，也总有人来找他谈工作。我那时候很烦这点，为什么家里老是来人，连吃顿饭都不安宁！父亲的忙碌和无私，甚至一度让我误以为，父亲不爱我们。

我们兄妹七个，父亲没有给我们任何一个开过家长会。父亲虽然对我们不打不骂，但对我们要求非常严格。在父亲的教育下，我们兄妹从小就很独立、上进。

后来我们长大了，对于我们的婚姻，父亲也不多插手，他只是会过问一下对方的家庭。父亲说，他并不是要求对方家庭多有钱，而是要看对方的人品、家风。父亲说家风好、人品好的家庭错不了。大姐结婚时，背着一个包就走了；二姐结婚时，父亲给她买了个皮箱。

父亲离休后，忙碌一生的他终于停下了早出晚归的步伐。这时候我们才从父亲身上看到了父亲应该有的样子。记忆中，父亲没有抱过我们，但我们的儿女基本都是父亲和母亲照顾长大的。二姐伊丽的儿子李洋，出生三个月就由父亲和母亲照顾，一直到他上幼儿园；晋萍的女儿王硕从出生到十几岁，一直与我父母生活在一起；二哥的孩子出生后，父亲给孩子买了小礼物，专门到运城去看望（二哥在运城棉麻公司棉机厂担任厂长）。看着父亲那么亲切地抱着下一代，我忽然想到，父亲对我们的爱是多么深厚啊！只不过，为了党的事业，为了革命工作，他舍小家为大家，牺牲了本该享受到的天伦之乐！

2010 年 2 月 20 日，九十岁的父亲永远离开了我们。翻开相册，看到父亲与母亲金婚时拍下的照片，我们忍不住泪流满面。结婚时，父亲母亲在朝鲜战场，他们没有穿新衣服，没有举行像样的婚礼。父亲在公安系统多年，那身公安制服几乎成了他的衣着标配。父亲母亲照金婚纪念照时，一辈子没穿过西服的父亲穿了西服，因此留给世界、留给我们一张仅有的西服照，而那件西服还是照相馆的！

父亲说过，这辈子，他没有什么遗憾。

是啊，对于党，对于国家，父亲信念坚定、尽心尽责，奉献了一生，他是一名真正的共产党员！

威严的父亲和他的心事

讲 述 人：高国强
讲述时间：2022 年 9 月 12 日
整 理 人：周至

高尚勇（1920 — 1999），山西沁源人。1938 年 3 月参加革命工作，1943 年 9 月加入中国共产党。1938 年至 1949 年，先后任太岳区贸易九分局视导员、二分局税务科科长，长子县二商局副局长，长子县贸易公司经理，太岳区兴隆货栈经理，从益合作社监委，翼城贸易分公司副经理；1949 年至 1959 年，任中国油脂公司山西省分公司经理；1959 年至 1963 年，参加山西省委组织的工作队，在临汾地区下乡，任工作队长；1963 年至 1966 年，任山西省委“四清”工作团阳泉财贸团团委副书记；1966 年至 1969 年，任山西省粮食厅工业处处长；1969 年至 1972 年，在中央学习班学习，后下放晋东南地区加丰电厂，任党总支副书记；1972 年至 1983 年，任山西省粮食厅办公室主任。1983 年 11 月离休。

○

○

自力更生　本本分分做人

我的父亲高尚勇，一生基本都在粮食系统工作，与粮食打了一辈子交道。

抗战期间，他先是在长治的长子县一家粮店当会计，后来到太岳区，在临汾翼城的一家贸易公司工作。主要任务是给根据地筹粮、筹款，对外利用商人身份做买卖，再把购买的生活用品、药品和粮食偷偷运到根据地去。运输任务经常安排在半夜三更，一队十几匹骡子驮着银子、粮食，走最偏僻、荒芜的路。有一回在运输途中，运输队差一点儿暴露，要是人被逮住那可就全完了，人员牺牲事小，千辛万苦弄来的银子丢失了，根据地过冬就难了……父亲每每给我们讲起这些时，我们都听得一阵阵后怕。父亲说，从战争年代走过来的父辈们都是经历过血雨腥风的。

父亲是个寡言少语的人，并不多给我们讲他过去的事情。他谨言慎行一辈子，却言必行、行必果——说出的话，就像钉个钉子。这是好事，也是坏事。

父亲做人做事都太严谨，这在一些人看来有点迂腐。父亲的黑脸在单位是出了名的。曾听人说过，有个下属出差，绕道回了趟家，回来要报销，父亲丁是丁卯是卯，一点儿情面也不讲，非不给人家报销绕道的那部分路费……“做事难免得罪人，但求问心无愧。”他坚持原则，自律严谨，做事滴水不漏，从不授人以柄。因而可以做到说一不二，对下属要求严格，只论对错，不讲人情。

父亲在山西省粮食厅是管物资的领导，下边管着很多粮油物资仓库。父亲洁身自好，从不搞歪门邪道，家里招待客人的茶叶、烟酒都是自己花钱买，从不用公款。

“不管别人怎么做，自己该干啥干啥，投机取巧的人，没有好下场。”父亲手中不是没权，钢材、水泥仓库里都不缺，可他一块煤、一块砖也不拿，宁愿自己动手打煤糕，带着全家人种菜、养鸡，乐在其中。

如今想起来，那段时光，可算是全家最幸福开心的时光。

父亲个头不高，身姿却很挺拔，穿着一贯干净整洁。他常说，干净是对别人的礼貌，也是对自己的尊重。从小，他就教育我们兄妹要自力更生、艰苦奋斗。我们也从没有觉得自己是干部子弟，更没有什么优越感。男孩子不能出去惹是生非，要老老实实。女孩子不能讲究穿戴、花里胡哨，要朴实无华、干干净净。

节俭是一种习惯。记忆最深的，是父亲一把指甲剪刀用了一辈子。他一套衣服穿了十几年，一个烟袋嘴用了几十年，袜子破了贴上胶布继续穿，把废纸、烟盒的衬纸抹平了上厕所用……在父母看来，东西只要还能用，就拾掇一下继续用。衣服破了舍不得扔，缝缝补补是常事，我们小时候，都是穿补丁衣服长大的。久而久之，我们也都养成了节约的好习惯，不浪费，不挥霍。这和有没有钱无关，是真的惜物、惜福。父母的观念，能用能穿就挺好，没必要追求新的、贵的。在我们家饭桌上，遵循“食不言、寝不语”的古训，吃饭不准讲话。

吃多少舀多少，不准剩饭，不能掉一粒米。

父亲喜欢独处，家里有个书房，大哥、二姐和我很少进去；数大姐胆子大，家里来个客人，端茶倒水，都是支使她进去干。小时候想买根雪糕，想和父亲要几分钱却不敢，只有大姐偶尔敢去说。父亲的严格，让我们从小就明白，在家要有规矩，出门要有家教。

我们家是典型的严父慈母，父亲平素很严厉，不苟言辞，从不开玩笑。我们从小都不敢在他跟前大声说笑，更别提让他帮我们谁走个后门了。虽说我是最小的儿子，但见到父亲也很少撒娇、耍赖，总是规规矩矩、端端正正——不是那种老鼠见了猫的感觉，而是学生见到老师的感觉，受批评要认真听着，得了表扬也不能翘尾巴。

俗话说，大树底下好乘凉。但父亲不这么认为。他常教育我们："人这一辈子，全靠自己，成啥算啥。别老想着靠父母、靠别人。"别看父亲在粮食系统当了一辈子官，我们家四个孩子，没有一个是靠父亲的关系进单位的，都是自己努力考学，自己奋斗。大哥是小车司机；大姐下乡插队，1977 年恢复高考后考上大学，当了医生；二姐是会计；我是中学老师。

我大学毕业那年，想去山西省粮食学校，主管人事的领导就是我家邻居，只要父亲开口，八九不离十，可父亲就是不肯替我说句话。他拿定的主意，谁也没办法。后来，我被分配到太原市三十一中学，当了一名物理老师。

应该说，父亲为我们家树立了家风：懂规矩，知进退，有所为有所不为；做人要有敬畏心，不该做的事情不能做；凡事要靠自己，踏实做事、自力更生。

○

○

艰苦奋斗　规规矩矩做事

谁能想到工作那么忙的父亲，竟做得一手好菜。小时候我家每年的年夜饭，都是父亲下厨亲自做。那一大桌饭菜，色香味美，特别好吃。我们小时候，总盼着过年，就是想再尝到父亲的手艺。

平时，父亲工作特别忙，回来就一声不吭地进了书房，不到吃饭时间不出来；有时，饭还是母亲给他端进去吃。有一段时间，父亲总是一副心事重重的样子；但他什么也不和我们说，母亲也摇头不语，叮嘱我们不要去打扰父亲。那段时间只要他在家，我们都小心翼翼，轻声说话，远远走开。

小时候，大人的世界我们不懂；可长大后，守在父亲身边，也没有弄明白他。到底为什么？他在想什么？可能，每个人心中都有一些秘密，那是别人，哪怕是家人也走不进去的。

母亲今年已经九十三岁了，身体还算硬朗。记忆中，父母很少吵架，相濡以沫一辈子，是彼此信任、相互扶持的伴侣。抗战时期，母亲从老家武乡参加革命，后来跟着部队南下，受了伤才转业回到太原。后经人介绍与父亲结了婚。母亲常说："你们的父亲一辈子不容易，他是个坚强的人，受了委屈从来不抱怨，也不说怪话，更不会自暴自弃。你们要理解他。"

我们知道，父亲是关心、爱护我们的，他只是有自己的表达方式罢了。记得有一年，大姐突发急性黄疸型肝炎，附近医院不能治，要转院去太原市传染病医院。情势危急，却找不到车。为了救大姐，父亲破例用了单位的小车。大姐住院期间，父亲下班后骑着自行车天天给她送饭，五十多岁的人了，跑很远的路，看得让人落泪。

到父亲晚年，因为大姐在医院工作，她照顾父亲照顾得多。父亲病重的那段时间，大姐一直陪伴左右，父亲和大姐讲了很多从没和我们说过的话，包括连母亲也不太清楚的事。

从 1949 年进城到了太原，父亲从没有带我们回过老家长治沁源县棉上村。小时候，看别人都回老家，我们也会问，怎么从来不带我们回去？父亲摇头不语，后来我们也就不问了。

到父亲临终，他才道出了心中最大的秘密。

1942 年，抗战进入了最艰苦的时期，10 月，日军对太岳抗日根据地北部地区进行"扫荡"，妄想用屠杀和怀柔手段征服沁源人民，摧毁太岳解放区。为了夺取最后的胜利，在中国共产党的领导下，沁源军民同仇敌忾、奋起反抗，创造了震惊中外的"沁源围困战"。在两年半的围困战中，沁源军民共歼日伪军四千余人，创造了群众性长期围困战的范例。

这是一段英雄的历史，是一段可歌可泣的民族赞歌。"英雄的人民，英雄的城”，沁源围困战胜利后，毛泽东如此称赞沁源。1944年1月17日，延安《解放日报》在社论《向沁源军民致敬》中写道：“沁源人民与共产党的关系，是比之任何时候都更密切了。经过了多次的反‘扫荡’战斗与围困敌人的战斗，八万人口的沁源，成了敌寇坚甲利兵所攻不下的堡垒，成了太岳的金城汤池。”人民以切身的经验，确信共产党领导的正确，所以沁源群众都说：“共产党就是为了老百姓，沁源人永远跟共产党走！”

父亲的家人在此期间也付出了血的代价，尚未成家的二伯被日军捅死，奶奶哭死了……这些家族的悲剧，成为父亲一生的憾事。和父亲一起出来闹革命的伙伴，有很多也牺牲了。父亲痛彻心扉，苦不堪言，他觉得无颜回去见父老乡亲。

新中国成立后，日子好过一点儿，父亲就拿出一笔钱，给了在老家的大伯，让他去修葺老宅和祖坟……

父亲不到二十岁就参加革命，跟着部队走了，从此再没有踏上故乡沁源的土地，而故乡也似乎忘记了他。弥留之际，父亲希望儿女能替他完成心愿——回乡修祖坟。

原来，父亲心中藏着这样的心结。战争带来的伤痛，令他无法舒展眉头，无法畅快呼吸。这万恶的日本鬼子，这万恶的战争！

父亲在家排行老三，二伯没有成家，大伯有一个儿子，后来大伯的儿子到了太原工作，与我家也常有往来，下一代人也都相处得十分融洽。这对父亲是一个慰藉。

1999年1月20日，父亲在太原病逝，享年八十岁。

在父亲去世后的第九个年头，清明节前夕，我们兄妹终于踏上回乡祭祖的旅程，回到了父亲晚年心心念念的棉上村。这是他思念之所在，也是他的痛之所在。

抗日战争时期，沁源曾被分为沁源县和棉上县。棉上是个山清水秀的山村，人口一千多人，毗邻灵空山景区。青山绿水之间，我们无比感慨，父亲一生对党忠诚，恪尽职守，但忠孝无法两全，实为遗憾。我们子女替他回乡祭祖，修整坟茔，若父亲在天有灵，一定会非常欣慰的。

坤以简能，秀外慧中

讲 述 人：卫立秋
讲述时间：2022 年 9 月 22 日
整 理 人：周至

张坤秀（1924 — 2016），山西沁源人。1938 年 9 月参加革命，1952 年 7 月加入中国共产党。历任沁源县完小教员、工作突击队队员，冀氏县抗日政府民政科干事、教育科科长，安泽县抗日高小校长，太岳中学教员，运城女师教导主任、运城地委妇联宣传委员，太原市北城区工会秘书，太原市总工会女工部副部长，山西省革委会计量局党组副书记、副局长。1983 年离休。

○

○

慈祥坚韧的家庭支柱

《易经》有云，“坤以简能”，意思是“坤”能将复杂问题简单化，体现其本质。大道至简。母亲张坤秀的智慧和坚韧，堪为我们子女的楷模。

外界提及我母亲，总会加上一句“中共山西省委原第一书记卫恒同志的夫人”。这是母亲一生的荣耀，也是她一生难以抚平的伤痛。

我的父亲卫恒（1915—1967），出生于晋城市陵川县沙泊池村一户贫苦人家，本姓王，从小过继给附城镇的魏家，改名魏来玉。父亲读完陵川县第一高小附设的二年制简易师范后，到本县马庄、双泉村任小学教师。1938 年 1 月，投笔从戎，参加共产党领导的第二战区行营游击队，任第十四大队中队政治指导员。同年 10 月，父亲加入中国共产党。参加革命后，父亲改名卫恒，谓以恒久之心，忠诚于党，浴血奋斗。我们子女也以“卫”为姓氏，延续了父亲的革命意志。

抗战时期，父亲在沁县故县镇发动群众减租减息，成效显著，成为太岳区的一面旗帜，多次受到中共太岳区党委和上级的表扬。1945 年 4 月至 6 月，父亲作为晋冀鲁豫代表团成员赴延安出席了中共第七次代表大会。他在中共“七大”小组会上介绍了太岳区群众开展工作的经验，受到与会代表的称赞。

新中国成立后，父亲曾任山西省副省长、省长，中共山西省委第一书记兼山西省政协主席，是第二、第三届全国人大代表，中共七大、八大代表。不幸的是，1967 年 1 月 30 日，父亲被迫害致死……

父亲的离去，给母亲造成了极大的政治和思想压力，家庭的重担全部落在了她的肩上。那年母亲四十二岁，我们姐弟六个，大的十几岁，最小的不到十岁，一家人挤在一间小平房里。无奈之下，我们姐妹被姨姨、舅舅收留，暂时有了着落；两个弟弟在亲属的关照下，勉强维持学业。

之后，大姐去了铁建参加工作，我和二姐、小妹三人为寻找出路，北上内蒙古，后留在了生产建设兵团。母亲从中央学习班学习回来后，被下放到长治壶关县的偏僻乡村。原本温馨和睦的一家人，就此天各一方。

1973 年夏天，母亲和小舅来到锡林郭勒盟东部西乌旗看望我们姐妹仨。母亲先到达团部，后又分别去了三个连队，了解了我们姐妹仨的生活环境。当听了连队领导对我们各自的评价后，她悬着的心才放了下来——回想那时的情景，真是永生难忘。

那时，母亲的处境当然是最难的，置身于太行山深处，交通不便，看病不易，与外界也音信难通。母亲后来说，那段时期特别煎熬，自己身体不好，还要惦记留在太原的两个儿子，牵挂着情绪不太稳定的大女儿，更思念远在内蒙古大草原的三个女儿，真是度日如年。

说实话，我们与父亲相处的日子真的不长，而且是聚少离多，一生中得到的家庭关爱，多来自看似柔弱的母亲。母亲前半生过得坎坷却坚韧，后半生低调而达观。在困境中，她含辛茹苦地培育后代，勤俭持家，虽然言语不多，但她的身体力行于无言中培养了我们姐弟自尊自爱、顽强拼搏的精神，让我们懂得了做人的道理——做对社会有用的人才。

在兵团期间，我和妹妹通过推荐选拔，上了大学，改写了人生。尤其是小妹，靠着自学，以优异的成绩被内蒙古大学录取，随后又考上北京经济学院（今

在困境中，母亲含辛茹苦地培育后代，勤俭持家。

首都经贸大学）研究生；二姐返城回到太原后，读完电大，进入科研单位工作；大弟参军回来，考上了太原理工大学，成为一名高级工程师；恢复高考后，小弟考上了清华大学。听到人们以夸赞的口吻说“卫恒的小儿子考上清华了！”时母亲也露出了欣慰的笑容。养育好我们姐弟几个，是母亲告慰父亲的最好方式。

人们说起我们姐弟六个，可能会认为我们的性格、气质，甚至命运各有不同，这应该与我们每个人的经历有关。但无论我们是出国学习打拼，还是在国内努力奋斗；是当国家干部，还是做基层科技人员，我们都没有忘记根，没有忘记父母的教诲。父母交给我们的平易近人、艰苦朴素、恪尽职守成为我们的家风，成为我们刻在骨子里的底色。

让我们子女印象深刻的还有母亲的谨言慎行、从不逾矩。母亲不仅以身作则，而且很是珍爱父亲的声誉，不允许我们子女打着父亲的旗号去办事。

在父亲担任省里的主要领导时，经常要出席一些会议或去湖滨会堂做报告。母亲作为普通干部有时也会参加，但她从来不坐父亲的公车，而是自己乘公交车前往。我们姐妹去幼儿园或学校，也是让公务员推着平板车接送行李，绝不能动用公车。在这些事情上，父亲和母亲的认识高度一致，公私分明。潜移默化中，我们几个孩子也逐渐养成了朴实无华、规矩做人、谦虚谨慎、不事张扬的习惯。

父亲的问题彻底平反后，有一年，父亲家乡的人到家里来，想让母亲出面争取一些资金支持。考虑到那是一个贫困山村，母亲就通过相关部门在村里修路、办小学等方面给予支持，对其他的要求则婉言回绝了；后来有人打算在父亲生活过的村镇为他塑像、修纪念馆，母亲均摇头婉拒。

在母亲的观念中，无论是共产党员还是普通百姓，都要老老实实做人，踏踏实实做事，生而勤奋，死而后已，争一些虚名没有必要；尤其在老年，更应该清静处世，洁身自好。

○

○

谦和善良的赤诚之心

1924年，母亲生于长治沁源县。沁源是沁水之源，地处太行山与太岳山之间，地势险要。母亲家住县城，她的爷爷是个私塾先生，她的父亲常年在外，母亲是长女。我大舅是抗战时期参加革命的老干部；小舅十几岁就参军了，曾在沈阳、宁夏、太原工作；还有两个姨妈，因父母早亡，先后被人收养，二姨后来曾任山西电影制片厂的副厂长，小姨到太原后找了工作成了家。

在母亲最艰难的岁月里，她的兄弟姐妹都向她伸出了援手。两个妹妹尽管在父母早亡后，相继送人，但这丝毫不影响她们之间的亲情。远在北京的大舅常有往来，二姨一家守护我父亲的骨灰十年，三姨一家对母亲时有照应，调回太原的小舅更是随叫随到……母亲团结大众、爱护家人，她自己身边也始终有亲人陪伴，大家有商有量，相互信任。母亲这般珍视手足之情，亦是我们子女的楷模。

母亲一生，为人处世谦逊平和，对待革命工作恪尽职守、兢兢业业，坚守理想信念。在逆境中她不屈不挠，是一位坚强的共产党员。在她温柔慈爱的面庞下，有一颗坚韧不屈的心，有一双洞悉世事的眼，有一种超乎常人的承受力。在子女面前，她从不说丧气话，更不怨天尤人。遇到艰难时，她会面对现实、正视磨难，想办法克服，她有勇气去战胜艰难，始终相信阴霾总会过去，太阳总能升起。母亲如一盏灯、一束光，始终照耀我们前行之路。

1938年，年仅十四岁的母亲就参加了革命。她先后在沁源、安泽、平遥等地当过小学校长、中学教员，抗日政府民政科干事、教育科科长，运城女师教导主任等职务。这期间，母亲曾有过一段婚姻，丈夫刘武是母亲在沁源工作时的战友；不幸的是，他在新中国诞生前夕英勇牺牲了。那一年，母亲二十五岁，我们的大姐尚未出生。1950年，母亲调往运城地委，任妇联宣传委员。

那个时期，父亲在运城担任地委书记、党校校长，并兼任军分区政委。经人介绍，父亲和母亲相识、相爱。1951年初，他们组建了新的家庭。同年，大姐从沁源老家被接来，成为这个新家庭的一员。父亲对这个大女儿视如己出，珍爱有加，称她作“宝贝”——由此亦可见父亲的襟怀和品行。二姐、我和妹妹的小名，依序分别是二宝、三宝、四宝；两个弟弟出生后，父母干脆就把他们的大名叫五保、六保。

1952 年 4 月，父亲调任中共山西省委常委、组织部部长，山西省纪检委书记，山西省监察委员会主任。当时，母亲在北城区工会工作，她和父亲都很忙。那年冬天，我在太原出生。

小时候，我们姐弟几个由二姥姥照看，二姥姥是母亲的二婶，我大姐起初就是由她在老家抚养的。父母婚后，就将她和大姐一起接进城，与我们住在一起。大家相处和睦，亲如一家。二姥姥勤俭吃苦、性格坚毅，与父母和我们姐弟感情都很深。

在那段艰苦的岁月里，所幸有亲戚朋友、邻居以及热心人的帮衬。父亲去世后，母亲一个人的工资根本无法养活一家人；而且那个温暖幸福的家庭好似突然崩塌，从安稳到动荡，从受人尊重到被人指指点点，母亲身上的重担和所承受的压力可想而知。为了养家糊口，她学着用缝纫机给我们做衣服，她教我们纳鞋底、打煤糕，教我们掌握基本的生活技能。后来母亲下乡插队，也带着缝纫机，帮群众做衣服，与群众交朋友。这些浓浓的情与爱，使我们无论走到哪里，都感到内心充盈、无所畏惧。

母亲一直忘不了亲戚、朋友、邻居以及热心人的恩情，到了晚年，她还常常念叨起和他们在一起生活的点点滴滴。

母亲晚年住在汾东公寓南楼，那是一套普通的单元房。原本有人提出以父亲的待遇给母亲一个二层小院，但被她拒绝了。母亲对我说：“你父亲为官清廉、一身正气，做事磊落坦荡，在他身后，我们决不能做有悖党性原则的事，令他的英名蒙尘。”

我从大连外国语学院毕业后，先被分配到北京一所中学教书，但感觉还是太原熟悉亲切，加之也牵挂母亲，便调回太原，一直陪伴在母亲身边。

母亲离休后分到了新房，身体和精神面貌有所改善。她开始学习画画、练习书法，让我给她买了一架电子琴，让二姨找来革命歌曲和曲谱，她每天一边弹一边唱，很是惬意。汾东公寓每年要举办一些书画展、联欢会、运动会，母亲都会积极参加，展示她的作品和琴艺。这些活动极大地丰富了母亲的老年生活，也使她得以延年益寿。

“求真务实团结同志的好领班，工作勤奋生活俭朴的好遗风”“严于律己教育子女有方，宽以待人处事和睦可亲”，中共山西省委原书记赵雨亭与我父母相识相知一辈子，他书写的两副对联，真实地概括了我父母一生的品格与为人，至今仍悬挂在母亲生前的房间里。

2016年3月10日，母亲在太原去世，享年九十二岁。“……她以勇敢坚强、襟怀坦荡，以及忘我牺牲的革命精神，坚强地挺了过来。‘文革’后期，为了还卫恒同志一个清名，她多次上访党中央国务院，克服了重重困难和险阻，为卫恒同志最终的平反昭雪作出了重要的努力。”这些悼词印证了柔弱的母亲对党的忠诚、对父亲的信任。

每当夜深人静，想起母亲慈祥的笑容，想起父亲意气风发的模样，我总是禁不住泪满衣衫。犹记得，小时候，父亲工作到很晚才回家，总不忘去我们的房间，替我们掖掖被子，摸摸我们的头，若我们没有睡，还会和我们说会儿话，问问学习情况，鼓励几句……父母用他们一生的浩然正气，给我们子女留下了一笔精神财富。

父母对党的忠诚，对理想的追求，对事业的眷恋，对人民群众的挚爱，一定会得以传承，并激励我们后辈子孙永远向前！

革命伉俪

一身正气尤可贵，家庭和睦比蜜甜

讲 述 人：吕飞飞　吕高飞　吕天飞
讲述时间：2022 年 8 月 7 日
整 理 人：周至

吕器（1930 — 2019），原名吕学正，山西榆次人。1944 年参加革命工作，1948 年加入中国共产党。1944 年起，先后在太行同蒲支队榆太祁武工队、太谷抗日高小、太行二中、太行二专署、太行三中、平定县高级小学等地学习和工作；1946 年，参加平定土改；1948 年，在晋中行署任科员；1949 年，先后在太原市工商局、太原市民政局、太原市人事局、太原市行政干部学校工作，历任科员、副科长等职；1954 年，在中共山西省委党校、中共中央第二中级党校学习；1956 年，留校任山西省委党校哲学教研室教师；1970 年下放灵丘县；1971 年调至雁北地区党校；1972 年，任山西省矿业学院政治教研组和组织科负责人；1978 年，调至山西省教育学院任办公室副主任；1981 年，调至山西省社会科学院，先后任办公室主任、机关纪委书记、机关党委书记、党组成员等职。1991 年离休。

○
○

一身正气的党员干部

我们的父亲吕器，十二岁做地下通信员，十四岁参加革命走上太行投身抗日，十八岁加入中国共产党。在抗战烽火和解放战争的炮火中，父亲吃着太行山的小米，经历着太行山的风雨，在根据地一天天成长为革命干部。

1948 年，父亲参加了正太战役，在晋中行署任科员。1949 年初，晋中行署与太原市政府合并。1949 年 4 月 24 日上午，太原城被攻破；下午，父亲和很多同事经过首义门，走进已经千疮百孔的太原城。那一年，父亲还不到十九岁，英姿勃发，器宇轩昂。

这种革命者的姿态和自豪感，是父亲在之后的工作中从不苟且和妥协的底气。当有人说他傻，说他不近人情时，他都不屑解释，懒得争辩。正气使然！

入城之初，父亲被安排负责工商、税务等工作。1954 年 4 月之前，他先后任职于太原市工商局、太原市民政局、太原市人事局、太原市行政干部学校，任科员、副科长等职。1954 年 4 月，作为后备年轻干部，他被安排到山西省委党校、中共中央第二中级党校学习。

在党校，父亲系统地学习了哲学方面的知识，这成为他一生十分关注和喜爱的学术门类。毛泽东著作、马列著作、政治经济学、军事军史、西方哲学等，都是父亲案头的常备书籍。他用这些武装自己的头脑，也用所学的理论教育和影响着我们姐弟几个。

1956 年 1 月，党校学习结束后，父亲因成绩优异被留校任山西省委党校教师。之后的二十余年，父亲先后在雁北地区党校政治部、山西矿业学院、山西教育学院任职，到 1981 年 10 月，他被调到山西省社会科学研究所，也就是现在的山西省社会科学院前身。父亲后来担任山西省社会科学院的办公室主任、机关党委副书记、机关纪委书记，后任院党组成员、机关党委书记。这些职位虽不大，但权力不小，可父亲从不会用这些权力为自己和家人谋求什么。

父亲的名字：吕器，一个名两个字却占了六个口。熟悉他的人都说，他是个忠诚持重、惜字如金、不善言辞、守口如瓶的人。《说文解字》中，“吕，脊骨也”。本意是脊骨，甲骨字形有腰椎之象。人如其名，父亲一身正气，为人公道，有口皆碑。父亲原名吕学正，在根据地时曾改名张学正，和他相处了几十年的同事对他有一个字的评价：正！《说文解字》中：“正，是也。从止，一以止。”许慎认为，“正”就是纠正，使恰当。而父亲的一生，坚持原则，两袖清风，恰恰对他原有的名字“正”做了最精准的诠释。

父亲从不张嘴求人，更不会以权谋私，他看不下去的事，一定会把它说出来。这是他受党多年教育的本色，也是太行干部的革命本色。

有一年，单位一个领导被调走了，房子刚空出来就有人搬了进去——按规定那个人不应该入住。一时间群众议论纷纷。但此事在上会讨论时，有领导怕得罪人，不吭声。最后是父亲站出来，将条件、原则一一摆出，作出让那人退房的决定。那个人最后不得不从房子里搬出。而父亲之所以耿直不怕得罪人，是建立在自己不贪不占的基础上，因为他明白“打铁须要本身硬”的道理，要求别人做到，领导干部自己要先做到，这样才能挺直腰杆，才能压倒歪风邪气。

当时，按照父亲的级别，我们家的住房面积不够，而对面的两间小房正好空着，即便占了也不超标。但父亲却摇头：“够住就行了，要顾全大局。”

对我们姐弟上学、工作等问题，父亲也还是那句话：“咱们不做那些事儿！你们不要靠我，我一辈子也没有靠过别人。”所以我们姐弟也从不指望他，我们先后各自考取大学，参加工作，并且都在自己的工作岗位上作出了成绩——这也成了父亲常常引以为傲的事。

讲政治、顾大局，是父亲坚守的底线。记得有一年，单位里众人闹事，院里无人敢阻拦，只有父亲一个人站在大门口劝阻。事情平息后，他又本着治病救人的原则，帮闹事者说明情况：是个人就会有一时冲动的可能，要容许人家犯错，知错就改便是好同志。以至于多年后，同事们评价父亲，还是心悦诚服地说：可是个好老爷子，坚守规矩，公道正直。父亲在家从不与我们说这些事，这也是我们日后陆续从别人口中得知的。

○

○

互敬互爱的和睦家庭

我们家是典型的男主外女主内的传统模式。父亲下乡出差、加班培训，忙他的工作，家里的琐事几乎全交给母亲。

我们的母亲高亭和父亲同岁，祖籍河北，在阳泉出生，后来定居榆次。1949 年她在北京通县参加工作，1951 年在太原市保育院工作。1953 年母亲与父亲结婚，退休前是八一小学的音乐教师。母亲多才多艺，父亲温和寡言。他们俩夫唱妇随，很少发生争执，也很少红过脸，偶尔意见分歧，也会协商解决。

父亲在生活上很自律，都是在根据地养成的习惯，内务整洁，衣着简洁朴素。

我们家的锅碗瓢盆，他也都洗得干干净净，摆放得整整齐齐。他的鞋和自行车，总是被擦得一尘不染、锃明瓦亮。他还会织棉线袜子、打毛衣、做针线活等，这些是他在太行山上学时的生活小技能。

父亲从不把坏情绪带回家，他的神情永远温和平静，我们家也因此一直风平浪静，安逸温暖。

母亲身体一直不好，她在 1959 年前后得了重症肌无力的病，父亲带着她到处寻医问药。那年头，上有老下有小，日子过得紧巴巴的。为了给母亲看病，父亲向单位借了一大笔钱，后来，光还账就还了两三年。母亲在北京做了手术，住了两个多月医院，身体才逐渐好转，但走路还是不太利索。家里的重活自然就落在父亲肩上。只要在家，打煤糕、洗衣服、搬东西等体力活，都是父亲干，从来没有听他有过怨言。

他们在一起时，都是父亲搀着母亲出门上下楼的。院里人开玩笑说："两口子真恩爱，出个门还手挽手。"岂不知，是因为母亲身体不好，父亲要照顾她。

2019 年父亲突然离世后，母亲日思夜想，难以承受这个打击，2022 年的早春她也追随父亲而去。从父母亲身上，我们才知道什么叫作恩爱夫妻、相濡以沫。

父亲是个念旧的人，感情细腻，到晚年，时常与我们说起过去的人和事。离休后，他多次带着我们姐弟回太行山根据地，到他曾生活过的村子去探望。

2004 年秋，我们和母亲随父亲一起回到 20 世纪 70 年代他插队下乡的小山村。到了村里，父亲边走边看，把带来的礼物一一送给村民，临走时还塞给一个贫困的农民几百块钱。细想，父亲一生奋斗的目的，不就是为了人民吗？父亲对老百姓的爱让我们至今难忘。记得小时候，父亲每次下乡回到家，总爱对我们说一句："要知足，你们是生活在天堂上了。"多少年后，我们才深有体会。

那些艰难的岁月，那些难忘的好人，都是值得被永远铭记的。当年引导父亲走上革命道路的"大掌柜"吕惠民，在抗日战争中没有牺牲，却死在抗战胜利之后的阎锡山手里。20 世纪 90 年代，父亲与几个战友商量，由他出资，在吕惠民当年战斗过的祁太榆交界的太茅路旁，为吕惠民烈士立了一个高两米多的碑，在碑的背面镌刻了其英勇的抗日经历。就在父亲去世前，我们还开车带他前往悼念和追忆。当年送父亲上太行的另一个英雄吕子兴，是被日本人枪杀的，父亲对此也是念念不忘。几经周折，他与去了广东的吕子兴的女儿联系上，从此我们两家人便有了来往。

父亲是家人永远的依靠。中华人民共和国成立后，父亲把爷爷奶奶从沈阳接回来，帮着他们在太原落脚。后来两位老人因年事已高，又回到老家，他也尽心赡养，为他们养老送终。还有我们的大姑和大姑父因支援三线建设去了福建，离得太远很少回来。在大姑父去世后，大姑无力抚养两个孩子，于是父亲就每月给外甥女寄钱，资助其读完四年大学。父亲比叔叔大十几岁，从高中阶段开始，父亲就承担起家庭重担，供叔叔读书。所以在家，叔叔特别尊重父亲，有事总喜欢和他商量。

我们是书香之家，高祖曾祖都是读书兼经商的，而我们的祖母是有名的车辋常家（今常家庄园）的大家闺秀，车辋村离我们老家南庄只有几里地，常家的女孩子自小也受常家儒商的熏陶，懂得读书是家庭的正业。在她的教育下，我的大爷是老牌大学生，任教于晋中师专物理系；叔叔从北京师范大学毕业后，任教于山西大学。父亲因参加抗日没有读大学，但他一生都在坚持学习、手不释卷，书房成套的理论书籍和手边的报纸，还有成摞的写着摘抄笔记和心得的笔记本，都是父亲不断学习的最好明证。

“玉不琢，不成器；人不学，不知义。”这是父亲经常教导我们的话，我们姐弟铭记于心，他的言传身教更是浸润着我们整个家庭。姐姐在农村插队之后，当过工人，恢复高考后，考上太原师专中文系，退休后从事晋商常家文化研究，撰写了多本著作；大弟也在恢复高考后考上山西大学体育系，退休前是一所高校的体育系主任；小弟毕业于山西大学物理系，是山西省某通信工程的高级工程师和管理者，在单位口碑极佳。而我们的后代也都拿到了硕士或学士学位，并且走上了工作岗位。这不能不说与家庭传承和父亲的言传身教有关。

许是因为姐姐是女孩，父亲偏爱她多一些。记得那年她十九岁，去太原东山马庄插队，城郊之间并不远，且是和一个学校的同学一起去，按说没什么好担心的，本该是“儿行千里母担忧”，可是父亲却在姐姐临行前一晚失眠了。第二天一早，他和另一个女生的父亲骑上自行车，与姐姐坐的汽车前后脚到了马庄。插队知青住的窑洞里是大通铺，父亲亲自帮着安顿好铺盖，放好箱子，并千叮咛万嘱咐，才依依不舍地离开……

大弟自小皮实，是家里最淘气的。有一次，他被同院子的男孩打断了腿。父母虽然心疼，却选择息事宁人，没去找对方家长算账。大弟一看，没人替他出头，还是得靠自己保护自己，于是拼命地锻炼身体，不想被人再欺负。俗话说“半大小子吃死老子”，那年头家里粮食本来就不够吃，正在长身体的大弟运动量大，吃得也多，父亲就反对他去练习跑步，主要还是担心家里没多余的粮食。等大弟在市里运动会上取得了几项比赛成绩后，父亲才默许了。所幸，大弟因为有体育特长，后来顺利考上大学。

小弟弟长得最像父亲，高高大大、儒雅斯文，他记事时，家里条件渐渐好起来，学习也没被耽误，顺利上了大学。

在父亲的追悼会上，山西省社会科学院给父亲的悼词中这样写道：“吕器同志的一生，勤于学习，钻研业务，坚持原则，具有较强的党性，对待工作认真负责，作风正派，克己奉公，顾全大局，光明磊落。为人严谨、待人真诚，从不居功自傲，也不拍马逢迎，表现了一个老共产党人的高尚品德和美好情操。”这是对父亲一生最好的概括：父亲永远是我们儿女学习的榜样，我们永远怀念他！

感恩父亲，一生奋斗，忠诚于党，给我们子孙后代留下了丰厚的精神财富。

沧桑一生为和平

讲 述 人：王志刚
讲述时间：2022 年 8 月 17 日
整 理 人：赵建雄

王继平（1923 — 2020），山西平定人。1940 年参加工作，1943 年加入中国共产党。1940 年 8 月，参加百团大战；1941 年秋，平定（路北）三区武委员会副主任；1947 年，先后担任平定县武装部副部长，中共平定县委后勤指挥部副主任；1952 年到太原工作。1993 年离休。

父亲一生饱经沧桑，少年时家庭贫寒、生活困顿；青年时投身抗日战争和解放战争，浴血疆场；中年时参与新中国建设，努力奉献；晚年时积极发挥余热，做老龄工作。父亲走过了艰难困苦，走过了风风雨雨、曲曲折折，见证了中国新旧社会的历史变迁。父亲在生前把他一生的经历做了一个追述，于 2019 年写了一本回忆录《沧桑忆旧》，给儿孙后辈留了下来，作为纪念。他更多的希望是下一代能从书中有所启发，能传承家风，继往开来。

○
○

坚定理想信念　为保家国和平

平定县小岭村虽然是穷乡僻壤，却崇文重教。我的父亲王继平 1923 年阴历十月十六日出生。爷爷没有上过学，却深受儒家思想影响，给我父亲起的名字是“和恕”。父亲参加革命后，由于受到进步思想和革命风气影响，就先后改成了“计平”“继平”，蕴含着“计划和平”“继续和平”的意思。

父亲七岁的时候上了本村小学。父亲爱学习、爱读书，爱听老师讲故事。父亲八岁时，正值九一八事变爆发，日本鬼子占领了东三省，全国各地掀起了抗日救亡运动。当时，教父亲国文课的是蔡武英老师。他学识渊博、思想进步，经常结合国文课，给学生们讲日本侵略者的烧杀掠抢，讲东北同胞的流离失所，讲平定县城学生的游行示威……虽然有很多是父亲听不懂的，但父亲心中却种下了对侵略者仇恨的种子，也萌生了参加革命杀敌报国的愿望。

1937 年，卢沟桥事变爆发后，父亲记得有一次蔡武英老师给他们讲了“娘子关保卫战”和“七亘战斗”的故事。蔡老师讲道：“同学们，中华民族到了最危险的时候，对日寇的侵略和暴行，每一个中国人都不能坐视不理！我们要行动起来，打击侵略者，保卫我们的家园。”听了蔡老师慷慨激昂的话，热血在父亲胸中涌动。后来父亲才知道，蔡武英老师是牺盟会会员。

1937 年，在抗日热潮的影响和推动下，小岭村建立了抗日民主村政权，成立了武委会、农救会、妇救会、青救会、儿童团等抗日群众性团体组织。十五岁的父亲被大家推选为儿童团团长。从此，父亲带领儿童团员们肩扛红缨枪，苦练杀敌本领。他们站岗、放哨、查路条，为抗日自卫队传递情报、沟通信息、表演节目、帮助生产，不管干什么，不管多么吃苦受累，父亲都身先士卒，从不偷懒。后来，父亲还经常跟别人说：“儿童团团长我当了两年，这两年可真锻炼人啊！我的胆子大了，眼界开阔了，也坚定了自己的理想信念。”

1940 年，十七岁的父亲参加了民兵游击队，后半年担任了村武委会的民兵队长。第二年，又担任了村武委会主任和半脱产的小区干部，后来调任平定（路北）三区武委会副主任。这一年，父亲十八岁，这是他走出小岭那个小山村的起点，也是他实现革命理想的开始。

1940 年 8 月，八路军在彭德怀司令员的统一指挥下，发动了以破袭正太铁路（石家庄到太原）为重点的“百团大战”。这一战役历时五个多月。父亲参加的是破袭队，担任队长。他带领民兵和民工，袭击敌方据点，破坏敌人的铁路，割电线、撬铁轨、烧枕木，出色地完成了任务。

1941 年秋天，日本侵略者调兵遣将、网罗汉奸、收买走狗，拼凑了七万多人，先后对抗日根据地开展了“铁壁合围”“梳篦式清剿”大“扫荡”。他们实行杀光、烧光、抢光的“三光政策”，企图制造惨绝人寰的“无人区”。当时父亲已经是平定（路北）三区武委会副主任，在县党组织的安排下，父亲和区里其他同志一起，立即奔赴“无人区”，以党员为先锋、民兵为骨干，机智勇敢地同敌人展开了针锋相对的斗争。他们带领广大人民群众转山头、绕圈子、住洞穴、歼敌人，与敌人周旋。他们一边组织和动员在外投亲靠友或在山洞里居住的群众回村，一边用庄稼秸秆搭盖简陋住房安置返村的群众，还利用边区政府的优惠政策，给“无人区”的群众分发救济款、救济粮以及衣服、被褥等物品。他们号召各村发扬村帮村、邻帮邻、亲帮亲的互助精神，把募集来的粮款、衣物、干菜等分发给各家各户。经过一段时间的艰苦工作，破家难舍的群众大部分回到了村里，各家的灶头又冒起了炊烟。父亲说，这中间，他还回了一趟家，因为有两位哥哥和母亲的操持，有区政府和村干部的救济帮助，家里也恢复了往日的平静。看到这一切，父亲发自内心地感谢母亲，感谢两位兄长，感谢政府和巩固区人民群众的无私奉献和互帮互助，这也成为他舍命干革命的强大动力，更加坚定了他杀敌报国的理想信念。

1943 年 10 月 16 日，二十岁的父亲加入了中国共产党。组织派王子进跟他谈了话，表扬了他在区武委会工作期间的良好表现。父亲清楚地记得，那是一个初秋的晚上，在村口大槐树下，区委对他在反“扫荡”、反封锁斗争中所做的帮助村民恢复生产、重建家园，带领民兵拆封锁墙、填封锁沟的工作特别满意，决定把他列为重点培养对象。第二天晚上，在村边一个破旧的窑洞里，窗户用厚被子遮着，王子进让父亲填了一张表，区委组织委员李长盛带领着父亲，在闪着亮光的麻油灯下，面对墙上挂着的绣着镰刀锤头的党旗，举起右手，进行了庄严的宣誓。父亲说：“我周身的热血在沸腾，似乎感觉到，一条宽阔的大道正在面前铺开，引领着我奋勇向前。”也就在那一天，父亲把自己的名字“和恕”改成了“计平”，意思是“计划和平”，希望尽快赶走侵略者，让人民群众过上和平日子。

1947 年 4 月，父亲参加了正太战役中的平定段战役，担任平定县武装部副部长，他身先士卒、废寝忘食，带领武装部干部，在保证完成繁重的支前参战任务的同时，还组织后方群众按时播种农作物。5 月，父亲担任中共平定（路北）县委后勤指挥部副主任，先后参加了解放寿阳县城的战斗和号称“小淮海”的晋中战役，组织民兵给前线运送粮食、军鞋等军用物资，转运、救治伤员。

1948年9月14日，父亲率领平定参战支前大队第一批队员四千五百余人扛着扁担，抬着担架，赶着牲口，奔赴太原，参加了解放太原的“攻打牛驼寨”战斗，用生命和鲜血为战争提供了有力的后勤保障，体现了不怕苦、不怕死的革命英雄主义精神，为解放太原作出了贡献。

在“攻打牛驼寨”战斗中，父亲接到党组织命令，被紧急抽调回平定县，加入“晋中南下工作团”，担任第二中队队长，率领一百三十六人随大部队南下。父亲说，他们这些干部，大部分是在战争年代锻炼成长起来的，经历过血与火的考验，响应党中央“打到南京去，解放全中国”的号召，怀着“将革命进行到底”的壮志豪情，告别父老乡亲，奔赴革命最需要的地方。父亲后来担任了长沙地委组织部组织科科长，主要任务是选拔培养干部，发展党员，建立健全党的各级领导机构，发展壮大党的队伍，同时，全面开展群众性防汉奸、防特务登记工作，防止国民党特务对刚刚建立的红色政权进行破坏。1951年6月，在全省接管建政、清匪反霸、土改镇反、筹粮支前等任务基本完成的基础上，又转入参加了“三反”“五反”运动。

从投身抗日战争到参加解放战争，父亲把他的青春和热血都奉献在为老百姓过上“和平安宁”日子的追求上。1949年后，经父亲申请、组织批准，他将名字“王计平”改为“王继平”，寓含“继续和平”之意。

○
○

携手革命伴侣　共创和睦家庭

1952年盛夏，父亲来到太原工作。这期间，认识了我母亲杨媚香。

我母亲杨媚香生于1931年1月，是五台县河北村人，家境贫寒。我姥姥因难产早逝，一家人靠姥爷教书为生。后来姥爷续弦，母亲便过起了流浪般的生活，也失去了上学的机会。1942年，十一岁的母亲进了八路军的一个文工团学习唱歌、跳舞。1946年，母亲终于有机会进入五台县耿镇第二高小读书。母亲不仅功课学得快，而且思想进步也快，她性格泼辣，积极上进，后经共产党员、二区区委委员、二高校长杨全明介绍，加入了中国共产党。

从五台县二高毕业后，母亲担任过五台县一个小区的妇女干部，1948 年调到察哈尔省宣化县一区妇联担任副主任。辽沈战役打响后，母亲发动妇女，做干粮、送军鞋，还动员村里小伙子参加解放军。1949 年春，母亲又被调到六区担任区委组织委员。1952 年，母亲被调到万全县四区担任区委副书记。在察哈尔省工作期间，母亲参加了肃清土匪、抓捕特务、镇压反革命、“三反”、“五反”斗争，母亲思想正派、工作踏实、业务精湛、原则性强，表现出色。

1952 年后半年，察哈尔省被撤销建制，分别划归河北、山西两省。母亲被分配回山西，进入山西省工农速成中学理科班学习，1954 年毕业后被分配到山西省公安厅工作。也就在这一年，我的父亲母亲向组织递交了结婚申请，经组织批准，他们在山西省政府东院的水塔院喜结连理。父亲说：“我们这是千里姻缘一线牵啊！这线，就是共同的理想和追求，就是相爱、相敬、相知。”他们一无所有，却心心相印。父亲说，他喜欢母亲的聪慧、干练，喜欢母亲火热的激情和坚强的个性；母亲说，她喜欢父亲可靠、忠诚、意志坚定，喜欢父亲对人诚恳、人品高尚。所以，我的父母从携手革命伴侣开始，虽然中间因为工作原因聚少离多，但他们的感情始终如一。

我的父亲母亲都是工作狂，他们的心里只装着工作。可毕竟有家庭、有孩子了，为了让父亲安心工作，母亲挑起了照顾家庭的重担，对此母亲无怨无悔。父亲在雁北工作时，下乡比较频繁，而当时下乡是要自带行李的。为此，母亲还专门给父亲缝制了一个行李袋。父亲每次下乡的时候，母亲就把所需的被褥、衣服、洗漱用具放到行李袋里，捆得结结实实。等父亲临行前，母亲还要像叮咛小孩子那样，提醒他注意饮食起居。父亲喜欢在基层蹲点，他跑遍了雁北十三县的村村寨寨，在山西省委评选地级先进工作者时被表彰为雁北地区唯一一个“地级模范干部”。父亲知道他获得这个光荣称号后，对别人说：“得了这个光荣称号我很高兴。但是，有得必有失。我为家庭付出太少，又对家人要求严苛，辛苦媚香一人操持家务，我的工作成绩也好，口碑也好，都离不开她对我支持和付出。”

母亲承担着家庭主妇的责任，但她又是一个职业女性，她有自己的工作，有自己的事业。母亲在工作上坚持原则，勤勉干练；在家庭中顾全大局，维护和谐，管理家务，照顾父亲，侍奉老人，教育子女。母亲是我们家的主心骨。

父亲在雁北工作时，下乡比较频繁，而当时下乡是要自带行李的。为此，母亲还专门给父亲缝制了一个行李袋。

当时父亲和母亲的工资都不高，除了维持一大家子人的日常用度和支付保姆的工资外，母亲总是要抽出一部分钱来，帮助父亲老家平定小岭村的两位年迈的叔父以及兄嫂、侄儿、侄女，所以每月工资所剩无几。我们家吃饭靠的是供应粮，而且大部分是粗粮，能这样也全靠母亲能勤俭过日子。母亲就是这样一位通情达理、善于持家的人。所以，我们的家庭一直是一个幸福和睦的家庭。

我记得小时候，母亲每个星期都要召集我们这些孩子开一次会。开会的时候，大家各自坐在小凳子上听她讲话，之后还让我们向她讲这星期做了哪些好事，有没有做坏事——做了好事她就会表扬，做了坏事就要挨批评。——还要定下会后三天应该做些什么，到时候再开会，再汇报，再表扬，再检讨。母亲当时还有一个本子，本子上记录了每个孩子的情况，目的是逐步规范孩子们的行为。在母亲的管束下，我们兄弟姐妹养成了很多好习惯。我们总是主动擦桌子、扫地、倒垃圾，做一些力所能及的事情，大孩子主动帮助小孩子。邻居们都说我家的孩子们懂事听话、兄友弟恭，这都是因为母亲教育有方。

母亲不愧为后辈的好榜样，明慧达观、眼光长远——既是母亲，亦是楷模。母亲不愧为父亲的好妻子、贤内助。母亲孝亲敬长，贤德可嘉。母亲与父亲携手一生，风雨同舟、情深义重。

我们兄弟姐妹五个，我是二儿子，上面有一个哥哥、一个姐姐，下面有一个妹妹、一个弟弟。受父母影响，我们工作，各自为事业奔忙，平时全家人在一块儿团聚的机会不多。但每年全家人会在春节和国庆节时团聚，这时父母亲总是会告诫我们，要我们保持艰苦朴素的好传统，不送礼、不买官，记住“当官一阵子，做人一辈子”，为官一任造福一方，谁也不能贪占国家和人民的便宜，谁也不能当贪官！1997 年 10 月 24 日，山西省委在太原湖滨会堂召开全省表彰大会，表彰精神文明建设先进单位和文明家庭，我家被评为“精神文明家庭”，时任省委书记胡富国亲自给我父亲颁发了“文明家庭”奖牌。领奖回来后，父亲对我们说：“这个奖牌，是对我和你母亲一辈子工作和做人的充分肯定。

我的父亲母亲，战争年代，相濡以沫；工作期间，相携相助；离休以后，相敬如宾。他们的思想和言行，为我们全家留下了宝贵的家风，这份珍贵的精神财富，我们将永远传承下去。

革命伉俪心相印

讲 述 人：阮虹　阮明　阮慧　阮勇
讲述时间：2022 年 8 月 30 日
整 理 人：赵建雄

阮泊生（1916 — 2017），河北蔚县人。1932 年参加革命并加入中国共产主义青年团，1933 年 2 月加入中国共产党。1937 年 10 月至 1938 年 11 月，任中共山西灵丘县上寨区区委书记，中共蔚县县委委员、宣传部部长兼第二区区委书记，中共晋察冀第一分区地委秘书，中共浑源、广灵、应县中心县委组织部部长。1939 年 10 月被晋察冀边区选为中共七大代表。1949 年 8 月至 1951 年 11 月，任中共河北省通县地委书记兼军分区政治委员；1952 年 1 月至 9 月任中共天津地委书记。1952 年 10 月至 1953 年 4 月，任中共河北省委秘书长；之后任河北省委常务委员兼省委工业部部长、河北省人民政府委员会副主席、河北省人民政府政法党组书记、河北省人民政府副省长等职；1979 年 4 月，任山西省革命委员会副主任；1988 年 2 月，任山西省第五、六届人大常委会主任兼山西省人大常委会党组书记。是第五、六、七届全国人民代表大会代表，中共七大至十三大代表，在中共九大、十大上当选中央候补委员，1977 年 8 月，在中共十一大上当选中央委员。1983 年离休。

李健吾（1921—2019），山西临县人。1937 年 10 月参加工作，1938 年 5 月加入中国共产党。1937 年 10 月至 1938 年 12 月任临县随营学校学员、妇救会委员；1938 年 12 月至 1940 年 10 月任延安抗大、女大学员；1940 年 10 月至 1941 年 11 月在延安中央社会部学习。1941 年 11 月任西北中央局秘书处秘书、机要组长，察哈尔省四专二十二专署科员，察哈尔省宛平县一区委员会委员、副书记，平西地委党校校部教育干事，通县天津专区妇联会委员，河北省直属机关工委副主任，河北省工会劳保部、女工部副部长，吉林省有色金属地质勘查局人事处副处长、处长，中国黄金矿产公司政治部干部部部长。1971 年 12 月至 1975 年 8 月任吉林省革委会工交办专职支部书记；1975 年 8 月至 1979 年 7 月任吉林省工交办工交部政工处负责人，1979 年 7 月至 1980 年 5 月任吉林省石油化工局副局长；1980 年 5 月至 1983 年 10 月任山西省劳动局副局长。1983 年 11 月离休。

○

○

早年投身革命　喜结革命伴侣

我们的父亲阮泊生、母亲李健吾，都是 20 世纪 30 年代就投身革命洪流，积极加入中国共产党的老党员、老干部。他们毕生追求共产主义伟大理想，始终以党和人民的利益为重，热爱党、热爱祖国、热爱人民、热爱社会主义，为社会主义革命和建设事业作出了应有的贡献。他们矢志不渝的坚强党性、无私奉献的为民情怀、严谨务实的工作作风、严于律己的道德品质、清正廉洁的精神风范、互敬互爱的伉俪深情，永远值得我们学习。

父亲原名阮桂意，1916 年 6 月出生于今河北省蔚县代王城镇水北村一个普通农民家庭。1932 年，年少的父亲，带着对革命的向往，考入蔚县初级师范学校。在校内，他受进步学生团体的影响和我党早期党员的指引，1932 年下半年，十六岁的父亲加入中国共产主义青年团，改名为阮泊生，立志“从此为革命事业漂泊一生”。此后，由于带头参加学潮，发动罢课，父亲只上了一个学期便被学校开除学籍。

1933 年 2 月，父亲经共产党员余文运介绍加入中国共产党，以一名小学教员的身份作掩护，开始从事党的地下工作；同年，他参加了蔚县党的代表会议，被选为县委委员，负责蔚县第三区党的工作。1939 年 10 月，父亲被晋察冀边区选为中共七大代表。1940 年 4 月，父亲随一百多位晋察冀的党、政、军七大代表奔赴延安。他们为了避开敌人，只能走山路，抄小路，夜行军。4 月的一个晚上，在通过同蒲铁路太原西南白水镇段后，与日军遭遇。敌人疯狂地袭击他们，他们立即撤下山路，从山沟里突围。过后清点人数，有的牺牲，有的受伤，有的被敌人俘虏，损失相当大。我们的父亲也受了伤，鼻子被弹片划了一个口子。幸存的代表们又历经几次险境，经过近两个多月的艰难跋涉，于6月初才到达目的地延安。

在延安，我们的父亲先后在中共中央党校和中央社会部学习，担任中共中央西北局机要秘书、机要科科长、秘书处处长。在西北局工作期间，父亲还不到三十岁，先后参加了“大生产运动”“延安整风”和党的七大，这些学习经历和工作历练，是我们父亲百年人生和政治生涯中的一个重要里程碑，影响了父亲的一生，奠定了父亲毕生追求共产主义伟大理想的基础。父亲一生为革命无私奉献，2017年2月2日因病医治无效，在太原逝世，享年一百零一岁。

1942年，我们的父亲在延安结识了革命同志、我们的母亲李健吾，不久，他们经组织批准，组成了革命家庭。之后，生育了一儿一女，也就是大儿子阮新星和大女儿阮虹。

我们的母亲李健吾，原名李香梅，也是参加革命后改的名字，寓意是“我要做一个有才能的人，为革命事业奋斗”！1921年12月，母亲出生于山西省吕梁临县临泉镇一个普通家庭。我们的姥姥很早就去世了，姥爷常年外出谋生，所以我们的母亲很小就跟她的封建思想比较严重的爷爷奶奶一起生活。1930年，我们的母亲上了临县第一初小，由于勤奋好学，门门功课都很优秀，每次考试几乎都是第一名。初小还没有毕业，她就以全校第一的成绩考取了临县女子高级小学。在“女高”学习期间，母亲受到她的老师、中共地下党员高闻天的影响，开始萌发了反封建思想意识。1936年红军东征后，母亲对共产党有了进一步的认识，特别是对共产党的“抗日救国”“统一战线”“妇女解放”“男女平等”等主张积极响应，于是第一个报名参加了“牺盟会”，并成为“牺盟话剧团”的活跃分子，后来又参加“动委会”，带动一大批妇女同志投身到抗日救国的斗争中。1938年5月，我们的母亲加入中国共产党。1938年秋，她背着家人偷偷奔赴了革命圣地延安。

在延安，母亲先后参加了“抗大”“女大”和中央社会部学习，并结识了我们的父亲。共同的理想信念、共同的革命追求，让他们两个建立了深厚的感情，很快便走到了一起。跟父亲结为革命伉俪后，母亲长年随父亲转战南北，先后在察哈尔、河北、天津、吉林、山西等地任职，长期从事组织人事、党员教育和干部调配等工作。离开延安后，母亲先后又生下两双儿女：阮明、阮亮、阮慧、阮勇。1949 年前，因为条件艰苦、工作繁忙，母亲无暇顾及孩子，就把阮明跟刚满月不久的小女儿阮亮送到农村老乡家寄养，不料阮亮不幸染病夭折了。面对失去女儿的打击，我们的母亲悄悄抹去眼泪，继续加倍努力地投入工作。

母亲一生十分支持父亲的工作，她不怕吃苦、不怕受累，一个人挑起家庭的重担，一边工作一边照顾五个子女和家庭。母亲辛劳一生，经组织批准，于 1983 年 11 月在山西省劳动局副局长任上离休，安享晚年。2019 年 3 月 28 日，母亲因病医治无效，与世长辞，享年九十八岁。可以说，我们的母亲为中国妇女的解放和中华人民共和国的建立贡献了她毕生的精力。

父亲和母亲，既是志同道合、并肩前进的革命战友，又是情投意合、互敬互爱的人生伴侣，他们伉俪情深，为我们树立了典范。

○

○

弘扬延安精神　永葆革命本色

父亲母亲对我们的教育非常严格。从我们记事起，父亲就配有专车，但他从来不让我们坐。在我们父母百年人生中，二儿子阮明跟父母聚少离多，在他们身边生活的时间比较短。因为父母革命工作忙，他从小就被寄养在农村老百姓家里，1949 年后才被接回家。阮明十七岁被选上飞行员当兵走的时候，老师、同学都不知道他的家庭背景。记得阮明第一次从部队回来探家，在假期结束准备返回部队时，因为阮明是空军飞行员，工作危险系数大，母亲很是牵挂，就想送一下，便乘坐公交车把阮明送到了火车站。这是母亲唯一一次送孩子。

我们几个孩子，从上小学一年级开始，就都是自己坐公交车往返学校和家里，从来没有人接送过。最小的阮勇上学的时候，每次回家或返校，也都是自己坐有轨电车。阮勇年龄小，曾经问过母亲：“为什么爸爸的车不能接送我一下呢？”母亲的回答竟然跟父亲同出一辙：“车是单位配给你爸爸工作用的，怎么能接送你上学呢？那不是占公家的便宜吗？那是违反原则的。”

父亲母亲总是教育我们兄弟姐妹，生活要节俭，工作要努力，思想要进步，无论工作还是生活方面遇到什么困难，都要靠自己处理，不能有“等靠要”的思想，不能借着父母的职权搞特殊，更不能向组织伸手。20 世纪 80 年代，改革开放初期，阮勇下岗了。当时，父亲是山西省委书记，母亲刚刚从山西省劳动局副局长位置上离休，我们劝说父母给弟弟重新安排一个工作，他们却说“按国家政策来，该怎么就怎么，不能搞特殊”，所以一点儿都不管。后来，弟弟阮勇就只能自谋职业，没有了固定工作。别人听了都觉得不可思议，朋友或同事们都说：“父亲是省委书记，母亲曾经是省劳动局副局长，自己的儿子竟然下岗没有工作？我们不相信。”可事实就是如此。我们兄弟姐妹五个，受父亲母亲影响，思想积极上进，都是共产党员，没有一个人利用父母的职权谋过私利，没有一个利用父母的关系调整过职务、待遇和工作环境。

父亲母亲这一对老革命，无论在对待工作、生活、学习方面，还是在对待家庭、子女教育方面，原则性都非常强。听母亲说，他们结婚七十多年来，从来没有吵过一次架，没有红过一次脸，无论遇到大事小事，偶尔会有意见分歧，也许会发生争执，但最后总能在相互沟通中达成共识。他们从延安结婚开始，就有“三个约定”：工作上要互相支持、互不干预；学习上要互相帮助、互相监督；生活上要互相关照、互相体贴。中华人民共和国成立后，一穷二白，百废待兴，社会主义建设各项事业都遇到困难，国家号召党员干部降工资，父亲马上带头降，母亲也跟着申请降。虽然家里孩子多，生活负担重，母亲还是从大局出发，从支持父亲工作的角度出发。母亲省吃俭用，毫无怨言地把家里操持得井井有条。

20 世纪 80 年代，国家给老革命重新确定等级，相应地确定待遇。当时，国家的政策是以 1937 年卢沟桥事变发生时间为界线，之前的就享受老红军待遇，之后的就享受八路军、解放军待遇。我们的母亲档案上是 1937 年 10 月参加革命工作的，但是她 1936 年就参加了“牺盟会”“动委会”，领导当地妇女搞革命，按照国家有关政策，母亲应该算红军了，而且当初跟她一起从临县跑出来，奔赴延安的另外几位同志在向组织申请后，都落实了政策。他们把情况告诉了母亲，让她也去找有关部门申请一下，但母亲却说：“我觉得自己现在待遇也不错了，况且泊生又是省委主要领导，我应该支持他的工作，更不想给组织添麻烦。”父亲也是大力支持母亲的想法，所以，母亲就一直没有去申请，也一直没有改，因而级别和待遇相对比同期参加革命工作的其他同志低。

1982年9月，党的十二大召开，通过了新的《中国共产党章程》，党中央提出要打破终身制，干部年轻化，号召老干部给年轻人让路。当时我们的父亲担任山西省委书记，为了支持父亲的工作，我们的母亲积极带头，主动提出申请，经组织批准，于1983年11月在山西省劳动局副局长任上愉快地退了下来。

我们的父亲母亲，党性原则非常强，特别是父亲，党组织决定的事，他坚决服从，不折不扣地执行。20世纪90年代，省里曾经下发文件，号召厉行节约，规定召开各种会议时，会务组原则上不安排本地参会人员吃住，父亲就带头坚决执行。有一次，阮明从部队探家回来，当时父亲在省人大任职，正好省里开“两会”，阮明以为这一次就见不着父亲了，没想到，吃饭的时候父亲回家了。阮明还以为父亲是因为他回来了想见见他才回来的。母亲笑着对阮明说：“跟你没关系。你爸爸不仅吃饭回来，晚上也在家里住。”阮明问：“会务上不是给本地领导们安排食宿吗？而且条件都比家里好，中间还可以有时间休息，怎么还跑回家来吃住呢？”母亲说：“你爸爸又不是来自地方的代表，回来吃住也挺方便的，为什么要给会务上增加负担呢？这个便宜占不得。”我们的母亲跟我们的父亲在坚持原则方面思想认识高度一致。

2012年12月，中央出台“八项规定”，其中有一条规定是“要严格文稿发表，除中央统一安排外，个人不公开出版著作、讲话单行本，不发贺信、贺电，不题词、题字”。许多部门让我们的父亲写一些回忆文章，或者题几个字，他坚决拒绝。因为父亲书法写得好，有一次，小女儿阮慧央求父亲给她写几个字，父亲勉强答应了，就给写了几个字，最后却不给留题头和落款。唯一一次，是《山西老年》杂志要登载一部分老年大学学员的书法作品，父亲就给写了一幅字，当“作业”交了，后来杂志社给父亲邮过来一些稿费，父亲坚决不要，让秘书给退了回去。

父亲母亲离休后，我们兄弟姐妹几个都曾经劝他们说：“你们都是为革命奉献了一辈子的老干部了，国家有政策，你们也享受一定的待遇，政府还给你们配备有专车，你们出去走走吧。年轻时候忙工作顾不上，趁着现在身体还可以，出去看看祖国的大好河山，调节一下身心，何乐而不为呢？”可父亲却说：“不去，也不能去。一出动就得花钱，我们也知道不用自己花钱，但正是因为花国家的，我们才不去。你们以后也再不用提了。我跟你妈待在家里就挺好的。”母亲也非常支持我父亲的态度。所以，他们一生都没有出过国，也没有因私旅游过一次。平时锻炼，他们就是在院子里散散步。

阮明经常说："虽然我跟父亲母亲在一块儿生活的时间不多，但他们廉洁自律、互相支持、互相理解的这些事，在我的记忆中层出不穷。他们影响着我的一生，也教育了我这个小家的每一个人。"

○

○

相知相爱一生　留传巨美家风

我们的父亲母亲，在工作中，他俩是革命伴侣；在生活中，他俩是伉俪情深。他们互相支持、互相关心、互相理解、互相包容。他们的为人处世风格、生活工作原则、思想道德品质，多少年来，潜移默化地影响着我们兄弟姐妹的每一个家庭，也深刻影响了我们的下一代。

1959 年，父亲担任吉林省委书记处书记，分管农业，所以跟吉林农科院打交道多。农科院有新繁育的新品种猪宰杀后，或者有新试验种植的农作物成熟后，院领导偶尔会给我们家送两三斤猪肉或一些粮食来，让品尝一下，看看试验育种效果。当时正是国家困难时期，家家都有吃不饱饭的问题，即便这样，父亲也不会无原则地去接受这些东西，也绝不允许家里人接收。但我们的父亲也有"利用职权搞特殊"的时候，有一样东西他往往会接收，甚至会主动去要，那就是农科院培育的科研新种子。父亲会把家里后院的空地弄成试验田，把这些新培育的科研新种子种上，亲自下地侍弄，并观察新品种的种植试验成效，以便决定是否大面积推广。这样就挤占了我们家小院子有限的种植空间，影响到母亲不能种植她喜欢吃的一些蔬菜了。但我们的母亲却从来没有怨言，反而很支持。

1978 年，组织上安排我们的父亲来山西工作。当时我们兄弟姐妹都不愿意来，一是怕不适应山西的生活环境，二是觉得山西在科技、教育、经济等方面都比长春落后很多。我们几个就试探着动员父亲说："爸爸，您能不能去找一下您的上级老领导说说，你们不是个人关系也挺好的吗？"结果被父亲狠狠地批评了一顿，只撂下一句话：“服从组织安排，哪里需要哪里去！”后来，我们兄弟姐妹都没有走，母亲却二话不说，跟着父亲来山西了。他们刚到山西，工作都很忙，但家里没有请保姆，操持家务就靠母亲一个人。母亲说，山西人习惯冬天在自家院子里挖地窖，储存白菜、土豆、胡萝卜之类的菜，供一冬天食用，我们家也有地窖，但母亲下不去，父亲也不让母亲下去，每次买菜、存菜，每天拿取食用的菜，都是父亲自己干。

母亲给我们讲过，他们来到山西后，因为父亲是山西省委书记，她临县老家的亲戚、老乡经常会来家里做客，偶尔就会有人提出来，希望我们的父母关照他们，帮助他们解决一些生活、工作中的困难和问题。比如家庭生活困难的，母亲就会慷慨解囊给予接济；比如是来太原看病的，母亲也会跑前跑后帮助他们求医问药。有时候，亲戚或老乡也会找到母亲，想通过母亲给说情让我们的父亲给他们办事，母亲一律拒绝，但母亲会耐心地给他们解释：“如果是合理的诉求，可以通过正常渠道解决，没有必要拉关系；如果是不合理的事情，就不能违反原则去做。假如给你们打了招呼，那事情就变味儿了。”我们的母亲就是这样支持我们父亲的工作的。

我们的父亲母亲是抗日战争时期在延安相识、相知、相爱而结婚的。他们的感情非常好。母亲说，他们结婚什么也没有，两床被子搬到一块儿，就是一个家了。怀上大儿子阮新星的时候，母亲想吃梨，但是买不到，也没有钱买，父亲就跑了老远的路，给买回一个便宜的大萝卜来。母亲说，她当时吃着就觉得比什么都甜，直到老了想起来，都觉得是甜的。还有，母亲年轻的时候，身体就不太好，经常犯胃病，当时粮食匮乏，一般都吃不上面，母亲又是山西人，喜欢吃面，父亲就总是把供应给自己的细粮留给母亲吃，而父亲自己却吃一些粗粮或野菜。父亲有时候还亲自给母亲做她喜欢吃的面食。

还有一件事，我们打小时候起就对它印象深刻。那就是，父亲喜欢吃水果，喝牛奶，家里有了这些东西，母亲总是说她不喜欢吃喝这些，就老是给父亲留着，我们一直以为母亲是真的不喜欢。直到母亲九十多岁以后，家里生活条件明显改善了，我们才发现，母亲也吃水果，也喝牛奶——原来她不是不喜欢啊！母亲的这种风格，也影响了我们的下一代，所以孩子们也养成了一种习惯，遇上稀罕的吃喝东西，总是先让年纪大的，先让长辈，先让别人，而且从来吃喝不浪费。

父亲母亲的感情，真的令我们后辈羡慕不已。父亲多少年来，一直喜欢并习惯穿母亲给他编织的毛衣毛裤，一直不愿意穿外面买的，一直到去世都是如此。母亲总是会把一些穿旧的毛衣毛裤拆下来，洗干净，再编织成坎肩一类的，给我们的父亲穿，她自己也穿。母亲是2019年去世的，她去世前一两年，还在自己又拆又织。母亲病重的时候，父亲总是守在她的身边，照顾她吃吃喝喝，给她喂药，还经常把香蕉剥了皮一口一口喂给她吃。2017年初，父亲病危，已经是一百零一岁高龄的人了，连子女儿孙都不认识了，但他却认识我们九十六岁的老母亲。看见母亲走过去，父亲就吃力地伸出手来，握住母亲的手想说话。让我们在场的人看着都感动得流泪。

我们的父亲母亲，患难一生、甘苦一生，相知一生、情系一生！这才是真正的革命伉俪啊！正因为如此，2016年7月6日，山西省孝文化研究会的领导及工作人员到山西医科大学第一附属医院探望我们的父亲后，又专程到家里看望了我们的母亲，并向我们这个特殊家庭授予了“孝道之家”牌匾。

白衣战士

讲 述 人：李力
讲述时间：2022年9月7日
整 理 人：江雪

李建章（1924 — 2016），河北饶阳人。1939年6月加入中国共产党。1940年8月至1941年10月在华北联大学习，1941年11月至1943年2月在晋察冀军区白求恩学校学习。1943年2月至1944年10月，在晋察冀军区卫生部、工兵营、青年支队任司药；1944年11月，被调至晋察冀军区雁北分区医院，任医生；1947年10月，被调入六十八军，先后任团主治医生、卫生队长、团后勤处长等职；1964年5月，由部队转业到山西省临汾地区卫生防疫站，任书记、站长。1985年离休。

○
○

“手术刀”岁月

1923年，我父亲李建章出生于河北省衡水市饶阳县屯里公社西韩合村一个贫农家庭。祖父只有三间土房，为了养活儿女，祖母给地主家当长工，在地主的烧饼铺做工，挣点钱补贴家用。我父亲有两个哥哥四个姐姐（夭折了一个），父亲排行老末，祖父祖母和哥哥们宠爱父亲，供他上了私塾，读了四年书，跳了两级，等于高小毕业。

我二伯李俊南1938年参加革命，1947年牺牲在了南下战场上。在二伯的影响下，我父亲十二岁就当了村里的儿童团团长，十五岁到抗日民主政府工作，正式参加革命。1939年6月，加入了中国共产党。因为二伯参加了八路军，导致日伪军经常到祖父祖母家里逼他们交出二伯。祖父祖母担心日伪军找不到二伯会祸害父亲，就让父亲离开家乡。去哪里呢？十五岁的父亲决定去人人向往的延安。

1940 年，父亲告别祖父祖母，由区委组织安排，踏上了去延安的道路。走到山西大同，正好遇到华北联合大学招生。父亲就在组织安排下，成了华北联合大学的一名学生。

华北联合大学是由延安陕北公学、鲁迅艺术学院、延安工人学校、安吴堡战时青年训练班联合起来成立的一所学校。父亲因为有一定的文化基础，在大学学习司药。1941 年 11 月，父亲又被派到晋察冀军区白求恩学校（简称白校）学习了一年。1943 年 2 月，父亲从白校毕业。之后，他先后做过司药、医助、主治医师、卫生队队长。

抗战和解放战争时期，父亲相继参加了 1941 年、1943 年的反“扫荡”，1947 年 1 月的保（定）南战役，1948 年 5 月的孟西大捷，1948 年夏季的保（定）北战役，1948 年 11 月的绥远追击战，1948 年 12 月的张家口战役，1949 年 1 月的平津战役，1949 年 4 月的太原战役。一场战斗下来，成百上千的指战员负伤需要救治，父亲用自己所学医术极力挽救战士们的生命，履行着白衣战士的职责。

○

○

战火中的伉俪

我母亲叫范玉娥，是大同浑源人。1944 年，十二岁的母亲参了军，在晋察冀军区医院当护士。后又到二十兵团医院工作。1950 年入朝前，被调入六十八军二〇四师，她的班长叫贾继生，贾继生后来担任过西山矿务局医院院长。当时，我父亲在团里，母亲在师里，1949 年 9 月，他们在河北宣化沙岭子医院经贾继生介绍认识了。

1950 年，我的父亲母亲结婚了。当时部队有规定，营级以上干部才可以结婚。我母亲生三个孩子时，父亲都不在身边。我母亲健在时常常唠叨：她生了三个孩子，父亲都没有给她倒过一杯水。

1951年6月15日，父亲的部队离开天津，19日开赴朝鲜。母亲当时怀着我，跟着部队到了朝鲜，两个月后回天津留守处杨柳青生了我。三个月后，母亲要返回朝鲜前线，本想让我奶奶看护我，但老家河北衡水西韩合村发了大水，奶奶跟着大伯去了东北沈阳，母亲只好带着我去了朝鲜，把我寄养在朝鲜“阿妈妮”家里。我妹妹李燕也出生在朝鲜，当时父亲在前线，根本顾不上照顾母亲。1955年8月回国后，1956年母亲复员留在徐州，父亲去了山东临沂，1957年我的弟弟李群出生在徐州，而当时父亲还在山东临沂。

从解放战争到抗美援朝，我的母亲与父亲都奋战在前线。母亲在二〇四师师部卫生队，父亲在六十八军六一二团卫生队。虽然聚少离多，但也算夫唱妇随。

1964年，父亲和母亲相继被调到了临汾地区防疫站。这时，我们一家人才算真正生活在一起。但父亲母亲忙于工作，我们还是十多天半个月见不着他们的面。父亲母亲不在家，我们就吃食堂，上学放学相跟着走，晚上睡觉时，大的照顾小的。对于这种生活，母亲有口难言，只能忍受。一直到后来，母亲被调到了临汾地区卫校附属医院，才腾出时间照顾家里和我们几个孩子了。

在临汾工作后，我父亲经常下乡调研因水土引起的疾病。比如临猗县（那时候运城还归临汾地区管）是山西省高氟病区和全国重氟病区，运城地区碘缺乏症也很多，导致很多“大脖子病”（甲状腺肿大）。那时父亲与母亲在一个单位，每次下乡，父亲率先带队下去调研。因为我们几个还小，母亲想留下照顾我们，父亲就说：“谁叫你是站长老婆？我不让你去，别人怎么说？”到了节假日安排值班，别人可以不值班，母亲肯定会被安排值班；轮到评先进评模范，却总是轮不到母亲。父亲还是那句话：“谁叫你是站长老婆？”意思是母亲再优秀也不能评，否则父亲就有以权谋私的“嫌疑”。单位调工资，母亲本来被调上了，却被父亲拿掉了。父亲说：“你一个月八十六块，人家大学生一个月才五十多块，你是站长老婆，你调了工资，会让我工作很被动！”

20世纪70年代，防疫站地方大，种有小麦。父亲就像农民一样，经常带领防疫站的工作人员到厕所淘大粪、挑大粪，给土地施肥。收割了小麦后，他便给防疫站的同事们分下去。父亲还养鸡，收的鸡蛋，也给防疫站的同事们分下去。

○

○

正直无私的秉性

父亲在临汾工作后，单位给他配发一辆吉普车。这车，别说我们不能坐了，就是我母亲也别想坐；要知道我母亲那时与父亲在一个单位啊。为此，父亲买了一辆自行车。说到这辆自行车，母亲又是一肚子怨言。父亲的自行车，不是借给同事，就是借给邻居，母亲有事只能步行。

父亲有很多在 1947 年、1948 年当兵的战友，其实说起来他们都是父亲的学生。参加完抗美援朝战争后，他们很多留到了北京，进入北京香山医院、北京空军总院、北京生物研究所等的单位。1990 年，国家卫生部在临汾召开一个会议，一个副部长参会，看到我父亲，惊喜地喊："老首长，不认识我了？"我父亲才认出，这位副部长是他的学生。1966 年，父亲陪母亲回了一趟浑源老家。当时大同的市委副书记，曾是我父亲的警卫员，他们是生死之交。父亲的战友们在一起时，有时会谈起各自的待遇。比父亲参加革命晚的学生，因为在北京、太原这些大城市，一个月拿的工资比父亲的高出一大截。但父亲很知足，从没有为此抱怨过。

2020 年，我带着母亲到我父母战斗过的地方转了转，还到了延安。看到那些老照片，母亲哭得几乎背过气去。母亲说，有一次战斗中，她们五位女同志去接伤员，只有三四里路，就牺牲了两位战友。战场上，无论是战士还是医护人员，随时都可能牺牲。母亲在部队干活像男的，为了卫生和安全，她们的穿着与男同志一样，留着与男战士一样的短发，加上母亲比较壮实，所以很多人称她"假小子"。母亲一直想去北京瞻仰毛主席纪念堂，但老人家最终没有如愿，遗憾地离去了。

○

○

父亲的遗产和遗嘱

2007年元月，八十四岁的父亲在一张小小的便笺上写下这样一段话：

遗　告

此箱之物是历史珍贵之物，也是历史见证。家庭成员，要长期珍藏下去，代代相传，不得转赠非家庭人员，也不得作为买卖之物。希望能长期保存下去。

李建章

2007年元月

2010年2月春节那天，父亲戴着老花镜，再次郑重写下了一份《关于家庭历史物品收藏意见》："这是父母一生革命史，反映一生经历，同时也反映国家变迁，还可以作为家庭后代了解家史，继承光荣传统，不忘历史，好好为国家、为人民服务。第二，按照传统血亲关系，姓氏李字（男）代代传下去。所有收藏物品，由一人保存，不要分散。每件物品，代表一个时期，它反映一个完整历史；如果这些物品分散保存，就割断了历史。谁保存要经常维修。"

父亲给我们留下的遗产是一个箱子，里面收藏有几样物品。一个蓝皮笔记本，记载了老人参加抗日战争、解放战争、抗美援朝的整个过程。他希望，以后能找一个有些写作能力、懂得历史的人帮助重新整理一下，打印成册。一本《华北军区卫生建设史料汇编》，父亲在扉页上写着"历史见证，保存下去，2005年"等字样，这是解放战争中关于卫生建设的总结和纪念，结集有《战地救护法》《二纵队卫生部关于石家庄战役中战救工作的指示》等文章。一本只有一半巴掌大的泛黄的字典（当时参加抗美援朝的部队战士大多从农村来，文化水平低，文盲较多。此字典是为了提高战士们的文化，在艰苦、紧张的战斗间隙，各连文化教员给战士上文化课用的）。一本《三年解放战争》，记载了地方部队升编野战军，每天行军所驻地点。还有一些其他物品，如毛主席纪念章、军功勋章、历史照片等。其中奖章有1947年3月晋察冀军区授予的红旗勋章、1953年国防部授予的三级独立自由奖章、1955 年朝鲜授予的三级勋章等。老人最后写了这样一句话："如果国家需要可献给国家。"

父亲去世前半年，把我们兄妹叫到一起开了个会。父亲交代我们：不要买坟地，遗体火化后先存放殡仪馆；等母亲去世后，再过三年，把他们的骨灰撒到大海里去；如果那时候我们年迈，去不了大海边，就到吉县壶口，把他们的骨灰撒到母亲河黄河……

父亲把这个密码箱留给了我。

许多年来，父亲一直在千方百计打听牺牲在外面的二伯李俊南的信息。因为祖母弄丢了阵亡通知单，我们不知二伯牺牲在邯郸还是四川。2016 年 6 月 15 日，九十三岁的父亲永远地离开了我们。临终前，父亲再次嘱咐我们：继续寻找我二伯，让二伯魂归故里。父亲艰难地说，这是给你们兄妹的任务。

2022 年 3 月，九十二岁的母亲也离开了我们。我和弟弟妹妹商量，等母亲三周年时，带着他们夫妻到山东日照或者天津，到他们战斗过的海边城市，让他们魂归大海……

洒向千峰秋叶丹

讲 述 人：王润梅　王润华
讲述时间：2022 年 9 月 12 日
整 理 人：孟志平

王廷全（1928 — 1998），出生于河北省张北县东白石头洼村。1945 年在河北省崇礼参加人民解放军，1946 年加入中国共产党。1948 年 7 月，在华北军区二〇九师六二七团三营八连任副指导员；1949 年，在六十八军二〇二师六〇四团三营八连任指导员；1962 年 3 月，在济南军区通信总站徐州中心站任协理员；1974 年 11 月，在济南军区通信总站后勤处任副处长；1979 年，在山西省公安技校任副校长。1993 年离休。

〇

〇

“心里头的那把镰刀啊”

我们的父亲王廷全，1928 年出生在河北省张北县一个普通农家。父亲四岁时奶奶就不在了，父亲和爷爷相依为命，靠给人种几亩薄田为生。

父亲生前常说，他基本上是靠吃百家饭长大的，一年四季印象最深的事就是肚子饿，好像什么时候都处在一种饥饿状态。为了有口饱饭，父亲加入了放牧人的队伍，先是跟着别人学，之后就独自去给人家放牧了。

大概是在 1945 年初的一天，村子里来了一支抗日部队，战士们一边敲锣打鼓地宣传抗日，一边鼓励适龄青年参军。父亲一下子心动了，那年他十七岁，正是血气方刚的年龄。

父亲动了当兵的心思，可他一时半会儿还不敢跟爷爷说。爷爷就他一个儿子，好不容易长大成人，怎么会让他离家当兵？眼看部队准备开拔了，再不说就没有机会了，父亲才鼓足勇气在油灯下和爷爷说出了他的想法。结果完全在意料之中，爷爷不但坚决不同意父亲跟着部队走，还在油灯下骂了他一顿。

父亲急得肚子里头直蹿火，他决定偷跑。天还没亮，父亲就摸黑出了门，一出村就朝着部队撤离的方向甩开膀子追。可没跑多久，父亲就听到身后爷爷的喊叫声和哀求声。父亲没有停下脚步，他自然跑得比爷爷快，绝望中的爷爷竟将一把镰刀甩向父亲。父亲没有回头，可他心里无比酸楚，他只知道那时候他要是停下脚步，这辈子就完了……

数年后，父亲在战场上偶遇了一位老乡，从老乡嘴里父亲得知他离家的两年后爷爷就因病没了。

每当父亲说起这些往事，都会难过很久：“心里头的那把镰刀啊……”但父亲从不后悔，他一心想着就是跟上穷人自己的队伍为老百姓打天下，让穷苦百姓都吃饱饭，再不要有骨肉分离的事。

○

○

“公家的权力不能沾”

我们家兄弟姊妹三个，父亲对我们的管教非常严厉。他的工作岗位和职务不断调动，但不管在哪儿，他对我们经常说的一句话就是：公家的权力谁也不能沾！

20世纪70年代末，父亲从济南军区转业到山西省公安技校，我们全家随父亲一起到了太原。当时的学校百废待兴，教师和职工来自四面八方，都是拖家带口的，子女的就业问题成了教职工们面临的首要问题。上级研究决定，在教职工子女中特招一个班，等他们毕业以后全部解决就业问题。一百多人参加了考试，只有四十个名额，谁家的孩子能上学，一时间成了人们的敏感话题。我和弟弟都参加了考试，并且分数都在录取线之上，当时我非常高兴，心想终于有学上有工作了。但当录取名单下来后，却没有我的名字。等父亲下班回来我就问他，父亲说我们家不能占两个名额，所以把我的名额让给了别人。我一听非常生气，跟父亲吵了起来，我说我是插队回来的，按政策我是优先分配的对象，凭什么要把我的名额让给别人。还没等父亲给我解释，我就跑到房间哭了起来，并把自己关在房间一个晚上。现在回想起来，恐怕当时的父亲也是一夜未眠吧！我好几天不和父亲说话，心里都是委屈、埋怨和不理解。母亲看着很心疼，对我说，别生气了，工作还可以再找，没办法，谁让你有个铁面无私的爹呢！过了段时间，父亲看我的气消了，就耐心地给我解释："学校有很多需要照顾的人员，特别是一些劳改就业人员的子女……这才能体现出党和政府对他们的关怀。让他们为国家，为社会做更大的贡献，是我的责任。"我后来招工去了山西纺织厂，工作非常辛苦，三班倒，离家远，我只能住集体宿舍，一周回家一次，忙起来半个月回一次。

我们家就在学校旁边，弟弟上了学住在学校里，但不到放假不敢回家——弟弟在操场上就能看到自己家，却从来不敢在上学期间迈进家门一步。记得有一次弟弟生病了，母亲想去看看，父亲不同意，说影响不好。母亲心疼弟弟，给弟弟包了饺子，我晚上偷偷去学生宿舍，让同学帮忙捎给弟弟。

学校有一名外调来的女干部，家在外地，晚上只能住在办公室，她胆小，晚上害怕得睡不着。为了让她安心工作，父亲让我晚上也住在那里，给她做伴。一来二去，我就成了她的小帮手，常帮她放广播操的音乐、打印教材等。时间一长，政治处主任和父亲说："你家二姑娘都成了咱们的编外人员了，该给人家发点工资了。"父亲却说："发什么工资？！她闲着也是闲着，年轻人就得多锻炼。"就这样，我一直"帮忙"到参加工作。

父亲转业的时候，姐姐已经在山东参加了工作，所以姐姐一个人留在了山东，这一待就是八年。姐姐结婚后，由于姐夫是现役军人才得以调回山西，和父亲到了同一个单位工作。父亲让姐姐每天早早地去办公室打扫卫生、整理内务。姐姐老实忠厚，很听父亲的话。我不解地问父亲，为什么让我姐去打扫卫生，办公室又不是她一个人的？父亲严肃地说，领导干部的子女更要以身作则，脏活累活就要干在别人前面。

学校离市区很远，每天只有三趟公交车，父亲从来不让我们坐座位，总说座位要留给那些老弱病残和需要帮助的人。有一次，我们跟父亲坐公交车去市区，等车的人很多，有几个当兵的也在等车，车一来，他们就想争着上车抢座位，却被父亲一把揪了下来，问他们是哪个部队的："三大纪律、八项注意你们都忘了吗？怎么能和老百姓抢座位？你们还是人民的子弟兵吗？"说得他们都不好意思地低下了头。后来我说父亲："你管人家干什么，又不丢你的脸。"父亲却严肃地说："他们毁的是解放军在老百姓心中的形象！"

现在，我们都明白，父亲的话是对的，他的态度也是对的，他做的事也是光明磊落的。他一辈子站得直、走得稳、行得端，我们从他身上读懂了"共产党员"的真正含义。父亲表面上是在管束我们，但从另一个角度讲，他是在用他的言行为我们做榜样。

○

○

"我要见见这浑小子最后一面"

弟弟曾是少管所的一名人民警察，他在工作中的那种认真谨慎、不惧任何危险的样子让我好似又看见了父亲年轻时的影子。在工作中，他屡立战功，是单位公认的"拼命三郎"，后来被单位提拔为管教科科长。父亲对弟弟的表现非常满意，他不止一次在我和母亲面前表扬、夸赞他。

古人说，天有不测风云，人有旦夕祸福。1997年，弟弟三十六岁那年，农历二月二的前一天，姐姐突然接到了一个少管所熟人的电话，电话里他小声说，你弟弟有点不舒服，在医院，你们赶紧过去看看。姐姐心里一沉，没敢和父母说，赶紧联系我一起去了医院。我们刚到医院，就得知弟弟在出警途中遭遇车祸的噩耗——住院治疗是假，弟弟已不在了。姐姐颤颤巍巍地拨通了家里的电话，故作镇定地和父亲说："弟弟住院了，您和母亲最好过来看看……"电话静了足有四五秒，父亲突然说："你弟弟到底怎么样了？你说实话，我能扛得住！"姐姐一个字不敢说，赶紧挂了电话。

当父母到了医院，听说弟弟是因公牺牲的，父亲重重地点了点头："好，娃走得值，走得值。他是我养大的，他是我教出来的，我只有一个要求，我要见见这浑小子最后一面！"

自从弟弟牺牲后，每年的二月二成了父母最心痛的日子，我们从不敢触动他们心中的伤痕，他们白天装得和没事一样，但我们清楚，他们晚上不知流了多少伤心的泪水……

○

○

“不能和组织提任何要求”

母亲也是个有六十年党龄的老党员，随父亲来到太原后，为了照顾家庭，在学校附近的工厂上班。母亲工作起来兢兢业业，因而也当选为车间主任。后来，我们搬了家，母亲上班就远了很多。她每天早上六点出门，晚上八点才能到家，中途还要转好几趟车，中午在单位吃从家带的饭。学校领导看母亲每天跑家很辛苦，和父亲说可以把母亲调回来，父亲却拒绝了。他说，有困难可以克服，但不能给组织添麻烦。从城东到城西，母亲春夏秋冬风雨无阻，按时到岗直到退休。我们也曾问过母亲：“难道你就不生气吗？”母亲只说了一句话：“跟了他一辈子，习惯了。”短短几个字，却包含了母亲对父亲的理解和认可。从那一刻起，我也开始慢慢理解了父亲。

父亲去世前就交代母亲：我走后组织上会照顾你，但你不能和组织提任何要求。父亲去世后，母亲谨遵父亲的遗言，二十多年，母亲从没有跟组织提过一个要求。父亲去世时，山西省委组织部敬献的花圈挽联上写着八个大字，“廉洁奉公，两袖清风”。当我看到这八个字的时候，曾经的委屈和不理解全都化成了敬畏，这是对父亲一生最公正的褒奖，也是父亲留给我们的最珍贵的礼物。

父母在，人生尚有来处；父母去，人生再无归途。父亲总是用严厉又慈爱的方式表达他对我们的爱，在今后的道路上，他的子孙将谨记他的教诲，约束自己的一言一行，踏踏实实走好人生之路。

永远听毛主席的话

讲 述 人：沈慧芬　段建雄
主 讲 人：沈慧芬
讲述时间：2022 年 9 月 18 日
整 理 人：江　雪

段振邦（1924 — 2015），山西临汾人。1937 年 1 月参加山西新军政卫队投身革命，1946 年 6 月加入中国共产党。1939 年 12 月，整编后入一二九师四十二团通信连通信员；1940 年参加百团大战；1945 年 9 月，参加上党战役；1946 年，参加临浮战役；1949 年参加渡江战役；1950 年，任四十二师一二六团三营教导员；1955 年，转业回临汾钢铁厂，任车队支部书记；1961 年后，历任大宁县民政局局长、财贸部部长、县人大专职委员等职。1984 年离休。

○

○

难忘岁月　枪林弹雨

1924 年 5 月 15 日，我老伴儿段振邦出生在山西省临汾市尧都区金殿镇东靳村一个农民家庭。1936 年 5 月，中国工农红军东征结束，为开创团结抗日新局面，中国共产党对阎锡山采取争取和团结的策略，建立了实际上由中共领导的“牺牲救国同盟会”。之后，根据中共北方局指示，提出建立三十万国民兵计划，得到阎锡山同意。1937 年初，中共山西工委决定先后建立十个国民兵军官教导团，为组创新军做准备。段振邦被保家卫国的激情激励着，报名参加了山西新军，被分到了政卫队。

战争年代，我老伴儿所在部队是步兵，每次战斗都在一线，那真是枪林弹雨，死亡、负伤是常有的事。淮海战役中，他们一个加强营五百多人上去，战斗下来只剩下了十几个人。我老伴儿是甲级二等伤残，他小伤受了很多次，大伤受了两次。在一次战斗中，敌人的子弹打来，擦着他的右脸颊飞过去，至此，他的脸上留下了一道疤痕。他后来跟我说，如果他的头稍微往高抬一厘米，子弹就会穿头而过。

那时候行军，战士们都把行李捆住背在背上，随时要在荒山野岭宿营。我老伴儿捆行李，总是把备用的一双军鞋捆在背包外面。在一次行军途中，他们部队与敌军遭遇了，他们边打边撤，敌军在后面紧追不舍。等到了安全地带，他发现背包、水壶都被打了好几个窟窿，而那双被打包在行李中的硬千层底军鞋也被穿了几个洞——那双军鞋减缓了子弹的力度，救了他一命。

还有一回，敌人的炸弹从天空扔下来，就落在他脚前一米远的地方。奇怪的是，炸弹没有爆炸——他又捡回一条命。能活下来的战士，都是命大的人。他命大，但战争中子弹不长眼，负伤也是经常的事。有一次过日军封锁线，他没踩稳从半山腰摔下来，摔坏了腰。后来他经常腰疼，到年纪大些，腰疼得就更厉害了。

他的左臂是在安泽县小罗山负的伤，子弹穿透了他的胳膊。当时八路军缺医少药，他的伤口发炎了，白生生的蛆虫密密麻麻地在伤口中拱来拱去，他几乎要疼晕过去。医生看过之后摇头叹息说，没救了，截肢吧。我老伴儿坚决不同意。医生说，你是要命呢，还是要胳膊呢？我老伴儿说，我就是死，也得挂着这条胳膊死。我常说他笨，但他有他的办法。他也不知听谁说的，找来一盏煤油灯，忍着痛，把煤油往伤口里灌。我也是第一次听说煤油还能消炎。那些蛆虫在煤油的刺激下，纷纷往外爬，最后都被杀死了。后来，他的伤口慢慢愈合了，但因为伤了筋骨，他的左胳膊几乎丧失了拿东西的能力。他很少跟我讲战争时期的经历，要不是因为胳膊有伤，稍微出点力气的事他就做不了，他是不会跟我讲这段经历的。我们结婚后，有时候我忙，娃在炕上哭，我就喊他抱一下娃，但他的胳膊使不上劲儿，抱不起来。人家看娃都是抱在怀里，他看娃，总是把娃跟架机关枪一样扛在肩膀上。

○

○

烟火人生　伉俪同行

我是上海人。人说有缘千里来相会，我与我老伴就是跨越千里相识的。

1937年8月，日军轰炸上海，我父亲带着全家坐外国人的轮船转道越南，最后到了昆明。1938年，父亲送我到美国人办的教会学校读书；我姐弟七个，父亲养着一大家子人，供不起我读书，教会学校不收学费，所以让我去了教会学校。

朝鲜战争爆发后，为打赢抗美援朝的战争，1950年12月1日，中央军委、政务院发布《关于招收青年学生青年工人参加各种军事干部学校的联合决定》，《人民日报》也发表了《爱国青年的光荣岗位》，号召青年团员行动起来，参加军事干部学校。军干校不收学费，我就报名参加了。我被录取到干校高级护理班学习，毕业后到云南军区陆军医院工作。

那些年，段振邦正跟随部队南征北战。渡江战役、解放华中南、两广战役后，他们部队开始挺进大西南。1949年10月1日，中华人民共和国成立那天，他还在云南剿匪。1950年2月，他们部队进驻滇西北丽江地区的鹤庆县。同年，他被任命为十四军四十二师一二六团三营教导员，部队驻守云南。

那时，我们国家文盲很多，扫盲运动在全国展开。段振邦也参加了扫盲班。他在昆明学习了一年，取得了初中文化。那时候，一到星期天，学校就组织舞会，部队很多官兵战士都来参加，我就与段振邦认识了。

段振邦比我大九岁，在十四军的干部里，他还是最小的。他家里很穷，我是上海人，又有文化，他觉得我的条件好得不得了。我看上他是觉得他老实、脾气好。很多人说我们长得很像，像兄妹，可能就是人们说的夫妻相吧。1953年我们结婚时，部队上什么都准备好了，铺盖、家里摆设，都不用我们管。我买了一条床单、一套被面被里，部队给腾了一间房，把换洗衣服带过去就行了。我们的婚礼看起来简单，其实也隆重。结婚那天，我们都穿了新军装，他们部队上四五百人参加了我们的婚礼，现场非常热闹。

1955年，中国人民解放军开国将军授衔，我老伴获得了三级解放勋章，被调任十四军教导大队担任政委。解放了，生活安定了，我老伴在部队本来干得很好，但他为了照顾父母坚持要复员回老家。他这个人不愿意当官，就想过普通人的生活。回到老家后，1958 年，临汾刚好筹建钢铁厂，我老伴儿就到临钢上了班。1961 年，为支持大三线建设，他自愿奔赴山区，我们一家就到了大宁县。

他常跟我说，过日子一定要精打细算，别浪费，浪费就是资产阶级做法。我反击他，什么是浪费，改善一下生活算浪费？他说不过我，就说，你对，你是常有理。

其实我也是穷家出来的，对一家人的生活一直是计划着来的。吃不穷，穿不穷，计划不到一辈子穷。我夏天挖野菜，冬天腌咸菜。无论冬天还是夏天，都是自己到河里洗衣服。夏天还好说，冬天，昕水河结冰，我得敲开冰凌洗，手冻得通红通红，但没有办法，那时候没有洗衣机，一家人的衣服又得洗。我精打细算着一家人的生活，但我家人口太多，所以经济一直困难。我大弟弟考上大学，没有生活来源，给我来信，被我老伴儿看到了，我老伴儿就说，考上大学去学文化是好事，没有人管，我管！那时候我们刚结婚不久，他的工资才三十块钱。

我们在昆明时，他妹妹跟着我们在昆明念书，一个月需要花二十块钱。只剩下十块钱，我们的生活捉襟见肘。我一个月二十块钱工资，但我得顾着我这边的弟弟妹妹。我弟弟妹妹没有鞋，我就给他们买回力牌球鞋，其他鞋穿不了几天就烂了。我给他们从大往小轮着买鞋，等小的买上了，大的的鞋又穿坏了。那会儿，我的工资，几乎全给他们买鞋穿了，生活上捉襟见肘。

我跟着老伴儿从云南来到山西时，刚开始我没有工作，也没有工资。1958 年我去临钢医院上了班，工资一个月三十八块钱。我的工龄就是从 1958 年算起的，其实我是 1951 年参军的。我那会儿早上五点半起床上班去，晚上十一点才能回家，只好让婆婆帮忙照顾娃娃。

1961 年，我们到了大宁县，租了一间民房，我们和婆婆、公公、小叔子一起住。加上我的四个娃娃（当时还没有老五），一个屋檐下九口人。而我的婆婆、公公、小叔子，都没有供应粮，所以家里粮食非常紧张。到了周末，我老伴儿为了改善家里人的生活，上山去打野兔。有一次打了三只野兔回来。我给炖上，一家人风卷残云，这个碗还没盛好，那个碗就伸过来了，一顿就吃完了。

我老伴儿参加革命多年，行军打仗吃不上正点饭，胃不好。到了大宁县后，我生怕他营养不好犯胃病，有时就给他做小灶饭，但他舍不得吃，就说自己没病，还说我是资产阶级思想。不是我要给他开小灶，老的、小的一大家子，都靠着他，我必须照顾好他的身体。他倒了，我们可怎么活呢？

1982年，婆婆瘫痪在床上，瘫了六年，我护理了六年，我学的就是这个嘛。1988年婆婆去世，1990年公公去世，我和老伴儿在病床前尽了自己的孝心。

我老伴儿脾气好，我跟他生活了六十三年，没有红过脸，吵过架。我做的饭，好吃也好吃，不好吃也好吃。有一回，他跟娃娃们去上坟，回来时娃娃们说想去街上吃点饭。他说，不吃不吃，还是回家吃，街上的饭没你妈做的好吃。

○

○

品行高洁　无悔人生

我们是在毛泽东思想教育下长大的，对毛主席有特殊的感情。有一次，临汾地震，我娃给我打电话说，妈，地震了，快下楼。匆忙之中，他没拿馒头，也没带衣服，却把家里一尊毛主席瓷像揣在怀里，下了楼。他内心对毛主席满是爱戴，只要说是毛主席的命令，我老伴儿赴汤蹈火他都会去。听毛主席的话，一直是他的信仰，他的精神支柱。

有时我们看电视，他就评论演员说，这个毛主席演得不像。我问他，谁像？他说，朱老总像。他见过毛主席、朱老总，但什么时候见的，他没有跟我说过。

我老伴儿是一个老实人，娃娃出去跟人吵了架，他总是说自己娃娃的不是。在他的言传身教下，娃娃们都是老老实实的。在我老伴儿的教育下，我的娃娃们都很自立。他们上学，都是自己去学校，放学自己回家，来回十来里路，我们没有接送过他们。

娃娃们的工作都是自己找的。他常对娃娃们说，你们别指望我，你们喝西北风我也不管。娃娃们在他办公室拿几页稿纸，都得在严厉的批评下再给送回去。他做事特别公私分明。

我的大女儿插队以前，本来在大宁中学教书。当时国家政策要求城里青年去插队，我老伴儿就说，既然毛主席号召广大知识青年到农村广阔天地去锻炼，

我生怕他营养不好犯胃病，有时就给他做小灶饭，但他舍不得吃，就说自己没病。

就让她去吧，锻炼一下，对她有好处。后来，我二姑娘、大儿子都去农村插队了。

大姑娘和二姑娘都是插队满两年后招工回城的。大儿子插了三年队，报名去新疆当了兵。那是1978年的事。当时军衣都发下来了，我们才知道。我跟老伴儿找了一辆车去送他，儿子哭，我们也哭——新疆远，新疆生活苦。谁知道过了没有多久，老四也去当了兵。

当时有一家银行要招十个人，我老伴儿单位一个干事把这个信息告诉了他。老五当时正好高中毕业在家待业。如果我知道消息，会让老五自己去报名应聘。可我老伴儿回来什么也没说，他觉得，如果让老五去了，好像占了公家的便宜。

我在大宁县住的房子很小，结构也不好。我跟老伴儿商量说，要不咱们换个房子吧，你是厅级干部，不违规。他却对住什么样的房子根本不在乎，他说，我那时候行军打仗，在战壕里睡七天七夜，多艰苦呢！这房子风吹不着、雨淋不着的，挺好了。

我老伴儿是1937年1月参加革命的，按照政策，他应该享受红军待遇，但很多年一直是八路军的待遇。但他不争不怨，不跟人说，也不找人解决。他总觉得，与很多牺牲在战场上的战友比较，他已经很幸运了。2016年，尧都区老区建设促进会副会长杜良池筹办“临浮战役官雀纪念馆”，发现我老伴儿是“官雀战役”的参战者，才知道我老伴儿是1937年1月参军的，应该享受老红军待遇，于是帮忙查找有关文件、政策，最终落实了我老伴儿的红军政策待遇。遗憾的是，没过多久，我老伴儿便去世了。

我老伴儿随部队行军打仗，受毛主席教育多年，他对工作特别认真负责，实事求是。只要符合原则，能帮别人的事，他都会尽力去帮。

我老伴儿走了以后，家里的摆设我都没有动，这样，我觉得好像他还在家里。有什么事情，我就跟他（照片）说一说。

从上海到山西大宁这个小县城，很多人觉得我跟着我老伴儿不容易。我现在说一口山西话，也成了地地道道的山西人。其实，这辈子跟着他，我挺知足——我遇到了一个好人！

天增岁月人增福

讲 述 人：任国强
讲述时间：2022 年 10 月 3 日
整 理 人：张玉

任增福（1920 — 2016），陕西绥德人。1935 年参加陕甘红军，1939 年加入中国共产党。经历过延安保卫战、华北解放战争、东北解放战争、华南解放战争、抗美援朝战争，多次荣立军功。转业后任山西省榆次晋华纺织厂监委书记，后供职于运城县委、运城百货公司、运城冷库、运城地区生产资料公司等单位。1983 年离休。

○

○

南征北战

我的父亲任增福 1920 年出生在陕西省绥德县韭园沟乡任家坬村，那时的老家极为贫穷，父亲家也不例外。生在这常年干旱、经济落后的地方，为了填饱肚子，年幼的父亲不仅要帮家里砍柴、挑水，还要给地主家放羊。在这样艰难困苦的生活环境下，父亲做梦也想不到，中国共产党有一天会来到这边远贫穷地区解放劳苦大众，而他的命运也因此发生了翻天覆地的改变。

20 世纪 30 年代，陕北地区出现了一个大人物——谢子长，他带领部队在陕北一带打游击。1932 年 5 月，谢子长在陕甘边地区领导了靖远起义，成立了中国工农红军陕甘游击队第四支队，并任总指挥。这支队伍的成立，在陕甘地区第一次公开打出了中国工农红军的旗帜，向广大人民群众公开了部队的性质和宗旨。当时陕北很多年轻人在这里参军。1934 年，父亲的二叔任汉银加入了地方共产党，三叔也参加了红军。1938 年，三叔被国民党俘虏后枪毙。父亲说他二叔经常讲红军是如何如何的好，打土豪，分田地，为穷人翻身，这使得父亲在思想上受到了很大的鼓舞。

1935 年 10 月，我父亲决定投身革命，参加了游击队，做了一名传令兵。父亲当时年仅十五岁。讲起当兵的初衷，他说，一来看到那些士兵在如此艰苦的条件下作战，内心很受鼓舞；二来觉得当兵至少是为革命事业奋斗，再也不用给地主干活。后来我二叔任增财，在父亲的影响下，也参加了革命，但他在 1948 年的瓦子街战役中英勇牺牲，年仅二十五岁，留下了十岁的孩子和终身未再嫁的婶婶。

每每回忆往事，父亲总是满含热泪地说道："最初条件十分艰苦，很多人受不了苦，待了两天就悄悄跑回家了。我也知道继续待下去，这条命随时可能失去。但是当时社会那么乱，国家破乱不堪，而这支部队从来不欺负穷人，又不打骂士兵，我觉得跟着这样的部队错不了，所以就坚定地留了下来。"

1936 年 6 月，父亲进入陕甘红军刘志丹部队二十六军少年先锋党支部；同年 10 月，做了绥德警备司令部通信员。那时候他只有十六七岁，就这样跟随部队转战陕北一带。身为通信员的父亲奉行着"不该看的不看，不该说的不说；不多说，不少说，不误传"的信念在枪林弹雨中传送着上级命令和情报，没有出现过一次差错。有时为了躲过敌人的眼线，还得进行必要的乔装打扮。父亲年纪小，机智灵活，每次都能躲过敌人的盘查，往来于苏区和白区之间，将党的文件精神及时传达到地下党员中，出色地完成了组织交给的任务。

1938 年，父亲参加王老坡山战役时，每天行军打仗一百多里，脚上磨出了水泡，也不叫苦。父亲参加手榴弹小组，冲到敌人的后方，把敌人的哨兵抓住了，自己的腿部也受了伤，但他仍然坚持战斗，共缴获三支枪，抓住两个俘虏。父亲在关中时生活很困难，吃不到菜，就找一些野菜吃，煮辣子汤泡饭吃（在我的记忆里父亲是不吃辣椒的）。即使这样，父亲思想上从未动摇过，也没有向困难低过头。

1939 年 9 月，父亲光荣地加入中国共产党；1944 年 12 月，他已经是十六旅六十六团一营七部的通信班长啦。在这期间父亲还参加了延安整风运动，通过学习和整改，他初步学习了毛泽东思想，这是他一生最重要的信仰。

1945 年 4 月，父亲所在的部队离开陕西，转战华北。出发时，父亲路过家门口却没有回家。我爷爷去部队上看父亲，想让他回去，但是父亲没有听爷爷的话。父亲他们来到山西敖坡和日本人打了一天，没有吃饭，继续前行；走到汾阳又碰上了敌人，接着又打了一天一晚，还是未吃饭喝水，又继续前进。那时有些同志被困难吓倒，开了小差，但父亲立场特别坚定。

从 1935 年参军到 1945 年。父亲说他在这十年当中，经过了锻炼，对革命有了更深的认识，也确定了革命的人生观。所以之后，他在工作中总是积极埋头苦干，上级交办的任务每次都能圆满完成，遇到困难也会想办法克服。

○

○

革命伴侣

抗日战争结束后，父亲被分编到解放军第四野战军四十五军一三四师。那是 1946 年 8 月，父亲转入一三四师七部做警卫员，他随着这支部队进入东北，参加了辽沈战役、平津战役，历任教导员、队长、补训团排长、指导员等职。后来他来到工兵营做指导员，从事军事工程保障工作。就在这里，他与我的母亲相遇相识。

我的母亲张芳，1930 年 3 月出生在湖南省娄底市双峰县山口村。1949 年 9 月参军入伍，也被分编在解放军第四野战军。我父亲是绥德人，绥德历史悠久，人文荟萃，素有“秦汉名邦”之美誉，还有个大名叫“陕北旱码头”。我母亲的故乡娄底市则被世人称为“湘中明珠”，这里是被后世尊为“战神”的中华民族三大始祖之一蚩尤的故里，是湖湘文化的主要发源地之一。二老的故乡都是革命圣地，他们的相识相恋与革命密不可分，而经历战火洗礼过的爱情坚如磐石。那时我母亲在部队体工队，她是文艺尖子，喜欢打排球，打了五年。也许就是她在球场上的飒爽英姿吸引了我的父亲，令他一见倾心。经党组织介绍，天南地北的两人就这样相识了。

1952 年 5 月 20 日，父母在部队举办了他们人生中最难忘的革命婚礼，没有鲜花与酒宴，只有身边战友们的真心祝愿。两人从此相濡以沫、并肩作战——

这正是对革命伉俪最完美的诠释。他们的故乡相隔千里，风俗和习惯都大相径庭，两个人讲着不同的方言，一个爱吃面食，一个爱吃米饭。差异如此之大，两个人却一过就是一辈子，风雨同舟六十五年。

中华人民共和国成立后，我父母随军辗转各地。那时为了帮助部队工农出身的干部提高文化水平，以适应国防现代化的需要，各军区都兴办了速成中学，主要培养团级以上干部。我父亲所在的中南军区在南昌建立了第一文化速成中学。1952年5月，父亲被选送到这里学习。在这里，他学习到了梦寐以求的文化知识和军事理论，使他近二十年的战斗理论得到了提炼和升华。

1954年1月，父亲接上级命令，奔赴朝鲜战场；1954年5月，父亲回国；1954年10月，我父母一起转业到山西省榆次晋华纺织厂，父亲任监委书记，从此扎根三晋大地。我们兄弟姐妹都在山西长大，是地道的山西人了。

1959年，我父母被调到晋中地质局物探队工作；1963年，他们支援农村搞“四清”，参加山西省农村工作队，来到运城。父亲先后在运城县委、运城百货公司、运城地区冷库、运城地区生产资料公司工作，直到1983年1月光荣离休。我母亲在五交化门市部工作，也是一直干到退休，没有再离开过运城。二老退休后，组织上安排他们去干部疗养所居住，但是他们不愿给组织上添麻烦，依然住在单位安排的宿舍。

我的父母亲年龄相差较大，父亲比母亲大十岁，在家庭生活方面，我母亲做得较多，她爱做家务，也注重对我们的教育。母亲有文体特长，特别擅长打排球。记得以前在晋华纺织厂的时候，母亲带着我们几个去打球。她打球，我们这些小跟班给她捡球，一家人玩得兴高采烈。在她的影响下，我们兄弟姐妹都特别爱好体育运动，身体特别好。我转业参加工作时，因为爱打篮球，舍不得和战友们分开，就一起来到同一个单位；现在想来，这种热爱运动、热爱生活的激情，都来自母亲。母亲现在还爱看体育节目，尽管她年事已高，不能驰骋球场，但是她对体育运动的激情永不消退。她最喜欢的明星是郎平，每每看到中国女排斩获金牌的镜头，母亲总是全神贯注，热泪盈眶。我想，她一定是想起了那些激情燃烧的岁月，那风驰电掣的奔跑、那月光下简朴的婚礼。

我的父母都是认真敬业的人，他们一生为革命转战南北，过着颠沛流离的生活，但是每到一地，每换一份工作，他们都踏踏实实努力去做，从来不挑待遇。

他们实事求是的工作作风赢得了身边所有人的认可。那时只要有机会，父亲就会积极参加各种学习、培训。现在家里还保存着父亲当年一本又一本满是记录的学习笔记。在这些笔记中，被父亲用红笔反复标注的语句，表明了不善言辞的父亲的革命理想与信念，如今我们读起来不禁感动万分，仿佛听到了父亲的心声。

我还清楚地记得热爱学习的父亲常年订阅《人民日报》《参考消息》《山西日报》和《半月谈》等报纸杂志，他非常关注党和国家的发展，有关马克思主义、毛泽东思想的书籍装满了书柜，而这些书籍也成为我们兄妹们的课外读物。后来家里有了电视机，父亲一直到晚年都是每天雷打不动地观看《新闻联播》，关注着党和国家的建设与发展。

父亲不仅将所学记录在笔记本上，还用实际行动践行了一名共产党员的理想与信念。我们在家里从来没有听到父亲抱怨过工作。今天看到父亲当年在笔记本上写下的“在困难中不动摇，忠心耿耿地为民族、为阶级、为党工作”的句子，我们才更明白，父亲是用言传身教践行了自己的信仰。

我父母一直艰苦朴素，哪怕是在国家安定、人民生活富足的今天依然奉行勤俭节约的传统美德。我们小的时候，家里条件并不算太差，但我们兄妹五个总是一件衣服老大穿完老二穿，老二穿完老三、老四、老五接着穿。受父母的影响，我们兄妹各家至今都秉承着勤俭节约的生活作风，从不攀比吃穿，坚持物尽其用，凡事从简，避免铺张浪费。

○

○

言传身教

我的父母都特别清正廉洁，克己奉公。我们兄妹到了要当兵和插队的年纪，父亲便频频鼓励，对我们期盼有加。我们参加工作的时候，平日少言寡语的父亲则告诫我们要“自食其力”，还说：“到哪个单位都是一样为国家做贡献！”

我于 1970 年 12 月 26 日参军，在东北总后勤部三十七团做战士。我们的部队在吉林省白城市驻扎，是运输团，主要运输战备物资、挖防空洞。东北天气冷，冬天达到零下四十多度，滴水成冰；冰雪道路特别难行，事故频发。父亲曾经到部队看我，他被部队邀请给我们讲红军的历史。我感到十分光荣，牢牢记住他每一句教诲。我当时是运输兵，开大车。我开车特别谨慎，从来没有出过事故，总是安全完成运输工作，多次受到嘉奖，荣立两次三等功，当了班长，在 1977 年 7 月入党。八年后，我退伍回家就业，到电业局工作，还是干本行，当司机，做到车队队长。我开车四十三年，安全行驶一百余万公里，零事故。

我二弟在水文队工作，因为工作艰苦，想请父亲出面把他调到别的单位，父亲没有同意。后来二弟在运输水管的时候出了事故，于蒲县因公死亡，那是我们一家人永远的痛。我妹妹在运城建筑公司上班，一直干到退休。四弟参军两年，退伍后分配到盐化工厂上班，没过几年就赶上了单位改制，下了岗；这种情况下，父亲也没有利用自己的关系帮他找工作。小弟也是电业局一名普通工人。我们兄弟姐妹都在平凡的岗位上努力工作，父亲没有利用手中的权力为我们开过绿灯。我们也理解父亲，从没有抱怨过他。

父亲在 20 世纪 70 年代曾经生过一场重病，切除了五分之四的胃。那时我还在部队服役，母亲想让我回来，因为父亲已经吃不下饭了。父亲不同意，他怕影响我工作。他说自己挺过去就好了。手术确实很成功，他的身体经历了这次大手术，反而变好了。

晚年的父亲，有点耳背，由于神经压迫，左眼眼皮已经耷拉下来，但右眼视力还好。他思维依然清晰，不苟言笑，给人的感觉有点严肃。老父亲喜欢看抗日题材的电视剧，尤其是看到打仗情节时，总是全神贯注，有时会流下眼泪，不能自已。平时父亲还喜欢和我们下象棋、打麻将。父亲在世时，组织上一直都很关心他们这些离休老干部，每年重大节日，市领导都会前来探望他；父亲从来不摆老资格，更未对组织提出过任何要求，他只是心存感恩，认为社会和平、家人平安就是福。

我母亲在五交化门市部的时候从事销售工作，她卖自行车卖了十几年。那个时候是计划经济时代，自行车算紧俏物资，需凭票购买。对于一般家庭来说，买一辆好自行车的花销相当于一年的工资，即便是攒够了钱，也要盼来罕见的自行车票才能买。那时候，与手表、缝纫机比起来，“三大件”中自行车最昂贵，也最实用，自然成为市民争购的热门商品。谁要是上下班骑着一辆黑色凤凰二八自行车，那种感觉相当神气，无异于现代人拥有一辆奔驰、宝马车。在这种背景下，经常有人找母亲，想走后门买一辆自行车，但母亲从来没有违规批过车票。有一次，有一位组织部的领导找我母亲想买自行车，话里话外暗示母亲可以帮她修改参军日期。这里有一个小插曲。我母亲参军的日期是 1949 年 9 月，但是为了记忆方便，她登记的时候写成了 1949 年 10 月 1 日，那是新中国成立的日子，意即与共和国共成长。这个美好的初心给她带来了损失，参军日期推迟了几天，却影响到了她离退休工资待遇的认定。母亲曾为此找过组织修改档案，但最终无果。母亲拒绝了，她说她不能为自己的私事影响工作。母亲现在也没能享受离休待遇，但她不后悔，她说党和国家已经给了她很多，没有什么可争的。母亲一直保持着这样与世无争、心胸宽广的心态，所以今年已经九十二岁的她身体依然健康，每天笑容挂在脸上。

晚年的父母亲居住在运城市盐湖区。他们儿孙满堂，可是却从不愿意给孩子们添麻烦，坚持独自居住。逢年过节，全家人都会聚在一起，听着父亲语重心长地嘱咐我们："现在社会好了，国家富强了，老百姓的日子越过越好了，可是你们要记住，咱们今天的幸福生活，是无数英雄用鲜血换来的，你们一定不能忘记那些为国家的解放付出生命的革命先辈们！要耿直做人，踏实做事，勤奋学习，努力工作，为社会多做贡献，珍惜这来之不易的和平啊！"

2016 年 8 月，父亲在运城逝世，享年九十七岁。父亲用共产党人的理想与信念，照亮了我们的成长道路。抚今追昔，流年似水，父亲和先辈们创造的功绩，我们不会忘记。他们的革命精神和淳朴的家风将在我们身上延续。愿我们家，愿普天之下每一家：天增岁月人增福，春满乾坤喜满门。

比飞却似关雎鸟，并蒂常开连理枝

讲 述 人：李晓红
讲述时间：2023 年 4 月 21 日
整 理 人：孟志平

李德旺（1926 — 2012），1945 年参加工作，先后任和顺县城关工商联合会秘书，县工商联合总社经理，县工商联合会秘书、副主席，和顺支前指挥部供给股长，太原战役供给处科员。参加过晋南战役、晋中战役。1949年加入中国共产党。后历任太原市卫生队总务股长、裕民肥料公司经理、太原市政府秘书、织造厂秘书、基建科长、党总支组织委员，中共山西晋生纺织厂针织部党总支书记、厂党委委员。1958 年后任山西晋生纺织厂文教部长、宣传部长，技校副校长、支部书记，1963 年任太原市委工交政治部“四清”巡回检查组组长。1966 年起任太原市棉针织工业公司政治处主任、书记，1975 年任中共太原五金工业公司书记，1979 年任太原服装鞋帽公司党委书记，1984 年任太原服装鞋帽公司调研员。1986 年离休。

○

○

心里头始终装着事装着人

1926 年 8 月，我的父亲李德旺出生在山西省和顺县东垴沟村一个穷苦农民家庭。东垴沟村是个穷山沟，村里的老百姓世代都靠天吃饭。那里土地贫瘠，村里人一年受死累活，地里出产的那点粮食也只够填饱肚子。父亲小时候念过高小，和村里的娃娃们一样一边上学一边干农活。

抗日战争全面爆发后，1937 年 11 月，中国共产党领导下的八路军在和顺县横岭镇石拐村召开了石拐会议，影响非常大。为了发动群众团结起来一致抗日，党组织在和顺县境内展开了广泛的宣传。父亲那时正在求学，他和许多同龄人一样年轻气盛又血气方刚，对全面入侵中国的日本鬼子心里那可是充满了刻骨的仇恨，只要是打日本的队伍在他们眼里就是老百姓的救星，就是中国的救星。父亲念过高小，部队在村里展开工作的时候，父亲就积极地和他们一起做宣传。刚开始是做些杂活，比如跑跑腿、张贴标语、打个下手等。部队上的同志们一看，这娃娃人勤快还识字，就半开玩笑半认真地问他，愿不愿意跟着他们干革命。父亲学着大人的样子挺起胸膛大声说：只要打日本鬼子，他就愿意干革命。

就这样，父亲成了革命队伍中的一员。那年，他十四岁。

念过高小又写得一笔好字的父亲，刚开始在八路军队伍里就跟着写写标语抄抄文书，他干的工作也恰好是他的爱好。念书的时候家里穷，常常为买笔墨纸张发愁，在部队上好像一下子得到了满足，父亲的工作热忱自然可以想象。从抄文书到后来当会计，父亲的每一项工作都做得得心应手。纯朴善良的天性，勤快且积极的工作态度，得到了大家的一致认可。直到多年之后，父亲每每回想起那段岁月，他就满怀感慨。他说，这辈子要说有遗憾的话，那就是他虽然从小参加了革命工作，却没有真正意义上参过军。

那时候，部队里念过书认识字的人不多。1945 年，组织上就把他安排到和顺县城关工商联合会做秘书工作。秘书工作，依旧是和文字打交道，父亲埋头桌案，干得一丝不苟。那时他最大的愿望就是通过自己的努力工作，成为一名光荣的共产党员。在此后的几年间，年轻的父亲又先后担任过县工商联合会总社经理，县工商联合会秘书、副主席等职。解放战争后期，父亲任和顺支前指挥部供给股长、太原战役供给处科员，并参加了解放晋南、晋中战役。

1949 年，父亲在战火烽飞的岁月里，光荣地加入了中国共产党。

解放后，父亲在太原市卫生队、裕民肥料公司、太原市政府、织造厂以及中共山西省晋生纺织厂、太原五金工业公司等单位工作，直到 1986 年离休。

父亲在工作中认真负责、铁面无私，而最为人所称道的则是他一心为公、团结同志的灼热情感。

父亲在纺织学校工作时，学校从各地招收了七八十名学生。这些学生在完成学业以后，就全部分配到农村工作。因为各种特殊情况，有二十名同学的工龄没有续上，没有续上的正是学校时期的那三年。后来当年那些分到基层的学生陆续调回城里，结果发现工龄断了。二十名学生就找到父亲求助。父亲一方面耐心安慰，一方面把这些当年的学生当作自己的孩子一样，每天和他们吃住在一起。在了解并掌握了事情的来龙去脉后，父亲将他们送回工作岗位让他们安心工作，自己逐一去每一个学生的所在地，与地方和单位不断进行沟通。也不知跑了多少路，更不知说了多少好话，在前后不到两年的时间里，终于将二十名学生的工龄问题全部解决了。

20 世纪 90 年代，太原市刚开始集中供暖的时候，取暖费改由个人承担。得到通知时，宿舍楼里的居民们不理解啊，以前都是单位一块交的，咋就成个人交了？居民们意见很大，纷纷表态不交取暖费。可问题是，整幢楼只要有一户不交暖气费就不供暖。单位领导挨家挨户做工作，可是收效甚微，不得已他们想到父亲的影响和威望，就上门求助在老干科工作的父亲。那时候，不管在单位还是在离退休队伍里，父亲都很有威信。父亲想了想就说，咱们定个日子，在楼下空旷的地方，召集全体居民开个会吧。

开会那天，好几百号人聚集在一起，所有人的目光都盯在父亲身上。父亲没有如他们所想的那样一上来就讲大道理，或借助上级的通知压制，他反而笑呵呵地对大家说，咱们谁是共产党员，请站到这边来。居民们也不知父亲是什么意思，就按照父亲的要求，自动分成了两队。一队人多的是党员，另一队则是群众。父亲脸上的笑容逐渐消失了，取而代之的则是非常严肃的表情。父亲从战争年代讲起，他说过去多少共产党员在血雨腥风中面对敌人的炮火连命都不惜，才让我们过上了现在和平的好日子，一切都在市场化，你享受供暖却不肯掏供暖费，于情于理于法，哪一条能说得过去？共产党员的宗旨是为人民服务，为国家解决难题而不是给国家添乱。

短短几句话，在场的共产党员们都低下了头，群众队伍里更是没人敢吭声。后来除了几位家庭条件不好、无儿无女、孩子下岗的特殊困难户由集体协调解决外，供暖矛盾一下子就解决了，大家都如期享受到了冬季的供暖。

父亲去世后，母亲晚年在病床上对我们子女这样评价父亲：所有的工作最终都是做人的工作，你爸爸啊，这辈子我最佩服他的就是，说啥话办啥事，他心里头始终装着人……

○

○

贴身暖心的棉袄

父亲生前说到母亲，常常以开玩笑的方式和我们说：你妈她像件又软又厚的老棉袄，既贴身又暖心啊。

我的母亲叫杨春凤，她的祖籍是河北省宁静县。小时候她常常给我们叨咕，她说我的姥娘和姥爷结婚后，姥爷外出逃荒在山西太原给人家赶马车谋生。老家是个穷山沟，实在穷得过不下去了，万般无奈之下姥娘就拉着我大舅的手从宁静县跑出来到太原找到了姥爷，并从此定居在了太原。

1933 年，母亲在太原出生，一家人就靠在太原做点儿小本生意维持生计。

我妈出生还没过百天，姥爷就因病去世了。姥娘一个人带着两个儿子和我妈艰难地把这个家撑起来了。姥娘家穷，可她心里明白，人活在世上不识点文断点字，要吃一辈子睁眼瞎的苦，她就让我妈从小进学堂念书。我母亲从小就爱读书，从初小一直读到初中毕业。那个年代，对于普通人家来说，能念到初中那确实是件了不起的事啊。1945 年，日本鬼子投降前后，城里头有纺织工厂招工，母亲为贴补家用，就先在厂里打零工。

母亲好像把姥娘身上那种吃苦耐劳的好品质完全给继承了下来，在工作中她不怕苦和累，脏活难活抢着干，从没怨言。

母亲从十六岁开始打零工，到解放后大概 1958 年时，前后不到十年时间，母亲就成了单位机修车间的主任。父亲和母亲就是在这个时候认识并结婚，成立了他们的家庭。

母亲在单位是个认真负责深受职工们喜欢的老黄牛。工作之余，她也是个闲不住的人。尤其是她的工作调到针织厂医院之后，她的休息时间和别的厂矿单位不一样，一般厂矿单位是星期日休息，她们医院是星期二休息。我和姐姐小时候过周末，原本想睡个懒觉，可母亲却早早就把我们叫醒了。她带着我们到了医院，别人还没上班，她就拿着扫帚一个人打扫起了医院的卫生。直到我们离家外出念书，梦里头出现的母亲的影子就是一个默默清扫卫生的依稀轮廓，记忆非常深刻。

因为工作需要，医院大规模扩招。那时候，大学生非常稀罕，除了能招到一些在医科大学毕业的学生，大部分都是没有学历的农村孩子。原本只有十来个人的医院一下子就扩大到七八十人的规模。我母亲从小就信奉：人要吃饱肚，更要学文化。在她的竭力推荐下，全院一多半年轻学生进了工农兵大学继续深造。后来医院的主要工作岗位上都是当年那些学成归来的年轻学生。直到多年之后，当年那批外出学习的学子们说起当年的经历，对母亲都满怀感激之情。

在自己的眼皮底下，能看着年轻人成长成熟，并成为对国家对集体有用的栋梁之材，那是让母亲最感欣慰最有成就感的乐事。

在单位，活力无限的年轻人是主角，母亲是位倾听者。在大多数人眼里，母亲是位温柔善良、和蔼可亲的柔弱妇女。可他们哪里能想到，母亲也有拍案而起、勃然发怒的时候。父亲工作忙，家里经常看不到他的身影，母亲就成了我们兄弟姐妹的靠山。因为年龄和经历的原因，我们那时不太清楚，事实上，母亲不光是我们的靠山，更是父亲精神上别人无法想象的大屏障。直到多年之后，父亲给我们说起当年的事，我们才恍然而悟。

人们常说，经历让人成长更让人坚强，这话放在我母亲和父亲身上再合适不过了。母亲的胆量、父亲的胸怀，不光让身边的人感叹，更让曾经那些恨不得把父亲和母亲打倒在地踏上一万只脚让他们永世不得翻身的当事者们羞愧。

后来那些污蔑过我父亲并下过黑手的人们纷纷上门道歉，以求得父亲的谅解和宽恕。父亲非常冷静，他笑着大手一挥，说：以往都和你们没有关系。

母亲先后任山西晋生纺织厂、山西针织厂车间书记，医院院长兼党委书记，并多次参加全国和全省工农业劳模代表大会。

母亲1989年退休，2018年去世。

母亲晚年对我们说：我从小受尽了苦难，一生有过两次最无悔的选择，一个是跟着党干革命，一个是和你爸结婚，既无怨也无悔。

○

○

两个人的时空

父亲是1986年离开工作岗位的，母亲是1989年离开工作岗位的。前后在三年之内，在我们兄弟姐妹眼里一辈子为革命工作不分昼夜、聚少离多的两个人终于相聚在一起了。

当年，父母两人因为一个共同的政治信仰和奋斗目标走到了一起，走进了革命的大熔炉，在不同的工作岗位上为革命工作奉献了他们的青春和热血。退休后，也正是相同的革命经历以及养成的工作习惯让他们在晚年的生活中非常融洽。

在工作中，父亲和母亲遇到各种问题时，总是习惯性主动沟通，从不争论，我们从来没见过他们拌过嘴吵过架，可以说和谐的家庭气氛从那时就延续下来了。

两人退休后，最明显的变化就是家里的各类报纸刊物多了，《人民日报》《参考消息》等，都是父亲自费订阅的。每天晚上七点钟，两人就像约好了一样，准时坐在沙发上看《新闻联播》。除此之外，两人还有一个共同爱好，就是每到节假日，兄弟姐妹的孩子们都会不约而同来到家里，听他们讲过去为国壮烈牺牲的英雄人物和革命故事。孩子们听得非常认真，不光听，听完了每人都要回家写感受，并把感受争着给父母亲审阅。父母非常高兴，比方说谁写得好谁写得生动，就奖励一支笔或一本书。多少年来，我们兄弟姐妹三人的孩子基本上都是老两口给看大的，我们都没有咋操心。为此，我们过意不去，和父母聊起时，他们就说，我们都退下来了，肩上没担子了，做点力所能及的事，就是想把你们都解放出来，让你们兄弟姐妹没有后顾之忧，踏踏实实去为党工作。

实际上，爷孙辈这种隔代亲的教育方式我们都非常认可，从小无忧无虑没有受过苦的孩子们有机会听听爷爷辈们身上发生的故事对他们的成长和成熟起到了异乎寻常的催化作用。良好的家风正是以这种方式得以在潜移默化中得到了传承。

每到节假日，兄弟姐妹的孩子们都会不约而同来到家里，听他们讲过去为国壮烈牺牲的英雄人物和革命故事。

我记得当年我们小时候，父亲和母亲就常说，只要人正派，走正道，他的学习也不会差到哪里去。用咱们现在的说法就是，人要时刻保持谦虚低调的作风，脚步才能走得扎实稳妥，这是多么质朴的人生道理啊。

这种和谐的家庭氛围不仅感染着我们祖孙三代，同样也感染着更多的局外人。

父母日益苍老，身体多病，儿女们又忙于各自的工作，于是就为两位老人雇了一个保姆，在他们身边悉心奉侍。

保姆进了我们家，和父母生活在一起，就成了我们家里的一员。父母私下里常常提醒我们，保姆在咱们家所做的跟我们一样，都是一项工作，即便偶尔做得不对，你们谁都不能指责人家，这天底下哪个人不是万般无奈也不会出来伺候人。总之就一句话，咱们和保姆能生活在一起，就是一种缘分，她进了咱家门，咱们就是一家人。

父母的话说得义正辞严，我们强烈地感受到话语中所渗透而出的朴善。而更让我们感激不尽的是，保姆在侍奉老人的过程中，她尽职尽责，全部心思和精力都集中在父亲的饮食起居上，就像父母膝下又多了个满怀孝心的好闺女。

时光不饶人。眨眼间，父母一个接一个离我们而去。我们相信，他们一定在那个完全陌生的世界，为了一个共同的信仰又组成了一个和谐家庭，相濡以沫，携手并肩，共同奋斗。

家里一下子空了，可我们又多了一个好姐妹，就是曾经与父母一起生活了多年的保姆。

父母走了，保姆成了我们的朋友，也成了我们的亲人。

每逢节假日，我们彼此之间都要通过电话或微信联系，共同回忆曾经在一起的时光。

过去的时光，那种和谐的光和影，每一幅每一帧，想起来都让我们泪流满面……

社会主义大家庭

讲 述 人：张炎魁
讲述时间：2023 年 4 月 24 日
整 理 人：孟志平

张健民（1916 — 1993），原名张仲芳，出生于山西省阳城县町店镇大宁村。1936 年底，参加牺盟会，任村牺盟支部负责人。1938 年 4 月加入中国共产党。1939 年底“十二月事变”发生后，主持县抗日政府日常工作，后加入晋豫边游击支队（唐支队）。1940 年起，先后任八路军晋豫边游击支队司令部秘书、八路军一二九师新一旅秘书等职。解放战争初期，任中共太岳区党委秘书科科长。1946 年 11 月，任中共阳城县委宣传部部长。1948 年 2 月，任中共阳城县委副书记；1949 年 8 月，任中共阳城县委书记兼县人民武装委员会政委；1949 年 10 月，当选为阳城县第一届各界人民代表大会常务委员会主席（兼）。中华人民共和国成立后，历任中共阳城县委书记，中共长治地委秘书长兼统战部副部长，中共山西省委统战部办公室主任、秘书长，省政府对资改造办副主任，省革委统战办公室副主任，省政协副秘书长，省地方志编纂委员会办公室副主任。1984 年离休。

○

○

“我们村里的秀才”

我的父亲名叫张健民，1916 年出生在阳城县町店乡（现町店镇）大宁村一个贫苦农民家庭。父亲兄弟姐妹八个，他是老小。从他记事起就开始跟着爷爷奶奶他们一家下地耕作劳动。父亲说阳城十年九旱，农民种地就靠天吃饭，多数年景不好。全家人起早贪黑，辛苦劳作，才能勉强维持一日三餐。

父亲这辈子始终相信一句话，那就是经历磨砺人，能让人尽快地成长。贫穷不仅让他过早地体验到人间的悲伤和痛楚，而且让他在很小的时候就非常强烈地萌生了一定要改变命运的决心。

1922 年秋，六岁的父亲走进本村小学开始读书，他朦朦胧胧地意识到，那些散发着墨香的书本可能就是他改变命运的唯一机会。父亲在学业上始终脚踏实地、坚持不懈。他的学业突飞猛进，也恰印证了古人说的那句话：不鸣则已，一鸣惊人。那时小学共四年，在这四年当中，父亲一直埋头学习，刻苦用功，每次考试都在学校里名列榜首，经常受到老师的表扬。

张家出了个秀才的说法，就是从那时产生的。四年后，父亲读完初小要升高小了，因为家里穷实在无力支撑，爷爷为了让家里有个识字的日后不被人漠视不被人欺负，就勒紧裤腰带省吃俭用东家借西家凑，凑了十枚小铜圆让父亲上了高小。父亲就读的县立第三高小，同届招生前后经历了两年才招了不到二十人。在高小时，父亲每学期考试，又都名列榜首，全县为之传扬。

1930 年，父亲高小毕业，以全校第一名的成绩考入阳城县立初级中学。这下，家里实在穷得揭不开锅了，初中的学费是无论如何也交不起了。好在天无绝人之路，邻村一富户人家的孩子和父亲是同桌，他的父亲听说我父亲家里无力供他上学，十分同情，就来到我家对我爷爷说，你儿子学习这么好，他不上学就可惜了，你供不起他我们供。就这样，父亲在别人的资助下再次进了学堂。在学校里，父亲非常珍惜来之不易的学习机会，他更加用功努力。1933 年，父亲中学毕业时，山西省教育厅实施初中毕业班会考，阳城中学三个班一百二十名学生参加，父亲以优异的成绩夺得头名。同时，父亲被委任为小学教员。从农民到小学教员，可以说父亲的命运通过他的努力学习从此发生了翻天覆地的改变。1936 年，绥东抗战胜利后，山西进步青年人心振奋，牺牲救国同盟会应运而生。为抓紧时机在全省掀起抗日高潮，太原派出牺盟会协理员分赴各县大力宣传抗日，在青年中发展牺盟会员。父亲从小学教员的岗位上加入了牺盟会这个进步的抗日团体。1937 年 3 月，父亲到寿阳县营盘参加了军政训练，成为部队的一员。

父亲不光是村里人眼里能识文断字的秀才，而且还是能拿得起枪杆跟着共产党闹革命打天下的革命战士。在革命战争时期，最让父亲记忆犹新的是在太行山区的战斗经历：一次是他参加了震惊中外的百团大战，一次是同刘伯承师长一起突出重围。百团大战期间，父亲所在的部队驻杨耳村，一天突然有几架敌机来临，不断扫射轰炸，政治处的同志们纷纷跑到村外的山坡灌木林中隐蔽。由于机关的文书用物太多，一下子来不及收拾，父亲和几名同志就决定在住处防空。敌机在头上不断轰炸，村里被炸得不成样子，到处都是残垣断壁，一家老百姓院子里没来得及撤走的两头小毛驴都被炸断了腿，一片血肉模糊。轰炸过后，政治处的同志们连忙回村。他们以为来不及撤走的父亲他们可能遭到了不测，老远就焦急地吆喝起来。刚进驻地，他们就惊讶地看到父亲他们竟然毫发无损，正忙着清理机关文书用具呢。事后，政治处的同志们就笑着和人们说，敌人的飞机在识字人文化人跟前全是瞎子，老天爷长着眼哩。1942 年 6 月，敌人重点对我太行区进行“扫荡”。6 月 8 日，大批日本鬼子由黎城出动，企图对我旅直机关形成包围。那时，刘师长和少数工作人员及警卫力量就在二团所在的宋家庄。在敌人四面压缩对宋家庄一带形成包围圈的危急情况下，新一旅决定保护刘师长夜间突过邯长路进行突围。父亲和部队奉命在宋家庄、王家庄一带顽强阻击敌人，旅直机关向杨家庄与后雪寺之间转移。当夜，在山高沟深、三县交界、严重缺水的情况下，经过连夜激战，父亲所在的部队终于打退了敌人，保护刘师长所在机关顺利突出了重围。战斗结束后，休息期间父亲就在纸上将所经历的事件做了个简略记载。

这种记载方式，逐渐形成了习惯。

解放后，父亲养成的这种随手记录的习惯连他自己都不敢相信会在几十年后形成一部四十多万字的大作。由中共山西省委党史研究院和山西省地方志研究院共同编辑、分为上下册共六十二万余字名为《一个老共产党员的生活账》的“巨著”，所记载的正是父亲的日常生活。父亲从 1952 年党的生日那天起开始记录，直到他去世的前九天，即 1993 年 5 月 11 日止，时间跨度前后将近四十一年，中间从未间断。在这四十一年里，父亲的生活账工工整整、一笔一画地记在六十四开大小共十二册的笔记本上，上面详细记录了我们全家在太原生活的日常开销。

通过逐字阅读两本厚厚的大书，我们后代子女从里面看到的不光是父亲质朴善良的性格和对工作对生活认真负责的态度，更让我们感动的是他对家庭真挚的爱……

○

○

我要跟党走

我的母亲复姓上官，名叫双俊。她 1926 年出生在山西省阳城县李圪塔乡柴圪塔村东磦沟一个普普通通的贫农家庭。

说起母亲参加革命这个话题，非常富有传奇性。为什么这样说呢？因为母亲从小家里穷，那个穷可不是缺衣少食，母亲说那会儿她家里老老小小简直是吃了上顿没下顿，揭不开锅是常有的事。这种经历，使母亲从小就养成了倔犟不服输的个性。

母亲说，小时候在村里同龄的女娃娃们当中，她的胆子最大、嗓门最高，说话做事也最泼辣。母亲给我们讲起她的故事时，脸上常常无法掩饰地浮现出得意且颇为自豪的神情。我们想笑又不敢笑，从她讲故事的方式和手舞足蹈的样子，可以想象出她年轻时候那种神气活现的模样。有时候就觉得，母亲浑身上下透露出的那种无所畏惧的气场，足可证明她分明就像一个谈笑风生、指挥若定的女将军。

事实上，年轻时的母亲确实不同凡响。母亲十来岁时，全民族抗日战争爆发，陕北红军接受国民政府改编，率军东渡黄河开始北上抗日。党领导下的抗日武装在山西武乡、黎城、晋城一带建立根据地，广泛开展抗日宣传，声势一天比一天壮大。日本鬼子入侵山西以来，接连攻占了原平、忻州及太原，日军所到之处，杀人放火，无恶不作，尤其是对抗日根据地实行了惨无人道的“三光”政策。老百姓有家不能回，有地不能种，男女老少对日本鬼子的侵略行径恨之入骨。党领导下的队伍是打日本侵略军的队伍，自然受到了老百姓的拥戴。县里、乡里及各村庄，几乎每家都有青壮年纷纷加入抗日队伍，跟着党对日军展开血战。爹娘送儿郎、妻子送丈夫上战场的情景比比皆是。母亲所在的村里不断有青年参军保家卫国。母亲虽然是女娃，可她的心里头窝着一团火，她亲眼看到过日本鬼子残杀咱中国人的悲惨场面，她恨这辈子生了个女儿身。母亲晚年说起往事时仍然激情满怀，她说她要是个男的，早就响应党的号召扛起枪加入了一线战斗队伍，在战场上毫不留情地向日本鬼子开火，为死难的老百姓报仇雪恨了！

在村里同龄的女娃子中，我的母亲是一个胆子大且认准目标就一往无前的犟姑娘。日本鬼子打进阳城县，八路军队伍和游击队从四面八方不分昼夜对敌人展开斗争，枪炮声不绝。母亲所在的村子李圪塔乡柴圪塔村东礤沟就位于王屋山脚下，那里山高林密，地势险要。母亲积极地加入了村里的儿童团，站岗放哨，帮八路军队伍纳鞋垫做女工，帮后方医院送水送饭送情报。

母亲说，这辈子让她正式踏上革命道路，她要感谢一个人。那个人是位在某次战斗中受伤的八路军干部丁野。

一次我军和日本鬼子发生小规模战斗后，上级告诉村里，有位受伤的八路军干部就隐蔽在王屋山的一个石洞里。因为敌人在周边村镇四处“扫荡”，受伤的干部不能进村。那时，村里的青壮年都参加了游击队，照顾这位受伤干部的任务就交给了儿童团。任务就是想方设法躲过敌人的搜捕，给他送水送饭送医送药。

这个任务一传达，村里正考虑派谁去合适，母亲就主动报了名。那时母亲只有十一二岁，一身稚气却浑身是胆，说话做事干脆利落，就像个假小子。村里一合计，觉得个子不高又是个小姑娘，不会引起各方怀疑，就将任务交给了母亲。

母亲每天要往返村里和山里一趟。在山里八路军藏身的地方，母亲一边照顾他一边给他缝补衣裳纳鞋垫做布鞋。那位八路军干部受的伤也不重，关键是受伤的部位是小腿，行动不便。在前后两个多月的养伤过程中，八路军干部是位文化人，他就给母亲讲起好多和革命有关的经历，让大字不识的母亲眼跟前一下子像打开了一扇了解山外了解社会了解世界的窗口。其间，那位八路军干部还教我母亲认了不少字，特别是对共产党为穷苦人打天下的革命性和坚定性，让母亲一下子就长大了成熟了。可以说，在母亲眼里，那位八路军干部不光是她的长辈，更是她的良师和益友。

两个月之后，八路军干部伤养好了，返回了部队，加入到打击日本侵略者的队伍中。

我要跟党走。母亲正是从那时起，心里头就做出一个决定，这辈子她要走出大山，寻找党组织，义无反顾地走进革命队伍，并将有朝一日成为一名光荣的共产党员定为她的奋斗目标。

一年之后，母亲参加县城里由县妇救会举办的抗日宣传活动中，果断地加入了妇救会。村里的亲戚朋友们不理解啊，就说你一个小姑娘守家在地的，为啥要瞎跑？母亲回答得很实在也很干脆，她说共产党领导的妇救会就是为老百姓谋活路的，跟着共产党干革命，是天底下最大的事，我不后悔！

从此，母亲走进了革命的大熔炉。

1943 年，母亲加入了中国共产党，曾先后担任阳城县六区妇救会主席、五区妇救会主席。

1949 年，母亲任阳城县妇救会主席；1957 年后，历任太原市北城区缉虎营街道办事处主任、杏花岭区鼓楼街道办事处书记、巨轮街道办事处书记。

1985 年，离休前任鼓楼街道办事处党委书记。

晚年时，母亲说，我跟你父亲干了一辈子革命，还养大了你们九个兄弟姐妹，不容易啊。

说这话的时候，母亲眼里都是泪，但她的脸上却荡漾着富足而幸福的笑容……

○

○

特殊的家庭

前些年，我的微信名不是我的本名，而是“社会主义大家庭”。为什么要起这个名字，那就是源自我们这个特殊的革命大家庭。

我们兄弟姐妹一共九个，却来自四个家庭。

父亲在参加革命前，在村里经媒人介绍就成了家，并有了我大哥。因为革命工作，聚少离多，等解放后父亲到城里工作，他就让妻子进城。但妻子受传统观念的影响，不愿意进城里生活。没办法，父亲就只得把我大哥一个人带进城，之后才与我母亲成了家。

再说母亲。母亲参加工作后就成了家。母亲原来的丈夫是解放军队伍里的一位旅级干部。母亲刚有了身孕，她丈夫就牺牲在解放太原的战役中。她丈夫当时是某师某旅一位政委，姓李。她丈夫牺牲后被授予革命烈士。这位烈士生前和我父亲还熟，他牺牲以后，父亲就和孤单并怀有烈士后代的母亲走到了一起。母亲腹中的孩子生下后，起初还想跟父亲姓，可父亲不同意。父亲说一定要把烈士的姓氏和香火代代传承下去，让他们的后代不要忘了先辈。

再说第三个家庭。父亲有个姐姐家在农村，一家有重男轻女的思想。那时，村里农户想要男娃，要是生下女娃，不想养的话，就想方设法送人。父亲的姐姐生了个女娃，她家不想要就四处打听准备送人。我父亲喜欢那个小女娃，舍不得送人，就说你们不想养我养。父亲结婚后，就把这个女娃接到了自己家里。这个女娃就成了我的大姐。

父亲和我母亲结婚后，就陆续有了我们兄弟姐妹。总而言之，我们兄弟姐妹一共九个，来自四个不同的家庭，其中有一位还不同姓。这就是我最初把我的微信名定为“社会主义大家庭”的原因。

父亲和母亲，两个人一辈子都忙于革命工作，膝下大大小小九个子女，甭说别的，单是糊这九张嘴就让他们一辈子勒紧裤腰带省吃俭用。

这还不算，父母自己过得紧张，还乐于帮助别人。母亲的前夫牺牲后，他的父母也都是农民，一年四季靠种地为生，生活过得清苦。逢年过节，父亲都要给两位老人寄一些米粮或钱物。父亲和母亲的前夫生前都熟，母亲的前夫又英勇牺牲在战场上。父亲觉得他得尽自己所能为烈士家人做点什么。

母亲曾问父亲为啥要这么做。父亲说，咱们都是共产党员，都是干革命过来的，他还是烈士，我应该这么做。

父亲是个见不惯别人吃苦受罪的人，即便在村里人的眼里头，他是政府官员，可身上的衣裳穿着既朴素又破旧，在好多常人看不到的地方还有好多补丁。那些一针一线补纳出来的大小不一的补丁，别人不知道，可我们清楚那都是母亲下了班，伺候完一家老小十来张嘴后，独个坐在灯下挑着针尖儿一下一下补缀上去的。

我小的时候，冬天外面还下着雪，常常半夜里醒来，一家人都在睡觉，我看见母亲一个人坐在灯下，手里拿着一件刚补缀完的父亲的衣裳。灯影里，我清楚地看见母亲因岁月磨砺生出的皱纹。那些皱纹一下子揪紧了我的心，可我又看到母亲疲惫的眼神里分明露出一抹非常惬意而满足的笑容……

1993 年，父亲离世。

母亲在晚年留给我们兄弟姐妹的遗言：你父亲的骨灰埋回阳城了，我也想随汾河而去，继续追随革命的脚步……

2008 年，母亲离世。

层林尽染红烂漫

讲 述 人：王云龙
讲述时间：2023年5月10日
整 理 人：张玉

王陆定（1919 — 2009），山西平遥人。1937年3月参加革命工作；1938年4月加入共产党，时任太岳区平遥抗日县政府一区区长；1941年独自创办冀南银行平遥办事处；1946年调入太岳区经济一分局，后任沁源银行行长。1952年调入中国人民保险公司总公司，任监察室纪律检查组组长。1958年回到山西，历任太原市十五中校长、太原市三中党委书记、太原市教育局副局长等职。1983年离休。

杨月仙（1915 — 2019），山西平遥人。共产党员。1937年1月参加革命，是山西省抗日军政训练班第十一连战士，旋即回到平遥从事妇救会工作、任小学教师等职。1946年调入山西长治中国人民银行中心支行任职员，1956年调入中国人民保险公司总公司从事对外保险业务。1958年回到山西，在太原十五中任教。1983年离休。

○

○

千年古城　百年人生

我的父亲王陆定，1919年农历五月十七出生于平遥县普洞村的一户农家；我的母亲杨月仙，1915年农历十月十二出生于平遥县城一个商人家庭。他们学生时期同校不同级，都是1937年上半年投身革命，是一对红军伴侣。1938年农历六月二十八日，二人结为夫妇，数十载相濡以沫，共同经历了世事变迁和政治风雨，安享四世同堂之福。

平遥位居山西中部，是有着两千七百余年建制历史的古城。这块土地有着深厚的文化积淀，它是我父母出生、成长的故乡，二老均视它为高天厚土。平遥是晋商文化的发源地之一，鼎盛时期的票号影响弥漫于这个古城的山山水水；明清时期诸多票号的东家、掌柜的宅院散落在各个村寨。我的老家普洞村就在老城西南，与介休和沁源比邻。这里群山耸立、沟壑交错，几百年前的古建筑参差错落地安卧在千秋岭上。村子里的先人有很多在城里的票号做事，他们的宅院都修得宽绰精致，有古雅的文化品位。这样的人文环境给平遥人的影响是巨大的，成长在这里的老乡们大多精明而进取。在潜移默化中，父亲倔强、直率而干练的性格与作风逐步形成。

父亲家原本家道殷实，我祖父王殿英是北平大学政法系毕业的，学成后在三晋司法界供职，曾任承审员、司法科长、典狱长、县长等。在阎匪统治山西期间，由于我祖父拥护共产党，曾保护过一批共产党员免遭杀害，被阎锡山定为“勾结共匪，劫牢反狱”进行通缉，他不得不躲到天津租界。抗战后他回到山西，曾任抗日政府的司法科长，后不久病逝。我祖母是一个伟大的女性，她头脑聪慧、性格坚毅，在那个动荡的年月苦苦支撑起这个困难重重的家庭，使我父亲得以健康成长。祖父和祖母的言传身教使父亲从小就养成了坚韧不拔的性子，令他一生受益良多。

父亲小时候在村里的私塾读书，古典文学的底子打得很深；直到年登耄耋时他仍然能随意背诵出唐诗宋词中的许多名篇。后来他上了高小，考入初中；他考初中的成绩是全县第一名，他的校长因此而受奖，升为一级校长。父亲十分自豪，觉得他为师长争了光；这是他第一次感到教育的魅力和光荣，也是他以后走上教书育人之路的伏笔。后来父亲报考了我们平遥中学——祖父思想进步，拥护中国共产党，而平遥中学里有很多师生都走上了革命道路，这是一种与务农经商截然不同的人生。祖父希望父亲可以“为中华之崛起而读书”。

父亲从此在平遥中学就读。那时候的平遥中学就有我党的地下组织，许多老师本身就是共产党员，学校基本由这些红色教师主导；校长段静昌是日升昌票号经理之子，是开明的绅士，一直暗中保护进步师生。山西成立牺盟会之后，特派员就驻扎在平遥中学，号召学生们参加牺盟会；老师们还带领学生们到乡间、工厂去壮大革命队伍。父亲响应号召，积极加入了牺盟会，参加了革命工作；他于1938年4月份入党，出任太岳区平遥抗日县政府一区区长。

母亲杨月仙出生于富裕人家，她的祖父和父亲都经商有成，生活富足。故居位于平遥老城第十九街穿心堡，到现在还基本保持原貌，是个二进院落并带有偏院的院子。母亲上小学时，小学离家也就三里地，不算远；但是要经过一片庄稼地，夏秋时茂密的庄稼地里会沙沙作响，女孩子们特别害怕有狼虫出没；刮风下雨时候泥泞难行，诸多不便；难为了这些温室里的娇小姐，慢慢地大多女孩子胆怯了、放弃了；到最后，只有我的母亲一人坚持了下来，从高小到初中，一路考到并州高中。一个在优裕环境中生活的女孩子，如果不是有强烈的求知欲和出众的毅力是很难坚持求学的——“千淘万漉虽辛苦，吹尽黄沙始到金”，母亲的求学经历就印证了这句诗。

母亲初中时在平遥中学就读，与进步师生朝夕相处，早已酿就了一腔爱国救国之情。1937年正月十六，寒假刚刚结束，她返校回到太原。一下火车，便有同学问她：“共产党成立了抗日军政训练班，你参加不？”母亲不假思索，连学校也没回，直接就进了军政训练班，投笔从戎，登记、剪发、穿上军装，正式参加了革命。母亲性格上的强韧在这里得到了进一步的发挥，她一入伍就甩掉了一身娇气；扛枪行军，从不掉队；用一根筷子穿五个高粱面窝头，一边吃一边行军，一天能从太原城到天龙山打个来回；一点儿也看不到原来大家闺秀的影子。母亲被派回到平遥妇救会工作，负责领导妇女们站岗放哨、救护伤员、为战士们做衣做鞋做子弹袋、造石雷、送情报、抬担架、举办妇女训练班、发展女党员……她还发动妇女参加生产劳动，参与社会活动，帮助妇女摆脱买卖婚姻，解救童养媳，禁止虐待和打骂妇女，争取妇女在政治、社会和家庭中的平等地位。在这样波澜壮阔的抗日战争中，母亲脱胎换骨，完全变成了一个革命战士，组织上和乡亲们都对她赞誉有加。

父亲和母亲的婚姻既有媒妁之言的成分，也有个人意愿的因素。他们曾同时在平遥中学读书，但是母亲比父亲高两届，她考上高中时父亲初中还没有毕业，二人并不认识；但是那时他们都是学校的名人，互相闻名已久；所以后来双方的亲属为他们牵线相亲时，二人都爽快地同意了亲事。我父亲给我母亲写了一封信：“杨月仙同学，听家里说起咱俩的婚事，我征求你的意见；你要是同意，咱俩就接着谈；你要是不同意，咱就打住。”两日后我母亲回复：“同意。”但她同时说明了自己的顾虑：“你嫌不嫌我年龄比你大？请慎重考虑。”我父亲复信：“永远不会嫌你大，我敬重你的人品。”就这样，简短的几封信，他们定此终身。

我父母定亲后，正值日本人疯狂进攻华北，烽火连天。他们俩都是革命队伍中的骨干，一个带领地方武装与日军周旋，一个组织群众宣传抗日，根本无暇正式订婚娶亲。这期间他们仅仅见过几面，相见也只能简言几句，没有相处的时间。如此三年，我祖母说：“孩子们实在不小了，该托人去订婚了。”她托了父亲的表叔去提亲；我外祖父母征求了我母亲的意见后，亲自写了订帖、买了宰书，将他们的婚事定在 1938 年农历六月二十八日。结婚前夕，他们的中学英文老师孙志远特意将一对写有英文祝福的枕套送给了这对热血青年。孙志远老师在新中国成立后曾任国防工委副主任兼三机部部长，他是我父母革命道路上的领路人之一。那时抗日战争正处于白热化阶段，日本宪兵荷枪实弹在城楼上四处搜索，我父亲是区长，属于通缉对象，不能经过城门去亲迎新娘；母亲对此给了十二分的理解和配合，她连盖头都没有顶，穿了一件水红色的旗袍，黑裤黑鞋，乘一顶四人轿从城里颠簸而来。

○

○

投身革命　奉献终身

在抗日战争中，父亲由一个热血的知识青年成长为久经考验的勇敢的领导者。我母亲比我父亲还早几个月参加革命，那时她也在自己的岗位上奋战，夫妻俩见面不易，很少团聚。大概 1941 年的一天，他俩好不容易见面了，坐着一辆马拉车相跟着一起回家；结果在途中就遇到了五六十个荷枪实弹的日本宪兵。这群宪兵由十来个汉奸引着到各村去抓抗日干部，其中有一个是我父亲认识的。这个时候，如果他们神色一慌张，便会被认出来；我母亲紧张得心跳如鼓，父亲紧紧握住她的手，拿好良民证，若无其事地与日伪军擦肩而过。

1942 年，父亲已到晋南银行任职。有一天接到一项重要而危险的任务：护送革命同志过封锁线去延安。父亲与这两位同志接头后，将他们带到自己家中，没想到其中一位女同志是我母亲的同学宋桂莲。同学相见，悲喜交集，母亲请求父亲一定平安护送这位闺密。我父亲经过缜密的考虑，决定由自己和年龄相仿的宋桂莲扮作夫妻，另一位男同志则扮作买卖人同行。父亲取出结婚时的婚服，与宋桂莲穿上，扮成新婚小夫妇回娘家的样子，大大方方地在敌人面前通过，走公路、过铁道，抵达渡口，将两位同志交到接应人的面前。分别时，父亲对宋桂莲说："那套婚服你穿着去延安吧，给你做结婚的礼物。"两年后，我父母收到了延安的来信，收信人是我父亲，内文是写给我母亲的；写信人就是宋桂莲，她说她感念我母亲和她的友谊，谢谢我父亲不顾危险倾力相送，那套婚服她留作永生的纪念。

1941 年秋天，父亲接受了一项新的任务，组织上决定由他独自创办冀南银行平遥办事处。

父亲说，最困难的是白手起家的过程。那时几乎什么都没有：一是办事处没有固定的办公地点；二是他这个主任无兵无卒，孤军奋战；三是只有两万元现金的开办费和一套图章，连金库也没有，就放在他随身带的一个白布袋里。父亲找了平遥县的县长赵力之，请他协助寻找合适的工作人员。经过筛选，找到一位化名冯勇的小伙计，做银行的出纳。这位年轻人勤奋好学，又老实本分，是做银行工作的好材料，父亲着力培养他；不幸的是，他后来被敌人抓捕，英勇牺牲，父亲悲痛不已。

想找到既懂金融业务又品质优良、诚实机灵的可靠青年谈何容易？关键时刻父亲想到了自己的妻子，他觉得我母亲娘家几代人都是富商，熟悉票号运营，从她家族中找一位思想进步、业务精通的亲友来配合工作再好不过了。于是父亲求助于母亲，母亲对娘家的亲戚排查了一番，找到一位在钱庄干过的买卖人，精明能干，人品也很好。父亲第二天就去找他，人家放下自己的事就出来跟着他干。

父亲的家在普洞村，这个村子北边有一条大道直通沁源县，是平遥通往晋东南的必经之路，来往的客商很多；父亲看中了这个优越地理位置，加之有故乡的人脉支持，遂盘下一家店铺作为供应部队和边区政府的物资转运站，为其命名为"永盛源"。这家店铺生意很红火，除了经营方便本村百姓需求的日常用品之外，还有计划地从沁源、屯留等地购进土特产品和木材等卖到敌占区，换回布匹、西药和纸张等紧缺物资，直接供给部队和边区政府，甚至连总行印制冀南币的模槽纸都是他们采购的。

“永盛源”这个小店的历史作用不可小觑，它为冀南银行对敌斗争的史册上增添了一页值得书写的文字。唯因如此，它引来了日伪的仇视，疯狂的日军和警卫队洗劫了这个店，将它付之一炬。许多年后，我们的族人还经常回忆起那一天，他们说：“日本人放的那把火，虽然烧掉了王家的盆盆罐罐，却也点燃了王家老少民族精神升腾的烈火。”如今，当年“永盛源”对面的那棵大槐树依然枝繁叶茂，聚集在大槐树下聊天的村人还对当年的故事如数家珍。

1942 至 1943 年，晋冀鲁豫边区连连遭受五十年未遇的灾荒，旱灾和蝗灾以及接踵而来的洪水肆虐，赤地千里；边区军民一边坚持对敌斗争，一边开展群众性的救灾度荒运动。我的父母亲虽然从事着不同的工作，但在那个时候都享受“供给制”的待遇。由于灾荒，供给由原来的每天一斤四两小米减少到一斤二两半；一开始还能发点钱，可以每天买三钱油、二钱盐，后来也买不到了。他们每年可以供给一身单衣，三年一身棉衣，三年一条被子；而这些服装和被褥都是领到一定尺寸和重量的土布和棉花后，自己用草木灰染色、缝制。那时他们在夜晚过夜一般是“一袄一裤，一盖一铺”。就是睡觉时把两腿伸进大棉裤的一个裤管里，另一条裤管则用来铺在身下；棉袄用来盖上身，鞋子是临时枕头。四季没有衬衣穿，身上的虱子成堆。为了应对随时的转移，他们必须保持高度警觉，做好准备随时披衣起身出发，连个囫囵觉都难得睡好。那时父亲总是带着一把小铲子和一包玉米种子，外出时不忘到荒郊野外转转，试图发现可以耕种的小块地挖土下种。母亲也在她的岗位上坚持开荒种地，既要教书，又要带孩子，还要侍弄土地。这样的生活很苦，但是革命的坚定信念使他们经受住了困难的考验。

抗战胜利后，父亲奉调长治在沁源任行长，母亲也跟他在一起。1952 年他们夫妇被召回省城太原，同年 7 月被推荐去北京到财政部待分配，然后到了中国人民保险公司总公司。我的父母激动不已，他们经过了从战争到和平的洗礼，在新的岗位上翻开了新的篇章。从千年古城平遥来到共和国的首都，他们最爱看的就是北京城巍峨的城墙，因为这让他们想到家乡。父亲把他的祖母、我们的祖母和外祖母三位老人以及我们兄弟姐妹五人都接到北京，一大家子四世同堂十几口人热热闹闹地生活在一起。我的父母都是家庭观念很强的人，他们不仅恩爱甚笃，而且尊老爱幼。在收入不多的情况下，他们经常给三位老人买糕点尝鲜；每逢节假日，还会带一家老小到天安门广场、故宫、天桥，看杂耍、看古建筑、看祖国的历史遗存和日新月异的变化。

○

○

教书育人　山花烂漫

1958年，父母响应国家号召，积极支援文教战线，带着一家老小回到山西。那时本来组织上是将父亲分配到浙江省美术专科学校出任党委书记的，我的父母都是热爱文艺的人，十分向往西子湖畔的江南美景。但是我家三位老人年事已高，考虑到她们的生活习惯和背井离乡的难处，组织上决定让我父母改道归晋，回到娘子关内。回到山西之后，父母从此辛勤耕耘于太原市的教育园圃，长达半个世纪。面对又一次转换，从行业和岗位，他们没有任何不适，反而找到了回归之感。父亲在教育战线上转战过三处：太原十五中、太原三中和太原市教育局。母亲则在太原十五中一“插”到底，直到1983年光荣离休。

父母回到太原，第一站是太原十五中。父亲是太原十五中的第一任校长。1958年的太原十五中南面还是一片菜地和十几家骡马大店，西面则是一片巨大的灰渣堆，父亲在教育战线上的创业史就从这片土地上开始。初建校时生源和师资力量也都短缺，父亲以自己的风格带出了一支过硬的教师队伍，培养了无数优秀的学生，使十五中成为一流的中学。刚成立的太原十五中在太原市是被人看不起的学校，是父亲认真贯彻党的教育方针，培养出了严谨的学风、不甘落后的上进心，在一年后全太原市初中统考中，太原十五中得了第一，震惊了太原市的教育界。

我印象最深的，是他们那时一边搞教育一边搞生产，在学校办金属加工厂和缝纫厂，在校外基地办小型农场，还带着师生们到河西乃至晋祠一带去劳动。

1962年，太原市各校中的“红旗干部”大都调离；父亲因成绩突出晋升为十三级干部成为党的高级干部，调到太原三中任党委书记，他要从水西关外进城了。太原三中处于古城闹市之中的前所街，被古老的市井文化包围。它原名“成成中学”，有着悠久的革命史，是我省向革命队伍输送骨干力量的基地之一。父亲到任后，发扬了当年成成中学的光荣传统，创造了耀眼的成绩。他树立“三好典型”，置身“关门大改”，在广阔天地设立校外课堂，换来三中满园春色，为国家培养出大批优秀的人才。

1983 年，我的父母都离休了，那一年父亲六十五岁，母亲六十九岁。自参加革命以来，二老已经走过了近半个世纪的倥偬岁月；年事已高后卸任回家，他们安度晚年，开启了生命中的第二个春天。他们坚持良好的生活习惯，比如看书看报、听广播、看电视新闻，做到脑子永远赶趟。父亲直到九十高龄仍然关心国内外大的事件，对某些内容还要进行评述；母亲则每日早起锻炼身体，坚持了二十年。

有了时间读书，父亲别出心裁地采取了“套装”读书法，以便于系列品评：比如读《学习》杂志，从创刊号到停刊号；读《人民日报》中的社论等等；从理论的高度理解和诠释我国改革开放之必然以及各种社会焦点问题和现象。他还把曾经读过的文学名著再次品味，还背诵毛主席诗词。他说他不能让大脑停歇，即使眼睛不好之后，也举着放大镜看书。

2005 年的一天，母亲特别想出门。当时她已患严重的腿疾，行动不便；但她坐轮椅也要出去。到哪里去呢？年届九旬的老母亲脸上居然焕发出青春的光彩：她说她要到她当初参加革命的原址，即国民师范旧址去，重温当年热血澎湃的抗日情怀，于是父亲便陪她去。站在已经翻修过的国民师范旧址的小木楼下，母亲动情地告诉老伴，哪一间屋子曾是什么用场，哪一间屋子是谁住过的。七十年前木兰从军般的壮举历历在目，宛如昨日。虽然物是人非，但她感情深处仍激荡着青春的热血，眼中滚落下成串的泪珠——那是母亲最后一次出门，从那以后，她再也没有出过远门。

父母也曾参加过教育系统或市里老干部局组织的观光活动。他们去过长城，但是没有爬上去；去过定陵，但是没有走下去；因为母亲的腿脚已经不方便了。父亲为了照顾爱妻，也选择放弃参观，主动和母亲一起给同行的伙伴们看行李。他们说：“我们只要远远地看看，将早已刻在脑子里的景象由虚变实，也就不虚此行了。”二老到北京我二姐家中小住，互相搀扶着享受清华大学校园里的宁静和书卷气。他们在青春年少的时候也做过甜蜜的象牙塔之梦，只是被那场拯救民族危亡的战争改变了此生的命运。当他们站在岁月这座高山之巅的时候，不禁向山下久久俯瞰，回眸一生成为他们生活中最富情怀的乐事。人生易老天难老，半个世纪的时光只不过弹指一挥间。

对老人的孝敬是我们家的传统。在我的记忆中，我的父母一直对老人竭尽孝道。他们言传身教，让我们也养成了这个好习惯。战争年代里，我的父母就带着我们家的三位老人一起辗转各地，照顾她们的生活。这个优良的家风直接影响了我们；我们做子女的参加工作之后，虽然分散各地不常见面，但每逢二老的寿诞之日，或是家族成员婚嫁之时，都尽量聚集到老人身边，一大家子其乐融融。

1994 年 8 月，父亲经过深思熟虑，为每个儿女和孙辈子女各书写了一个条幅；抬头是每家人的名字，内文是“谨慎、谦虚、学习、进取”，落款是“王陆定、杨月仙”。这就是他们对儿孙后代的希冀，我们各家都将其装裱起来，感觉意味深长；直到今日，言犹在耳。所以我家的后人在学业和事业上都比较争气；在这个大家族中，我父母、成年的子孙及其配偶大都是共产党员。有党的干部，有教授、专家、学者，有企业家，有工人；无论在什么岗位上，我们都能做出成绩，干得都不错。

父亲一生最感幸福的事情就是娶到了我母亲，一位与他共患难、同甘苦、携手并肩砥砺而行的妻子。在我母亲九十寿辰时，他将积蓄了一生的情感迸发出来，化成诗句：

革命长路喜相伴，六十六载一瞬间。
携手疆场抗日寇，共迎山河换新颜。
教育园地勤耕耘，太平盛世度晚年。
耄耋之年重相约，来世夫妻再团圆。

这首诗婉转动人，缠绵悱恻，大有白居易“在天愿作比翼鸟，在地愿为连理枝”的意韵；与其不同的是，他们是革命伴侣，信仰是高尚的，情感是圣洁的。

父亲将这首诗用毛笔书写、装裱并悬于母亲的坐椅背后。后来他患眼疾，导致双目失明，但是他常常与并肩而坐的妻子十指紧扣。有时，他会对我母亲唱几段熟悉的老歌，背几首古诗词，柔柔地耳语，不时地唤起老妻美好的记忆；偶然间，老太太还来附和几句，我们都非常感动。他们相依为命，创造了美满婚姻和永恒爱情的典范。1989 年 6 月，我的父母被中华全国妇女联合会、中国老龄问题全国委员会等部门评选为 1988 年度全国一百对金婚明星之一。2007 年 7 月 18 日的《中国老年报》头版对他们的旷世婚姻做了几乎整版的报道。

2008 年 8 月 2 日那天，我们为二老举办了他们的白金婚庆。那是他们七十周年的婚庆，适逢改革开放三十周年，庆典是纯粹的民间形式，由我们和他们的学生、友人策划。我们一致认为，白金婚在我们生活中罕见；二位老人从 20 世纪 30 年代相识、相知到终身相伴、相守，始终情爱如初；欣逢国之盛世，迟暮之年仍体健心怡；他们为民族的复兴、人民的幸福付出了一生的才智和心血，用自己的行动为晚辈树立了崇高的榜样。大家都抱着对二老感恩和敬仰的心情，要把这次庆典办得生气勃勃，要让二老的精神境界和人生追求变成精神财富，成为激励后人的榜样。

庆典在秀美的汾河岸边自家院子里举行。百余平方米的小院，花红树绿，藤蔓果垂；彩带飘扬，灯笼似火；寿桃娇艳，贺联生辉；十余只花篮摆放在临时装扮的台前。我的父亲和母亲身着红色唐装，神采奕奕地接受来自亲友的祝福，自发来参加庆典的百余名来宾激情昂扬，祝福的话语句句离不开二老的功德。母亲怀抱重孙，热泪盈眶。他们的重外孙女范思尧用稚嫩的童音表达了后辈的敬仰：

天高气爽，惠风和畅。仙女捧桃，寿星策杖。
高朋满座，亲友一堂。少长咸集，情深意长。
高山青松，东海波浪。为仁者寿，为善者康。
七十春秋，岁月辉煌。交颈白鹤，比翼飞翔。
过山之巅，群鸟欢唱。到海之滨，碧波荡漾。
辽阔大地，万物生长。天地同庆，鸾凤呈祥。
二老之风，山高水长。二老之德，堪称榜样。

二老之教，桃李芬芳。二老之育，子孙满堂。

青山不老，福海无疆。恩爱伴侣，地久天长。

就在这一年，他们的老部下和学生们还自发为他们编写了一本书，记录他们的辉煌事迹，把他们战斗的一生付诸纸笔，书由全国妇联原主席、国务院原副总理陈慕华作序，名为《层林尽染》，写出了我父母刚直、善良、透明、率真的精神风貌，写出了他们如何无私地将自己的一切奉献给壮丽的事业。

我的父母已经作古多年，他们只是革命时期千千万万革命者中的一员，但他们的故事却又如此平凡而伟大。他们当年同为革命战士，既是心心相印的伴侣，也是风雨同舟的战友；他们眼中的爱情不只是小情小爱，更是共同的理想信念和家国情怀；他们在烽火中结缘，携手从战争年代走到和平时期，相濡以沫、生死相随；他们一起品尝抗战胜利的硕果，一起播种改革开放的嘉实，一起收获桃李天下的芬芳；他们始终你中有我，我中有你。在两位老人看来，他们的爱情故事里，最大的精神契合就是那份“铁心跟党走，永远听党话”的坚定信仰。父母常说：“保卫祖国、建设祖国，是革命者的使命和荣光。”如今我已经年过古稀，回顾以往父母积极乐观、勇于拼搏的精神，那是我们这些后代子女终身仰望的闪耀的灯塔，我们将延续他们的光荣与梦想，不忘初心、砥砺奋斗，让深沉厚重的家风代代相传。